国家出版基金项目
"十二五"国家重点图书出版规划项目

孙中山全集

第八卷

谈 话

尚明轩 主编

人民出版社

总 目 录

第一卷　专论
　　　　前言
　　　　凡例
　　　　目录
　　　　正文

第二卷　文集
　　　　凡例
　　　　目录
　　　　　论著
　　　　　传记与回忆
　　　　　序跋
　　　　　祭悼
　　　　　祝词
　　　　　其他
　　　　　译著
　　　　　遗嘱
　　　　正文

第三卷 文告 规章
凡例
目录
  文告
  通电
  启事(含声明、讣告等)
  其他
  规章
正文

第四卷 函札(上)
凡例
目录
正文

第五卷 函札(下)
凡例
目录
正文

第六卷 文电
凡例
目录
正文

第七卷 演说

　　　　　　凡例

　　　　　　目录

　　　　　　正文

第八卷　　谈话

　　　　　　凡例

　　　　　　目录

　　　　　　正文

第九卷　　公牍（上）

　　　　　　凡例

　　　　　　目录

　　　　　　正文

第十卷　　公牍（中）

　　　　　　凡例

　　　　　　目录

　　　　　　正文

第十一卷　　公牍（下）

　　　　　　凡例

　　　　　　目录

　　　　　　正文

第十二卷　　人事任免（上）

　　　　　　凡例

目录
　　正文

第十三卷　人事任免（下）
　　凡例
　　目录
　　正文

第十四卷　外文著述
　　凡例
　　目录
　　正文

第十五卷　题词遗墨
　　凡例
　　目录
　　正文

第十六卷　索引　传略
　　凡例
　　目录
　　　索引
　　　传略
　　后记

凡　　例

一、本全集共收录孙中山现有著述11500余篇,按文体性质分类(含有多种性质的,据其主要倾向归类),依时间顺序编次,据类别和篇幅列卷。

二、日期与编次。底本有写作日期的,按原日期。无写作日期的,按最后发表日期,或通过考证予以判明;写作日期无从考证的,列于该类之末。著述日期统一采用公历,标于标题下方圆括号内。各卷原则上按时间顺序编次;卷内存在分类的,按各类时间顺序编次。

三、分类与列卷。根据类别和篇幅,分22类,列15卷:第一卷,专论(收录集中反映孙中山政治思想的5种著述);第二卷,文集(含论著、传记与回忆、序跋、祭悼、祝词、译著、遗嘱等);第三卷,文告规章(含文告、通电、启事、规章等);第四、五卷,函札;第六卷,文电;第七卷,演说;第八卷,谈话;第九、十、十一卷,公牍;第十二、十三卷,人事任免;第十四卷,外文著述;第十五卷,题词遗墨。索引和传略单独列卷,为第十六卷。

四、底本的选择。优先采用原始文件、影印件和初刊本;充分吸收现有各种图书报刊的文献成果,如中国社会科学院近代史研究所中华民国史研究室、广东省社会科学院历史研究室(所)、中山大学历史系孙中山研究室合编《孙中山全集》(中华书局1981—1986年出版),秦孝仪主编《国父全集》(台北近代中国出版社1989年版)。发表在不同图书报刊的同内容文献,有歧义之处的,经考证后取其一说,其余在注释中简要介绍;诸说并存的,选择最佳版本;文字内容虽有出入但各具特色的,原则上选择底本来源较权威者为主文,其余作为"同题异文"附录于后。

五、标题。原有标题的,一般保留,个别编者酌改;原无标题的,编者酌拟。标题文字以国家现行文字规范为准。标题中的人名一律统一为现行惯称,文中不另做说明。

六、注释。每篇著述,文末均注明所据底本。文内酌加的注释,均为页下注。人物有多个字、号、别名的,地名有多种译法的,原则上在该卷首次出现时加注,其后不注。【 】内的文字,系编者为避免上下文表意脱节或缺省所加的说明。

七、校勘与标点。文内明显的错漏,编者均予以校勘:订正讹字,置于〔 〕内;增补脱字,置于〈 〉内;衍文加[ ];有疑误、难以确定的,用〔?〕表示;字句残缺或难以辨认的,用□表示。校勘、考释和外文翻译等,部分吸收前人成果,本全集一般不做具体说明。标点符号原则上执行国家现行规范。底本无标点或有标点但与国家现行规范不符的,均重新标点。

八、本全集中文为简体字横排,底本的繁体、古体和异体字,原则上统一为简体字,特殊含义者例外。第十四卷"外文著述",参考秦孝仪主编《国父全集》(台北近代中国出版社1989年版)编排。全集中插图及题词遗墨,一般据底本影印;质量较差的,适当修版或据原图重新绘制。

九、受时代局限,有的著述中使用的词语及字词用法和个别观点在今天看来欠妥,但因是原文固有,均不做改动。

目　录

与梅屋庄吉的谈话（一八九五年一月五日） ……………………………… 1
与日本驻香港领事中川恒次郎的谈话（译文）
　（一八九五年三月一日） ………………………………………………… 2
与日本驻香港领事中川恒次郎的谈话（译文）
　（一八九五年四月十七日） ……………………………………………… 3
与陈少白的谈话（一八九五年十一月十二日） ………………………… 3
与邓廷铿的谈话（一八九六年十月十四日） …………………………… 4
与伦敦各报记者的谈话（译文）（一八九六年十月二十三日） ………… 7
在伦敦苏格兰场的陈述词（译文）（一八九六年十月二十三日） ……… 9
与伦敦《每日新闻》记者的谈话（译文）（一八九六年十月二十三日） …… 11
与伦敦记者的谈话（一八九六年十月下旬） …………………………… 14
向英国律师卡夫所作的陈述词（译文）（一八九六年十一月四日） …… 15
与《伦敦被难记》俄译者等的谈话（译文）（一八九七年初） ………… 22
与李提摩太的谈话（译文）（一八九七年二月十八日） ………………… 23
访日本横滨警察署的谈话（译文）（一八九七年八月十七日） ………… 24
与宫崎寅藏平山周的谈话（译文）（一八九七年八月中下旬） ………… 24
　附录　同题异文（译文） ………………………………………………… 26
与宫崎寅藏笔谈残稿（译文）（一八九七年八月） ……………………… 28
　附录　同题异文 ………………………………………………………… 37
与陈少白的谈话（一八九八年三月下旬） ……………………………… 44

— 1 —

与内田良平的谈话(一八九八年七月) …………………………………… 44
与宫崎寅藏的谈话(译文)(一八九八年十一月) …………………… 45
与宫崎寅藏的谈话(译文)(一八九九年二月) ……………………… 46
与犬养毅的谈话(一八九九年八月) …………………………………… 47
与梁启超的谈话(一八九九年) ………………………………………… 47
与宫崎寅藏的谈话(译文)(一九〇〇年春) ………………………… 48
与法国驻日公使哈马德的谈话(译文)(一九〇〇年六月初) ……… 48
离横滨前的谈话(译文)(一九〇〇年六月上旬) …………………… 49
与宫崎寅藏等的谈话(一九〇〇年六月十一日至十五日间) ……… 50
与斯韦顿汉等的谈话(译文)(一九〇〇年七月十日) ……………… 51
在香港船上召开紧急会议的谈话(一九〇〇年七月十六日) ……… 53
与宫崎寅藏的谈话(译文)(一九〇〇年七月十八日) ……………… 54
与神户某访客的谈话(译文)(一九〇〇年七月二十四日) ………… 55
与横滨某君的谈话(译文)(一九〇〇年八月上旬) ………………… 55
与岛田经一的谈话(一九〇〇年八月中旬) …………………………… 56
与横滨某君的谈话(译文)(一九〇〇年八月中旬至二十一日间) … 56
与内田良平等的谈话(一九〇〇年八月二十五日) ………………… 57
与长崎某人的谈话(一九〇〇年九月十七日) ………………………… 58
在神户笔答某访客问(一九〇〇年九月二十日) …………………… 58
与内田良平等的谈话(一九〇〇年九月二十五日) ………………… 59
与门司某君的谈话(一九〇〇年十一月十四日) ……………………… 60
与横滨某君的谈话(译文)(一九〇〇年十一月二十一日至二十五日间) … 61
与宫崎寅藏的谈话(译文)(一八九七年至一九〇〇年间) ………… 62
　　附录　同题异文 ……………………………………………………… 64
与林奇的谈话(译文)(一九〇一年春) ……………………………… 65
与宫崎寅藏等的谈话(译文)(一九〇一年六月) …………………… 68
与某西报记者的谈话(一九〇一年六月) ……………………………… 68
与某西报记者的谈话(一九〇一年六月) ……………………………… 69

与罗斯基等的谈话(一九〇二年以前) ……………………………… 69
与秦力山的谈话(一九〇二年二月下旬) ……………………………… 70
与程家柽刘成禺的谈话(一九〇二年二月) ……………………………… 72
与章太炎的谈话(一九〇二年春) ……………………………… 72
与章太炎的谈话(一九〇二年春) ……………………………… 73
与哈德安的谈话(一九〇二年十二月) ……………………………… 75
与刘成禺的谈话(一九〇二年) ……………………………… 76
在东京召开秘密会议的发言(一九〇二年) ……………………………… 76
为筹饷的谈话(一九〇四年五月) ……………………………… 77
创设同盟会的缘起(一九〇四年十二月) ……………………………… 77
与朱和中的谈话(一九〇五年一月上旬) ……………………………… 78
与胡秉柯的谈话(一九〇五年二月初) ……………………………… 79
与旅比中国留学生的谈话(一九〇五年二月) ……………………………… 79
在布鲁塞尔访问社会党国际执行局的谈话(译文)
  (一九〇五年五月中旬) ……………………………… 80
  附录 访问国际社会党执行局的谈话报道(译文) ……………………………… 82
与陈天华等的谈话(一九〇五年七月二十八日) ……………………………… 84
与杨度的谈话(一九〇五年七月下旬) ……………………………… 84
与熊克武但懋辛的谈话(一九〇五年七月下旬) ……………………………… 85
与横滨某人的谈话(一九〇五年八月中旬) ……………………………… 86
与来访日人的谈话(一九〇五年八月下旬) ……………………………… 86
与程潜的谈话(一九〇五年八月) ……………………………… 87
与胡汉民廖仲恺的谈话(一九〇五年九月一日) ……………………………… 88
与阎锡山的谈话(一九〇五年秋) ……………………………… 89
与汪精卫的谈话(一九〇五年秋) ……………………………… 90
讨论撰著《民报》发刊词(一九〇五年十一月) ……………………………… 91
与胡汉民的谈话(一九〇五年) ……………………………… 92
与胡汉民的谈话(一九〇六年四月中下旬) ……………………………… 92

与法国上尉布加卑的谈话(译文)(一九〇六年四月中下旬) …………… 93
与吕志伊等的谈话(一九〇六年四月) ………………………………… 100
与芙蓉华侨的谈话(一九〇六年七月十七日) ………………………… 101
与吉隆坡华侨的谈话(一九〇六年八月七日) ………………………… 101
与宋教仁的谈话(一九〇六年十月十三日) …………………………… 102
与该鲁学尼等的谈话(译文)(一九〇六年十一月十五日) …………… 102
与章太炎的谈话(一九〇六年十二月) ………………………………… 103
与池亨吉的谈话(译文)(一九〇七年一月五日) ……………………… 104
与东京同盟会员的谈话(一九〇七年一月) …………………………… 105
与胡汉民的谈话(一九〇七年三月下旬) ……………………………… 106
与法国《时代》杂志记者罗德的谈话(译文)(一九〇七年六月八日) … 107
防城之役与王和顺的谈话(一九〇七年九月一日) …………………… 107
镇南关之役与胡汉民的谈话(一九〇七年十二月四日) ……………… 108
在河内与督署的谈话(一九〇八年一月十五日) ……………………… 108
与胡汉民的谈话(一九〇八年一月中旬) ……………………………… 109
与胡汉民的谈话(一九〇八年三月下旬) ……………………………… 110
与胡汉民的谈话(一九〇八年五月下旬) ……………………………… 111
与杨振鸿等的谈话(一九〇八年七月) ………………………………… 111
与张永福等的谈话(一九〇八年夏) …………………………………… 112
与张永福的谈话(一九〇八年夏) ……………………………………… 112
与张永福等的谈话(一九〇八年夏) …………………………………… 113
在暹罗警署的谈话(译文)(一九〇八年十二月四日) ………………… 114
与日本某君的谈话(一九〇八年) ……………………………………… 115
与山座圆次郎的谈话(一九〇九年九月九日) ………………………… 115
与顾维钧的谈话(一九一〇年一月中旬) ……………………………… 117
与伍平一的谈话(一九一〇年二月十六日) …………………………… 118
与李是男黄伯耀的谈话(一九一〇年二月中旬) ……………………… 118
与刘成禺的谈话(一九一〇年二月十日至二十七日间) ……………… 120

与刘成禺的谈话二件(一九一〇年二月)……………………………… 122
与檀香山《晚间公报》记者的谈话(译文)(一九一〇年四月八日) … 124
与檀香山《太平洋商业广告报》记者的谈话(译文)
　(一九一〇年四月二十日)………………………………………… 126
与檀香山《广告者》记者的谈话(译文)(一九一〇年五月二十六日)…… 129
与谭人凤宋教仁的谈话(一九一〇年六月中旬)…………………… 130
与胡汉民等的谈话(一九一〇年十一月十三日)…………………… 130
与日本记者的谈话(译文)(一九一一年三月上旬)………………… 131
与梅乔林等的谈话(一九一一年五月五日)………………………… 132
与伍平一的谈话(一九一一年五月)………………………………… 133
与伍平一的谈话(一九一一年七月)………………………………… 133
与冯自由的谈话(一九〇五年至一九一一年十月十日以前)……… 134
与张永福的谈话(一九〇五年至一九一一年十月十日以前)……… 134
与旅美华侨同志的谈话(一九一一年十月二十日)………………… 135
与鹤冈永太郎的谈话(译文)(一九一一年十月二十四日至二十六日间) 135
与《朝日新闻》驻美记者的谈话(一九一一年十月)………………… 136
与康德黎的谈话(译文)(一九一一年十一月中旬)………………… 138
与英国记者的谈话(译文)(一九一一年十一月中旬)……………… 138
与《巴黎日报》记者的谈话(一九一一年十一月二十一日至二十三日间)… 139
　　附录　在巴黎的谈话(译文)……………………………………… 140
与巴黎《政治星期报》记者的谈话
　(一九一一年十一月二十一日至二十三日间)…………………… 140
与西蒙的谈话(译文)(一九一一年十一月二十三日)……………… 141
与法国记者的谈话(一九一一年十一月二十四日)………………… 144
与《铁笔氏报》记者的谈话(一九一一年十二月十三日)…………… 144
与邓泽如等的谈话(一九一一年十二月十六日)…………………… 146
与胡汉民廖仲恺的谈话(一九一一年十二月二十一日)…………… 146
　　附录　同题异文……………………………………………………… 147

与广东各界代表的谈话(一九一一年十二月二十一日)……………… 148
与山田纯三郎的谈话(译文)(一九一一年十二月二十四日)……… 150
与上海《民立报》记者的谈话(一九一一年十二月二十五日)……… 150
与上海《大陆报》主笔的谈话
　(一九一一年十二月二十五日至二十六日间)……………… 151
与《中法新汇报》总编辑的谈话(译文)
　(一九一一年十二月二十六日)……………………………… 152
与姚雨平的谈话(一九一一年十二月二十七日)………………… 153
会见各省代表的谈话(一九一一年十二月二十七日)…………… 154
与上海《大陆报》记者的谈话(译文)(一九一一年十二月三十日) … 155
与江亢虎的谈话(一九一一年十二月三十日)…………………… 156
与驻沪外国记者的谈话(一九一一年十二月下旬)……………… 157
与刘成禺等的谈话(一九一二年前)……………………………… 158
与欢迎者的谈话(一九一二年一月一日)………………………… 158
与林宗素的谈话(一九一二年一月五日)………………………… 159
与上海《大陆报》记者的谈话(一九一二年一月六日)…………… 160
答上海《大陆报》记者问(一九一二年一月六日)………………… 161
与陶芷泉等的谈话(一九一二年一月十日)……………………… 162
与冯又微等的谈话(一九一二年一月十二日)…………………… 162
与张馥祯辛素贞的谈话(一九一二年一月十三日)……………… 163
与陈荫明的谈话(一九一二年一月十五日)……………………… 164
关于时局的谈话(一九一二年一月中旬)………………………… 165
与上海《大陆报》记者的谈话(一九一二年一月二十四日)……… 165
致《字林西报》的书面谈话(一九一二年一月二十五日)………… 166
与上海《申报》记者顾复生的谈话(一九一二年一月二十八日) … 167
与森恪的谈话(一)(译文)(一九一二年二月三日)……………… 167
与森恪的谈话(二)(译文)(一九一二年二月三日)……………… 170
与南京访员的谈话(一九一二年二月四日)……………………… 172

与美国记者麦考密克的谈话(译文)
  (一九一二年一月至二月十二日前) ……………………… 172
与王宠惠的谈话(一九一二年二月十五日) ………………… 177
与汪精卫的谈话(译文)(一九一二年二月) ………………… 178
与美国传教士马林的谈话(一九一二年二月) ……………… 178
与江亢虎的谈话(一九一二年二月) ………………………… 179
答《字林西报》记者问(一九一二年三月六日) …………… 179
与胡汉民等的谈话(一九一二年三月十日) ………………… 180
与唐群英等的谈话(一九一二年三月二十日) ……………… 180
与日本驻宁领事铃木的谈话(一九一二年三月二十三日) … 181
与日本驻宁领事铃木的谈话(一九一二年三月二十六日) … 181
与吴木兰等的谈话(一九一二年四月二日) ………………… 182
答《文汇报》记者问(一九一二年四月四日) ……………… 182
  附录 同题异文 ……………………………………………… 183
与上海《大陆报》记者的谈话(一九一二年四月五日) …… 184
与牟鸿勋等的谈话(一九一二年四月十一日) ……………… 184
在武昌黎元洪欢宴席的谈话(一九一二年四月十二日) …… 185
与江亢虎的谈话(一九一二年四月十七日) ………………… 186
出席耶教欢迎会时的谈话(一九一二年四月二十一日) …… 186
与军界代表的谈话(一九一二年四月二十六日) …………… 186
在广州与记者的谈话(一九一二年四月二十七日) ………… 187
答香港电报公司代表问(一九一二年四月二十九日) ……… 188
与香港《士蔑西报》记者的谈话(一九一二年五月五日) … 188
与报界记者的谈话(一九一二年五月五日) ………………… 190
与报界公会主任的谈话(一九一二年五月十三日) ………… 190
在广州农林试验场的谈话(一九一二年五月十五日) ……… 192
在粤路公司欢宴会的谈话(一九一二年五月十七日) ……… 192
与香港《士蔑西报》记者的谈话(一九一二年五月二十日) … 193

在视察香洲商埠时的谈话(一九一二年五月二十四日)·············· 195
慰问陆皓东烈士家属的谈话(一九一二年五月二十八日)·············· 195
与罗福星的谈话(一九一二年五月)······················ 195
在广州行辕与各界的谈话(一九一二年六月九日)················ 196
与上海《民立报》记者的谈话(一九一二年六月二十二日)············ 198
与沙淦的谈话(一九一二年六月二十四日)···················· 199
与上海《民立报》记者的谈话(一九一二年六月二十五日)············ 199
与上海《大陆报》记者的谈话(一九一二年六月二十五日)············ 202
与《南清早报》记者威路臣的谈话(一九一二年六月)············· 203
与《独立》杂志李佳白的谈话(译文)
　(一九一二年七月中下旬)·························· 205
与送行者的谈话(一九一二年八月十八日)··················· 207
与某报记者的谈话(一九一二年八月二十三日)················· 208
与章锡和的谈话(一九一二年八月二十四日)·················· 209
与某君的谈话(一九一二年八月二十四日)··················· 209
与招待员施恩等的谈话(一九一二年八月二十四日)··············· 209
与袁世凯的谈话(译文)(一九一二年八月二十四日)·············· 210
于北京行台对招待员的谈话(一九一二年八月二十五日)············ 211
与袁世凯的谈话(一九一二年八月二十六日)·················· 212
与汤漪的谈话(一九一二年八月二十六日)··················· 212
与陆征祥的谈话(一九一二年八月二十六日)·················· 213
与某人的谈话(一九一二年八月二十七日)··················· 213
与来访之国民党党员的谈话(一九一二年八月二十七日)············ 214
与袁世凯的谈话(一九一二年八月二十七日)·················· 214
与《亚细亚日报》记者的谈话(一九一二年八月二十八日)············ 215
　附录　同题异文······························· 218
与上海《大陆报》记者的谈话(一九一二年八月二十八日)············ 219
　附录一　同题异文······························ 220

附录二　同题异文 …… 220
与某君的谈话（一九一二年八月二十八日） …… 221
与陆征祥的谈话（一九一二年八月二十八日） …… 222
与某访员的谈话（一九一二年八月二十九日） …… 222
与《德文报》记者的谈话（一九一二年八月二十九日） …… 223
答袁世凯特派来人问（一九一二年八月二十九日） …… 223
与日本记者神田的谈话（一九一二年八月二十九日） …… 223
与袁世凯的谈话（一九一二年八月二十九日） …… 224
与某人的谈话（一九一二年八月三十日） …… 224
与袁世凯的谈话（一九一二年八月三十日） …… 225
与袁世凯等人的谈话（一九一二年八月三十一日） …… 226
与袁世凯的谈话（一九一二年八月） …… 226
与袁世凯的谈话（一九一二年八月） …… 227
与袁世凯的谈话（一九一二年八月） …… 228
与袁世凯的谈话（一九一二年九月一日） …… 229
与袁世凯的谈话（一九一二年九月一日） …… 229
与蒋翊武等的谈话（一九一二年九月一日） …… 230
在北京的谈话（一九一二年九月二日） …… 230
与袁世凯的谈话（一九一二年九月二日） …… 231
与某人的谈话（一九一二年九月三日） …… 232
与袁世凯的谈话（一九一二年九月三日） …… 232
与袁世凯的谈话（一九一二年九月四日） …… 233
答记者黄远庸问（一九一二年九月四日） …… 234
咨北京政府建筑铁路计划文的谈话（一九一二年九月五日） …… 237
与袁世凯的谈话（一九一二年九月五日） …… 237
与袁世凯的谈话（一九一二年九月五日） …… 238
在北京回访四国银行团的谈话（一九一二年九月上旬） …… 238
与某国民党员的谈话（一九一二年九月上旬） …… 239

与刘揆一等人的谈话(一九一二年九月上旬)……………………… 239
与梁士诒的谈话(一九一二年九月上旬)………………………… 240
与路透社记者的谈话(一九一二年九月十一日)…………………… 240
与广东旅京同乡的谈话(一九一二年九月十一日)………………… 241
  附录 同题异文……………………………………………… 242
访逊清摄政王载沣的谈话(一九一二年九月十一日)……………… 243
与《中国报》记者的谈话(一九一二年九月十三日)………………… 244
与袁世凯的谈话(一九一二年九月十三日)………………………… 244
在北京招待报界同人时的谈话(一九一二年九月十四日)………… 245
与各报记者的谈话(一九一二年九月十四日)……………………… 246
与梁士诒的谈话(一九一二年九月十四日)………………………… 247
在北京招待参议院议员时的谈话(一九一二年九月十五日)……… 248
在北京袁世凯饯别宴会的谈话(一九一二年九月十六日)………… 248
与八旗人的谈话(一九一二年九月十七日)………………………… 249
与梁上栋的谈话(一九一二年九月十七日)………………………… 249
与阎锡山的谈话(一九一二年九月十八日)………………………… 250
与梁上栋的谈话(一九一二年九月十八日)………………………… 250
在北京招待参议院议员茶话会上答参议员的谈话
  (一九一二年九月二十一日)…………………………………… 251
在太原临行时的谈话(一九一二年九月二十一日)………………… 252
答路透社记者问(一九一二年九月二十三日)……………………… 253
在济南记者招待会的谈话(一九一二年九月二十七日)…………… 253
与德国驻青岛总督迈耶·瓦尔德克的谈话
  (一九一二年九月二十九日)…………………………………… 254
与某君的谈话(一九一二年九月)…………………………………… 255
与梁士诒的谈话(一九一二年九月)………………………………… 255
与德国新闻记者萨尔曼的谈话(一九一二年十月三日)…………… 256
  附录 同题异文(译文)………………………………………… 260

与上海《大陆报》记者的谈话(一九一二年十月五日)……………… 261
与日本驻上海总领事有吉明的谈话(译文)
  (一九一二年十月上旬)…………………………………………… 262
在吴淞检阅炮台时的谈话(一九一二年十月十八日)……………… 265
与李敬之的谈话(一九一二年十月二十日)………………………… 266
与倪贻荪等的谈话(一九一二年十月二十二日)…………………… 266
在南昌百花洲行辕的谈话(一九一二年十月二十五日)…………… 267
与欧阳魁的谈话(一九一二年十月二十六日)……………………… 268
与秋山定辅的谈话(译文)(一九一二年十一月上旬)……………… 269
给上海《民立报》的电话(一九一二年十一月十一日)……………… 270
就选举大总统问题答宗方小太郎问(译文)
  (一九一三年一月二十九日)……………………………………… 270
在日本下关答记者问(一九一三年二月十三日)…………………… 271
与陪同人员的谈话(译文)(一九一三年二月十四日)……………… 271
与新闻记者的谈话(译文)(一九一三年二月十一日至十五日)…… 272
与桂太郎的谈话(一九一三年二月十七日)………………………… 272
在日本大冈育造之主持的宴会上的谈话(一九一三年二月十九日)… 273
在日本铁道协会欢迎会的谈话(一九一三年二月二十日)………… 273
与内田良平的谈话(一九一三年二月中旬)………………………… 274
与日本记者的谈话(一九一三年二月二十五日)…………………… 274
在东京向山田良政亲属致慰词(译文)(一九一三年二月二十七日)… 275
在日本接受桂太郎公爵宴请时的谈话(一九一三年三月二日)…… 275
与涩泽荣一等逐条讨论中国兴业公司计划书的谈话(译文)
  (一九一三年三月三日)…………………………………………… 276
  附录　同题异文………………………………………………… 285
访神户川崎造船所答谢词(一九一三年三月十四日)……………… 286
在下关答新闻记者问(一九一三年三月十六日)…………………… 286
自日本归国的痛言(一九一三年三月二十五日)…………………… 287

与日本驻沪总领事有吉明的谈话(译文)(一九一三年三月二十六日)…… 287
与钟工宇的谈话(一九一三年三月二十六日)……………………… 288
与日本驻沪总领事有吉明的谈话(译文)(一九一三年三月二十八日)…… 289
与日本驻沪总领事有吉明的谈话(译文)(一九一三年三月三十日)…… 289
与日本驻沪总领事有吉明的谈话(译文)(一九一三年三月三十一日)…… 290
与日本驻沪总领事有吉明的谈话(译文)(一九一三年四月一日)…… 290
与日本驻沪总领事有吉明的谈话(译文)(一九一三年四月六日)…… 291
与日本驻沪总领事有吉明的谈话(译文)(一九一三年四月九日)…… 292
与森恪的谈话(一九一三年四月十八日)…………………………… 293
  附录　书面文………………………………………………… 294
与美国传教士柏锡福的谈话(一九一三年四月三十日)…………… 294
与上海汇丰银行交涉的谈话(一九一三年四月下旬)……………… 294
接见来访者的谈话(译文)(一九一三年五月一日)………………… 295
与日本驻沪总领事有吉明的谈话(译文)(一九一三年五月十五日)…… 295
与日本驻沪总领事有吉明的谈话(译文)(一九一三年五月二十日)…… 296
与日本驻沪总领事有吉明的谈话(译文)(一九一三年五月二十四日)…… 297
与日本驻华公使山座丹次郎的谈话(译文)
 (一九一三年五月二十五日或二十六日)………………………… 297
与加藤高明男爵的谈话(一九一三年五月下旬)…………………… 298
与加藤高明男爵的谈话(译文)(一九一三年六月一日)…………… 298
与日本驻沪总领事有吉明的谈话(译文)(一九一三年六月十一日)…… 299
在香港与《早士蔑西报》记者的谈话(一九一三年六月二十四日)…… 299
  附录一　同题异文…………………………………………… 301
  附录二　同题异文…………………………………………… 302
与日本驻香港总领事今井的谈话(一九一三年六月二十五日)…… 303
与日本驻沪总领事有吉明的谈话(译文)(一九一三年六月三十日)…… 303
与日本驻沪总领事有吉明的谈话(译文)(一九一三年七月十五日)…… 304
与日本驻沪总领事有吉明的谈话(译文)(一九一三年七月二十一日)…… 305

答上海《民立报》记者问(一九一三年七月底) ·················· 306
与福州日本领事馆武官多贺宗之的谈话(一九一三年八月三日) ·········· 306
与梅光培的谈话(一九一三年八月三日) ·················· 307
会见某人的谈话(译文)(一九一三年八月十二日) ·············· 308
与服部的谈话(译文)(一九一三年八月十四日) ··············· 308
与辻村的谈话(译文)(一九一三年九月二十一日) ·············· 309
与涩泽荣一的谈话(译文)(一九一三年十月六日) ·············· 309
与饭野的谈话(译文)(一九一四年一月四日) ················ 310
与饭野的谈话(译文)(一九一四年一月六日) ················ 310
与秘书某人的谈话(译文)(一九一四年一月中旬) ·············· 311
与黄兴的谈话(一九一四年春) ······················ 311
关于誓约问题的谈话(一九一四年春) ··················· 312
与田桐等秘密商议的谈话(译文)(一九一四年六月二十三日) ········· 313
讨论中华革命党总章时的谈话(一九一四年夏) ··············· 314
与陈其美的谈话(译文)(一九一四年八月二十二日) ············· 315
与犬养毅的谈话(译文)(一九一四年八月二十四日) ············· 316
与郡司成忠的谈话(译文)(一九一四年九月二十三日) ············ 317
与秋山定辅的谈话(译文)(一九一四年十二月二十九日) ··········· 318
与谢持的谈话(一九一五年一月十六日) ·················· 318
与谢持的谈话(一九一五年一月二十七日) ················· 319
与谢持的谈话(一九一五年一月三十日) ·················· 319
对谢持的面谕(一九一五年四月一日) ··················· 319
关于考查党员的谈话(一九一五年四月二日) ················ 320
与波多野春房的谈话(译文)(一九一五年四月七日) ············· 320
揭露中日交涉黑幕的谈话(一九一五年四月九日) ·············· 321
清理海外来函的谈话(一九一五年四月十五日) ··············· 322
答复马尼拉地方法院检察官的书面质询(一九一五年五月六日) ········ 322
与东京大学某教授的谈话(一九一五年六月五日) ·············· 325

在东京对同志的声言(一九一五年十月间) ………………………… 326
与日本上原勇作的谈话(一九一五年末或一九一六年初) ………… 327
在东京与某某的谈话(一九一六年四月) ………………………… 328
与某记者的谈话(一九一六年六月八日) ………………………… 329
与徐朗西的谈话(一九一六年六月十五日) ……………………… 330
对于时局的谈话(一九一六年六月三十日) ……………………… 331
在杭州的谈话(一九一六年八月十六日) ………………………… 331
游西湖时的谈话(一九一六年八月十六日) ……………………… 332
游览杭州时的谈话(一九一六年八月十七、十八日) …………… 332
与秋壬林的谈话(一九一六年八月十九日) ……………………… 333
在绍兴游览时的谈话(一九一六年八月二十日) ………………… 334
与王嘉的谈话(一九一六年八月二十二日) ……………………… 334
在游览象山群岛时的谈话(一九一六年八月二十五日) ………… 335
与高炉文的谈话(一九一六年八月) ……………………………… 335
关于不任铁道协会会长的谈话(一九一六年九月二十二日) …… 336
与旅沪党人总事务所代表的谈话(一九一六年十月二十日) …… 336
与旅沪党人代表的谈话(一九一六年十月二十二日) …………… 337
与日本驻沪代总领事原田万治的谈话(译文)(一九一七年二月下旬) …… 337
与章太炎的谈话(一九一七年二月) ……………………………… 339
反对参加欧战的谈话(一九一七年三月) ………………………… 339
关于参战问题的谈话(一九一七年四月十一日) ………………… 340
与莫擎宇的谈话(一九一七年七月十日至十六日间) …………… 340
与某报记者的谈话(一九一七年七月十六日) …………………… 341
凭吊黄花岗时的谈话(一九一七年七月二十二日) ……………… 341
答广州某报记者问(一九一七年七月二十五日) ………………… 341
只有共和与帝制之争的谈话(一九一七年七月二十九日) ……… 342
与广州各报记者的谈话(一九一七年七月三十一日) …………… 343
  附录　同题异文 ………………………………………………… 345

与陈炳焜的谈话(一九一七年八月四日) …………………………… 347
与陈炳焜的谈话(一九一七年八月五日) …………………………… 347
与陈炳焜的谈话(一九一七年八月六日) …………………………… 348
与广州各报记者的谈话(译文)(一九一七年八月十一日) ………… 348
与美国驻粤总领事海因策尔曼的谈话(译文)
(一九一七年八月十四日) …………………………………………… 349
与记者的谈话(一九一七年八月十八日) ……………………………… 349
就派员赴日本筹款的谈话(一九一七年八月二十五日) …………… 350
与日本河上清的谈话(译文)(一九一七年九月十五日) …………… 350
  附录一 同题异文(译文) ………………………………………… 351
  附录二 同题异文(译文) ………………………………………… 352
与国会议员的谈话(一九一七年九月二十二日) …………………… 353
与驻粤各国领事的谈话(一九一七年十月十六日) ………………… 353
与蓝天蔚的谈话(一九一七年十月二十六日) ……………………… 354
与军政府陆海军各要人的谈话(一九一七年十一月九日) ………… 354
与莫荣新的谈话(一九一七年十一月二十二日) …………………… 355
与某人的谈话(一九一七年十二月十二日) ………………………… 355
与苏赣督军代表的谈话(一九一七年十二月十六日) ……………… 355
与刘成禺的谈话(一九一七年) ……………………………………… 356
与刘德泽的谈话(一九一八年一月一日) …………………………… 357
与程璧光的谈话(一九一八年一月初) ……………………………… 358
就筹集国会经费与粤省议员的谈话(一九一八年一月十四日) …… 358
关于调解炮击粤督署事件所提条件(一九一八年一月十七日) …… 359
与国会议员的谈话(一九一八年一月十七日) ……………………… 360
与徐绍桢的谈话(一九一八年一月二十四日) ……………………… 360
在广州警界宴会上与何某的谈话(一九一八年一月二十八日) …… 361
与国会议员的谈话(一九一八年二月六日) ………………………… 361
与金幼舟的谈话(一九一八年二月十八日) ………………………… 361

与全体国会议员的谈话(一九一八年四月十一日) ………… 362
　　附录　同题异文 …………………………………………… 362
接见国会议员代表的谈话(一九一八年四月十三日) ……… 363
与李执中等的谈话(一九一八年五月四日前) ……………… 364
与某报记者的谈话(一九一八年五月十五日) ……………… 364
与国会议员的谈话(一九一八年五月二十日至二十一日) … 365
在日本门司与记者的谈话(一九一八年六月十日) ………… 366
与泽村幸夫的谈话(译文)(一九一八年六月十日) ………… 367
与头山满等人的谈话(一九一八年六月十一日) …………… 367
　　附录　同题异文 …………………………………………… 368
与神户新闻记者的谈话(一九一八年六月二十三日) ……… 368
抵上海时的谈话(一九一八年六月二十六日) ……………… 369
与吴玉章的谈话(一九一八年七月上旬) …………………… 369
与李宗黄的谈话(一九一八年七月) ………………………… 370
在上海答记者问(一九一八年八月至九月间) ……………… 371
与戊午通讯社记者的谈话(一九一八年十月二十七日) …… 372
与日本松永安左卫门的谈话(译文)(一九一八年十一月十六日) …… 373
与日本驻沪总领事有吉明的谈话(译文)
　　(一九一八年十一月二十六日) ………………………… 374
与日本驻沪总领事有吉明的谈话(译文)
　　(一九一八年十一月二十八日) ………………………… 374
与日本驻沪总领事有吉明的谈话(译文)(一九一八年十二月五日) …… 375
诗学偶谈(一九一八年) ……………………………………… 376
对胡瑛的声言(一九一八年) ………………………………… 376
与王正廷等的谈话(一九一九年一月上旬) ………………… 377
与日本记者大江的谈话(一九一九年四月) ………………… 377
与邵元冲的谈话(一九一九年五月二十日) ………………… 379
对上海学联的口头意见(一九一九年五月二十九日) ……… 379

与邹鲁的谈话(一九一九年五月) ········· 380
与谢某焦某的谈话(一九一九年五月) ········· 381
与何葆仁朱承洵的谈话(一九一九年六月二日) ········· 381
与何葆仁朱承洵的谈话(一九一九年六月十日) ········· 382
与戴季陶的谈话(一九一九年六月二十二日) ········· 382
答日本《朝日新闻》记者问(一九一九年六月二十四日) ········· 385
与常万元的谈话(一九一九年七月) ········· 387
与董昆瀛等的谈话(一九一九年八月二十一日) ········· 388
与张瑞萱等的谈话(一九一九年八月二十二日) ········· 388
与许世英的谈话(一九一九年九月上旬) ········· 389
与王揖唐的谈话(一九一九年九月二十二日) ········· 389
与曹亚伯的谈话(一九一九年九月二十三日) ········· 390
与童杭时的谈话(一九一九年十月十四日) ········· 390
与上海《晨报》记者的谈话(一九一九年十月十六日) ········· 391
与留法学生的谈话(一九一九年十一月中旬) ········· 392
与某人的谈话(一九一九年十一月二十二日) ········· 393
与邵元冲的谈话(一九一九年十一月二十四日) ········· 394
与上海《大陆报》代表的谈话(一九一九年十一月二十六日) ········· 394
与马伯援的谈话(一九一九年十二月一日) ········· 396
与胡汉民的谈话(一九一九年) ········· 396
与马湘的谈话(一九一九年) ········· 397
在上海对美国传记作家林百克的口述(译文)(一九一九年) ········· 397
与马立成等的谈话(一九二〇年一月十四日) ········· 417
与《益世报》记者的谈话(一九二〇年一月二十六日) ········· 418
与张国焘许德珩等的谈话(一九二〇年一月) ········· 420
与张国焘的谈话(一九二〇年一月) ········· 421
与《大阪朝日新闻》记者的谈话(一九二〇年四月四日) ········· 422
与美国拉蒙特的谈话(译文)(一九二〇年四月) ········· 422

与吴廷康的谈话(译文)(一九二〇年春) ……………………………… 423
与波波夫的谈话(译文)(一九二〇年春) ……………………………… 424
与《字林西报》记者的谈话(一九二〇年六月十一日) ………………… 424
  附录　同题异文 …………………………………………………… 426
与上海《大陆报》记者的谈话(一九二〇年七月十六日) ……………… 427
与李朴生等的谈话(一九二〇年夏) ……………………………………… 428
与林百克的谈话(译文)(一九二〇年八月) ……………………………… 429
与黄一欧等的谈话(一九二〇年九月) …………………………………… 430
与刘谦的谈话(译文)(一九二〇年十月五日) …………………………… 430
与上海通讯社记者的谈话(一九二〇年十一月八日) …………………… 431
与《大阪朝日新闻》记者的谈话(一九二〇年十一月十二日) ………… 432
与记者的谈话(一九二〇年十一月二十三日) …………………………… 433
与《字林西报》记者的谈话(一九二〇年十一月二十五日) …………… 433
与《日日新闻》记者的谈话(一九二〇年十一月二十五日) …………… 434
视察观音山的谈话(一九二〇年十一月二十九日) ……………………… 435
与杨西岩的谈话(一九二〇年十一月下旬) ……………………………… 435
关于与段系联络的谈话(一九二〇年十二月二日) ……………………… 435
与陈家鼎等的谈话(一九二〇年十二月三日) …………………………… 436
  附录　同题异文 …………………………………………………… 436
关于西南局势的谈话(一九二〇年十二月五日) ………………………… 437
关于桂军必败的谈话(一九二〇年十二月六日) ………………………… 438
与梁长海伍于簪的谈话(一九二〇年十二月中旬) ……………………… 438
在广州与某客的谈话(一九二〇年十二月二十一日) …………………… 439
与《广州新民国报》记者的谈话(译文)(一九二〇年十二月) ………… 439
与卢宝贤的谈话(一九二〇年) …………………………………………… 440
统一南北意见(一九二一年一月八日) …………………………………… 440
与褚辅成的谈话(一九二一年一月二十三日) …………………………… 441
就陈炯明与国会关系的谈话(一九二一年一月二十九日) ……………… 441

与日本东方通讯社记者的谈话(一九二一年二月十二日) …………… 441
与《字林西报》记者的谈话(一九二一年二月十七日) …………… 442
与美国士提反的谈话(一九二一年二月中旬) …………………… 443
与东方通讯社特派员的谈话(一九二一年二月二十六日) ………… 444
与伍廷芳陈炯明的谈话(译文)(一九二一年三月一日) …………… 445
与某要人的谈话(一九二一年三月十一日) ……………………… 445
与宫崎寅藏的谈话(译文)(一九二一年三月十七日) ……………… 446
与黄璧魂唐允恭等的谈话(一九二一年三月二十八日) …………… 447
与叶楚伧的谈话(一九二一年三月二十九日) …………………… 447
当选总统后与某同志的谈话(一九二一年四月七日) ……………… 448
与美国记者辛默的谈话(一九二一年四月上旬) ………………… 449
当选总统后的谈话(一九二一年四月十四日) …………………… 451
关于西南政务的谈话(一九二一年四月二十六日) ………………… 451
与苏俄记者的谈话(译文)(一九二一年四月) …………………… 452
与陈少白刘成禺的谈话(一九二一年四月) ……………………… 455
就任总统前的谈话(一九二一年五月四日) ……………………… 455
与全国各界联合会代表周某的谈话(一九二一年五月二十六日) …… 456
与工党代表的谈话(一九二一年六月八日) ……………………… 456
　　附录　同题异文(摘要) ……………………………………… 457
与何天炯的谈话(一九二一年七月十九日) ……………………… 457
与何天炯的谈话(一九二一年七月) ……………………………… 458
与蒋梦麟的谈话(一九二一年九月上旬) ………………………… 458
　　附录　同题异文 …………………………………………… 459
与时功玖等的谈话(一九二一年九月十三日) …………………… 459
与美国记者金斯莱的谈话(一九二一年九月十八日) ……………… 460
提议铸造国玺与大元帅印(一九二一年九月二十二日) …………… 461
关于军政府不派代表参加华盛顿会议的谈话
　(一九二一年九月二十八日) ………………………………… 461

与德国驻粤副领事 Wagner 的谈话(一九二一年九月) …… 462
与某人的谈话(一九二一年十月三日) …… 462
接见韩国专使申圭植的谈话(一九二一年十月三日) …… 463
与廖衡酌的谈话(一九二一年十月六日) …… 465
与美国记者辛默氏的谈话(一九二一年十月十二日) …… 466
与廖仲恺的谈话(一九二一年十月十三日) …… 468
与上海《大陆报》记者的谈话(一九二一年十一月上中旬) …… 468
与某要人的谈话(一九二一年十二月五日) …… 469
与吴佩孚代表的谈话(一九二一年十二月五日) …… 470
与美国记者嘉乐利的谈话(一九二一年十二月十七日) …… 471
与陈炯明的谈话(一九二一年十二月二十三日) …… 472
与马林的谈话(译文)(一九二一年十二月) …… 472
与马林的谈话(一九二一年十二月) …… 473
与奉直代表的谈话(一九二二年二月十一日) …… 474
　　附录　同题异文 …… 474
与伍朝枢的谈话(一九二二年三月二十七日) …… 475
与桂林《学生联合会三日刊》记者蔡挺生的谈话
　(一九二二年四月四日) …… 475
与陈炯明交涉之条件(摘要)(一九二二年四月十五日) …… 477
关于南北议和的条件(一九二二年四月十八日) …… 478
与某西报记者的谈话(一九二二年四月二十日) …… 478
与美国《华盛顿邮报》记者的谈话(一九二二年四月中旬) …… 479
与梁鸿楷等各军官的谈话(一九二二年四月二十三日) …… 480
与达林的谈话(译文)(一九二二年四月二十七日) …… 480
与驻粤各国领事的谈话(一九二二年四月下旬) …… 481
与钟秀南的谈话(摘要)(一九二二年四月下旬) …… 481
与《字林西报》记者的谈话(一九二二年四月底) …… 481
就反基督教运动事发表谈话(一九二二年春) …… 484

与马科森的谈话(译文)(一九二二年五月中旬) …… 485
与西报记者的谈话(一九二二年五月二十九日) …… 485
与达林的谈话(译文)(一九二二年五月) …… 488
与达林的谈话(译文)(一九二二年五月) …… 489
在广州接见澳门工会代表团的谈话(一九二二年六月二日) …… 490
与汤廷光温树德等的谈话(一九二二年六月二日) …… 490
与美国教士的谈话(一九二二年六月六日) …… 491
在广东省交涉署与外宾的谈话(一九二二年六月七日) …… 491
关于黎元洪不能复任总统的谈话(一九二二年六月九日) …… 491
与日本朝日新闻社记者的谈话(一九二二年六月上旬) …… 492
与达林的谈话(译文)(一九二二年六月上旬) …… 492
与日本朝日新闻社记者的谈话(一九二二年六月上旬) …… 493
与国会议员的谈话(一九二二年六月十一日) …… 493
与广州报界及各通讯社记者的谈话(一九二二年六月十二日) …… 495
 附录一 同题异文 …… 498
 附录二 同题异文(译文) …… 500
关于曾令海军可炮击陈炯明部的谈话(一九二二年六月十二日) …… 502
在省财政厅对记者的谈话(一九二二年六月十二日) …… 502
在陈炯明兵变前与魏邦平的谈话
 (一九二二年六月十五日夜至十六日晨) …… 502
与林直勉等的谈话(一九二二年六月十六日) …… 503
与达林的谈话(译文)(一九二二年六月十六日) …… 504
与伍廷芳的谈话(一九二二年六月十七日) …… 504
与《大阪每日新闻》记者的谈话(一九二二年六月十八日) …… 505
与陈炯明的议和条件(一九二二年六月十八日) …… 505
与美国领事的谈话(一九二二年六月十八日) …… 506
与海军将士的谈话(一九二二年六月二十三日) …… 506
在永丰舰与多家记者的谈话(一九二二年六月二十三日) …… 507

附录一　同题异文 …………………………………… 508
　　附录二　同题异文 …………………………………… 508
不会在压力下辞职的谈话(一九二二年六月二十六日) ………… 509
在永丰舰接见各界代表的谈话(一九二二年六月二十六日) …… 509
　　附录　同题异文 ……………………………………… 510
与陈炯明调和代表的谈话(一九二二年六月二十六日) ………… 511
　　附录　同题异文 ……………………………………… 511
与驻粤领事团的谈话(一九二二年六月二十六日) ……………… 512
与各界代表的谈话(一九二二年六月二十七日) ………………… 512
　　附录　同题异文 ……………………………………… 513
与陈煊的谈话(一九二二年六月) ………………………………… 513
与达林的谈话(译文)(一九二二年六月) ………………………… 513
与达林的谈话(译文)(一九二二年六月) ………………………… 514
与魏邦平的谈话(一九二二年七月一日) ………………………… 514
在永丰舰答香港《士蔑西报》记者问(一九二二年七月一日) …… 515
在永丰舰上的谈话(一九二二年七月二日) ……………………… 515
与各国驻广州领事团的谈话(一九二二年七月二日) …………… 516
在永丰舰对幕僚的谈话(一九二二年七月六日) ………………… 517
与广州绅商的谈话(一九二二年七月六日) ……………………… 517
与陈炯明调和代表的谈话(一九二二年七月七日) ……………… 517
就在浙江设联邦自治政府答某某问(一九二二年七月七日) …… 518
　　附录　同题异文 ……………………………………… 518
与魏邦平的谈话(一九二二年七月七日) ………………………… 518
与广州劳动者代表的谈话(一九二二年七月八日) ……………… 519
与调和人士的谈话(一九二二年七月九日) ……………………… 519
与夏税务司的谈话(一九二二年七月十日) ……………………… 520
与广州各社团代表的谈话(一九二二年七月上旬) ……………… 520
与日本记者的谈话(一九二二年七月上旬) ……………………… 521

与香港《士蔑西报》记者的谈话(一九二二年七月十一日) ………… 522
  附录一 同题异文 ………………………………………… 523
  附录二 同题异文 ………………………………………… 524
对陈树人的面谕(一九二二年七月十三日) ……………………… 524
表示决不离粤的谈话(一九二二年七月十四日) ………………… 525
与西报记者的谈话(一九二二年七月二十日) …………………… 525
在永丰舰上的谈话(一九二二年七月中旬) ……………………… 525
与外国记者的谈话(一九二二年七月中旬) ……………………… 526
在永丰舰上的谈话(一九二二年七月二十三日) ………………… 526
在永丰舰与随从的谈话(一九二二年七月二十五日) …………… 527
对某军的慰言(一九二二年七月二十六日) ……………………… 527
与某议员的谈话(一九二二年七月下旬) ………………………… 528
允与北方联络的谈话(一九二二年八月五日) …………………… 528
与居正程潜的谈话(一九二二年八月八日) ……………………… 528
在摩轩号舰对幕僚的谈话(一九二二年八月九日) ……………… 529
对陈炯明袭舰计划的谈话(一九二二年八月九日) ……………… 530
在摩轩号舰对幕僚的谈话(一九二二年八月九日) ……………… 530
与陈公哲的谈话(一九二二年八月十一日) ……………………… 531
与蒋介石等的谈话(一九二二年八月十二日) …………………… 531
在邮船俄国皇后号上的谈话(一九二二年八月十三日) ………… 532
在上海接见各界代表的谈话(一九二二年八月十四日) ………… 533
与东方通讯社记者的谈话(一九二二年八月十四日) …………… 534
与某人的谈话(一九二二年八月十八日) ………………………… 534
与□□的谈话(一九二二年八月十九日) ………………………… 534
与上海各团体慰劳代表的谈话(一九二二年八月二十一日) …… 535
与国会议员的谈话(一九二二年八月二十三日) ………………… 535
  附录 同题异文 …………………………………………… 536
与马林的谈话(一九二二年八月二十五日) ……………………… 536

与国会议员的谈话（一九二二年八月二十五日） ……………………… 537
与客人的谈话（一九二二年八月二十五日） …………………………… 537
与日本《大阪每日新闻》驻沪特派员村田的谈话
　（一九二二年八月二十九日） ……………………………………… 538
与上海东方社记者的谈话（一九二二年八月三十一日） ……………… 539
与中国共产党领导人李大钊的谈话（译文）
　（一九二二年八月下旬） …………………………………………… 540
与刘成禺的谈话（一九二二年八月） …………………………………… 541
与刘成禺的谈话（一九二二年八月） …………………………………… 542
对白逾桓的声言（一九二二年八月） …………………………………… 542
与商界联合会代表的谈话（一九二二年九月一日） …………………… 543
与北京代表的谈话（一九二二年九月八日） …………………………… 543
关于借款的谈话（一九二二年九月十四日） …………………………… 544
与格克尔等的谈话（译文）（一九二二年九月二十六日） …………… 544
与郭泰祺的谈话（一九二二年九月二十七日） ………………………… 547
与郦朴的谈话（一九二二年九月三十日） ……………………………… 548
关于时局的谈话（一九二二年十月十六日） …………………………… 549
与东方通讯社记者的谈话（一九二二年十月中旬） …………………… 549
对时局之六项意见（一九二二年十月二十五日） ……………………… 550
　附录　同题异文 ……………………………………………………… 551
与朱德等的谈话（译文）（一九二二年秋） …………………………… 552
与雷彭的谈话（一九二二年十一月一日） ……………………………… 552
与《日本广告报》记者的谈话（译文）（一九二二年十一月二十六日） …… 553
与《日本纪事报》记者约翰·白莱斯福的谈话
　（一九二二年十二月九日） ………………………………………… 554
与北方某氏的谈话（一九二二年十二月二十日） ……………………… 556
与曹锟使者的谈话（一九二二年） ……………………………………… 557
与某记者的谈话（一九二三年一月五日） ……………………………… 557

与《大阪每日新闻》记者田村的谈话(一九二三年一月五日)………… 558
与《字林西报》记者的谈话(一九二三年一月八日)…………… 559
与全国商联裁兵劝告委员代表的谈话(一九二三年一月十日)…… 560
关于陈炯明求和条件的谈话(一九二三年一月十二日前)……… 560
与吴南如的谈话(一九二三年一月十四日)…………………… 560
与国闻通讯社记者的谈话(一九二三年一月十六日)…………… 561
与李希莲等的谈话(一九二三年一月十九日)………………… 562
与记者的谈话(一九二三年一月中旬)………………………… 562
与参议员王用宾的谈话(一九二三年一月二十六日)…………… 563
孙文越飞会谈纪要(译文)(不晚于一九二三年一月二十六日)… 564
对上海《大陆报》发表的谈话(一九二三年一月二十七日)…… 568
与国闻通讯社记者的谈话(一九二三年一月二十七日)………… 568
与马伯援的谈话(一九二三年一月二十九日)………………… 569
与日本《朝日新闻》记者的谈话(一九二三年一月三十一日)…… 569
就江防会议事件的谈话(一九二三年一月下旬)……………… 570
与北京大学学生王昆仑等的谈话(一九二三年一月至二月间)… 570
与王昆仑的谈话(一九二三年一月至二月间)………………… 572
与李日垓的谈话(一九二三年二月八日)……………………… 574
与秘书的谈话(一九二三年二月十五日前)…………………… 575
与马伯援的谈话(一九二三年二月十五日)…………………… 575
与东方社记者的谈话(一九二三年二月十五日)……………… 576
与旅港粤商代表的谈话(一九二三年二月二十日)…………… 576
与东方通讯社记者的谈话(一九二三年二月二十二日)………… 577
在广州宴请各军军官时的谈话(一九二三年二月二十四日)…… 577
  附录 同题异文 578
与某外报记者的谈话(一九二三年二月下旬)………………… 578
与谢持周震麟的谈话(一九二三年三月三日)………………… 579
关于外交问题的谈话(一九二三年三月七日)………………… 579

与学生代表的谈话(一九二三年三月七日) ………………………………… 580
在广州以大总统身份对某君的谈话(一九二三年三月十二日) ………… 581
关于对外关系的谈话(一九二三年三月十三日) ………………………… 583
与广州各报记者的谈话(一九二三年三月十八日) ……………………… 583
与某记者的谈话(一九二三年三月二十日) ……………………………… 584
与广州新闻记者团的谈话(一九二三年三月二十日) …………………… 584
关于沈鸿英与吴佩孚关系的谈话(一九二三年三月二十二日) ………… 585
与某外报访员的谈话(摘要)(一九二三年三月二十四日) …………… 585
在欢宴港商会的谈话(一九二三年三月三十一日) ……………………… 586
与美国布罗克曼的谈话(译文)(一九二三年三月二日至四月二日间) … 587
与外国记者的谈话(一九二三年四月三日) ……………………………… 588
与广东民权运动大同盟代表的谈话(一九二三年四月五日) …………… 589
与黄耀武等的谈话(一九二三年四月十日) ……………………………… 589
与唐宝锷的谈话(一九二三年四月十七日) ……………………………… 590
与报界记者的谈话(一九二三年四月二十二日) ………………………… 590
与王宠惠的谈话(一九二三年四月二十七日) …………………………… 591
与唐宝锷的谈话(一九二三年四月二十八日) …………………………… 591
与王宠惠杨天骥的谈话(一九二三年四月下旬) ………………………… 592
　　附录　与杨天骥的谈话 ………………………………………………… 592
与王亮畴等的谈话(一九二三年五月上旬) ……………………………… 593
与外国记者的谈话(一九二三年五月十五日) …………………………… 593
就沈鸿英部败退梧州的谈话(一九二三年五月十七日) ………………… 594
与叶恭绰的谈话(一九二三年五月十七日) ……………………………… 594
与温树德的谈话(一九二三年五月十八日) ……………………………… 595
与商民代表的谈话(一九二三年五月三十一日) ………………………… 596
与鹤见祐辅的谈话(译文)(一九二三年五月) ………………………… 596
与马林的谈话(译文)(一九二三年六月三日) ………………………… 597
与张开儒等的谈话(一九二三年六月十四日) …………………………… 598

与某外报记者的谈话(摘要)(一九二三年六月十八日) ………… 598
与马林的谈话(译文)(一九二三年六月十九日) ………………… 599
与外国记者的谈话(一九二三年六月二十二日) ………………… 600
否认与陈炯明和解的谈话(摘要)(一九二三年六月二十五日) … 600
在大元帅府与记者的谈话(一九二三年六月二十六日) ………… 601
关于发表对外宣言的谈话(一九二三年六月二十六日) ………… 601
与广东各界代表的谈话(一九二三年六月下旬) ………………… 602
答某外国记者问(一九二三年七月一日) ………………………… 602
赴韶关视察的谈话(一九二三年七月六日) ……………………… 603
与某人的谈话(一九二三年七月六日) …………………………… 604
与曲江县各社团代表的谈话(一九二三年七月七日) …………… 604
与陈独秀蔡和森的谈话(译文)(一九二三年七月十三日) ……… 605
与马林的谈话(译文)(一九二三年七月十八日) ………………… 606
与杨文焰的谈话(一九二三年七月二十日) ……………………… 607
与桂军将领代表的谈话(摘要)(一九二三年七月二十五日) …… 608
与叶恭绰等的谈话(一九二三年七月二十八日) ………………… 608
与桂军代表冯某的谈话(一九二三年七月三十日) ……………… 608
与旅粤桂省人士的谈话(一九二三年七月三十日) ……………… 609
与王永基等的谈话(一九二三年八月十三日) …………………… 609
与广东籍某议员的谈话(一九二三年八月十四日) ……………… 610
与永丰舰官佐的谈话(一九二三年八月十四日) ………………… 610
在大元帅府的谈话(一九二三年九月十四日) …………………… 611
与日本驻粤总领事天羽英二的谈话(译文)
　(一九二三年九月十六日) ……………………………………… 611
与某记者的谈话(一九二三年十月初) …………………………… 612
与鲍罗庭的谈话(译文)(一九二三年十月九日) ………………… 613
与东方通讯社记者的谈话(一九二三年十月十二日) …………… 614
召集党务讨论会会员时的谈话(一九二三年十月十六日) ……… 614

与某记者的谈话(一九二三年十月二十二日) ……………………… 617
与马伯援的谈话(一九二三年十月二十五日) …………………… 617
与梁士锋何振的谈话(一九二三年十月二十七日) ……………… 619
关于与陈炯明和解前提的谈话(一九二三年十月二十八日) …… 619
对海军问题的谈话(一九二三年十月三十一日) ………………… 620
  附录一 同题异文 …………………………………… 620
  附录二 同题异文 …………………………………… 620
与胡思舜等人的谈话(摘要)(一九二三年十一月三日) ………… 621
与滇军军官的谈话(一九二三年十一月四日) …………………… 621
与华北《英文日报》主笔的谈话(摘要)(一九二三年十一月五日) … 622
与冯自由的谈话(一九二三年十一月七日) ……………………… 622
与刘云昭等的谈话(一九二三年十一月十二日) ………………… 622
与冯自由的谈话(一九二三年十一月十六日) …………………… 623
与许崇智的谈话(摘要)(一九二三年十一月十六日) …………… 623
与鲍罗庭的谈话(译文)(一九二三年十一月十六日) …………… 624
与安德森女士的谈话(译文)(一九二三年十一月二十五日) …… 624
与余伯良的谈话(一九二三年十一月下旬) ……………………… 625
与邓泽如等的谈话(一九二三年十一月) ………………………… 625
与《字林西报》主笔葛霖氏的谈话(一九二三年十二月四日) …… 626
与外交团代表的谈话(一九二三年十二月四日) ………………… 626
与伍某的谈话(一九二三年十二月五日) ………………………… 627
与《字林西报》记者的谈话(一九二三年十二月七日) …………… 627
与东方通讯社记者的谈话(一九二三年十二月十二日) ………… 629
与各界代表的谈话(一九二三年十二月十三日) ………………… 629
对广东收回关余公民大会的谈话(一九二三年十二月十六日) … 629
关于广东省应均沾关余税款的谈话(一九二三年十二月十九日) … 630
在岭南大学与外籍教授和学生代表座谈会上的谈话(译文)
 (一九二三年十二月二十一日) ………………………………… 631

附录　在广州基督教学院的言谈概略(译文)
　　(一九二三年十二月二十二日) ………………………………… 632
与日本领事的谈话(一九二三年十二月二十七日) ………………… 633
与李福林的谈话(一九二三年十二月二十七日) …………………… 634
与黄季陆的谈话(一九二三年十二月) ……………………………… 634
与美国格罗弗·克拉克的谈话(译文)(一九二三年十二月) ……… 635
与刘成禺的谈话(一九二三年) ……………………………………… 636
与□□记者的谈话(译文)(一九二三年) …………………………… 636
在大本营军政会议的发言(一九二四年一月四日) ………………… 637
在帅府欢宴各军政长官的谈话(一九二四年一月四日) …………… 639
与美使舒尔曼的谈话(一九二四年一月六日) ……………………… 639
　　附录　同题异文 …………………………………………………… 641
关于时局的谈话(一九二四年一月七日) …………………………… 642
与宋庆龄的谈话(一九二四年一月上旬) …………………………… 643
与鲍罗庭的谈话(译文)(一九二四年一月十五日) ………………… 643
与张国焘的谈话(一九二四年一月二十日) ………………………… 645
与北京《东方时报》记者的谈话(一九二四年一月二十三日) …… 645
对一大《宣言》中"收回租界"等纲领性语言被删的愤言
　　(一九二四年一月二十四日) …………………………………… 646
关于取消总理制成立委员制的说明(一九二四年一月二十五日) … 647
与克拉克的谈话(译文)(一九二四年一月二十七日) ……………… 647
对《依法连署提案》的意见(一九二四年一月三十日) …………… 650
与鲍罗庭等的谈话(译文)(一九二四年一月三十一日) …………… 651
　　附录　同题异文(译文) …………………………………………… 651
与林伯岐等的谈话(一九二四年一月) ……………………………… 652
与黄昌谷的谈话(一九二四年一月) ………………………………… 652
与黄季陆的谈话(一九二四年二月初) ……………………………… 653
与清华大学学生施滉等的谈话(一九二四年二月九日) …………… 653

与王恒等的谈话(一九二四年二月十日) …………………………… 658
对冯自由的声言(一九二四年二月十六日) …………………………… 659
  附录 同题异文 …………………………………………………… 659
与国闻通讯社记者的谈话(一九二四年二月十八日) ……………… 659
与某外人的谈话(一九二四年二月十九日) ………………………… 660
与上海《民国日报》记者的谈话(一九二四年二月二十六日) ……… 661
与上海《民国日报》记者的谈话(一九二四年二月二十七日) ……… 662
与日人某君的谈话(一九二四年二月) ……………………………… 663
  附录 同题异文(译文) …………………………………………… 669
与洪兆麟代表的谈话(一九二四年三月九日) ……………………… 669
与《东方通讯》记者的谈话(一九二四年三月十三日) ……………… 670
与邓演达的谈话(一九二四年三月二十二日) ……………………… 670
与杨大实的谈话(一九二四年三月二十六日) ……………………… 671
  附录 同题异文 …………………………………………………… 671
与香港某电报通社访员的谈话(一九二四年三月三十日) ………… 671
与日本广州新闻社记者的谈话(译文)(一九二四年三月) ………… 672
与邓演达等的谈话(一九二四年三月) ……………………………… 673
与黄季陆的谈话(一九二四年三月) ………………………………… 674
与宋某的谈话(一九二四年四月四日) ……………………………… 676
与谭延闿等的谈话(一九二四年四月上旬) ………………………… 677
与大本营法制委员的谈话(一九二四年四月十八日) ……………… 677
与古应芬等的谈话(一九二四年四月二十日) ……………………… 678
关于台山县自治办法的谈话(一九二四年四月二十七日) ………… 679
与柏文蔚的谈话(一九二四年四月二十八日) ……………………… 679
与日本广东通讯社记者的谈话(一九二四年四月三十日) ………… 680
与黄昌谷的谈话(一九二四年四月下旬) …………………………… 681
与西江联军代表冯某的谈话(一九二四年五月三日) ……………… 681
与邵元冲等的谈话(一九二四年五月十七日) ……………………… 682

与诺尔氏的谈话(一九二四年五月二十日) ……………………………… 682
为省长问题的谈话(一九二四年五月二十二日) ……………………… 682
与邵元冲的谈话(一九二四年五月二十四日) ………………………… 683
与吴廷康的谈话(译文)(一九二四年六月初) ………………………… 683
与某访员的谈话(一九二四年六月八日) ……………………………… 684
与菲律宾劳动界代表的谈话(译文)(一九二四年六月二十三日) …… 685
为广东沙面工人罢工问题与英领事的谈话(一九二四年六月三十日) …… 687
与蒋介石等的谈话(一九二四年六月) ………………………………… 687
就弹劾共产派案的谈话(一九二四年七月二日) ……………………… 688
与杨大实的谈话(一九二四年七月五日) ……………………………… 688
与吴铁城的谈话(一九二四年七月十二日) …………………………… 689
与英国驻广州领事的谈话(一九二四年七月十九日) ………………… 689
与宋庆龄的谈话(一九二四年七月二十八日) ………………………… 690
为广东沙面风潮与英法领事的谈话(一九二四年八月六日) ………… 690
与廖仲恺鲍罗庭的谈话(译文)(一九二四年八月十日) ……………… 690
与军政部长程潜的谈话(一九二四年八月十七日) …………………… 692
与英法两国领事的谈话(一九二四年八月十七日) …………………… 693
 附录 同题异文 ……………………………………………………… 693
与张继的谈话(一九二四年八月二十一日) …………………………… 693
与广州各社团代表的谈话(一九二四年八月二十六日) ……………… 694
与许崇智等的谈话(一九二四年八月二十八日) ……………………… 695
与商团代表的谈话(一九二四年八月三十日) ………………………… 695
 附录 同题异文 ……………………………………………………… 696
在国民党最后一次中央全会上的谈话(译文)
(一九二四年八月三十日) ……………………………………………… 696
与美国布瑞汉女士的谈话(一九二四年八月) ………………………… 699
与范石生廖行超等人的谈话(摘要)(一九二四年九月二日) ………… 701
在北伐第五次军事会议的谈话(一九二四年九月四日) ……………… 701

与孙科的谈话(一九二四年九月八日) ………………………………… 702
与外国记者的谈话(译文)(一九二四年九月上旬) …………………… 702
与日本驻广东某报记者的谈话(一九二四年九月十三日) …………… 703
与东方通讯社记者的谈话(一九二四年九月十三日) ………………… 704
与吴稚晖的谈话(一九二四年九月十六日) …………………………… 704
与日本记者的谈话(一九二四年九月十八日) ………………………… 705
与东方通讯社记者的谈话(一九二四年九月二十日) ………………… 705
与东方社等记者的谈话(一九二四年九月二十二日) ………………… 706
与日文《广东日报》记者的谈话(一九二四年九月二十五日) ……… 706
与许世英的谈话(一九二四年十月一日) ……………………………… 707
与党员同志的谈话(一九二四年十月二十七日) ……………………… 709
在广州与左右的谈话(一九二四年十一月四日) ……………………… 709
与日本驻粤总领事天羽英二的谈话(译文)(一九二四年十一月五日) …… 710
与黄季陆的谈话(一九二四年十一月初) ……………………………… 710
与日本《大阪每日新闻》记者的谈话(一九二四年十一月八日) …… 711
与蒋介石等的谈话(摘要)(一九二四年十一月十三日) …………… 712
与蒋介石的谈话(一九二四年十一月十三日) ………………………… 712
由广州抵香港后在舰上的谈话(一九二四年十一月十四日) ………… 713
与《中国新闻报》记者的谈话(一九二四年十一月十四日) ………… 713
北上前在黄埔军舰上的谈话(一九二四年十一月十四日) …………… 714
与上海新闻记者的谈话(一九二四年十一月十七日) ………………… 715
  附录 同题异文 ………………………………………………………… 715
与上海《申报》记者康通一的谈话(一九二四年十一月十七日) …… 716
与日本记者的谈话(一九二四年十一月十七日) ……………………… 716
答上海《申报》记者问(一九二四年十一月十七日) ………………… 717
与东方通讯社记者的谈话(一九二四年十一月十七日) ……………… 717
与马伯援的谈话(一九二四年十一月十七日) ………………………… 718
与朝鲜吕光先的谈话(一九二四年十一月十七日) …………………… 719

与某君的谈话(一九二四年十一月十九日) …………………………… 719

与随员的谈话(一九二四年十一月十九日) …………………………… 720

与何世桢等的谈话(一九二四年十一月二十日) ……………………… 720

与青年党员某君的谈话(一九二四年十一月二十日) ………………… 721

与国民党上海市各区分部代表的谈话(一九二四年十一月二十一日) 721

与石克士等的谈话(一九二四年十一月二十一日) …………………… 722

与上海《时报》记者的谈话(一九二四年十一月二十二日) ………… 722

与日本记者的谈话(一九二四年十一月二十二日) …………………… 723

  附录 同题异文 …………………………………………………… 724

与驻沪外国新闻记者的谈话(一九二四年十一月二十二日) ………… 725

与身边工作人员的谈话(一九二四年十一月二十二日) ……………… 725

与长崎新闻记者的谈话(一九二四年十一月二十三日) ……………… 726

  附录一 同题异文 ………………………………………………… 728

  附录二 同题异文 ………………………………………………… 728

与日本新闻记者的谈话(一九二四年十一月二十四日) ……………… 729

  附录一 同题异文 ………………………………………………… 732

  附录二 同题异文 ………………………………………………… 733

与望月小太郎的谈话(一九二四年十一月二十五日) ………………… 734

与东亚被压迫民族代表的谈话(一九二四年十一月二十五日) ……… 735

与高木的谈话(译文)(一九二四年十一月二十四日至二十六日间) …… 735

与头山满的谈话(一九二四年十一月二十六日) ……………………… 738

  附录 同题异文(译文) …………………………………………… 739

与福原俊丸等关于中日关系的意见(一九二四年十一月二十七日) … 739

与大阪《英字新闻》记者的谈话(译文)(一九二四年十一月二十八日) …… 740

与《日本年鉴》记者福特的谈话(译文)(一九二四年十一月二十九日) …… 742

  附录 同题异文(译文) …………………………………………… 743

与《告知报》记者代表的谈话(一九二四年十一月三十日) ………… 744

  附录 同题异文(译文)(一九二四年十一月下旬) …………… 747

关于民主政治与人民知识程度关系的谈话
　（一九二四年十二月一日）……………………………………… 753
与门司新闻记者的谈话（一九二四年十二月一日）……………… 754
与来访者的谈话（一九二四年十二月一日）……………………… 757
对天津各界代表的书面谈话（一九二四年十二月四日）………… 758
与日本记者西村等的谈话（一九二四年十二月四日）…………… 758
与张作霖的谈话（一九二四年十二月四日）……………………… 759
与张作霖的谈话（一九二四年十二月四日）……………………… 760
与张作霖的谈话（一九二四年十二月五日）……………………… 760
与张作霖的谈话（一九二四年十二月五日）……………………… 761
与日本某访员的谈话（一九二四年十二月五日）………………… 761
　　附录　同题异文 ………………………………………………… 762
与某要人的谈话（一九二四年十二月七日）……………………… 762
与某人的谈话（一九二四年十二月八日）………………………… 763
与来访者的谈话（一九二四年十二月十日）……………………… 763
与驻津日本领事吉田的谈话（一九二四年十二月十三日）……… 764
答拒毒会某教士问（一九二四年十二月十四日）………………… 764
与随从的谈话（一九二四年十二月十五日）……………………… 766
与许世英叶恭绰的谈话（一九二四年十二月十八日）…………… 766
　　附录一　同题异文 …………………………………………… 767
　　附录二　同题异文 …………………………………………… 767
与杨毓洵的谈话（一九二四年十二月二十日）…………………… 768
与马伯援的谈话（一九二四年十二月二十日）…………………… 768
与刘成禺郭泰祺的谈话（一九二四年十二月中旬）……………… 769
与卢师谛等的谈话（一九二四年十二月二十三日）……………… 769
与李世军的谈话（一九二四年十二月二十三日）………………… 770
与某人的谈话（一九二四年十二月二十四日）…………………… 771
对善后会议的意见（一九二四年十二月二十五日）……………… 771

对黄昌谷的面谕（一九二四年十二月二十七日） …………………… 771
入京后之书面谈话（一九二四年十二月三十一日） …………………… 772
与葛廉夫的谈话（一九二五年一月二十四日） ………………………… 773
与某人的谈话（一九二五年一月二十六日） …………………………… 774
与汪精卫的谈话（一九二五年一月二十七日） ………………………… 774
与宋庆龄的谈话（一九二五年一月三十日） …………………………… 775
与《顺天时报》记者的谈话（译文）（一九二五年一月） ……………… 775
与宋庆龄汪精卫的谈话（一九二五年二月二日前） …………………… 777
对宋庆龄的口谕（一九二五年二月二日） ……………………………… 778
与张静江的谈话（一九二五年二月二日） ……………………………… 778
与泰尔的谈话（一九二五年二月四日） ………………………………… 779
与张静江的谈话（一九二五年二月七日） ……………………………… 779
与叶楚伧的谈话（一九二五年二月八日） ……………………………… 780
与萱野长知的谈话（译文）（一九二五年二月上旬） …………………… 780
与戴季陶的谈话（一九二五年二月十一日） …………………………… 781
对汪精卫的口谕（一九二五年二月十七日） …………………………… 781
对行辕同志的面谕（一九二五年二月十八日） ………………………… 781
与胡适的谈话（一九二五年二月十八日） ……………………………… 782
与汪精卫等的谈话（一九二五年二月二十四日） ……………………… 782
  附录　同题异文 …………………………………………………………… 783
对汪精卫等的口谕（一九二五年三月十一日） ………………………… 785
在病榻前面谕随侍诸同志（一九二五年三月十一日） ………………… 785
与何香凝的谈话（一九二五年三月十一日） …………………………… 786
与何香凝的谈话（一九二五年三月十一日） …………………………… 786
临终前的谈话（一九二五年三月十一日） ……………………………… 787
  附录一　同题异文 ………………………………………………………… 787
  附录二　同题异文 ………………………………………………………… 787
对孙科的遗言（一九二五年三月十一日） ……………………………… 788

与梅屋庄吉的谈话

(一八九五年一月五日)

我从康德黎老师那里得知你是爱中国、关心亚洲前途的人,我明白这是真实的。这是光荣的事,凡是关心亚洲前途的人,无论是谁,都是如此。但是,怎么办呢?昏睡的人太多了,你没有感觉到吗?所以欧美各国都称中国为睡狮。且不说狮子要醒来才有威力。睡觉的中国人虽不是全体国民,但是蒙上眼睛毫无反应的人实在太多了。这是为什么?你也能理解,这是清朝腐败的政治所致。在中国所谓清国仅仅是一个名称,国家只是在形式上存在,实际上等于没有国家。不仅如此,将来沦为欧美列强、白种人的奴隶的命运,也是不可避免的。

像你所说的那样,如允许现在的状态继续下去,中国就会被西欧列强的殖民主义者所瓜分。不独是中国,所有亚洲各国都将成为西欧的奴隶。我的祖国和日本不幸发生战争,但我们非团结起来不可。两国国民互相协助,使中国越过殖民化的危机,是保卫亚洲的第一步。为了拯救中国,我和同志们正准备发动革命,推翻清朝,发誓创立我们汉民族的真正的国家。

据[日]车田让治《国父孙文与梅屋庄吉》(日本六兴出版社一九七九年版),转录自赵金钰《日本浪人与辛亥革命》(四川人民出版社一九八八年版)

与日本驻香港领事中川恒次郎的谈话(译文)①

(一八九五年三月一日)

孙称:本拟于去岁北洋舰队大演习后,即刻举事,乃以失机,以至于今。现广东省对其党徒注目殊为严密,举事非易。且缺乏兵器,因之前来商讨,目前能协助筹借枪炮二万五千、短枪一千枝否?

中川云:小生职在通商贸易方面,概不涉及政治,故有困难。如足下企图可嘉,则小生亦当襄助。愿先详闻足下之目的与方法。

孙答曰:其党称"兴中会",即振兴中国之会,内有哥老会员等。但党员之数难以言明,因稍许活动,即被发觉。苟非确定起义时日,彼此间不得通信往来。然一旦起事,必四方响应。统领乃广东省海南岛人康祖诒(儒者,其著作禁止刊行)、原任神户领事吴(佚名、号汉涛)、曾纪泽之子、某等四人。②

中川问及成功后谁为总统?

孙告以尚未考虑及此,倘能承诺前述资助武器等事,则立即四方奔走,募集党员。

据《中川恒次郎报告孙中山革命活动的信》(何培忠译),载《历史档案》一九八六年第三期(原载[日]狭间直树《原敬关系文书》第二卷,日本放送出版协会一九八四年版)

---

① 原件是日本驻香港领事中川恒次郎写给外务省通商局局长原敬的。他在信中汇报了1895年广州起义时,中川与孙中山交往情况。

② 吴某,号汉涛,名未详,在日本《外务省年鉴》明治四十三、四十四年版"驻神户清国领事馆"领事一览中,1895年前并无一人姓吴。曾纪泽之子,指曾广钧,字馭庵。(底本原注)

与日本驻香港领事中川恒次郎的谈话(译文)

（一八九五年四月十七日）①

孙文称：自澳门近傍运进兵器之计划已成功，只需本邦稍示声援，即可起事。

并言：使两广独立为共和国。

据《中川恒次郎报告孙中山革命活动的信》（何培忠译），载《历史档案》一九八六年第三期（原载[日]狭间直树《原敬关系文书》第二卷，日本放送出版协会一九八四年版）

与陈少白的谈话②

（一八九五年十一月十二日）

革命二字出于《易经》"汤武革命，顺乎天而应乎人"一语，日人称吾党为革命党，意义甚佳，吾党以后即称革命党可也。

据《革命二字之由来》，载冯自由《革命逸史》初集（重庆商务印书馆一九三九年版）

---

① 此件所标时间，系中川向原敬报告的日期。
② 1895年广州起义失败，孙中山偕陈少白、郑弼臣三人自香港亡命日本，船过神户时，三人登岸购得日本报纸，中有新闻一则，题曰：《支那革命党首领孙逸仙抵日》，因有此谈话。

与邓廷铿的谈话①

（一八九六年十月十四日）

邓：我以公事扣你，若论私情，你我同乡，如有黑白不分，被人欺你之处，何妨将此事细微曲折，一一告我。倘有一线可原之路，我亦可念同乡之谊，代求钦差②为你申雪，你亦可回籍再谋生业。况广东近事③，我亦略知，且听你说，看与人言合否。

孙：事可明言，但不知钦差愿意排解否？

邓：钦差最喜替人申冤，只要将实情说出，我必竭力代求。……

孙：我是孙文，非陈姓也。号逸仙。再号帝象，此号是母所名。因我母向日奉关帝像，生平信佛，取号"帝象"者，望我将来像关帝耳。"载之"二字，系由成语"文以载道"而来，并无别情。向在广东洗〔冼〕基设西医局，因治病有效，常与绅士来往。其时北京开强学会，我在省设农学会，总会在厢〔双〕门底，分会在咸虾栏。凡入会者，将姓名籍贯登簿，当发凭票一纸，交其人收执。曾托尚书罗椒生④之侄罗古香向前抚台马⑤说情，请其批准开办，因抚台病，后迁延未批。而农学会早先开办，不过教民种植，意欲开垦清远县之荒田。此田系会中所置，以为如有成效，即可将广东官地一并开垦。入会者有绅士、船主、同文馆学生等人。不料前年九月初八九左右，李家焯

---

① 1895年秋广州起义失败后，孙中山流亡海外。次年9月30日抵英国伦敦，10月11日被清驻英公使馆绑架。邓廷铿，字琴斋，广东三水县人，清使馆译员，绑架计划的执行者之一。是日他再次找孙中山谈话，诱骗孙呈函使馆承认自愿进入使馆，并许以在广州起义问题上帮助孙解脱责任（参阅后文向英国律师卡夫的陈述词）。孙中山是在这种处境中向邓谈及广州起义情况的，谈话内容又为邓记录呈报，某些地方难免与事实有所出入。
② 钦差，指清朝出使英、法、意、比四国大臣（即驻英公使）龚照瑗。
③ 广东近事，指上年广州起义。
④ 尚书罗椒生，指罗惇衍，号椒生，曾任户部尚书。
⑤ 前抚台马，指马丕瑶，1895年广东巡抚，同年病死。

忽然带勇前来,将总会、分会一概查封,在总会查出名册一本,分会查出铁锅二个、大斧多张,并拿去会友数名。其中有一姓陆者①,本系蚕师,过堂苦打,强逼成招,已被正法,其余尚在狱中。所可恨者,绅士如罗古香等则不敢拿。镇涛、广丙两船主②托人取保出去,而事亦了。同文馆学生因是旗籍,亦置不问。独以我为首,专意拿我。且三天之后,又闻有西门丁泥六桶,内系洋枪,由香港付至农学会,亦被李家焯拿住,以为我谋反之据。又在火船拿获散勇五十余名,作为我之党羽,后讯知是台湾散勇,因有二人因别案与陆姓同罪,其余均由总督给资回籍,此非谋反之党羽可立明也。查香港买洋枪,非由的保不卖,若往香港,一查便知虚实,此系李家焯私买废枪以坐我罪也。且我暂避藩署,一经事发,方将托人与陆设法,不料他一见刑具即妄招认,无可挽回。倘有军火,何难电阻?三天后寄来,又谁收谁用耶?

邓:李家焯何故与你为仇?

孙:他之仇我,因机房之事也。缘他部下勇丁直入机房抢丝,被人捉住。李家焯得知,派勇夺回,随往抚辕控告,以不服稽查,挟制官长为辞。有人求我替机房定计,与李互讼。李知事败,以故仇我,即借农学会以控我,指为暗藏三合会,有谋反之举。我之误处,误在专讲西学,即以西国之规行于中国,所有中国忌禁概不得知,故有今日之祸。

邓:前日所说富人,何妨明说③。

孙:谋反之事,我实无之。前日说有人商之于我,意图谋反,此人系广东大绅,曾中进士,并且大富,姓某名某是也(按:此人近颇为当道倚重,或系

---

① 姓陆者,指陆皓东。
② 镇涛、广丙两船主,一指程奎光,广州起义时任镇涛舰管带;一指程璧光,原任广丙舰管带,该舰在甲午中日海战中沉没。
③ 据同一底本所记,10月12日邓廷铿曾与孙中山有过如下一段对话:"(邓)问:'你在广东谋反,因事不密,被人先觉,以致不成,是否属实?'孙答:'我虽有大志,而时尚未至。惟广东有一富人欲谋是事,被我阻之。'邓云:'何不同谋,反阻何故?'孙云:'他是为己,我是为民。'邓云:'请将为己为民四字,明白告我。'孙云:'他之为己,欲得天下自专其利。我之为民,不过设议院、变政治,但中国百姓不灵,时尚未至,故现在未便即行。盖该富人不知审时,我所以阻之也。我素重西学,深染洋习,欲将中国格外振兴,喜在广报上发议论,此我谋反之是非所由起也。'"

孙之妄扳，故删其姓名）①。我行医时，素与绅士往来，惟他尤为亲密。平时互发议论，以为即是国计民生之道，只知洋务亟宜讲求。所说之话，他甚为然，以我之才干，可当重任。故于中日相接莫解之时，专函请我回广东相商要事。我在香港得信即回见他，他曰："我有密事告你，万勿宣扬。"乃述其梦云："我身穿龙袍，位登九五，我弟叩头贺喜。故请你商量，何以助我？"我即问曰："你有钱多少？"他答曰："我本人有数百万两，且我承充闱姓，揭晓后始派彩红，现存我手将近千万，如立行谋事，此款可以动用，迟则失此机会。"我又问："有人马多少？"他云："我有法可招四万之众。"我答云："凡谋事者必要先通在上位之人，方得有济，尔于政府能通声气否？"他不能应。况他之品行最低，无事不作，声名狼藉，我早尽知。他之所谋，只知自利，并无为民之意，我故却之，决其不能成事也。他寄我之函，的系亲笔，虽未将谋反之言说出，其暗指此事可以意会之词，亦可为证。是欲谋反者是他，而非我也。乃李家焯故意张大其词，以重我罪，藩署官场中人及绅士等均有意替我申雪，因事关重大，不敢干预，即递公呈代办亦恐无济。其时制台②派兵搜查，我由藩署坐轿而出，直至火船，径赴香港，幸无人知。此我真有莫白之冤也。李家焯此次害我，不独家散人亡，我所有田地均已被封，不知尚能复见天日、得雪此恨否？况我曾上禀请设内河轮船公司，已蒙张香帅批准，不遇此事，我早往上海开办矣。李家焯之害我，其毒无穷，自我避往香港之后，去年又造谣言，说我私买军火，在外国招募洋匠五千，进攻粤省。我不得已，潜往各国游历。及抵英国，我所往各处均系游玩之所，凡制造军火各厂我概未去，此亦可见我非有谋反之事也。万望钦差代为申雪，俾得回国，另谋事业，断不敢再行为乱。况中国近来颇讲洋务，我意中主意甚多，不难致富，又何必行险耶！你果念同乡之谊，还当代我力求钦差。

据《龚星使计擒孙文致总署总办公函》（光绪二十二年九月二十九日）附录《邓翻译与孙文问答节略》，载吴宗濂编著《随轺笔记四种》卷二（光绪二十八年著易堂印本）

---

① 此富绅指刘学询，原写上姓名，被删去。按语为邓廷铿所加。
② 制台，指两广总督谭钟麟。

与伦敦各报记者的谈话(译文)①

(一八九六年十月二十三日)

关于我自愿进入中国公使馆的说法,是不真实的。当我走近中国使馆时遇到一个中国人,他问我是中国人还是日本人,我说:"我是中国人。"他问我的家乡是哪一省,我说是广东。他便说:"你是我的同乡,我也是广东人。"他和我走了一小段路,这时又出现另一个中国人,他是从我曾被关押的那座大厦走出来,当时我并不知道那就是中国使馆。当这第二个中国人出现时,那第一个人说:"这是我们的同乡",于是我和他握了手。他不是广东人,他并没有讲我的方言。我们谈起别的话题。他们说,伦敦有许多中国人,我们找个时间一起去看望他们。和我谈话的第一个中国人,后来知道他姓邓②。我们谈了一会,第三个中国人又来到,而邓却离去。当我们慢步走经使馆时,那两个中国人要求我进去,我还来不及回答,他们就将我推入门内。我寻找那个姓邓的,他已不知去向。大门随即关上,那两个人强迫我上楼。他们都是大汉,而我却如你们看到的并不健壮。他们无需花多大力气,况且我没有抵抗,抵抗是徒劳的。他们把我带到几层楼之上,可能是四楼,即房屋的顶层,将我推入一间房子,锁上了门。

接着进来了一个白胡子绅士,是英国人,我记得他们称他为马格里③。他说:"这里对你来说就是中国。"我并不完全懂得他所说的含意。他坐下,

---

① 经康德黎等奔走营救及伦敦报界声援,英国政府乃向清使馆提出交涉,清使馆被迫于10月8日下午释放孙中山。孙中山走出使馆后,在白宫区一旅馆接受各报记者十多人采访,这是他接受采访时发表的谈话。但谈话没有结束,就前往苏格兰场。本文最后一段,是他离开苏格兰场回到原先寄寓的葛兰旅店后继续进行的谈话。
② 邓(Tang),即邓廷铿。
③ 马格里(H. Macartney),又译马凯尼,清使馆二等参赞。

问我的名字是否叫孙文。我回答说,我姓孙,叫做孙逸仙,也就是孙文。这个绅士继续说,中国驻美公使来电说孙文乘"麦竭斯底"轮到英国旅行。这绅士随后离去,走前告诉我,我必须在这里等候十八个小时,直到中国总理衙门发来复电。他走后,我听见锁门声,门外不止一人,他们似乎换上了新锁。直至今天以前,我再也见不到那个绅士。

第二天,邓来到我这里,他说:"昨天拘留你是我的职责,公事公办,但现在我要像朋友那样和你谈谈。"他又说:"你还是照实承认孙文为好,否认也没有用,如今一切都安排好了。"我答道:"我猜,如今一切都安排好了,这是生死相关。"我又问:"你能不能告诉我,他们打算如何处置我?"我还说:"我并不认为他们能够把我从英国引渡出去。"他说:"噢,我们没有这个打算,我们要困住你,封住你的嘴,夜间把你带上我们租用的船。"他说,可能是格来轮船公司的船,因为那个姓马格里的绅士与这家公司有交情。在邓对我谈了这些话以后,我感到有些害怕。我对他说:"干这种事得冒很大的风险。要很久才能到达中国,在到达之前也许我会将他们的所作所为公诸于众。"他答道:"噢,你是不可能做到的,我们有四个人监视你,把你锁在船上。"他又说:"如果我们不能把你偷运走,就会在这里杀死你,因为这里就是中国。"

【谈话至此暂停】

顾虑是如此强烈,以致我有几天寝食不安。你们可以判断一下,当我听到邓的这番话时,我会有什么感想:"你在这里实生死相关,你知道吗?"当时他又谈到将要堵住我的嘴,把我装入某个箱子中,在夜间用船运到中国。他说,我是无望逃脱的。我问他,如果他们用这种办法不能把我弄走,会怎样处置我。他说他们会在这里杀死我,将尸体加以防腐,再送回中国执行死刑。因为你们知道,中国的刑罚是对死人也不放过的。接着我问他:"为什么要这般残忍?"他说:"这是中国政府的命令。"又说中国政府不惜以任何代价捉拿我,不论是死是活。至于这次拘留我的缘由,他说,听说那是因为有一份关于改造中国的请愿书呈报到了中国的总理衙门。

【以下是康德黎对记者的谈话,略】

据柯文南寄赠的原文影印件《伦敦与中国电讯报》(The London and China Telegraph)一八九六年十月二十六日《中国公使馆的囚徒,一个奇异的故事——沙利斯堡[①]勋爵进行干预》(A Prisoner at the Chinese Legation, A Strange Story—Intervention by Lord Salisbury)(陈斯骏译,黄彦校)

在伦敦苏格兰场的陈述词(译文)[②]

（一八九六年十月二十三日）

我,孙逸仙,陈述如下。

我来自中国,经由美国于一八九六年十月一日抵达伦敦[③],并往波德兰区覃文省街四十六号探访我的医学老教授康德黎博士。

他介绍我寄寓霍尔庞区葛兰旅店街八号。我来到英国,是为了继续我的医学博士论文。

本月十一日,星期天上午,当我走到波德兰区时,遇见一个身着唐装的中国人。他问我是日本人还是中国人,我对他说是中国人。接着他问我来自中国何地,我答称是广东省,他说他是我的同乡,我们就用粤语进行交谈。我问他姓名,他说是邓琴斋(Tang Kum Chai)。我们边走边谈,直至走近波德兰区四十九号,我不知此处即是中国公使馆。正当这时,门打开了,一个中国人走了出来。邓将我介绍给他,并说他是我的同乡,我和他握了手。另一个中国人从屋里走出来,他们邀请我进内一叙。我四面张望,而邓已不知

---

① 沙利斯堡(Salisbury),又译沙里士堡、沙士勃雷、沙缌伯力、萨里斯伯,今译索尔兹伯里,当时任英国首相兼外交大臣。

② 是日下午孙中山获释后,随同苏格兰场(即伦敦警察厅)侦探长乔佛斯(F. Jarvis)前往苏格兰场,应其要求陈述了被清使馆拘禁的经过。

③ 按,孙中山多次自称于10月1日抵伦敦,但据司赖特侦探社的跟踪报告,抵达时间应是9月30日晚上9时50分。

去向。那两个人挟持我的双臂,把我挽入屋内,并关上大门。

他们将我带到楼上的一个房间,大概是三楼或四楼。他们带我上楼时并未使用暴力。我说我不愿去,他们说你必须上去。我看见他们把门锁上,晓得抵抗是没有用处的。我和那些人进入房间,随即来了一个留着灰白胡子的男人,他便是我现今所熟知的马格里爵士。他说,你现在就在中国,这里就是中国。他接着说,你的名字叫孙文。我说,我姓孙。他又说,中国驻美公使来电说孙文乘"麦竭斯底"轮来英,并要求驻英公使在他到达之后加以拘留。你必须留在这里,直到总理衙门回复我们的电报为止。我问需要留多长时间,他答称大约要十八个小时。他走了,就把我关在房间里,并安排几个人守在门外。我始终呆在这个房间里,一直到今天下午五点钟为止。房里有床和马桶供我使用。当我需要食物时就敲门,门打开后便送进食物;如果我不提出要求,食物就不会送来。头两天窗户开着,我便写了一些便条投掷到邻屋,希望我的处境能为外界所知。有些便条被使馆人员所发现,于是他们将窗户拧紧,以防我打开。

在我被关押后的第二天或第三天晚上,邓前来找我,说:头一天拘留你是我的职责,但现在我要像朋友那样来和你交谈。我问他,我如今是在英国,中国公使能奈我何。他说,"不",这使馆就是中国。我说,如果我能离开,我就要穿过街道到外面去,并会为取得别人帮助而叫喊起来。他答道,会把你绑起来,堵住你的嘴,装入箱子或袋子里,在夜间运上船。这里我要提及,邓初次来到我的房间时曾说,你在这里实处于生死关头。我问他这是什么意思。我说,我现今在英国,有英国政府的充分保护。邓是使馆的官方译员。

我问他,怎样把我从英国带走,邓说,已租下一艘船要把我带到中国,那可能是格来轮船公司的船只。我说,他们这样做要冒很大的风险,他答道,将有四个人在船上监视我,而且不准我在船上和任何人通消息。我又说,如果不能把我运走,他们下一步将会怎么办。他说,就在使馆里杀死我,将尸体加以防腐,再送回中国执行死刑。我问,他们为什么要这般残忍,他说,政府不惜以任何代价捉拿你,不论是死是活。

依照中国法律,人即使已死,仍要戮尸。

我对邓说,你像朋友那样来看我,能帮助我脱险吗?他说,今晚或明晚也许能办到。他走了,以后我再也没有见到他,也未发生过什么事。一直到了今天下午五点钟,房门打开了,一个中国人说要我下楼去见马格里爵士。我下楼去见他,当时他把这些钱币递给我,这是我用来包在便条里面的,被拘禁的头两三天我把它们投出窗外,被使馆人员所拾获。马格里爵士没有和我谈话,但我听到他对侦探长乔佛斯说,他代表中国公使行事,他将我交出,并未使公使馆拥有的外交特权或其他权利受到任何损害。

孙逸仙(签名)

以上陈述词是艾伦(P. S. Allen)和我本人在场时作出。曾向孙宣读,他说其内容完全正确。

侦探长乔佛斯(签名)
一八九六年十月二十三日

据柯文南寄赠伦敦国家档案局藏英国外交部档案(英文打字件)影印件——一八九六年十月二十四日乔佛斯报告书《孙逸仙被中国公使释放》(Sun Yat Sen Released by Chinese Minister)附件(陈斯骏译,黄彦校)

与伦敦《每日新闻》记者的谈话(译文)

(一八九六年十月二十三日)

孙逸仙:"很抱歉,康德黎医生并没有说你是代表那家报馆的。"

记者:"《每日新闻》。"

孙逸仙笑着说:"那么,我当然会毫无保留地把所有你想知道的事情都告诉你。"

说话间,孙逸仙出示半版新闻纸,上面曾用墨水写了下列打字:"敬请公众注意：我孙某人，被中国公使馆绑架并拘禁已有七天。且将被偷运返回中国斩首。捡得此字条者，请送覃文省街46号康德黎医生，以便拯救。"

报纸的另一面则写道："请看反面"。

记者："这就是你在被囚期间所写的。"

孙逸仙："对。我把它扔出窗外。但话还须从头说起。星期日早上，11点钟左右，我在街上遇到一名华人。他问我是日本人还是中国人。"

康德黎医生打岔说："就在钵兰大街或附近。他自己也不知道身在何方，因为他对伦敦是几乎完全陌生的。"

孙逸仙继续说道："我告诉他我是中国人。'噢，'他说：'我们是同乡。'我们谈了一些有关中国的事情。当我们走近一座房屋时，另一华人又出现了。第一位华人就对介绍说：'这是我们的同乡。'我们握手，并寒喧〔暄〕数语。第三个华人来了，我们握手寒喧〔暄〕如故。此时我的两侧各有一人。他们坚邀我与他们共同进入公使馆。我要找第一位华人时，他已不见踪影。我跟他们进去后，大门立即上锁。我知道不妙。开始高呼，大叫'邓！'——那是第一位华人告诉我他自己的名字。但那管什么用？我知道我已掉进陷阱。他们要我上楼。因为抗拒是没用的，我只好随他们登楼。他们安置我在一间房子里，而马格里立即就进房来了。"

记者："你指哈利地·马格里？"

孙逸仙："是。他第一句话就说：'你现在身处中国。这儿就是中国。'我不明白他这句话的含义，并想问他。但他已抢先发问：'你的名字叫孙文？'我答道：'我姓孙。'他说中国驻美公使已发出电报说：'孙文坐雄伟号赴英'，并要求就地逮捕他。接着马格里补充说：'我们已向总理衙门发了电报，所以你必须在此等待回音。'我问我须要等多久。他说18小时。说毕就离去，直到今天与他重逢以前再没有见过他。"

记者："你此后的经历又如何？"

孙逸仙："他离去后，房门立即上锁。并有两三人日夜站岗，看守着我。"

记者："在房内？"

孙逸仙："不。在房外。我开始尝试请求那些英仆代我带讯到外边去。但他们躲避开我。于是我把字条掷向窗外。"

记者："你的房间是向前或向侧,以致条子能掉落街上?"

孙逸仙："都不是。向后。我要字条掉落邻屋的屋顶。他们发现后,就把窗户钉死。把我身边所有的纸、笔、墨都通通带走。翌日子夜时分,邓来访说:'昨天是公事公办。今晚我是以朋友的身分来跟你谈谈。'我便问他有何话说。他说:'我之来访,与你生死攸关。'他说一切均由公事定夺,又说如果我有什么冤情,可直言不讳。我说:'我身在英国,我认为我是受英国政府充分保护的。'他便重复马格里之言,谓公使馆即中国领土,英国政府亦无奈何。我问他,他们准备怎样处置我。他说他们打算把我偷运出境:先是五花大绑,塞着嘴,放进箱子里或麻布袋里,摸黑送上预先租好的火轮船。我说:'那样风险很大的。在航程中我会求救。'他说我别妄想,因为我将会被关在舱房里被看守着,一如在公使馆那样。我将没有机会与任何人通消息。我问他,若公使馆没法把我偷运出境的话,他们下一步将会怎办? 他说,在公使馆里就地处决,将尸体加以防腐,再运回中国斩首。"

记者："将死尸斩首?"

孙逸仙："对。按照中国法律,人即使已死,仍要戮尸。我接着对邓说,你自称像朋友般来访,能救我出去吗? 他答应了想法子放我出去,言毕即离去。今天下午当邓再次来访,并说是马格里要见我时,我不知已发生了什么事。我下楼,即见到康德黎医生及其他几位我认识的人,我知道我已得救。"

记者："你是白莲教分子吗?"

孙逸仙："不。那完全是另外一回事。我们是一种新的运动,成员都是久居海外、受过教育的华人。"

记者："你们的运动是中日甲午战争爆发以前就开始了?"

孙逸仙："对,战前不久。"

记者："你们的一些成员已经遇难了?"

孙逸仙："是的,大约一打。在中国,他们动辄将人斩首。"

记者祝孙逸仙晚安。

据黄宇和《孙逸仙在伦敦,1896—1897:三民主义思想探源》(台北联经出版事业股份有限公司二〇〇七年版)(译自伦敦《每日新闻》)

与伦敦记者的谈话

(一八九六年十月下旬)①

我向地温些街②欲往教堂,遇有一中国人,问我是中国人抑日本人,我答曰:"中国广东人。"他认为乡亲。后又来一人,强我同往他等寓所吸烟;对以未暇,因康德黎③医生在教堂等候。后又来一华人,先遇者离去。其后我等行至一住宅门口,双扉大开,两人分立身旁,强我进去。讵知足甫入门,即被关禁,不胜惊骇。后察知该处为中国钦署,缘该署已接到华盛顿消息,饬令侦伺于我。该署使人往康德黎医生住宅取我之文件,康宅以我外出却之;若由文件中搜出党员名单,则国内有许多人不免矣。该署又议定办法,在船赁妥船位,载我回国,将我暂时隐藏在此候船。

……我被困于一房十二日,看守严密,候船将我作狂疾人解回中国。若无我之教师康德黎医生住在英京,断无逃脱之望。经数次失效,始能通出消息。

据陆文灿《孙中山公事略》(广东翠亨村孙中山故居藏稿本)

---

① 底本未说明时间。孙中山获释后的数天内,伦敦各报纷纷前往采访,本篇谈话时间即据此酌定。

② 地温些街,原文 Devonshire Street,另译覃文省街。

③ 底本原作"康特黎",今按一般译法酌改为"康德黎"。

向英国律师卡夫所作的陈述词(译文)①

(一八九六年十一月四日)

我住在葛兰旅店街八号。我于一八九五年九、十月间离开香港,途经山域治群岛(Sandwich Island)②和美国,旅行到这里。我在纽约逗留了约一个月,在旧金山两个月。在这段时间里,我始终希望回避中国当局,并不知道中国领事馆在什么地方。我在纽约见到我的许多同胞。我没有想到,他们之中有谁会与中国领事馆发生联系。在美国时,我曾把自己的姓名告诉给我的同胞。我搭乘"麦竭斯底"号来英国,用的是逸仙这个名字。我姓孙,但中国人有几个名字,逸仙是朋友们对我的习惯叫法,我的另一个名字是文。

十月一日,我从梨花埠③来到伦敦。在梨花埠,我没有去探望我的任何同胞。我有理由估计到我的行动已受到注意,因为我知道中国政府经常在监视我。我在梨花埠尽量不露形迹。我在美国时便已获悉,有人在特别注意我。我抵达伦敦后首先到赫胥旅馆投宿,在那里住了两三天。

到达后的当天上午,我首先去拜访康德黎博士。我到达伦敦时很迟,大概是深夜十二点钟。我和康德黎博士商量往何处下榻,他领着我到葛兰旅店街八号,即我目前的住所。

在伦敦最初那几天,我经常去看望康德黎博士和孟生④博士,几乎每天都去康德黎博士家。我和孟生博士有过一次关于去中国公使馆的谈话。我

---

① 卡夫是英国财政部法律顾问,受内务部之托调查绑架孙中山事件真相。是日邀约孙中山到财政部陈述事件经过,由卡夫记录并于12日呈报内务部。他在调查报告中认为孙中山所述与事实相符。
② 山域治群岛,夏威夷群岛的别名,今译桑威奇群岛。
③ 梨花埠(Liverpool),今译利物浦。
④ 孟生(P. Manson),又译孟臣、万臣、门森,原香港西医书院首任教务长。

问他,如果我到那里去是否明智。他说"不"。我回想,我首先提出的问题是:"这里的中国公使是谁?"接着又问他:"你以为我去使馆访问任何人是明智的吗?"而孟生博士说:"不。"我没有问使馆在哪里。我并不知道使馆的地址,直到我在那里被捕才知道。我没有问过康德黎博士或孟生博士,使馆在什么地方。

初到伦敦的那些天,我的时间主要是用于游览。我曾到南甘星敦博物院和大英博物院,有一天还到过水晶宫。

星期六,即十日,我到过摄政公园、动物园和植物园。我去那里时是上午十一二点钟,一直逗留到下午三点钟。然后,我去到霍尔庞,四点钟左右返回寓所。从那以后,我除了只在附近进餐外,再没有外出。

星期日那天,我在八点半或九点起床。我在寓所吃早餐,十点半或十一点外出。我打算到康德黎博士家去。我乘公共汽车到牛津广场,然后步行到波德兰区。这是我惯常的走法。约在十点半或十一点我到达波德兰区,在那里遇见了邓。以前我和他素不相识。我是在街上遇见他的。见到一个本国同胞,我颇感惊奇。他走近我的身边,问我是日本人还是中国人。我说,我是中国人。接着他问我的省籍,我说:"我是广东省人。"我们互通姓名,我说"我姓孙",他说他姓"邓"。我问:"在伦敦有多少中国人?"他说:"有很多。"我问他们居住在哪里,他说:"噢,有的住在码头,有的住在东区(the east①)。"我问他住在何处,他指着对面,即离公使馆远一点的地方,说:"那就是我的住所,那里就是。"接着,我们正好走到使馆门口附近,在那里停下脚步。我们走得很慢。我和他只交谈了几分钟。然后出来了另一个中国人,邓对这人说我是他们的同乡,于是我们互相握握手。我们渐渐走近使馆的门阶,第三个人走了出来和我交谈,要求我入内谈谈。这时邓已不知去向,他从小路走开了。我没想到已经来到使馆,我寻找邓,是要问他这是什么地方。当邓离开我们并让我和那两个中国人在一起时,我们正站在门廊内;而当那两人要求我入内谈谈时,我就开始寻找邓。他们说:"噢,让我

---

① 应为 the East End,伦敦劳动人民聚居区。

们进去吧。"还动手挽我,但并未真正使用暴力,他们的态度是友好的。他们半挽着我进去,我还把他们当作朋友。进入屋内时,我听得门被锁上了。我看见里面有不少中国人,一些就在大厅里。我记不起当时是否有英国仆役在场。当那最后一个中国人走出来时,正门原是开着的。在我入内和被锁上门以后,那两个人就要求我上楼。门上锁时我已开始有些怀疑,还想找邓解释此事,但他并不在场。接着那两个人开始强迫我上楼,他们的语调变得生硬起来,从我进屋后他们的友好态度就变了。我得出结论,我已落入了圈套。他们不客气地说:"上楼去。"我说:"这是怎么一回事?"他们说:"不必担心,上楼吧。"这时大约是十一点钟。我走进了一个房间,我想这是二楼,在那里歇了一会。当我进入房间时,里面有一两个中国人。我不知道他们的姓名,他们没有和我交谈。我只在那里停留了很短的时间。接着又要我登上另一层楼。我被那两个带我入屋的人弄到那里,另外还有几个人在前后跟着。进入另一间房子后,只剩下了我一个人。

一个英国人(马格里爵士)走进房来,找我谈话。在场的只有我们两人。这英国人讲的头一个话题是:"对你来说,这里就是中国。"这句话他重复了两次。我们两人都坐下,他问我:"你的名字叫孙文吗?"我说:"我姓孙。"他说:"我们接到中国驻华盛顿公使来电,说孙文已乘'麦竭斯底'号来英国。"他问我,在"麦竭斯底"号轮船上有没有别的中国人。我说:"没有,只有我一个中国人。"我过去从未见过这个英国人。对此,我完全可以肯定。

我晓得马格里爵士曾投书报界,说我在星期六来过使馆。我可以肯定,不论是星期五或星期六我都没有到过那里。我以前也从不曾到过那里。

马格里爵士说:"不久前你曾经上书总理衙门,那会受到很大的重视,而现在总理衙门正需要你,你必须在这里等待我们收到复电。"我问他要等多久,他说:"要有十八个小时,我们才能收到复电。"然后,他要求我把行李取来。我说:"我的行李在我的朋友家里。"他要我写信给旅店,我说:"我并不住在旅店。"他问我住在哪里,我说:"孟生博士知道我住在哪里,你可以为我递交一封信给孟生博士吗?他会把我的行李妥贴地捎来。"他说:"行,我们可以为你办这件事。"于是他把墨水和笔递给我,我写好了信,他要求我在封口前读一读。我写的是:"我被监禁(confined)在中国使馆里。"他说:"我不喜欢'监禁'这个字眼。"我说:"那我该怎么写?"他说:"简单地写上'把我的行李送来'。"我说:"他们不知道我在什么地方,是不会把行李送来的。"第二封信我是这样写的:"我在中国使馆,请将我的行李送来。"他说:"发出这信之前,我必须请示公使。"他拿着信走了。以后直到我离开使馆时,再也没有见过他。他走后,门关上并换了新锁。门外有两三个人日夜守卫。窗户用四、五根铁条接连的竖栏隔住。不久,他们派一个仆人来点灯。到了傍晚,又有一个英国女仆进来整理床铺,我没有和她谈话。她是一个中年妇女,我不知道她是谁。

我认识了柯尔,那天我见到他。我没看见那上锁的人,是在门外上锁的。

星期一,我和柯尔交谈了一会。有两个英国仆役轮流监视我。我给他们几张字条。我还把一些字条抛到窗外,但被使馆人员所拾获,自此以后窗户就拧紧了。就我所知,那些人把我给他们的便条交给了马格里爵士。我把钱币放进一些便条里以增加重量,因为那些仆役说他们无法离开使馆,我便叫他们把便条抛出窗外,我把钱币放在里面好使它们够重。后来当我离开使馆时,马格里爵士把这些钱币交还给我。

我被锁在房里时,看到了一些中国仆役。我没有打算让他们帮助我。我再次见到邓,但记不起在哪一天,那是他们拾获我抛出去的便条之后。邓来找我,对我说,他得到了我写给康德黎博士和孟生博士所有的信件。于是我吃了一惊,知道那些仆役已经把我出卖,同时我想到,如果仆役们不能帮助我,我就别无渠道与外界联系。邓对我说:"你来到这里,实生死所关,你知道吗?"他接着又说:"什么都不承认对你是没有好处的,你当然就是孙文了。"我一言不发,于是就开始谈一些别的事情。他称赞起我来,说:"你的名字在中国是众所周知的,你非常出名,人人都知道你。"这些话是用中国语说的。说完这些话后,他开始对我说,他拘留我是公事公办,但现在就像朋友那样来和我谈话。我问他,他们打算把我怎么样。我说:"我不认为他们在这里能够办成任何事情。我不认为英国政府会因政治罪名而把我交出去。"他说："对，我们并不打算要求英国政府交出你，我们是要把你送去中国。"我问："用什么办法？"他说："我们将要堵住你的嘴（他打手势），捆将起来，装入袋中，把你带到我们已租下的轮船上。"我想，他说的是属于格来轮船公司的一艘轮船。我说："那是一个重大的谋害事件，对英国也将是一种严重的违法行为，我在船上也许能得到一个机会将消息传出去，让人们知道这件事。"他说："你不会有机会这样做，我们在船上就像在这里一样囚禁你，有几个人监视你，把你锁在房里，我们不会让你在船上和任何人交谈。"他还说："如果我们不能把你偷运走，就会在这里杀死你。"他说："使馆就是中国，我们在这里可以为所欲为。"然后他又提出要帮助我，说："我得设法让你出去。"还说他们打算在使馆杀死我，再把我的尸体送回中国去受刑罚，去履行死刑。于是我问他："为什么要这般残忍？"他说："这不是我们的意愿，这是中国政府的命令。中国政府不惜以任何代价捉拿你，不论是死是活。"接着他告诉我，我是没有指望的。我说："你说你要像朋友那样行事，却没有帮助我。"他说，那正是他来找我谈话的本意——如何帮助我脱险。我问他我该做些什么，公使有什么打算。我问他，我是否可以见见公使。他说："不行，公使身患重病。"然后，他提出要我写一信替自己辩解，说我不曾参加广州谋反，这样他就可以为我向公使说情。我的笔和墨水已经被拿走，我说："我非常乐意写，你的考虑好极了。"接着，他给我墨水和纸，我问他怎么不给我毛笔，因为我用中文写会比英文更好些。他说："写给公使是没有作用的，我要你写给马格里爵士。公使只不过是摆样子的，而马格里事事通晓。我要你写信给马格里，请求他宽恕。"随后，他就开始口授。他要我首先说明，我与广州谋反一事无关；说我参加谋反是不真实的。他说，最后一件事是"你亲身前来这里，打算请求公使帮助，使你的名字在国内不受牵连"。我把这些话写了下来。我这样做，因为我考虑到这是我得以离开那里的唯一途径。我认为他们会把我递解回中国，而从未想到会重获自由。

且莫提监禁了，我不能埋怨我受到的待遇。他们根据我的要求供给食物。

我几乎忘记计算时日,因为我每天晚上都难以入睡,我是如此焦虑不安。

在星期五或星期六,我第一次得知已经替我将那些信送了出去,柯尔告诉我这件事。几天前我曾经请他帮助,搭救我的性命。大概是在星期五早晨,我指望另一个仆人进来,但来的是柯尔。我和他交谈,说:"你能帮助我做点事情吗?"他说:"我不知道你想做什么。"然后我告诉他,这是一起政治事件。"我是一个好人,并不是疯子。"我把我的处境比作亚美尼亚人(Armenians)①,说明与社会主义者毫无关系。我说:"如果你能把信带出去交给我的朋友,我想,我就能够在英国政府帮助下脱险。"他说:"我不知道政府是不是会帮助你。"我说:"把我关在这里,如此严密地监视我,这是非法的。"我要求他认真考虑这件事,再告诉我是不是愿意帮助我。我说:"像你早先那样许诺我是没有用处的,还是告诉我,你究竟是否愿意帮我的忙。"他说:"好吧。"

我等到第二天早晨(即星期六),他把一张纸条扔进房里。当时有一个中国仆役在房外监视,门锁上后,我读了柯尔扔进房来的那张纸条。他在纸条上说,他愿意为我送信,要我把信写好,但不要在桌子上写,因为他们从钥匙孔中能瞧见我,可以在床上写。我在我的名片上写了几个字,由他送给康德黎博士和孟生博士。我得到答复,收到康德黎博士一张名片,上面并有孟生博士的签名。这时我的心情愉快一些,但仍有些怀疑。接到这张名片后,我又收到了康德黎博士的几张名片,都是柯尔送来的。孟生博士的签名不能使我完全振作起来,我考虑到,他们可以随便从什么地方弄到康德黎博士的名片,因此,我要求柯尔去请康德黎博士写几个字给我。于是,康德黎博士在一张小纸条上写了几句话给我。

叫我下楼之前,我并不知道我会获释。

当我进入使馆到离开之前,只见过马格里爵士一面。我没有从他那里

---

① 孙中山说明自己作为基督教徒受清廷迫害,就如信奉基督教的亚美尼亚人惨遭土耳其苏丹杀戮一样,因当时英国公众对亚美尼亚人的处境深表同情,故想用这一譬喻来打动柯尔。

得到任何讯息。离开时,他没有和我谈过话。在我写了那份书面报告之后,我曾和邓谈过一阵子。我既不责怪他用这种手段把我拘留到使馆,也不责怪他对我提及他本人拘留我的事情。

我所写的那份书面报告是不真实的。我之所以这样做,是因为邓说过,如果我写下那些话,他就可以设法帮助我出去。那些话是他吩咐我写上的。他要我这样说,我从中国逃了出来,打算拜见任何一位中国驻外使节,请求他们为我解脱嫌疑。他要我写这报告,说如果按这个方式写好,他可以帮助我脱险。当时,我没有别的指望,所以就照他的吩咐做了。他对我说,我是从美国来,并要我写上我曾经到过中国驻美使馆,为着去见那里的公使。我在报告中写了这些内容,还写上驻美公使不愿倾听我的意见,所以我来到英国向这里的中国公使提出请求。

我和邓交谈时,他没有提及任何轮船的名称,但是他提到了格来轮船公司,说那个公司的人是马格里爵士的朋友。

离开使馆后,我和侦探长乔佛斯等人去到苏格兰场,康德黎博士陪同前往。在苏格兰场,我没有和康德黎博士同在一间房,而是进入另一间房。房里有一位绅士,他要求我提供一份陈述词。我没有说,"我要求提供一份陈述词"。我是应邀到苏格兰场的,是侦探长乔佛斯要求我去的。我在苏格兰场作了一次简短的陈述。

那时我十分虚弱。我在使馆时很少睡眠。我想,我在苏格兰场大概是逗留了一个小时。要求我陈述的那位绅士把我说的话记录下来。他只是听不清楚时才在很少几点上向我提问。

我现年三十岁。在邓问及我是不是日本人之前,我常常被人误认为日本人。

绑架我的那两个人,从服饰上看,我以为他们是商人。进入那座屋子以后,我感到惊奇,他们怎么会有这样大的房屋。在我们进入这屋子之前,我和这两个中国人很少交谈,因为他们的方言与我并不相同。

我可以肯定,在星期日我被带入使馆之前,我从来没有到过那里。那一次,是我到使馆唯一的一次。那么,我简直无法想象,马格里爵士以前竟曾见过我进入使馆。

孙逸仙(签名)

据柯文南寄赠伦敦国家档案局藏英国外交部档案(英文打字件)影印件——英国内务部致外交部公函(一八九六年十一月十六日收到)附件四,一八九六年十一月四日孙逸仙陈述词(陈斯骏译,黄彦校)

与《伦敦被难记》俄译者等的谈话(译文)①

(一八九七年初)②

【当后来将《伦敦被难记》译成俄文的那位俄国人到来之前,谈话已进行了一些时候。下面是他到来后继续下去的谈话。】

谈话者:那么,您相信在中国有可能爆发一场进步的人民运动吗?

孙逸仙:噢,当然啦。目前中国的制度以及现今的政府绝不可能有什么改善,也决不会搞什么改革,只能加以推翻,无法进行改良。期望当今的中国政府能在时代要求影响下自我革新,并接触欧洲文化,这等于希望农场的一头猪会对农业全神贯注并善于耕作,那怕这头猪在农场里喂养得很好又能接近它的文明的主人。

谈话者:您希望在中国有什么样的制度来取代现存的制度呢?

孙逸仙:我希望有一个负责任的、有代表性的政体。此外,还必须使我们的国家对欧洲文明采取开放态度。我不是说,我们要全盘照搬过来。我们有自己的文明,但是,因为无法进行比较、选择而得不到发展,它也就停滞

---

① 据底本说明,此次谈话在伦敦报纸报道孙中山被绑架消息数星期后的一个星期三进行,地点在英国人克雷格斯寓所,共六人在座。晤谈中,孙中山向一俄国人推荐他的英文著作《伦敦被难记》;年底由后者译成俄文全文发表。此俄译者未署名,本文中"俄国人"即指他。其余谈话者姓名亦不详。

② 据黄宇和分析,此谈话可能是在 1897 年 1 月 22 日。(参见黄宇和《孙逸仙在伦敦,1896—1897:三民主义思想探源》,台北联经出版事业股份有限公司 2007 年版)

不前了。时至今日,这种文明已经和人民群众完全格格不入了。

谈话者:换句话说,您是希望中国大体上能出现日本那样的变化了?

孙逸仙:对。不过,日本的文明其实就是中国的文明,它是从中国传入日本的……

俄国人:嗯,您的党控制的那些秘密会社聚集了许多会员吗?

孙逸仙:要知道,这些会员的人数我恐怕算不准,但我可以告诉您,在我们的中心省份湖南和湖北,有四分之三以上的居民都加入了秘密会社。

谈话者:四分之三的居民?!

孙逸仙:是的。东南各省也遍布着许多秘密组织,甚至在中国的其他地方,这些组织都在蓬勃发展,尽管不像上述省份那样起到举足轻重的作用。这些秘密组织的所有成员,看来正准备拿起武器;但是,要有武器才行,此外还多少需要把握住各种有利的时机。无论如何,人民的起义只不过是一个时间问题而已。

据王冀寄赠的原文影印件《俄国财富》(*Русское Ботатство*,一八九七年第十二期,彼得堡同年十二月俄文版)《比神话还要离奇:中国医生孙逸仙叙述他在伦敦被拘禁的经过》(*Невероятные сказки: Рассказы доктора-китайца Сунь Ять-Сень о его похищении и заточении в Лондоне*,即《伦敦被难记》的俄文标题)俄译者前言(王超进译,蔡鸿生校)

与李提摩太的谈话(译文)

(一八九七年二月十八日)

孙逸仙自中国公使馆脱险后不久,就到我当时在伦敦的旅寓来看我。他既感谢我通过拯灾和发表文章而为中国所作的一切,又痛斥满清的苛政和腐败。他认为所有的满洲人都是坏蛋,并认为只要把满州〔洲〕人赶跑,由汉人重新执政,中国就万事皆吉。我指出,他这种看法是错误的。熟读中国历史的人都知道,满洲人像汉人一样,有好有坏。光是改换政权而不进行基本的改革,就像把一枚劣币颠倒到另一面,仍然是一枚劣币。我认为,中国所需要的,不是革命,而是改革。但是,他听不进去,仍然拼命地宣传革命。

据黄宇和《孙逸仙在伦敦,1896—1897:三民主义思想探源》(台北联经出版事业股份有限公司二〇〇七年版)(译自《李提摩太自传》)

访日本横滨警察署的谈话(译文)①

（一八九七年八月十七日）

本人此次因事于本月十六日搭英轮印第安号来抵此地,现寄居于陈璞家中。本人自英国动身时,有清国官员一名跟踪同抵本地②。鉴于日本帝国之国权,本人在日本帝国境内居留期间,当不致发生无故被清国官吏非法逮捕或本人之意志横遭限制等情事,本人对此确信不疑;但既有上述情况,希能给予直接或间接之保护。本人在英国居留期间亦曾得到同样之保护。

据邹念之译《日本外交史料馆藏孙中山资料选译》,载《历史档案》一九八六年第四期

与宫崎寅藏平山周的谈话(译文)③

（一八九七年八月中下旬）

宫崎问曰:君志在革命,仆知之,但未悉其详。愿君将革命之宗旨与方

---

① 1897年8月16日孙中山由加拿大抵日本横滨,17日经陈璞的介绍,前往警察署长之官邸造访。
② 清国驻英公使馆三等书记官曾广铨跟踪孙中山,由伦敦同抵日本。
③ 孙中山于是月16日抵横滨。约数天后日人宫崎寅藏(号白浪庵滔天或白浪滔天,简称滔天)、平山周初次来访,作长时间的交谈。底本未说明谈话时间,今据上述情况酌定。宫崎和平山均于上年在香港加入兴中会。

法，明以教我。

先生答：余以人群自治为政治之极则，故于政治之精神，执共和主义。但此岂唾手可得，必也革命，余因是负革命之责任。清虏执政，兹三百年矣，以愚弄汉人为治世第一要义，吸汉人之膏血，锢汉人之手足，为满人升迁调补之计。认贼作父之既久，举世皆忘其本来，经满政府多方面之摧残联络，致民间无一毫之反动力，以酿成今之衰败。沃野好山，任人割取，灵苗智种，任人践踏，此所以陷于悲境而无如何也。方今世界文明日益增进，国皆自主，人尽独立，独我汉种每况愈下，濒于死亡。丁〔于〕斯时也，苟非凉血动物，安忍坐圈此三等奴隶之狱以与终古？是以不自量力，欲乘变乱推翻逆朝，力图自主。徒以时机未至，横遭蹉跌，以致于是。

人或云共和政治不适于中国，此不谅情势之言耳。共和者，我国治世之神髓，先哲之遗业也。我国民之论古者，莫不倾慕三代之治，不知三代之治实能得共和之神髓而行之者也。勿谓我国民无理想之资，勿谓我国民无进取之气，即此所以慕古之意，正富有理想之证据，亦大有进步之机兆也。试观僻地荒村，举无有浴政〔清〕虏之恶德，而消灭此观念者，彼等皆自治之民也。敬尊长所以判曲直，置乡兵所以御盗贼，其他一切共通之利害，皆人民自议之而自理之，是非现今所谓共和之民者耶？苟有豪杰之士，起而倒清虏之政府，代敷善政，约法三章，慰其饥渴，庶爱国之志可以奋兴，进取之气可以振起矣。

且夫共和政治，不仅为政体之极则，而适合于中国国民，而又有革命上之便利者也。观中国古来之历史，凡经一次之扰乱，地方豪杰互争雄长，亘数十年，不幸同一无辜之民，为之受祸者不知几许。其所以然者，皆由于举事者无共和之思想，而为之盟主者，亦绝无共和宪法之发布也。故各逞一己之兵力，非至并吞独一之势不止。因有此倾向，即盗贼胡虏，极其兵力之所至，居然可以为全国之共主。呜呼！吾同胞之受祸，岂偶然哉！今欲求避祸之道，惟有行此迅雷不及掩耳之革命之一法；而与革命同行者，又必在使英雄各竟其野心。竟其野心之法，唯在联邦共和之名下，夙著声望者，使为一部之长，以尽其材，然后建中央政府以驭之，而作联邦之枢纽。方今公理大明,吾既实行此主义,必不至如前此野蛮,割据之纷扰,绵延数纪,而袅〔枭〕雄有非分之希望,以乘机窃发,殃及无辜。此所谓共和政治有命革〔革命〕之便利者也。

呜呼！今举我国土之大,人民之众,而为俎上之肉,饥虎取而食之！当此千钧一发之秋,不得不自进而为革命之先驱,而以应时势之要求。若天兴我党,有豪杰之士慨来相援,余即让渠独步,而自服犬马之劳；不然,则惟有自奋以任大事而已。余固信为中国苍生,为亚洲黄种,为世界人道,而兴起革命军,天必助之。君等之来缔交于我党,是其证也。朕兆发于兹矣。夫我党所以努力发愤,以期不负同胞之望；诸君又尽力所能以援吾党之道,欲救中国四万万众之苍生,雪亚东黄种之屈辱,恢复宇内之人道而拥护之者,惟有成就吾国之革命,即为得之。此事成,其余之问题即迎刃而解矣。

据[日]白浪庵滔天(宫崎寅藏)原著,黄中黄(章士钊)译录《孙逸仙》①(《荡虏丛书》之一,上海一九〇三年版)

附录　同题异文(译文)②

宫崎问:君以支那革命为志,愿闻君所谓革命之宗旨与方法手段之详。先生曰:余以人民自治为政治之极则,故于政治之精神,执共和主义。然余谓此事直有革命之责任者也,况清虏执政柄三百年于兹矣。我黄帝子孙,神明之胄,妄越王之杀而父,而觍颜以事之久矣,其无天日也。彼虏者,愚民之术日工,朘脂屯膏之术日巧,而良田好山不自珍惜,犹复任人取携。夫彼虏不能保,则何如旧主者出,光复而自保之,此天经地义之不可易者也。此吾徒不自量,欲以三色之旗代黄龙之僭号,而天不助汉,空遭蹉跌,然不足以灰余之心也。……

---

① 原书名为《三十三年之梦》,东京国光书房1902年8月日文版。
② 此篇与前篇内容互有出入,今附录并存。

人或谓共和政体不适于支那国民,不知共和之名词诞育于支那二千以前,文明之兆,若是其占先也。我国民之所以思古者,偏慕三代文明之治,而三代文明之治,实捉得共和之神髓。无谓我国民缺理想之资,无谓我国民乏进取之气,即其饔慕文明,实足显其有自治之干局与资格,试观不浴政府之泽之荒村僻地,无在非自治之民。立尊长而听诉讼,置乡兵而御强暴,其他一切共同利害,皆人民自议而处理之。共和政治之雏形,而文明之花,初胎之蓓蕾也。吾观□□寿命亦不过数十年,有豪杰起,拳搥脚踢,倒政府而自组织,则我国民之前途,殆未可以量也。且吾主张共和政治,而必以革命为先导者,非以同胞之头颅血肉为儿戏,盖欲求文明之幸福,不得不经文明之苦痛。夫支那古来革命之历史,实未有完全之方案,一方摇动,则百方之群雄起而割据,互相雄长,常亘数十年而不统一,大统一则岂必一王之为尊也。今我辈革命尤困难矣,主客相争,常有第三位者之干涉。欲避干涉,惟有行疾雷不及掩耳之革命,而与行革命同时,又在使英雄各充其野心,万弩齐发,万马齐足,一朝布置,作联邦于共和名下,公推有凤望者雄长一部,而中央政府遥领而熟驭之,亦不至甚见纷扰。所谓行共和之革命,而有便益者此也。

呜呼!今举我土地之大,民众之多,而为俎上肉,饿虎爪而食之,以长养其蛮力,而雄视世界。若以有道心者运用之,则足以提倡人道,号令宇内。余世界之一平民,又人道之拥护者也,虽绵力不足担大事,然今非求重任于人,而可享事外之福,故自进而为革命之前驱,以应时变。天若眷吾党,有豪杰起而来助乎,余即让现时之位,而服犬马之劳;无则自奋以当大难之冲。余固自信为支那苍生,为亚洲黄种,为世界人道而尽力,天必有祐助吾党,即君等之来犹是也。天机已动,吾党宜发奋努力,而不负诸君之望,诸君亦宜尽力以助吾党之成。救支那四亿万之苍生,雪亚东黄种之屈辱,恢复宇内之人道,唯在霹雳一声之革命耳。革命成,而他之问题悉迎刃而解矣。

据[日]白浪庵滔天(宫崎寅藏)著,金一(金天翮)译《三十三年落花梦》(上海群学社光绪二十九年①版)

---

① 光绪二十九年,即1903年。

与宫崎寅藏笔谈残稿(译文)

(一八九七年八月)

孙中山:何君①信内所陈之意,必商之同志多人,并为康先生②所许,方敢发此言也。是则此意非一人之私,实中国群贤之公意也。

彼胆小心细,弟深知此等之意非彼一人所敢言也。

滔天:使贵国同志深知我辈之意。

此书论满清政府之末路,说中国在野志士之有希望。此书有汉之〔文?〕本否? 所谓兴清之说,论中国志士与日本国提携。

此书著者元陆军大尉③,久在清国,六年前兴日清贸易研究所于上海,昨④没于台湾。

孙中山:湖南一省昔号为最守旧之地,今亦改变如此,真大奇也。

滔天:陈白先生之事,弟从亡兄弥藏之书信闻之。弟着横滨之时家兄已逝,亦不可寻陈白先生之事。弟心窃求陈白先生而不得。适渡清之前数日面曾根俊虎君,此人绍介陈白兄。后闻曾根氏之风闻,弟心甚痛之。

孙中山:共与陈君见过几次?

滔天:二次。

孙中山:有谈及亚洲大局否?

滔天:然。

孙中山:有谈及现与弟议之事否?

滔天:陈先生示先生之著书⑤,弟先略闻先生之事,是赖家兄之书信。

---

① 何君,指何树龄。
② 康先生,指康有为。
③ 元陆军大尉,指荒尾精。
④ 昨,即去年。荒尾精死于明治二十九年(1896年)10月30日。
⑤ 先生之著书,指《伦敦被难记》(Kidnapped in London)。

孙中山：先生有对陈君言过贵政府欲相助之意否？

滔天：不敢言，唯绍介于犬养君①。今依犬养君闻之，陈君未遇犬养君。

孙中山：弟意欲招陈君回来，共商此事，先生以为如何？

滔天：甚是。

滔天：就先生旅行券之事，犬养、尾崎②、小村③三君商谈，今清国公使恐先生甚，严侦查其举动，故先生远入内地非得策。暂定住京城，慎交通来往，使清国公使安心，而后宜待时入内地。今甚不便，唯先生住东京任其自由也。

孙中山：清公使侦查之事，由何而知？

滔天：自警视厅报告外务省。

孙中山：清国有行文到贵国政府论及弟事？

滔天：犹未有。

孙中山：有无在此雇侦探窥伺弟之行踪？

滔天：日清战争后，此类之人甚多，有侦查先生之行迹者亦难测，故虽日人不可安心，犬养君甚望先生之注意。犬养君亦曰："书函往复，尤不可不慎。"

孙中山：可否命警视厅探查何人受清公使之雇，而设法阻之？

滔天：受清公使之雇而探查者，素秘密之雇，不能得其证，故虽知其人，不能捕拿之。无阻之法。故警视厅亦严探查其人而已。

孙中山：君度有无清公使用重贿买人加害之虞？

滔天：犬养君曰："说大臣大隈④甚容易，故不要急。唯陆军参谋长同意之，则可谓事成也。"犬养曰："我未见大隈。"然以其语气察之，犬养君既如经与大臣大隈商议，其不公言之，弟等者〔？〕想慎其秘密者，先生亦宜谅之。

孙中山：他日举事，弟必亲督士卒攻城袭〈地〉，而陈君当留日本与贵政

---

① 犬养君，即犬养毅。
② 尾崎，即尾崎行雄。
③ 小村，即小村寿太郎。
④ 大隈，即大隈重信。

府商办各事。

滔天：甚可也。犬养君曰："设广东语学堂甚可也。"必不可不设之，唯曰广东语学堂，清人或觉有心广东，故表曰中国语学堂，里实学广东语亦〈可〉也。

孙中山：甚好，陈白君优于办此等之事。如其有意，弟当早招之回日，克日举办。

滔天：犬养君曰："设学堂之事，中日孰可？"

孙中山：以日为妥。唯举事之便有设于中国，然少不稳当。

滔天：诚然。

孙中山：但欲学广东〈语〉则必设于广东。惟如犬养君之所虑，则有不宜也。

又前贵国人士设商业学堂于上海。清人皆传此实日本欲侦探清国之情形起见。今又步其后尘，则必生疑矣。弟等又有意于兹。

滔天：此学堂主即是荒尾精君，一昨日先生见其书，可见其志。唯多数人不知其深意，而疑惧之矣。可慎也。

孙中山：学堂设于东京甚好。因可招我辈同志过来，名为教习，内可商议举事之策。

滔天：甚可也，甚可也。

孙中山：望对犬养君言此意。

滔天：敬承，敬承。

曾根君曾谋弟于学堂之事，弟就二三友人谈之，皆可其说，而不可其人。弟知于是撰人之要。

孙中山：正是。

滔天：现时曾君名望坠地，弟甚痛之，唯当事用之，亦有用之人物也。曾君之意，想是承陈君所嘱，陈君久有此志，因限于力，故谋及曾君也。

孙中山：或然，非预谋之人。

滔天：先生之心事，弟等肘〔忖〕度之，唯少忍而待机可也。弟等举全力尽先生之事，先生之事东洋之事，东洋之事则世界人权之问题也。先生负此重任,须持重也。"德不孤,必有邻也。"诚哉言也。

孙中山:弟入东京住,欲觅一通汉文及善书写之婢,以代抄写及教日语,可否有其人?

滔天:婢皆是无有文字者,男或可得欤。

孙中山:男薪水如何?

滔天:有文字而在他家者,多是食客的也,不便薪水,则食客也。

孙中山:战国之时,信陵君有食客三千人,食客此类也。

滔天:从薪水之劳者雇一人,而弟等一人居之。而先生学日语,弟等学广东语,为甚便。

孙中山:雇有文字者甚难。少有文字之少年,多是食客,不为一事而徒食而已。

孙中山:工价工钱?

滔天:从薪水之劳者,一个月一円五十钱,费男女一样。

孙中山:唯无文字,无此则不通言语也。

滔天:何树龄与先生前年之变否?

孙中山:未与。彼无此等胆略,但甚有心耳。

【除以上问答外,在空白处,写着十几个 Henly Gorge①】

滔天:万无止,弟等同居,与先生采薪水之劳可也。弟等唯胸中有大事而已,因不厌薪水之劳也。

孙中山:同居甚好,而下一说则不敢当也。若陈君同住则甚便,彼略晓日语也。弟在横滨已四觅华童而晓日语者,皆不得也。

弟昔在广东之日,亦有此百数十人。何时可寻得一屋,弟当定日迁来也。

陈白君甚好诗才。弟不能诗,盖无风流天性也。

邮　　　陈白

百十九服部二郎方　　孙逸仙

---

① 应为 Henry George。

滔天：若有可怪者则开封。关国事者，邮便局则政府许开封，不可不慎也。

滔天：我政府幸允先生之所思，先使长军事之人侦察彼地情况，为作战计划，是第一之急务也。

孙中山：此是必然之理。

滔天：此时贵国同志一人从之可也。

孙中山：弟近欲发信上海，请梁启超或其亲信一人到此一游，同商大事。他敢来与否，弟尚不能料。

滔天：先生书信所欲言不知何事，唯载大事于书信，之为可慎矣。

孙中山：吾辈另有秘语，非局外人所能知。

滔天：大可也。我国政府助先生之事，不言为可也。

孙中山：自然不言此。弟惟言有急务，欲见之耳。

滔天：是也。康先生或梁先生此两人中一人来此地与先生商议，万事可望也。

孙中山：康断不能来。因他在中国亦未有公然出名，此指新闻纸而言。若他来此，必大招物议，因弟在此也。梁氏或别位亦可。弟不过欲彼到来报知中国现在情形耳，因弟离国已有二年，各事已有多变矣。

滔天：康先生何时回来广东？

孙中山：不知。康之所行，欲学战国之鬼谷子，多使其门弟子来办事，而彼则隐其名。

滔天：中东合同以为亚洲之盟主。与灭国，继绝世，用其方新之力阻遏西势东渐之凶锋者，天理人心之所会也。断而行之，今之时为然，一日不可宽。

孙中山：极是，极是。惟不可先露其机，以招欧人之忌，则志无不成也。吾合彼亦合，势必然也。惟先合者必胜也。

孙中山：食在广州。着在苏州。

建都，仆常持一都四京（五大镇）之说，武汉（都）、西京（重庆）、东京（江宁）、广州（南京）、顺天（北京）。

孙中山：且数处齐起者，不只惊动清虏，且震恐天下。则不只俄人力任救清之责，吾辈亦恐蹈纳波伦①之覆辙，惹欧洲联盟而制我也。盖贵国维新而兴，已大犯欧人之所忌矣。中国今欲步贵国之后尘，初必不能太露头角也。

滔天：虽曰不露头角，而事一发，则不能瞒欧洲明眼人之耳目也。

孙中山：万一不幸欧洲有联之举，鄙意必先分立各省为自主之国，各请欧洲一国为保护，以散其盟。彼盟一散，然后我从而复合之。其法以广东请英保护，广西请法保护，福建请德保护，两湖、四川、中原为独立之国。法、德一入我圈套，则必自解其与俄之从。然后我得以利啖之，使专拒俄，或联东西成一大从，以压俄人东向之志。俄势一孤，我可优游以图治。内治一定，则以一中华亦足以衡天下矣。此余·人之见也，足下以为如何？

滔天：倘此事为俄主张，使独人先发手，则中国危矣。分割之机，或兆于此也。我辈为之奈何？

孙中山：瓜分之机已兆，则我辈须静观清政府之所为如何，暗结日、英两国为后劲，我同志之士相率潜入内地，收揽所在之英雄，先据有一二省为根本，以为割据之势，而后张势威于四方，奠定大局也。

滔天："机事不密则害成"者，《易》之大戒也。及今之时，须在清国南北之要会设法，务收揽所在英雄之心，妥为布置，可以占有为之地步，是为目前之至要。

孙中山：欧洲联盟制我之事，或未必有，然不可不为之防。道在我有不可攻，不恃人之不我攻也。

阁下到中国各处，结纳有志之士如此之众，其中有雄才大略可以独当一面者有几人？可得详而名之乎？

滔天：……者多在重庆及河南、山东之三处，才略兼备任大事者才有四人。

孙中山：现在何处？是何姓名？

---

① 纳波伦，即拿破仑。

滔天:其他精明强悍充方面之任者,约二十七、八人。

孙中山:在何处为多?

滔天:四川、河南、山东、江苏交界之地,可举二万之众。

四川廖英初,河南郑、梁、胡、王,江西李,此六员有为之才也。其外二十七、八人。

孙中山:阁下何不一游广东惠、潮、嘉三府之地?往年英法入北京,亦在此在招额外之兵。

滔天:弟周游贵国,多真士大夫,上下议论,先自兴亚之策而入。兴亚之第一着在中东之提携,而欲举中东合同之实,非一洗满清之弊政不可,是故所说无不合也。

孙中山:上说之三府,其人民十居八九已入反清复明之会,其人亦最强悍,官府不敢追究之。弟意此地亦可作起点之区,因与台湾密迩,便于接济军火。阁下此到中国,务宜留心此地。

往见两湖张督①,可直以兴亚之策说他。多是粗蛮之人,虽富豪子弟,亦不读书。多尚拳勇之徒。

孙中山:阁下迟数日再往中国,弟意以为不必泛到多处。只宜往一近海口之处,联络同志,为发轫之处可以。盖以弟意所知者,今日有是志者到处皆是,惟不敢言而矣。是以吾辈不忧无同志,只恐不能发一起点而矣。有一起点,即如置一星之火于枯木之山矣,不必虑其不焚也。惟此起点之地,阁下以何为最善?前者弟以广东为最善,因人地合宜也。在广地,一月之内必可集山林慓悍之徒三、四十万。但有前年之失,当地之官已如惊弓之鸟,到处提防,我辈举动较前略难矣。是广东者也,今日非善矣。不先择定一地,则无由定经略之策也。

滔天:还是以四川为负嵎之地,在张羽翼于湘、楚、汴梁之郊而耳。

孙中山:但四川不近海口,接济军火为难,为之奈何?

滔天:军火一项,虽近海口亦所难。无已,开接济之道于浙东之沿岸乎?

---

① 张督,即张之洞。

是亦失太远。

孙中山：诚如前之所言，在山东、河南、江苏交界可招二、三万众，即以江苏之海州为最善矣。盖起点之地，必先求得人，其次接济军火之道，其三不近通商口岸，免各国藉口牵制。海州之地，于此三者皆得，且可握运河、绝漕米，此亦制北京之死命。

滔天：取道于海州之事，弟已于十余年前思量之。曾到彼地盘桓七、八天，细看海口之形势，不便入巨船。只离州城二十里，云台山在海中有可靠大船耳。且巡城有厘金，每小船通过稽查甚严。

孙中山：到此时不怕厘金卡矣。弟所谓起点者，则先夺取之区，而意亦并指云台山也。先夺云台，结束已成；而入州城，或事可集〔济〕。

滔天：然是亦不得谓恰好之地。

孙中山：盖起点之地，不拘形势，总求急于聚人，利于接济，快尽进取而矣。在海州，则进取、接济亦利于广东矣，惟聚人，则弟于此毫无把握。盖万端仍以聚人为第一着，故别处虽有形势，虽便接济，而心仍不能舍广东者，则以吾人之所在也。如阁下云，此地可招二、三万众，亦可集事矣。盖海州既有两便，又有其人，则北可进握山东以窥北京，南可夺取淮扬以通大江，则粮食无忧也。有人、有粮、有器，则成败在乎运筹指挥之策耳。

滔天：从海州到河南、山东之交界约要十数天，此间一带之地，土赤民贫，无粮粮之可续。我数千之众，逡巡之间，或为敌之所乘。弟故以为起点之地，先要撰形胜之区。

有敝友主说曰："以台湾南角之火烧岛为军火顿积之处，用小船暗送运闽越之海口，可以开接济之道。"此说以为如何？

孙中山：此说颇有理。惟以小船送运，恐有绝夺之虞。

滔天：用小船送运者，避人之指目也。

孙中山：虽然，但小船不能与厘卡抗衡，故不稳也。弟之意独有一策，欲在外集人千数，备足军火，暗入中国，袭夺一大名城。入此则用小船，送运军火，亦可充用。

必用大船作一起齐到方可。若小船必分百数次，则先到者已擒，而在后者亦不能助,亦不能知也。

小船运军火之法,广东前年之事则用之也,甚有成效,运过数十次,关卡毫无知觉。后用大汽船所运者,反被搜出。虽然,小船前则有效,今必不能用矣,因彼已知所防也。阁下所言小船之法,亦甚是也。可知英雄所见略同,惟余辈有前失耳。

滔天:扰乱省城,借名招勇,每人每月十块洋元。乡愚贪利,应募纷纷。

孙中山:当时弟已领千二百壮士,九月一日进了内城,已足发乎。后有人止之,谓此数不足弹压乱民,恐有劫掠之虞。后再向潮洲〔州〕调潮人三千名,为弹压地方。候至初九,仍未见到。各人会议,定策改期。是午后二时,发电下港,止二队人不来。不料该头目无决断,至四时仍任六百之众赴夜船而来。我在城之众,于九日午已散入内地,而港队于十日早到城,已两不相值,遂被擒五十余人。

当时在粤城有安勇三千人,有督标、抚标各营之兵,已有意一起事时即降附我众;及在广河之水师兵轮亦然。后失事,兵轮统带①被囚,安勇统带自缢。

孙中山:其失则全在香港之队到来,使有证据;而其不来则无据可执也。因当日已合全省绅民反案,因左〔佐〕证确实,遂不能移。

滔天:何若政府不能助者,结合民间之侠士尤易,未知诸同志之意如之何?又先生之高虑如之何?

据陈鹏仁译《宫崎滔天与国父等的笔谈残稿》,载《人与社会》第五卷第三期(一九七七年八月),并据中国宋庆龄基金会研究中心编《宫崎滔天家藏》影印原件校对

---

① 兵轮统带,指程奎光。

附录　同题异文①

宫崎云②：陈白先生之事，弟从亡兄弥藏之书信闻之。弟着横滨之时，家兄已逝，亦不可寻。陈白先生之事，弟心窃求陈白先生而不得遂，渡清之前数日，面曾根俊虎君，此人绍介陈白兄后③，闻曾根氏之风闻④，弟心甚痛之。

总理云⑤：共与陈君见过几次？

宫崎云：二次。

总理云：有谈及亚洲大局否？

宫崎云：然。

总理云：有谈及现与弟议之事否？

宫崎云：陈先生示先生之著书，弟先略闻。先生之事，是赖家兄之书信。

总理云：先生有对陈君言过贵政府欲相助之意否？

宫崎云：不敢言，唯绍介于犬养君。今依犬养君闻之陈君未过犬养君。弟意欲招陈君回来共商此事，先生以为如何？

总理云：甚是。

宫崎云：犬养君曰："说大臣大隈甚容易，故不要急，唯陆军参谋长同意之，则可谓：事成也。"犬养曰："我未见大隈。"然以其语气察之，犬养君既如经与大臣大隈商议，其不公言之弟等者，想慎其秘密者，先生亦宜谅之。

---

① 底本附张继注语云："三十四年十月三十一日，以原像片对照略校一过，关于建都究为谁书，应俟得底稿再校。疑为宫崎者多。张继。"（以下简称"张注"）。本篇与《与宫崎寅藏笔谈残稿》应为同一文件，但内容间有出入，并存以供参考。
② 张注："无宫崎云三字"。今保留。
③ 原文为"俊"，张注："俊作后"。今据"张注"改。
④ 张注："风字脱闻字"。今增"闻"字。
⑤ 张注："无总理云三字"。又注："凡总理云，宫崎云，皆应衍。"今均予保留。

总理云:阁下迟数日再往中国,弟意以为不必泛多①,只宜往一近海口之处,联络同志,为发轫之处可以。盖以弟意所知者,今日有是志者到处皆是,惟不敢言而矣。是以吾辈不忧无同志,只恐不能发一起点而矣。有一起点,即如置一星之火于枯木之山矣!不必虑其不焚也。

惟此起点之地,阁下以何为最善?前者弟以广东为最善,因人地合宜也。在广地一月之内,必可集山林慓悍之徒三四十万。但有前年之失,当地之官已如惊弓之鸟,到处提防,我辈举动较前略难矣!是广东者,今日非善矣!不先择定一地,则无由定经略之策也。

宫崎云:还是以四川为负嵎之地,在张羽翼于湘楚汴梁之郊原耳。

总理云:但四川不近海口,接济军火为难,为之奈何?

宫崎云:军火一项,虽近海口亦所难,无已,开接济之道于浙东之沿岸乎!

总理云:是亦失太远。诚如前之所言,在山东、河南、江苏交界,可招二、三万众,则以江苏之海州为最善矣。盖起点之地,必先求得人,其次接济军火之道,其三不近通商口岸,免各国藉口,牵制海州之地。于此三者皆得,且可握运河,绝漕米,此亦制北京之死命。

宫崎云:取道于海州之事,弟已于十余年前思量之,曾到彼地盘桓七、八天,细看海口之形势,不便入巨船。只离州城二十里,云台山在海中,有可靠大船耳!且州城有厘金,每小船通过稽查甚严。

总理云:到此时不怕厘金卡矣。弟所谓起点者,则先夺取一地,而意亦并②指云台山也。

先夺云台结束,已成而入县城,或事可③集,然是亦不得谓恰好之地。

盖起点之地不拘形势,总求急于聚人,利于接济,快于进取而矣!在海州,则进取接济亦利于广东矣!惟聚人,则弟于此毫无把握。盖万端仍以聚人为第一着,故别处虽有形势,虽便接济,而心仍不能舍广东者,则以吾人之

---

① 张注:"多字下似有一字"。
② 张注:"并字衍"。
③ 张注:"可下疑有字"。

所在也①。

如阁下云此地可招二三万众，亦可集事矣！盖海州既有两便，又有其人，则北可进握山东以窥北京，南可夺取淮扬以通大江，则粮食无忧也。有人有粮有器，则成败在乎运筹指挥之策耳。

宫崎云②：从海州到河南山东之交界约要十数天，此间一带之地，土赤民贫，无粮粮之可续，我数千之众，逡巡之间，或为敌所乘，弟故以为起点之地，先要撰形胜之区。

有敝友立说曰："以台湾南角之火烧岛为军火顿积之处，用小船暗送运闽越之海口，可以开接济之道。"此说以为如何？

总理云③：此说颇有理，惟以小船送运，恐有绝夺之虞。用小船送运者，避人之指目也。

宫崎云：虽然，但小船不能与厘卡抗衡，故不稳也。

总理云：弟之意独有一策，欲在外集人千数，备足军火，暗入中国，袭夺一大名城。

宫崎云：如此则用小船送运军火亦可充用④。

总理云⑤：必用大船作一起齐到方可，若小船必分百数次，则先到者已擒，而在后者亦不能助，而不能知也。

总理云：小船运军火之法，广东前年之事则用之也，甚有成效。运过数十次，关卡毫无知觉，后用大汽船所运者，反被搜出。虽然小船前则有效，今必不能用矣！因彼我已知所防也。我辈亦⑥有前失耳。

宫崎云：阁下所言小船之法亦甚是也，可知英雄所见略同，惟奈……（以下脱落）

---

① 抄本下有"宫崎云"，张注："以下仍为总理语"。今删"宫崎云"三字。
② 抄本为"总理云"，张注："此段为宫崎语"。今改为"宫崎云"。
③ 抄本为"宫崎云"，张注："此系总理语"。今改为"总理云"。
④ 张注："疑系宫崎语，因为另一行小字与前不同也。"今于此句之前增"宫崎云"三字。
⑤ 抄本为"宫崎云"，张注："此段系总理语"。今改为"总理云"。
⑥ 张注："我、亦二字原无"。

总理云：当时弟已领千二百壮士（九月一日）进了内城，已足发手。后有人止之，谓此数不足弹压乱民，恐有劫掠之虞。后再向潮洲〔州〕调潮人三千名为弹压地方。候至初九仍未见到各人，会议定策改期。是午后二时发电下港止二队人不来。不料该头目无决断，至四时仍任六百之众赴夜船而来。我在城之众于九日午已散入内地，而港队于十日早到城，已两不相值，遂被擒五十余人。

当时在粤城有安勇三千人，有督标抚标各营之兵，已有意一起事时，即降附我众，及在广河之水师兵轮亦然。后失事兵轮统带被囚，安勇统带自缢。

扰乱省城，借名招勇，每人每月十块洋元，乡愚贪利，应募纷纷。

其失则全在香港之队到来，使有证据。而其不来，则无据可执也。

因当日已合全省绅民反案，因左〔佐〕证确实，遂不能移。

阁下何不一游广东惠、潮、嘉三府之地。往年英、法人北京亦在此地招额外之兵。

宫崎云：弟周游贵国，与真士大夫上下议论，先自兴亚之策而入，兴亚之第一着在中东之提携，而欲举中东合同之实，非一洗满清之弊政不可也①，是故所说无不合也。

总理云：上说之三府，其人民十居八九已入反清复明之会，其人亦最强悍，官府不敢追究之。弟意此地亦可作起点之区，因与台湾密迩，便于接济军火。阁下此到中国，务宜留心此地。

总理又云：往见两湖张督，可直以兴亚之策说他。多是粗蛮之人，虽富家子弟，亦不读书，多为拳勇。

宫崎云：中东合同以为亚洲之盟主，兴灭国，继绝世，用其方新之力，阻遏西势东渐之凶锋者。天理人心之所会也，断而行之，今之时为然，一日不可宽。

总理云：极是，极是。惟不可先露其机，以招欧人之忌，则志无不成也。

---

① 张注："也字衍"。

吾合彼亦合,势必然也。惟先合者必胜也。

总理云:且数处齐起者,不只惊动清廷,且震恐天下,则不只俄人力任救清之责,吾辈亦恐蹈纳波伦之履辙,惹欧洲联盟而制我也,盖贵国维新而兴,已大犯欧人之所忌矣。中国今欲步贵国之后尘,初必不能太露头角也。

虽曰不露头角,而事一发,则不能瞒欧洲明眼人之耳目也。万一不幸欧洲有联之举,鄙意必先分立各省为自主之国,各请欧洲一国为保护,以散其盟,彼盟一散,然后我从而复合之。其法以广东请英保护,广西请法保护,福建请德保护,两湖四川中原为独立之国,法德一入我圈套,则必自解其与俄之从,然后我得以利啖之,使专拒俄,或联东西,成一大从,以压俄人东向之志。俄势一孤,我可优游以图治。内治一定,则以一中华,亦足以衡天下矣。此余一人之见也,足下以为如何?

宫崎云:倘此事为俄主张,使独人①先发手,则中国危矣!分割之机或兆于此也,我辈为之奈何?

总理云:瓜分之机已兆,则我辈须静观清政府之所为,暗结日、英两国为后劲,我同志之士,相率潜入内地,收揽所在之英雄,先据有一二省为根本,以为割据之势,而后张势威于四方,奠定大局也。

总理云:机事不密,则害成者易之,大戒也。

宫崎云:及今之时,须在清国南北之要会设法,务收揽所在英雄之心,妥为布置,可以占有为之地步,是为目前之至要。

总理云:欧洲联盟制我之事,或未必有,然不可不为之防,道在我不可攻,不恃人之不我攻也。

总理问②:阁下到中国各处结纳有志之士,如此之众,其中有雄才大略,可以独当一面者有几人?可得详而名之乎?

宫崎云:多在重庆及河南、山东之三处。

总理云:现在何处?是何姓名?

---

① 抄本原注:"按日人称德人曰独人"。
② 张注:"此为总理问",又注"问者答者皆颠倒"。今各段问者、答者,均据"张注"改。

宫崎云：才略兼备任大事者，才有四人，其他精明强悍充方面之任者，约二十七八人。

总理云：在何处为多？

宫崎云：四川、河南、山东、江苏交界之地，可举二万之众。

四川廖芙初，河南郑、梁、胡、王，江西李，此六员有为之才也，其外二十七八人。

总理云："食在广州，着在苏州"，建都①仆常持一都四京之说：（镇）

武汉（都）　西京（重庆）　东京（江宁）　广州（南京）　顺天（北京）

总理云：学堂设于东京甚好，因可招我辈同志过来，名为教习，内可商议举事之策。

宫崎云：甚可也，甚可也。

总理云：望对犬养君言此意。

宫崎云：敬承，敬承。

宫崎云：曾根君曾谋弟于学堂之事，弟就二三友人谈之，皆可其说而不可其人。弟知于是撰人之要②。现时曾君名望坠地，弟甚痛之，唯当事用之，亦有用之人物也。

总理云：曾君之意，想是承陈君所嘱。陈君久有此志，因限于力，故谋及曾君也。

宫崎云：或然，非预谋之人。

宫崎云：先生之心事，弟等忖度之，唯少忍而侍机可也。弟等举全力尽先生之事，先生之事东洋之事，东洋之事则世界人权之问题也。先生负此重任，须持重也。德不孤，必有邻也。

总理云：诚哉言也。

总理云：弟入东京住，欲觅一通汉文及善书写之婢，以代抄写及教日语，可否有其人？

---

① 张注："'建都'二字，似总理笔迹，其下似为宫崎所笔，因アハ恒自称仆也。"
② 张注："以下似总理语"。

宫崎云：婢皆是无有文字者，男或可得欤。

总理云：男薪水如何工价工钱？

宫崎云：有文字而在他家者，多是食客的也，不便薪水则食客也。

宫崎云：就先生旅行券之事，犬养、尾崎、小村三君商议，今清国公使恐先生甚严，侦查其举动。故先生远入内地非得策，暂定住京地，慎交通来往，使清国公使安心，而后宜待时入内地。今甚不便，唯先生住东京，任其自由也。

总理云：清公使侦查之事，由何而知？

宫崎云：自警视厅报告外务省。

总理云：清国有无行文到贵国政府论及弟事？

宫崎云：犹未有。

总理云：有无在此雇侦探，窥伺弟之行踪？

宫崎云：日清战争后，此类之人甚多，有侦查先生之行迹者，亦难测，故虽日人不可安心，犬养君甚望先生之注意。犬养君亦曰：书函往复，尤不可不慎。

总理云：可否命警视厅探查何人受清公使之雇，而设法阻之。

宫崎云：受清公使之雇而探查者，素秘密之雇，不能得其证，故虽知其人，不能捕拿之。

又云：无阻之法，故警视厅亦严探查其人而已。【以下文字不整，略。】

据中国国民党中央文化传播委员会党史馆藏一般档案 047/12

与陈少白的谈话①

（一八九八年三月下旬）

陈问：先生同杨衢云在房内的情形，说了什么话？

孙说：我当时真恨极了，我责问他当日的事情。我说，"你要做总统，我就让你做总统，你说要最后到广州，我就让你最后到广州。你为什么到了时期，你自己不来，那还罢了，随后我打电〈报〉止你不来，隔一日，你又不多不少派了六百人来，把事情闹糟了，消息泄漏，人又被杀了。你得了消息，便一个人拼命跑掉，这算是什么把戏？你好好把你的理由说来；不然，我是不能放过你的。"杨衢云俯首无词，最后他便说："以前的事，是我一人之错，现下闻得你筹得大款，从新再起，故此赶来，请你恕我前过，容我再来效力。"我听了又好笑、又好气，见他如此认错讨饶，又如此愚昧可怜，只好作罢，放了他出来。

据陈少白《兴中会革命史要》单行本（一九三五年版）

与内田良平的谈话②

（一八九八年七月）

孙曰：支那不可不革命之所以，切盼日本有志之士援助。

内田曰：支那虽有革命之必要，然在支那革命之前尚须有先决之条件，曰何？日俄之开战事也。日俄不战无以挫俄国东侵之势力，而俄国东侵势

---

① 广州起义失败，杨衢云从香港亡命南非洲。时孙中山从欧美回到日本，外国报纸宣传孙中山已筹得巨款再举革命。杨在南非看到这张报纸，不辞跋涉到日本横滨见孙中山。据谢缵泰的《中华民国革命秘史》中说"一八九八年三月二十一日，杨衢云抵达横滨"。因此，酌定为3月下旬。

② 内田良平由俄返国，经宫崎寅藏介绍，第一次与孙中山相会。

力不挫,彼即有乘革命变乱而侵略支那领土之虞。

孙答:支那革命倘若成功,恢复俄国之侵地当为易事,不足为虑。更况尚有日支提携也。

内田曰:支那革命举事倘先于日俄战争,仆即中止对俄计划以援助军。革命时机到来之前,可各从事其所志之事。

孙大喜。

据[日]内田良平《硬石五拾年谱　内田良平自传》(昭和五十三年苇书房出版)

与宫崎寅藏的谈话(译文)①

(一八九八年十一月)

孙问:郑先生在不在这里?

宫崎反问:有急事吗?

孙说:是有急事。我找遍了横滨每个角落,但都没找到。除你这里,他没有其他地方可去,因此我专程来这里找他。

宫崎说:请稍微等一下。

孙说:我不会生气的,我很了解。

宫崎坚说:请你在这里等,我把他带来。

但孙先生却不听,眯眯地笑。……

孙介绍有关郑士良的事,孙说:在许许多多的同志之中我没有见过比他更奇怪的人。他是我广东医学院和香港医学院前后六年的同学,但他却从没来上过课,也不看书。在学业之余,如果有人谈政治论革命的话,他一定

---

① 1898年9月,宫崎寅藏到广东,凭孙中山一封介绍郑士良的信,在香港结识郑。宫崎回东京不久,郑便到横滨与孙中山同住,有时到东京在宫崎处住。有一天,郑带了一个日本小姐到宫崎处居住,并一再拜托宫崎,"就是孙先生来找也不要告诉他在这里"。第三天,孙中山突然来东京找郑,并对宫崎介绍自己与郑的交往。

来旁听。他绝不自动发言,但他却要旁听到底。

迨至我医学院毕业,在澳门开设医院,他完全没有跟我商量,就退学并到我的医院来。日后,我被葡萄牙医生嫉妒,关掉医院搬到广东的时候,他也跟我一起来,仍然无所事事。我长期地观察他的举动,知道他喜欢革命,所以我跟他商量过一切,但他只说是或不是,因此我无从知道他的真底细。

几乎广东的整个海军和陆军的一部分都联络得上,说一起义他们便要响应的阶段,但这起义必需有三合会的支援。只要跟三合会取得联络,便可成立近乎完整的革命军,因此,大家便开始讨论此事。这时郑君笑眯眯地说"我早已联络好了"。前前后后,这似乎是他唯有的一次发言。于是我问他准备怎么办?郑君指他自己说"我就是三合会的头目",并微笑着。

据陈鹏仁译《论中国革命与先烈》(台北黎明文化事业公司一九七九年版)

与宫崎寅藏的谈话(译文)①

(一八九九年二月)

孙屏人谓曰:以君之手段,得无送军器于菲岛②之能。

宫崎诘其故?

孙潜声答曰:现独立之委员③在横滨,仆与君共有渡菲之志,故往访其人。彼大喜,且托人购入军器。仆受重托,义当尽力,而未得其法,愿君为菲岛之义人。

据[日]白浪庵滔天(宫崎寅藏)著,金一(金天翮)译《三十三年落花梦》(上海群学社光绪二十九年版)

---

① 1899年2月,菲律宾爆发反美独立战争,菲独立军代表到日本购买军械。孙中山在横滨与他会晤,答允协助代购军火,乃赴东京对阳馆与宫崎寅藏谈话,商议此事。

② 菲岛,即菲律宾。

③ 独立之委员,即彭西。

与犬养毅的谈话

（一八九九年八月）

犬养问：孙先生，你最喜欢的是什么？

孙毫不犹豫地回答：革命——把清政府推翻。

犬养说：你最喜欢革命，这是谁都知道的。但除此而外，你最喜欢什么？

孙中山顿了片刻，用英语答道：Woman（女人）。

犬养拍手叫道：很好。再其次呢？

孙答：Book（书）。

犬养嚷道：这是很老实的话。我以为你会说最喜欢看书，结果你却把女人排在看书前面。这是很有意思的。不过，喜欢女人的并不只是你。

孙中山见犬养曲解了自己的意思，便说：不是这样。我是想，千百年来，女人总是男人的附属品或玩物，充其量作个贤内助。然而我认为，她应该和母亲是同义语，当妈妈把她身上最有营养的乳汁喂给孩子的时候，当妻子把她真诚的爱献给丈夫的时候，她们的牺牲是那样的无私和高尚，这难道不值得爱吗？可惜，我们好些人却不珍惜这种爱，践踏这种爱。

据李联海《孙中山与宫崎滔天》（重庆出版社一九八五年版）

与梁启超的谈话[①]

（一八九九年）

今之耕者，率贡其所获之半于租主而未有已，农之所以困也。土地国有

[①] 1899年，孙中山与梁启超曾在横滨进行多次会谈。这次是梁函约孙中山在东京精养轩会谈的。他们会谈的范围甚广，讨论了革命手段、土地国有等问题。此件即是当时会谈内容之一。

后,必能耕者而后授以田,直纳若干之租于国,而无复有一层地主从中朘削之,则农民可以大苏。

据《新民丛报》第十四号《杂答某报》(一九〇六年九月)

与宫崎寅藏的谈话(译文)①

(一九〇〇年春)

菲律宾再举的准备已经就绪。但因为以前的事件,受到日本政府严厉的监视,不知什么时候才能送人马去。因此,驻日委员应允我利用这些武器。大义是没有先后的。我们应该乘机而起,建立义军,实现夙愿。如果我们的大事成功,菲律宾的独立便易如反掌。

据[日]宫崎滔天著,林启彦改译《三十三年之梦》(花城出版社一九八一年版)

与法国驻日公使哈马德的谈话(译文)②

(一九〇〇年六月初)

孙道:要推翻清王朝,建立起一种新的社会秩序;我③希望从法国政府得到的不是财政援助,而是武器,或者由法国军事顾问来训练我的追随者。并表示,一旦革命获得成功,我将在南部中国给予法国某些特许权(细节未

---

① 孙中山协助菲律宾独立军购械,不幸运船触礁沉没。第二次购械为日本政府严密监视,无法输运。时菲独立军失败,孙乃与彭西商借该械供中国革命之需,彭西欣然赞许。孙中山乃决意筹备惠州起义,乃访宫崎谈话。

② 据法国驻日公使朱尔斯·哈马德记述,当时正在日本的孙中山要求与他会晤,而他"没有拒绝"。哈马德仔细听取了孙中山扼要叙述的计划。谈话结束后,哈马德即于6月7日给印支总督写了信。

③ 原文为"他",今改第一人称"我"。下同。

具体谈到)。

哈马德回答说：敝国政府对于毗邻法国殖民地的中国省区的目前形势极为关切。但是一个政府鼓励旨在反对跟它有良好外交关系的国家的革命，是不符合国际惯例的。

哈马德强调：法国政府在中国的政策是维持现状；倘若革命成功，那时法将愿意与新政权建立良好关系。

会晤结束时，哈马德答应给越南总督保尔·韬美写信，希望他能会见即将抵达西贡的孙中山。

据[美]金姆·曼荷兰德著，林礼汉、莫振慧译《一九〇〇至一九〇八年的法国与孙中山》，载《辛亥革命史丛刊》第四辑(中华书局一九八二年版)

离横滨前的谈话(译文)①

(一九〇〇年六月上旬)

一、我离日本后也不能确保人身安全，所以今后想在星加坡②居住，或根据情势游历南洋各岛。但目前北京风云变幻，是一个亟需注意的时机。如果说清政府最终完全丧失实力之时正是我们成事的好机会，那么，我觉得目前的状况正应特别加以注意。

一、清政府在康有为公开致力于种种运动或采取恐吓政府的手段之际，对他的党派抱有严重警惕，并因而对我们党派的注意逐渐放松，这在某种程度上正是我党的幸事。

一、菲律宾的"乱党"对我们寄予期望，而我们也有希望日后借助他们的力量以成事的想法，故已将数百人员密运往菲律宾，给他们以各种帮助。

---

① 6月9日，孙中山偕杨衢云、郑士良等自横滨乘船赴香港，筹划在广东起义。这是临行前的一次谈话摘要，谈话对象和具体日期不详。

② 星加坡，即新加坡，本卷中还有星岛等不同译法。

这些潜往的人员,其中有不少曾在清政府内从事过军务。令人难过的是,前去的退职士官中已有一人为美军所俘虏。尽管如此,我仍然认定今后应给他们以更多的方便和帮助。

一、我们的最终目的,是要与华南人民商议,分割中华帝国的一部分,新建一个共和国。为此计划要汇集众多同志,并徐待时机。

一、此次赴星加坡途中,拟在香港停留一昼夜,因有事须与陈①面商。

> 据[日]藤井昇三寄赠日本外务省档案《各国内政杂纂·中国部分·革命党方面(包括流亡者)》(各国内政関係雑纂·支那ノ部·革命党関係(亡命者ヲ含ム))机密受第一二九六号日文原件的影印件——一九〇〇年六月十一日神奈川县知事浅田德则给外务大臣青木周藏的报告(金世龙译)

与宫崎寅藏等的谈话②

(一九〇〇年六月十一日至十五日间)

余在保安条例禁止入境期间,无法逗留香港,故拟径去西贡,以待福本诚(自日本)前来,然后同去星岛。至内田良平、宫崎、清藤幸七郎三人可先至香港进行各事,事毕赶赴星岛与同仁会合,视察一般情况,然后再开会决定今后方针。要而言之,如能在彼获得大量军资,则暂时留居彼处,策动一切;否则即行折返,潜入广东内地。

> 据吴相湘《孙逸仙先生传》(台北远东图书公司一九八二年版)

---

① 陈,指陈少白。
② 1900年6月9日,孙中山偕杨衢云、郑士良等自横滨乘船赴香港,筹划在广东起义。过神户时,宫崎寅藏、清藤幸七郎、内田良平登轮同渡。此件系孙中山在船行途中,对同行的日本友人的谈话。

与斯韦顿汉等的谈话(译文)①

(一九〇〇年七月十日)

我偕同宫崎、清藤到达香港。我又去西贡,接着来到这里,惊悉他们被捕。他们坚守密誓,没有吐露任何关于我的事情。对我的赏格曾是一千元,现已升为四万元或更多。他们出来是为着保护我。当我离开日本时,我请求他们和我同行,像他们过去保护康②那样保护我。福本在西贡与我相晤。宫崎和清藤,一名中国仆役,还有内田③,都与我同乘印度河号离开日本。宫崎是我的挚友,他是一个正派人,不是坏人。我是通过日本的领袖人物犬养认识他的。宫崎是日本一位富人的门下客,他受该富人及一些大矿主的资助。他在中国的政治事务上是有作用的,我不便加以说明。我的职业是医生,但我不能说明我的身份。我打算回到台湾。我常来会见我的一些同胞。我想要会见康有为,就当前中国的问题征询他的意见,并向他提出我的劝告。

不错,我志在驱逐满洲人,而他支持年青的皇帝。我希望与他磋商,为我们在共同路线上的联合行动作出安排。宫崎担心会损害我的事业,所以没有吐露真情。一位欧洲人马尔克恩(R. J. Mulkern)先生与我们一起……④约在三年前我第一次认识他。我在香港与他相遇,并且一同前来

---

① 孙中山于9日自西贡抵新加坡。月初,宫崎寅藏、清藤幸七郎先行来此争取康有为合作,反被诬告以谋刺罪而下狱。孙中山抵新后即积极营救,12日获释并同时赴香港。这是孙中山在新加坡 C.S.O. 接受英国殖民地官员斯韦顿汉(A. Swettenham)、科利尔(W. R. Collyer)、埃杰顿(W. Egerton)三人访问时所发表的谈话,由斯韦顿汉记录,此谈话记录呈英国外交部。

② 康,指康有为。

③ 内田,指内田良平。

④ 原文意思不完整,疑有脱落。马尔克恩是英国人,英外交部档案中现仍保存有他和孙中山的英文名片各一张。

新加坡。我认识中西重太郎(Nakanishi Utaro)①,他是乘老挝号来的。我在西贡见过他,我们一起前来。他是船上的日本乘客。他头一天住在旅店,然后去找康,从此我就没有见过他。

我不能在香港登岸,而我本在香港受过教育。我已经放弃了开业行医。我估计那人②有三万元。其中一些钱是属于我的,另一些是募捐所得。对此我完全可以肯定。这不是平冈③的钱。我们都打算乘搭另一艘日本船返回□□④。

日本政府为了保护我,经常派人尾随我,并监视我的住所。

我认为,中国民众迟早将要起来。我们试图安抚他们。我们认为,要为人民提供更好的领导者。我相信一部分民众肯定会起来,那是不可避免的。我们打算推翻北京政府。我们要在华南建立一个独立政府。我们的行动不会引起大乱;而没有这个行动,中国将无法改造。南方数省人民已经组织好了,目前的平静,主要是由于我们没有采取行动。我想,大概除了康党以外,都能够结成一体。我们担心中国被分割。我们当中的一些人力主行动;如果无所作为,他们将会倒向另一方。我认为康指控宫崎和清藤是犯了严重错误。当康等与我来往时,他们的行动便是不寻常的。皇太后悬赏十万两购缉康的头颅,他那头颅的价值三倍于我。中国政府派人处处监视我的行动。我来这里的目的在于会见康,并增加我的中国追随者。

> 据柯文南寄赠伦敦国家档案局藏英国外交部档案(英文打字件)影印件——一九九〇年七月十二日《斯韦顿汉来自新加坡的备忘录》(*Memorandum by Swettenham from Singapore*)(陈斯骏译,黄彦校)

---

① 底本误作 Nakanishi Jutaro(中西右太郎),今予纠正。据有关史料记载,当时中西重太郎在新加坡,他以前与康有为有过密切交往。
② 那人,指宫崎寅藏。
③ 平冈,指平冈浩太郎。
④ 据英外交部档案中斯韦顿汉的备忘录所载,当时孙中山表示他们将于7月12日乘佐渡丸(Sado Maru)轮船返回香港,则此处脱字疑为"香港"。

在香港船上召开紧急会议的谈话[1]

（一九〇〇年七月十六日）

孙：今以准备起义的全权，委托福本诚在香港进行一切准备工作，平山周、近藤原祯辅助之。俟准备告一段落后，即嘱郑士良代举义旗，近藤为郑的参谋，日本诸同志协助以占领某一地点，更将兵众半数进至厦门附近，宫崎则与本人密行至台湾，与郑等密取联络。

福本诚：因孙与宫崎等如回日本，恐不得自由，留港诸人将大沮丧。惟有一气呵成，愿乘此夜暗上九龙，疾走入内地，由广东省城，为迅雷不及掩耳的举动。

宫崎及诸日人：都表赞成。

孙力排众议，坚不接受曰：这是无异以肉投饿虎，无谋之极。

宫崎说明日本之行不利理由，故应冒险一试。

孙摇首厉声说：我们不能以自暴自弃方式，轻言牺牲；纵令这次企图全归泡影，也断不能采取这一自弃方策。

宫崎：革命岂能作算盘的打算？如须有成算始可实行，则意等于终生无为，所谓秀才造反，非君之谓耶？余从此断不再与君共议大事！

孙：你已发狂耶？如此何不立即投海而死，比较乘夜暗上陆九龙，潜入内地，实犹过之。你应知我非懦怯，也应知我非贪生怕死之徒，如今竟对我穷迫至此，究竟是何居心？

福本诚见英警巡查多人伫立两隅，乘夜登岸九龙潜入内地计策不可行，乃知孙君有先见之明，因嘱宫崎：应去孙君处郑重道歉。

宫崎对孙说：今后万事均唯先生命令是从。

据吴相湘《孙逸仙先生传》（台北远东图书公司一九八二年版）

---

[1] 孙中山于1900年7月16日乘轮自西贡抵香港海面，接香港警署通知，五年驱逐令尚未满期，不准登岸。孙中山乃在船上召开紧急会议。

与宫崎寅藏的谈话(译文)①

(一九〇〇年七月十八日)②

孙君引滔天至别室,潜谓之曰:兹有一问题试告于君,征其意见。曩者,吾友与香港总督密会时,提一议;总督之意,以为使李鸿章挈两广宣言独立,用余敷设新政,彼(香港总督)暗为保护,可以无事。乃以此事说李,李既容之,余亦略略允其事,欲以作大计之基础。既而拳匪之乱,声势渐盛,清廷促李北上甚急切,李将以今日就北上之途。而总督者,以之扼于此处,欲以止彼之行,期以今日十一时与李密会。李行若止,余亦解保安条例,登岸共与密议一切。昨夜以人来露此意,问余能否上陆与之密议。君关切余事者,其谓如何?

孙君又言曰:李无理议之信念,复无观察大局之眼识,年已垂暮,功名亦非其所深愿,故虽有港督之谏止,当必为李所不容。虽然,是亦大旱之片云也,唯作万一之预想,征君意见而已。

滔天曰:此机大可乘,若出于密会,可极力将顺之,以求吾事之集。将来之局,则惟在君之方寸及手段而已。

据[日]白浪庵滔天(宫崎寅藏)原著,黄中黄(章士钊)译录《孙逸仙》(上海一九〇三年版)

---

① 谈话地点在香港海面的船上,孙中山是两日前自西贡抵此的。卜力原拟借李鸿章奉诏北上过港之便,促成孙李密商合作。但因伦敦英国政府来电反对,未允孙中山登岸。
② 底本未说明时间,今据谈话中提及李的行踪和李自港北上的实际日期订定。

与神户某访客的谈话(译文)①

(一九〇〇年七月二十四日)

孙曰:李鸿章北上途中与香港太守②会晤时,太守向李氏说明形势,言称:按刻下清国时局,实为分割广东、广西两省之良机,等等,并怂恿李鸿章以孙逸仙为顾问,出掌两省之主权。李氏答称:将观察今后时局之趋势,徐行处断。孙氏又附带言称:太守所言,盖系欲以两广为英国属领,以扩展其利益范围。

据邹念之译《日本外交史料馆藏孙中山资料选译》,载《历史档案》一九八六年第四期

与横滨某君的谈话(译文)

(一九〇〇年八月上旬)

清国南方各省总督以及新进有识之士,在满清朝廷尚存在之期间,固将维持现状;但随时势之演变,迟早必与我等意见一致。基此情况,身入故国固属危险,但就某些地区而论,做为达到目的的一种手段,亦可通过无甚危险之和平途径与有上述思想的人士相会合,实属最为必要。基此原因,只要无何危险,亦愿与李鸿章会谈。

在南方,虽有迹象表明可能实现改革政府之目的;然而关于本人之计划,已受到英国方面通过某种途径传来之忠告谓:将会受到与义和团类同之重大打击。

李鸿章恐将不再北上③,现时北京政府已全为排外思想者所占据,皇帝

---

① 1900年6月,孙中山为准备起义和联合两广总督李鸿章,谋求两广独立,离日本赴香港海面、西贡、新加坡等地。后因李调任直隶总督,离粤北上,两广独立遂落空,孙中山乃于是日由香港搭佐渡号轮船返抵日本神户。这是与神户某访客谈话的一部分。
② 香港太守,指香港总督。
③ 1900年7月李鸿章离粤北上途经上海时,曾停留三月,故孙中山有错觉,仍拟与李会谈。

本人如不容纳彼辈之期望,亦随时有被弑危险。届时,当为吾人之目的可得实现之时矣。如皇帝势力增强,足能排外分子,吾等固须另打主意,但此种希望实属渺茫之极。现南方总督及有关人等对于满洲朝廷之难以长期维持,已有认识,彼等俱在等待破碎之日的到来,以便另行动作。内情如此,故吾等亦决心等待时机,目前正在谛观形势之演变。

据邹念之译《日本外交史料馆藏孙中山资料选译》,载《历史档案》一九八六年第四期

与岛田经一的谈话①

（一九〇〇年八月中旬）

此次归国在视察情形,如时机许可,将一见刘坤一、张之洞。对日人同行坚决谢绝。

据日本福冈县知事报告明治三十三年九月二十六日高秘第八四七号外务省机密受第九九四二号,转录自吴相湘《孙逸仙先生传》(台北远东图书公司一九八二年版)

与横滨某君的谈话(译文)②

（一九〇〇年八月中旬至二十一日间）

我决定乘二十二日启碇的"神户丸"前往上海。迄今为止,我一直在东京注意观察日本的外交方针和政治状况。但近日国内的动乱,经各国公使出面,似已告一段落。同时,推断日本的外交方针也已大致确定。根据这种

---

① 孙中山于1900年8月22日自横滨乘船秘密赴上海,拟运动容闳等人,集结反清力量。这是他启程前的一次谈话。

② 孙中山于22日自横滨乘船赴上海,拟运动以容闳为会长的国会（原名自立会）及其他力量联合反清。这是他启程前的一次谈话,谈话对象的姓名待考。谈话时间,据底本其他记述判断,当在8月中旬至21日之间。

情况,目前打算去视察本国情势,并与本国同志进行种种磋商。

在中国的政治改革派的力量中,尽管分成多派,但我相信今天由于历史的进展和一些感情因素,照理不致争执不休,而可设法将各派很好地联成一体。作为众望所归的领袖,当推容闳,他曾任驻美公使,在国内也颇孚人望。此外,对国内的李鸿章等各总督以及康有为一派也应重视,暗中联络,这样料可使政治改革方案得以渐次施行。根据这种考虑,我个人准备从中尽力,故匆匆决定回国。我并不抱任何危险激烈的企图,而是考虑始终采取温和的手段和方法。视情况还有最终赴北京的打算。已离神户前往上海的梁启超,大概也是抱着类似的想法而成行的。

我这次回国,毫不担心会遇到危险。我的归国一事,将会得到日本领事和另一国领事的间接保护。加以北京正处于外国军队的占领之下,更可放心。依我看来,梁启超的决定回国,也是有鉴于此的。

再者,对这次归国,将尽可能保守秘密。故没有同行的人,我决定单身出发①。

> 据[日]藤井昇三寄赠日本外务省档案《各国内政杂纂·中国部分·革命党方面(包括流亡者)》机密受第一一三二号日文原件的影印件——一九〇〇年八月二十二日神奈川县知事周布公平给外务大臣青木周藏的报告(金世龙译)

与内田良平等的谈话②

(一九〇〇年八月二十五日)

内田良平提议:挑选决死队前往上海、南京、武昌暗杀李鸿章、刘坤一、张之洞的"秘策"。

---

① 按,孙中山航经门司时,有平山周登船同行。
② 孙中山自横滨赴上海,途经门司,内田良平、平山周登轮同往。此为在船上的谈话,内田再三想说服孙中山同意接受,但孙始终坚持反对立场,绝不为所动。

孙中山表示坚决反对说：这是险著危道，万一失败，君等固自身败灭，我革命党也随之灭亡，千万不可行。

据《东亚先觉志士记传》上卷，转录自吴相湘《孙逸仙先生传》（台北远东图书公司一九八二年版）

与长崎某人的谈话

（一九〇〇年九月十七日）

此次到日本是为了游览。早先在东京与犬养、中村及二六、人民两新闻社员会面。亦曾要求与伊藤侯会面，未能如愿。

清国状况甚为危急，且此危急将成为对唇齿相依的贵国的将来产生不利影响的原因，实在令人慨叹不已。我等今日无所作为，只有等待时机。自己想再来日本，其时间未定。

据明治三十三年九月十八日《长崎县报》（日本外务省档案，高秘第三六一号），转录自陈锡祺主编《孙中山年谱长编》上册（中华书局一九九一年版）

在神户笔答某访客问[①]

（一九〇〇年九月二十日）

诚如君言，伊侯[②]不过为政策之诡变，不得已而为此反对保全之言，原无唱分割之论。仆闻之略安。仆支那孤愤之士，既恨满清之无道，又恨列强之逞雄，联军之进北，守文明之道者独贵国耳。其他实野蛮之行，比团匪之待外人为尤甚。支那人目击心伤，所以不忍闻分割之论。如各国竟出此策，

[①] 此件系孙中山离东京秘密赴台湾筹划惠州起义，船经神户时答某日人之笔谈。时间一说为1900年8月22日孙中山从日本秘密赴沪时的笔谈，今据日本外务省档案，明治三十三年九月二十二日兵库县报为准。

[②] 伊侯，即伊藤博文，系日本政友会总裁，多次出任首相。

则四百州之地,祸尚未有涯也。

敝国之朝犹贵国之内阁政府,而延长其期耳,每数十年或数百年而一易。吾国自有史鉴以来,数十余朝,每当易朝,有暂分裂者,有不分裂者,而分裂者多,生灵涂炭,民不聊生。而自行分裂尚如此,况为他国所瓜分者乎?故有识之士,甚畏分割也;且更畏外国之分割也,何也?有鉴于清之入关也。清入主支那之际,杀人盈城盈野,余威所播,至今民犹畏之,而不敢言恢复,然今日满政府腐败,自生取灭亡,支那之士,方期夫王土恢复,所以喜闻保全之论,而恶分割之言也。

据明治三十三年九月二十二日《兵库县报》(日本外务省档案,兵发秘第五九三号),转录自陈锡祺主编《孙中山年谱长编》上册(中华书局一九九一年版)

与内田良平等的谈话(译文)①

(一九〇〇年九月二十五日)

孙氏言称:此次前往台湾,欲在该地观察对岸华南地区形势。

内田:平冈浩太郎为与先生话别,特专程来抵本港,无论如何,亦应面晤一叙。

平冈言称:先生多年来流寓日本,日本政府对先生之所以冷淡,一是出于对英国外交策略上的考虑;但更主要者,乃因先生对日本尚无任何贡献。此次先生欲去基隆暂居,以观察华南方面形势。在此期间,亟应向儿玉总督提供援助,为平定台湾尽一臂之力。

孙答称:当在可能范围内竭尽绵薄。

据邹念之译《日本外交史料馆藏孙中山资料选译》,载《历史档案》一九八六年第四期

---

① 1900年9月25日孙中山抵门司,内田得孙电即于是日登轮晤见,并登陆偕往前竹寓居,与平冈浩太郎晤谈。

与门司某君的谈话(译文)①

(一九○○年十一月十四日)

一、本人近来旅居台北,在总督府保护之下与平山等人共处,迄于今日。此次前来东京,目的实难尽述。之所以浮居台北,一为得知日本政府行动,一为掌握中国南方消息,均甚方便之故。

二、关于三合会②事,并非本人之所关知。关于此次北清事件③,本人对日本政府之行动极为关注。盖以日本在地理上较列国占有优势,而且出动军队最多,显示出极大的军事力量,使列国为之震骇。即如此,本人预期日本政府在外交上亦将采取同等步骤,在一切事务中俱居于主导地位。果如斯,则本人亦将奋然崛起,与日本政府步调相谐,以期大举谋事。讵料日本政府优柔寡断,此次又有坐视利益为他国所夺之势。如此状况,本人的事业又安得不受挫折。

三、本人之事业系于日本,日本既不能主动占居主导地位,则本人之事业即将无可作为。

> 据邹念之译《日本外交史料馆藏孙中山资料选译》,载《历史档案》一九八六年第四期

---

① 1900年10月下旬,惠州起义失败。11月10日,孙中山离台湾基隆赴日本,于是日抵门司。
② 三合会为清代民间秘密结社之一,惠州起义军即为三合会首领郑士良统率。
③ 系指义和团运动。

与横滨某君的谈话(译文)

(一九〇〇年十一月二十一日至二十五日间)①

本人此次由台湾返回日本,实因有要务需秘密进行,乃近时有人传称:本人此次返日,或因台湾总督公然要求离去所致,云云,纯属最大误会。本人留居台湾,日本政府对总督似有某种猜疑,而新内阁又令人感到似乎以本人之存在为多事,本人如继续留居台湾,有可能给总督等带来意外烦累,不如离开台湾,对总督等实为顺便。本人留居台湾,固然便于掌握香港、厦门及本国其他近处之情势,亦便于与同志间互通声气;但因上述情况,继续留在台湾,反有诸多不便。

本国目前形势,将是举事之大好时机,我同志等亦大有奋发之意,正在稳步进行各项准备,现已大体就绪;只因某项秘密事务尚未彻底完成,而此事又极为困难,必须周密布置,多方面审慎筹备,切不能贸然从事。如前此三合会之举事而复中止,即实因此点未臻完备之所致。

我等同志刻下尚无以枪械不足而叫苦者,然而弹药输送则确实不能如意,必须努力设法加以解决。另一紧要事务为举事之前必须取得一二强国之支援,至少必须取得谅解。现今日本内阁更迭未久,外交方针尚未明确,看来依靠日本尚不如转倚已示谅解之英国为佳;但必须探明举事之际日本政府将以何种态度对处。日前已与大仓组签约,购买弹药二百五十万发,但苦于不得适当之运输港口,现在为此事苦虑中。大仓组之仓库本在门司,固可考虑由门司港运出,但有暴露之虞,不禁令人焦心。此事如能顺利解决,则举事之时机不日即可成熟。

据邹念之译《日本外交史料馆藏孙中山资料选译》,载《历史档案》一九八六年第四期

---

① 1900年11月14日,孙中山离台湾抵门司,16日到东京,19日抵横滨。神奈川知事于27日发出报告说"近日孙曾与某人谈话"。故推断此件日期当系21日至25日间。

与宫崎寅藏的谈话(译文)①

（一八九七年至一九〇〇年间）②

我曾问逸仙说："先生的中国革命思想来自何处？"他答说："我革命思想之成为体系乃是以后的事。不过引起我这种念头的，却是幼年时代乡间宿老的谈话。"所谓宿老是些什么人呢？就是太平天国的老兵。

…………

我曾与逸仙谈论过土地问题。我问他说："先生平均地权之说来自何处？是从学问上的研究得来的呢，还是从实际上的考察得来？"逸仙回答说："我受幼时境遇的刺激，使我感到有从实际上和学理上来研究这个问题的必要。如果我不是出生在贫农的家庭，或许就不会关心这个重大问题。"他又说："当我到了能够独自思索的时候，在我脑海里首先发生疑问的就是自己的境遇问题，亦即我是否非要在这种境遇中过一辈子不可，以及怎样才能摆脱这种境遇的问题。"

…………

逸仙在十二岁时到夏威夷投靠他的哥哥，这是为了解决他自己的疑问，即为了探索怎样才能摆脱永远处于奴隶境况的方法。到了夏威夷之后，哥哥要他进英文学堂③，他以天赋英才读三年英文书，此刻他已经不复是吴下阿蒙了。这时他又遇到了有关人类生死的疑惑，便信奉耶稣，作为解决的办法。他虽然成了基督教徒④，但他的哥哥却不喜欢他信教，所以劝他脱离，

---

① 1897年8月，孙中山自英国经加拿大抵达日本，寓居横滨、东京。宫崎寅藏是孙中山最早结识的日本民间人士，后加入兴中会。两人交往频繁，宫崎将从谈话中了解到的孙中山的政治主张与身世经历，多次撰成书文介绍，本篇即为其中之一。

② 谈话时间不详。记录内容止于伦敦蒙难，估计谈话系在两人结识至1900年惠州起义之前这段时间，所标者据此。

③ 此指意柯兰尼学校。

④ 按，此时孙中山尚非基督教徒。据史料记载，他拟入教而遭孙眉阻止。

他不但不听,反而劝哥哥入教,于是哥哥生气了并命他归国。因此他便回家乡,重返旧时境遇,用锄锹帮助父母工作。

逸仙曾经对我说过当时的心情和感想。他说:"我回到双亲膝下后,乡间宿老和朋友们都要我谈谈在夏威夷的见闻给他们听。而我所说的都很受他们欢迎,他们便推我做资深议员,参与乡政之事,有很多是采纳我的意见,如改修道路,在街道点夜灯,为防御盗贼而用壮丁设置夜警队轮流值班,令这些壮丁带枪等事皆是。当时我如果有今日的思考能力,便不会出于赌注作一举大计之行动,而会逐渐扩充现有的信用和实力,由县及州,由州及省,隐忍持久,藉共同防卫之名以输入武器,训练壮丁,待机起事,大事或者易成。但血气方刚的我,毕竟不能久安于此境,居家一年之后,闻广州设有医学堂①,遂得双亲同意进入该校。"

··········

逸仙先生曾经对我谈当时的情况说:"我转到香港医学院②之后,不出两年,便找到三个革命同志:尤列、陈少白和杨鹤龄。这三个人都赞同我的主张,因此有空就放言高谈革命,且不怕被人听到。我们共同起居,亲如兄弟,紧为结合,成为一体,人称'四大寇'。当时郑弼臣③尚留在广东医学堂,他有时也来加入四大寇的行列,由于交情日密,始知他是三合会头目之一,通过他而得知中国历来秘密结社的内幕,这对我实行革命计划有很大的帮助。这等于说,我由谈论革命时代进入实行革命时代的动机,郑君的贡献甚大。"

··········

他曾经对我说:"我对基督教的信念,随着科学的研究而逐渐减弱。我在香港医学院求学期间,觉得基督教的理论缺乏逻辑,因而开始阅读哲学书籍。当时我的信念颇为倾向于进化论,可是又没有完全放弃基督教。"

··········

---

① 此指博济医院。
② 此指香港西医书院。
③ 郑弼臣,即郑士良,号弼臣。

一八九五年十月的广州起义终于失败了。这是天不欲中国革命乎？抑或未尽人事耶？逸仙先生自己曾说："人多败事。我当时拥有出乎意料的势力，而不知利导、驾驭之道，因此反致失败。"其言何等坦白天真！西谚云："朴素为英雄的本色。"逸仙先生如是乎？

据［日］宫崎寅藏《孙逸仙传》遗稿，载［日］宫崎龙介、小野川秀美编《宫崎滔天全集》第一卷（东京平凡社一九七一年发行）（陈鹏仁译）

附录　同题异文①

宫崎：先生，中国革命思想胚胎于何时？

孙：革命思想之成熟固予长大后事，然革命之最初动机，则予在幼年时代与乡关宿老谈话时已起。宿老者谁？太平天国军中残败之老英雄是也。

宫崎：先生土地平均之说得自何处？学问上之讲求抑实际上之考察？

孙：吾受幼时境遇之刺激，颇感到实际上及学理上有讲求此问题之必要。吾若非生而为贫困之农家子，则或忽视此重大问题亦未可知。吾自达到运用脑力思索之年龄时，为我脑海中第一疑问题者为我自己之境遇，以为吾将终老于是境乎，抑若何而后可脱离此境也。

【下述一八八三年自檀香山返乡后事】

孙：予归侍父母膝下也，乡关之宿老以及竹马之友皆绕予叩所闻见，予尽举以告，无不欣然色喜；遂被推为宿老议员之一。自治乡政之事多采余说，如道路修改，入夜街道燃灯，及为防御盗贼设壮丁夜警团，顺次更代，此等壮丁均须持枪等事是也。当时予若具有今日之思想，不采凭一举而成大事之宏图，仅由此渐次扩张此信用与实力，由县及州，由州入省，隐忍持久，借共同自卫之名输入兵器，训练壮丁，见机蹶起，大事或易成就亦未可知。

---

① 所据底本与日文手稿《孙逸仙》（《宫崎滔天全集》第一卷）内容相同，但前者叙至1895年，后者叙至1897年。

然予以年少气盛,遂不能久安此境。家居一年后,闻广东有医学校之设立,请于父母而入斯校。

孙:予转入香港医学校,不出一二年,同学中得革命同志三人,曰尤、曰陈、曰杨①。皆志同道合,暇则放言高论,四座为惊,毫无忌惮。起卧出入,均相与偕,情胜同胞。因相结为一小团体,人称曰四大冠〔寇〕。时郑弼臣犹肄业广东医学校,时来加入四大冠〔寇〕之列,及交愈稔,始悉彼为三合会头目之一。于是赖以得知中国向来秘密结社者之内容,大得为予实行参考之资料。然予由谈论时代入于实行时代之动机,则受郑君所赐者甚多也。

据[日]宫崎滔天《孙逸仙传》(略加整理),载《建国月刊》第五卷第四期(南京一九三一年八月)

与林奇的谈话(译文)②

(一九〇一年春)

(孙先生乐意地谈及他最近组织的革命活动③。他取下地图,指出作战地点和起义者的进军路线。说明他们失败的原因,仅是由于缺乏弹药,他们指望从一个日本承包商那里取得弹药,但那人欺骗了他们。)

孙先生说:对于战斗的结局,我们毫不气馁,事实上恰好相反。因为起义表明,我们的人一旦获得适当的武装并且作好大举的准备,就能轻易地打败清军。(接着,他谈及起义的详情。)战斗仅仅持续了二十天。我们的人从不到六百人开始,这些人只有三百支来福枪,每支枪三十发子弹。十天之内,他们从清军手中夺取了一千支来福枪。到二十天结束时,他们的人数也

---

① 曰尤、曰陈、曰杨,指尤列、陈少白、杨鹤龄。
② 林奇(G. Lynch)是美国《展望》杂志(*The Outlook*)记者。孙中山复函答应他访问的请求,在横滨寓所接见他。谈话内容为林奇所报道,对孙中山采用第三人称。林奇未说明访谈的具体时间,今参照孙中山当时行踪及林奇发表访问记的时间酌定。
③ 指1900年惠州起义。

由六百增加到二万。第一场战斗发生在沙湾附近,这里紧靠英国新领土香港对面的边界。边界由英国人管辖,由于英国人偏袒清军,在这里逮捕了不少起义者。因为这个缘故,他们朝东北方向挺进,并在沙湾与三多祝之间进行了十二场战斗,所有这些战斗都打了胜仗。在最后一仗中,他们的弹药完全耗尽。打完了最后的弹药,显然已无法守住阵地,他们便悄悄解散回家。但即使到了那个时候,他们也不愿意解散,要是我能及时赶到那里,他们没有弹药也将坚持战斗。可是当时我正在邻国忙于准备工作,他们就只好解散了。起义者一共只牺牲了五个人,而清军有五百人被击毙,一百人被俘。起义者占领了两个重镇和许多村庄,他们严禁任何劫掠和纵火行为,人民很快转而拥护他们。

(在听了孙先生关于这个小战役经过的叙述以后,我问他是否认为,除进行一次革命外,中国便没有实现改革的希望?)

孙先生:凡是了解中国朝廷,了解包围和影响皇帝的那些人物的,谁都应当知道,清朝皇帝没有能力去有效地实行中国所需要的激烈改革。

(孙逸仙及其朋友们的抱负,是发动一次有如三十年前日本所发生的革命,希望在中国实现日本化。他满怀信心地认真谈论这一题目。我问及中国人民是否会像日本人那样,准备实行改革。)

孙先生:如果中国人民得到合适的领袖人物的率领和指导,他们是一定愿意的;大多数人民都会依照他们所得到的指示去做。于是他就以热烈的态度,简直是热情洋溢地谈到了他的同胞的优越性——他们的高超智慧、他们的模仿力以及学习新事物和汲取新思潮的能力,都超过日本人。日本人用了三十年才办到的事情,我们最多用十五年就能办到。

(他并且提出很多技艺和工业的例子来支持他的论点。……他久久地畅谈他的目标和计划。他拥有一批优秀的、被他称为新式中国青年的追随者,他们曾在英国、火奴鲁鲁和日本等地受教育,其中一些人家道殷实,必要时能为革命提供需要的资金,因为他们相信这是拯救祖国的唯一方法。)

孙先生:我们开始下一次努力将会遇到极大的困难,这是当一次起义或暴动扩展成革命规模之时所必然的。希望西方国家能保持中立,不要加以干涉。

林奇:这确是一个伟大的抱负。

(他喷出一大口雪茄烟,开始在房里踱步)徐缓地说:是的,这是值得人们为之奋斗终生的理想。(然后他继续谈及中国,谈到它的辽阔土地、众多人口和尚未开发的资源,谈到一旦发生像日本有过的那样一场伟大觉醒时中国未来发展的可能性。)

(林奇暗示,实现他的抱负将会酿成真正的"黄祸"。)

孙先生:中国人本质上是一个爱好和平的而不是好战的民族。我们已达到了这种地步,这是你们正在开始以召开海牙会议来努力达到的。产生黄祸的唯一可能会是在工业竞争的形式之中?但在变动了的情况下,生活舒适的程度和工资的比率将会很快上升,因此,无需再把中国劳工廉价输出到世界其他地方去。以日本近三十年来工资和物价的迅速增长作为例证,就可以明白。

最后,孙先生笑着说:你对新式的中国人有些什么想法?我料想你没有见过我们当中的许多人,尽管他们在美国和日本比你想象的还要多,他们都被共同的希望和抱负所鼓舞。

(我很少碰见过比孙逸仙更有趣的人物了。……以联邦或共和政体来代替帝政统治,这是孙逸仙的愿望。而且,正如他所说的,当外国人劫掠了京城,亵渎了神明,皇权的威信扫地已尽,位于北京中心的神圣不可侵犯的皇宫遭到侵略者铁蹄蹂躏的时候,变革的时机就在成熟了。)

据秦孝仪主编《国父全集》第二册(台北近代中国出版社一九八九年版)(译自林奇《两个西化的东方人》(*Two Westernized Orientals*),载《展望》第六十七卷第十二期(纽约一九〇一年三月二十三日英文版))

与宫崎寅藏等的谈话(译文)①

（一九〇一年六月）②

我的家眷现在夏威夷，也是流着泪和贫苦搏斗。家里人要是战胜眼泪，那就意味着革命不久就要成功。从事于革命运动的人无论谁都必须战胜眼泪。

据［日］宫崎龙介著，林启彦译《先父滔天的一切事迹》，载《三十三年之梦》（花城出版社一九八一年版）

与某西报记者的谈话

（一九〇一年六月）

中国维新，首要改革清朝，灭却顽固官员，国政改用西法，乃于事有济。光绪帝原属精明之主，惟为压力所制耳。我曾与美国使臣同舟谈及中国时局，据伊亦云光绪帝柔懦如小孩。然李傅相本是干员，奈满洲习气太深，将来中国维新，似难望此老成硕辅左右赞襄必也。后辈继起有人，乃可望纪纲独振也。

据香港《华字日报》一九〇一年七月一日

---

① 谈话在日本横滨孙寓。当时宫崎寅藏夫妇与大哥宫崎民藏夫妇一起来访孙中山，并在孙寓住了一宿。孙中山在皮包里拿出一张1901年在檀香山所摄全家照，照片中有孙中山的母亲、胞兄及子女等，孙一面给他们看照片，一面谈话。

② 底本未标时间，6月16日孙中山刚从檀香山回横滨，因酌定此时间。

与某西报记者的谈话

（一九〇一年六月）

丧元吾何惧哉！吾到中土，大集同志，谅不久尔必闻消息。吾经已购备军火，分派党羽，屯聚各处，待时而动，将必与现管理中国者决一死战。吾党万死不移，断不肯半途而废。此乃吾第三次乱起。现中国人民皆闻风来归，故可决必有成功也。今定章程，又转胜前时，而且豪杰纷应，兵力壮足，太后与华官闻之亦必魂飞胆落，吾甚愿中国效法美国，公举总统，使吾民免受专制之苦而得自主之权，则我中国转弱为强，亦指顾间事耳。

据香港《华字日报》一九〇一年七月二十三日

与罗斯基等的谈话[①]

（一九〇二年以前）[②]

【就中俄两国革命成功的时间问题交换看法】

孙：无政府党如何？

罗：百年之内能实行无政府主义，吾党满足，恐吾身之不及见也。

罗：中国如何？

孙：中国情形与俄国全反。予及身不成功，中国革命亦归泡影。

【罗问其故】

孙：俄国尼可拉斯皇室为斯拉夫本族，无政府党所欲推倒者，极端专制耳，且俄国向无人民革命之历史，人民怨恨贵族较皇室为甚，俄皇室与欧洲

[①] 谈话地点在东京（或横滨）张仁之家。除俄国人罗斯基外，还有菲律宾共和国驻日本外交代表彭西以及刘成禺等在座。

[②] 底本未说明时间，据彭西至日及其与孙中山交往的情况，当在1898年至1901年间。

列强为婚姻之国,贵党以无政府标题,欧洲各国政府必助俄皇室以压制人民,究竟主张无政府主义者,人民占少数也。中国则不然,人民揭竿而起,匹夫有天下,历史视为寻常,外族入主中国,人民起而驱逐,所见不鲜,不徒推倒一政府也。今中国人民宜推翻者有两重历史,曰外族满清之入主,曰现代政府之腐败,而皆为数千年起大革命历史所允许。可惧者,满清主立宪党,唱立宪政府,拥戴满州〔洲〕而授权人民,人民受缓和之欺骗耳。幸满政府视立宪党为革命党,此不二十年,吾得见中国革命大成功也。

据刘成禺《先总理旧德录》,载《国史馆馆刊》创刊号(南京一九四七年十二月)

与秦力山的谈话①

（一九〇二年二月下旬）

秦力山记:知识何以能平等？曰教育普及则知识自然平等。教育何以能普及？曰经济充裕教育自然能普。经济何以能充裕？曰此事虽欧美已难望之,惟吾国尚有此资格。……

贫富何以能平等？曰此事亦详于《与□□□②讨论公地笔记》,可为略述于左,以免阅者诸君谓我将以虚言绐世也。西儒社会学家论公地者甚众,惜东洋无译本。□□□君通西文,尝言之,然尚无成算。鄙人于庚子过金陵时,见城北一带,颓垣破瓦,鞠为茂草,闻其地主,则不公之私,成为一种无用之地。及查其何以至此,则洪杨破金陵,其地主已或逃或死,至大定后,遂任其荒落,泊今不知其主之为谁何。鄙意以为吾国他日若有动机,则举全国之地皆可以江南城北观,以今日不耕而食之佃主,化为乌有。不问男女,年过有公民权以上者,皆可得一有制限之地以为耕牧或营制造业。国家虽取十

---

① 孙中山在横滨,时中国留学生疑孙中山骁桀难近,不与通,秦力山独先往谒之,讨论土地问题,并初涉革命程序论。

② 即孙逸仙,下同。

之三四,不为过多,农民即得十之六七,亦可加富。此外可开之垦,可伐之森林以及其他种种可开之利源,尚不知几何。今日岁入八千万,他日则虽无量恒河沙数之八千万,不过反手耳。苟辨乎此,则知〈识〉与贫富二者,何愁而不平等。盖东西各国之资本家,其所以保护其财产之法,今日已达极点,无术可以破坏之,独吾国为能耳。

孙中山还提出了革命程序论的初步设想:□□①之政府易覆,外人之干涉不惧,所可虑者,吾中国人具帝王之资格,即人怀帝王之思想,同党操戈,外族窥伺,亡吾祖国之先兆也。吾细思数年,厥有一法:夫拿破仑非不欲为民主也,其势不能不为皇帝,使华盛顿处之亦皇帝矣。华盛顿非必欲为民主也,其势不能不为民主,使拿破仑当之亦民主矣。中国数十行省之大,欲囊括而恢复之,必有数统帅,各将大军数十百万,各据战地,鸣叱往来。即使诸统帅慕共和之治,让权于民,为其旧部者,人人推戴新皇,各建伟业,咸有大者王小者侯之思,陈桥之变所由来也。欲救其弊,莫若于军法地方自治法间,绾以约法。

军法者,军政府之法也。军事初起,所过境界人民,必以军法部署,积弱易振也。地方既下,且远战地,则以军政府约地方自治。地方有人任之,则受军政府节制,无则由军政府简人任之,约以五年,还地方完全自治,废军政府干涉。所约如地方应设学校、警察、道路诸政如何,每县出兵前敌若干,饷项若干。五年程度不及者,军政府再干涉之,如约则解。此军政府约地方自治者也。地方出兵若干,饷若干,每县连环会议,约于军政府。有战事则各出兵饷赴前敌,战毕除留屯外,退兵各地方。军帅有异志,则撤其兵饷,地方有不出兵饷者,军政府可会和各地方以惩之。此地方自治约军政府者也。军政府所过,地方自治即成,而以约法为过渡绾合之用,虽有抱帝王政策者,谅亦无所施其计矣。

> 据《国民日日报》一九〇三年八月十九日《上海之黑暗社会自序》;上海《大陆报》一九〇四年十月二十八日《孙文之言》,转录自陈锡祺主编《孙中山年谱长编》上册(中华书局一九九一年版)

---

① 即满清或鞑虏二字。

与程家柽刘成禺的谈话①

（一九〇二年二月）

程往横滨,孙见即问曰:刘某来否？

程曰:此两湖书院同院老友也,来矣,已入成城学校。

孙曰:予急欲见此人。汝可回东京,陪彼来。成城不能外宿,晨来晚归为佳。

刘与家柽造横滨山月寓庐,孙出迎,执刘手曰:寿卿、元丞②来日说武昌事件,力助党人出险,尤感太夫人拯救之恩。

> 据刘成禺《先总理旧德录》,载《国史馆馆刊》创刊号（南京一九四七年十二月）

与章太炎的谈话③

（一九〇二年春）④

兼并不塞而言定赋,则治其末已。夫业主与佣耕者之利分,以分利给全赋,不任也。故取于佣耕者,率参而二。

古者有言:不为编户一伍之长,而有千室名邑之役。夫贫富斗绝者,革命之媒。虽然,工商贫富之不可均,材也。枿人为人黝垩,善画者图其幅帛,

---

① 1902年2月13日孙中山自香港抵达横滨。留日学生程家柽乃往横滨见孙,后与刘成禺再次访孙,纵谈竟日,傍晚乘车回东京。
② 寿卿,即吴禄贞,字绶卿。元丞,即戢元丞。
③ 章太炎（名炳麟）到横滨拜访孙中山,并就均田、定都等问题进行讨论。本篇与下篇,是章以自己特有的文字风格记录孙中山当时所发表的意见。底本均参校章炳麟著,徐復注《訄书详注》（上海古籍出版社2000年版）。
④ 底本未说明谈话时间,今据《太炎先生自定年谱》等记载酌定。

其为龙蛇、象马、草树、云气、山林、海潮、爓火、星辰、人物、舟车,变眩异态,于以缘饰墙壁,一也。然或一日所成而直百钱,或一日所成而直赢于万金。挽步辇者,与主海船者,其为人将行,一也。一以为牛马,一以为宗主。是岂可同哉? 彼工商废居有巧拙,而欲均贫富者,此天下之大愚也。

方土者,自然者也。自然者,非材力,席六幕之余壤,而富斗绝于类丑,故法以均人。后王之法:不躬耕者,无得有露田。场圃、池沼,得与厮养比而从事,人十亩而止;露田者,人二十亩而止矣。以一人擅者,畖垄沟洫,非有其壤地也。场圃之所有,杝落树也;池之所有,堤与其所浚水容也;宫室之所有,垣墉栋宇也。以力成者其所有,以天作者其所无,故买鬻者庚偿其劳力而已,非能买其壤地也。

夫不稼者,不得有尺寸耕土,故贡彻不设。不劳收受,而田自均。

据章炳麟著《訄书》第四十二《定版籍》①(东京翔鸾社一九〇五年版)

与章太炎的谈话

(一九〇二年春)

异撰! 夫定鼎者相地而宅,发难者乘利而处。后王所起,今纵不豫知所在,大氐不越骆、粤、湘、蜀。不骆、粤、湘、蜀者,近互市之区,异国之宾旅奸之,中道而亡,故发愤为戎首。于今奥区在西南,异于洪氏②。所克则以为行在,不为中都。中都者,守其阻深,虽狭小可也。何者? 地大而人庶,则其心离;其心离,则其志贼;其志贼,则其言觥觥,其行前却。故以一千四百州

---

① 《定版籍》一文初稿题为《定赋》,写于1902年。现将《定赋》所载孙中山的谈话附录:"富之不可均,材也。朽人为人黝垩,善画者为人图方幅,其于以缘饰墙壁,一也。然或一日所成而直百钱,或一日所成而直赢于万金,是岂可同哉! 挽步辇者与主海舶者,其为人将行,一也,直亦差绝。彼工商之废居巧拙犹是矣,而欲均富者,此天下之大愚也。方土之存,自然也;自然者,非材力,故宜以均人。法如右方矣。"(上海图书馆藏章太炎手稿)

② 洪氏,指洪秀全。

县之广袤,各异其政教雅颂者,百蹶之媒也。虽保衡治之,必乱其节族矣。

夫景亳以七十里,岐以百里,古者伯王之主,必起小国。虽席之萝图而不受者,非恶大也。士气之齐一,足以策使;周行之耆敕,足以遍照;非小焉能?处小者,于愉殷赤心之所,撙厉其政,栞奠其水土,抚循其士大夫,其轻若振羽。从之十年,义声况乎诸侯,则天下自动愿为兄弟,大将焉往?使汤、文之故,有大傀觙土,其举之亦绝脰,吾未知其废易窜殛之不伉于癸、辛也。

洪氏初以广西一部成义旅,所至斩馘,勤于远略,克都邑而不守,跨越江湖以宅金陵,内无郡县而攦落以为大。以此求一统,昆仑、岱宗之玉检,未有录焉。故困于边幅者为小丑,陋小边幅不以尺寸系属者为寄君。寄君者,戒矣!虽其案节得地,而扬光明,金陵则犹不可宅。当洪氏时,有上书请疾趋宛平者,洪氏勿从。非其方略不及此也,王者必视士心进退以整其旅。金陵者,金缯玉石、稻粱刍豢之用饶,虽鼓之北,而士不起。夫满洲在者,其执〔势〕分。异国视执〔势〕便以为宾仇,此之谓亡征。及其闭门仰药,始以宅南自悔也。岂不绌于庙算,而诒后嗣之鉴邪?发难之道,既如此矣。

定鼎者,南方诚莫武昌若。尚宾海之建都者,必邈远武昌。夫武昌扬灵于大江,东趋宝山,四日而极,足以转输矣。外鉴诸邻国,柏林无海,江户则曰海壖尔。内海虽咸,亦犹大江也。是故其守在赤闲天草,而日本桥特以为津济。江沔之在上游,其通达等是矣,何必傅海?夫北望襄、樊以镇抚河、雒,铁道既布,而行理及于长城,其斥候至穷朔者,金陵之绌,武昌之赢也。

虽然,经略止乎禹迹之九州,则给矣。蒙古、新疆者,地大腧而执〔势〕不相临制。夫雝州,本帝皇所以育业,霸王所以衍功,战士角难之场也。地连羌胡,足以苫〔答〕箠而制其命。其水泉田畴,膏腴不逮南方,犹过大行左右诸国。农事者,制于人,不制于天。且富厚固不专恃仓廪,自终南、吴岳,土厚而京陵高,群矿所韬,足以利用;下通武昌,缮治铁道,虽转输者犹便。虽然,经略止乎蒙古、新疆,则给矣。王者欲为共主于亚洲,关中者,犹不出赤县,不足以驰骤。彼东制鲜卑,西羁乌拉岭者,必伊犁也。

古者有空匈奴、县突厥者矣,耽乐于关中,而终不迁都其壤,王灵不远。是以赤帝之大,九州分裂而为数畛。夫为中夏者,岂其局于一隅?固将兼包并容,以配皇天。伊犁虽荒,斩之胡桐柽柳,驱之貂狸,羁之骡①、橐驼;草莱大辟而处其氓,出名裘骏马以致商贾;铁道南属,转输不困,未及十年,都邑衢巷斐然成文章矣。

故以此三都者,谋本部则武昌,谋藩服则西安,谋大洲则伊犁,视其规摹远近而已。

据章炳麟著《訄书》第五十三《相宅》(东京翔鸾社一九〇五年版)

与哈德安的谈话②

（一九〇二年十二月）

孙说:一九〇〇年惠州起义时英国人曾提供武器援助……我需要武器,能策动正规军,苏(元春)宫保提督正准备倒戈,那样我就将取得广西,在南方组成一个共和国。……我将要求法国选派军官训练军队,遴选工程师和官吏主持各公共行政部门。孙强调哥老会和三合会已渗入广西清军。孙再次表示:我的新共和国将作出更大的让步,以寻求法国的援助。

双方达成协议:孙获准进入中越边界地区;同时担保促使"绿林游勇"今后不再滋扰东京地区。

据《辛亥革命史丛刊》第六辑《一九〇〇至一九〇八年孙中山与法国人》(中华书局一九八六年版);《辛亥革命史丛刊》第四辑《一九〇〇至一九〇八年法国与孙中山》(中华书局一九八二年版)

---

① 骡,疑为"骡"的异体字"赢"之讹省。
② 孙中山抵达西贡,法国印支总督韬美已卸任。继任总督保尔·博指示他的私人秘书哈德安与孙中山会谈。

与刘成禺的谈话①

（一九〇二年）

适与犬养先生论及太平天国一朝，为吾国民族大革命之辉煌史，只有清廷官书，难征文献。曾根②先生所著《满清纪事》，专载太平战事，且多目击。吾欲子搜罗遗闻，撰著成书，以《满清纪事》为基本，再参以欧美人所著史籍。发扬先烈，用昭信史，为今日吾党宣传排满好资料，亦犬养先生意也。吾子深明汉学，能著此书，吾党目下尚无他人，故以授子。（曾根遂以《满清纪事》，孙中山以英人呤唎所著《太平天国》两大册、犬养以另一英人所著《Taipen Rebellion》交给刘成禺。）此吾党不朽之盛业，子宜参考英、日各书，中国野史及官书，细大皆录之。

据刘成禺《先总理旧德录》，载《国史馆馆刊》创刊号（南京一九四七年十二月）

在东京召开秘密会议的发言③

（一九〇二年）

孙中山以"中和、兴中，皆为海隅下层之雄，中国士大夫，尚无组织"，乃邀集刘成禺、程家柽等开秘会于东京。孙中山在会上发言：

"此会可谓中国开天大会，历朝成功，谋士功业在战士之上，读书人不

---

① 此谈话在东京红叶馆进行，犬养毅、曾根俊虎（日本退职陆军大佐）等在座。刘成禺是中国留日学生，后来他根据孙中山的建议，写成《太平天国战史》一书。

② 曾根，即曾根俊虎。

③ 孙中山邀集刘成禺、冯自由、程家柽、程明超、李书城等人开秘会于东京竹枝园饭店，决定分途游说各省学生及游历有志人员。

赞成,虽太平天国奄有中国大半,终亡于曾国藩等儒生之领兵,士大夫通上级而令下级者也,马上得之,不能以马上治之,况得之者,尚在萧、曹、陈诸人之定策乎?士大夫以为然,中国革命成矣。"

据刘成禺《先总理旧德录》,载《国史馆馆刊》创刊号(南京一九四七年十二月)

为筹饷的谈话①

（一九〇四年五月）

是日,孙中山于说明革命主义之后,提议请座众购买革命军需债券谓:此券规定实收美金十元,俟革命成功之日,凭券即还本息一百元。凡购券者即为兴中会员,成功后可享受国家各项优先权利。

各教友谓:吾辈各有身家在内地,助款则可,入会则不必。

孙乃谓:此举志在筹饷,入会与否,一惟尊便。此项债券票面并不写姓名,可勿过虑。

据《孙总理癸卯游美补述》,载冯自由《革命逸史》第二集(重庆商务印书馆一九四三年版)

创设同盟会的缘起②

（一九〇四年十二月）

自《苏报》邹容《革命军》发生后,中国各省已造成士大夫豪俊革命气

---

① 孙中山在旧金山,召集基督教友之有志者开救国会议,在说明革命主义之后,提议请座众购买革命军需债券。各教友对于购券事,均甚赞成,惟闻凡购券者即为兴中会员一节,多谈虎色变。孙中山乃对教友解释,众无异言,于是各教友先后购券。

② 刘成禺闻孙中山言,乃电告留欧学生,留欧学生集资六万法郎汇美,1902年12月14日孙中山由美赴欧。1905年1月,孙中山首先在布鲁塞尔的留比学生中建立革命组织,拟订盟书,但未命名为同盟会。

象,但无纲领组织,徒借筹款,附党于三合会,不足成中国大事也。

今吾有创同盟会之意,在美华侨,皆粤籍劳工,与中原士大夫毫不生关系。吾其有欧洲之行,见各省豪俊乎。惜此行旅费不足,容徐图之。

据刘成禺《先总理旧德录》,载《国史馆馆刊》创刊号(南京一九四七年十二月)

与朱和中的谈话①

(一九○五年一月上旬)

孙问:汝辈主张革命,其进行方法如何?

朱答:更换新军脑筋,开通士子知识。

孙不以为然曰:秀才不能造反,军队不能革命。

朱乃将武汉三镇经过的事实详细陈述。

孙以借会党暴动为可靠。

朱又将唐才常等失败之经过反复申言说:会党在长江,自新军成立以后,无有势力。

孙言:我正在改良会章。

朱言:会党之志在抢掠,若果成功,反为所制。会党无知识分子,岂能作为骨干?先生历次革命所以不成功者,正以知识分子未赞成耳。

孙乃列述史坚如、陆皓东诸人之学问以证之。

朱曰:人数甚少,无济于是,必大多数知识分子均能赞成我辈,则事半功倍矣。

孙深以为然曰:今后将发展革命势力于留学界,留学生之献身革命者,分途作领导人。

据朱和中遗稿《欧洲同盟会纪实》,载《辛亥革命回忆录》第六集(中华书局一九六三年版)

---

① 1905年春,孙中山赴欧洲进行革命活动。在比、英、法各国间频繁往返,建立革命团体,与留学生讨论、谈话。此为孙中山抵比利时与留学生朱和中的谈话。

与胡秉柯的谈话①

（一九〇五年二月初）

盟据及法国政府致越南总督信件被窃,孙先生甚怒,且谓:我早知读书人不能革命,不敌会党。

胡:告以比京全体同志无一人闻盗盟据之事,并无一人有悔心。

孙:叛党只此四人,全体未叛。既已宣誓,盟据失去也无妨。最不该盗我收存之法国政府致安南②总督要函。

其时清国公使馆差人送来一函,孙拆阅之则所失法国政府致安南总督之原函。③ 孙谓:原函虽复得,此中秘密已泄露矣。

据朱和中遗稿《欧洲同盟会纪实》,载《辛亥革命回忆录》
第六集（中华书局一九六三年版）

与旅比中国留学生的谈话④

（一九〇五年二月）⑤

会党之宗旨本在反清复明,近日宗旨已晦,予等当然为之阐明,使复原状,且为改良其条教,俾尔辈学生亦得参加。盖会党之规章,成于明末陈近南先生,当时陈先生以上人无行,往往叛党,故以最粗最鄙之仪式及一切不

---

① 留比学生接孙中山函责,即公推胡秉柯赴巴黎见孙中山,说明盟据虽失,执心不变。
② 安南,19世纪初改称越南,但直至新中国成立之前,中国民间仍沿称其为安南。
③ 王发科、王相楚窃去文件后,急携赴清公使孙宝琦处,清公使不加追究,命将盟书和重要函牍发还本人。
④ 孙中山于是年1月自美抵英,2月到达比利时首都布鲁塞尔。这是他到后不久与留比学生朱和中、贺之才等谈及革命进行方法时发表的意见。
⑤ 底本未说明时间,今据所记史实酌定。

通之文字为教条,俾士人见而生恶,不肯加入,因以保存至今。今日应反其道而行之,使学生得以加入,领袖若辈,始得有济。且君等闻张汶祥之事乎?张乃会党之总头目,犯案累累,清廷方悬赏缉拿,左宗棠方为两江总督,忽一日清廷廷寄缉拿张汶祥,时汶祥已至江宁,忽左军纷纷出城,左令中军官查问,则云欢迎龙头大哥,问大哥为谁,则所通缉之张汶祥也。左大骇,乃令其心腹加入会党,从中举左为龙头,势成乃再缉拿张汶祥。予因不愿诸同志为左宗棠,但我同志必须能指挥下等社会有组织之团体,而后于事有济。不然此等团体固在,我辈一动,而彼等出而阻碍,甚妨我辈之进行也。

据朱和中《辛亥光复成于武汉之原因及欧洲发起同盟会之经过》(续),载《建国月刊》第二卷第五期(上海一九三〇年三月)

在布鲁塞尔访问社会党国际执行局的谈话(译文)①

(一九○五年五月中旬)②

本文报道的是《前进报》的一位撰稿人同孙逸仙博士的一次别开生面的谈话,他是到布鲁塞尔来向社会党国际局申请接纳中国革命社会党③的。

他说:"我以前曾写文章说过:满洲人目前统治着中国,和俄国人统治

---

① 孙中山于 1904 年 12 月自美国至西欧,随后在各国留学生中建立革命组织(中国同盟会前身)。1905 年 5 月在比利时首都布鲁塞尔时,经留学生贺之才介绍而走访社会党国际执行局(英文 International Socialist Bureau,即第二国际常设执行机构),与该局主席王德威尔得(Emile Vandervelde,比利时工人党党魁)、秘书于斯曼斯(Camille Huysmans)以及比利时工人党所办佛兰芒文《前进报》(*Vooruit*)记者桑德尔(Sander)用英语交谈。谈话内容为桑德尔所报道,对孙中山使用第三人称。

② 底本未说明访谈日期。按该报道最初载于 1905 年 5 月 18 日《前进报》,5 月 20 日又译载于比利时工人党所办法文《人民报》(*Le Peuple*),原报道提及这次访谈乃在本星期内,因 5 月 18 日、20 日分别是星期四和星期六,则当在 15 日至 17 日之间,故标为是月中旬。

③ "中国革命社会党"及下文所述"中国社会党"似为孙中山自称,而事实上当时该党并不存在,在西欧各国留学生中建立的革命组织亦尚未命名。

着波兰而西班牙人在十六世纪统治着你们的先辈的情况一样。

"因此我们天朝①的同志们的纲领第一条就是驱逐鞑虏、恢复中华。

"不应忘记,中国的全部或绝大部分土地是公有财产。也就是说,那里的地主很少,土地按一定的规章租给农民。

"中国人实行一种很简便的赋税制度:每个人按其财产多寡纳税,国家开支不像欧洲这里由那些没有财产的阶级即广大居民负担。

"我们的黄种同志还打算进一步完善这种税制,给这种制度规定统一的原则,防止一个阶级剥夺另一个阶级。

"机器的使用在中国还很不普遍,绝大部分劳动还靠手工。中国工人的处境,类似我们这里的行会和同业公会时期的手工业者。所有的工人都组织起来了,组织得比其他任何国家的都更紧密。工人的物质生活状况还远远不是悲惨的。赤贫的人很少,富裕的人更加少。富人虽然富有,然而他们享受的舒适和奢侈的程度,却不及欧洲资本家的一半。

"行会和同业公会一贯激烈反对输入机器和采用欧洲的生产工艺。

"中国人清楚地懂得他们在做什么:他们是世界上最幸运的民族之一。

"他们深知欧洲无产者在资本主义生产方式下遭受的苦难,他们不愿意成为机器的奴隶。中国社会主义者为采用机器生产,必须同它带来的种种弊端和缺陷作大力的斗争。他们想一举建立新的社会结构,想从文明的进步中取其利而避其害。总而言之,他们深信可以直接从中世纪的行会制度过渡到社会主义的生产组织,而不必经历资本主义制度带来的艰难困苦。"

孙先生接着说:"几年之内我们就将实现我们最大胆的设想,因为我们的行会和同业公会受社会主义思想的影响。我们将生活在完全的集产主义制度下。你们也将从中受益不浅,不仅因为榜样的说服力,还因为它将表明集产主义并不是虚构和空想。在我们那里完成的事业,将比多年的争论和数以百计的会议更能促使人们改变信仰。

---

① 天朝,指中国。

"中国的社会主义已不像以往人们想像的那样还处在襁褓之中,我敢说'它已结束了幼年时代'。所有的行会都赞成我们的主张,只等一声号令便开始战斗。

"此外,中文的社会主义报刊有五十四种①,这个可观的数字,可以使你们认识到我们的读者和信仰我们的思想的人数量之多。更何况中国的文盲比你们这儿多得多。"

在谈话结束时,孙逸仙博士宣布中国社会党将派代表出席下一届斯图加特国际代表大会②。

据王以平译《孙中山访问布鲁塞尔社会党国际局的一篇报道》(译自一九〇五年五月二十日法文《人民报》所载《中国的社会主义》一文),载中共中央马克思恩格斯列宁斯大林著作编译局国际共运史研究室编《国际共运史研究资料》第三辑(人民出版社一九八一年版)

附录 访问国际社会党执行局的谈话报道(译文)③

这星期我④有幸成为中国革命社会党的领袖、我们的孙逸仙同志,和我们的朋友王德威尔得(É. Vandervelde)及胡斯曼(C. Huysmans)的中介人。

孙同志来比利时时,是为了向国际社会党执行局请求接纳他的党为成员,该局的书记是胡斯曼同志。

孙同志首先扼要地解释了中国社会主义者的目标……他们的纲领:第一,驱除篡权的外来人⑤,从而使中国成为中国人的中国。第二,土地全部

---

① 此处当指在国内外发行的反对清朝统治的革命报刊。
② 社会党国际第七次代表大会后于1907年8月在德国斯图加特(Stuttgart)举行。
③ 此篇报道与前一篇为同一内容,因译本不同,附录并存。
④ 我,指记者桑德本人。
⑤ 外来人,指满族统治者。

或大部为公共所有,就是说很少或没有大的地主,但是土地由公社按一定章程租给农民。而且中国有一种十分简单的财政制度:每人按其财产付税,而不是像欧洲那样,把负担放在大多数没有财产的群众身上。

我们黄种的同志希望改进这种制度,使之同我们党的原则更趋一致,防止往往一个阶级剥夺另一个阶级,如像所有欧洲国家都曾发生过的那样……

中国工人发现他们自己还处在过去许多世纪行会一样的地位。他们全组织起来了,境遇比世界上任何国家的都好。象中世纪的工匠一样,今天中国工人的生活是远非可怜的。穷人很少,而真正富有的甚至更少。

行会是反对使用机器的……中国人一点也不笨。他们是世界上最幸福的人之一,他们知道欧洲工人在资本主义制度下多么痛苦,因而不希望自己成为机器的牺牲品。这是他们处在落后状况的原因。

另一方面,中国社会主义者要采用欧洲的生产方式,使用机器,但要避免其种种弊端。他们要在将来建立一个没有任何过渡的新社会,他们吸收我们文明的精华,而决不成为它的糟粕的牺牲品。换句话说,由于它们,中世纪的生产方式将直接过渡到社会主义的生产阶段,而工人不必经受被资本家剥削的痛苦。孙同志说:"几年内我们将实现我们梦寐以求的理想,因为届时我们所有的行会都是社会主义的了。那时,当你们还在为实现你们的计划而努力的时候,我们将已生活在最纯正的集体主义制度之中了。这对你们将同样是有利的,因为除了这种范例所具有的吸引力外,全世界也会相信,完整的集体主义制度并不是虚无缥缈的梦想或乌托邦。这种办法所取得的转变,将比许多年的著作或成百次会议所取得的还要多。"

> 据《近代史资料》总四十号(中华书局一九七九年版)《孙中山访问第二国际书记处》,丘权政、符致兴转译自伯纳尔(M. Bernal)著《一九〇七年以前中国的社会主义》(*Chinese Socialism to 1907*,美国康奈尔大学一九七六年英文版)(译录布鲁塞尔法文报纸《人民报》一九〇五年五月二十日报道)

与陈天华等的谈话①

（一九〇五年七月二十八日）

孙先生纵谈现今大势及革命方法，大概不外联络人才一义。

言：中国现在不必忧各国之瓜分，但忧自己之内讧，此一省欲起事，彼一省亦欲起事，不相联络，各自号召，终必成秦末二十余国之争，元末朱、陈、张、明②之乱，此时各国乘而干涉之，则中国必亡无疑矣。故现今之主义，总以互相联络为要。

又言：方今两粤之间，民气强悍，会党充斥，与清政府为难者已十余年，而清兵不能平之，此其破坏之能力已有余矣。但其间人才太少，无一稍可有为之人以主持之。去岁柳州之役，彼等间关至香港招纳人才，时余在美国而无以应之也。若现在有数十百人者出而联络之、主张之，一切破坏之前之建设、破坏之后之建设种种方面、件件事情皆有人以任之，一旦发难，立文明之政府，天下事从此定矣。

据宋教仁著《我之历史》第二册，当天日记（湖南桃源三育乙种农校一九二〇年石印本）

与杨度的谈话

（一九〇五年七月下旬）

孙认为："当今之世，中国非改革不足以图存。但与清政府谈改革，无异于与虎谋皮。因此，必须发动民主革命，推翻这个昏庸腐朽的政府，为改

---

① 孙中山于7月下旬到日本东京。是日约华兴会员陈天华、宋教仁以及宫崎寅藏等到《二十世纪之支那》杂志社晤面，商谈革命力量的联合问题。
② 朱、陈、张、明，指朱元璋、陈友谅、张士诚、明玉珍。

革政治创造条件。"

杨认为:"民主革命的破坏性太大。中国外有列强环伺,内有种族杂处,不堪服猛剂以促危亡。"

最后杨说:"废服先生高论,然投身宪政久,难骤改。""我们政见不同,不妨各行其是……将来我如失败,一定放弃成见,从公奔走。"

据陶菊隐《筹安会"六君子"传》(中华书局一九八一年版);章士钊《与黄克强相交始末》(《湖南文史资料》),转录自陈锡祺主编《孙中山年谱长编》上册(中华书局一九九一年版)

与熊克武但懋辛的谈话①

（一九〇五年七月下旬）

孙问:你们是那省人、多大年纪,见我何事?

但说:我们都是四川人,并都是二十岁。鉴于戊戌政变以来,清廷腐败,列强侵凌,日益加剧,而民间的抗洋运动又屡次失败,如何救亡图存? 要请教先生!

孙欣然表示:青年人有爱国思想,不错,不错! 你们来日本学什么?

熊答:我们准备到寺尾亨博士办的东斌学堂去学陆军。

孙说:八国联军之役以后,列强把中国看成一条肥猪,天天在宰割。清政府呢? 他们既怕洋人,又怕汉人革命。今天列强正合以谋我,清廷必牺牲国家领土、换取小朝廷以图苟活。爱国志士,宜随时准备发难。若必待学好军事才去革命,来不及了。当革命党的,只要使得来枪炮就行了。革命是破天荒的大胆行动,革命战争是以少胜众,以弱胜强的。

但、熊同声表示:完全赞同先生的革命主张,愿意听从先生的指示,准备随时为革命效力。

---

① 1905年7月下旬,孙中山在日本东京麹町区陈家柽家与来访熊克武、但懋辛谈话。

孙说:好!我正运动有志革命人士,共同革命救国。革命党人,应冒险犯难,勇往直前,以浩气赴事功,置死生于度外。

据《四川日报》一九五六年十一月十日但懋辛《纪念中山先生》

与横滨某人的谈话

（一九〇五年八月中旬）

从中国古代皇朝变迁的历史来看,颠覆之时必然是国政倾颓之际,必有革新志士出而建国改造,古今无异。目前清国国势不振,盖其时将近。近来中国青年多留学日本、欧美,人数不断增加。其毕业归国之后,必有位居枢要之地者。彼等必厌恶旧习,而欲发展新生局面,且不免与顽固保守者冲突。基此原因,发现改革之势正在鼓荡,及身可见清王朝崩溃,这是贯彻余多年宿望之秋。所以极有必要在此等学生中注入这些观点。又留东学生之中,赞成余之计划,闻此说而欲实行者不少,余今后应多与此辈接近,极力鼓吹,期以勉其成功。又过去在实行过程中,没有利用本国多数人去实行历来宗旨,应在旧金山、新加坡等地开设报馆,向各该处华侨灌输自己的主张。

据明治三十八年八月十六日神奈川县致内务大臣芳川显正（日本外务省档案,秘第二〇四七号）,转录自陈锡祺主编《孙中山年谱长编》上册（中华书局一九九一年版）

与来访日人的谈话[①]

（一九〇五年八月下旬）

本人近期到东京,欲借本乡区内一个地方集清国留学生为之演说,该地

---

① 1905年8月27日,在东京召开"孙逸仙先生大演说会"的计划,为驻日清公使杨枢所闻,因密托日本外务省暨警视总监严行禁阻,孙中山即返回横滨,对来访之日本人谈话"发泄不平"。

警察署派员命令停止,本人不得已,服从命令。事出意外,令人吃惊。本人游历欧美各地之际,屡屡对留学生演说,未遇一次受阻,此真言论自由,不背文明之国。然日本对此类言论亦加限制,与清国稍同其趣,实令人慨叹。

据明治三十八年《神奈川县报》(日本外务省档案,秘第二〇四七号),转录自陈锡祺主编《孙中山年谱长编》上册(中华书局一九九一年版)

与程潜的谈话①

（一九〇五年八月）

程潜〈请〉面示革命方略。

孙先生指三点：

一、首先打倒自己脑海中的敌人,抛弃富贵利禄的观念,树立爱国家、爱人民的思想,服膺主义,不与敌人妥协。

二、革命军占领地区,必须立即成立政府,以为号召,即使占领地区小至一州一县,亦应如此。

三、慎选革命基地,以发展革命力量。

孙先生言尚未竟,程潜插问曰:中国如此广大,选择革命基地,究以何处为宜?

孙讦谟在胸,不假思索地说:革命必须依敌我形势的变化来决定,如形势于我有利,而于敌不利,则随处可以起义。至于选择革命基地,则北京、武汉、南京、广州四地,或为政治中心,或为经济中心,或为交通枢纽,各有特点,而皆为战略所必争。北京为中国首都,如能攻占,那么登高一呼,万方响应,是为上策。武汉绾毂南北,控制长江上下游,如能攻占,也可据以号召全国,不难次第扫荡逆氛。南京虎踞东南,形势所在,但必须上下游同时起义,

---

① 程潜由仇竞陪同到东京赤坂区灵南阪日人金弥宅,谒见孙中山,亲切谈话。

才有成功希望。至于广州,则远在岭外,僻处边徼,只因其地得风气之先,人心倾向革命,攻占较易;并且港澳密迩,于我更为有利。以上四处,各有千秋,只看哪里条件成熟,即可在哪里下手;不过从现时情况看来,仍以攻取广州,较易为力。

据程潜《辛亥革命前后回忆片断》,载《辛亥革命回忆录》第一卷(中华书局一九六一年版)

与胡汉民廖仲恺的谈话①

(一九〇五年九月一日)

孙言中国革命之必要与三民主义之大略。

胡等皆俯首称善。

孙曰:皆已决心无疑义耶?

胡与仲恺同词对曰:革命本素志,民族主义、民权主义,俱丝毫无疑义矣;惟平均地权、民生主义,犹有未达之点。

孙言:中国此时似尚未发生问题,而将来乃为必至之趋向,吾辈为人民之痛苦而有革命,设革命成功,而犹袭欧美、日本之故辙,最大多数人仍受痛苦,非吾人革命之目的也。

胡曰:言至此,则无复疑问矣。

孙复言:革命党之性质作用,党员对党之义务与牺牲服从之要求。

据《胡汉民自传》,载《近代史资料》总四十五号(中国社会科学出版社一九八一年版)

---

① 1905年胡汉民与廖仲恺以暑假同行返粤,后往日途次闻孙中山已至日本,胡、廖乃急返东京,至则中国同盟会已成立。乃夜延孙中山至寓纵谈革命并入盟。

与阎锡山的谈话

（一九〇五年秋）

孙：平均地权的"权"字，不是量，也不是质，这也就是说，不是说地亩多少，也不是说地质好坏，是说他的一种时效价值。

阎：我还不明白。

孙：我给你举一个例子，如纽约原来是个沙滩，可以说不值一个钱，现在因繁盛起来，一方尺地即值银子七百两。

阎：美国也是花银子，说两数么？

孙：不是，美国的货币，名叫套如，一套如约等于我们中国一两银子。我说一方尺值七百套如，你一定不晓得是什么价值，所以我和你说是值七百两银子。

阎：那么，你所说的平均地权，就是平均这一文不值涨到七百两的地价么？

孙笑了笑说：你说对了。原来一文不值，今天值到七百两银子，不是人力为的，也不是造化予的，这纯乎是因国家经营所提高，不应当让地主享有。应该由国家享有。如纽约的这一种事实，世界上太多了。就我们中国说，上海、天津、汉口、广州都是这样，而且还在继续发展，因此我认为应该实行平均地权。

阎问：商埠码头可以如此，普通都市也可以如此吗？

孙答：凡有此种事实者，均应如此。

阎问：耕作地是否可以如此？

孙：耕作地因国家经营提高价值的事很少。

阎问：因人力改良而增涨的地价可否归国家享有？

孙：不可，人力改良的应归出人力者享有。

据《阎锡山早年回忆录》，载《近代史资料》总五十五号（中国社会科学出版社一九八四年版）

与汪精卫的谈话①

（一九〇五年秋）

革命以民权为目的,而其结果,不逮所蕲者非必本愿,势使然也。革命之志在获民权,而革命之际必重兵权,二者常相抵触者也。使其抑兵权欤,则脆弱而不足以集事;使其抑民权欤,则正军政府所优为者,宰制一切,无所掣肘,于军事甚便,而民权为所掩抑,不可复伸,天下大定,欲军政府解兵权以让民权,不可能之事也。是故华盛顿与拿破仑,易地则皆然。美之独立,华盛顿被命专征,而民政府辄持短长,不能行其志;其后民政府为英军所扫荡,华盛顿乃得发舒。及乎功成,一军皆思拥戴,华盛顿持不可,盖民权之国必不容有帝制,非惟心所不欲,而亦势所不许也。拿破仑生大革命之后,宁不知民权之大义？然不掌兵权,不能秉政权,不秉政权,不能伸民权。彼既借兵权之力,取政府之权力以为己有矣,则其不能解之于民者,骑虎之势也。而当其将即位也,下令国中,民主与帝制惟所择,主张帝制者十人而九。是故使华盛顿处法兰西,则不能不为拿破仑;使拿破仑处美利坚,则不能不为华盛顿。君权政权之消长,非一朝一夕之故,亦非一二人所能为也。中国革命成功之英雄,若汉高祖、唐太宗、宋太祖、明太祖之流,一丘之貉,不寻其所以致此之由,而徒斥一二人之专制。后之革命者,虽有高尚之目的,而其结果将不免仍蹈前辙,此宜早为计者也。

察君权、民权之转捩,其枢机所在,为革命之际先定兵权与民权之关系。盖其时用兵贵有专权,而民权诸事草创,资格未粹,使不相侵,而务相维,兵权涨一度,则民权亦涨一度。逮乎事定,解兵权以授民权,天下晏如矣。定此关系厥为约法。革命之始,必立军政府,此军政府既有兵事专权,复秉政

---

① 当时的同盟会员汪精卫在《民族的国民》一文中引述他闻诸孙中山的这番议论,来驳斥所谓革命"有与所蕲相违者,求共和而复归专制,何乐而为此"的论调。该文发表前,汪只在是年秋季才得与孙中山晤面,谈话时间即据此订定。

权。譬如既定一县,则军政府与人民相约,凡军政府对于人民之权利义务,人民对于军政府之权利义务,其荦荦大者悉规定之。军政府发命令组织地方行政官厅,遣吏治之;而人民组织地方议会,其议会非遽若今共和国之议会也,第监视军政府之果循约法与否,是其重职。他日既定乙县,则甲县与之相联,而共守约法;复定丙县,则甲、乙县又与丙县相联,而共守约法。推之各省各府亦如是。使国民而背约法,则军政府可以强制;使军政府而背约法,则所得之地咸相联合,不负当履行之义务,而不认军政府所有之权利。如是则革命之始,根本未定,寇氛至强,虽至愚者不内自戕也。洎乎功成,则十八省之议会,盾乎其后,军政府即欲专擅,其道无繇。而发难以来,国民瘁力于地方自治,其缮性操心之日已久,有以陶冶其成共和国民之资格,一旦根本约法,以为宪法,民权立宪政体有磐石之安,无漂摇之虑矣。

据汪精卫《民族的国民》转引孙中山谈话,载《民报》第二号(东京一九〇五年十一月二十六日)

讨论撰著《民报》发刊词①

（一九〇五年十一月）

孙曰:吾国定名民国,党曰民党,报曰民报;现欲将吾平日所提倡之种族革命、政治革命、社会(亦名经济)革命,以一民字贯之。种族则拟为民族,政治则拟为民权,社会则尚未能定。

座中各有献议,均未能当。

邓慕韩提出:吾国常用国计民生,可否定名民生,众均称善。

遂以社会革命定名民生。由是民族、民权、民生三大主义之名词,于《民报》发刊词确定之。

据邓慕韩《追随国父之回忆》,载《三民主义半月刊》一九四七年第十卷第三期

---

① 胡汉民谓:"《民报》序文,为(孙)先生口授而余笔之。"邓慕韩记:"一日,请国父撰一发刊词,以冠篇首。国父慨然允诺,爰命汉民记录其意。"

与胡汉民的谈话

（一九〇五年）①

暗杀须顾当时革命之情形，与敌我两者损害孰甚。若以暗杀而阻我他种运动之进行，则虽歼敌之渠，亦为不值。敌之势力未破，其造恶者不过个人甲乙之更替，而我以党人之良搏之，其代价实不相当。惟与革命进行事机相应，及不至摇动我根本计划者，乃可行耳。

据《胡汉民自传》，载罗家伦主编《革命文献》第三辑（台北一九五八年版）

与胡汉民的谈话

（一九〇六年四月中下旬）②

【据胡汉民《斥〈新民丛报〉之谬妄》一文记述，梁启超著文"伪造孙君之言，谓大革命后四万万人必残其半，及主张大流血以达此目的等语"，胡汉民"以此言质诸孙君"】

恶是何言？革命之目的，以保国而存种，至仁之事，何嗜于杀！彼书生之见，以为革命必以屠人民为第一要着，故以其所梦想者而相诬。以余之意，则中国民族主义日明，人心之反正者日多，昔为我敌，今为我友，革命军之兴，必无极强之抵力。吾所主张终始一贯，惟以梁氏反复无恒，故不告以约法。若民生主义，梁氏至今梦如数年前，更难语以实行之方法，彼乃向壁虚造，乌足诬我？

据辨奸（胡汉民）《斥〈新民丛报〉之谬妄》转引孙中山谈话，载《民报》第五号（东京一九〇六年六月二十六日）

---

① 谈话时间在1905年同盟会成立后不久。
② 孙中山于4月中下旬抵日本并见到胡汉民。胡转引孙中山言论的文章亦在此时写成，同月下旬离日。谈话时间即据此订定。

与法国上尉布加卑的谈话(译文)①

（一九〇六年四月中下旬）②

……从现在起,我还需要汇报同分离党领袖孙逸仙即高野长雄(Takano Nagao)博士再度会晤的情况。我是在香港遇见他的,从香港到上海途中我们曾是同路。

…………

孙逸仙非常爱国,他肯定考虑到了要把他的国家从欧洲的干涉下解放出来,从现政府特许外国人的不正当特权下解放出来。现政府当把它的习俗、法令强加于人民头上的时候是如此野蛮残忍,而在保护他们时却又是那么软弱无能。

然而孙逸仙也确信,如果他想要获得成功,就必须得到欧洲的照顾,至少也须使欧洲保持中立,因此,他一定会竭尽全力阻止对洋人生命财产的侵犯。

他明确表示说,即使在迟早要建立起来的新政府领导下,我上面提及的那些特权③也必将被取消。应该明白,中国的责任政府不管是什么样子,外国人的地位都将在短期内出现变化。所以他们最好还是随遇而安,回复到普通法,接受一个开明政府所提供的保证,这个政府完全有能力制定西方国

---

① 陆军上尉布加卑(Paul Boucabeille)于1905年夏奉法国陆军部派遣来华主持"中国情报处"(Service des Renseignements de Chine)工作,任该处处长。孙中山为谋求法国支持中国革命,前此曾与他会晤和通信。此次孙中山自新加坡乘客轮抵达香港海面,拟取道上海前往日本,适与登轮赴沪的布加卑相遇,途中双方晤谈数次(到沪后仍可能晤面)。谈话内容系据布加卑致法国陆军部长艾蒂安(Eugéne Etienne)关于1906年3月至4月中国情况报告中的介绍,报告人以"我"自称,对孙中山使用第三人称,援引原话与叙其大意并用,还夹杂有报告人的解释和判断。

② 底本未说明谈话日期。按孙中山于4月16日乘轮至香港,17日赴上海,20日前后到达吴淞口,略事逗留后于24日抵日本。据此而标为4月中下旬。

③ 指在通商口岸设立租界及享有开发矿山、修筑铁路等特权。

家能够接受的、能使人奉行的普通法。

……

孙逸仙是这样估计群众对他的事业的支持率的:分布于国外、远东地区如香港、东京湾(La baie de Tokyo)、交趾支那(Cochinchine)①、星加坡(Singapore)的华人占十分之九,他们不仅是活动分子,而且以他们的财产为他提供资助,有的财产数额还是很大的。……广东、广西两省民众占十分之九,福建、湖南两省民众占十分之六七,贵州和长江中下游各地民众占半数以上。

这种比例所表示的与其说是数字,不如说是概念,并不令人感到惊讶。犹如我在报告(30M)②中所说的,三合会的大首领、哥老会的同盟者孙逸仙认为他的力量已经足够,所以他不再需要吸收新会员。就这个意义而言,亦即他不再寻求获得新的信徒,连他本人都可以退居二线。……

他一边在使已经点燃起来的对满清政府的仇恨烈火烧得更旺,一边力求使他的政治纲领广泛传播,这个纲领与华南的社会状况颇为适应,那里的人们至今犹在怀念失去的广州和南京的独立性。他保留了秘密会社"反清复明"口号中的前半句,而对后半部分则有待于作出改变。犹如他已经说过的,建立一个共和国,尊重那些对地方自治的缅怀,力求把未来的国家并入一个联邦,一个仅足以保证共同体权力的联邦③。找不到明朝后裔,北京政府的贪婪凶残,憧憬着独立远景的地方意识、自豪感和利益的满足,这一切都有利于传播他的思想。

在日本和其他国家的留学生有将近一半赞同革命,其余一半除几百名当今政府的官费生外也都同情这一事业。北京最近取消了对四名留法学生

---

① 当时越南为法属印度支那(Indo-Chine francaise)的主体,被划分成交趾支那(南圻)、安南(中圻)、东京(北圻)三部。东京湾乃一海湾,中国人亦称北部湾,位于中国南端与越南之间,此处实指东京(北圻)。

② 指1906年1月5日布加卑致法国陆军部长关于1905年12月的中国情况报告。该报告简略介绍孙中山与他通信的内容,主要涉及会党情况,并称孙中山是三合会首领,还与哥老会首领黄兴结盟。此说与事实有出入。

③ 当时孙中山曾经设想在华南建立一个联邦共和国,包括广东、广西、贵州和湖南四省。

的津贴,因为他们在法国报刊上发表了反清文章。

在转入行动之前,孙努力积聚资金和必需的军火,以便使他的奋斗能维持足够长的时间,在这方面,自我在报告(30M)中作出的说明和案卷四的情报卡第二、三号以来有很大的发展。

他对我说,星加坡和槟榔屿(Pulau Pinang)①的同盟会支部最近提供了一笔二百万元的巨额资助。再有二百万或相当于二百万价值的军火,他便会下令起义。而确实,这二百万才是最难找到的。香港、印度支那和海峡殖民地的所有社团,全都已尽力提供了他们的份额。这笔钱将如何筹措呢?

孙考虑到还可求助于欧洲银行,很可能就是法国银行。朋友们的批发商将为他签字担保,直至筹足那个数额,只要贷方允许在几年时间内分期偿还,因为还得考虑到失败的可能。

············

孙恢复和维持同北方各会社的联络,提醒他们固有的宗旨。今天在那里有他的同盟者,他们即便不直接参加南方起义,也会在有利的时机把当今政府的注意力吸引到北方。

北洋军队和巡警决不会安闲。并不需要花很多钱,因为他不相信他们的力量。在中国目前的交通状况和这支军队的后勤组织情况下,人们不相信存在着它对南方有效介入的实际可能性。北直隶士卒的怯懦更使孙逸仙博士放心。再者,我已曾说过,他善于让支持他的秘密会社成员潜入军队,在士兵、军官直至袁世凯的谋士中间都有他的人。他信得过我,把其中两个人的名字告诉我,我将同他们取得联系。……

这就是孙逸仙的主要资财以及他的力量分布情况。他的计划如何?他信任地给我说了大概。我这就将叙述这个大概,以便特别说明它同军力分布如何协调一致。他的兵力在南方密度较大,长江边上密度较小。……

像这样一场革命,拥护者至少要占本地区民众的半数以上,成功的希望自然就比较大,尤其是要对付像满清王朝这样软弱无能的政府,而革命又将

---

① 槟榔屿另名威尔士太子岛(Prince Wales Island),时为英属海峡殖民地之一州。

在同一天内在四面八方同时爆发。

孙逸仙却不这样考虑。他认为,在南方边远省份采取这样的局部行动可能会失败,而稍有不虞,便会通过反冲而对其他方面的强大优势产生影响。他宁肯进行缓慢、循序渐进的行动,从他最可信赖的地区开始,那是对他的信徒在数量和质量方面都最有把握的地区。

夺取广州这个文化、军事和商业中心,夺取以广州为首府的两广,便会消除可能还在犹豫的福建、湖南和贵州等省人民的顾虑。他说:"广州起义获得成功后,我才能在那些地方取得几乎绝对的认同。在初战告捷的声威激励下,长江中下游百分之五十到六十拥护我的人民,很快就会赢得原先对我的计划无动于衷或已有好感的小部分人的支持。在三个月内可以解决一切。"

出于前面已经提到的理由,北京无暇顾及:"南京军队已倒向我们一边,他们增援我们的兵力为数有限,但足以占领长江南岸,从此南北形成对峙,民众归向将构成我们的屏障,新的国家便建立起来了。"

因此,一切便取决于在广东、广西两省的发轫,尤其是夺取广州。这项计划是经过最周密的部署的。

官方在这座城市及其附近营寨最多集中一万兵力。而孙逸仙在 Tchou-Tcho 和 Hin – Tchéou①之间拥有二万条枪,在广西拥有三万条枪,该省正规军差不多将全体加入他的队伍。在西江、三角洲各城镇村庄分布有他的八万兵力,遭人非议的海盗集团也将参加行动。

为了将失败的可能性减少到最小限度,行动将从两处牵制攻击开始,一处是在广州东部的丰顺山地,另一处是在西面即广西的东部地区。他们希望能把守卫广州的一万兵力中的一部分诱向远方,这时再直接进攻广州,西江、三角洲的八万人马在广州的对手差不多就只剩下无足轻重的巡警队,而且敌方要塞中还有内线里应外合。

孙逸仙有些焦急,他需要转入行动,而不能让他的支持者无限期等待,

---

① 此两处中文地名不详,原文照录。

他们等待起义信号已足足一年。

其次,他在官场的那些最可靠的支持者中有几位尽管在执行公务上表现积极,也会受到北京的怀疑,尤其是郭道台①。毫无疑问,他们如被解职将会造成重大损失。

最后,目前国外的政治形势十分有利,这是我在下一节要说明的问题。

出于这种种理由,孙逸仙打算在年底以前,下一个旱季到来之时开始这场战役。

资金问题并不是推迟行动的惟一原因,孙逸仙博士十分清楚,成败首先取决于欧洲列强对他发动起义的态度,而近几个月来,他本人的注意力也首先集中在列强方面。他出访欧洲归来②,主动对我谈及他在欧洲取得的成果。……

实际上,他早就肯定地说,革命将尊重欧洲各国在中国已取得的金融利益,可以对投资商业和工矿企业的命运放心,也可以对所贷款项的息金放心——未来的华南共和国不会否认清帝国借下的债务,共和国将接受与它治下的民众人口数量成比例的债务部分。

另一方面,被孙称作充满活力、今后足以实施的社会经济纲要所包含的内容中,首先便是推翻中国维持至今的保护贸易政策的一切障碍,使国家对欧洲彻底开放,改造旧法规,代之以仿效我们而制定的新法规,等等。简言之,这新的中国半壁江山将完全而又迅速地与西方文明接轨。

就纯政治观点而言,孙逸仙博士认为俄国和德国对他在江南的行动几乎是不感兴趣的,因为这些地区离它们视作自己势力范围的地方太远,与它们有关的利益非常少。

只有三个列强国家可能阻挠他的计划执行,就是英国、日本和法国。他说:

"附带提一下,英国的同盟会远东分部和我们在中国的三合会早有联

---

① 指广东钦廉道员郭人漳,"道台"是道员的俗称。
② 孙中山约于1906年1月至3月间到法、英等国访问。

系,尤其是英国在长江地区作过试探以后。它对于征服中国领土已不再抱有幻想。目前的自由党内阁已经抛弃了上一届的、应该说是侵略性的野心。这个内阁首先是自由贸易派的内阁,所以如果我们给英国贸易保留有宝贵的自由权、中国打算采用什么样的政治制度与它的关系是不大的。我本人就是一个自由贸易主义者,我早就确信,在这个基础上同英国是能够达成谅解的。我曾见过爱德华·葛雷(Edward Grey)①爵士,对他阐述了我的观点。不管我成功的可能性有多大,英国肯定不至于让自己牵累进我所尝试的这种冒险。而且,我从英国外交部争取到他们绝不反对我的计划的承诺,如果今后发展对我有利,如果我开始取得成功,他们甚至会采取对我有利的立场。我不可能从大不列颠方面有更多的奢望,只要他们许诺不作出有利于满清皇朝的介入,即像当年太平军时期反对南京太平天国那样②。

"日本的形势同样对我有利,那里也是自由派内阁取代了激进派内阁③。另外,我还得到一些人士的支持,他们过去曾给我宝贵的帮助,使我满怀希望,我的主张能得到他们的赞同。不管欧洲怎么考虑,日本并不想贸然吞并中华帝国。同大不列颠一样,日本只要有商品销路、经济渗透的方便就可以了,而这不仅给日本国创造财富,也给中国创造财富。激进派内阁在这种合理的愿望上附加了一个更加贪婪的政治设想,让中国在某种程度上受它监护,这种设想同西园寺侯爵的观点肯定是格格不入的。因此,不要谋取领土、租界,不要指望答允赔款或给予特权,因为这会煽起中国民族主义的仇恨。我估计,我现在(四月二十八日④)到日本去能够获得成功,如同我在英国获得的成功那样。我有《英日同盟条约》的要素之一作为保证,我完全有理由相信,尤其是在目前赢得另一个要素的可能性。不幸的是,或许可说是幸运,自由派内阁的日子仿佛不长了,我估计它尚能存在到下一次议院

---

① 今又译爱德华·格雷,时任英国外交大臣。
② 英国军官戈登(Charles George Gordon)曾率领外国干涉武装"常胜军",配合清军绞杀太平天国起义。
③ 1906年1月,政友会组成西园寺公望内阁(1908年7月解散),取代桂太郎内阁。
④ 日期有误。据宋教仁日记所载,是日孙中山在东京民报社与宋等晤谈并共进晚餐。

复会。而这也需要我在年底前行动,在日本议会作出变化导致恢复激进派内阁之前开始行动。

"至于法国,比起日本来说问题的范围缩小了,也更清楚了。可以肯定,新的华南国短期内将比今日中国更强大,因为它是人民的政府,民族意识的觉醒使它得以支配所有诚心诚意拥护它的人们,这是这里人人都确信的事实。所以,它显然将具有满清政府所无法比拟的活力。这对法国而言,则可以概括成这样简单的问题:在它的属地的边界上存在一个比现在更强大的国家,究竟对它是否有利。

"因此最先考虑到的问题可能是,这个新国家会不会侵犯远东地区而体现某种外国因素的东西。绝不会的。首先,中国人并不是一个好征战的民族,一百年来中国常常是反抗外国的政治,但从来不是去主动反对外国的政治。另一方面,在很长很长的时期里,这个新国家将进行一系列的内务改革,这项工作将耗尽它的全部精力。最后,那些曾在它的诞生过程中给予帮助的人们,凭什么说它会拒绝承认他们的帮助,除了打仗就不会用别的方式酬答他们呢?

"还请不要忘记,我是最早在中国鼓吹那种同你们的社会主义相仿的思想意识的人之一,我正在把那些寄希望于我的人们往这条路上引导。我可以肯定,新国家将尽一切力量站在文明各国的前列,走在和平的道路上。

"所以,除非法国怀有不可告人的企图,想征服中国的南方各省,否则就不应该觉得在与它的东京湾边界接壤的地方存在这个强国有什么妨碍,甚至危险。这怎么可能呢?法国舆论好像认为近二十五年来取得的殖民范围已经非常足够了,一切对中国的新征战都会令人感到难以理解,况且最近的一些事件表明,欧洲列强显然愿意保持中华帝国的完整性。

"还需要说得更明显吗?要不是军费开支浩大,法国会在印度支那保持一支足以使它免遭任何侵犯的军队,这对谁都不是秘密。而现在,它至多也只能适度幻想拥有一个机制,得以坚持一段时间,具体地说,撑持到援军的到来。这段时间可能长达好几个月,而它又完全限于守势,那么,它能有多少侥幸呢?在这方面,既然我们谈的是战争和征服,同一个在东京湾大门口的强国联盟,对你们的印度支那领地不正是多一个屏障吗?法国贸易在这个新邻国里将能得到安全感,在向世界交往敞开大门的制度下,法国贸易还能做到它想作出的延伸,这我就不多说了。"

> 据法国陆军部档案:中国情报处处长致陆军部长关于一九〇六年三、四月总报告——在驻华法军总指挥官领导下制订,一九〇六年五月十日于天津,樊尚宫陆军档案馆陆军战史处(Les Archives de l'Armée de Terre,Service Historique de l'Armée de Terre,Chateau de Vincennes)藏(李莉译,乐正、宋安华校)

与吕志伊等的谈话①

（一九〇六年四月）

云南最近有两个导致革命的因素:一件是官吏贪污,如丁振铎、兴禄之贪污行为,已引起全省人民之愤慨;另一件是外侮日亟,英占缅甸、法占安南,皆以云南为其侵略之目标。滇省人民在官吏压榨与外侮侵凌之下,易于鼓动奋起,故筹备云南地方刊物为刻不容缓之任务。

> 据李根源《云南杂志选辑序》,载《新编曲石文录》(云南人民出版社一九八八年版)

---

① 1906年4月,孙中山在日本,为了扩大宣传革命的阵地,特地召见云南留学生吕志伊、杨振鸿、赵伸、李根源、罗佩金五人,要他们筹备创办《云南杂志》,并嘱咐陶成章、宋教仁等给予帮助。底本年月误为1906年1月,时孙中山在越南西贡,他是于1906年4月抵日本,6月又去新加坡。

与芙蓉华侨的谈话①

（一九〇六年七月十七日）

孙先生谓：近一二年，内外赞成革命者大不乏人，大有一日千里之势。彼满虏处此，万不能与风潮相抗拒，而又不能守一成不变之成法，以保子孙帝王之业。乃始下诏维新，以觇汉人之志向；继则公然宣布立宪预备九年之开国会，为笼络人心之手段。实假立宪之美名，以实行中央集权。稍有眼光者，多能知之。是所谓"非我族类，其心必异"，亦无怪其手段之辣矣！

坐中有问总理以中国通商口岸无省无之，若革命军起事，外国有无干涉，借口于内乱而行瓜分中国？何法可以抵御？

孙先生答曰：瓜分之原因，由于中国之不能自立；以中国不能自立，则世界和平不可保也。《民报》精卫有论说《驳革命可以召瓜分说》，可购一份《民报》，便知其道理也。

据邓泽如著《中国国民党二十年史迹》（上海正中书局一九四八年版）

与吉隆坡华侨的谈话②

（一九〇六年八月七日）

促请华侨社会，大家应该团结合作，因为不团结对于侨社全体将造成灾祸，所有的人都将受损；举例说，蜜蜂和蚂蚁身体最弱，力量最小，但因靠团

---

① 孙中山于上月离日到南洋各埠宣传革命。这是在英属马来联邦森美兰州首府芙蓉（Seremban，今又译塞伦班）的一次座谈会上发表的谈话，华侨朱赤霓、黄心持、李梦生（后均为当地同盟分会骨干）等与会。

② 谈话由邓慕韩所记。是日，孙中山抵吉隆坡，并设立同盟会分会。

结而生存；强而有力的虎、豹反而易落到猎人所设置的陷阱而被捕捉,乃因缺乏团结的关系。

据《记孙总理丙午年至吉隆坡事》,转录自陈锡祺主编《孙中山年谱长编》上册(中华书局一九九一年版)

与宋教仁的谈话①

（一九〇六年十月十三日）

孙中山论烟草（淡巴孤）传入中国经过谓：此物先至日本,盖当葡人殖民美洲时,其商民营业亦甚盛,先运至日本,后乃至中国闽广各处,其后又从日本流入满洲,胡明末之际满洲烟草甚盛也。至于淡巴孤、タバコ、呜姑等名称,皆不过随地方之译音而变耳。

据《宋教仁日记》,载陈旭麓主编《宋教仁集》下册(中华书局一九八一年版)

与该鲁学尼等的谈话(译文)②

（一九〇六年十一月十五日）

孙先生：希望在中国实施的共和政治,是除立法、司法、行政三权外还有考选权和纠察权的五权分立的共和政治。

该鲁学尼：纠察权本属于国民,并非由议会行使。中国为什么需要特别设立这种制度呢？况且,考选事务不是作为行政的一部分就够了吗？凭什么理由还需要单独设立呢？

---

① 1906年10月9日孙中山自新加坡经西贡抵日本,10月13日到东京民报社晤见宋教仁谈话。
② 该鲁学尼(G. Gershuni)是俄国社会革命党首领,刚从西伯利亚越狱成功,在赴美途中路过东京,偕波德巴赫(L. P. Podpakh)登门拜访孙中山。晤谈时,日人池亨吉、宫崎寅藏、萱野长知、平山周、和田三郎、清藤幸七郎等在座。

孙先生：因为要通过考试制度来挑选国家人才。我期望能根据这种办法，最严密、最公平地选拔人才，使优秀人士掌管国务。如今天的一般共和民主国家，却将国务当作政党所一手包办的事业，每当更迭国务长官，甚且下至勤杂敲钟之类的小吏也随着全部更换，这不仅不胜其烦，而且有很大的流弊。再者，单凭选举来任命国家公仆，从表面看来似乎公平，其实不然。因为单纯通过选举来录用人才而完全不用考试的办法，就往往会使那些有口才的人在选民中间运动，以占有其地位，而那些无口才但有学问思想的人却被闲置。美国国会内有不少蠢货，就足以证明选举的弊病。

至于纠察制度，是除了要监督议会外，还要专门监督国家政治，以纠正其所犯错误，并解决今天共和政治的不足处。而无论任何国家，只要是立宪国家，纠察权归议会掌管，但其权限也因国家不同而有强弱之别，由此产生出无数弊端。况且从正理上说，裁判人民的司法权独立，裁判官吏的纠察权反而隶属于其他机关之下，这是不恰当的。

考选制和纠察制本是我中国固有的两大优良制度，但考选制被恶劣政府所滥用，纠察制度又被长期埋没而不为所用，这是极可痛惜的。我期望在我们的共和政治中复活这些优良制度，分立五权，创立各国至今所未有的政治学说，创建破天荒的政体，以使各机关能充分发挥它们的效能。

据［日］萱野长知著《中华民国革命秘笈》（东京帝国地方行政学会一九四〇年日文版）（赵瑞升译）

与章太炎的谈话①

（一九〇六年十二月）②

兵者所以威不若，固非得已。攘胡之师，为民请命，庶几前歌后舞，而强

---

① 是月初萍浏醴起义爆发，孙中山考虑到今后对清作战中救治伤员的需要，提出要将他翻译的《赤十字会救伤第一法》一书再版发行（再版时书名改译），这是他持书往访《民报》主笔章太炎提出上述建议时的谈话。

② 谈话时间据底本有关记述及萍浏醴起义时间酌定。

寇桀逆未遽倒戈，伤痍者犹不得免。义师之中，庶事草创，固不暇编卫生队，良医又不可得，一受创伤，则能全活者寡矣。其以简易之术，日训将士，使人人知疗治，庶几有济。是书①文略易明，以之讲解，不过数日而能通知其意，其为我宣行之。

据《赤十字会救伤第一法》章炳麟"再版序"（日本东京民报社一九〇七年版）

与池亨吉的谈话（译文）②

（一九〇七年一月五日）

如君所知，自去年秋江西省萍乡之役发生，风云忽急，全国震荡。湖南、曾州、江阴、东阿、辽河以西等地接踵响应，到处箪食壶浆，以迎革命大旗。蚩蚩之民，今已发出雷霆之威，义愤的火焰大有烧尽爱新觉罗残骸之势。如不乘此时机起事，我党又何时能如陈、吴之救国！不惜牺牲，我志已决。即将传檄十八省会党，联络声气，立刻举事。可使广东省罗定府的志士为先锋，他们与当地镇台的将弁等密结盟约，不战即可据有广东省城，现在只待领导者的号令下达。因此，黄兴君将先期代表我中国革命同盟会，乘搭十一日自横滨启程的便船，匆匆赴会，并可得汪兆铭君同行。

（接着，孙先生邀请池亨吉往中国参加起义活动，他表示同意。）

请君作为见证人前往。我希望你将亲身见闻，自始至终，笔之于书。当年粤西的洪秀全起义，在即将达到其目的之际，竟不幸为英国人戈登将军所击败，得个大逆不道的长发贼之污名。但后来幸有另一位侠骨非凡的英国人呤唎，将目睹事实著成极其价值的史书，对洪秀全等的人格及其理想予以真实恳切地说明，反过来痛斥支持消灭洪秀全等之戈登将军及英国政府的

---

① 是书，指《赤十字会救伤第一法》。
② 是日，居东京的孙中山往日本作家池亨吉住所访问。后来池亨吉根据孙中山在这次谈话中提出的建议，写成《支那革命实见记》一书。

无人道和野蛮无理。任何读到他所著《太平天国革命史》的人,无不怆然而泣。洪秀全、李秀成等豪杰实赖此书为之辩护,才得脱去逆贼的污名,成为令人敬仰的革命殉国者,永为后世识者所悼念。我以这种精神嘱望于君,望你能在此时以日本的林特列自任。更有嘱望于池君者,务将天下人所有误解之处,为我革命志士阐明,并使他们值得赞颂地方为世所知。

据[日]池亨吉著《支那革命实见记》(东京金尾文渊堂一九一一年十一月日文版)附录《啾岩枕涛录》,参考中译本《中国革命实地见闻录》(乐嗣炳译,上海三民公司一九二七年版)(何若钧译)

与东京同盟会员的谈话[①]

(一九〇七年一月)[②]

常人毁誉,无足重轻者。昔拿破仑战胜欧洲时,违法称帝,法人不特无非之,反尊为神圣。后为列国所败,放逐海外,法人举国骂之。未几,拿氏突由戍所回法,其国又转而欢迎,态度为之大变。终为敌人所执,置之荒岛,法人又怨之。至拿破仑死,灵柩归至巴黎,人民观者,举国若狂。同是一人,后先毁誉若此,则常人评论,实无定准。

吾党行事,一本义理,义理所在,虽毁何伤?悬此目的,务使达到而后已。天下后世,自有定评。日报所称,何足芥蒂!

据邓慕韩《本党革命史料》,载《新生路》第八卷第二、三期合刊(广东韶关一九四二年七月)

[①] 当时日本报纸就萍浏醴起义一事对同盟会进行诽谤攻击,一些同盟会员甚感气愤,这是孙中山就此发表的评论。

[②] 底本未说明时间,今据所记史实酌定。

与胡汉民的谈话

(一九○七年三月下旬)

孙中山在华侨方面筹款,叫胡汉民发两个电报,一个电报发给曾锡周,一个电报发给张静江。并说:"这两个电报发出一定有款来的。"

胡问:"这位张静江是什么人?我没有听见先生说起过他的名字。"

孙答:"他是一个很奇怪很豪爽的一个人,我有一回到欧洲去,在船上碰到了他,我们通候了一下,他就问我:'你是主张革命的孙某吗?'我说:'我是孙某'。他听了很高兴,就很爽直地说:'你是主张革命的,我也是很赞成革命的,我老实告诉你吧:我在法国做生意,赚了几万元钱,你发动革命的时候,我目前可以拿五万元来帮助你,打电报的时候,依着 ABCDE 的次序,A 字要一万元,B 字二万元,E 是要五万元,这就算是你打电报给我要钱和要多少钱的密码呢!'我觉得这个人是一个信实人,不会说诳的,所以我就要试试这个密码灵不灵了!"

胡汉民依照孙先生的话打了一个 A 字,这个 A 字的号码灵验得很,果然有一万元好像凭空一样汇过来了,后来用费不够,孙先生就说:"他是一个很豪直的人,我们就打一个 E 字吧!"打了 E 字之后,果然连五万元都汇来了。

据胡汉民述《南洋与中国革命》,载张永福《南洋与创立民国》(上海中华书局一九三三年版)

与法国《时代》杂志记者罗德的谈话(译文)

(一九〇七年六月八日)①

孙中山在河内向记者证实他要建立一个"社会主义共和国"的意愿,并强调指出"由于中国思想和风俗的特性,这计划将会和欧洲的概念有很大的差别。"

孙在解释要废除礼仪专制之后声明:"总之,我们也是要求人权,像法国大革命所作的一样。"

据[法]巴斯蒂《法国的影响及各国共和主义者团结一致:论孙中山与法国政界的关系》,载《孙中山和他的时代》上册(中华书局一九八九年版)

防城之役与王和顺的谈话

(一九〇七年九月一日)

王和顺不敢回内地发动起义,孙中山说:"你进去发动好了,在发动的时候不能够样样都完备的,从前没有联络尚且可以发动,现在有了联络为什么反而不能呢?"

王和顺勉强答应去了,但他随身却是带了许多毒药。

孙中山看见了当场指出道:"我们不可以带这些东西,我们不必怕杀,假使给人家捉住了吃毒药,这就是怕死的明证!广东人所说的'大丈夫自有人来杀我,我不自杀!'这是革命者的勇气,你还是不要把毒药带去吧。"

据胡汉民述《南洋与中国革命》,载张永福《南洋与创立民国》(上海中华书局一九三三年版)

---

① 底本仅标年月,未署日期,报名译为《时报》。今据《辛亥革命史丛刊》第四辑《1900至1908年的法国与孙中山》"注释"为《时代》杂志,日期系6月8日。

镇南关之役与胡汉民的谈话

（一九〇七年十二月四日）

当孙中山在炮台时,曾亲手发炮,表示"反对清政府二十余年,此日始得亲发炮击清军耳"。

但当时有座大炮的方位改不过来,一个七十支枪是老式的都不中用,要重配才行。胡汉民就把这种情形对孙中山说:"我的意思认为在此无办法的环境中,迁延下去,倒不如下山后另找办法。"

孙就说:"我是不愿意下去! 我不愿下去的理由呢,也有两点:第一,我是十多年没有踏过中国的地方,我现在踏在这个山上觉得很高兴,我简直舍不得下去,我认为我们在这里总是有办法的。第二呢,我们(的将士)数十人敢占炮台,就是要希望我们来,要是我们走了,这个炮台不是马上失守了吗?"

胡仍申述理由说:"如果我们在这里没有办法呢,我以为坐守在这里是不必的。我们守这个炮,而这个炮也没有战斗的作用;守这数十支枪也没有最终的目的。至于这些守炮台的将领也会明白我们在这里是无法帮助他们,就必定想我们下去了想方法来策应帮助,决不因此而失望。"

据胡汉民述《南洋与中国革命》,载张永福《南洋与创立民国》(上海中华书局一九三三年版)

在河内与督署的谈话[①]

（一九〇八年一月十五日）

督署对孙说:现在别的办法没有,我们只有请你离开这里罢了!

---

① 1907年12月镇南关起义失败,孙中山与黄兴等人离开镇南关,于是日午夜抵越南文烟,宿同志玛邯家。法国警察发现孙行踪,第二天,安南政府传讯孙。

孙答:我也晓得你们认为不方便,离开就离开好了。

督署说:那么可以坐我们的法国船,先到西贡;到了西贡,你要到什么地方都方便的。

孙说:稍为等几天,就离开这里好了。

据胡汉民述《南洋与中国革命》,载张永福《南洋与创立民国》(上海中华书局一九三三年版)

与胡汉民的谈话

(一九〇八年一月中旬)

在镇南关初举事的时候,越南的法国报纸就载文批评①。事后谈论此事,孙先生对胡汉民说:

"我当时自己亲自走上镇南关,实在是别有怀抱,不料大家也都跟我上关,毫无疑义,现在想起来,假使我们在爬上山或爬下山的时候,只要清军派少数的部队截击,可以把我们统统打完。事后仔细想一下,我觉得我们那一回事情确是很危险的!你说是不是呢?"

胡接着说:"先生所说的话是很对的,不过我们当时有两种想法:第一种,革命者对于自己的性命看得无所谓的,普通所谓不怕牺牲者,有时还为热情所激,就是走入极危险的地方尚且处之泰然,若无其事,何况我们为着革命主义而做事呢!所以我们不管什么,统统跟着先生上关了!第二点呢,我们去的时候很快,回来的时候也很快,好像是神不知鬼不觉的样子,所以也觉得不会碰到什么危险的。"

---

① 批评说:"镇南关举事,革命军突然起来了。其实并不是突然起来的,这种酝酿已经很长久了。因为这些起事的人都是革命巨子孙逸仙的部下。关于这件事情,我们是很佩服他们的勇敢,不过事情是不会成功的。何以呢? 因为我们从军事学上来观察,他们这种办法是行不通的。他们此回举事,只有最高干部数人,而底下都是一些散兵,中间是空着的。像这样的军事行动,一定没有多大的效果,我们替他们担心着呢!"

孙听了就说:"不错,你说的两点都是很对的。"

> 据胡汉民述《南洋与中国革命》,载张永福《南洋与创立民国》(上海中华书局一九三三年版)

与胡汉民的谈话①

(一九〇八年三月下旬)

孙问:镇南关之战何如?

胡曰:虽无成功,吾人乃得实战之经验,总觉甚有意趣;惟往复于狭仄之山径,设有敌伏,当无幸免,先生为党领袖,究嫌轻身。

孙谓:然则子尔时何恃而不恐?子于同行中,最为文弱,且力疾而勇进,又何也?

胡曰:党于党员,实有其牺牲献身之要求,吾人既矢志革命,所谓知死必勇,更不愿于其时提出顾虑,致他人动摇。

孙谓:此意自不差。然余则确知敌人新失要塞,决不能于此处设伏,故不事搜索而前进耳。

胡曰:先生谓余已知将兵之道,余请其旨。

孙谓:当战争时,为将者能屹立于战线最危之点,则众心自定。

> 据《胡汉民自传》,载《近代史资料》总四十五号(中国社会科学出版社一九八一年版)

---

① 1908年3月上旬,印度支那法国殖民当局应清政府要求,驱逐孙中山出境。孙中山经西贡往新加坡。此为孙中山和胡汉民在新加坡的谈话。

与胡汉民的谈话

（一九〇八年五月下旬）

胡谓：余因与先生计划后此进行方略。余以所经验者证明会党首领之难用，与其众之乌合不足恃，当注全力于正式军队。

孙曰：会党性质我固知之，其战斗自不如正式军队；然军队中人辄患持重，故不能不以会党发难，诸役虽无成，然影响已不细。今后军队必能继起，吾人对于革命之一切失败，皆一切成功之种子也。

据《胡汉民自传》，载《近代史资料》总四十五号（中国社会科学出版社一九八一年版）

与杨振鸿等的谈话[①]

（一九〇八年七月）

座中悉谈滇西革命进行之步骤。孙言："此时仅能作补助路费，俟发动占据清政府城池后，我们将尽量筹助。"

又言："你们进滇西去作革命事业，我有《革命方略》一册，可以遵照办理，决不至错误。"

据何畏《杨振鸿滇西革命纪略》，载《辛亥革命回忆录》第三集（中华书局一九六二年版）

---

① 河口起义失败，杨振鸿、居正等决计赴滇西革命。1908年7月杨等搭日本邮船抵新加坡，住中兴报馆。越三日会见孙中山，谈滇西革命运动，从腾（冲）、永（平）入手，孙极表赞同。

与张永福等的谈话

（一九〇八年夏）

一日饭后闲谈，道及外国人之善清洁，或称欧美、或称日本，均不能即决。孙先生曰：若以清洁论，中国人亦有一部分之人其净洁逾于其他各国，或可谓各国不能及也。

孙继续曰：二三子自不留心耳，我国好洁净之人，自成一族，不啻有数万人，汝等均所深知熟见者也。

张永福、胡展堂、汪精卫等闻之作惊疑之态。

孙乃曰：其人迹在目前，即广州河下之蛋家是也。蛋家一族之讲求洁净，自衣服以至寝处，无不惟净惟洁，一尘不染，是其素性，为外国人所不能及。彼等虽穷无立锥，而其爱洁净之习惯并无少懈，此人所常知而你等反忽之，此亦中国人每好舍近求远之弊。如我人能择己之长，去己之短，发扬光大之，则中国人社会乌至于停顿而不能进化也。

据《孙先生起居注》，载张永福《南洋与创立民国》（上海中华书局一九三三年版）

与张永福的谈话

（一九〇八年夏）

张永福购新加坡之电车公司股票千股。间尝向孙先生谈及。

孙曰：子亦有此癖乎。

张曰：稍作投机生意而已耳。

孙曰：汝非此道中人，遽作此道生意，终必受累。又曰：凡作股票之人，须有精密观察及计划，亦须有集全力作最后之预备，毕此三者，乃可与言股票之贸易。不然,徒受人愚弄及欺骗而已。

张:请言其详。

孙随为解释其作弊之端倪,既而示操必胜之秘诀,即以电车公司为例:一须先查其成立原始是否巨大行贿而得专利,又此项贿款,在全股本中已耗去若干;其次购入价是否较利权为相当;又其次是否由甲获得专利权而过渡于乙,此中辗转甲乙获一度之利,即公司同时耗一大部分之股本。再则甲与乙连串,而故涨高购入专利权,价款均与开办费开销,此等又弊中之弊也。故(一)必先查其根本;(二)由各方面观察;(三)集全力作最后之决胜。

据《孙先生轶事》,载张永福《南洋与创立民国》(上海中华书局一九三三年版)

与张永福等的谈话

(一九〇八年夏)

有一回因为同志中的家内女人小产,我们偶然中批评起动土、冲犯、画安胎符种种神话。

孙先生说:这还可以用的。

我们问曰:果真有效么?

孙先生说:当然有效。

我们很奇讶的质问这有效的原因。

孙先生说:不必怀疑,这些是有科学原理可以解释的。心理学、精神学二者,均可以造成这小产及安胎的原因,不特有此效果,譬如养有一对黑色的马,你要它受胎将来生出的是别种颜色小马,这亦可以用科学原理把人工使它感化,大凡畜牧家多能明白的。我哥哥在檀香山亦时时把所畜的马匹改变颜色来玩耍,这可以知道凡受妊的孕妇,在精神上须有适当修养,调剂其意志,对妊孕当然有适当的保全;但究竟亦以该妇人平生是否迷信为分别,设若孕妇平素是迷信深重的,还是顺她意志用符法安慰她,那当然亦有可能的效果。

据《孙先生轶事》,载张永福《南洋与创立民国》(上海中华书局一九三三年版)

在暹罗警署的谈话(译文)①

(一九〇八年十二月四日)

警署对孙说:你来到曼谷以后,此地为数众多的华人越来越不安分,而暹罗的情况很特殊,因此要求你在三天之内离开曼谷。

孙说:时间太仓促,所以我不得不要求宽延几天,让我料理一下自己的事情。

问:需要多长时间?

孙答:至少一个礼拜。

他们敦促尽快离去。

孙说:先得同公使商量一下,然后才能给予最后答复。

问:公使是谁?

孙避而不答。

据美国国务院卷宗,美国驻曼谷公使汉密尔顿一九〇八年十二月十五日给国务院的信,转录自[美]西格雷夫《宋家王朝》(全译本)(香港星光书店一九八五年版)

---

① 1908年11月,孙中山来曼谷向华侨发表演说,宣传革命。12月4日,曼谷市市长和警察局长召见孙中山谈话,勒令其离境。孙于12月14日离曼谷前,面斥英籍暹罗警察总监:"不应为无礼于中华民族之举动"。

与日本某君的谈话

（一九〇八年）

日本某君，行箧中携有春宫多张，孙中山适行过室外见之，即曰："此为有害青年道德，吾人何可藏此坏心术之物。"饬其取出焚毁。

据《孙先生起居注》，载张永福《南洋与创立民国》（上海中华书局一九三三年版）

与山座圆次郎的谈话①

（一九〇九年九月九日）

孙逸仙：本人②自五月份从新加坡出发，在法国停留约三个月，二三日前由法国来伦敦，本月末左右去美国，停留二三个月之后，希望得到帝国政府许可回到日本。以前在离开日本之际，在政府当局者与本人之间，诸事由民间有志者斡旋，曾有过一年以后再来麻烦的话。而今，已过去三个年头，因此切望对帝国政府提出此项要求。

山座参事官回答：今日情况不仅与三年前不同，而清国人民排日思想又处于横溢状态之中，此时若允许其回日本，则彼等清国人攻击日本之气焰不仅必将更为高涨，而且近来北京政府内部已略有警醒，认为须与日本维持良好关系，稍加努力，则可顺利解决满洲悬案，假使允许孙回日本，则必将使彼等再起猜疑，外国又将随而乘机中伤。因此，考虑到日清两国大局之利害，对其回日之事，帝国政府最终将不会批准。所谓民间有志者之话，经过一年

---

① 孙中山在伦敦访问日本驻英大使馆，由该馆参事官山座圆次郎接待。日使加藤高明将会见情形及会谈纪要，于次日报告外务省。

② 原件为"该人"，今改"本人"。下同。

再来日本,不会再出现麻烦之事,并非这个意思。事实如上,实难同意,谨此作答。

孙问道:仅是经过日本赴新加坡如何?

答曰:仅是经过问题不大,若作短暂停留则日本政府碍难许可。

孙逸仙随即对山座参事官之询问作答。谈到清国国内状态时,孙说政府之腐败,今犹如昔,例如司法制度,数次颁布改善的诏敕,但拷问的恶制仍然不改,反而增加租税,即增加人民的负担,假如任其存在,中国只有灭亡。故各地不满之人,不堪恶政,欲乘机辄发,但草率组织力量,徒舞旗帜,不仅得不到任何成效,且空费气力,并有受内外共同掠夺的危险,结果恐怕极为不利。故我党五六年来对彼等之活动竭力加以节制,告诫其毋为无谋之举,然而实际上难于制止。去年广东汕头附近及广东西部并广西、云南掀起动乱,在汕头地方首先发动,其他地方相隔甚远,不能联络运动,且军费缺乏,最终归于失败。故今后必须准备十分充分,且努力集中于一切大举。我党对于地方人民,着重于政治上的鼓动,如他们在汉口及南京之军队,指挥之将校多数为我党人士,因此时间一到,则必倒戈以投我党;北京军队则自袁世凯罢黜后,气氛大变,对政府不忠。我党之纪律在去年动乱中得到了全面的考验,在云南附近占领了云南铁路,对各车站,用贮藏的巨额资金支付工资,革命军毫无掠夺,法国及其他外国人的生命当然也受到了充分保护。为此,他们对我党纪律之严明颇为感叹,当时法国官宪未给我党任何直接援助,因此我党的行动才能自由,不受任何束缚。其时,清政府请求法国政府保守中立,其后又交涉与法国政府合力打击我党。法国政府答以如承认交战状态,保守中立,那末就不能参与打击。不过因我党不幸,资力不足,不得不退入法境。不久法清两国为解决赔偿事宜纠缠交涉。逃往法境的革命党员,最初,清政府要求引渡。如法国政府不答应,则很难试图再次进入边境,清政府要求将他们从东京地区放逐,送到遥远地区。法国政府首先将若干革命党员,送到新加坡;英国海峡殖民地政府反对,虽一度出现麻烦,但经过协商,终于将六百名革命党员转往该殖民地。海峡殖民地政府对本人的活动历史是放任的,毫不监视情事。康有为改良派没有势力。梁启超在北京有朋友,为促使他归国正在斡旋,尚未解决。张之洞反对梁,故归国问题目前仍不现实。

孙逸仙继续问道:若革命党有组织地进行策划大举发动,日本政府将持何种态度?

山座参事官据上述答复,指出帝国政府不用说是诚心诚意地希望保持远东的和平现状,故对扰乱行为,不论来自任何方面,均将断然反对。然而,若不幸而出现此种局面,届时将采取适当措施以处置之。

孙逸仙认为,英国之对华政策,受日本态度之影响,其他国家亦复如是。又称,经长期考虑,日本的态度最为重要,完全可以看出,得到日本的支持是十分必要的,希望能得到日本政府同意,到该国居住。

山座参事官告以目前无法实现其愿望,给日本政府造成麻烦,对谁都不利。

> 据日本驻英大使加藤致小村外务大臣(外务省档案一九〇九年九月九日机密受第三〇五一号),转录自陈锡祺主编《孙中山年谱长编》上册(中华书局一九九一年版)

与顾维钧的谈话[①]

(一九一〇年一月中旬)

顾曰:你的主张,我们青年人大家都赞成的,你可以说说你的推进办法究竟怎么样?

孙曰:我是有计划的,将来从广州出发,带兵一直往北进攻,先到江西和广东交界的地方,停一夜第二天再爬过山到江西去。

> 据一九七六年纽约"文复会"编的期刊《文荟》第三十三期,转录自吴相湘《孙逸仙先生传》(台北远东图书公司一九八二年版)

[①] 顾维钧在纽约的哥伦比亚大学,攻读国际公法博士学位。1910年孙中山在纽约由在哥伦比亚大学研究矿学的同乡江某介绍,结识顾维钧,二人在学校宿舍共谈话二次。

与伍平一的谈话①

（一九一〇年二月十六日）

孙公论及国事大定,建都问题。

伍曰:金陵自古帝王都,读史者之通论,惟以中国本部论,金陵居中,若合蒙、满各属论,北京居中,故予甚疑虑迁都金陵,北陲空虚,然为涤除官僚政治,非此不能一新天下,故予以为迁都金陵,则在北陲宜置边防之军,以重国防。

孙公曰:此诚然也,但金陵可以建都之外,尚有扬州大舰可以进入,民国首都,以交通为主,因无防于民之反侧,然终以金陵为历史上声威所系,将来宜于齐齐哈尔、蒙古等地置重兵。

据《伍平一先生革命言行录》(香港华美印刷所一九二〇年版)

与李是男黄伯耀的谈话②

（一九一〇年二月中旬）③

现在机会到了。自从西太后和光绪死后,宣统嗣位,载沣监国。自载沣监国后不久,即另编禁卫军,由载沣自己亲统,同时派载涛（即载沣之弟）、毓朗（亦皇族）、铁良为专司训练大臣。又派耆善、载泽、铁良、萨镇冰等办

---

① 伍平一,字澄宇,广东台山人。1910年加入同盟会,时任美洲《少年中国晨报》编辑,并在斐城教学。是日,孙中山来校,适伍平一教授地理,课毕,孙、伍谈民国建都问题。
② 这是孙中山刚到旧金山不久,听取李、黄二人介绍情况后发表的一席话。旧金山同盟会分会成立后,李是男被选为会长,黄伯耀为书记。
③ 底本未说明谈话时间。按谈话在该埠成立同盟会分会之前,而孙中山于是月10日抵此,中旬成立分会,标出时间即据此订定。

海军。又载沣自己暂行代理大元帅。又设军谘处,派载涛管理。又派载洵(亦载沣之弟)、萨镇冰为筹办海军大臣;又遣载洵、萨镇冰巡视沿江沿海各省武备,旋又往欧洲各国考察海军。这都是一九○八年冬天至一九○九年一整年的事。从这一系列的事实里,可以看出一个问题。是什么问题? 是一个皇族集权问题,而且集中于总揽军政大权。你看他们三兄弟,一个是监国摄政,暂行代理大元帅,是一切军权都操纵在手了;一个是管理军谘处,军谘处就是德日的参谋本部;另一个是筹备海军的海军大臣。这样就可看出,海军、陆军和参谋作战的计划等等大权都在他们三兄弟手中了。这更说明他们也感觉到皇室和满人地位的危险,深恐大权旁落,满人将受汉人的宰制,无以自存,他们就趁今日监国的机会,先把军权抓到自己手里,巩固皇族的大权,然后渐渐借政治上的力量来排汉。所以今后的形势,汉不排满,满也排汉了。

我们中国同盟会自一九○五年成立以来,已经起义若干次了,虽是每次都失败,但排满的大义深入人心。屡败屡起,百折不饶。从前和我们联络通声气伺机爆发起义的,以旧式军队巡防营等为多;近日渐渐不同了,和我们联络通声气伺机爆发起义的不仅是旧式军队,而且发展及于新军了。其发展及于新军,我们应该利用这个时机多与联络,企图达到一夫发难、各处响应的形势。所以,今日海外同志的工作要点应该着眼在此处,务必做到宣传与筹款同时并重。海外同志对内地的实行情形,总多少有点隔膜,当时本部同志曾谈这点,实行工作由内地同志担任,宣传筹款则由海外同志担任,这是适合的。

你们在此处成立少年学社,内容即中国同盟会,已有一年了,刊发《美洲少年》也有半年了,是有成绩和收效的,这样做是应该的,我也是钦佩的。可是,你们对于少年学社社员的加入采取杜渐防微的态度,恐防混入了什么奸细,在旧年是对的,但在今年可以不必了。因为今年的形势和旧年不同,今年是革命风潮高涨的一年。自从载沣监国以后,他的排汉面目已暴露出来,而同志们之在军队中平时和我们联系通声气的,见此种情形,人人都有自危之感,万一这种排汉的辣手排到他们头上,那他们被迫不能不爆发以图自救。但既有爆发,总须有响应,方成牵一发而动全身之势,这样方能有济。贯穿全局,策划响应,当然在于本部发号施令;而加强此发号施令的效力,还有赖于款项之接济及时。假如接济不能及时,固能误事,或者已经有事发生,需款待用,而尚束手无策,不知怎样筹款,那岂不是自己误自己的事吗!所以你们办少年学社,采取谨小慎微的态度,在旧年是对的,在今年是不对了。今年应该采取大刀阔斧、明目张胆的态度,不怕汉奸混入,只怕同志不来,而且更要公开称中国同盟会。这样,和我们志同道合的同志自然源源而来,省却一切绕弯子闪闪缩缩的质问与查询。这样人多加入,革命势力自然增加,有起事来,急于筹款也是容易了。《美洲少年》是适合有思想的少年阅读的,但对于一般华侨而论,好像还有一些不够普遍。最好还是把《美洲少年》改组成为一间每日出版的日报,这样方负起大张旗鼓尽力宣传的义务。你们不要以为办日报资金难筹,其实会员众多,自然容易,向这一条路子想想是通的。扩大少年学社,公开为中国同盟会是体,扩大《美洲少年》,改组为日报是用,有体有用,我们党的宗旨和作用才发挥出来。两件事就是一件事。你们想办法把这两件事办好,这就是我来金山大埠的宗旨。

据温雄飞《回忆辛亥前中国同盟会在美国成立的经过》(采自李是男、黄伯耀的通讯报告),载中国人民政治协商会议广东省委员会文史资料研究委员会编《广东文史资料》第二十五辑(《孙中山史料专辑》,广州一九七九年版)

与刘成禺的谈话①

(一九一〇年二月十日至二十七日间)②

予常与留日本、欧美习政治法律学生谈倡建五权之原则,闻者骇异曰:

---

① 当时刘成禺是旧金山致公堂所办《大同日报》主笔,曾据孙中山口述内容著文在报上发表。

② 底本谓谈话在当地"同盟会初议组织"时,标出时间即据此酌定。

"吾人未闻各大学教授有此讲义。立法、司法、行政三权鼎立，倡自法儒孟德斯鸠，君主民主立宪国奉为金科玉律，〈任〉何人不敢持异议。今先生欲变世界共尊之宪法，增而为五，未免矜奇立异，为世界学者所不许。"

予驳之曰："三权宪法，人皆知为孟德斯鸠所倡，三权以后不得增为五权。不知孟德斯鸠以前一权皆无，又不知何以得成立三权也。宪法者，为中国民族历史风俗习惯所必需之法。三权为欧美所需要，故三权风行欧美；五权为中国所需要，故独有于中国。诸君先当知为中国人，中国人不能为欧美人，犹欧美人不能为中国人，宪法亦犹是也。适于民情国史，适于数千年之国与民，即一国千古不变之宪法。吾不过增益中国数千年来所能、欧美所不能者，为吾国独有之宪法。如诸君言欧美所无，中国即不能损益，中国立宪何不将欧美任一国之宪法抄来一通，曰孟德斯鸠所定，不能增损者也！"

欧美、日本留学生如此，其故在不研究中国历史风俗民情，奉欧美为至上。他日引欧美以乱中国，其此辈贱中国书之人也。

吾读《通鉴》各史类，中国数千年来自然产生独立之权，欧美所不知，即知而不能者，此中国民族进化历史之特权也。祖宗养成之特权，子孙不能用，反醉心于欧美，吾甚耻之！

曰监察权。自唐虞赓歌飏拜以来，左史记言，右史记事，行人采风之官，百二十国宝书之藏，所以立纲纪、通民情也。自兹以降，汉重御史大夫之制，唐重分司御史之职，宋有御史中丞、殿中丞。明清两代御史，官品虽小而权重内外，上自君相，下及微职，儆惕惶恐，不敢犯法。御史自有特权，受廷杖、受谴责在所不计，何等风节，何等气概！譬如美国弹劾权，付之立法上议院议决，上议院三分之二裁可，此等案件开国以来不过数起，他则付诸司法巡回裁判官之处理贪官污吏而已。英国弹劾亦在贵族、平民两院，关于皇室则在御前议政院，亦付诸立法也。如我中国，本历史习惯弹劾鼎立为五权之监察院，代表人民国家之正气，此数千年制度可为世界进化之先觉。

曰考试〈权〉。中国历代考试制度不但合乎平民政治，且突过现代之民主政治。中国自世卿贵族门阀荐举制度推翻，唐宋厉行考试，明清尤峻法执行，无论试诗赋、策论、八股文，人才辈出；虽所试科目不合时用，制度则昭若日月。朝为平民,一试得第,暮登台省;世家贵族所不能得,平民一举而得之。谓非民主国之人民极端平等政治,不可得也!美国考试均由学校教育付诸各省,中央不过设一教育局,管理整齐,故官吏非由考试,而由一党之推用;唯司法有终身保障。英国永久官吏制度,近乎中国之衙门书吏制度,非考试制度。唯唐宋以来,官吏均由考试出身。科场条例,任何权力不能干涉。一经派为主考学政,为君主所钦命,独立之权高于一切。官吏非由此出身,不能称正途。士子等莘莘向学,纳人才于兴奋,无奔竞,无缴〔侥〕幸。此予酌古酌今,为吾国独有,而世界所无也。

立法、司法、行政三权,为世界国家所有;监察、考试两权,为中国历史所独有。他日五权风靡世界,当改进而奉行之,亦孟德斯鸠不可改易之三权宪法也。

据刘成禺《先总理旧德录》,载《国史馆馆刊》创刊号(南京一九四七年十二月)

与刘成禺的谈话二件

(一九一〇年二月)①

一

孙先生来《大同日报》编辑室,谈国内革命情形,谓:自《苏报》、马福益、徐锡麟、洪承点、熊成基各案发生,国内士大夫革命汹涌,大非昔日下层工作可比。吾知推倒满清,可告成功,但建立中华民国基础甚远;满清帝国一倒,中国人人皆抱皇帝思想,此后中国民族历史,其中不知经过多少帝制、军人专制途径,乃获真正民国之望。吾颇欲为中国人民,上一尊号,名曰帝民,副

---

① 1910年2月10日,孙中山抵旧金山,时刘成禺是旧金山致公堂所办《大同日报》主笔,谈话在该报编辑室。所标时间即据此酌定。

人人欲作皇帝之愿望也。予少年主张,谓汉人作皇帝,亦可拥戴,以倒外族满清为主体,杨衢云与予大闹,几至用武,谓非民国不可。衢云死矣,予承其志誓为民国,帝制自为,吾必讨之。

刘曰:帝民二字,在中国古代,亦有训解,天视自我民视,天听自我民听,皇矣上帝,岂非天乎？西人亦称天为上帝,帝民二字,并非穿凿。

孙曰:他日中国排满成功,所忧患在帝王思想,名非帝王,拥兵造乱,有过于帝王者,是吾民之大患也。

二

孙先生来美,谈及在东京《民报》社所遇人物,忽曰:汝识长沙章行严士钊否？

刘曰:在上海多与往还,定交于昌寿里王侃叔处。其撰《国民日日报》,则内地民族革命之第一声也。先生以为何如人？

孙曰:行严矫矫如云中之鹤,苍苍如山上之松,他日学问事业,必有大贡献于国家民族,惜未能与予共生命艰难之事,只能领上乘号召之功耳。革命得此人,可谓万山皆响。

刘问及东京《民报》其他人物。

孙曰:有汪精卫、胡汉民者,他年皆能任大事,美才也。汉民精深,能任内事；精卫宽博,能任外事；使胡汉民运动外事,必少成就,遇事深刻也。使精卫处理内事,或难恰当,宽博者,易疏忽也。汉民主持内政,必井井有条；精卫周张外政,极难僵局,自能打开。将来两人事业,于此见之。

据刘成禺《先总理旧德录》,载《国史馆馆刊》创刊号(南京一九四七年十二月)

与檀香山《晚间公报》记者的谈话(译文)①

(一九一〇年四月八日)②

在访问过程中,孙博士作出了下列陈述:

"只要现在的满洲政府继续存在,中国就没有希望。明智的、爱国的中国人打算推翻现在的外国政府——我指的是满洲政府——并且建立一个他们自己的政府。这意味着民有,民享,民治。

"满洲政府的所有官职都可以用钱贿买。这是众所周知的事实。那些为其所追求的官职付出最高价钱的人,能如愿以偿。

"现在,正酝酿一场革命,以推翻满洲政府。他们意识到,进行得愈快,愈有益于人民。期待的革命即将爆发,这仅仅是一个时间问题。明智的、有思想的中国人支持这一变动,因为他们不能永远生活在现政体的腐败制度之下。

"政府显然害怕在中国爆发革命起义,答应人民建立一个立宪政体。今天的中国是一个专制的君主政体。它并不真正打算给予人民一个为大众喜爱的立宪政府,却极力抵制革命运动。

"这是真实的,有一个明智的、有能力的领导者在策划中国的革命运动。每一个受过现代教育的人都支持这一变动。

"中国军队今天相当强大,但是,它没有足够的能力去保卫它的领土。中国的军队有三十六镇。其中的十五个镇已经按照现代的军事制度组成。人们实际上认为,他们赞成革命的主张。士兵们被在外国受过教育和训练的人统率。他们掌握现代军事知识。

"正像土耳其所发生的情况那样,中国在时势发展的过程中最终将被

---

① 原件系英文。1910年3月28日,孙中山到檀香山,一直逗留到5月30日。在此期间,孙曾对记者发表几次谈话,陆续刊登在当地《晚间公报》《广告者》英文报纸上,引起日本驻檀香山总领事馆的注意,将剪报资料寄回本国,现存日本外务省外交史料馆。

② 所标时间系《晚间公报》发表日期。

这支军队革命化。

"自从中国军事部门的这十五个镇组成以来,在中国全境内已经爆发了好几次革命。最近的一次,几星期以前发生在广州。由于同情这一运动的人民没有准备,革命党人被政府的力量打败了。"

"中国应该建立共和国,"博士继续说,"一旦共和政体建立起来,中国将焕然一新,政府事务将得到正确的管理,最终将成为世界上最繁荣的国家之一。我充分相信,革命运动将成功。"

"如果发生革命,满洲政府呼吁列强干涉时,你们革命党人怎么办?"记者问。

"我认为,实际上全世界赞成中国的现代化。"博士回答。"今天世界所需要的是和平与贸易。"他继续说:"文明国家需要中国向世界贸易开放门户。应当承认,中国人中较好的阶级赞成这样做。但是,不幸的是,它经常被满洲政府干扰。

"现在的政府不能维持中国的秩序,也不能抵御外来的攻击,保护自己。这是世界和平受到扰乱的原因,也是某些强国为了最终解决远东问题正在倡议瓜分中国的理由之一。

"如果中国人民全体站起来,推翻现在的满洲政府,使局势秩序井然,它的行动可能得到世界列强的赞同。在进行过程中,中国人民无论如何必须与世界列强的政策一致。

"我的看法是,列强帮助现在的政府将没有任何益处。任何国家,没有某种利益,却愿和满洲政府这样衰老而腐败的君主政体站在一起,这几乎是不可能的。

"正在国外受教育的大多数年轻中国学生是被地方政府派遣的。除了那些正在美国接受教育的学生以外,中央政府没有为他们做过什么事情。长时间以来,中央政府试图干涉年轻有为的海外留学生。但是,迫于正在中国形成的公众舆论,中央政府撤回了对这些海外留学生的异议。这实际上表示它无能为力。"

根据孙逸仙博士的意见,这一点是明显的,侨居国外的中国人正在慢慢地领会改造中国的思想。他们生活在繁荣与和平的国家,因此,他们不能认识中国的困苦。

　　从另一方面，那些生活在中国的人正渴望看到这一天，那时，中国将成为世界上最繁荣、最进步的国家之一。

据杨天石译，习五一校《孙中山一九一〇年在檀香山的几次谈话》，载《民国档案》一九八六年第一期

与檀香山《太平洋商业广告报》记者的谈话（译文）①

（一九一〇年四月二十日）

　　孙博士相信，彻底改变庞大的中华帝国政体的时机已近成熟。他判定，并且明确地指出，满洲王朝正在削弱，在几年——很有限的几年内，他意味深长地补充说——汉族将要奋起，将满洲人赶出帝国。在王朝宝座的废墟上，孙博士希望看到，建立一个共和政体。

　　"你是否相信，中国人能在政体方面实行这样一个激进的政策——从一个皇帝到一个总统？"他被询问。

　　"中国人认为，满洲人是篡位者，是我们的征服者。"孙博士回答，"满洲人从来未能臣服中国人，但是后者因为某些原因也从来未能站起来并推翻他们。如果向他们指示推翻这些外国人——满洲人的方法，我相信他们将会接受任何一种提供给他们的新政体，如果它是中国人的政府。"

　　…………

　　昨天晚上，他以平静的语言谈到，他相信，运动正开始削弱满洲王朝，就

---

① 1910年3月28日，孙中山自美国旧金山抵达檀香山。此次谈话于4月20日晚在檀香山正埠（Honolulu，音译火奴鲁鲁）自由新报社举行。英文晨报《太平洋商业广告报》（The Pacific Commercial Advertiser）创刊于1856年，原名 The Honolulu Advertiser，当地华侨惯称该报为《鸭扶汰沙》，即 Advertiser 音译。中文《自由新报》则创刊于1908年，时为当地同盟会机关报。访谈录对孙中山使用第三人称。

像水珠滴在石头上一样,逐渐地磨穿它。

孙博士可以被有些人称之为梦想家和理想主义者,不过,他是注重实际的。他提到土耳其的少年土耳其运动,并且说,他在中国领导的运动在精神和计划方面和它完全相同。这一运动,导致推翻阿布都·哈米德(Abdul Hamid)①,并且建立了一个现代化的政府,它没有倒台的苏丹一度拥有的专制弊病。

"你的党对满洲政权有威胁吗?"他被询问。

"有。不对,超过摄政王②想象的更大危险来自王朝自身的弊病。"孙博士说。

"又要发生一次义和团起义。"这是他的惊人的叙述。"正如第一次起义时,帝国的军队援助排外运动一样,现在的政府将是起义的幕后操纵者。满洲人经常反对外国人——欧洲人和美洲人。中国人也反对外国人,不过,对于我们来说,外国人仅仅意味着满洲人,而不是欧洲人和美洲人。

"满洲王朝相信,当煽动对欧洲人和美洲人的敌对情绪时,它将使自己受到中国人民的拥护。现在,满洲政府正在建立一支庞大的军队,并且将它置于现代化的基础之上。它计划立即在全国扩展三十六个镇,包括武装部队的所有军种。这意味着近百万人。同时,它计划在六年内拥有三百万现役军人。"

孙博士眯缝着眼睛微笑说,"但是,这支军队不可能全是满洲人。他们可以任命许多满洲军官,但军队的大部分将是中国人。当满洲王朝指望使用这支军队去使政府为人民接受时,这支军队能够颠覆篡位者并压碎他们。在我看来,这样的事即将发生,因为在这段时间内,我们不会睡觉。只要一种思想感情在中国军队中鼓动起来,它将使这支巨大的武装力量去反对政府而不是为它服务。无论如何,'义和团起义'可能已经开始,这场攻击如果不是由于满洲政府的直接煽动,也将是一种诡计,满洲政府利用它,将攻击矛头指向那里的外国人。

---

① 即土耳其(奥斯曼帝国)苏丹哈米德二世,1876—1909年在位。
② 摄政王,指清宣统帝之父、醇亲王载沣。

"当篡位者被赶走并被压倒的时候,我赞成中国建立共和政体,赞成选举人民的总统,赞成在这个伟大国家的发展中进行根本变革。

"我已经在进行反对政府的军事行动吗?是的。主要是在中国南部,紧靠中法边境①。我们的部队常常与政府军交战。我们已经投身于战斗中。是的,我和部队在一起。但是,我们没有力量保持赢得的土地,因为财力有限,获得武器很困难。"

…………

他经常为了安全而被迫逃亡。在日本,他多次在那里设立指挥部。他被中国特务跟踪。在中国,孙博士把生命捏在手里。但他说,他比较安全,因为各个城市的官吏虽然可以知道他的存在,却不能突破保卫他的中国人强固的警戒线。人民的感情在他这一边。

"帝国政府的庞大军队将援助还是阻止你的运动?"

"我相信,它将有益于我们。我们很高兴,他们正在建立这样一支庞大的军队。因为我们能以这种感情在军队中工作。当伟大的高潮来临时,军队将成为我们的军队。

"至于摄政王周围的官员,现在主要是他的亲属。摄政王解除才智出众的中国人的职务,排挤他们,将满洲贵族提拔到高位上。他们中的一个,他的兄弟载涛上星期为了一项使命经过这里②。另一个将要在八月经过这里③。他派遣他们出使,为了让中国人感到,他关注国家的现代化。"

据"Honolulan with Price on Head", The Pacific Commercial Advertiser(Honolulu), April 21,1910(《头颅标有赏格的檀香山人》④,载一九一〇年四月二十一日檀香山正埠《太平洋商业广告报》),此为日本外务省档案中日本驻檀香山总领事上野专一致外务大臣小村寿太郎的报告所附剪报,东京、日本外务省外交史料馆藏(杨天石译,习五一校)

---

① 指中越边境,当时越南是法国殖民地。
② 清军咨大臣、贝勒载涛于本年3月赴各国考察,4月到美国。
③ "另一个"指清海军大臣、贝勒载洵,本年8月赴美国、日本考察。
④ 底本标题的"檀香山人"指孙中山,因他持有檀香山出生证,是1904年3月为方便前往美国大陆而设法向当地政府申请领取的。

与檀香山《广告者》记者的谈话(译文)

(一九一〇年五月二十六日)①

孙博士说,在那个时候,他期待着比一九〇〇年规模更大的又一次义和团起义。他预言,这一次起义将要得到拥有三十六镇强大正规军的满洲王朝的支持。接着他宣告,政府正在实施巨大的军事计划。当它变成强大有力之时,当统治者相信,他们可以依靠这支庞大的武装力量时,另一次义和团起义的时机就成熟了。

但是,正是孙博士所断言,长沙暴动②是不成熟的。它虽然是王朝未来计划的一部分,而实际上几乎是一次独立的起义。只是由于它太仓促,没能得到帝国阴谋家的支持。

"我仍然断言,中国将要发生另一次直接指向外国人的起义,它将比十年以前的起义更可怕"孙博士昨天说。"这些起义或暴动直接指向外国人,甚至连我们革命党人都成了目标,我们已有三个学生被杀。不久以前,他们中的几个被烧死。我们这些进步分子,如同外国人一样,已经被包括在攻击范围中。它向我指示,这一切在义和团起义中仅仅是最初的行动。

"满洲核准组建的中国新军包括三十六镇,每一镇由一万二千个步兵,加上正在训练的骑兵、炮兵,总计一万五千人。两镇三万人组成一个军团。这支军队将由大约一百万武装的现役和后备人员组成。

"至于我自己的计划,我可能在三周左右离开这里,去美国太平洋海岸照料我们党的事务,然后再次去中国旅行。"

据杨天石译,习五一校《孙中山一九一〇年在檀香山的几次谈话》,载《民国档案》一九八六年第一期

---

① 所标时间系《广告者》出版日期。
② 指1910年4月长沙饥民暴动。事件中,饥民纵火焚烧或捣毁了巡抚衙门、教堂、学堂及洋货店等。(原注)

与谭人凤宋教仁的谈话①

（一九一〇年六月中旬）

谭人凤要求"改良党务"，中山颔之。

宋教仁往商中山，孙乃曰：同盟会已取消矣，有力者尽可独树一帜。

宋问故？

孙曰：党员攻击总理，无总理安有同盟会？经费由我筹集，党员无过问之权，何得执以抨击？

宋未与辩，归告谭。次日，谭与宋复往，孙仍持此说。谭曰：同盟会由全国志士结合组织，何得一人言取消？总理无处罚党员之规条。陶成章所持理由，东京亦无人附和，何得怪党人？款项即系直接运动，然用公家名义筹来，有所开销，应使全体与知，何云不得过问！

中山语塞，乃曰：可容日约各分会长再议。

据谭人凤《石叟牌词叙录》，载《近代史资料》总十号（中国社会科学出版社一九五六年版）

与胡汉民等的谈话②

（一九一〇年十一月十三日）

惟积极始有善恶可言，消极则有恶而无善；余对于革命职责，断不容忽

---

① 1910年6月10日孙中山秘密来到东京，谭人凤与宋教仁往见要求"改良党务"，孙中山受陶成章、章太炎、张继等人的攻击，并被要求辞去总理职务，因此心情沉重，而有态度不冷静的谈话。孙到日本被日政府侦知，不准停留，便于6月25日匆匆离日，前往南洋，其整顿和改进同盟会工作，未能实现。

② 此为孙中山在槟榔屿召开秘密会议前，批评胡汉民、陈璧君、黎仲实等放弃主要革命工作，以营救汪精卫为首要任务的错误做法。

伤憔悴以死,余惟继续奋斗耳。

我知子等①谋营救精卫,我意再起革命军,即所以救精卫也。夫谋杀太上皇而可以减死,在中国历史亦无前例;况于满洲?其置精卫不杀,盖已为革命党之气所慑矣。子亦尝料满洲必覆,则不劝仲实、璧君诸人,集中致力于革命军事,而听其入京作无益之举,中于感情,而失却辨理力,我不意子亦如是也。

据《胡汉民自传》,载《近代史资料》总四十五号(中国社会科学出版社一九八一年版)

与日本记者的谈话(译文)②

(一九一一年三月上旬)③

孙对记者说:"吾人唯一耽心者,乃列强之干涉也。"

关于列强对他的态度问题,孙中山回答是:英、美、法没有给他提供任何物质上的援助或保护,它们只给予他以个人行动的自由。他对于日本政府对待中国革命党人的态度深表不满。不过,孙中山打算取得日本舆论界对中国革命党人的同情。并期望日本人能在经济上与中国密切合作。

孙中山强烈谴责移居加拿大的英国人与法国人对当地居民的歧视,强烈谴责加拿大政府歧视亚洲各国侨民的政策,并且号召亚洲各国人民实行自治。孙中山积极支持日本某些政治家提出的召开亚洲各国会议,以建立亚洲各国同盟的计划,并且呼吁日本率领亚洲各国反对英、美、法、德和沙俄。强调要"唤醒亚洲各国,尤其是中国和印度。"

孙中山说:"唯有中国发生革命,印度亦从沉睡中觉醒,亚洲各国方能

---

① 指胡汉民等。
② 1911年3月25日,英文报《中国论坛》刊登了孙中山在温哥华接见日本某报记者时发表的谈话,标题为《中国革命领袖会见记》。
③ 孙中山于1911年2月6日抵加拿大温哥华,3月19日往美国,因酌定为3月上旬。

联合起来,实行亚洲门罗主义。"

> 据[苏]齐赫文斯基《孙中山的外交观点与实践(1905—1912)》,丁如筠译自《中国辛亥革命》莫斯科一九六二年版,载《国外中国近代史研究》第四辑(中国社会科学出版社一九八三年版)

与梅乔林等的谈话①

（一九一一年五月五日）

孙先生曰:筹饷方法,各处不同。南洋筹饷,多为地方政府所限制,秘密而行。美国是自由之邦,筹饷公开,做事较为容易。最好想出一个统筹办法,集合巨款,分途举义,一方得手,就地因粮筹饷,革命事业便可成功。请同志各抒所见。

乔林问曰:分途举义,约须款若干?

孙先生曰:须款多少,似难预定,暂以一百万美元为目标,想一可行方法进行。

于是乔林献策:设立革命公司,股份一万股,每股收美金一百元,待革命成功后加倍还之。似此一举而义利兼收,应无不乐为者。欧美、南洋华侨众多,想不难达到目标也。

孙先生曰:可。惟股份须认定半数以上,方可收款,以免流弊。

> 据《台湾新生报》一九五〇年三月二十九日梅乔林《广州"三二九"举义前后》

---

① 是日芝加哥同盟会分会举行会议,孙中山应会长梅乔林等的询问,就筹饷再举问题发表了意见。

与伍平一的谈话

（一九一一年五月）

崔通约为清领事作报告，实难释疑。其与三月廿九日事前泄漏机密有关，盖是役之前，上海《民立报》有载北京清廷电致粤督张鸣岐严防前山陆军，何以北京得知粤中党人之消息，必系数月前在会仙楼叙宴时，将香港同盟会统筹部之函泄漏。

夫三月廿九日一役，吾党有为之士惨遭杀戮，若崔君果有其事，殊堪痛恨。但以崔君虽阅该函，究未能实证其为此报告，不过是一种怀疑而已。吾人对于怀疑之人，即当去之，此为革命应有之果断也。何则，吾纵怀疑错了，结果不过失了一个党员；若怀疑不错而不去之，因此而牺牲多数同志，陷革命之全局，殊非计也。

据《伍平一先生革命言行录》（香港华美印刷所一九二〇年版）

与伍平一的谈话

（一九一一年七月）

孙公见而询伍：东京之友人？

伍答以《教育今语》杂志社，该社为太炎一部分人所组织，自《民报》迁法京，太炎藉此为活，闻"良史"之名即太炎，"独角"即陶焕章也。但陶焕章为人如何？

孙公曰：陶君为人予信其亦无他，不过东京党人，以其与太炎接近，遂疑及耳，惟予则不信其有异志①，以才干论，陶胜于章也。

---

① 1909年，陶成章、章太炎诬谤孙中山"得名"、"攫利"，孙中山函请巴黎《新世纪》杂志"指出其谬，以解人惑"。

伍曰:予知陶不容于东京党人,已赴南洋。他有函介绍尹维俊、尹锐志两女士与予通信,两女士系秋瑾之徒,已在沪组织机关也。

据《伍平一先生革命言行录》(香港华美印刷所一九二〇年版)

与冯自由的谈话

(一九〇五年至一九一一年十月十日以前)①

无政府论之理想至为高超纯洁,有类于乌托邦(Utopia),但可望而不可即,颇似世上说部所谈之神仙世界。吾人对于神仙,既不赞成,亦不反对,故即以神仙视之可矣。

据冯自由《革命逸史》第三集(上海商务印书馆一九四五年版)

与张永福的谈话

(一九〇五年至一九一一年十月十日以前)②

Anarchist(因亚纪)为无头政府,今人译作无政府为误。盖无政府已无一切,统治人民无可系属也。

据张永福《南洋与创立民国》(上海中华书局一九三三年版)

---

① 谈话大致在同盟会成立后至1911年武昌起义前之间进行。
② 谈话大致在同盟会成立后至武昌起义前之间在新加坡晚晴园进行。

与旅美华侨同志的谈话[1]

（一九一一年十月二十日）

这回革命一起，不旬日已有十三省次第响应独立。独立如斯，太过迅速、容易，未曾见有若何牺牲及流血，更不知前仆后继之人及共和之价值，而满清遗留下之恶劣军阀、贪污官僚及土豪地痞等之势力依然潜伏，今日不能将此等余毒铲除，正所谓养痈贻患，将来遗害民国之种种祸患未有穷期，所以正为此忧虑者也。

据吴朝晋口述，李滋汉笔记《孙中山三赴纽约》，载《近代史资料》总六十四号（中国社会科学出版社一九八七年版）

与鹤冈永太郎的谈话（译文）[2]

（一九一一年十月二十四日至二十六日间）[3]

（一）目前华中起义，系由本人所指挥。

（二）当此之际，本人无论如何亦愿前往日本一行，为此曾致电宫崎探询日本政府意向。本月二十四日接到萱野复电，略谓：如肯更名，则登陆或停留均无妨碍。但本人则不论时间如何短促，总愿以公开身份停留。如是，则日本方面所寄予之同情态度，既可鼓舞革命军之士气，又可消除外界认为

---

[1] 孙中山在纽约，连日旅美华侨同志在旅馆晤谈革命军进展之消息，洋洋得意之际，独孙中山面露不愉快之色，华侨同志等询问其故，孙中山遂有此答话。

[2] 日人鹤冈永太郎自欧洲到纽约，因与萱野长知素有交谊，遂被日本驻纽约总领事水野幸吉派往密访孙中山。

[3] 底本未说明日期，但谈话内容系据10月26日水野的电文所记，而谈话中提及24日接萱野复电事，则谈话当在这两个日子之间进行。

日本国政府暗中庇护北京政府之疑虑,对双方均为有利。①

(三)本人将于最近期内经由伦敦转赴欧洲,此行之目的地是德国。因德国留学生中有不少革命同志,尤以日前德皇曾通过留学生暗示对我国革命运动怀有好意。此次前往,意在取得协助。

(四)预定自欧洲经印度洋返归亚洲。日本国政府如能同意本人不更姓名而登陆,则将再度取道美国,经西雅图前往日本。

(五)俄国官员表示意外宽宏,故曾计划在哈尔滨建立据点指挥同志,但不便之处殊多,终恐难于实现。

(六)日前曾赴华盛顿,意在探索美国政府之底意,并藉以疏通感情。美国政府曾向德国政府征询意见,故决定此次之行。

据《水野驻纽约总领事致内田外务大臣电(一九一一年十月二十六日)》(译自日本外务省编《日本外交文书》,东京日本国际联合会日文版),载邹念之编译《日本外交文书选译——关于辛亥革命》(中国社会科学出版社一九八○年版)

与《朝日新闻》驻美记者的谈话

(一九一一年十月)②

孙曰:吾敢谓斯举当有成矣。曾遍访在美各团体同人,其所报告中国近今消息,而知□□□□在旦夕间矣。于武汉已占有绝好地位,不啻已为扬子江主人。由此渐进,以取险要,自可得手。但必在汉口之北二百基罗迈当大战一次,以决雌雄,而后定□□之命运。自经此次战后,凡见好于□□者,其意向已多变易,使下次更获大胜,则凡有新知识者,当已尽赞同。且我有干练敏捷之人,散处重要之地,使号令一发,即可响应。今之所言,虽未决定,

---

① 底本说明:孙中山委托鹤冈将此意转告日本驻美代理大使埴原,电请日本政府考虑。
② 原件无日期,据谈话内容及孙中山活动情况判断,为1911年10月。

然已筹之熟矣。

访员曰:尔何以能组织国民至此耶?

孙曰:吾在少年凡遇刑戮之事,必亲往观,因与被刑之家属交接,吾见此等家属皆有革命之念,且群怨政府之黑暗,官吏之舞弊。吾乃亟思除去之。然于初次举动,竟无效力。又尽力以谋者五年,至于不得不逸而离祖国,于是有悬赏以购吾头者,吾想今此头颅当益增价值矣。吾以此时刻慎防之,当作欧、美之游历,而经验与知识日进,今吾驱除稗政之心日益迫切矣。吾故有家资,因得遍游各地,以交通集资赞助之各会,各会之中,以在美华人所组织之规则最为精密。曩以吾主义为过高者,今则亦多从我,更有至贫困之人,亦樽节其用以助吾事者。苟有机会,吾当返国,将来如何措施,斯时不复可言矣。

访员又曰:君此事果有成,则他日即以此手段排外乎?

孙曰:吾等同志及国中有新知识者,皆深明责任,且知文明来自西方,无论立宪主义、自由主义,皆借取于英、法、义、美诸国,吾国民深负文明债于西方也。故目前举动惟对于□□而已。至一切外交,决无意外冲突,吾意拟于他日试行联邦之中国,另设中央之上、下议院,统筹全局。基于财政,决不令贪婪之吏执掌之。添设公立学堂,并图城市之改革、军事之改革、人民等级之改革为最大之结束。此次若幸有成,当暂立军政府,然不久即许行自治。至若妇女,亦必令享有应得之权利,则家族亦大可改良也。苟吾革命之旗,飘飏于北京城内,则吾族之新花重发矣。

> 据中国第一历史档案馆编《清政府镇压孙中山革命活动史料选》,载《历史档案》一九八五年第一辑

与康德黎的谈话(译文)

(一九一一年十一月中旬)①

余于共和政府之大统领毫不介意。惟维持中国前途之责任,余可担当。今之中国似有分割与多数共和国之象,余甚希望国民速建设一善良之中央政府。

据上海《神州日报》一九一一年十二月一日《孙中山之踪迹与言论》(自日本大阪《每日新闻》译载)

与英国记者的谈话(译文)

(一九一一年十一月中旬)②

此次武昌事起过于神速,未能十分预备,故困难之点尚多。然全国上下,风发云涌,四起响应,无不赞助;革党预备虽未完善,然以勇锐无前之气胜之,亦可替代预备。今此满廷忽有讲和之意,特以衰败无力之皇室,已无谈判之价值,非共和党之所屑也。

(英国记者报道:孙中山"又谓倘国人召彼前往组织中央政府,以总理一席属之,彼必乐为效力。孙已草定一共和宪法条文,据云当先请其友商校,然后呈诸国会,彼固自称其中条文当为全国所赞许也。此次前往上海,专为联合各省回复秩序,当其抵中国海之前,革命必早告成功。彼但尽力劝阻胜利者一面之过于激烈,他非所有事矣。")

据《孙中山归国始末记》(上海景新书社一九一二年石印本)(译录英国报纸)

---

① 底本说明孙中山当时在伦敦,谈话时间即据此酌定。
② 谈话地点在伦敦。底本未注明谈话日期,今据孙中山在伦敦居留时间标出。

与《巴黎日报》记者的谈话

(一九一一年十一月二十一日至二十三日间)①

中国于地理上分为二十二行省,加以三大属地即蒙古、西藏、新疆是也,其面积实较全欧为大。各省气候不同,故人民之习惯性质亦各随气候而为差异。似此情势,于政治上万不宜于中央集权,倘用北美联邦制度实最相宜。每省对于内政各有其完全自由,各负其整理统御之责;但于各省上建设一中央政府,专管军事、外交、财政,则气息自联贯矣。此新政府之成立,不必改换其历史上传来之组织,如现时各省本皆设一督或一抚以治理之,联邦办法大致亦复如是。但昔之督抚为君主任命,后此当由民间选举。即以本省之民,自为主人。形式仍旧,而精神改变,则效果不同矣。

此次革命主因,须于民间不平之点求之。满洲入关,屠杀残酷,其恨盖二百六十余年如一日也。如以满人皆享特权,遂至懒不事事,吸汉之膏血,不工作而生活,精神形体两不发达,至今皆成废弃。民间以种恨之深,秘密结社极多,要以灭清复明为惟一之目的。近二十年,革党始起,而与各种秘密结社连合其力,为溃决而不可当。虽然,倘以一中国君主而易去满洲君主,与近世文明进化相背,决非人民所欲,故惟有共和联邦政体为最美备,舍此别无他法也。

现在革命之举动,实为改良政治起见,并非单简狭义之问题。以平和手段促中国进步,实为吾党本愿。如发达商务、整理财政及经济机关、利用天然富源之类,尤为吾党所最注意。然欲达以各目的,真有待拾外助者至多。盖本国资本有限,如开矿及筑路等事不能同时并举,势必愿外债为挹注;况科学专门知识以暨工程上之经验,尚在幼稚时代,亦非取材异域不可。法为共和先进国,当必稍以助中国者矣。

据《孙中山归国始末记》(上海景新书社一九一二年石印本)

---

① 本篇及下篇谈话,底本未注明时间,但谈话地点在巴黎,今据孙中山居留巴黎时间酌定。

附录　在巴黎的谈话(译文)①

中国革命之目的,系欲建立共和政府,效法美国,除此之外,无论何项政体皆不宜于中国。因中国省份过多,人种复杂之故。美国共和政体甚合中国之用,得达此目的,则振兴商务,改良经济,发掘天然矿产,则发达无穷。初时要借材外国,方能得收此良好之结果。

据《最新中国革命史》下册(出版者及出版时间不详)(译录巴黎来电)

与巴黎《政治星期报》记者的谈话

（一九一一年十一月二十一日至二十三日间）

中华共和国拟维持官话,为统一语言之基础。而使人民研究各种实业科学,尤为新共和国之行政入手法,英文亦可加入各种科学中,辅助华文之不足。中华共和国当编练国民军,及组织民国完全财政部。新政府于各国通商一层,更为注意,当弃除与外人种种不便之障碍物。而新政府应将海关税则重行编订,务使中国有益,不能徒使西商独受其利。总之,重订税则,亦须与西人和衷商议,决不使中国使债主有烦言也。于满清政府从前与各国所立条约,新政府仍然承认;虽日俄强逼清政府所订各种不公平之和约,新政府亦依然遵守也。

据上海《民立报》一九一一年十二月十五日《巴黎〈政治星期报〉载孙逸仙之政见》

---

① 此篇似为上篇与《巴黎日报》记者谈话的摘要。

与西蒙的谈话(译文)①

(一九一一年十一月二十三日)

一、借款问题与革命展望

孙先生：阁下能否立即或在最短期间内，贷款予革命临时政府？

西：不行，至少目前无法立刻照办。四国银行团对此态度完全一致。银行团和他们政府决定就财政观点方面，严格采取中立，在目前情况下，既不发行贷款，也不预付款额。他们不仅无法予临时政府以财政援助，即清廷也同样不会获得任何支援。相反的，一旦民军建立一个为全国所接受、为列强所承认之正规政府时，他们对于在财政上之帮助革命党，将不表反对。

西蒙表明态度后，进而反问孙先生：阁下对我肯定表示，民党必可获得最后胜利。唯湖北一省所举共和义旗，是否同样为其他各省所追随响应？各省之间的歧见，是否会导致全国的分崩离析？

孙先生：不必担心这个可能性。由全国各地革命势力的蓬勃发展及其响应的快速看来，可以显示这不是一种局部性的叛乱，而为一种事先经过长期准备，且有完善组织，旨在建立一联邦式共和国的起义。成功是可以确定的。袁世凯的狡猾善变虽可能迟滞革命行动，但决无法阻止革命的胜利。再者，正因袁世凯手腕表现太过灵活，反而自损清望。他在革命开头的犹豫，他的坚持想维系清廷于不坠，即使削弱自己的权利至于有名无实的地步亦在所不惜，凡此均使他与中国的开明精神乖离。

二、庚款问题

孙先生：阁下是否同意谈判一项借款，藉使中国偿还庚子赔款？因为赔

---

① 西蒙(Stanislas Simon)是法国东方汇理银行总裁。谈话用英语进行。

款的偿付,除了使我们蒙受兑率的损失外,又令我们回想起一段早想抹掉的屈辱历史!

西:我看不出,从这样的运用,你们将会得到何种实质上的好处。但无论如何,关于这一点,我们毫无异议愿给你们以满足。当然,问题在于所提供的借款抵押条件必须完全满意!

孙先生:阁下本人或贵国政府是否反对以其他相当的保证,来取代目前做为借款抵押的关税?

西:你所指者是否为最近用以抵押借款的厘金?

孙先生:不是,我们想取消厘金。对于抵押保证的更换,以使我们的债权人充分满足这一点,我并不认为有何困难!但我要提的是海关。为俯顺全国舆情的要求,我们想重新掌握海关及其税收,并拟以其他抵押品,例如矿权、土地税等取代关税。

西:这一点绝对不可能,即使有约关系之银行团和他们的政府同意遵照临时政府的办法,但大众认购债票时系基于某种契约承诺,此项承诺任何人不得随意更改。将来一旦中国的信用稳固建立,足可进行一次与其债务问题有关的谈判,届时为了偿还前述之借款或可贷予新借款,并改用关税以外的东西为抵押品,甚而呼吁大众仅以中国全国预算作为一般性抵押。但截至目前为止,对于现正进行的贷款条件,实不便做任何修正。

西蒙补充指出,孙先生对此一表示极感失望。

三、日俄同盟问题

孙先生:假使我能和你们政府中的阁员之一取得联系,并请你充当翻译,我将请求贵国政府尽其一切影响力,劝阻盟友俄国不与日本沆瀣一气。我们对这两个国家之结为亲密同盟深具戒心!相反的,我们深信日本目前不会找中国的麻烦。关于这一点,我们也已获得美国某种承诺。我们深信,当我们一旦与日本有纠葛时,我们可以信赖此种保证。而如果美国所面对的是一个与俄国结盟的日本,我们就无从获得类似之保证了。为此,我们希望法国的行动能够对俄国产生影响,于中国有益。我们也希望与俄人在充分了解下保持友好关系。

西:关于这点,我无法做任何答复。这完全是一件绝对超越我能力范围的问题。依个人所知,俄人由于在满洲和蒙古曾耗费大批人力与物力,目前宜于在此两地区维持现状。

孙先生:对此,我们不表任何异议。问题在于,俄人之野心不得逾越目前所已取得之地区。

西:在此情况下,你们非得让俄人深信,你们并无意收回俄人已取得之地位。而我也不懂阁下有何理由,可以怀疑俄人的诚意。

四、列强与中国财政

最后,中山先生表示,渠与朋友们均对未来中国借款谈判所可能引起的危险深表关注。他们担心在各国政府支持下,又出现一个如同四国银行团那样强而有力的财团,而此一财团的目的,只不过想强迫中国接受某一种已议定的财政政策,而与中国的真正利益相冲突,且可能演变成为控制中国财政和债务的工具。

西蒙回答指出,今后中国为求改善装备与整理善后所需款额,为数将甚可观,而需各国相助之处亦大;将来进行的不再是小型借款,而是规模甚大的大借款。为此,各国政府事先成立一个集团,分摊其重要性,将不足为奇。

中山先生听此解释,始稍释怀。临别,并向西蒙表示,希望法国政府当局能撤销渠在法属安南居留的禁令。

据陈三井《法文资料中所见的孙中山先生》(作者译自法国外交部所藏西蒙打字稿原件,稍作整理并加小标题),载黄季陆等编《研究中山先生的史料与史学》(台北"中华民国"史料研究中心一九七五年版)

与法国记者的谈话

（一九一一年十一月二十四日）

孙对记者谈话中表示：

（一）中国同欧洲一般大，不适合中央集权，拟仿美国施行联邦制；

（二）欢迎外国资本及工程师为中国开矿及筑路等；

（三）将在中国实行五权宪法；

（四）尊重满清与外国所缔结之条约及借款。

据张馥蕊《辛亥革命时的法国舆论》，载吴相湘主编《中国现代史丛刊》第三册（台北正中书局一九八〇年版）

与《铁笔氏报》记者的谈话①

（一九一一年十二月十三日）②

子欲穷诘我华人，何以素富于革命思想，而屡发难乎？今吾语汝，使居文明政治下之英人，得一时所未闻之奇事，使知我数万万同胞，现居于清政府之下，与夫数千之志士，遁迹外国者，均不喜清政府，亦非一朝之愤，有以致之，实二百余年之专制毒有以孕成也。

试举一事以言之，满人之数不及一兆，而我神明之贵胄不下四百兆余，而满人秉大权居高位者，竟占多数。然此以逸仙视之，亦不过无关紧要。而最难明者，即清廷并无正式政府，所颁行政令无一不苛，且公行贿赂，无正式律例。每省设一督抚，各自定律以颁行，无论如何之不公，如何之残虐，均不

---

① 这是武昌起义前孙中山在英国的一次谈话。
② 所标时间为香港《华字日报》发表日期。

能将之上控。至若税饷一项,则又与各国不同,只得其虚名,并无实际,且花样翻新,诸般勒索,言不胜言。凡督抚莅任之初,其第一政策,即调查属员,谁与之善,谁与之不善。善者私庇之,不善者则择肥而噬之。民间之被害,有至倾家破产、典妻鬻子者。但使督抚是处,肥饱私囊,虽经意横行,平民终亦莫奈之何也。且律无上控之人,亦无律师以为之辩护,只信一方面之词,五毒齐施,致不能堪而诬伏。而所谓不法者,亦不知何为不法,其令人百思不解也。至平民之与执法官善者,其狼狈为奸之毒手段,则亦与官无异。每与人因鸡鹜之争、雀鼠之忿,则任意加罪,出票械之,请执法惩治。而听讼者以获重赂,故听一面之辞。若不认罪,笞杖之加,有连用三数日,而仍不止者。倘其人始终矢口不承,执法官惟赂是图,或重惩之,或调和之,案遂结。凡平民之犯窃案以上者,无不可以枉杀,一则借以省囚犯之费,一则借以讨原告之好。如斯种种,因无一定律师例,故无从纠正之。

尤怪者,则清廷之委任大臣,无不以贿赂阶进。故大臣之下,其得一言一职者,亦莫不舍贿赂而无门。彼此遂通同一气,朋比为奸,官官相卫。引而伸之,人以类聚,物以群分,凡官场之所与交游者,亦不过此类人物而已。不特此也,每因一案,动用私刑,卒至被杀,犹自谓大公无私,德政素闻,以多为掩饰。所谓犯人者,既备五刑,尚不伏罪,即恩准三天,以待觅人证明其非,实则仍暗中严防犯人与其亲友交谈,不过徒袭得恩准之美名,而掩人之耳目而已。至若五刑之惨酷,为万国文化未开时所无。试举一以证之,烙刑是矣。倘犯人不堪其苦,大呼无罪,执法官即曰:无罪不入公堂,入公堂便是有罪。似此惨无人理,至犯人仅存一息时,始行松刑。吾侪游历欧美,目击文化,回顾祖国之专制黑暗,宁忍置诸脑后,而漠然视之乎?且近年欧风美雨,渐被亚洲,睡狮已醒,四百兆民,居于苛政之下,宁立以待毙乎?抑府〔俯〕首贴耳以待变迁乎?将要求立宪以改革乎?由此观之,毋怪乎革命潮流日盛也。逸仙所深望者,则他时一旦功成,拯同胞于水深火热之中,共处于文明政治之下,则平素之志愿,始可谓之大偿云云。

据香港《华字日报》一九一一年十二月十三日《孙逸仙与〈铁笔氏报〉记者言政治革命理由》

与邓泽如等的谈话①

（一九一一年十二月十六日）

因迟迟而归国者,要在欧洲破坏满清之借外债,又谋新政府之借入。此次直返上海,解释借洋债之有万利而无一害,中国今日非五万万不能建设裕如。船行匆匆,限于时刻,尚未得图快晤,俟抵沪后当再为详知。

据邓泽如著《中国国民党二十年史迹》（上海正中书局一九四八年版）

与胡汉民廖仲恺的谈话②

（一九一一年十二月二十一日）

胡汉民谓:"满洲政府人心已尽去,惟尚有北洋数镇兵力未打破,故得延其残喘。袁世凯实叵测,持两端,但所恃亦只此数万兵力,此种势力未扫除,即革命无由澈底。革命无一种威力以巩固政权,则破坏、建设,两无可言。先生一至沪宁,众情所属,必被推戴,幕府当在南京,而兵无可用,何以直捣黄龙？且以选举克强之事观之,则命令正未易行,元首且同虚器。何如留粤,就粤中各军整理,可立得精兵数万,鼓行而前,始有胜算。尽北洋数镇之力,两三月内,未能摧破东南,而吾事已济。以实力廓清强敌,乃真成南北统一之局。沪宁相较,事正相反,若骛虚声,且贻后悔。最近福建、广西、贵州诸省,正以宁、鄂当卫,有暂推粤为首都之议。吾辈方谦让未遑,先生则可

---

① 是日晨,邓泽如登上泊于新加坡的邮船与孙中山晤谈,张永福、林义顺等在场。
② 是日晨孙中山经抵香港,广东军政府都督胡汉民、财政部副部长廖仲恺等往接。晤面时胡汉民力劝孙中山留粤,此篇及下附异文即为孙中山反对留粤的谈话。孙中山于同日下午离港赴沪,谈话时间据此订定。

控抟此局。"

先生谓："以形势论，沪宁在前方，不以身当其冲，而退就粤中，以修战备，此为避难就易。四方同志正引领属望，至此其谓我何？我恃人心，敌恃兵力。既如所云：何故不善用所长，而用我所短？鄂即稍萌歧趋，宁复有内部之纠纷，以之委敌，所谓赵举而秦强，形势益失！我然后举兵以图恢复，岂云得计？朱明末局，正坐东南不守，而粤桂遂不能支，何能蹈此覆辙？革命军骤起，有不可向迩之势，列强仓猝，无以为计，故只得守其向来局外中立之惯例，不事干涉。然若我方形势顿挫，则此事正未可深恃。戈登、白齐文之于太平天国，此等手段正多，胡可不虑？谓袁世凯不可信，诚然；但我因而利用之，使推翻二百六十余年贵族专制之满州〔洲〕，则贤于用兵十万。纵其欲继满州〔洲〕以为恶，而其基础，已远不如，覆之自易。故今日可先成一圆满之段落。我若不至沪宁，则此一切对内对外大计主持，决非他人所能任。子宜从我即行。"

据《胡汉民自传》，载罗家伦主编《革命文献》第三辑（台北一九五八年版）

附录　同题异文[①]

胡君曰：今日之倾覆满洲，殆无问题，足为梗者，只袁世凯耳。但袁只有四镇之兵，纵富于战斗力，亦不过能动摇武汉，欲取湖南，诚非易易。即能夺取湖南，然同时又必须兼顾江、浙之乘其隙。即能并取江、浙，而长驱入粤，至速亦需时半载。在此半载之中，我方姚雨平之劲旅早为之备。不足，又可简选各地民军而训练之，即有五六万之精卒，足与袁世凯一战，战而胜，乃可以言革命之成功。今先生遽然至沪，各省必举先生为总统，然无一兵一卒以供指挥，徒拥一虚名，于事奚济？故余意以留粤为便。

[①] 此篇为孙中山与胡汉民谈话之另一记录，与前篇内容互有出入，今附录并存。

先生答:君知其一,未知其二。夫今日人民及党人所望于我者,非望我有坚强之兵力也,乃在能收拾残破之局,以拨乱反治也。今如君言,不径赴中部,以应民众收拾时局之望,而遄返故里,从事养兵,人其谓我何?且今日中国如能以和平收革命之功,此亦足开世界未有之例,何必以兵?今之大患即在无政府,如能创建政府,则满清之政府固必倾覆,即袁世凯亦未必能支,必不足以为患于新政府,故不宜预防他人之不服,而一意谋以武力争天下也。

胡君曰:先生意既决,余当从先生之言,相偕北上。

据"中央改造委员会"党史史料编纂委员会编《总理全书》
(台北一九五〇年至一九五二年出版)之八《谈话》

与广东各界代表的谈话

(一九一一年十二月二十一日)

孙君历言政主共和,及以战事驱除鞑虏为目的。

曰:目前各省财政本极困难,云南一省为尤甚。然一俟临时共和政府成立,则财政无忧不继,因有外债可借,不用抵押,但出四厘半之息,已借不胜借。就现时情形论之,必须借外债。因满清借债之弊窦,第一则丧失主权,第二浪用无度,第三必须抵押。若新政府借外债,则一不失主权,二不用抵押,三利息甚轻。埃及所以借外债而亡国者,失主权故也。美国初独立时亦借外债,而美国之能兴者,则不失主权故也。日俄交战,两国均借外债,俄国不用抵押,而日本独须抵押者,实因国小之故。至就中国目前而论,则必须各省府州县,皆筑有铁路,以利便交通,使土地出产可以输出。借债筑路之便宜,以借债则可以分段而筑,易于告成,计六年之内,自可以本利清还,路为我有矣。若以我之资本,则十数年后可筑成,吃亏必大。至还债之法,则道路一经开通,物产既销流,田土必涨价,将来由新政府征取,民必不以为病,而债可立还矣。

前时满清以川汉铁路抵押,与四国订借五千万金元,经交二百万元。自武昌起义后,均已废约不借。又名为"改币制"订借之五千万金元,亦因武昌事起不允照交,是已制断满清之死命。袁世凯欲与法、比二国议借五百万,经电致比利士政府,谓民国绝不承认,此议亦作罢。某国资本家因欲〈借〉债与清政府,往谒外部,求其保护,外部不允,资本家亦废然而退。及后又因议借债与民政府,复往谒该外部,外部答以此则听诸各资本家之自由。① 观此可知各国借债,对于清政府确已各不信任;对于新政府,则无不信任。但俟抵沪以后,新政府一经成立,则自易就绪。

省城某代表曰:粤省和平独立,乃民政府,而非军政府;目前财政宜将出入款宣布,并宜列出预算表。

孙君略答:以目前列表预算,其事颇难,惟将进支款宣布,可易办到。

旋又有代表言:粤省民军大众,寻仇行刺之事,时有所闻,亟宜设法。

孙君略谓:此等民军不患其多,其中类皆有用之材。将来新政府成立,必将尽行装运至沪,自能有法以教诲训练,使之化歹为良,同仇敌忾。现时所有之民军,无庸粤人置忧,即各属土匪蠢动,尚须尽行招罗入伍;凡民军自二十岁以上,至四十岁以下之人,均属可用之材。最望是粤人稍有忍耐性质,以俟诸新政府成立之日。

席间又有恳孙君挽留黄士龙回粤者。

孙君略谓:为时仓卒,最好是黄君允行回粤。孙复言是日下午即将乘原船并挈粤都督胡汉民同赴沪。众闻之愕然。孙言粤都督由副都督陈炯明署理,将来以汪精卫回粤任都督。是时听者皆拍掌,欢呼不置〔止〕。

据香港《华字日报》一九一一年十二月二十二日《中国革命元祖孙逸仙抵港谈话》

---

① 自上段"目前各省财政"至本段"各资本家之自由",系据上海《天铎报》1912年1月1日《中山先生借款谈》补入。

与山田纯三郎的谈话(译文)①

（一九一一年十二月二十四日）

孙问：山田先生，你现在在做什么事？

山田答：在上海三井特产公司弄张桌子推销满铁的抚顺炭。

孙说：是吗？我现在需要钱，你能不能替我想想办法？

山田问：要多少钱？

孙答：愈多愈好。一千万也可以，两千万也行。

山田说：孙先生，我是个三井的推销炭的学徒。哪里能够借来这样多的钱。

孙说：我们还在船里头。你连试都还没去试，怎么就说不可能？你如果这样想的话，任何事情都将做不成，何况我们正在革命呢？上岸以后请马上去跟三井的经理商量商量。干革命工作，任何事都不能有所踌躇。

据［日］山田纯三郎《辛亥革命与孙中山先生的联盟》，载陈鹏仁译《论中国革命与先烈》（台北黎明文化事业公司一九七九年版）

与上海《民立报》记者的谈话②

（一九一一年十二月二十五日）

武昌举师以来，即由美旅欧，奔走于外交、财政二事，今归上海，得睹国

---

① 山田纯三郎是参加中国革命的日本人最早牺牲的山田良政的弟弟，在三井物产工作，入满铁任职，赞助孙中山革命运动。1925年3月孙中山临终之际，是唯一被允许在场的日本人。1911年武昌起义后，孙中山由欧洲返国，于12月21日抵达香港，在船上接见山田纯三郎，并与他一起回上海。

② 孙中山于是日抵上海，中外记者纷纷登门采访，此为谈话报道之一。

内近状,从前种种困难虽幸破除,而来日大难尤甚于昔。今日非我同人持一真精神、真力量以与此困难战,则过去之辛劳将归于无效。

(《民立报》记者报道:孙中山"并言在欧洲时破坏清政府借款事甚详"。)

据上海《民立报》一九一一年十二月二十六日《访问孙中山先生》

与上海《大陆报》主笔的谈话

(一九一一年十二月二十五日至二十六日间)①

主笔:与君同来之日本人,果系何人?

孙先生:我不能举其名。吾有书记池君②者,彼尽知之。

主笔:此辈皆陆军中人乎?

孙先生:不尽军人。

主笔:君带如许日本人,外间得毋有私议质问,待君之说明者乎?

孙先生:否。吾亦有英美人作伴,俱〔惟〕书记池君为日人耳。

主笔:君所带日人,与革命运动有关系乎?

孙先生:何意?

主笔:吾言此类日人,与组织民主政府有关系否?

孙先生:我不能言。要之,日人与我辈交谊,固自不薄。

主笔:君与日本政府有关系否?

孙先生:吾辈将与各国政府皆有关系。吾辈将建设新政府,岂不愿修好于各国政府?

主笔:君是否中国民主国大总统之候补者?

---

① 底本未注明谈话日期。上海《时报》于同月 28 日刊载同一谈话内容(文字稍有出入),谓译自英文《大陆报》(美国人在沪所办日报),并称谈话时间在《大陆报》发表消息的前一天。据此当为 25 日或 26 日。

② 池君,即池亨吉。

孙先生:我不能言。

主笔:郝阿李君告我,君由十四省代表请至中国作大总统,其说然否?

孙先生:既李君如是相告,我不赞一辞。

主笔:君带有巨款来沪供革命军乎?

孙先生大笑:何故问此?

主笔:世人皆谓革命军之成败,须观军饷之充足与否,故问此。

孙先生:革命不在金钱,而全在热心。吾此次回国,未带金钱,所带者精神而已。

主笔:革命军中有内讧否?

孙先生:吾辈从无内讧之事。《大陆报》中或有言内讧者,吾党中无此事也。黎都督①曾派代表十人来此致欢迎之意,各省亦然,更安得有内讧之事?

(又报道:"访事坚欲知日本人之姓名,孙先生言不尽记忆其姓名,并不愿嘱书记开列名单。② ……此次会谈,孙先生赞美黎元洪不绝,只言黎之为人乃西人所谓短小精悍者也。")

据《孙中山归国始末记》(上海景新书社一九一二年石印本)

与《中法新汇报》总编辑的谈话(译文)③

(一九一一年十二月二十六日)

总编辑表示了对革命成功的祝贺,用英文对孙中山说:我们并不是来对你采访的。我们知道你现在很忙。我们仅仅为了立即向你转达,你们的事

---

① 黎都督,即黎元洪。
② 按,随孙中山至上海共六名日本人,即池亨吉、宫崎寅藏、山田纯三郎、太田三次郎、郡岛缝次郎、绪方二三。
③ 1912年12月26日,孙中山在寓所接受了上海法文报纸《中法新汇报》总编辑莫耐斯梯埃(Monestier)的采访,并发表谈话。12月28日,该报以头版一个版面的篇幅,全文刊登了这篇《孙中山采访记》(*Une Visite Chez Sun Yat-sen*)。

业在法国人中产生的极大热情。

孙中山答道:谢谢。我十分了解你们对我们事业的真挚感情。我刚刚离开法国,对在那里所受到的欢迎感到十分高兴。我知道,在那里,会有许多人支持我的事业,我同时也希望伟大、美丽的法兰西共和国将成为第一个承认中华民国的国家。

法兰西共和国一定会热诚地向在远东诞生的一个姊妹共和国表示祝贺。

又问:你对所建立的那种共和体制有明确方向了吗?

孙答:我个人赞同汲取美利坚合众国和法兰西共和国的各自长处,选择一种间于二者的共和体制。我们很想鉴借其他民族的经验。我们希望,你的到来将平息存在着的某些内部争吵,使共和阵营重新协调起来。

大家必须目标一致是重新协调的条件,我将尽心尽力地为这一事业奋斗。否则,我们将看到的是互相诽谤的情景。如此情况,我宁愿离开国土。而现在,我们已经胜利在望。所有的个人利益必须服从共同利益。

又问:你打算提出社会政治纲领吗?

孙答:有这打算。但必须先提交给为我们铺平道路的军事权力。哟!你看看,黄兴先生来了。他会和你们谈谈他的计划的。

说到这里,孙中山起身告辞。他连声致歉,耽误了大家时时〔间〕,便迈着军人的步伐离开大厅。

据[法]莫耐斯梯埃著,王国诤译《孙中山采访记》,载《近代史资料》总六十八号(中国社会科学出版社一九八八年版)

与姚雨平的谈话[①]

(一九一一年十二月二十七日)

孙问:广东军有多少兵员枪弹?

---

① 广东北伐军总司令姚雨平由南京赴沪,首次与孙中山会面。

姚以实告,并请设法补充。

孙勉励说:"革命军队,有这样的实力,可算是很充裕的了"。举出欧美各国革命史实,说明都是"以少胜多的",指出"部队要训练得好,提高作战能力"。

> 据简单《姚雨平传略》,载中国人民政治协商会议广东省委员会文史资料研究委员会编《广东文史资料》第三十八辑(广东人民出版社一九八二年版)

会见各省代表的谈话

(一九一一年十二月二十七日)

欢迎代表于辛亥十一月初七日晚乘火车赴沪,初八日晨八时到达,寓三马路孟渊旅社,即驱车访英士于龙华都督府,旋偕谒中山先生于静安寺路斜桥总会后小洋房内。首由君武申述欢迎之意后,即谈到组织政府问题,兹将当时谈话要点,略志如下:

同人谓:代表团拟举先生为临时政府大元帅,先生之意如何?

先生答:要选举,就选举大总统,不必选举大元帅,因为大元帅的名称,在外国并非国家之元首。

同人谓:在代表会所议决的临时政府组织大纲,本规定选举临时大总统,但袁世凯的代表唐绍仪到汉口试探议和时,曾表示如南方能举袁为大总统,则袁亦可赞成共和,因此代表会又决议此职暂时留以有待。

先生答:那不要紧,只要袁真能拥护共和,我就让给他,不过,总统就是总统,临时字样,可以不要。

同人谓:这要发生修改组织大纲问题,俟回南京代表会商量。

先生又谓:本月十三日(农历十一月)为阳历一月一日,如诸君举我为大总统,我就打算在那天就职,同时宣布中国改用阳历,是日为中华民国元旦,诸君以为如何?

同人答:此问题关系甚大,因中国用阴历已有数千年的历史习惯,如毫无准备,骤然改用,必多窒碍,似宜慎重。

先生谓:从前换朝代,必改正朔,易服色,现在推倒专制政体,改建共和,与从前换朝代不同。必须学习西洋,与世界文明各国从同,改用阳历一事,即为我们革命成功后第一件最重大的改革,必须办到。

同人答:兹事体大,当将先生建议报告代表团决定。

(是日谈话约三小时,并尝就其他重要问题交换意见,大都得到结论,遂辞出。当时感到惊异的是先生的语气真挚亢爽,直截了当,有当仁不让、舍我其谁之慨,一洗中国缙绅虚伪谦逊、矫揉造作之态,虽细微处,亦见伟大。)

据王有兰《辛亥建国回忆》,载《辛亥革命史料选辑》下册
(湖南人民出版社一九八一年版)

与上海《大陆报》记者的谈话(译文)

(一九一一年十二月三十日)

孙:初十日南京选举大总统,鄙人几得全票,今已接受大总统职,日内将赴南京举行接任式,并组织新政府。

访员:中国此后尚须几时能恢复旧观?

孙:只需数月而已。国会将必赞成民主,固不容疑。现在伍、唐两君①之会议,已非议和;盖满廷必须完全服从民军也。全国商务即日可望恢复,尤以外国商务较为神速。

访员:新政府成立后,外国商务可望加增否?

孙:至少可望加增百倍。

孙:鄙人苦心经营革命事业,盖已二十余年于兹矣。其始无甚效果,至

---

① 伍、唐两君,即伍廷芳和唐绍仪。

三四年后,始渐有眉目。三年前已商定广州、武昌、南京等处同志起事,旋以北京兵士尚未通声气,遂展期起义。迄至甲午中日战后,北京政府自知兵力衰落,决计整顿陆军,派遣学生出洋学习陆军;吾党自问若不与此项学生联络,必不能达到吾党之目的,遂即设法连合,以便日后回国通连一气。吾党固已定期起事,然本不欲如武昌之急促。广州今、前两年,曾两次起事。故吾党不得不乘机起义,不然恐无机会,是以有今日之现象。倘若待吾党布置完备,依时崛起,即一呼可得广州、武昌、南京三巨镇,并可联合大军直捣黄龙,不费战争,可定大局。

或问:新政府拟颁行何种新政?

孙:请待内阁组成后,自有明文。

孙:南京新政府无庸建设华丽宫殿;昔日有在旷野树下组织新政府者。今吾中华民国如无合宜房宇组织新政府,则盖设棚厂以代之,亦无不可也。

访员:李哈麦君之名望如何?

孙:李君大抵可称为天下最大之陆军专学家,欧美军界均极尊重李君。

据上海《天铎报》一九一二年一月一日《革命风潮别报》
（自英文《大陆报》译载）

与江亢虎的谈话[①]

（一九一一年十二月三十日）

先生言:余对此主义必竭力赞成之,此主义向无系统的学说,近三五年来,研究日精,进步极速,所惜吾国人知其名者已尟,解其意者尤稀。贵党提倡良足佩慰,余意必广为鼓吹,使其理论普及全国人心目中。至于方法,原非一成不变者,因时制宜可耳。

江君言:前读先生民生主义平均地权专征地税之说,实与本党宗旨

---

① 江亢虎为社会党本部长。孙中山应其所请,在上海寓所接见他。

相同。

先生言:不但此一端而已,余实完全社会主义家也,此一端较为易行,故先宣布,其余需与贵党讨论者尚甚夥。余此次携来欧美最新社会主义名著多种,愿贵党之精晓西文者代为译述,刊行为鼓吹之材料①。一俟军事粗定,吾辈尚当再作长谈。

据上海《民立报》一九一二年一月一日《大总统与社会党》

与驻沪外国记者的谈话

(一九一一年十二月下旬)②

记者:列强对中国革命之态度如何?

孙:余深望全球各国,予中国革命以同情。

记者:对于满清政府之官员,将来如何处置?

孙:满政府属下之原有官员,除实在不堪录用之外,其余拟酌予保留。

记者:革命计划其关于税制者如何?

孙:厘金须立即废除,币制之改革,亦当于最短期内实行。

记者:关于治外法权如何?

孙:各种改革完成时,政府当立即取消领事裁判权。

记者:现今政府训练一共和军队,但所募之兵,俱属上海下流人物,纯系生料,果能有战斗力否?

孙:广州现有军队十万人,虽未久经训练,然均若殖居南非洲婆尔人③之善战。

---

① 二日后,孙中山托人赠交社会党书籍四种,即《社会主义概论》《社会主义之理论与实行》《社会主义发达史》和《地税原论》。

② 底本未说明具体日期,应在是月25日(孙中山抵沪)至31日(次晨赴宁)之间发表的谈话。

③ 婆尔人(Boer),今译布尔人。

记者:日本之态度如何?

孙:英国或不至追随日本之后,余深信日本不久反将追随英国,对于中华共和政体表示友谊。

据中国国民党中央执行委员会党史史料编纂委员会编《〈总理全集〉补遗初辑》(一)(南京一九三一年版)

与刘成禺等的谈话

(一九一二年前)

士贵立志,有万世之志,有千年之志,有数千百年之志,如耶稣、孔子、释迦牟尼,寿命最长,万世之志也。科学发明家佛兰克林、牛顿诸人,有功德于人民,数千年之志也。中国如郑康成、伏生等,亦立数千年之志,绍开古来也。又如神农、大禹利民,其志数千年后,可垂不朽。功业如华盛顿者,今虽数百年,其志则数千年也。其余如秦皇、汉武、元世祖、拿破仑,或数百年,数十年而斩,亦可谓有志之士矣。拿破仑兴法典,汉武帝纪赞,不言武功,又有千年之志者。余子言志,可谓自侩以下。盖为一人立志者,不过百数十年;为一国人民立志者,可数千年;为世界人民之立志者,可数千年,以至万年。

据刘成愚《先总理旧德录》,载《国史馆馆刊》创刊号(南京一九四七年十二月)

与欢迎者的谈话[①]

(一九一二年一月一日)

大总统曰:此次光复,均赖诸君之力,本总统敬为四万万同胞致谢。

---

① 孙中山由沪赴宁就任临时大总统,本文是车至镇江时与迎接者镇江军政使等人的谈话。

军政使答云:此次共和成功,虽群策群力有以致此,然实亦大总统提倡之功,军政使敬为同胞谢总统。

军政使复问:内阁何时可成?

总统云:日内即可发表。

又问:何时宣告万国?

总统答云:万国已承认,宣告亦数日间事耳。

据上海《民立报》一九一二年一月四日《镇江通信欢迎总统志盛》

与林宗素的谈话①

（一九一二年一月五日）

林君先陈述该党组织情形及女子参政同志会成立情形。

孙面允曰:将来必予女子以完全参政权,惟女子须急求法政学知识,了解平等自由之真理。

林曰:本会现正办理法政讲习所,拟为将来要求地步,但此事总统虽极力赞成,仍恐不免有横生阻力者。

孙曰:我必力任排解保护之责。

林谓:本党女党员若联络上书要求参政,能否有效力?

孙曰:我甚承认贵党可以为全国女同胞之代表而尊重之。

林曰:总统既承认,我将宣布此言,为他日之证据。

孙曰:甚善。

据上海《申报》一九一二年一月八日《女子将有完全参政权》

---

① 林宗素,中国社会党女党员,由沪至宁,代表女子参政同志会向孙中山要求承认其有完全参政权。1月5日下午2时谒孙中山。

与上海《大陆报》记者的谈话

（一九一二年一月六日）

《大陆报》访员近在南京晋谒孙大总统,孙谓:组织新政府近已日渐进步,内阁诸员除伍博士及王宠惠两君外,其余均已受任,昨日已开第一次会议分别办事矣。

访员告以伍博士之简为司法卿,外间颇为错愕。

孙谓:此不足异,外人皆以伍博士为外交之才,而自吾人视之其律学更优于外交也。伍博士前曾编订新律,今将略加修改而采用之。余意伍博士此职实处内阁最要地位,夫外务卿诚关系重要,然吾人如得一卑斯麦或拿破仑为外务卿,也非俟修订法律之后,不能有所作为。盖修订法律为第一要举,必有良美之法制,而后外务部始能有所成就也。孙总统对于内阁诸员极为满意,一一举其名氏,并称述各人之所长。

既而讨论新政府之事业,孙谓:目下正在简举人员,惟并无大更动,必须旧任官员确不能胜任者始易之,余则仍将照旧也。

访员又问以改革之政策。

孙谓:今日谈此似犹过早,吾人应为之事甚多,其政策将由内阁决之。

访员又问厘金如何?

孙曰:裁矣!

又问币制改革如何?

孙曰:稍缓也将实行,今日最要之事,以改良法律为第一也。

访员又问领事裁判权其将撤废乎?

孙曰:自当撤废,一俟改革既定,即须实行此事。

又问今将如何可永远和平乎?

孙笑曰:上海已开议媾和矣。既而复谓:民军如不得已仍将续行开战耳。

又问以能战之军共有若干?

孙曰:我有十万之众,现驻广东。

访员曰:君非谓有十万已练之师耶?

孙曰:不必已练,但须能战,此辈皆能战者,若南非洲婆尔人,一旦身临疆场,则扫敌如摧枯矣。

访员告以日政府恐引起本国之革命,故颇反对中国建共和政体。

孙总统笑而不答,既而还问访员:各国对于承认共和之态度如何?

访员曰:据外间谣言英、日两国似稍有不愿承认之意。

孙曰:余信此说必不确,余知英已预备承认共和,从前虽有英国将从日本所为之说,惟此已为过去之事,今则日本将从英国之所为矣,且日本政府与吾人颇有友谊,必不反对也。

孙总统复为南京将作为永远之都城。访员曰:或谓各国政府在北京置有产业,今将反对此议。

孙笑曰:其费无几,如各国反对此事,吾人偿之可也。

访员又问何时始能解付赔款乎?

孙曰:吾人已以海关入税抵解矣。

据上海《申报》一九一二年一月八日《纪孙总统之谈话》

答上海《大陆报》记者问①

(一九一二年一月六日)

孙:内阁今已组织完善,各部大臣②均一律受职,且昨日已开首次会议。除伍、王③两君在沪有要公外,全体阁臣皆到会。

【原报导称:记者告以伍廷芳派任法部总长一事,颇滋群疑。】

---

① 上海《大陆报》驻南京记者,向孙中山询问南京临时政府成立情形。
② 临时政府各部主管人均称总长,"大臣"及下文"阁臣"系记者误用。
③ 伍、王,即伍廷芳、王宠惠。

孙：本政府派伍博士为法部总长,并非失察。伍君固以外交见重于外人,惟吾华人以伍君法律胜于外交。伍君上年曾编辑新法律,故于法律上大有心得,吾人拟仿照伍君所定之法律,施行于共和民国。夫外交本为一国最要重政策,第法律尚未编定,虽有俾斯麦、拿破仑之才,掌理外交,亦将无用。中华民国建设伊始,宜首重法律,本政府派伍博士任法部总长,职是故也。

据上海《天铎报》一九一二年一月八日

与陶芷泉等的谈话①

（一九一二年一月十日）

谈次陶君力陈江北困难情形,月内非有八万金,江北大局必不堪问。

孙即允通电苏、沪都督及张季直、李平书设法接济。且云：现在各事,须合群策群力以济之,仅恃一二人之力,必难有济。

据上海《申报》一九一二年一月十二日《江北财政部长筹款记》

与冯又微等的谈话②

（一九一二年一月十二日）

孙说：听说你们来,我很高兴。欢迎！我们是同乡,又是朋友,希望不要拘束,随便谈谈。

于是我们四个人闲谈一个多小时,谈次孙突然问曰：如果和议破裂,我

---

① 江北财政部长陶芷泉偕顾问官席子佩、秘书员张春帆抵宁,1月10日下午2时往谒孙中山,要求维持江北大局。

② 冯又微系北方议和代表,由于和议进行得不顺利,唐绍仪派冯又微、章宗祥二人前往南京进谒孙中山作解释。

就要北伐,你可以同我去吗?

冯听了唯诺未答。

孙又曰:你从事军务多年,北方的军情应该很清楚,可以谈谈吗?

冯曰:出京以前,我为了查核,曾将北军的防务画了个地图。到上海后,在代表办公处也知道一些北方军队调动的情况。袁世凯在南军起义后,将大军聚集在各铁路沿线及黄河、淮河前线,以阻止南军北伐的部署。

孙问:一旦和议破裂,重新开火,照你的推测,结果将会如何?

冯曰:我要直言奉告,你们南军的装备,武器都很差,这样隆冬气候,士兵连棉大衣都没有,如果大批军队渡过黄河,长途行军,谈何容易。如果南北对阵,以实力论,北强南弱,一经接触,我预测北军必得初胜,而南军内部变化亦甚可虑。我看您应当深思熟虑,谋定后动。

据北京《团结报》一九八四年十月十三日许姬传《南北议和内幕》

与张馥祯辛素贞的谈话

(一九一二年一月十三日)

我国女界中研究政治学之张馥祯、辛素贞两女士,同至总统府晋谒孙总统,延之客厅面谈之时,即由两女士袖呈新政条陈五事。孙先生展阅之下极其赞成。谓:俱切中近事,言皆透彻,允即交议实行。孙先生并问两女士云:闻贵女士在沪曾建设尚侠女学堂,能实行尚侠两字,年来四方豪俊每至贵学堂参观,所以革党中人至以贵学堂为党人往来之机关,贵女士所知遗逸之士,请举以告。两女士因历学诸贤以对,孙先生即一一笔之于日记簿,谓,当派人招聘录用,以副求贤之素愿。又问:贵学堂前曾编有课本,于数年前,即提倡种族主义、暗杀主义等事,然否?两女士云:提倡种族主义之大家如某某等,实行暗杀主义之大家如王某、张某等,皆敝学堂之至友云云。

据上海《民立报》一九一二年一月十九日

与陈荫明的谈话①

（一九一二年一月十五日）

孙谓：民国于盛宣怀并无恶感情，若肯筹款自是有功，外间舆论过激，可代为解释。惟所拟中日合办，恐有流弊。政府接认，亦嫌非妥当办法，不若公司自借巨款，由政府担保，先将各欠款清偿，留一、二百万作重新开办费，再多借数百万转借于民国。原借还期、利息等统由民国正式承认，与公司订合同，依期付息还本于公司，于公司一无所损，更得民国维持，两皆裨益。

陈谓：王、盛来电云："无人肯借"②。

孙谓：乃外人恐政府干涉之故。今政府允借，且允担保，必有人肯借，英美人现有欲借款者，只须公司出面。

陈：要求将公司产业及盛宣怀私产已充公的一律发还。

孙云：动产已用去者恐难追回，不动产可承认发还，若盛宣怀回国可任保护。

据吴相湘《孙逸仙先生传》（台北远东图书公司一九八二年版）

---

① 陈荫明系汉冶萍上海公司经理，他在南京偕王宠惠往谒孙中山谈汉冶萍筹款问题。
② 王，即王勋，字阁臣，系王宠惠之兄，任汉冶萍上海公司商务长，时在日本。1月14日，南京政府在日借款代表何天炯接孙中山来电，欲向汉冶萍筹款，王勋将此意告盛宣怀。盛即言"无人肯借。或如来电所云，华日合办，或可筹借"。

关于时局的谈话

（一九一二年一月中旬）

一俟接到北京最后消息，始能知大局之将来。民国军舰之至烟台①，系保护该处以免为北军所侵袭。该处为民国所管地，此次派舰守护，非背休战公法。

据上海《民立报》一九一二年一月十八日《西报译电》

与上海《大陆报》记者的谈话

（一九一二年一月二十四日）

《大陆报》访员于二十四日下午晋谒孙总统，谈及《大陆报》所载中国政局之要略，孙总统深以记者之误解为憾。孙总统曰：余自抵国后，对于和议常望袁世凯归从民军，而以总统推让之，此心此志至今未尝稍渝。

余既与袁氏约，袁氏即劝令满人逊位，后由唐绍仪交来电音，承认吾人之条款，并请南京临时政府于清帝逊位后两日内解散，以免两临时政府互起冲突，惟此举吾人不能不反对之，盖将失去中央权力所治之各省也，且临时政府早向袁明白声明，满人当赞成共和而逊位，非赞成袁世凯而逊位，则余始退任。袁如实行共和政体，则余亦退让之。若袁世凯仍为满人效力，则余未便轻让，盖余如轻出此举，不特受愚，且辜负十五省三万六千万众之付托也。

袁世凯之慨然允许，以为余将贸然以总统授之，而不复约定履行我人所争之目的，此为其一时之惑。须知共和政府为国民军各将士所造成，流几许

---

① 1912年1月12日，孙中山委任蓝天蔚为关外都督，率北伐之沪军暨海容、海琛、南琛三舰北上，16日抵达烟台。

热血,费多少金钱,始购得此共和两字,其价值之大,殆可想见。故余实无权可以贸然授与,而不得不要求实行之保证,如袁坚持目下之态度,则余何能辜负国民之信托,以彼等得之于敌人之手者,而妄献之于袁氏乎?现在我人非俟袁氏切实声明维持共和,则必仍视袁为满人之忠臣。

袁氏初议由国会解决之政体,民军允之,由唐绍仪、伍廷芳签订条约。同时十七省选余为总统组织临时政府,此不过为整顿秩序,以待永远政府之成立。讵袁因总统已定,即解唐绍仪之职,而取消其议约。民政府乃告以选举总统与议和并无关系,临时政府之组织,系为联合预备起见。余复亲电袁氏谓,如翻然来归,余仍愿退任相让。袁始承允续行交涉,一面由唐君办理一切,一面运动满人逊位,而以国会问题置之不顾。袁之出此举,殆欲由捷径以获总统之任耳。

据上海《申报》一九一二年一月二十七日

致《字林西报》①的书面谈话

(一九一二年一月二十五日)②

余所倡议者,系清帝一经退位,即辞职举袁世凯为大总统,而各省都督暨临时内阁均极力反对。旋经余再三勤〔劝〕解,始允承认。于是吾辈即磋商最后办法。忽袁氏电称,南京临时政府应于清帝退位后二日内即行取消;吾人以袁氏前既有可疑之状,今又有此举,莫不为之惊讶,决定不允照准。余于是又与各都督暨内阁磋商,议定如袁氏一人或列强承认民国,即举其充大总统。当将此意电达袁氏,且声明如袁氏不欲俟列强承认,则余当亲往北京一行,或袁氏来南京亦可,以磋商最后办法,一面仍以袁氏为大总统。余辈所不欲者,惟袁氏不承认吾人所立之临时政府,及不照吾人所定办法,任

---

① 《字林西报》,系英国人在上海所办英文报纸,英文名称是 The North-China Daily News,亦译《字林报》。

② 此件所标时间系上海《民立报》发表日期。

意私举代表而已。袁氏之举动,即欲反乎此。果袁氏欲余北上,余无所畏;若袁氏南来,余亦保其无虞。

据上海《民立报》一九一二年一月二十五日《西报之是是非非》

与上海《申报》记者顾复生的谈话

(一九一二年一月二十八日)

本馆特别访事员顾复生君昨日下午进谒孙大总统,叩问议和近状。孙总统云:此时正在密电往返磋商重要问题,至二十九号(即今日)当宣布最后之解决,届时并希各报馆登载俾众周知,毋任盼望云云。

据上海《申报》一九一二年一月二十九日《且待和议最后之解决》

与森恪的谈话(一)(译文)①

(一九一二年二月三日)

森恪转达了日本元老桂太郎的意见说:如阁下所知,如今世界为黄种人与白种人之战场,为制止白人势力先锋俄国之南下,确保日本存在之安全与东洋和平,日本认为有以日本之力量保全满洲之必要。为此,日本已不惜以国运为赌注,牺牲多数人之生命与财产。当俄国仍图南下、德人占据青岛之际,满洲终必假日本之手予以保全。以今日之大势论,仅赖中国政府单独之力保全满洲,虽阁下恐亦难以确信;而以日本之立场观之,更不能不深感一

---

① 是日,孙中山与日商三井物产上海支店社员森恪会谈,在场有南京临时政府秘书长胡汉民,日人宫崎寅藏、山田纯三郎等人。此件系2月8日森恪致函三井财阀益田孝,详细汇报了和孙中山会谈的情况。

任中国政府独自维持之危险至极。事实已很明白,满洲仅赖中国政府之力已不能保全,此已为贵我双方之所共认,故可断言:满洲之命运业已定矣。可以预料,革命政府之前途必有诸多困难,基于地理上、历史上之特殊立场,如无日本之特殊援助,则其成功之可能实甚渺茫。

倘阁下决心舍弃命运已定之满洲,一任日本势力发展,以此换取日本之特殊援助,完成革命大业,则日本必将立即采取必要手段以满足其要求。为保全满洲,日本已不惜进行第二次战争。当今之际,阁下如能默默合作,则(日本)国家悬系已久之大问题可得解决,避免第二次战争,以小努力取得大利益。不知阁下决心如何?若阁下所思与鄙人一致,望速裁断。

这是桂太郎透露给益田孝①的秘密意旨。倘阁下有意实行,则可由阁下或黄兴中的一人秘密赴日,日本将派军舰迎接,然后转去京都,和从东京来的桂太郎会谈,缔结关于满洲的密约。

听了森恪的陈述后,孙中山表示:

何曾料到,桂公已有此决心?长久以来,自身为中国苦虑,为黄种人心忧。为东洋和平计,满洲无论如何亦须保留于东洋人手中。因此,当此次举事之初,余等即拟将满洲委之于日本,以此希求日本援助中国革命。但日本疏远余等,不相接近。当余发难之时,曾申请在日本立足,而日本官宪不允余入境。在此情形下,余以日本政治家并无包容余等之度量,因而离日转依美国。然由于地理上、人种上之关系,中国如无日本之同情与支援,即将一事无成,此乃运命攸关,故余为如何取得日本之同情而煞费苦心,其结果,日本有志人士为革命政府尽力者日渐增多,而日本政府迄今仍无转变表示,是以余等为日本政府之态度如何而日夜心忧。

孙中山又表示:上述桂公之意,若在余自欧洲归国途中,甚或在到达香港时获悉,则余当即绕道日本,决定此一问题。然今日时机已失,事已迟矣。

---

① 益田孝,日本三井财阀的总头目,明治维新时期在横滨经商,1872年由井上馨推荐,进入大藏省任职,1872年后任三井物产公司理事长。

盖当时凡革命军之事，俱可依本人与黄兴之方针而定，今则不然。如今各省赞同余等主张者，自动举起革命之旗，加入余等行列，余等既缺兵权，又缺财权，故在贯彻主张时不能无所顾虑，凡大事必须由众议决定。其尤要者，最近革命政府之财政匮乏已达极点，缺少财源，无以供应军队，几陷于完全破产之境地。倘近数日内，无足够之资金以解燃眉之急，则军队恐将解散，而革命政府亦将面临瓦解之命运。在此严重时刻，倘余等数日间不能露面，恐将产生余等穷极逃走之流言。基于以上实情，在旧年〔历〕年末①以前，不论采取何种手段，亦须筹得足以维持军队之资金。之所以断然实行汉冶萍日中合办，以取得五百万元资金者为此；此次又苦心焦虑，欲以招商局为担保，筹措一千万元借款者，亦为此。然而，虽经种种筹划，而时光荏苒，交涉迄无结果。一面，军费之困穷日益严重，于军队解散、革命政府崩溃之前，作为最后之手段，唯有与袁世凯缔结和议，以防天下大乱；而后徐谋军费供应，策划再举，以武力扫除北京势力，拟定革新天下之方案。近来已频频与北方就和议进行交涉，谈判已渐趋成熟，双方条件大体一致，只要南方决心一下，南北休战言和，合为一体，随时均可实现。然余等对于获得财源，仍怀一线希望。倘或有幸，此刻能获得防止军队解散之足够经费，余等即可延缓与袁议和，俟年关过后再进一步筹措资金，而继续排袁，仍按原计划，坚决以武力消除南北之异端，斩断他日内乱祸根，树立完全之共和政体，此即余等之设想。但据迄今为止之经过情形看来，获得财源，仍无希望。倘或不幸，在五天之内，即至九日，旧历年关之前，意欲筹得之一千五百万元经费，如仍无成功之希望，则万事休矣。只好在革命政府未倒之前，掌握机先，达成南北和议，将政权一时让与袁世凯，除此别无他策。而政权一旦转入袁氏手中，其后事态如何演变，实难逆料，而与日本签订密约之类，恐将无望。

谈话最后，孙中山虽然再一次声称"时机已失"，但又表示：日本政府如确能火速提供资金援助，余或黄兴中之一人可赴日本会见桂公，就满洲问题

---

① 旧历年末，为阳历2月17日。

与革命政府之前途,共商大计。

> 据[日]藤井昇三著,李吉奎译《辛亥革命时期有关孙文的资料——森恪关于"满洲问题"的书信》,载《中山大学学报论丛·孙中山研究论丛》第七集(中山大学一九九〇年版)

与森恪的谈话(二)(译文)①

(一九一二年二月三日)

森:阁下相信我能接近日本政治的中心吗?

孙:我与黄兴估计你应该能接近井上侯,但最后能否打动〈井上〉侯之心,尚有疑问。但你抵东京后不仅要打动井侯,而且应打动迄今为止不愿与余等通信之山县、桂两公。你抵京活动以来,与日本关系凡是实际问题都包括进去了,余等对你表示感谢,相信你背后之力量,加强了完全信赖你的念头。余等对你的立场如何理解,皆根据已采用之事实来判断你所说的话。

森:虽然如此,但我所说的事如在某种程度上有问题,是因多少为我份外之事,故相信与否悉听阁下裁夺。现在,若与阁下之心相符则愿用其决心;若不相符合,则请完全忘记。

孙:好。若与我的心相符则予以确切答复,否则就一定忘记。

(中略)②

孙:要之,我等言及要求之事,均颇迫切。日本方面了解事情本质后如何行动,端在日本的义气。原来根底薄弱之我等仓卒之间举事,至有今日穷状之出现,早在意料之中。因无接触日本政权中心之机会,轻轻一试徒然暴露内情之结果,犹豫之间终于陷入今日悲惨境地。事已至此,夫复何言!

机会虽已失去,但万一桂公认清我等之心事,有推行其为日本之所志,无论如何,为防止革命军队离散,供给至急之现金。我等现在之情况,如有

---

① 上篇已详载此次谈话,但谈话开始和结束前后两端缺载。
② 内容见上篇。

金钱则安心可得军队之信赖,军队问题能确实解决,则如贵方所望,我或黄兴中之任何一人赴日,与桂公会见商定满洲问题与革命政府前途之大计。此事早就是我等决定的方针,现在是何时,若还有机会,则立即着手解决问题。然而,今日之事则是虽感到此事之必要,但不能离开南京一步,其理由已如前所述,甚感麻烦,现在惟恨君之衔命来迟。

森:和议达成后,毁之不易。若一边进行和平谈判,另外选派阁下与黄兴的代表赴日本,如何?

孙:像如此根本的问题选取代表者极难,只能由余等两人中之一人担任之。且和议一旦成立,政权移交袁氏,民心再一变,或如满洲问题突然决定恐不可能。

森:五日之内即至八日晚上,如资金不解决,是否会决定和议?

孙:然。

森:和议案已完成否?

孙:彼、我之条件已经决定,唯发表前送参议院已足矣。

森:时间已迟,日本亦无良策,而为慎重此事起见,我将会把阁下之意致益田氏。万一日本方面决定订立满洲问题之密约,会秘密通知立刻提供军资贷款之援助,若五日之内有消息,则阁下当延期和议,处理军队方面之事后立即赴日一行。

孙:当然。如能立刻得到贷款,我将马上着手整顿军队,重振军心,处理后即出发。

森:马上交款之事,事实上不可能,故五日之内无付款之意,年内能否提供款项,五日内用电报通知阁下,如决定提供资金,会尽快交款。

孙:就这样,虽说期限是年底,但如真正到年底才提供,也可能会失去提供援助的意义。

森:如果可以,马上起草电文。

据[日]藤井昇三著,李吉奎译《辛亥革命时期有关孙文资料——森恪关于"满洲问题"的书信》,载《中山大学学报论丛·孙中山研究论丛》第七集(中山大学一九九〇年版)

与南京访员的谈话

（一九一二年二月四日）

初四日南京访员晋谒孙总统。

孙总统言：一俟袁宣布共和，即将辞任，且将呈请南京参议院选袁为总统。惟清帝逊位之后，尚须设立临时政府一年，此一年中，盖专为选举国会代表，并组织永久之新政府。

孙总统又谓：袁提议再将停战期限展长七日，此举似可不必，盖关于停战问题之一切计划，早与清军从战之各将领议定也。袁今有全权承认民军之条款，观于今日彼之来电可以知之。至将来都城设于何处？南京、北京皆甚合宜。

（惟总统之意，以为全国大概皆赞成设于南京云。）

据上海《申报》一九一二年二月七日

与美国记者麦考密克的谈话（译文）

（一九一二年一月至二月十二日前）①

（中国临时大总统目前没有时间讨论将来的问题，当务之急的外交问题亟待解决，筹划民国的革命之士正寻求并期望美国的承认与支持财政、列强对民国的承认。特别是日本日益增强的威胁地位，使中国所有的改革问题，始终都受日本的左右；而"日本"一词，正是精于改革的表征。）

"十一年来我一直对你所要解决的问题很感兴趣。"我向临时大总统孙

---

① 谈话日期不详，根据内容，有"清廷的退位诏已经写好，只因南北双方的态度尚待协调，延迟未发"。清帝退位诏书在2月12日宣布，麦考密克访问孙中山当在此之前，故谈话的时间酌定在1月至2月12日前。

逸仙说："你和帮助你的人完成了世界上最伟大的事业——推翻满清统治，这在世界上几乎是不可能完成的事。

"现在你想知道别人对你所要解决的问题——即推翻满清，建立你自己的国家，与列国并立——如何看法。满清统治者没有外国友邦，列强不承认民国，与他们毫无关系。至于我们美国政府，可能最后才会承认你们。美国政府是想尽其最大的力量，代表中国，与列强周旋。最近的葡萄牙共和国，美国就是最后一国承认的。"

"不过，美国在三天之内就承认了巴拿马。"临时大总统孙先生说。

"但中国与巴拿马不同。中国不仅有列国竞逐，而且有许多不同的外力干涉。美国过早承认，将更会增加你们的困扰。我们的政府以我们的地理位置骄傲，但也有它的困难。我们的人民不了解中国，他们过于为我们的地理位置和对中国的不干涉政策骄傲，虽是如此，政府还是走在人民的前面。美国政府如果再急进一点，就要在国内丧失威信，更谈不到利用其力量与其他国家周旋了。说实在的，所有说英语的民族都对你们友善，同时你也知道，他们都急欲证知中华民国是能立稳脚步的。"

"但我们迄今仍不合法。我们有三亿六千万同胞，我们控有十五省份——远达缅甸边境。我们有政府，但不合法；我们不能继续这样下去。人民已在督责我们，他们不了解列强为什么不承认我们，他们不了解我们的外交问题。你知道，排外的情绪遍处皆是，它可能会爆发，我们无法阻止它——我们无法向那些督责我们的中国人民解释。世人都很友善——欧洲人都够朋友——我们到处都有朋友。但我们需要的是承认，你们应该承认我们。"

"假如中国能表现其自治的能力"，我说，"把内部的歧见解决，并保障外人利益，外国的承认是无问题的。照目前的情形，我们若承认民国，并借款给它，就不能借款给北京政府，二者必择其一。另一方面说，假如你们与北方协议把国家划分为二，每边各别建立一个政府，你们也将得到承认。"

"不，那不行。我国人民的情绪是一致的。所有的人都站在我们一边反对满清。北京并没有政府。"

（当我们在总统官邸交谈的时候，外交部长王宠惠和美国特使邓尼博士（Dr. Tenney）正在另外的地方，同样讨论着承认民国和中国的国际地位等问题。）

（临时大总统似乎焦虑着两件事情，其一是日本，其二是中国人民是否会不再支持南京政府。清廷的退位诏书已经写好，只以南北两方的态度尚未协调，延迟未发。袁世凯赞同君主制，并保证支持清廷。假如民国归了现在的袁世凯，其目的将丧失；假如民国归了一个维护"中华民国"的袁世凯，其目的将可达成。）

"你对袁世凯的判断如何？"临时大总统问我，"他将依那一方面的考虑行事呢？"

"我认识他已有几年，我对他的印象良好，我认为他与许多其他人没有什么两样。他是个能干的人。而自他做了山东巡抚和直隶总督以来，我认为他是为国家的最高利益行事，他的确一直献身于改革事业。"

"你认为他现在的行动是为了改革呢？还是为了清廷？"

"他不得不为清廷谋求最佳的条件，但他真正的利益必定是全国的利益——即国家自身，而不是任何个人。我认为他不可能只为其自身利益行事。"

"我认为他并不如此，否则我就没有什么焦虑了。"

（秘书和部长们都在等着临时大总统，将近一小时的访问就此结束。临时大总统要去与临时参议院议长会商了。）

*　　　　*　　　　*

当我去访见孙逸仙的时候，我发觉临时大总统的住所是与衙门分开的。这是一座西式房舍，为最近被杀的端方所建，后为张人骏总督所居，张现在已作了亡命客。房舍的前院有一个旧式的中国花园，这是我所见到的花园中最美丽的一个，园中有一小湖，湖中有亭，以一长廊相通，好像忽必烈汗所诏建的"庄严乐宫"。我由一位没有武装的士兵引导，他的上衣戴有白色的符号。我要进入的是大厅左右的房间。走廊前和大厅门口都没有人接我，那位士兵敲开了左面的门，我才看到人。我发现外面没有守卫，没有门房，也没有招待宾客的人,不禁为之吃惊。

　　大约两分钟之后,临时大总统走进来,有一位秘书和一位副官伴随。我与孙先生握手,孙摒退左右,我们就单独在炉前的圆桌边坐下来,炉中燃着火。室内颇冷,我没脱大衣。临时大总统穿着卡叽冬季军服,有如着军服的日本军官。衣虽为军装,但没挂勋章。他看来机警,想与其学贯中西有关。他的笑容纯真,亦颇有些伤感。他四十七岁,看来就是那个年纪。我以前一直在揣想,他的外貌和气质与"天子"或明代的开国之君有何类似之点?以及他所创造的奇迹与其他革政拓疆者比较起来有何雷同之处?他嘴边的笑容朴质而又带着悲天怜人的样子。他看来更像暹罗人或缅甸人,不太像中国人。他的身躯并不雄伟惊人,这给我不同的感觉——失望与惊奇参半—— 他却完成了世界上最伟大的事业。有关他的一切事物都很单纯,他的态度尤平易近人——其真挚若赤子。他似乎在憧憬着一个更伟大的事业,或是一个更好的运气来临;前路虽然茫茫,他力图促其实现,他看来似乎苦难当头,虽然他并不完全自觉。我不愿背离他。无疑的,他具有吸引力;事实证明,即他在万里之外,他的同志对他仍绝对忠心。

　　虽然他一直在想着政治问题,他对中国其他的利益并不是不关心。除了民国的前途外,我们至少曾谈过另外一个论题。他问我有关中国著名的碑坊,此事与我组织的"中国碑坊协会"(China's Monuments' Society)有关。他问我协会有多少会员,我告诉他大约有二百,并告诉他一些会员的姓名,好作为评价的依据。我告诉他许多西方学者们对中国古代事物有兴趣,而且世界许多大人物都因了解中国古代事物而对中国人非常尊重和羡慕。我乘机进言说:欲继续让人羡慕,必使代表中国人民的古迹继续被人尊重,不幸的,中国军队常以碑坊为砲靶,这在中国,像外国汪达尔式的文化破坏一样糟。一八四三年左右,英人曾破坏了南京"磁塔"(Porcelain Pagoda),这是一件令人费解的事。现在"中国碑坊协会"已获得外国政府的帮助,有些政府并警告其军部,不得再做类似的事情。目前我们最感安慰的是,如因实际需要,列强派兵来中国,外国汪达尔式的文化破坏行为将不会发生,假如中国人也有相同的精神表现,对中国文化的保护将会更为有效。

就引关切和重要性来说,我访问南京的时机是再好没有的。北京的清廷就要退位,此为南京的民国政府和革命家孙逸仙的目标生死存亡的关键。孙逸仙藉理智的推断,将把临时大总统的位置让给袁世凯,此一事件对袁是最大的考验,而让交手续完成后,将成为人类历史中值得纪念之事。对袁世凯来说,此一事件以武昌临时政府成立为始,直到他获得临时大总统的位置而止。

我在美国跟着孙逸仙旅行美国大陆,由于革命起事的迅速发展,我对他的运动极感兴趣。他先后到过旧金山、西雅图、波特兰(Portland)、斯泡堪尼(Spokane)、丹佛(Denver)、堪萨斯城(Kansas City)、圣路易(St. Louis)、芝加哥、纽约等地。在纽约,他住在麦迪逊广场(Madison Square)附近的一家旅馆。前述各地均为中国革命的活动中心。以前,这些地方有一个联合军事组织,号称有四千人,是由孙逸仙的外国助手和顾问荷马李(Homer Lea)所策划实行的。

为了配合武昌的宣布独立,孙逸仙在芝加哥就西方国家的利益发布了一个声明,说明武昌革命的进行方针。美国新闻界都没能找到孙逸仙的踪迹,虽然他在纽约没赶上茅利坦尼亚(Mauretania)号轮船,不得不等着赶下一班。他在英国没有暴露身份,直到他抵巴黎以后,其领导革命的使命为人所知,始公开露面。而当他取道印度回国的时候,就引起了世界各方的注意。在美国,他曾秘密与革命领袖们会商,决定了他们在中国共和联邦建立后的任务。

他第一次受到中国人的盛大欢迎是在新加坡的时候,他离开新加坡的时候,有许多中国小姐向他献花。在香港,他停留了一段时间,写了一个声明给美国国务院。当他抵达上海以后,由于他是海外知名的领袖,同时在国内又无派系纷争,自然以他做临时大总统最合适。伍廷芳确信中国将经过许多演变才能建立有秩序的政府,他并以为中国将像日本明治维新后一样,有一段暗杀政府官员的时代,或许要持续数十年。此种说法表明未来的总统职务应推选孚重望的人物来担任。他说,这些危险性目前尚不明鲜,假如首都迁到北京,情况就大不相同了。

伍廷芳个人把孙逸仙列为第一任总统人选,因为这是天与人归的事。他把袁世凯列为第二任人选。当务之急是清廷退位,经大多数同意选出一人以统一全国,此事将需孙逸仙的辞职。孙逸仙了解此为时势所需,自然他会同意。就在这样的情形下,他当选了临时大总统。

由孙逸仙当选的态势,证明伍廷芳所了解的情势是正确的。以某些"选举人"的身份为例,即可说明孙逸仙所建的临时政府(或民国)之本质。我们所提及的"选举人"是代表四川省的。四川的军政府当时并不稳定,一个当权的人派了两个青年人——一个二十六岁,一个二十三岁——代表部分四川人民去武昌建立临时共和政府。当这两位"选举人"到达武昌的时候,汉口沦陷,不久汉阳也被清军占有。于是他们就去上海。当他们抵达上海以后,听说委派他们的都督在委派他们四天之后就被杀了,而都督已另换新人。无论如何,这两位"选举人"却到了南京,代表四川全省四千五百万人,选举孙逸仙为临时大总统。其他参加选举的各省代表,有许多与这两位的资格相似。

在这种情况之下,孙逸仙的确把南方各省联合起来了。

他所领导的南京政府目前正在接受考验——考验其是否有能力统一北方。为了这个原因,许多集中于北京政府的国际问题,将在南京展现其威势。这可从采取军事和外交行动的日本为代表,此国几乎倾覆了民国的计划和孙逸仙在就职誓词中所作的个人承诺。

据张玉法《译介孙逸仙博士的几篇英文传记资料》(作者译自麦考密克著《中华民国》(The Flowery Republic,纽约一九一三年英文版))

与王宠惠的谈话

(一九一二年二月十五日)

孙命所部赴明孝陵谓:将行祭告礼。

王从容请曰：今日为参议院议决推选之期，大总统或须出席，请以他日祭告何如？

孙云：我正因此，命全师而出也。今日之事，闻军中有持异议者，恐于选举之顷，有所表示，其意不愿我辞职，又不满于袁世凯也。若此案如不通过，人必疑我嗾使军队维持个人地位，故特举行祭告，移师城外，使勿预选事也。

据王宠惠《追怀总理述略》，载《逸经》一九三七年第二十五期

与汪精卫的谈话（译文）

（一九一二年二月）

汪曰："社会上的一般人都很害怕民生主义，所以，我们为了避免无谓攻击……"，"对外招致列强的嫉视，对内惹起社会猜忌"，在党内要求缓行民生主义。

孙气愤地说："如不行民生主义，吾人即无革命之必要。"

据[日]久保田文次著，朴成昊译，邹念之校《辛亥革命与孙文、宋教仁》，载《国外中国近代史研究》第二辑（中国社会科学出版社一九八一年版）

与美国传教士马林①的谈话

（一九一二年二月）

孙曰：我们很喜欢交朋友，外国朋友也一样，只是交朋友要从心里头交，不能嘴里心里不一致呵！

马曰：可不可以这样理解，大总统怀疑我会见您的目的，是探听情报呢？

---

① 美国传教士马林，当时社会职业是南京鼓楼医院院长。

孙答：我不过一般地作这样设想，你的来意你自己最清楚。好，我们继续随便谈谈吧！

据郭汉章《南京临时大总统府三月见闻实录》，载中国人民政治协商会议江苏省委员会文史资料研究委员会编《江苏文史资料选辑》第一辑（江苏人民出版社一九六二年版）

与江亢虎的谈话

（一九一二年二月）

（中国社会党各地支部成立已有二十二处，日前湖南支部来电谓谭都督禁止社会党开会，该党特举总代表江亢虎于是日谒见孙大总统，孙先生在另室延接，极不以谭之禁止为然，已允电饬维持。）

孙先生云：社会主义虽人类共同之思想，实西洋最新之学说，亟须输入新著，使一般人可解宗旨为入手第一义。自苦政务太烦，不能躬任主持，拟令长子新自美洲回国者，赞佐其事，俾多译西籍以供材料，缘渠研究有年，且西文汉文均能畅达也。

据上海《民立报》一九一二年二月六日《大总统与社会党》

答《字林西报》记者问

（一九一二年三月六日）①

此次北方兵变，颇为关心。前此北省之事不与南省涉者，今则不然。深信袁大总统有弹压方法，外间虽有恐慌谣言，不足以阻信任。民国政府必设法维持北方秩序，保护外人生命财产。南省现正筹备协助袁大总统，此次之

---

① 所标时间系上海《民立报》发表日期。

事非袁无弹压之力,实因叛兵勾结土匪而起,北方军士暨人民皆忠向共和。

据上海《民立报》一九一二年三月六日《字林报载孙大总统对访员宣言》①

与胡汉民等的谈话

(一九一二年三月十日)②

孙中山偕胡汉民、子女等往紫金山狩猎。孙四面回顾说:你们看,这里地势比明孝陵还要好,有山有水,气象雄伟,我真不懂当初明太祖为什么不葬在这里!

胡曰:这里确比明孝陵好,拿风水讲,前有照,后有靠,左右有沙环抱,加以秦淮河环绕着,真是一方大好墓地。

孙带笑说:我将来死后葬在这里那就好极了。

胡即曰:先生怎么想到这个上面?

据郭汉章《南京临时大总统三月见闻实录》,载中国人民政治协商会议江苏省委员会文史资料研究委员会编《江苏文史资料选辑》第一辑(江苏人民出版社一九六二年版)

与唐群英③等的谈话

(一九一二年三月二十日)

唐群英等力争女权,上第三次请愿书求总统提议于参议院。

---

① 另见上海《申报》1912年3月6日第三版《孙总统对于京津兵变之评论》,内容相似。

② 所标时间系据上海《申报》1912年3月12日报道:"孙总统以星期日〔10日〕,停办公事,偕公子等往各山游猎。"

③ 唐群英,中国同盟会第一个女会员。

孙婉言劝谓：此事未有一经提议即行通过者，倘能坚忍耐劳至再三，将来或能达此目的，幸毋为无意识之暴举，受人指摘。否则，殊非本总统赞成女子参政权之始意。

> 据上海《申报》一九一二年三月二十四日《女子以武力要求参政权》

与日本驻宁领事铃木的谈话①

（一九一二年三月二十三日）

在舆论激烈反对的今天，欲期合办之实行绝不可能，而且在股东大会上既已遭到否决命运，则合办案只能视为业已取消，已无计可施。

我自己早已认识到合办之利，不久将在广东兴办中外合办事业，由我和我的代理人直接经营，对合办反对论者将以事实显示其利害得失，对他们作启蒙工作；我相信今后在中国合办事业将会不断出现。同时，汉冶萍合办一事，我有特别重大责任，一俟唐绍仪来宁后，当告以事件经过，怂恿其由新政府接办，今后并将充分努力促使合办得以实现。

> 据《日本外交文书》第四十五卷第二册，文件号六四五《日驻南京领事铃木致外务大臣内田第十九号机密函》，转录自武汉大学经济系编《旧中国汉冶萍公司与日本关系史料选辑》（上海人民出版社一九八六年版）

与日本驻宁领事铃木的谈话

（一九一二年三月二十六日）

唐②来宁没有多久，公务很忙，还没有时间谈到合办事情，日内当选择

---

① 汉冶萍中日"合办"草约废除后，日本驻南京领事铃木多次向孙中山讹诈。
② 唐，即唐绍仪，时为国务院总理。

适当时机,与唐商谈,力劝其接办,然后派密使去尊处报告结果,并商议今后之措施。

据《日本外交文书》第四十五卷第二册,文件号六四六《日驻南京领事铃木致外交大臣外田第二十一号机密函》,转录自武汉大学经济系编《旧中国汉冶萍公司与日本关系史料选辑》(上海人民出版社一九八六年版)

与吴木兰等的谈话①

（一九一二年四月二日）

此次身虽返粤,而心仍不忘民国,望贵会极力振兴女学,以期与男子并驾争雄,共维中国前途。

据上海《民立报》一九一二年四月五日《女子参政会公饯孙总统》

答《文汇报》记者问

（一九一二年四月四日）

《文汇报》记者往访前总统孙逸仙,孙云：

政治革命今已告成,余更拟发起一更巨之社会革命,此社会革命之事业,不用兵力而用和平办法。中国富源大都未曾开辟,此固与欧美各国不同者也。现新政府欲行此革命,盖以政治革命与此比较,则政治革命虽告成,犹未能谓余之目的已达也。

余实为社会党人,颇信亨利佐治②所操之主义。余固一热心社会党人,

---

① 4月2日下午7时,孙中山偕胡汉民等前往四象桥女子参政同盟会话别。
② 亨利佐治(Henry George),今译亨利·乔治。

且深信新政府之必置此策于实行。然余所欲为之事非一年所能告成,至少需一百年也,且余欲使我改革之策普及于全国。

孙君末又言及资本制度谓:中国今尚无之,中国无须与大资本团抵抗,中国今日殊无钱,所有之钱均人民之钱耳。然铁道国有、运河国有、航路国有以及大商业国有各制则必能行于中国也。

据上海《时报》一九一二年四月五日《西报记者孙逸仙之革命谈》

附录　同题异文

孙君语访员曰:政治上革命今已如愿而偿矣,此后当竭力从事于社会上革命。社会革命比诸政治上革命愈属重大,且非兵力所能援助,必须以和平手段从事。中国现有无数荒野地段,未经开垦,故社会革命事业比诸欧、美各国较易达到目的。

孙君又谓:余乃极端之社会党,甚欲采择显理佐治①氏之主义施行于中国。中国无资本界、劳动界之竞争,又无托拉司之遗毒。国家无资财,国家所有之资财,乃百姓之资财。民国政府拟将国内所有铁路、航业、运河及他重要事业,一律改为国有云云。

据上海《天铎报》一九一二年四月五日②

---

① 显理佐治(Henry George),今译亨利·乔治。
② 另见上海《申报》1912 年 4 月 5 日第三版《孙中山将从事社会革命》,内容与以上二篇基本相同。

与上海《大陆报》记者的谈话

（一九一二年四月五日）

《大陆报》记者昨访问前总统孙中山于客利旅馆,问以一切。

孙云:余生平事业,悉在革命,今幸告成。此后中国将采行社会主义,使国民生计优裕。故筑造铁路,使内地与各口岸航线联接,实为入手要图。现中国财力尚能兴办,惟将来推广须待外国助力,政府当优订条款以招人投资,而不受制于资本家。若各项实业,均将以私款兴办,满若干年后即归国有,并按此计划编订法律。至各处之骚乱,仅系少数军士不守纪律。今所急者,生计是也。余不日将赴广东,邀合富商集资发达天然利源。

记者问:将赴海外运动外国资本家投资实业否?

孙云:此殊不必,吾人有团体可以筹款也。

记者复问曰:兴造铁路,将兼及航业乎?

孙云:然。

记者曰:将来组织商轮公司,将中外合股乎?

孙云:届时可组织联合公司,定一期限,若干年后归共和政府。

据上海《申报》一九一二年四月六日《孙中山与西报记者之问答语》

与牟鸿勋等的谈话[①]

（一九一二年四月十一日）

谈话中,中山先生就当前局势示以八大政纲:一、搜罗人才;二、建设议

---

① 1912年4月11日上午10时,孙中山准备动身赴汉口,牟鸿勋、李四光、熊继贞、曹伯勋等来访,孙中山就当前局势发表谈话。

院;三、订办选举;四、绘制服图;五、研究官制;六、改编军队;七、厘定饷章;八、振兴利源。

> 据《孙中山先生莅临武汉五日记》,载中国人民政治协商会议武汉市委员会文史资料研究委员会编《武汉文史资料》第四辑(武汉一九八一年版)

在武昌黎元洪欢宴席的谈话①

（一九一二年四月十二日）

席上,中山先生对客倾谈,着重关怀四件大事:

外交——民国共和,略有头绪,但国际外交,相形见绌,应当好好研究,俟返粤后,即当亲赴欧美,到海牙,进行外交活动,研究、拟订新的条约,确保国权。

兵工——汉阳兵工各厂,为国家军事的重要依靠,素来制造精良,成效卓著,必须恢复、扩充,将访晤华侨巨商,募招巨款,力争迅速开办。

商场——清军纵火,汉口市区被毁,损失严重,商业停,流通阻滞。应由商会推派代表赴京,要求赔偿。还要电促中央政府,即成规划,帮助建设,恢复繁盛。

女学——湖北女界多才,应当注意培养,拟创设鄂州方言学堂,并嘱咐曾毕业于美国加州大学的次女孙婉帮助办学,俟回粤小留,再行来鄂。

> 据《孙中山先生莅临武汉五日记》,载中国人民政治协商会议武汉市委员会文史资料研究委员会编《武汉文史资料》第四辑(武汉一九八一年版)

---

① 1912年4月12日,黎元洪在湖北都督府举行盛大宴会,宴请孙中山及其随员,还邀请同盟会湖北支部的一些主要成员。

与江亢虎的谈话

（一九一二年四月十七日）

对于社会主义深以流动鼓吹为一己之责任，仍申前说拟编辑讲义，定于六月一日来沪在社会党逐日讲演，务期发阐社会主义之真理。此种社会主义学说甚多，不若普通演说数小时所可竣事。

据上海《民立报》一九一二年四月十九日《孙先生之社会主义》

出席耶教欢迎会时的谈话

（一九一二年四月二十一日）

孙先生谓：此次革命，虽与宗教无甚关系，然外人来华传教，殊能增进道德观念，使吾人尽具纯净之爱国心。此后同胞尽力造成良善政府，则民教相安，中外感情愈厚，世界或即基此永保和平。且今日民国建设伊始，尤赖诸同胞注意道德，而后邦基可固。

据上海《民立报》一九一二年四月二十七日《孙前总统莅闽记》

与军界代表的谈话[①]

（一九一二年四月二十六日）

军界代表向孙先生报告：陈炯明忽然离都督府连夜赴港，请派继任

---

① 陈炯明因枪杀报人陈听香，受广东省议会弹劾，引起粤省政潮。陈炯明出走后，众举胡汉民继任，孙中山赞成之。

之人。

孙先生言：昨尚与陈都督谈论要政两小时许，并未提及离粤，今忽有此举动，真是可骇！余现已退为国民一分子，以个人意见，宜仍请陈都督回任。

据上海《民立报》一九一二年四月二十八日

在广州与记者的谈话[①]

（一九一二年四月二十七日）

廖平庵问：借债问题。

孙先生曰：现在外人不欲瓜分中国者，不过惧北京之十数万、武昌之数万、南京之数万，共三十万训练之师耳。查度支部月用经费二千万，兵费为多，而杂税多免，民间又缓不纳粮，不借外债，兵费何取？一旦乏支，立即哗溃。明知借债遗累后人，然不借债，则连后人皆无，故借债为生死问题，非利害问题，譬如有病不食药则死，故明知其苦而食之。

廖平庵又问：外人监督财政若何？

孙先生曰：现在虽抗比国借款，然究以有路可借，不致监督，若果监督，则应拒之。

陈藻卿起问曰：指斥政界，是报界确有一事，非出于私意，则言论统一，自是无难。第以后报界对于政府行政确有差谬，官吏确有不法，又当如何办治？

孙先生曰：忠告政界，属监督行政范围，自是正当之舆论，第不可轻信谣言，攻讦私德耳。

据上海《民立报》一九一二年五月五日《孙先生之治粤谈》

[①] 参加谈话的记者有廖平庵、陈藻卿和朱民表等人。

答香港电报公司代表问

（一九一二年四月二十九日）

倘四国①利用中国现今财政困难而阻中国之进步，则国人必将发愤自助，设法在国中募集公债，以济目前之急。盖中国并非困穷，惟筹款之机关不完备耳。

据上海《民立报》一九一二年五月一日《孙前总统借款谭》

与香港《士蔑西报》记者的谈话

（一九一二年五月五日）②

访员问：比国借款若何？

孙曰：现因四国反对，恐不能成议。

访员问：然则无从借款以应急需乎？

孙曰：予可以与华人资本家借款。若为四国所迫，则宁借本国人之款。华人一旦明白政府财源困乏，需财行政，则其热诚之心，立即发生，自愿将资财输出。中国之资财极大，不过无完善之机器以取集之，而又未能遽与列国经历多年之机器互相比美。试将中国与别等商业之国比较，则中国凡事皆在幼稚时代。吾侪未尝因经济缺乏之故，自缩其志，其问题是求资于本国人，而不求自外人。本国之人姑愿循其旧习，完全拒绝外人，自闭门户，或杜绝外人资本及外国品物。吾侪革命中人后见为国民信任，及革命军起义后，局面亦变，故今日愿取外国资财，以开放中国原有之大财源。现在政府初成

---

① 四国，指英、法、德、美四国银行团。
② 时间据上海《申报》1912年5月7日《孙中山与西报访员一席谈》中"前日《士蔑西报》访员谒见孙中山先生……"酌定。

立,取财于外国,较易于本国,故吾侪乃乐设法以求外国之财。唯外国欲握我国财权,及多生阻力,倘仍不转机,吾侪不得不另筹别法。彼等在北京停止交款已有两星期,当初虽订定每星期交款若干,然因北京小有风潮,遂不交款。内阁总理然后向比国借款,列强又多方阻止。倘四国自认误会,吾等亦将领受其款。若不能调停及不能销其阻力,则唯有与本国人借款之一法。昔粤汉铁路集股时,转瞬间集巨款四千万元,于此可见国人之热心矣。

访员曰:然则先生信中国之多财矣。

〈孙〉曰:诚然,中国隐藏资财当多,唯中国之交通不如外国耳。

访员曰:国民何时方识革命之益?

孙曰:现在亦觉共和之益。此次革命非在于战,是由国民醉心共和所致。

访员曰:先生让总统之位与袁世凯,是由于个人之意乎?抑以为如此更换更有益于国家乎?

孙曰:两者皆是,因袁君鼓动共和久矣。

孙君又论借款之事曰:倘四国乘我财政薄弱之时,阻我通行,则国民将受其激刺,必奋然应我之求,敢信政府之所需,定能容易满足。本国人一知为外人挟制,必出维持之矣。

访员又问:蒙古之事若何?

孙:料蒙古无甚大事,不久可停妥。最好是将蒙古改为行省,与中国各省平等。内蒙古极赞成共和,外蒙古则尚未知其益处,彼等一明白后,必绝对赞成。彼等教育未足,未易明白此问题,惟逐渐开导之而已。

据上海《民立报》一九一二年五月七日《孙中山先生借款谭》

与报界记者的谈话①

（一九一二年五月五日）

孙先生曰：民生问题，须从税契入手。实行税契，似乎多取于民，其实不然。税契实行，各税可免，外债不举，息款不需。故表面虽屡增税，而内容实是减税。

朱民表曰：生计学说，固有如是之例者。

孙先生曰：实行税契，全国每年可得四十万万，今日支出之数不过四万万。度支既足，可以再筑铁路、开采矿山两种实业。计两项税，二十年后亦可得四十万万，尔时国家不患其贫，且患其富。盖富无所支销，亦甚难耳。至时乃将所入支作教育费，年八岁至二十皆令入学，饮食衣服一切供备，又支作养老费，年五十以上皆令归休，饮食衣服亦一切供备。

王秋湄曰：至此不患行政官自肥耶？

孙先生曰：议会有监理财政之权，可以稽核也。此种问题须耐研究，甚愿报界诸君设一谈话会，讨论其事，可以随时问答。

据上海《民立报》一九一二年五月十三日《孙先生演说辞汇志》

与报界公会主任的谈话②

（一九一二年五月十三日）

孙先生曰：民生问题，兄弟主张实行税契及平均地权之法。其平均之

---

① 参与谈话的记者为朱民表、邓慕韩、王秋湄。
② 底本原标题为《平均地权乃以土地之利还之大众》。另有胡汉民编《总理全集》第二集所收《续论民生主义之实施》一文，不用问答形式，内容与本篇"先生曰"以下至"某君问"前的文字基本相同。仅在"此等人多，为国家之大害"之下，多"然世界日日有进步，托拉斯实亦进步之阶，潮流所趋，夫谁能免？"而少两问两答。

法：一、照价纳税，二、土地国有。二者已向贵报诸记者详言之矣。但有一二报馆记者，仍未深悉平均地权之法，以为不善，而主张累进纳税之法。凡理以辩驳而愈明，某报记者之能研究此问题，我甚乐闻之。惟彼所言之累进法，即我所言之平均地权法。彼以我所言为不善，是知二五而不知一十也。盖累进之法，地价愈高，其税愈重，我之所谓平均之法亦然，非一律加税也。

彼报又谓地税应定多少之值，须设一衙门以为主裁。不知英国因地税事，设有两衙门：一、定价者，二、以定价不合而上控者。但仍不能无争。今我听其自定地价纳税，但以土地国有权以限制之。若其自定之地价太贱，则国家可照价收为国有，如此，则不必设立裁判衙门，而人民自不致与国家兴讼矣。

彼报又谓平均地权之法，今日不宜行之。不知正惟今日，乃宜施行，将来恐欲行而不得。何则？因今日中国尚无有如欧美之大资本家富有土地者也，土地国有，无损于民。若至如欧美之时，其富人必出死力以抵拒。不见今日欧美之托拉斯乎？一国之需要，皆取给于数托拉斯，一国之民生权，遂为数托拉斯所握。凡物供过于求则贱，求过于供则贵，自有托拉斯，则物有贵而无贱矣。盖供过于求，彼可藏而不沽也。此等世界，谓之经济界之无政府。

夫煤铁等物质之托拉斯，其小焉者也，若土地之托拉斯，则最大者也。故我预防新造之民国，使将来不至生出土地之托拉斯。且因土地可以世袭，其子孙食税衣租，无所用心，适以室其智慧，谚所谓"蛀米虫"者，国家亦何贵有此等人？此等人多，为国家之大害，亦当思所以制之。譬如粤省有报廿家，分之则各需资本三万元，各用机器一架。苟今而用一大机器，则用人必少，资本必省，获利必多，人莫不乐为之。然使利归于一家，则只见其减人之害，而不见获利之利。若其利仍均于廿家，岂不只见其利，而不见其害乎？今我平均地权之法，亦以其利还之大众，而不使利归于数托拉斯耳。

某君问：土地之税可以从轻否？

先生答：太轻不得。地税太轻，则资本家可以多购，听其荒废，欲其兴盛甚难，岂不阻障〔碍〕进步？

某君曰:年纳地税,平民恐不能供。

先生曰:村落之地,每亩不过值银四五十元,百分税二,不过一元八毫。田园卢〔庐〕舍之地税,计尚少于今日之赋粮也。

据"中央改造委员会"党史史料编纂委员会编《总理全书》
(台北一九五〇年至一九五二年出版)之八《谈话》

在广州农林试验场的谈话①

（一九一二年五月十五日）

其②主旨在改良道路,免肥料入口税,以利农民,改良种植,选取品种,并奖励园艺果树业等。

余于二十年前,创办一农学会为革命之秘密机关。今睹此殊增今昔之感。

据广州《民生日报》一九一二年五月十七日

在粤路公司欢宴会的谈话③

（一九一二年五月十七日）

粤汉铁路关系极大,当催促湘、鄂力图扩张,以挽利权。并以三期股本,应速行开收,鄙人当发电各埠,力为鼓吹。

据上海《申报》一九一二年五月二十四日

---

① 1912年5月15日,孙中山主祭黄花岗烈士毕,返回时,途经农林试验场稍憩,该场设茶点招待。席间孙中山畅谈农务约一小时,并在陈列室参观时,审阅关乾甫呈上的《农学会章程》及会员花册。

② 其,指《农学会章程》。

③ 1912年5月17日粤路公司总理詹天佑及同人设筵欢迎孙中山,下午4时,孙中山到会,先由总协理、董事迎至议事堂拍照。旋入席,詹总理致颂词后,孙中山起立答谢。

与香港《士蔑西报》记者的谈话[①]

（一九一二年五月二十日）

访员谓：近日香港华商劝省城商人不可用洋人资本，以免瓜分之祸，此说是否？

孙先生答以：涂说。

问：中国不得不用外款乎？

答谓：然，此乃旧日之政见用于今日者也。吾侪将劝导商人，使彼等知借用外款乃为互相利益起见。

问：将款作何用法？

答：用以办各种实业，如建设新城邑、开通全国及建筑铁路等，皆为要政。

问：兴农业用款多否？及能仿效英美两国开垦如许之田亩否？

答曰：予不能料，然此固要政。

访员又谓：华人谣传英国欲扩张新界，方肯承认民国。

孙先生笑曰：予不理此等言语，予知其言之不确。以我意见而论，敢信英人不至如此自利。予素知英国人，别等华人或不知之，有意识之人断不理会其言。

问：孙君是否欲隐居澳门？

答曰：否！

问：人传孙君在澳门建屋，此说是否？

答曰：此是兄居，非予居也。

问：孙君现在对于中国之设施，是否尚未告竣？

[①] 据1912年5月21日上海《民立报》电讯报道："孙中山先生到港，现寓英皇大酒店。"据此，谈话地点当在香港。

答曰:予已卸却政治上之事业,专办振兴工艺,及改良社会之大设施。

问:注重教育否?

答曰:然。

问:从何处入手,是否先办学堂?

答曰:予将从根本上入手,先使每乡皆有蒙学校,由蒙学校而至高等,由高等学校而至大学堂。

问曰:然则欲仿英美之法矣。

答曰:然。

问曰:既如是,则先生定以此次革命,为促进中国社会之教育道德矣。

答曰:然。

孙先生言次又谓:中国政府将取消各口岸〈之租界〉①。

访员问曰:如此则沙面亦归中国政府管辖权内矣。

答曰:吾侪将扩张沙面,与共和国全境无异。

问曰:英人在中国之权限,将与中国人之在英国者同乎?

答曰:必然!此是数年后之问题。吾人将取法日本。日本所有之外国人,皆受日本管辖,而吾人之政见,又欲极力保存国体。

孙先生又言:中国人进步极快。

访员问曰:其快捷如日人乎?

答曰:然。此次革命,即为明证。

问曰:五六十年后,则与日本相等乎!

答曰:甚似。

> 据上海《民立报》一九一二年五月二十八日《孙先生与西报记者谈话》

---

① 据秦孝仪主编《国父全集》增"之租界"三字。

在视察香洲商埠时的谈话[①]

（一九一二年五月二十四日）

我华人建筑事业之首屈一指者。将来定然提倡航海业、铁路、工艺等事，为之速其完全，夺回外溢之利权，巩固民国之领土。

据广州《民生日报》一九一二年五月二十七日

慰问陆皓东烈士家属的谈话

（一九一二年五月二十八日）

亚[②]东成仁取义，留名千古，虽死犹生，后人敬仰。

据于平《孙中山先生于一九一二年回故里》，载中山市孙中山研究会编《孙中山研究文集》（广东人民出版社一九九六年版）

与罗福星的谈话[③]

（一九一二年五月）

台湾是中国领土，决心收复。但为大局着想，必须讲求方法。基于种种原因，自己不便出面，亦不宜直接过问。可以去见闽督孙道仁，将来如需军

---

① 1912年5月24日，孙中山在随行人员陪同下由澳门往游香洲埠，登山临海，遍游埠场。
② 疑为"皓"字。
③ 1912年5月，罗福星由胡汉民陪同向孙中山请示，孙对其解救台湾的决心表示同意。1913年罗福星在台湾举义，不幸在淡水被捕下狱，1914年3月就义。

火,可电告闽、粤两省都督,自会全力支持。

据范启龙《辛亥革命时期台湾人民要求回归祖国的抗日战争》(转录罗秋昭《罗福星传》台湾一九七四年版),载《中日关系史论集》第二辑(吉林人民出版社一九八四年版)

在广州行辕与各界的谈话①

(一九一二年六月九日)

孙先生起言:今日请诸君到来,研究地价抽税问题。我中华民国成立,今正当建设之始,财政为急。外国有一种单税法,最为可采,视地价之贵贱,为抽税之多寡,办法亦最为单简。前清行一条鞭法,当时亦以为便,然仅分上中下三则,殊不得其平。试观城镇与乡落,纳税相去不甚远,而地之价值,何止倍蓰?不平孰甚!若行地价抽税之法,乃为平匀。若英国某某处属土,经已开〔实〕行之而有效,其抽法或抽百之二,或抽百之一,他日由省会议决,然后执行。至于地价贵贱,由业主自报多寡。如防业主以贵报贱,由省会定一条件,如国家开铁路、马路或建一大工场等,可以随时收归国有;则以贵报贱之弊,可无虑矣。若行此等地税,杂税可以不收,声明只收其地之天然税。至于建筑楼房等之人为税,一概免纳,实为平均地权之一法也。及今不图,他日人民进步,富者愈富,贫者愈贫,其害伊于胡底。如外国土地权全操于少数大资本家,其势必流于资本专制。其害更甚于君主专制。闻都督有换旧契议案交省会议决,深望议会与报界诸君能通过而鼓吹之,于国利民福有绝大关系,比诸破坏之功,不更大且伟哉!如此财政问题可以解决矣。

报界记者朱代[民]表起言曰:照价税地法,鄙人向于言论上绝对赞成,此法能行,平民与国家皆有益。今日税法之不平甚矣。鄙人居西关繁盛之

---

① 与本全集第七卷收录的同一日《在广州对行政人员的演讲》,为同一内容的不同记录,文字及形式互有异同,今分别据存。

地,地价值银六百,每岁纳地税一分二厘;乡人居荒僻之地,地价值银六两,其税与之同等。是乡人值百抽一,而鄙人值万抽一也,不均已甚。且昔之田每亩收十石谷,值价十元,今日收十石谷,值价四十元,而纳税则今昔无殊,亦不均之甚。况今日非照价税地之法,亦无以救国。无论民捐、外债、公债,均救一时之策,他日仍须患贫,纳息要偿,终不得了,不如此宗年年有所收入也。

黄议长①起言曰:孙先生地价抽税问题关系甚大,田地税、房屋税二者是否分清,吾粤行之,于中央税法未知有无抵触?有无干涉?尚应研究。

孙先生云:只收田屋之天然地税,房屋等人为税一概不收。至于虑及中央政府不允,无庸虑及。现时中央税法未定,吾粤首先行此地价抽税良法,收入必丰于前,可为各省模范。若中央税法既定,吾粤一年应解中央税若干,则如数解去,绰有余裕,以办地方要政,断无不允之理。

周代议士②起言曰:省会为临时议会,非正式议会,又为舆论攻击,则信用不足,通过案件,向不照办。今又通过,其如不照办何?

姚议士曰:三权尚未分明,何议之有?

黄、谢议士亦均起言,大都均含有纠举无效、约法不颁之意思。借此题以发挥其不平之气。

随后廖司长③起言曰:此案为政府交议,若省会通过,无不举办。

谢、李议士④均起驳之,大意谓政府欲办之事件,则利用省会;省会决议事项,均置之脑后,岂省议会代议士尽为政府傀儡乎?

夏重民曰:孙先生欲研究地价抽税问题,诸君所言为权限问题,似出今日研究范围之外。

议士谢公伟略为辩论。

苏慎之略谓:省会虽通过此案,究不若由报界担任鼓吹,一纸风行,其效

---

① 黄议长,即黄锡铨。
② 周代议士,即周孔博。
③ 廖司长,即广东军政府财政司长廖仲恺。
④ 谢、李议士,即谢公伟、李思辕。

甚捷。

孙先生曰：此地税问题，关系于国利民福，若省会能达此议案目的，众代议士为不朽矣，虽与政府有些小意见，又何足介意。

又有某议士辩论，非闹意见，争立法之权也云云。呶呶不休。

孙先生复起言曰：权限是谁与之者？从公理求之也。革命党之权，谁与之者？少数人牺牲性命于公理上求之也。不然，都督欲得权限优胜些，代议士又欲权限优胜些，谁能与之？又谁能均之也？前日闻省会请将约法宣布，而都督以中央有取消各省约法之议，故未便宣布，省会电中央争之，复派代表入京争之，现中央竟有取消各省约法明文，此举似可不必，何若向公理上求之。此地税问题，众代议士果能毅然进行，不计舆论攻击，信用之足不足，求达我目的，使粤造成一模范省，不独我粤三千万同胞崇拜我众代议士，吾国四万万同胞亦当崇拜我众议士，咸称我众代议士为圣人、为英雄，何信用足否、舆论洽否之足言乎？所谓向公理求之者此也，我众代议士其勉之！

说毕，孙先生复发挥外国不平均之弊，极为痛快淋漓。

吴女代议士曰：孙先生之言极为佩服，我代议士当竭力研究进行之。

据上海《民立报》一九一二年六月十五、十六日《孙先生与各界谈话会》

与上海《民立报》记者的谈话

（一九一二年六月二十二日）

问以粤中近事。

答谓：日前少有谣言，近已敉平无事。

记者复问：关于政界近情之意见何若？

先生谓：此时不欲发表。现拟专办铁路事业，欲以十年期其大成；目下正与黄君克强商议一切，俟过数日，当可发表计划。

记者遂闻〔问〕：是否到京？

答谓：铁道计划定后，当赴京商诸政府，促其实行。

记者乃言曰：北京政界近颇险恶，南方人心因之摇动；若得先生一言，国民当可知所遵守。

先生闻此笑谓：时局虽少混沌，然亦无大变动。此时余以别有所图，故不欲干预时事。鄙意欲握政权者既大有人，似尽可使之肯负责任。设时局竟不可为，余固不能坐视，惟目前则小小争执耳，不足虑也。

> 据上海《民立报》一九一二年六月二十三日《孙中山先生一夕谈》

与沙淦①的谈话

（一九一二年六月二十四日）

孙曰：此次来沪所事甚多，常期演讲社会主义，俟诸异日。

沙曰：请临时演讲。

孙答：有暇即行约期通告。人权报已否出版，言论鼓吹尤为要事，是不得不冀望于党中诸君。

> 据上海《民立报》一九一二年六月二十五日《社会党与孙先生》

与上海《民立报》记者的谈话

（一九一二年六月二十五日）

问：先生对于近日北京之政争，胡为一若不甚措意也者？

---

① 沙淦，系中国社会党本部干事。

先生微笑曰：我国之现象，时人之意，皆隐隐以为缺乏人才，故未能一致进行。以吾观之，颇不为然。吾觉现在无论政府、议会及各处政界、军界，皆有极有本领之人主持其间，尽足以奠安〔定〕吾民国而有余。所以意见纷歧，有才莫展者，皆为经济问题所窘，间接直接，遂生困难。因困难而督过，因督过而参差，甚而至于因参差而诟讥。局外之人又因部分之诟讥，而生全局之恐怖，始成最近不静稳之现象，其实多有所误会也。故我国之经济问题若不解决，甚难得一致进行之效果。惟经济问题，每当急迫之时，止能舍本而图末，因本务每乏近效，而末法可以应急，此亦处于无可如何之势。然非本末俱举，将永无手足宽闲之日，必继续而陷于应急之地矣。我政府近日所居之地位，即日夜迫促，止能使用末法聊以应急，此最为可悯者！吾人悠然处于民间，若复从而议其后，即或言之成理，恐不免于隔靴搔痒。

我国一般之舆论，能作务本之谈者，皆以为振兴中国唯一之方法，止赖实业。果其此说而信，胡为吾人皆骑马寻马，并不十分注意于实业，仍一意乞灵于不得已之政府？故吾既居国民之地位，应追逐国民之后，力任不计近效之本务。所谓振兴实业者是其旨，暗助我政府渐自拔出于应急之漩涡，还而力助吾国民实业之进行，本末并举，循环相救，此官民协力之道也。且与吾人注重于民生一方面，亦为循序而进，当然必至之手续。

实业之范围甚广，农工商矿，繁然待举而不能偏废者，指不胜屈。然负之而可举者，其作始为资本，助之而必行者，其归结为交通。今因从事于资本之企划、银行财团之组织，随在有人，而谈论交通者稍寡，热狂留意于交通事业中之重要所谓铁道者尤鲜，盖承前清扰乱于铁道事业之后，而厌倦中之，亦当然之趋势也。

虽然，铁路顾可以冷淡视之，以为置之于实业中，仅占区区部分乎？请问苟无铁道，转运无术，而工商皆废，复何实业之可图？故交通为实业之母，铁道又为交通之母。国家之贫富，可以铁道之多寡定之，地方之苦乐，可以铁道之远近计之。仆之不敏，见识浅薄，然二十年来每有所至，即收其舆图，虽用意颇杂，适用于舆图之计划甚多。但留心比较世界之铁道，实偏有所嗜。故在戊戌以前,内国〔国内〕虽知铁道之利者已多,然能大气包举,谋及于内部重要之干路者卒少。仆曾首绘学堂应用之中国地图,精神所最注射者,为内部之干路,幸而亦有助于变易时人耳目之小效,于是京汉、津浦、粤汉、川汉等之干路问题,人人视为重要矣。

独是此仍为腹地狭隘之计划,屈于前清孤儿寡妇愚弱政府之下,得此苟且聊以自足而已,尚非通筹全局,诚得完全强固、捷速振兴之要图者也。以吾策之,沟通全国之真干路,则有三条:(一)南路:起点于南海,由广东而广西、贵州,走云南、四川间,通入西藏,绕至天山之南。(二)中路:起点于扬子江口,由江苏而安徽,而河南,而陕西、甘肃,超新疆而迄于伊犁。(三)北路:起点于秦皇岛,绕辽东,折入于蒙古,直穿外蒙古,以达于乌梁海。论者必对于北路尤有难色,且谓张家口至库伦之直线为更要;余则以为北路更急。北路乃固圉之要道,亦破荒之急务,殖边移民,开源浚利,皆为天然之尾闾。张库直线,虽亦当并作,但彼尚不过连续俄路,依人篱下而已。然三路次第进行,缓急自有斟酌,非与君今日对谈时可毕。故比较上之论争,今可暂置。

记者问:先生之筹此三干路者,其为过屠门而作大嚼之希望乎?抑竟有所把握耶?

先生笑应曰:此曾无袁大总统建设中华民国之难也。

又正色曰:仆虽不敏,以为策此而无难。建筑此三路之计划,吾已思之审且详。虽然,今不暇语君,恐简言之,有所误会,仆当择暇详言之。

惟吾有求于一般国民之注意者,先当知振兴实业,当先以交通为重要。计划交通,当先以铁道为重要;建筑铁道,应先以干路为重要;谋议干路,尤当先以沟通极不交通之干路为重要。盖交通尚便之地,人见僻远之干路正在兴筑,而投资相应起营稳便之内部干路者必多。故吾人能放大目光,用全力注意于其所难,是不啻四面包围,适促全国人群起而竟成计划之内线,是难之适以易之也。

更有进者,货之弃于地,必荒僻为多;荒僻之足以移民,为世界公认。生齿之繁,至吾国而极矣。仅以内部容吾民,恐即交通便利,而谋食仍艰;即兴矿务,尚有工不应人之虞,农产无可加辟,早有食不应工之患。世界皇皇然,日夜止有一争点,致糜其倾国之财,以扩张军备而不惜者,则开辟殖民地之问题是也。吾有天然固有之殖民地,置而不经营,则以患贫之国,又自重过庶之困,乃所谓大愚不灵者也。

据上海《民立报》一九一二年六月二十六日《孙中山先生之谈话》

与上海《大陆报》记者的谈话

（一九一二年六月二十五日）

先生曰:粤东以及各省,均并无乱象,有之,只见于报纸上,或发于数西人之心意中而已。倘有兵士一时病狂,轰放空枪,报纸即捕风捉影,指为又起政治革命矣。

记者问:先生对于袁世凯及现在政府能否信任？

先生答:余深信不疑。我知袁世凯实能斡旋大局,必不至有变动。中国人情性和平,为天下最易治理之民。试观香港,以英国寥寥数人,即可管辖数万华人。顷者,吾方潜心规划铁路大计,将使中国全境四通八达,此诚发展中国财源第一要策。此事告成,则中国虽有一千兆之外债,亦不患无力偿还矣。外国不允借债中国则已,苟信任中国,而借之以债,则不应过问中国作何用途。假使中国将款投弃于海,亦系自由权。中国于财源发展时,无论债款如何浩大,必有力以如数清还也。

记者问:先生反对政府商借外债否？

先生答:中华民国成立伊始,固不得不借外债,惟各国资本家不应要求监督财政权。

记者问:先生曾与黄克强君筹商招募国民捐办法否？

先生答:吾现居黄君寓所,固曾与黄君商及其事。粤省已认捐三千万元,惜各省不若粤人之踊跃耳。鄙人来沪之宗旨,在于筹办铁路之大计划,大约须留沪两阅月。但顷尚未组织公司,亦未开办其事。吾拟先〈与〉国人筹商一切,然后晋京,并赴各省,与袁世凯及各都督熟商开办章程。建筑之路,拟全归国有。一俟各路告成,则货物流通,苦乐可均,而饥馑之灾,亦可免矣。惟所需经费极巨,非一国之资本家所能应借。

记者问:外间传先生在南京任临时大总统时,收受贿赂一百万始允让位于袁世凯。此种诬蔑之词,亦闻之否?

先生答:此款我实未见,大抵传播此种谣言之各报纸,应给余此数也!南京政府所有款项,悉归财政部收支,一切余不过问,故余闻此谣言,即驰电向唐绍仪诘问,第电未抵京,而唐已出走天津矣。

据"中央改造委员会"党史史料编纂委员会编《总理全书》
(台北一九五〇年至一九五二年出版)之八《谈话》

与《南清早报》记者威路臣的谈话

(一九一二年六月)①

问:北方电请到京与袁总统会商要事一节,尊意如何?
答:此常事也。约三数星期,余将北上。
问:胡汉民氏其人如何?
答:胡君汉民乃余之旧参赞,现为都督,最是人地相称。
问:先生对于时局之意见如何?
答:余当初返粤省,大局未靖,今则事事和平,秩序井然,各党融和,可期逐渐振作。昨礼拜六日,南清报刊有美国人来论一则,谓共和势力,恐难耐久,(该论乃美国记者所著,谓革命之结果,将分为两国,北为君国,南为共和,而以长江为界线。)此诚为无意识之谈,世人岂无耳目闻见乎?彼造此

---

① 底本在原标题下附有"民国元年解职后在香港与西报记者谈话"等字样,未署日期。按孙中山1912年5、6月间曾两次抵港,又据谈话中"约三数星期,余将北上"推断,当在是年6月。

说者,不独定为中国之仇敌,且为慈善之对家〔象〕。惟是人各有见,安能自视,故此等卑劣之言,无事鄙人之辩驳。彼言南北不能联合,终成南为共和、北为君国之说,乃属美人之意见,非华人之意见也。彼作者诚不知中国之情形,其所谓南北两方未能同情一节,全不真确。因中国并无种族之恶感,边外地方,虽或有滋乱,然其关系何如,可以想见。共计华人有四百兆,尽属同种同心,而蒙人不过百万,满人二三百万,并藏民五百万,及别族总共不过一千五百万,互相比较果何如耶?设使伊等果有种族之嫌疑,此亦不过甚小之数,未足以鼓动结实之势力。

问:北边地方有不欲共和者,果属真确否?

答:试问美洲南省黑人有不欲共和者否?吾以此相答,反问足下可以明白。夫各种无知之人,虽有多少意见之不同,而非反对。然有识之人,断不若是。况自共和成立以来,各可独立,更加自由,而无压制之苦。

问:先生言通商口岸定必裁去,此何故也?

答:然此乃华人之志意,谓吾人必要独立者,更不愿在中国而归洋人统辖也。然吾人将必开放中国各方,以为酬偿。目下洋人只可囿于通商口岸,若果裁去各口岸,则洋人将可到通国各地,由太平洋以至西陲;果尔,吾料欧洲甚欢迎,因洋人所得利益甚大也。虽然,此事非欲即行,吾人将必先行自立妥善,使欧洲诸国满意,然后请其裁去口岸;时机一到,料各国无有抗拒者。因各国对于日本、暹罗,既不相拒,岂独拒于中国乎?洋人欲拓上海租界,惟吾人不允,此乃当然之理也。譬如别国今居中国之地位,岂不亦如中国之所为乎?足下为英人,抑美人乎?若为英人,则必不欲有德人租界于伦敦也明甚。

问:先生对于世界各方限止华人入境之事,感想如何?

答:各国设法保护自己工人,甚合道理,惟此等保护,不久可以不须。中国地方甚广,而不知开垦,此是自误。将来一经开拓,则吾国工人无庸出外。其实余意中国若兴农、矿、制造,则十年之间,可以自养其民也。

问:黄祸之说何若?

答:欧人多恐中国他日之侵犯,此诚所见不远。若中国被逼而为此,则将成水师强国与武力强国。惟吾意中国无侵略志,因吾人志尚和平,吾人之所以要水陆大军者,只为自保,而非攻人。若果欧人势逼吾人,则吾人将以武力强国。果尔,将来事势所趋,则难预言云云。

据《南北统一后之政治与外交方针》,载胡汉民编《总理全集》第二集(上海民智书局一九三〇年版)

与《独立》杂志李佳白的谈话(译文)①

(一九一二年七月中下旬)②

  目前,我对我们中国的社会革新,比党务与政治问题,更有兴趣。政治革命的工作已经完成,现在我正集中我的思想与精力于国家社会、实业与商务情势的重建。对于西方国家劳资间的不协调以及劳工大众所处的困境,我所见已多,因之,我希望在中国能够预防此种情形的发生。由于实业的发展,产品必将增加;而此种情形的变化,必将有加深劳工阶级与资本所有者的分野的危险。我宁愿看到人民大众的生活情形获得改善,而不愿去帮助少数人去增加他们的势力,以至使他们变成财阀。中国尚没有形成大的中产阶级,我们没有欧、美产业发达国家社会上的那些缺点,我们今天所需要的是自己广大资源的开发,对乡村农民新观念的灌输,有助于资本长成与流通的新实业的建立,并准备对水灾及其他的灾害受难者,及时提供救济。这些问题,乃是我目前所深思熟虑的,我希望能够完成一些有益于我们民众的事。

---

  ① 这是孙中山在上海接见纽约《独立》杂志(The Independent)特约代表、美国长老会在华代言人李佳白(R. G. Reid)的谈话记录。发表于1912年9月9日出版的纽约《独立》杂志,署名孙逸仙。

  ② 发表时未注明时间,据李佳白在该文后的"注记"说,这篇谈话"发表于北京因党争而致否决了陆征祥总理所提内阁阁员名单之时"。按:陆征祥系在7月18日出席参议院提出议员名单,7月19日为参议院投票否决,则李佳白访问孙中山当在7月18、19日之后,故时间酌定为7月中下旬。

我被问及,关于共和政府的形式是否真正适合于中国人民这一问题,我是否反对表明自己的意见?

那正是我的计划的一部分;我不但要推翻满清政府,并且要建立共和政府的制度。民主的观念在中国一直都很流行,没有理由要以君主政体去妨害这种民主观念。中国人民不但爱好和平,而且遵守秩序,但他们业已感染了选择自己的代表来管理自己事务的观念。我们所需要做的,只是要把这种民主观念实行出来。在首都及各省都有人民自己选出的代表,为人民自己最高的利益而工作。我们现在在建立共和政体——最适合于我们广大的国土与众多的人口——的过程中逢到困难,是难以避免的,但我确信没有其他的政府形式可以在中国建立。中华民国将永久存在。

对于是否一个政党政府乃为民国的主要部分此一问题,我的答复是:中国和所有其他的国家一样,不管政府是民主的或是君主的,政党是经常存在的,而且政府转变的方向是从此一党到彼一党。中国已经有了她的政党。事实上,中国的党、社,已经过多了,最好他们能联合为两个或三个有力的大党。每一政党的明确的政策将在时间的体验中确定下来。

至于现在临时政府时期产生政党的危险,以及对于人们将热心于其所属的党而忽视共和,以致减弱建立共和政府的努力一节所生的恐惧,我个人的希望是:所有政党均应集中全力于组织新政府,并获得其他国家的承认。临时政府结束之后,民国的首任总统被推选出来,那时组织政党将是安全的。我赞成由行政官员对国民议会负责,犹如近乎所有欧洲国家所采行者。在此种制度之下,政党必须有存在之地位,而且政党间的竞争也无可避免。目前,我认为我们都该不计较彼此间的异点,共同致力于全国各政党的联合。自从我推荐袁世凯为民国的总统而退职以来,我已尽全力支持他,并允诺一致行动。我深知混乱将为国家带来危险,因之,我将运用我所有的影响力以努力于国家的统一,人民的福利与我们资源的开发。

(前大总统孙逸仙有保留性的作了如上的表示,他不愿意于此时将其意见公布出来。正因如此,他的观点有特殊重大的价值。

孙前大总统的上述意见，发表于北京因党争而致否决了陆征祥总理所提内阁阁员名单之时，尤其具有重要性。激烈份子似乎有意要把他们刚建立的共和制度毁掉，孙前大总统的温和论调，即为纷乱的政局显露一个希望。他的谦抑值得人们赞扬。孙先生是革命的领导者，他的希望一向为所有革命党人——同盟会的会员们所尊重。革命党人对袁世凯政府行动与国务总理的阻挠，将不会形成灾难，因为孙逸仙的意见才是决定性的力量。举例来说，在我们的简短谈话中，孙先生提议说临时政府副总统兼湖北都督黎元洪，乃是国务总理的最佳人选。黎元洪是另一个党的领袖。我个人愿意推荐孙逸仙为国务总理——最低限度，如果黎元洪不能担任时，我愿推荐孙先生。

今后数月内，大家的注意力将集中于临时政府的结果，与第一届真正国会及第一任正式总统的选举。在这次足以发展个人雄心的机会中，孙博士仍然保持他谦逊的性格，他将以温和却绝非无效的手段，帮助这个国家实现共和的理想，他本人则以继续保持一个公民的身份而感到满足。——李佳白，上海，中国。）

据陈福霖《美国〈独立〉杂志所刊孙中山先生的三篇著作》所录李云汉的译文，载黄季陆等编《研究中山先生的史料与史学》（台北"中华民国"史料研究中心一九七五年版）

与送行者的谈话[①]

（一九一二年八月十八日）

（欢送孙先生诸人中，登船后尚有劝孙先生勿往者。大致谓：公世界伟人，历经艰阻，岂怯于民国成立之后。惟此行以有益、无益为断。观北方情

[①] 孙中山和黄兴应袁世凯一再邀请，准备北上时，袁世凯根据黎元洪的密电，捕杀了张振武与方维，京津同盟会员电阻孙、黄北上。但孙中山坚持进京，在沪同盟会员劝阻无效，为安全计，决定孙行黄止。这是孙中山登上招商局安平轮船后，与继续劝阻他北上的人谈话。

形,似即行亦无大裨益。)

孙先生谓:无论如何不失信于袁总统,且他人皆谓袁不可靠,我则以为可靠,必欲一试吾目光。

据上海《民权报》一九一二年八月十九日

与某报记者的谈话

(一九一二年八月二十三日)

记者问:先生在津可稍住否?

先生曰:然。

记者问:先生北上之用意。

先生曰:予此次来北之意,不外调和南北感情,巩固民国基础。至于外交、财政、内政各事,若袁总统有问,余必尽我所知奉告袁总统,以期有所裨补。如袁不问及,余亦不便过问。

记者又问:先生之铁道政策如何?

先生云:余之来意尤在振兴实业,但欲振兴实业,必自修造铁道入手。余意全国铁道当有全国大计划,但此计划须俟政府之政策决定及得参议院之同意,始能决定。余意如国民全体不尽赞同,得数省同意,亦可就数省开办。

记者又问:资本金之筹划政策如何。

先生云:如国民有力担任,自应由国民兴办;如国民无力担任,只好大借外债兴办。但借债必须有最良之条件,不至如前清时之损失权利。总之,铁道政策为中国近日最要问题,无论政府、议院意见如何,余必尽力提倡此事。

据上海《太平洋报》一九一二年八月二十八日

与章锡和①的谈话

（一九一二年八月二十四日）

中国铁道方在萌芽,辅助机关,万不可少,务期各省支部早日成立。

据上海《民立报》一九一二年八月二十五日《天津电报》

与某君的谈话

（一九一二年八月二十四日）

目下大局极有希望,且信张、方一案②之风潮,可以即息,日内拟赴参议院参观议事,我意黎都督由武昌致袁总统之电,非其一人独负责任,大约必尚有他人令黎都督为此。如在武昌拘捕张、方二人,则事可更妥。

据上海《天铎报》一九一二年八月二十六日

与招待员施愚等的谈话③

（一九一二年八月二十四日）

此次北来,惟一宗旨在赞助袁大总统谋国利民福之政策,并疏通南北感情,融和党见。本拟即时进见大总统,面商一切,因路途困顿,须暂休养。祈

---

① 章锡和,系铁道协会北京支部代表。
② 湖北革命党人张振武、方维,遭黎元洪与袁世凯诬陷,在北京被杀害。
③ 孙中山于 1912 年 8 月 24 日下午经天津抵达北京。

将此意转袁总统,并订明日相会,畅谈一切。①

据北京《民主报》一九一二年八月二十六日《孙先生对于
招待员之宣言》

与袁世凯的谈话(译文)②

(一九一二年八月二十四日)

孙问:你为什么置张振武于死地?

袁唯唯,软软地答道:因为黎氏给我一个电报说张振武不但图谋反对黎氏,且图谋反对政府。所以,因为他图谋反对政府,似乎应当处死刑的。

孙说:无识之徒,你相信你的恐惧心可以辩护你的行为是对吗?

袁表示悔意后,孙提出委任官吏的事情。

袁说:你对于中央政府用人的意见怎么样呢?

孙答:我所要的第一是诚实的官吏。但是中国官吏诚实之外还需要别种美德。中国需要有创造新事业才能,使中国人从事实业以生利的官吏。我不管谁任命为中央政府的官,只要人民自身在立法上面有全权对于任命官没有否认。我不注意于置我的朋友于职位,因为我并不要与我已经退位的执行大权有所冲突。我的事业现在是建设的。我不要干涉你的职务上的自由。倘使我干涉你的自由,我就要照我干涉的程度而负失败的责任。我并不要干涉你的执行职务,也不要别人干涉我的建设职务。倘使我要任用我的朋友,我可以用在我自己的地方。所以我不注意官吏的任命。我的志愿是愈急速愈好开始我的建设事业,开始建筑我所计划的中国铁路统系。我们有了铁路统系发达于全国,就可以为了人民的利益以开辟工商业的道路。农业的中国要变成工业的中国了。为取不正当

---

① 当天晚上,孙中山即拜访袁世凯,进行了长时间的谈话(见下篇),改变了原来的安排。

② 孙中山自1912年8月24日抵京后,即与袁世凯连日磋商国家大计。以下八九月间与袁的谈话均系孙中山针对袁世凯的有关询问及想法阐述的相关意见。

利益而找官做的人,就要改变从赋税上取利的法子而向更有利的服务的路上了。

袁问:你怎么样可以做这种事情呢?

孙答:铁路是开发新地的企业第一件需要的事情。私人组织建筑受政府管理的办法须经议会通过。这个是同美国建筑铁路计划相符的。倘使铁路归政府所有,就给谋官的人以牟利的机会。倘使是归私人公司所有,不能得外国投资。倘属私人组织,仍归政府管理,就可脱离政治势力,且有政府管的益处。

据[美]林百克著,徐植仁译《孙逸仙传记》(上海三民公司一九二六年版)

于北京行台对招待员的谈话

(一九一二年八月二十五日)

孙先生抵京后,袁总统特谕步军统领内外巡警总厅,凡孙先生出入除派马队待〔侍〕从外,沿途均派军警护卫,断绝交通。二十五日早,孙先生由行台至湖广会馆赴同盟会欢迎会,见途中并无行人,深为诧异。回行台后,即询之招待员傅良佐、王赓等,始知袁总统如此盛意。

孙先生当告以:鄙人虽系退位总统,不过国民一分子,若如此尊严,既非所以开诚见心,且受之甚觉不安,应即将随从马队及沿途军警,一律撤去,俾得出入自由。如大总统坚执不肯,则鄙人小住一二日即他去矣。

(傅、王当以先生之意由电话禀明袁总统,袁以恭敬不如从命,遂饬令将军警撤去。是日下午先生复至湖广会馆出席国民党成立大会,即屏〔摒〕去一切护卫,任商民瞻仰,舆论歌诵不置。)

据上海《民立报》一九一二年九月二日

与袁世凯的谈话[①]

（一九一二年八月二十六日）

袁询及中山迹遍欧美,各国政治学术,其本源如何？
中山历述所见。
中山询袁总统现在财政、外交情形。
袁亦略述梗概。

据上海《民立报》一九一二年八月二十八日《北京二十八日电,袁总统昨回拜中山先生》

与汤漪的谈话

（一九一二年八月二十六日）

袁总统才大,予极盼其为总统十年,必可练兵数百万,其时予所办之铁路二十万里亦成,收入可决每年有八万万,庶可与各国相见。至铁路借款,须向欧美大银行直接议借,不必由在京银行团经手。袁总统意欲中美联盟,予不谓然。至首都地点,宁、鄂两处最好,无已,则宜在开封。容当与袁力商。

据上海《时报》一九一二年八月三十日

[①] 1912年8月26日上午10时,袁世凯赴石大人胡同迎宾馆答拜孙中山,约谈一小时。

与陆征祥的谈话

（一九一二年八月二十六日）

八月二十六号，陆总理①扶病晋谒孙先生，寒暄数语，陆即请示巩固民国之手续。

先生谓：巩固民国，不外整顿内政，及联络外交。能维持现状，实践约法，即为现时整顿内政之要着。至联络外交一项，最要之问题，即系承认民国。此事关系过巨，甚费手续，非得一二国单独承认，难收效果。

陆总理因请先生亲往日、美一行，俟经日、美承认，各国不待要求，自可一律办理。

先生慨然允诺。并劝陆总理以国家为前提，万勿再存退志②，致使国基摇动云。

据上海《民立报》一九一二年九月四日《经国远谟》

与某人的谈话

（一九一二年八月二十七日）③

（孙中山与袁世凯会议，出语人云：）袁总统可与为善，绝无不忠民国之意。国民对袁总统万不可存猜疑心，妄肆攻讦，使彼此诚意不孚，一事不可办，转至激迫袁总统为恶云。

据上海《民立报》一九一二年八月二十七日《北京电报》

---

① 陆总理，即国务总理陆征祥。
② 陆征祥时因张振武案，参议员拟对他提起弹劾，故一再提请辞职。但实际上陆并未参与谋划张振武案。
③ 所标时间系上海《民立报》发表日期。

与来访之国民党党员的谈话

（一九一二年八月二十七日）

国民党有多数人访问孙中山，谈论之间有以练兵与造铁路之事询问者。
先生云：袁总统于练兵一道很在行的，彼作十年总统必能为中国练五百万雄兵。我与造铁道之事，颇有研究，使全国人民赞成我的政策，我十年之内必能为中国造二十万里铁道，以统一中国。

又问以借款之事。

先生云：借款之事，系政府的事件，无庸我管。但是政府若无有法子时，我亦可帮助他们解决此问题云。

据上海《民立报》一九一二年九月二日《孙中山先生旅京记》（党员访问）

与袁世凯的谈话[①]

（一九一二年八月二十七日）

以此次蒙、藏离叛，达赖活佛实为祸首。若能广收人心，施以恩泽，一面以外交立国，倘徒以兵力从事蒙、藏，人民愚昧无知，势必反激其外向，牵连外交，前途益危，而事愈棘手矣。

现在蒙、藏风云转瞬万变，强邻逼视，岌岌可危，凡我国人，莫不注目。虽近日报纸所载蒙、藏情形，多不免得之传闻，故间有毫无影响之谈。须知蒙、藏如此危急，国人又如此注意，若以误传刊登报章，引为事实，使人心恐慌，外人将必乘此时机直来谋我，当以何法对付。故文主张此后蒙、藏消息，

[①] 袁世凯因蒙、藏宣布独立，岌岌可危，思以兵力对付。1912年8月27日，袁氏特请孙中山谈话。

责成各该处办事长官逐日报告政府一次,由政府再分送各报登载,既免误传,且得真相。

据上海《天铎报》一九一二年九月四日《孙先生之蒙藏谈》

与《亚细亚日报》记者的谈话

(一九一二年八月二十八日)

问:先生来京,各界认为于政治上、社会上皆有莫大之影响,今日特竭诚访问先生,可容许若干时间之谈话?

答:刻有要事出门,但可腾挪三十分钟。

问:见各报传载,先生近主张铁路、练兵两策,欲以十年工夫筑铁路二十万里,练兵五百万,有之乎?

答:事诚有之。惟两策以铁路为先,工商、教育可一呼而起。若路不成,有兵亦无所用。中国政府与社会向来作事因循,以区区数千里铁路,往往数年不成。此后应积极进行,必须年筑二万里,方可奏效。不过,国民刻尚反对外资输入,将来或须加以开导功夫为费手耳。

问:二十万里铁路兴筑费须六十万万,我国焉有此巨款?先生所谓外资,于否仰给外债?

答:但能兴利,又无伤主权,借债自不妨事。我现在已筹有绝好法子,将来借款筑路,有利无害。

问:此项铁路归国有乎?抑民有乎?

答:初办宜定为民有,便于竞争速成,国家与以保护,限四十年后收为国有。盖与以四十年期间,民有铁路已获利甚巨,国家可以不须款项,以法律收回。无害于民,有益于国。

问:路归民有,将由国家借债,抑任人民自行借债?

答:二十万里铁路,可分为十大公司办理,得各以公司名义自行借债。

问:以民有铁路公司名义借外债,能否达到目的?且以四十年之久,此十大公司得毋为托辣斯乎？

答：民有铁路公司借外债，必能达到目的。彼外国银行唯恐我不借债，借则皆争先恐后。至托辣斯亦可预防。若国家见某路获利最多，亦可于未至限期前，随意择其尤〔优〕者，用款收买之。

问：先生铁路、练兵二策，既以铁路为第一着手，对于练兵若何主张？

答：练兵五百万，系二十年后事，刻下焉有此巨款。且所谓五百万，指常备兵言。如依征兵制，练兵百万，二年一退伍，有十年工夫，即可得常备兵五百万。再者，练兵乃专指陆军言，海军需款过多，我国纵不能不兴海军，要只先办到防守一方为止。但使铁路贯串全国，有常备兵五百万，即不虞外人欺侮。

问：然则练兵从缓，铁路居先，先生此后将专从事于开导人民及借外债事乎？

答：然。

问：先生专从事社会事业，实令人钦佩！但第二期大总统选举为期不远，恐国民不许先生专从事社会事业奈何？

答：我有我之自由权，国民不能相强也。

问：先生既不欲重当政局，第二期总统恐难得其人。

答：仍以现总统袁公为宜。依我所见，现在时局各方面皆要应付，袁公经验甚富，足以当此困境，故吾谓第二期总统非袁公不可。且袁公以练兵著名，假以事权，军事必有可观，

问：现在一部分议论，对于国体、政体颇有怀疑者，以先生高见，以为民国国体、政体，现在已确定稳固否？

答：何待多疑，民国招牌已经挂起，此后无足虑者。

问：记者亦知民国招牌已经挂起，但如买货者，既问招牌，更必考查所卖之货物。此问题甚大，敢望先生明白赐教。

答：此语予颇不解，是否谓政体与国体恐有不相符者？此在国民心理如何，国民既欲共和，非当局之人所能强以所不欲。彼拿破仑之为皇帝，非拿自为之，乃国民皆欲其为皇帝。否则，虽有强力武功，不能为所欲为。故吾

谓此在国民心理。我国民心理既造成共和,即将来绝无足虑,彼外间一部分舆论特虚报恐怖耳。

问:先生铁路、练兵两策,既得闻教,惟皆系将来问题。刻下国家尚未完全统一,若不迅速解决,恐铁路、军事皆无从说起。先生对于现在统一问题之主张,可得闻否?

答:今日国家已经统一矣。

问:中央政府法令不行于全国,各省意见尚未化消,军民分治及省官制争议不决,其他各种权限问题,皆悬搁停滞。先生所谓已统一者,果何所见?

答:此固为现在待决问题。但予以为无难。将来军民分治后,兵权全收归中央,都督可由中央任命。其他交通、财政、外交、司法,皆为中央独占之大权,余则可放任地方。至民政长则以民选为宜。非谓中央任命者皆非好官,以各省人心多趋向民选,若任命则必群起反对,恐更调撤换,政府不胜其烦耳。再者,国家统一,各有限度,如英殖民地坎拿大①,濠大利亚②等,尚有自练海军及外国结条约者,然亦终不妨其统一也。

问:先生此项政见,欲在北京发挥之,见于实行乎?

答:予亟欲从事社会上事业。政治上问题,颇拟从缓。

问:对张、方事件③,先生之意云何?

答:据我观之,张、方不得谓为无罪。但在鄂都督,似当就地捕拿,诛之于武昌,即不生此问题。假手于中央,未免自无肩膀。而民国草创时代,法律不完,中央政府即接电报,若无依据,以致惹起反对。吾谓中央政府当日应将张、方拿获,解去武昌为上策;否则,亦当依法审判。而中央政府又不在行,故吾谓鄂、京两方皆有不当处。

---

① 坎拿大,即加拿大。
② 濠大亚利,即澳大利亚。
③ 张、方事件:南北议和后,黎元洪不断排挤革命党人,张振武屡次与黎抗争。于是,黎与袁世凯勾结,以调和为名,诱张入京。1912年8月15日夜,袁命令逮捕张振武及随员方维,并于翌日凌晨1时,即予枪杀。事后,袁公布了黎元洪请杀张振武、方维的密电,该电诬告张"破坏共和,倡谋不轨"。

问:此案误似在于北京,鄂督并无违法。盖鄂督恐张、方党羽众多,杀于武昌,难保不致糜乱,故不得已假手中央。案各省有犯罪者,电请中央拿捕,事理似不为过,在法亦无违背。特中央接电后欠审慎耳。先生谓民国初创,无法可据,难道约法上人民身体非依法律不得逮捕、拘禁、审问、处罚之条文,政府亦未之注意乎?故此案误在政府不在行,于鄂督不相干。

(记者报道:孙先生闻言默然点首,时已至约定时间,遂握手而别。)

据北京《亚细亚日报》一九一二年八月二十九日《孙中山先生之政谈》

附录 同题异文①

记者问:先生此次来京,约有几日勾留?

先生答:约三四星期,即须他往。

记者问:先生离京之后,尚往何地游历?

先生答:当由东三省往日本,并须赴欧洲一行。

记者问:闻前清隆裕太后欢迎先生,有此事否?

先生答:未闻此说。

记者问:黎氏于张、方案,先生意见若何?

先生答:黎氏办理张、方案件,实属过当,若张振武有罪,尽可径由鄂省办理,不必移至京师也。

记者问:闻先生主张迁都,确否?

先生答:余极主张迁都,其地点或在南京,或在武昌,或在开封均可。北京乃民国首都,而东交民巷乃有大炮数尊,安置于各要隘,殊与国体大有损辱。且北京乃前清旧都,一般腐败人物,如社鼠城狐,业已根深蒂固,于改良政治颇多掣肘。又以地势衡之,北京地点偏于东北,当此满、蒙多事之秋,每

---

① 本篇为前一谈话的部分内容,乃北京《亚细亚日报》记者的访问。

易为外人所挟制。故迁都问题,实为目前之急务。

据《迁都问题为目前之急务》,载中国国民党中央执行委员会宣传部编《总理谈话新编》(南京一九三〇年版)

与上海《大陆报》记者的谈话

(一九一二年八月二十八日)

孙氏称:此次北来与袁总统相见如故,交谊颇笃,将于正式选举时助袁氏得总统之选。近来现象甚佳。

访员问:袁氏之外,有候补总统之资望者为谁?

孙氏并不明言,但云:未必无其人。

访员问:外间谣传南北有分裂之说如何?

孙氏答:此种举动不敢谓其必无,或未必竟有耳。盖孙氏深信彼与袁等各党之领袖见有此等举动,必能力阻其进行也。

至论及银行团要求监督财政之说,孙氏极为反对谓:何〔无〕论监督之界限如何,决不赞成。且言监督一节,并非必须者。

访员告之谓:倘无监督一层,银行团决不肯允许借款。

孙氏云:可于国内筹集巨款。

继乃论及满蒙大局问题。

孙氏云:中国今日势孤无助,未便兴兵。满蒙实有不可收拾之势,目下不得不暂待时机,数年之后,兵力充足,领土自可恢复。设此四万万人于数十年后不能恢复领土,则华人无保存国家之资格。余以为恢复已失之领土,而求助于邻邦,似不甚可靠。

孙氏尝劝其参议院中之友人勿因张振武之案起骚动。孙氏在都中与袁氏甚相得,而孙氏之上海机关报①则又力谤袁氏。今日有询之者,孙氏云:

---

① 指孙中山在上海所创办的英文《民国西报》,主笔兼发行人是马素。

余对于余之机关报,其政见如何?不问也。

据上海《民立报》一九一二年八月三十日(《大陆报》二十八日电)

附录一　同题异文

(《大陆报》驻京访员谒见孙中山君,孙君宣称:目下袁总统与彼感情,颇为融洽。彼当赞助袁氏,使得为正式总统。现下大局景象颇好云云。)

访员问:将来举行选举时,有无其他候选总统。

孙君答称:或者有之。(然未指出何人。)

访员又问:近日外间风传南北两方面仍有罅隙,果有其事否?

孙君谓:或有此风说,然实际上并无此事。

(据孙君之意,有袁君与彼两人在,此种风说必不能见诸事实。于银行团要求监督中国财政一层,孙君极端反对,谓彼未尝见监督之必要。)

访员复问:若无监督,奈银行团不肯贷款何?

孙君谓:若然则国内未尝无款可筹也。

访员又问:满、蒙大局毕竟如何?

孙君谓:中国目下势力薄弱,欲声罪致讨,戛戛乎其难哉。数载之后,国势强健,当不难复我故土也。若今后四万万人民不能达此目的,何以国为?若中国不自振奋,欲借助他国,以恢复已失之土地,彼实未见其可也。

据上海《中华民报》一九一二年八月三十日

附录二　同题异文

记者问:现在政局大势如何?

先生答:余已与袁世凯开诚布公,面商一切。倘公举袁世凯为正式总统,余亦愿表同情。至于大局,较前颇有进步。

记者问:除袁世凯外,尚有他人谋任总统否?

先生答:容或有之,但未能指定何人。

记者问:外间风传南北分离,果有此事否?

先生答:此等事亦未可断必无。但以现在时局而论,此事断不至有。若万一有之,余与袁世凯亦可以有能力阻止之。

记者问:关于银行团要求监督借款用途一节,先生之意见若何?

先生答:此事余极端反对。盖银行团无须要求监督,中国自有措置之方。倘银行团以不得监督而不允借款,则中国政府,便在国内自筹款项。

记者问:满、蒙现状若何?

先生答:中国方今自顾不暇,一时无力控制蒙古。惟俟数年后,中国已臻强盛,尔时自能恢复故土。中国有四万万人,如数年以后,尚无能力以恢复已失之疆土,则亦无能立国于大地之上。余深信中国必能恢复已失之疆土,且绝不需要外力之帮助。

据"中央改造委员会"党史史料编纂委员会编《总理全书》
(台北一九五〇年至一九五二年出版)之八《谈话》

与某君的谈话

(一九一二年八月二十八日)

孙自称:该报①虽系余创设,而余无力干涉其言论自由之权。

据上海《天铎报》一九一二年八月三十日

余对于余之机关报其政见如何? 不问也。

据上海《民立报》一九一二年八月三十日(《大陆报》北京二十八日电)

---

① 该报,指上海英文《民国西报》。

与陆征祥的谈话

（一九一二年八月二十八日）

（陆征祥本因政务棘手，又兼旧疾复作，曾于二十日及二十三日提出辞表，未蒙批准。二十八日，陆总理假期又满，亲赴总统府恳请退职。）

适先生在座，当力言：现在时局多艰，专赖政府振作精神以维持之。若一因风潮即借病求去，是置大局于不顾，视民国为儿戏，总理素称明达，谅不出此。

陆总理闻言甚为赧颜，答曰：病体未痊，难膺政务，请予假期俾可调养，国务总理一缺仍由赵总长代理，征祥负其责任。

据上海《民立报》一九一二年九月四日

与某访员的谈话①

（一九一二年八月二十九日）②

此事之详细原因，予并未深悉，不敢妄加评断，亦不能干预。

据天津《大公报》一九一二年八月二十九日《孙中山绝口不谈张振武案》

---

① 1912年8月16日，黎元洪借袁世凯之手，以莫须有之罪名，在北京枪杀辛亥功臣张振武，全国震惊。8月24日，孙中山到达北京，曾有某访员叩问关于张振武案的意见，孙中山乃有上述表态。

② 所标时间为谈话发表日期。

与《德文报》记者的谈话

（一九一二年八月二十九日）

（《德文报》访员于今日往谒孙中山君）据孙称：拟于三星期内取道满洲、日本前往欧洲。孙君主张迁移都城，因洋兵驻扎京城以内，实为中国之辱。预望万〔六〕①国借款能早日成立。且言中国经过之时代，从未有比今日更荣耀者。又云：黎副总统于办理张振武事件，实属大误，诚恐黎氏威信将从此失堕矣。

据上海《申报》一九一二年八月三十日《〈德文报〉访孙中山》

答袁世凯特派来人问②

（一九一二年八月二十九日）

确有此电，但此必谣言不足深信。忘记言者为总统府秘书，抑陆军部秘书，但系一颇有地位之人。坚不肯言此人姓名，谓俟后来便知。

据上海《时报》一九一二年八月三十一日《北京三十日电》

与日本记者神田的谈话

（一九一二年八月二十九日）

神田起首即问：先生到北京后有如何之感想？

---

① 六国借款，指英、美、德、法、日、俄六国银行团对华善后大借款。
② 1912年8月28日黄兴电袁世凯质问，"孙文自津去电谓：有总统府秘书云，张振武死时搜得遗书，言与黄兴共谋杀黎副总统事"。29日晨，袁特派人问孙中山。

中山答谓:我见使署卫兵及城楼上之大炮种种不快之意,以非从速迁都不可。

神田即问:将迁往何处为宜?

中山云:只须离开北京,无论何处皆可。

> 据上海《时报》一九一二年九月八日《记者眼光中之中山君(三)》

与袁世凯的谈话①

（一九一二年八月二十九日）

一夕孙语袁,请袁练成陆军一百万,自任经营铁路,延长二十万里。袁微笑曰:办路事君自有把握,若练精兵百万恐非易易耳。

> 据凤岗及门弟子(岑学吕)编《三水梁燕孙先生年谱》(凤岗及门弟子一九三九年自印本)

与某人的谈话②

（一九一二年八月三十日）③

以中国已有之地,不能自由行动,此皆根据庚子条约之失败,迁都之事,其容缓乎!

> 据上海《民立报》一九一二年九月二日《日使质问》

---

① 此件与上海《民立报》所载孙、袁会谈内容互相印证,但梁士诒对练兵五百万数字已忘,回忆说成一百万。因孙中山在北京各种场合均谓练兵五百万。

② 1912年8月29日孙中山因事过东交民巷,卫队多人荷枪挂刀而过,往返两次,各国均不过问。惟日公使以个人名义,特照会外交部,称中国军人无荷枪入租界之权利。孙乃与人谈话。

③ 此件无确切日期,据8月31日孙中山在参议院欢迎会上演说谓:"兄弟此次来京,前日至东交民巷,……次日外人即有公文到外交部,责我违背条约"。据此,标为8月30日。

与袁世凯的谈话

（一九一二年八月三十日）

第一，铁道问题。孙君之所进陈于袁谓：将以此连络欧亚，如蒙古铁道则直通至莫斯科及中亚细亚；中英铁道则直由西藏以通至印度、阿富汗；中德铁道则直通至小亚细亚；中法铁道则直通至印度支那之类。此等皆为列强之夙谋，欲自其殖民地达我边防，以贯彻吾内地之铁道固有政策。

第二，外交问题。孙君问袁以联美历史。袁君乃告以如此如此，孙君即席嗟叹谓：远谋。然二君当即取消联美之政策。

第三，实业问题。孙君谓：自己当从事于社会事业，且从事如此，当较袁君更为适当。

袁君谓：我虽系历来做官，然所办之事，欲以实业为第一大宗。从前在北洋即立意专派实业学生，至于政法学生，实在因为不得已而后派者。

孙君又力驳之谓：我做此等事，必较君更能取信社会。

第四，党派问题。袁君因历诉党派竞争之苦。

孙君一力担任谓：此等之调和，我优为之。

第五，集权、分权问题。孙君之意，则颇主张有限的中央集权，其意谓：司法、交通、外交、军事、财政则宜归之于中央。其他则宜由地方自理。

据上海《时报》一九一二年九月六日《记者眼光之中山君（二）》

与袁世凯等人的谈话①

（一九一二年八月三十一日）

财政事宜为行政上之大端，文到京之初即已声明此来断不干预政事，未便直接担任。惟事关重要，如有所见，亦当详抒意见，用备采行，绝不安于缄默。

据天津《大公报》一九一二年九月三日《袁孙会商财政重要事项》

与袁世凯的谈话

（一九一二年八月）

袁氏问：国人对于借款，多不满意，现在借款已决裂，影响所及，究竟如何？先生高明，幸有以教我。

先生答：目下财政困难，势不能不出借款之一途。但用途宜加详审，数目不可太多耳。现大借款已决裂，其影响于国内，必有以下之数端：（一）各省自由借款，恐引起外人无穷之干涉。（二）地方自由借款，中央失其统一能力，财政愈觉紊乱。（三）中央财政困难，则惟恃盐税等为补苴，对内外之信用，不易确立。（四）中央恃地方协济，则必力撙节行政经费，人才必不愿入新政府任事。

袁氏问：先生对于军民分治问题，有何意见？

先生答：军民分治，法美意良。惟须规定一妥善之法，务使分治得宜，两方俱有完全之责。然军权亦不可尽归都督，须由军长与兵士分掌之，庶免仍

---

① 8月31日，孙中山至总统府与袁世凯、周学熙等人商议六国大借款等事。

蹈专制故智。故消纳军队,实为分治之要着。文意莫如俟国会开时,乃行讨论,较为妥善。

袁氏问:西藏独立,近有主张以兵力从事者,先生以为然否?

先生答:余极端反对以兵力从事,一旦激起外响,牵动内地,关系至大。故余主张两事:(一)速颁待遇西藏条例。(二)加尹昌衡宣慰使衔,只身入藏,宣布政府德意,令其自行取消独立。

据《消纳军队实为军民分治之要着》,载中国国民党中央执行委员会宣传部编《总理谈话新编》(南京一九三〇年版)

与袁世凯的谈话

(一九一二年八月)

是日中山先生见袁总统,谈及迁都问题。谓:北京不是为永久国都,将来或武昌、或南京,否则开封。

先生又言:中国此时外交别无可办,此十年内君当为大总统,专练精兵五百万,始能在地球上与各强国言国际之平等。至我当于十年内筑路二十万里,此路造成,年可获八万万,以之练兵及作中央地方行政经费,不患无钱筑路费。拟用公司名义借外款六十万万,分四十年还清。我当自任前往外洋担任借债事件。

此外尚谈及各国承认民国问题,袁拟恳中山先生复游欧美与彼邦人士接洽。

据上海《民立报》一九一二年八月三十一日

与袁世凯的谈话

（一九一二年八月）

关于内阁问题：袁总统以陆总理决计辞职，势难挽回，欲用赵秉钧，恐不得参议院之同意，欲提出宋教仁，则非政党内阁不可。于是问计于中山先生，先生初唯唯。固请之。则曰：国家本无政党内阁之必要，但各视乎其时，时而宜乎政党内阁，则政党之。时而不必政党内阁，则超然之。今之时宜政党内阁欤抑超然欤，请君裁夺之可也。

关于军队问题：据确切消息，孙先生曾与袁大总统谈及融和南北军队感情问题，孙先生主张举行秋操，开军界协会一次，以定救国之方针。

关于蒙藏问题：袁总统近因蒙藏问题棘手，特问计于先生。先生谓：此次蒙藏叛离，达赖活佛实为祸首。若能广收人心，施以恩泽，则不难立平。倘以兵力从事，蒙藏人民愚昧无知，势必至反，激其外乡牵连，外交前途益危而事愈棘手矣。

关于借款问题：日前袁总统与孙先生磋商要政，谈及借款事宜。大总统谓：国人对于借款问题多不满意，现在借款已经决裂。先生之意以为如何？孙先生谓：目下财政困难，势不能不出于借款之一途，但用途宜加详审，数目不可太多。现大借款已决裂，其影响于国内必有以下之数端：（一）各省自由借款恐引起外人无穷之干涉；（二）地方自由借款，中央失其统驭能力，财政愈觉扰乱；（三）中央财政困难，则或恃盐税等为补苴，对于内外之信用不易确立；（四）中央恃地方协济，则必撙节行政经费，人才必不愿入新政府中云。

据上海《申报》一九一二年九月七日《孙中山之各种政见》

与袁世凯的谈话

（一九一二年九月一日）

财政问题孙谓：目下财政极端困难，势不能不借外债以济眉急，惟不可借多致启政府侈肆之心。

外交问题谓：宜视理之曲直定交涉之强硬与否，至于承认问题，则不必着急，我内政果能实行统一，各国自同时正式承认。

蒙藏问题谓：当以激烈手段解决，一面派深于蒙藏文者前往宣导，化其顽梗而启其内心之心。

消纳军队问题谓：宜南北同时举行，但宜行之以渐。

据天津《大公报》一九一二年九月一日《孙中山对于四问题之意见》

与袁世凯的谈话

（一九一二年九月一日）

袁颇虑筹筑铁路款巨无着。

孙则谓：此系生产的事业，但能得外人信用，而不丧失权利，有此条件尽可输入外资。且此外筹款方法甚多，断不能因噎废食。

谈及蒙、藏近况，袁氏当即请问整理蒙、藏办法。

孙云：蒙古不欲取消独立者，西藏为之臂助也。如欲使蒙古取消独立，必先平西藏，以为取消库伦独立之预备。西藏平，则蒙古之气焰息矣。西藏之向背，关乎蒙古之独立与否，蒙古不独立，则边警息矣。

据上海《天铎报》一九一二年九月三、四日

与蒋翊武等的谈话①

(一九一二年九月一日)

当决意借债筑路,拟将全国铁路分为四大干线。

……各省会、商埠,均宜筑建铁路。唯款项难筹办,可与各国订约,令其代为建筑,四十年后收回。权限宜划清,免致损失主权。

现就中国本部十八省形势而论,则以湖北汉口为中心点,就全国而论,则以甘肃兰州为中心点,将全国铁路告成。以汉口为本部之铁路为中心,以兰州为全国铁路之大中心点,又以各省之中枢各自为一中心点,使全国铁路布置若蛛网。然后交通便利,当可与世界各国争雄。

据广州《民生日报》一九一二年九月十一日《孙中山之铁路计划》

在北京的谈话

(一九一二年九月二日)②

(一)关于迁都事

予不至北京已二十年,此次重来,未改旧观。惟国都有外兵驻扎,城头安置各国巨炮为可慨耳!试思举一国之首都,委之他国人代为守护,是可忍孰不可忍?所以予有迁都之建议也。

---

① 9月1日晚,武昌首义之元勋蒋翊武、邓玉麟等在北京六国饭店设宴欢迎孙中山等,出席作陪的有北京政府各要员。席间孙与蒋等所谈之题为"铁路政策",孙还发表了演说。
② 所标时间系上海《中华民报》发表日期。

(二)关于达赖背叛事

达赖背叛,纯系外人运动所致,我如诱以爵位,饵以重金,或可就我范围。若专恃正式讨伐,微特无济,恐益坚其外向之心。

(三)关于张、方案

弹劾大可不必,盖于事实毫无补救,徒费良好时光。

据上海《中华民报》一九一二年九月二日

与袁世凯的谈话

(一九一二年九月二日)

袁氏以现在各省皆有暗潮,如直隶、山东、吉林、奉天、广东等省之省议会与都督屡生冲突,值此国势阽危之时,此等险象实非所宜,应如何设法维持?

中山则以通电各省,使遵守约法,勿越权限,为解决争竞之办法。

孙、袁连日会谈,皆以边患日急,政党互争意见,非国之福,乃协议约同黎元洪发起一救国社,专以求国利民福为前提。无论何党党员,皆可入社为社员,即借此以化除党争,共扶危局。

据上海《天铎报》一九一二年九月六日

与某人的谈话

（一九一二年九月三日）①

　　维持现状，我不如袁；规划将来，袁不如我。为中国目前计，此十年内，似仍宜以袁氏为总统，我专尽力于社会事业，十年以后，国民欲我出来服役，尚不为迟。

据上海《民立报》一九一二年九月三日

与袁世凯的谈话②

（一九一二年九月三日）

　　孙先生对北京规模大不赞成云：道路之污秽，宫室之卑陋，犹可改造。惟各国使馆逼近东交民巷，外兵充足，将来外交上稍有冲突，定行危险，不若将各公使馆移建于南苑为得宜。

　　袁氏云：余领前清外务部曾建此议矣。

据上海《天铎报》一九一二年九月十日

　　孙当晚往谒袁总统提及迁都问题。

　　袁云：此时因尚未完全统一，外交上关系动多掣肘，且目今财政困难，尤为一大阻碍，恐数年内此种问题不易解决。

　　中山云：如政府果能抱定迁都之义，则将来即可达此目的。

据上海《申报》一九一二年九月十一日《孙中山京游之鳞爪》

　　孙中山向袁总统力主迁都开封。

---

① 所标时间系上海《民立报》发表日期。
② 9月3日下午孙中山赴五族合进会欢迎会后，当晚往总统府向袁提及迁都问题。

袁谓：我本河南省人，岂有不顾，特此着为事实上所万不可能行者。

据上海《时报》一九一二年九月十二日《北京十一日电》

与袁世凯的谈话

（一九一二年九月四日）

孙先生与袁氏讨论借债问题，中山云：中国今日非借债万难立国，盖公债、国民捐输入有限，而民力实已告竭。且借债之受害莫如丧失利权，其次则投于不生产的事业，两弊去，又能借得轻息外债，则较诸举办公债利益何止倍蓰，故不当空言拒债，以自促灭亡。

袁云：现在财政困难，借债非易。

孙云：现今国体共和，人民均有负担之责，可将预算、决算颁布国内，然后再将国民公债及国民捐进行办法议妥，庶可集腋成裘。文现欲在北方提倡此事。

民国成立，财政困难已达极点，不速筹生财之道，其涸立见。为今日计，宜令外交部开通商埠，工商部广开矿产，农林部伐采森林，交通部推广路电，尤在财政部开源节流，综挈大纲，次第发办，富强可期。

据上海《天铎报》一九一二年九月九、十日

孙先生于四日语袁总统时，袁曾提出国民捐问题。

孙先生谓：上海承认之国民捐已及百万，可电饬随收随汇，不必俟收齐全数始行起汇，以济眉急。至于各省所得之国民捐，即为各该省解散兵队之用，亦令随收随遣，早遣一名即早减一名之饷。如此办法，已省往来兑汇许多周折，而为利益更进一层。

据上海《民立报》一九一二年九月十一日《孙先生旅京记》

答记者黄远庸问

（一九一二年九月四日）

问：先生之政见，已经各处发表，大都领悉。惟闻先生竭力推举袁总统，以为可以救治中国，但袁总统与参议院之多数党及各省都督，尚未能诚信相孚。长此迁延，国家必无统一之望，先生有何法以维持之？

答：袁总统尚未言及此事，然此事却不甚难，只须袁总统略为迁就，便可互相了解矣。

问：所谓迁就者，于法律上减少中央权限乎？抑用别种方法乎？

答：并非于法律上。即如各省都督，多半主张民选也，有主张中央派的（中山君随将手中所持电报示曰：此即贵州来的电报，他们是主张中央派的）。然欲由中央派去，即于中央不利。

记者急问之曰：即是有主张民选，也有主张简派，然则欲求调和之法，必愿意民选者即任其选举，愿意简派者即由中央简派乎？

答：照原理上，总是民选的好。何以说中央简派反于中央不利呢？此话须得解释。第一，中央派人，不见得尽是好的，而且难得见好。若都督与地方冲突起来，则地方人民抱怨中央，反生地方与中央之恶感，而且中央往往无相当之人可派。譬如我们广东，中央不晓得情形，派那个去才好？若由民选，则即都督不好，他们只能由少数党埋怨多数党，说他不应该选出这种都督，就埋怨不到中央了。第二，都督既由民选，则地方上有不满意都督之处，他就来京依重中央的势力去牵制他。都督恐怕他们牵制，也就不能不借重中央。中央之权力，反而因此增大。譬如我们广东，前有少数人不满意于现在都督，就来京想法子推倒他，即是先例。

问：军民既未分治，则所谓民选者，由军人选举出之耳。先生既主张民选，是否主张军民分治？

答：五、六年内，军民分治的事情，也是办不到的。因为不主张分治的人,中央未必能派兵去打他。

问:然则有何方法以处之?

答:此必等待兴征兵制度,将此等的新兵,尽归中央管理。而地方老兵,或归天然淘汰,或改归警察。地方上无兵权,自然渐渐可以分治矣。

问:然则如先生所定,五、六年之内,中国必无统一之望矣。

答:五、六年不统一,有什么要紧,何必如此心急。美国到如今还没有统一。

问:美国之统一,似应比中国更难。因为中国向来是统一的,美国却原是联邦的雏形。

答:美国革命之后,乃是联邦,其先并非联邦也。

问:若是国内可以自立,照现在情形,本没有什么要紧。但现在外蒙之乱,已及内蒙;西藏原有驻军,已自大吉岭送归,而四川征藏之兵,又不能前进。外患情形,如此逼迫,国内四分五裂,何以对外?

答:对外一层,是与这个问题没有关系的。若是现在要打仗,我们广东尽可出兵三万。自行筹饷。说到外国的事情,我们中国的人心,人人是一致的。

问:现在蒙、藏情势如此,外交紧急,全体皆动,先生以为中国有亡国之忧否?

答:决无,决无。

问:先生政策,记者向颇研究,也有懂的,也有不懂的。自先生到京后,记者深佩先生为中国第一之乐观派。但全国人心多半是消极悲观,有一部分人对于先生乐观之说,颇怀疑义。以为人已快死,你还在那里说种种高兴的说话。故记者之意,以为先生必须将蒙、藏诸紧要问题,设法与袁总统解决,令全国人心恍然大悟,中国之必不至于亡,而后对于先生所说种种事业,亦必异常踊跃。

答:这个是关系外交很复杂的很秘密的法子,是有不能宣布。

问:记者决不发表,先生作为个人的秘密谈话何如?

答:决不可以,决不可以。

问：先生的铁路计划，定于何时切实发表，真正实行？

答：这个我已经与政府商议。政府答应的条件是很宽的。只要外国人肯借，没有十分损害主权，就会答应。将来看参议院怎么样通过，我就按照所定条件，去募债，去造路。

问：铁路计划既是先生发起，别人不能十分明自〔白〕，将来光景是要由先生一个人承办的。

答：那个我总得要同各省商量，即如湖南现在就有电报请我去帮他们的忙。

问：先生所开三条路线，内有好多已归外人承办，此等如何办法？

答：本来是外国人办的，原是归他们办，我们不过辅助他们，并无妨碍。

问：先生将来必须还要到外国直接募债罢？

答：募债的事情，非到临时不能预计，将来或是直接募债，或是与外国工程师订立合同，共同办理。

问：究竟先生对于袁总统之批评何如？

答：他是很有肩膀的，很喜欢办事的，民国现在很难得这么一个人。

问：他的新知识、新思想恐怕不够么？

答：他是很清楚的。像他向来没有到过外国的人，能够这么清楚，总算难得的。

问：他有野心没有？

答：那是没有的。他不承认共和则已，既已承认共和，若是一朝反悔，就将失信于天下，外国人也有不能答应的。除非他的兵不特能够打胜全国，并且能抵抗外国，才能办到。这是怎么能够的事情？况且现在已经号令不行于地方，他若改变宗旨，于他有什么利益呢？

问：这种说话，都是由各政党生出来的，于国家有种种不利，究竟先生看看中国政党之弊病，在什么地方，有何方法可以救正？

答：这个一时是没有什么法子的。让他们自己闹闹，闹过几年自然明白。

问：先生向来主张地价单税，这就是国家社会政策之一种，就是先生向来所提创〈倡〉民生主义之最要政策,究竟现在要实行不要实行?

答:这是要速实行的。因为从地价不定,地皮一天贵一天,将来造办铁路购买地皮时,异常不利。现在英吉利、纽锡兰均已实行了。

问:地价单税法,系专按照地价收纳租税。此税一行,则其余租税是应该一律停办的。先生既欲实行地税,则其余租税,一概停办乎?

答:一时试办,是不能停办一切的。等待有把握之后,再想办法。

问:先生之乐观说,我们是很佩服。但是先生的老同志,如汪精卫、蔡子民,个个都上西洋,似乎又很消极。就此看来,似乎乐观派的人不很多。

答:他们都是很乐观的,所以上西洋求学,不然他们就不去了。

问:先生从北京就要往东京、欧洲,有此说乎?

答:现尚未定。

据黄远庸著《远生遗著》卷二(上海商务印书馆一九二七年版)

咨北京政府建筑铁路计划文的谈话

（一九一二年九月五日）

此策实行将见中国为世界上最大之国。惟照其计算必须筹资本六十亿元,始能实行其计划。

据上海《民立报》一九一二年九月六日

与袁世凯的谈话[①]

（一九一二年九月五日）

自尹司令[②]进藏迄今数旬,虽无失利,然伤人耗财,究属得不偿失。且

---

① 此件是孙中山与袁世凯谈及西藏问题时所表示的意见。
② 尹司令,即尹昌衡。

达赖背叛之原因,大半受外之〔人〕之运动。故收拾西藏,亦须由运动着手,施行种种政策,如诱以高爵,饵以重币等类。若徒恃征伐,不惟无济,且恐坚其外向之心。

据上海《太平洋报》一九一二年九月九日

与袁世凯的谈话

（一九一二年九月五日）

袁氏以连接蒙、新①警电,即询孙先生如何设法？

孙先生云:蒙、新地方离京不下万里,所接警电不能确实,恐有外人假造。应饬内务部特派侦探专员四人,前往确实探明,以便防范,对待之策,不致临时惊惶,毫无把握。

对于蒙、藏独立,余实主张用激烈之武力解决蒙、藏问题,藉儆反侧,兼以杜外人觊觎。俟一大致解决,再派善于词令深悉蒙、藏语言者,前往宣慰,较单纯用剿者,似易收效。

据上海《天铎报》一九一二年九月九日

在北京回访四国银行团的谈话

（一九一二年九月上旬）

鄙人此次北来,深欲与列邦诸友携手以联中外之欢,并愿贵银行诸君有以扶助之。盖吾国现虽财政困难,不得不求助于列邦,然使实业发达、铁路大通,则十年后未尝不可成为极富之国也。更冀世界各国共进大同,永不至再有战事。

据上海《民国新闻》一九一二年九月十一日

---

① 新,即新疆。

与某国民党员的谈话

（一九一二年九月上旬）①

某国民党员谒先生时谓：中国自光复以来财政奇窘，为世界所少见，竟至借贷无门，大有民穷财尽之势云云。

先生不同意某君看法。谓：非也。中国地大物博，矿产丰富，虽不能驾于全球，亦可与列国相等。现在财政困难，不过一时耳。试问去年兵兴以来，南北军费之消耗，商民财产之损失，宁不影响全国耶？但求政权统一，商民安谧，则概算所出所入，有盈无绌，兼以实业大兴，为裕国之根基。官吏除却私略，中国宁不富耶！但望努力前进，请观十年后之中国。

据广州《民生日报》一九一二年九月十一日《孙先生之财政谈》

与刘揆一等人的谈话②

（一九一二年九月上旬）

刘揆一某日偶见孙中山。孙当面夸奖他谓：毫无党见，能以国家为前提。

刘闻孙中山语后，愧疚退出。孙复对党员谓：刘君与我相知有日，其人性情真诚。外间近有微言，不足为训。

据广州《民生日报》一九一二年九月十一日《刘揆一之惭汗》

---

① 此件时间按广州《民生日报》载"昨有国民党某君谒孙中山"，酌定为9月上旬。

② 刘揆一是中国同盟会本部的主要负责人之一。他从1907年2月至1911年10月一直代理东京同盟会本部执行部庶务干事职。1912年3月同盟会公开活动后，他又是本部十干事之一。同年8月，刘被袁世凯任为北京政府工商总长后，申明脱离同盟会籍。外间及部分党人对他的这种做法多有批评或议论。这是孙中山就此对刘及党人的谈话。

与梁士诒的谈话①

（一九一二年九月上旬）

革命数十年，今幸始得共和成立，又值满、蒙不靖，于心有愧。大总统既为同胞谋幸福，敢不竭驽力，以国家为前提，共图国全。

据上海《太平洋报》一九一二年九月十七日

与路透社记者的谈话

（一九一二年九月十一日）

政府议每月付银三万两，由交通部筹拨，以供进行中国铁路计划，政府准□□其组织一铁路总公司，□其督办，政府已予其筹划全国铁路全权。将来一切事务，当由参议院议决及政府批准。

今将请参议院正式赞成其开拓实业之计划。第一为筹借外债与〔兴〕造某某数线铁路。第二为准许外国公司，兴造某某数线铁路，订定年限，期内所生之利归于造者，期满即以该路交还中〈国〉政府。第三为组织公司，或全系华资，或中外合资，兴造铁路，订定租期若干年。第一计划，拟施于边界一带。〈第二、〉第三计划，拟施于户口稠密之处。

开放中国本部全土，以供外人营业，无须复用护照。惟须订明寓于通商口岸以外之外人，应服从中国治权；并设立特别法庭，以审关涉西人案件。

或谓外人投资中国之后，华人商业大兴，必将祸及全世界之商业。孙君对于此说颇非，笑之谓：中国果能日臻发达，则全世界之境况均可借以进步。

据上海《民立报》一九一二年九月十二日

---

① 袁世凯指使梁士诒和孙中山密谈大局。

与广东旅京同乡的谈话

（一九一二年九月十一日）

孙君上台宣言：今日诸君皆同乡至亲，不拘客套，故弟今日不演说，改为谈话会，无论政治、实业种种问题，如诸君下问，兄弟定必详答。

陈治安问：中国有两岛：一台湾，一琼州。台湾已被日本占去，惟余琼州，万一再为法占，则全国受影响。若欲整顿，非将琼州改为一省不可；但一切行政之费，非得中央政府扶助及借外债不可，此事望孙先生帮忙。

梁士诒继云：广东僻处一隅，去中原颇远，且山多田少，民食不足自给。从前粤人争往外洋谋食，近因各国禁阻华工，粤华侨恐无立足地。近虽有殖民于东三省或蒙古之说，然其地苦寒，与粤人体质不相宜。琼本广东九府之一，粤人移此，必能相合。然非改为省，而请中央政府协济，则此事原不易言。昨与孙先生谈及此事，今日又得琼州陈君为之萌芽，诸君如以为然，则请研究此问题可也。

先生答：近日江苏人欲将江北改省，然其地与江南仅隔一扬子江耳，改省与否，无关紧要也。琼州则孤悬海外，当民国之最南，其海峡之最狭者，亦与内地口岸隔八十里，万一不能关照，失去琼州，则高、廉、雷等府及广西之太平等处大有危险。今为边防起见，宜将琼州另立一省。其五指山内黎峒所未辟之地，则移广州〔东〕八府之人以实之，则琼州或可自守矣。况琼州有一榆林港，极合军港之用。此港为欧亚航路所经，如立为军港以守之，则不特可以固中国之门户，且可以控制南洋一带。至于实业，则琼州四面滨海，海物甚丰；琼多山木，其材木足供数百□①铁路上枕木之用。农田岁数熟，矿产又极富，琼地又能种树胶之木（近日树胶之用极广，每树胶一磅，值银数元，一树能出十余磅）。琼之糖产、槟榔等又极丰。若为外人所占，则

---

① 原文脱一字，疑为"里"。

大利外溢,贻患无穷。且檀香山面积不过六、七千方里,从前粤人侨此者四万,日本七万,土人数十万,亦足供殖民之用。今琼地万余方里,地大于檀,产腴于檀;美人为海防起见,尚极力保全檀香山,何中国人不以琼为意乎?今陈君提倡设法保卫琼州,琼全则粤全,诚急务也。

张汝翘问:先生之办全国铁路,必须要求大总统付以全权,是否含有官场性质乎?

先生答云:全国铁路二十万里,非借外债无此巨资。如以私人资格借债,则外人不信,不能借,非政府授以特权不可。例如日本之正金银行,亦系私人营业,而政府假以大权者也。如国家以全权授我,照日本之邮船会社办法,俾我办全国铁路有对外借债之全权,复又须得参议院通过,则我以私人营业造路,与外国大公司商量,造成之后四十年,将全路交回国家。不观香港之批地建屋者乎?批地以四十年为期,建屋收租,到期则连地连屋皆归还地主,而建屋之人亦获大利也。况建路之费,比建屋为省得多乎?如不用此策,我度十年以后,中国亦不能造成五万里之铁路。若用此策,则政府对于外国资本家不负责任,而我公司则对外国资本家负完全责任,则国家可免许多棘手之处也。不观日本东京之电车乎?先由民办二十五年后,收归国有。今我仿此办法,四十年后全路收归国有,则此时人材已出,条理亦臻完善,政府可以坐享其成矣。但此事非得国民赞成亦不能办。大总统系四万万国民之代表,故非由大总统任命不可,并非含有官场性质。

据上海《民立报》一九一二年九月十八日《孙先生旅京记——粤同乡欢迎会》

附录　同题异文

孙先生说:将广东琼州改为行省,琼州一岛,孤悬海外,为欧亚交通孔道,形势扼要,屏蔽全国,物产丰饶,利于殖民。然欲经营之、垦拓之,须改为行省,始有所措手,愿同乡诸君留心研究此问题。

张汝翘质问：昨日总统下令，命先生筹备铁路组织公司，此公司纯似官厅性质，先生平日经营社会实业之宗旨有背，若果民业性质，又何必总统下令？

先生言：此公司系民业性质，与官厅不同，视日本之正金银行、三菱银行大略相等。因铁路公司系最伟大之事业，余所计划办路线二十万里，需款六十万万，若政府不授我以全权，如何能向外国人借款。况路线甚长，其中关系复杂，必须为政府特许，始能着手实行，故大总统命令系代表四万万人以筹办铁路全权许我，即以对外借债修路之责委我。我得此权根据异日参议院议决之借款条件，即可与外人订立合同，包筑铁路，俟四十年后政府可不费钱，坐收二十万里铁路。

据上海《申报》一九一二年九月十八日《孙中山之高谈雄辩》

访逊清摄政王载沣的谈话①

（一九一二年九月十一日）

孙先生以载沣在辛亥革命时期，代表清政府逊位，和平交出政权，致以慰勉之意，并希望今后在五族共和的基础上，共跻富强。

为了达成南北统一，已辞去正式大总统的候选人，自己将以在野之身，致力于社会建设工作，拟于十年内实现修筑二十万里铁路的愿望。

据北京《团结报》一九八二年十月十六日金友之《孙中山先生会见逊清摄政王载沣小记》

---

① 1912年9月11日上午，孙中山到后海北河沿醇亲王府，作礼貌上的拜访，当由载沣迎入至"宝翰堂"会晤，并面赠亲笔签名相片一帧。下午，载沣由北京步兵统领江朝宗陪同，回访孙中山于行馆，双方晤谈，历一小时。

与《中国报》记者的谈话①

（一九一二年九月十三日）

余意照余之办法，决不致如报界等所云，以中国权利送与外人。余拟游历各省，以中国无力自行筹款，实行其计划之情形，详为国民开示。余拟先将各省私团所筑之铁路，已成未成者，尽为政府购入，付以相当之价值，以为入手第一办法……。（并解释如何筹借外债，则可无碍中国利权之理由。）游历之后，尚拟赴外洋亲自调查路政，向外国资本家商订借款。交通部今虽拨款助其铁路公司，然是否以外国资本造路，或以筑路之权许与外人若干年，或由中外组织公司合造？此项问题，政府均不干预，须俟以该路归与政府后，政府始行过问。

据上海《民立报》一九一二年九月十六日

与袁世凯的谈话②

（一九一二年九月十三日）

鄙人任总统不过具一公民资格，并无政治之关系，虽出为担负其事，亦恐外交团之未必确能承认。

据天津《大公报》一九一二年九月十四日《孙中山不愿参预借款事》

---

① 此件为谈话大意的报道。
② 9月13日，袁世凯与孙中山再次会谈与各国大借款事，袁力邀孙中山担当其事，为孙拒绝。

在北京招待报界同人时的谈话

（一九一二年九月十四日）

记者问：修筑全国二十万里铁道，此等伟大事业，非伟人不能办，先生之所主张，敬闻命矣。惟鄙衷不能无疑惑者有三：（一）先生主张批拨外人承办，是否由政府批拨，或径由公司批拨？（二）满洲、蒙古在日、俄势力范围之下，如批归日、俄承办，适中日、俄之计，中国前途，益形危险。如另觅他国，而不归日、俄承办，日、俄又必干涉，先生将用何法避去此种困难？（三）南北各干线如京汉、津浦，均已修竣，粤汉正在兴工；先生现在计划之路，是否与各干线并行，有无冲突？请将路线规划大略说明。

先生答：第一问，自以径由全权组织之公司批拨为善。盖批拨之权既在公司，则外国资本家只能与我公司交涉，而不能与我政府交涉，此即兄弟欲脱离政治上种种关系之作用。

第二问，满蒙外交不免棘手，但有一避其冲突之方法。现在兄弟所拟之路线，内地十五万里，满蒙不过五万里，尽可先从内地各省之路筑起，暂留满蒙路线，以待最后之解决。若以兄弟眼光视之，日俄国内，均甚空虚，无大资本家，即欲承办满蒙路线，亦须自英、法各资本家转借巨款，始能兴工建筑。如兄弟计划已成，则英、法各资本家已投巨资于我国内地各路，必无余资再借于日、俄两国，此可悬揣而得者也。将来日、俄因此或不能要求承办满蒙路线，亦未可知。即令日、俄用各种方法，筹得资本，坚请承办，只要合同上之条件订立妥善，亦无不可以允许之处。何也？东清铁道主权，所以全属俄人者，以沿路各站保护之兵，均系俄兵，俄人自由行动，中国不能过问故耳。盖当时订约，允许俄人以置兵保路之权，则毋怪俄人之自由行动。今兄弟主张请外国资本家包办中国铁路，将来订约，必不许外人有置兵保路之权，沿路之兵，均由我国设置。主权在我，操纵自如，即日俄承办，亦无不可。

第三问，京汉、粤汉均系贯串南北干线，兄弟所计划者，则均系贯通东西干线,既不与原路并行,亦不与原路冲突。兄弟日前已将路线绘画送往交通部,其路先从西北筑起,大略分为三线:一、由广州经广西、云南,接缅甸铁路。二、由广州经湖南、四川,达西藏。三、由扬子江口经江苏、安徽、河南、陕西、甘肃、新疆,迄于伊犁。若使此等干线全体告成,则全国交通便利,调兵运饷,攸往咸宜,日、俄亦不敢出头干涉矣。又此次政府因兄弟筹划铁道,动需经费,月拟拨款三万元,兄弟暂拟收用。将来公司成立,此项垫款,仍须归还。大约此项借款,兄弟须往欧洲一行,能否成立,两月之内便可分晓。万一此事难成,亦可由兄弟赔偿。因前在南京政府时,兄弟曾向华侨筹得洋银六十万,已为政府用去,尚未归还,将来即在此项扣除,亦无不可。恐不知者误会其事,故为诸君言之。

据《批修铁路及东西干线之规则》,载"中央改造委员会"党史史料编纂委员会编《总理全书》(台北一九五〇年至一九五二年出版)之八《谈话》

与各报记者的谈话

(一九一二年九月十四日)

何君问:中山先生谓借款与包工二者,将来究竟如何办法?请先生说明。

先生答云:鄙人主张最好是批给外人包办,借款由外国银行,使与政府相涉。其次即组织中西合股公司,准外人入股。然此层办法,终不如批给外人包办为妥善。此种办法,在外国甚普通,惟中国人则不知此中利益。鄙意以为三项皆须利用外人:(一)我无资本,利用外资。(二)我无人材,利用外国人材。(三)我无良好方法,利用外人方法。且铁路专门人材,全地球未必能有百人,故美国一铁路公司顾问,月薪十余万,较总统多至数倍,其公司总理诸人更无论矣。我国包工修路,其专门人材始能受其利益。

黄君问:(一)将来与外人订立批办合同,将用我国政府名义,抑用政府委任孙先生之全权名义?(二)我国从前已修未修之铁路,多半已与外国人订有条约,动辄关系外交问题。如上年我国拟自修张恰铁路,俄国即不承认,且声明中国如修此路,必用俄国资本;又如我国拟修锦瑷铁路,日俄又出而干涉。此种问题,皆甚困难。将来我若修办全国铁路,势不能不修边省铁路;若修边省铁路,即不能不引起外交问题。此事当如何解决?(三)现在内地铁路已有川汉、粤汉、京汉、京奉、津浦各路,将来再修二十万里铁路,其路线当如何计划?请略为宣布。

先生答谓:将来批定包修合同,自应由公司出名与外国资本家交涉,不用政府名义,以免引起国际交涉。至于边地铁路,恐起外交问题,可以先从内地修起。若取开放主义,即准日、俄投资,亦未尝不可。不过关系主权之事,不能丧失,即如保路兵应由我自派。但求主权不丧失,无论何国包修,皆未尝不可。又全国路线计划,曾拟有一图,现在交通部未取回,大致系分数条干线:(一)从广州到成都。(一)从广州到云南大理。(一)从兰州到重庆。(一)从长江到伊犁。(一)从大沽到广东、香港。(一)从天津到满洲各处,其大概如此。

据上海《民立报》一九一二年九月二十日《孙黄两君旅京记——迎宾馆报界招待会》

与梁士诒的谈话①

(一九一二年九月十四日)②

此次革命未建争城血战之功,遽受特别勋位,实多惭愧,且此后即当投身铁路事业,原无须此荣衔,请大总统另择有功民国之人分别核与。

据天津《大公报》一九一二年九月十四日《孙中山不受大勋位》

---

① 1912年9月,袁世凯为拉拢孙中山,拟授孙中山以特别勋位,特派梁士诒与孙中山会商,孙不愿接受,乃有上述议论。10月,袁世凯强授孙中山以大勋位。

② 所标时间为谈话刊出日期。

在北京招待参议院议员时的谈话

（一九一二年九月十五日）

谷钟秀提出二质问：一、各国在中国皆划有势力范围，以非其国之资本投入，能否不惹起交涉？二、边僻荒凉之地，无利可图，外人岂肯包办？

中山答谓：组织总公司集合各国大资本家经营全国铁路，正所以利用经济的势力，破坏国际的势力，无论在何国势力圈内，皆不生障碍。初筑铁路自然先从繁盛地点着手，及路已筑成，则与为接界荒凉之地，亦将变为繁盛，不患无人包办。其真无利可图者，为数无几，国家可自经营之。

据上海《时报》一九一二年九月二十一日《孙中山大宴参议院》

在北京袁世凯饯别宴会的谈话

（一九一二年九月十六日）

袁世凯急欲刺探孙中山的意志，佯作酒醉拊孙曰：方今革命克告成功，先生奔走数十年之目的已达，中华革命于是告终矣乎？

孙中山莞尔从容对曰：满清幸已推翻，如云国中革命从此告终，恐未必然。

据《中山与项城》，载《孙中山轶事集》（上海三民公司一九二六年版）

与八旗人的谈话

（一九一二年九月十七日）

先生曰：共和事业，虽势力拓展于南方，但旗人于北方，协力同心，故收效甚速。若所展施者能一如南方国民之筹设共和事业，则两方可受同等之荣誉。

某君问：关于旗人生计，民国有救济之方法否？

先生答：现在五族一家，各于政治上有发言之权。吾意对于各种工业，应即依次改良，使各旗人均有生计，免致失业。苟起冲突，国必倾危。凡我国民，均应互相团结，以致共和政治于完善之域。人人之志愿，均应为人民求幸福，为国家求独立，而国家乃进于强盛，共和之目的，乃可达到。

> 据《五族互相团结共和之目的乃可达到》，载中国国民党中央执行委员会宣传部编《总理谈话新编》（南京一九三〇年版）

与梁上栋的谈话

（一九一二年九月十七日）

孙询及山西军政情形，颇觉焦虑，对梁及在旁之张继说：我们应想法子劝他们，内部先统一，同心努力革命。现在既已公认阎为都督，就应该支持他，倘若内部再发生事故，岂不给袁氏以可乘之机。

> 据北京《团结报》一九八七年十二月五日杜彦兴辑《孙总理民国元年视察太原经过》

与阎锡山的谈话

（一九一二年九月十八日）

孙：你原与我约革命军到河南后，山西出兵接应。你提早在太原起义，对革命的影响很大。

阎：我早动作，是出于不得已。山西巡抚陆钟琦命令山西新军两标（相当团），一标开平阳府，二标开代州，另调巡防队七营接太原防务。我认为这是反革命的布置，开拨之日，不得不于一标弹药到手之后，即冒险发动。

孙：我与清廷议和时，最后争执的，就是山西问题。我坚持一定要将山西包括在起义省份之内，和议几陷僵局，但因我必争执此点，最后他们不得不同意我的主张。

据北京《团结报》一九八七年十二月五日杜彦兴辑《孙总理民国元年视察太原经过》

与梁上栋的谈话

（一九一二年九月十八日）

总理问：你是学工程的，你对于正太路用窄轨，有何意见？

答：除非万不得已，仍是用标准轨为宜。

问：你对于我的建筑铁路计划，有何意见？

答：我还不很清楚先生的计划。

总理乃略述其十年建筑二十万里的铁路计划称：我国版图广阔，物藏丰富，非求开发，不足以言富强。开发之道，舍兴筑铁路而莫属。若以十人筑路一年，可成一里，则二十万人，一年可成两万里，二百万人，一年可成二十万里，以我国人口论，用二百万人筑路，当无问题，若期以十年更无论矣。唯需款约六十万万元。当兹革命初期，民穷财困，何堪肩负如此巨任，倘能利用外资外力，实乃唯一成功之捷径也。次就国防军事而言，兴筑铁路，尤感迫不急待。譬如我国有二百万兵，分布二十余者，平均每省不过十万，敌人以三十万兵，即可制我而有余，盖敌人三十万兵敌我十万，非敌我二百万也，其制胜可断言。故名为二百万兵，因交通运输不便，实与无兵何异！反之，若助以铁路之输运，有兵百万即足矣。

据梁上栋《总理民元视察太原追忆》，载《国父九十诞辰纪念论文集》（台北中华文化出版事业委员会一九五五年版）

在北京招待参议院议员茶话会上答参议员的谈话

（一九一二年九月二十一日）①

参议员之质问：

国民党议员谷钟秀云：有二疑不解：一则各国之于中国暗中似各划势力圈线，将来招人包办铁路，将就其圈线乎，抑别有术以破之乎。二则承办人以营利为目的，繁盛之处竞事建筑，荒僻之区无人过问，军事上、交通上仍不能达完满之目的，试问何术以救济？

陈家鼎云：从前铁路俱由个人交涉变而为国队交涉，今专就个人一面着手，难保不终归于国际范围之内，望格外注意。

吴景濂云：孙先生二说皆急宜实行，参议院为各省代表，望各向本省说明，庶几推行无阻。至地价税一时虽难实行，亦应早为准备。刘彦方欲有所陈述，而魏宸组请来宾休息再进晚餐，遂不得终其辞。

孙先生之答复：

---

① 所标时间系上海《申报》发表日期。

先答谷说:近世经济之力,足以破除国界。如某地为某国势力圈,但须以各国资本群集于某地,某国之势力圈不攻自破。况势力圈乃对于政府而言,非对于个人创办之公司而言,至虑荒僻之区无人过问是又不然,繁盛之处因有铁路而益加繁盛;荒僻之区亦因有铁路而变为繁盛。如洮南向为沙漠,自有南满铁路,虽距车站数百里,而受间接影响,现居然成为府治。至专供军用绝无营利性质,自应别照甲说归政府筹筑。

次答陈说:从前私人交涉变为国际交涉,原以我国保护无力。如东清铁路守兵巡士,皆俄国所派,主权自随之而去。今令外人包办一切,保护皆由我任断,不致丧失主权。现政府方拟大开放;准各国人民内地杂居,但除商埠外,须受治于我国法律之下,并规定其财产制限,如是可无虑矣。

据上海《申报》一九一二年九月二十一日《孙中山招待参议院评记》

在太原临行时的谈话

（一九一二年九月二十一日）

孙对阎说:北方环境与南方不同,你要想尽方法,保守山西这一块革命基地。

据《阎锡山早年回忆录》,载《近代史资料》总五十五号（中国社会科学出版社一九八四年版）

孙在火车上送行时再三的说:山西以素称闭塞的省份,革命竟能如此神速。今所见者,都是新气象,且有天赋之煤铁富源,山西前途,诚不可限量。

据北京《团结报》一九八七年十二月五日杜彦兴辑《孙总理民国元年视察太原经过》

答路透社记者问

（一九一二年九月二十三日）

自游历北部各省后，确信其铁路政策可大受国民之赞助，而各处官员亦无不渴欲发达利便之交通方法。不日即将赴沪勾留一月，从事组织铁路总公司。

据上海《时报》一九一二年九月二十四日《天津二十三日电》

在济南记者招待会的谈话

（一九一二年九月二十七日）

先生谓：今日演说，度必有速记，恐记录有失真者，可将稿出阅，俾免误会。

先生复言：日间所言推行铁路三政策，借资开办，中外合资二层，尚不如批归外人承办，与国家较为有益。例如借资外人，而我国人材不足，材料不足，外国人应募而来，惟计力受值，对于我本无甚感情，工程上求其适可而止，已属万幸，安望其竭尽心力。且购买材料，折扣殊多，收利不可知，而彼已坐获六厘安稳之保息。至合资开办，以中国现在状况，即半数合资，亦非易言，反不如直接批归外人承办，限年无偿收回。则此限期内，以彼之资本，彼之人材，营彼之事业，自无不竭尽所长，而我于一定年限后，不啻坐获资财。惟此事对于人民现时之心理，颇难通过。但此事并非将主权送之外人。从前外人造路，路之所至，兵即随之；故路一经外人承修，不啻割地，此则所宜注意者也。至归外人批办，仍宜用私人名义交涉，不牵外交问题。

齐鲁报记者王君乐平蔡君春潭提出四条款，请先生宣布政见：一、集权分权之得失；一、铁路政策利用外资，能否不用国家名义；一、现在之外交；

一、省长民选简任问题。

　　先生答：第一问题，实无所谓分集，例如中央有中央当然之权，军政、外交、交通、币制、关税是也。地方有地方当然之权，自治范围内是也。属之中央之权，地方固不得取之，属之地方之权，中央亦不得代之也。故有国家政治、地方政治，实无所谓分权集权也。

　　第二问题，若用第三政策，当然可以办到。

　　第三问题略。

　　第四问题，（先生转询各记者以本省所主张）我系主张民选者；但现在之都督，带军事性质，当然任命。至省长问题，以现在人民数目调查未能确实，以言选举，亦有为难。

　　某记者又进叩先生谓：现在领事裁判权尚未收回，铁路骤归外人承办，外国法人不受我国制裁，得勿有流弊否？

　　先生谓：开放门户，正所以为收回法权地步。开放正所以保全领土，如满洲开放过晚，即为日本所干涉。至将来收回裁判权，自应先从内地法庭着手，次第推及商埠。

据上海《民立报》一九一二年十月四日《孙先生东行记》

与德国驻青岛总督迈耶·瓦尔德克的谈话

（一九一二年九月二十九日）

　　会晤虽有两次，而所谈仅有一刻之久，故政治问题绝未言及。据孙逸仙博士所言，彼甚恋慕青岛，且惊将青岛进步之速。如森林港埠以及街道敷设等事业，不但令人赞许，足可为中华全国嗣后治事之模范也。

据上海《协和报》一九一二年十月十二日《孙中山游历青岛记》①

---

① 底本由青岛市社会科学院研究员张树枫发现并承寄赠。

与某君的谈话

(一九一二年九月)

某君问:先生对于近来党争,将如何调和,以维持大局?

先生答:政党竞争,各国皆然,惟当以国家为前题〔提〕,不当以党派相倾轧。且各党尤当互相磨励〔砺〕,交换意见,否则固守私见,借政党之名,行倾轧之实,报复无已,国家必随之而亡。余为调和党派,一言以蔽之,愿各以国家为前题〔提〕而已。

某君问:先生解决南北所争持之种种问题,其意见可得闻否?

先生答:南北所争持之问题,解决之法有三:(一)中央政府务须开诚布公;(二)取决于国民公意;(三)组织强有力之政府。至于进行之手续,则一言难尽。

据《政党竞争当以国家为前提》,载中国国民党中央执行
委员会宣传部编《总理谈话新编》(南京一九三〇年版)

与梁士诒的谈话

(一九一二年九月)

某夕夜深,孙、袁会谈后,孙先生由梁士诒陪送回行馆,先生要与梁叙谈,问曰:我与项城谈话,所见略同。我之政见,彼亦多能领会。惟有一事,我至今尚疑,君为我释之!

梁问:何也?

先生曰:中国以农立国,倘不能于农民自身求彻底解决,则革新匪易。欲求解决农民自身问题,非耕者有其田不可。我说及此项政见时,意以为项城必反对,敦知彼不特不反对,且肯定以为事所当然,此我所不解也。

梁曰:公环游各国,目睹大地主之剥削;又生长南方,亲见佃田者之痛苦,故主张耕者有其田。项城生长北方,足迹未尝越大江以南,而北方多属自耕农,佃农少之又少,故项城以为耕者有其田,系当然之事理也。

先生大笑。嗣复语梁曰:曩夕府中谈及改革全国经济,闻君伟论,极佩苾筹。我以为硬币与纸币均为价格代表,易重以轻,有何不可?苟以政治力量推动之,以尚非难事。而君谓必先取信于民,方法如何?愿闻明教!

梁曰:币制为物价代表,饥不可食,夫人知之。惟中国数千年来币制之由重而轻,由粗而细,皆以硬币为本位;若一旦尽易以纸,终恐形隔势禁,未易奉行。故必先筹其所以取信于民之方法。夫以中国之大,人民之众,发行四十万万纸币,似不为多。今者卑无高论,先从政府组织一健全之中央银行,试行统一币制方策;如发行纸币五千万,先将现金一千五百万熔化,制成银山,置于中华门外之丹墀,以示人民曰:此国家准备库也。所发行之纸币日多,所积之银山愈大。信用既著,习惯自然,假以时日,以一纸风行全国,又何难哉?愚见所谓必先取信于民者以此。

先生称善。

据凤岗及门弟子(岑学吕)编《三水梁燕孙先生年谱》(凤岗及门弟子一九三九年自印本)

与德国新闻记者萨尔曼的谈话①

(一九一二年十月三日)②

(时孙中山君方由青岛返沪,故萨尔曼氏先询孙此次赴青岛对于青岛

---

① 原标题为:《中国政治观——萨尔曼与孙中山之谈话,中德两国真实之关系》。该文篇首如下记载:"德国新闻记者萨尔曼氏,以近访员资格谒见孙中山君,两人所谈之言虽不多,而句句切要,诚为当今时代所不可忽者。然萨尔曼氏之所以能启孙君之议论者,亦自有故也。盖萨尔曼氏为柏林大报驻北京之一特派员,平素深悉中国情事,上月又亲游南方一次,以广见闻而资考证。且萨尔曼氏畴昔并非寻常人,乃在非洲受伤之一武官,其博学宏材,远非仅游历国外考察条约或海港铁路者所可比。……此次南游方毕,适值孙中山由青岛返沪之际,萨尔曼氏得此消息,乃连日结联沪上流行人物并党派中之有势力者,于十月三号孙中山返沪之第二日投刺进谒,畅论时势。"

② 1912年9月28日晚,孙中山偕夫人卢慕贞、秘书宋霭龄抵达青岛火车站,10月3日抵沪。

一切有何意见,孙君闻言不急不随,从容而答之曰:)

吾此次游历青岛,心中现一种非常愉快者,诚以青岛种种设施,可作中国将来省会之模范也。倘我中国人人深明此义,由每五百县内选出十人,亲来青岛学习其"政务"、"街道"、"船坞"、"海港"、"高等大学"以及森林、城池的计划与政府若何,企图归而仿效,为我中国造莫大之幸福,可断言也。况青岛巡抚麦牙瓦尔氏[1]之为人,其政治则从稳健上着手,其措施则又聪明果敢,而对于吾人更和蔼可亲,毫无逼人之气象乎。惟罕引希亲王[2]适因检阅军队外出,吾人未能亲见颜色,殊为憾事。

(中山言至此,遂罢谈。余乃按其所谈者之基础与其余极有关系之事而向孙君问曰:阁下对于中德条约期届九十九年,中国鼓吹收回青岛之事有何主见?孙君曰:)

处今日建设新国家时代,对于此等期望,虽不能有若何确证,然以愚见所及,亦不虞将来收回此模范国家土地时,我好友德国不给我中华以极敦睦极相宜之一证据也。至其收回方法,中华必须将德国一切用费偿还,然德国在今日之中华已占特别地位矣。借债内容,其尤著者也。他若德国商业与夫种种制造品,莫不有意外之良果,所以然者,中国欲振兴实业,而工厂与建筑之质料,德国为现世界之翘楚也。是以吾之意,中国人所当留心者,非只派遣人员、学生等来青岛见习殖民事务,且须望德国重要官员尝辱临我华,交换两国人民之知识,以建他日优美之事业。何也?德国为我中华最有益之良朋也。论收回青岛一事,以我之眼界所视察,目下虽不能遽然办到,然十年或十五年或二十年后,必能见诸实行。至以世界观念论,吾则以为现在一切的交涉,德国不惟为吾华之友,直我岿然在座之良师也。德国无论如何事业,与英美等国皆立于反对之地位,如凡人欲在英国作一件事业,所言论所建造苟能见之于新闻或法律中,即可成事,此等区处,久在香港、星加坡者皆能道及。而德国则不然,抒谋发虑,纯从学识基础上认真办理,且必务底

---

[1] 原名 Mayer–Waldeck,又译迈耶·瓦尔德克。
[2] 即德皇威廉二世之弟海军上将海因里希亲王(Admiral Prince Heinrich)。

于成而后已。吾人当此百废待举之时,欲消除一切困难,安可不急以德人为法哉? 此外,以吾之意,雅不欲我国人倚外宾为长城,惟中华之裁判权尚未收回,此层安能做到? 但外人之在我国百计营求,无非欲握特别权利,冀达其自私之目的,吾人又安能任听其所为? 由此观之,此层现在虽不敢,必将来如何解决。然届时德人必有特别的感觉,辅助吾人臻于完美之境。夫吾之所以出此言者,非无见也,诚以德国向来之宗旨,绝不似其余诸列强好利用我国目前微弱,肆无忌惮而饱其贪欲也。

（言至此,余又按其意见而询问中国之情事,曰:今日之人,是否鉴于极险恶之巴尔干风云,知欧洲列强按诸天然形势,在亚东将取开放主义而不畏惧日本。孙君曰:）

观于现势,吾绝不相信日、俄、英三国实行并吞满、蒙、藏之土地,不过乘我微弱注意该处之特别权利,使吾人不能拒绝之而已。至于中日特独之关系,倘欧洲有一普通的战云,即能减轻列强在东自由之趋势。列强一有忽略,日本亦不敢作何举动,虽然日人之手段吾人甚不能明悉也。是以吾人虽亦不相信日本有并满之举动,但微窥其意已久,欲乘我不备而行无理之自由。然以愚之眼光视察,东三省决不能如外间所传之危急。夫吾固知日本之势力可于念四小时内可口占有北京,十日内可全占直隶,且亦知于吾人回避冲突事件中,日人竭力预备,以便将来不惟可以并吞满洲,且可以勒勤吾人之赔偿。而一切攻击者又咸谓日本必能占领我国之北京,而吾人主张迁都之议乃于是乎起,然吾人之迁都非主张于南京暨武昌,乃主张在河南之开封或陕西之西安,独是此等问题,行之非易,目下断难办到。于此而进一步言,倘日本果甘为戎首也,吾人之军队现在虽不能与伊并驾,然亦必能拼命,与伊相见于锋镝之下。观吾国军队与人民,于革命时咸能舍身祖国可知矣,倘不幸而战事果起,吾亦必能组织一国民团体以对外也,况日本现在之实力,数星期或数月、数年之战斗力亦不能担负,遑论其能占领我北方大省哉? 且吾亦深知日本国民甚惧以弹丸贫弱之国而担负重大之军费,如万不得已,亦必俟十年或五年后,或者有庶几之望乎。

（予复询及中国陆军之改革如何? 孙君曰:）

吾东洋日本的文明,陆军之有战胜成绩者实基于德国之教练,吾亦甚悉,故吾深愿我中华民国之陆军新基础亦建筑于德国之上,亦如他国战争上之资料大半皆出自德国焉。何也？旷观今之世界,中国所处之地位,莫要于有最强健之陆军。是以深望德国在此时会中不特助我以教练之方法,且望以教欧洲军队之武员赠我。成全吾人最大之事业。盖以此不第于东方边境上有极大关系,倘能灭俄国之势力,直有益全世界之和平也。

(孙君言至此,予即将我素稔改革陆军之大有功效者数人一一介绍于孙君,孙君立刻执笔登记于簿中,记毕,向予曰：)

予将亲往德国,以礼延聘。

(予又询及其借款之情形、铁路之计划以及最近形式上发表之规模,孙君曰：)

借款一事,予近所得之消息,最优北京当局不日将与六国银行代表结局焉。至铁路的计划,予第一建筑的方针,即在地大物博之版图内有极优美的路线,而由腹地直达西藏、蒙古、新疆之路线则为第二,予俟此事计划妥贴,即赴欧洲一游,藉以聘请大铁路家暨对此事有发达之能力者而为自己之顾问,好长自己之经验。

(复又言：)

予游欧洲原因虽甚复杂,而至贵国(德国)询问其组织与管理暨设立工艺制造厂等,手续尤为至要,所以然者,吾视贵国在一切界中诚为我良好之模范也。为此,吾深愿阁下在代理之报章上将鄙人所欲为之事一一宣布,俾鄙人之目的一路平安,则不胜感激之至矣！

据上海《协和报》第三年第六期(一九一二年十一月九日)、第七期(一九一二年十一月十六日)

附录　同题异文（译文）

孙中山在这次谈话中，把青岛说成"未来中国城市楷模"，称赞这里的行政管理、街道、码头、造船厂、高等学校、防御工事、市政设施。认为这些都是值得中国人学习的。但收回胶州湾对中国来说是不会放弃的，中国此时此刻"虽然把德国作为中国最无私的朋友之一"。孙中山承认，归还现在并不立即要求归还，而是等十年、十五年或二十年后归还，并且声明，同意以现金或借款形式赔偿德国的一切支付。如果德国表示接受，那么，它的贸易和工业将结出"累累硕果"。

孙中山接着说："从我在世界上所见所闻来看，我认为，德国几乎在每一个方面都是我们的现成的老师。德国与英国、美国及其他国家不同，它的一切都是极其认真地、系统地在科学基础之上的剖析；而在英国每个人都是随心所欲……德国使一切都纳入科学体系中去。这恰恰就是我同一切传统决裂所需要的东西"。

孙中山在谈到德国在一九一一年武昌起义的日子里的表现时说，德国大概想使中国好起来，"至少它对我们采取了中立态度，没有像其他国家一样，毫无顾忌地利用我们目前的虚弱"。并声明"他很高兴使整个国家毫无保留地对外开放"，但是，因为外国人有法外治权和裁判权，在国内比我们自己的同胞的地位优越，而且"某些外国人为了他自己的目的会利用上述特权"。

孙中山在这次谈话中还第一次表达了这样的想法，即德国会利用作战物资和教官帮助中国建设一支强大的军队，他说，一个军事上强大的中国对德国是有益的，因为这将意味着减轻德国在东部边界的负担。

> 据〔德〕罗·费路《孙中山与德国》，载《孙中山和他的时代》（上册）（中华书局一九八九年版）

与上海《大陆报》记者的谈话

（一九一二年十月五日）

孙中山先生称：日前所传政府允许法比银公司建筑铁路，自兰州达开封，并自河南府至西安府一节，不但与其铁路政策不相抵触，并足为其计划之臂助。政府与外国银公司磋商，渠亦经政府告悉。

先生复谓：尚有二处路线，各长九十英里，正在与外人商订承造。惟此等代建铁路合同，政府业已允准与否，目下尚未能悉耳。

（孙先生布置铁路计划，甚形忙碌，其铁路总公司设在北京，抑或设在上海，现尚未有决定。一俟此间部署完备，先生即拟游历欧美。）

孙先生又谓：渠愿招各资本家而品评其条件，或应许其半，或另筹他法。渠近接表同情之消息及电报颇多，深信关于铁路事务者，对于其计划，莫不深为注意。

孙先生又谓：观今中国工业现状，凡兴造铁路，除资本外，如建筑管理等事，亦需外人助力云云。

（孙先生大约先赴欧洲，再由欧往美。随提及六国借款停顿事，孙先生深望政府速与银团重开借款谈判，并两方互为让步，庶使大借款即行告成云。）

据上海《大共和日报》一九一二年十月七日

与日本驻上海总领事有吉明的谈话(译文)①

(一九一二年十月上旬)②

北 上 之 感 想

义和团以后的京津地区与南方不同,表面上有各国军队驻扎并确能显示其威力,但如看内部情况,则未能脱离专制政府的遗风,不少普通人民在认识上仍只有袁大总统,却不知共和政府为何物。虽然专制遗风不能马上清除,但自今春清帝退位以来,新思想日益普及,近来各地官员及大部分士绅渐知共和之大势不可抗拒。我此次所经北京及天津、直隶、山西、山东等地,均存在上述现象的事实。

进京后,屡次与袁世凯交换意见,其本意如何不得而知。总之袁在表面上赞同我的意见,即南北统一和五族同心合作,对于我在此次北上期间所提议之铁路计划亦乐意听取,并立刻委任我以全权。今后上述计划的实行,就看他果真能否衷诚予以协力帮助。虽然稍有可疑之处,但袁现时所处地位及其与我之关系,不可不听取我的意见并诚心帮助我的计划。假若袁作为一时权宜手段而仅是漫然赞同我的提议,并显现出对我进行之事不予帮助,则我亦有应付办法。

此外,在北京期间与袁会谈的话题,除政治之大纲外,大多是关于实业及社会事业,而尽量回避政治问题。故诸如政党内阁及其他问题,乃为黄兴进京后也即我将要离京时所发生之事。最近国民党主张组织政党内阁,我

---

① 孙中山结束北方之行,于10月3日自青岛抵达上海。为谋求赴日本考察铁路设施,与有吉明晤谈。此系有吉明给日本外务大臣报告中的孙中山谈话要点,全文分成三部分,小标题为其所加。各部分起首的"孙曰"及小标题前的"孙"字,本书收录时予以删略。

② 底本未说明谈话日期。有吉明的报告发自10月8日,报告中称此次晤谈系于孙中山自青岛抵沪之后,则当在该月3日至8日间。

在报纸上才首次得知,并非由我干预所致。

铁 路 计 划

我的中国铁路计划,原起念于十多年前。其实我在日本流亡期间,亦曾暗中进行该项计划,但因一向为革命运动到处奔波,没有着手计划的闲暇。为使整个中国文明得到实际发展,通过移民、振兴产业及开凿矿山等以能举国家富强之实,最为紧急之务即是修筑铁路计划。由于满清时代的腐败并且采取姑息手段,便不可能付诸实施。幸而藉此满清政府被推倒之际,国家面貌一新之机,欲望贯彻我平生夙愿。上述计划,首先拟从东西贯通线开始,作为目前研究中的干线。

一、蒙直线:即蒙古直隶线,约五千五百华里。

二、伊沪线:即伊犁上海线,约五千五百华里(此或变更为伊犁江苏北部线,难以预料)。

三、新闽线:即新疆福建线,约八千五百华里(此或变更为与第二线的伊沪线合并,难以预料)。

四、藏粤线:即西藏广东线,约八千华里。

此三线或四线,另与边境线、内地南北贯通线及各支线合计,共约二十万华里即六万英里,亦相当于美国现有铁路约四分之一的里程。

上述线路,或许对在满清时代与各国所签订条约有触犯之点,亦有各国认为此乃各自势力范围之线,或有二三个国家因其互订协约等而对修筑范围暗加分管之部分,故若通过借款等以获得资金,实行时亦颇为困难。此为我所自知,但如因害怕困难而使中国自身并无计划,则最后只会留下亡国的祸根,因此不可不设法为之进行。

然而,通观现时各国对华政策,无论何国均以自国利益为主义,所谓辅助中国只是徒有其名。但是,日本固然要伸张自国权利,另方面从东亚的大局而言,则须具有相当能力的中国之存在,因有此与他国不同的一种特别密切关系,中国为实行此项计划便务必求助于日本。况且日本是维新之后四十年来煞费苦心经营的实际模范,因而大有学习之必要。上述计划虽尽量先行内地铁路,后行边境铁路,但现今俄国对蒙古的压迫日益紧迫,故有一部分人士倡导应先行蒙古铁路,而此问题非得有日本充分援助就难以实行。(孙如此说着,一边拿出标有俄国在蒙古之预定线的地图,并表示愤慨。)

  上述六万英里铁路,估计在二十年乃至二十五年间修筑,将之分成几个地区,以各地区作为承包工程,同时开始工程之筹划。资金在今日,除了外债别无他法,或可将六国银行团借款的一部分移用于此,或以修筑铁路为抵押借款,或采用其他适当办法。目前计划中的几个地区承包工程,须在二十年乃至二十五年间修筑完成,此后二十年间的经营可委托给承包者,从其营业中所得利益偿还本利资金,而于四十年至四十五年之后将各线归还给中国政府。现在虽有采取这一方针的打算,但其借款办法等尚未确定。至于在中国所出产材料如轨枕等,应尽量使用本国产品。像云南、贵州、伊犁、蒙古的大森林,大可利用于轨枕出产,但因交通不便,难以立即采伐运送,关于铁轨等亦存在同样困难。铁路计划期间的前五至七年内,工程进展可能迟缓,但约于十年后起便当谋图工程速进。从经济上考虑,铁路工程想尽可能招聘日本工程师。

  不过对于上述计划,有一些中外人士视之为理想乃至空想而加以嘲弄。尤其在中国人中间,认为把本国各地利权送给外国人而表示反对者并不乏人,但这不过是没有看清中国前途之短见。实际上,在四川、广东、云南、贵州、广西、湖南等省,对我的计划颇表赞成。铁路总公司究竟是在上海或北京设立,尚未确定。假如不设在北京的话,因为当地还是中国经济及交通中心,故打算设置特别机关。目前上述计划所需临时经费,虽经袁世凯承诺,从北京财政部每月开支三万两,但这笔钱乃是暂时由财政部代垫,今后借款成立之际,拟用存款向财政部退还。

今后行动之预定

  我的铁路计划概要有如上述,作为实行的次序,一方面要对预定线试行更为详细的研究,另一方面须谋求着手方法及筹措资金的借款办法。关于着手及借款方法,因为中国以往多有最终失败之虞,如上所陈,则务必先赴日本,对于自明治维新以至今日积累种种经验所经营的日本铁路,进行充分的实际视察并加以研究。

我本有大约于下月上中旬渡日之打算,问题是日本能否真正欢迎我,并对视察等活动充分提供方便。我当然希望得到其帮助。预定在日本约停留两三周之后回到上海,随后暂返广东,在明年一二月间周游欧洲及美国,主要进行铁路视察,同时亦试作借款交涉(铁路借款交涉虽已有一二应征者,但据说其条件等尚未形成任何具体方案)。又若日本对我渡日之举不会表达善意,就只好暂回广东,预计明年春初登上欧美视察之途。

据日本外务省档案《各国内政関係雑纂・支那ノ部・革命党関係(亡命者ヲ含ム)》(《各国内政关系杂纂・中国之部・革命党关系(包括流亡者)》)机密第八七号、秘受第一三九〇号——一九一二年十月八日日本驻上海总领事有吉明致外务大臣内田康哉的报告《孫逸仙皈滬後二於スル鉄道計画其他二関ケル内話ノ件》(《孙逸仙返沪后之铁路计划及其他有关内部谈话》)原件的影印件(加藤实译,罗福惠校)

在吴淞检阅炮台时的谈话

(一九一二年十月十八日)

各炮老式的居多,尤其是四尊八百磅的英制炮,太老了,不能远射,似无大用。但目兵操演,极有精神,而且动作熟练,在各地炮台之上,可见平时训练认真。

据《新民报晚刊》一九五六年十一月十二日周南陔《中山先生检阅吴淞炮台的那一天》

与李敬之的谈话

(一九一二年十月二十日)

李敬之要求孙中山,为镇江向程都督说项,免派特别捐,以减轻地方负担。

中山答:以此系行政官之权限,未便越俎代谋。况共和时代,每事须由省议会议决,方能实行,将来议会必能主持公道。

李又谓:镇江自津浦开车,商业大受影响,非赶筑瓜清铁路,不能挽回一二,先生总理全国铁路,敢请先生提倡。

先生曰:此议愿竭力帮助。

据上海《民立报》一九一二年十月二十四日《孙中山西行记》(镇江)

与倪贻荪等的谈话①

(一九一二年十月二十二日)

办一种事业,须拿定一种宗旨,不苟且,不畏难,务达目的而后已,如是庶不负社会之企望,而不失国民之义务。凡事非一人所能做成,天下之事甚夥,岂能尽料到。诸君既能发起此会,为社会造福,鄙人自当维持,还望诸君克尽义务,冀收完善之效果,鄙人本欲来会参加,适因事冗未果。

据上海《民权报》一九一二年十月二十六日

---

① 倪贻荪、沈铁铮系中华实业同志筹进会发起人。1912年10月22日下午,倪、沈在江苏都督府进谒孙中山。

在南昌百花洲行辕的谈话

（一九一二年十月二十五日）

（铁道问题）拟由外人承修①，四十年后仍归中国。另附条件，不及四十年，亦得依股票时价，随时收归国有，以防流弊。盖可免回扣之耗失、材料之抬价、工师之要挟。四十年后，不费一钱，坐享其成，利益颇大。况外人修筑之时不能不雇华人，用华材，尤为利中之利。

（借债问题）六国要挟过甚，深可愤慨。现已与外国资本家数人联络，拟开办中西商办银行，中外各出资本千〈万〉磅〔镑〕。将来中国借债，即由该行出名，纯为经济问题，以免国家借债，惹起政治交涉；且可利用该行发行公债票，销售外国市场。

（集权分权问题）中央集权地方分权，本来不成问题，不过反对者借此肆其鼓簧。实则集权、分权，皆由人之成见而生，如外交、海陆军，不容有地方分权；其他利民之事，不容有中央集权。盖须相因而行，不能执一民权为天经地义，专制恶风，断难久存于二十世纪。

（江西城围扩建问题）现有街市可不必再改，惟须择一最大之地段另辟新埠，将衙署、公所及学校、营房迁至其所，则旧有者不期废而自废，改建甚易矣。至于地皮，只可由公家购买。然恐公家无力，或人民不愿，惟有乘此换契之时，任人民自定价值，有二条件：（甲）照价抽税，（乙）照价收买。向来地皮价值，本极不齐。中国旧法，照面积抽税，故贫民乡间之地，往往吃亏，而富人私有城市之地，往往唾手得利。如美国现有一富人，从前收买十亩地时，该富人某日醉后，归途遇人拍买〔卖〕，随意以二百元立约。当时人皆笑其过昂，迄今竟成数十万之富家翁矣。故此种致富，乃非人力经营所

---

① 据上海《申报》1912年11月1日《孙中山抵赣纪详》，此句之后尚有"一切利权均归外人"一句。

致,不过得好机会而已。然彼之好机会,又由国家路政矿政而致,实非彼有丝毫之力。而乡村力作之农,乃至终身困穷,故此为不平之道。今设以上(甲)(乙)二条件,彼有地皮既不敢昂价以图出售,亦不愿低价以图少税。因昂价则恐税累,低价则恐贱卖,因此不得不自出于平价。既出自平价,则国家收买之固不吃亏,不收买之,亦不妨碍。但税则仅可低定,如十元之地,但收五厘,则穷乡不受恩,而繁市即能出税以裨益公家,此为最公平之道。将来此策如行,则另建成一伟大之新江西,不须多日。而江西能从此扩大,则南昌、九江、吉安、饶州、赣州等地,皆可成为今日之上海。但此事从何入手? 须从交通入手。交通之法,铁路为急务,然马路尤不可少,盖马路费较省便。且马路行自动车,自动车费亦较少。如每车坐十二人之自动车,每里只须万元可修,路之平坦者,每里仅五千元或二千元可以修好。有此自动车,然后铁路亦能获利。不然,距铁〈路〉较远之人,即不便搭坐,即修小枝路,亦不十分便利。如冷落之地,每日枝路开车一次,其搭坐者有非常不便。若马车、自动车,即可每日开十余次,此最便之事也。英国从前枝路甚多,现皆拆去,改用马路,此其明证。

据上海《民立报》一九一二年十一月二日《孙先生游赣记》①

与欧阳魁的谈话

(一九一二年十月二十六日)

(是晚,孙先生在国民党赣支部演说迁都问题,演毕,旋有欧阳魁君提出质问。)

欧阳问:铁路批与外人,战时运输,平时赁金,恐有妨碍。

先生答谓:此不成问题,法国前曾以铁路批于英国,西班牙现曾以铁路批于法国,我仿行之,何害。开放门户,须先收回治外法权,法权收回,战事

---

① 另见上海《申报》1912年11月1日《孙中山抵赣纪详》,文字大体相同。

有军令,平时有法律为范围,可毋顾虑也云。

据上海《申报》一九一二年十一月二日

与秋山定辅①的谈话(译文)

(一九一二年十一月上旬)

孙君很高兴地欢迎秋山来访,并问他来意。

秋山答:"我是来劝您暂时不要到日本的。"

孙说:"那是不行的,这事早已决定,并且已经订好了船位。"

秋山君说:"但日本的大臣都决定不跟您见面。"

孙君听了觉得很意外,并答说:"我不是因为有事找大臣而才要到日本去的。我的目的是想去谢谢我知心的朋友。"

孙君以此为开场白,就其对日本的看法和对朋友的感情谈了足足三个小时,结论说:"就是所有的日本人不跟我见面,我也有对日本和日本人道谢的义务。那时,我将向富士山鞠躬回来。"

秋山说:"我听过您的义务了,听了三个小时。今天我不说什么,但我明天有讲三个小时的权利,您也有听的义务。可以吗?"

约好明天见面的时间后,秋山君遂告别。

……(以后缺)

据[日]宫崎滔天《桂太郎与孙逸仙——介绍者秋山定辅》(译自《宫崎滔天全集》第一、五卷,此文在《上海日日新闻》一九二一年一月二日起连载),载陈鹏仁译《论中国革命与先烈》(台北黎明文化事业公司一九七九年版)

---

① 秋山定辅,日本冈山县人,东京大学毕业。曾四次当选众议院议员。辛亥革命前后,与孙中山、宫崎寅藏关系密切,协助孙中山的革命活动。

给上海《民立报》的电话①

（一九一二年十一月十一日）

并无其事，恐有人在外处借名招摇，嘱为更正。

据上海《民立报》一九一二年十一月十二日

就选举大总统问题答宗方小太郎问（译文）②

（一九一三年一月二十九日）

宗问：在此次众议员选举上，属足下领导之国民党占有优势，约得议员之过半数，然则在今春将要召开之议会上，大总统之选举当然可能如贵党之意。由于足下之精力、功绩、威望种种关系，定为众望所归，当选无疑。君能勇承此重任否？

孙答：议员之选举虽然胜利归于我党，议员数目占有过半数之优势，而于总统之选举，是否选余，尚未可知。惟余断不肯担任总统，拟暂在民间为培养势力之事，要真实的担任民国总统非易事也。

宗问：足下若不欲为总统，则势必推黄兴君，不知黄君有意于此否？

孙微笑答曰：黄君亦可，然当总统实难事也。

宗曰：足下与黄君均不愿当总统，则国民党中别无适当人才，不得已，则至于再举袁世凯乎？

---

① 报载孙中山在日本东京设立铁道招股处，及南洋、美洲、中国境内如汉口、天津、北京等处均拟分设招股处。孙中山即电话声明"并无其事"，"嘱为更正"。

② 日本宗方小太郎为选举中国大总统问题，特于1月29日下午访孙中山于英租界五马路的中国铁路总公司，访问关于选举的意向。1913年2月1日，日本驻沪总领事有吉明，特致函加藤外务大臣，"发送关于孙文对选举中国大总统之意向的情报"将此答问作为附件。

孙曰：余个人相信袁乃最稳妥之人物，故第一期总统以举彼为得策。设袁若落选，则军队难于统驭，恐将成为大乱之阶。目前排斥袁世凯者，乃不懂我国事态者之所为也。

宗曰：有人活动拟将国会之设置地点迁至南京者，足下对此高见如何？

孙曰：目前形势不容许，仍以设于北京为妥。

据陈明译《孙中山就选举大总统问题答日本宗方小太郎》（译自日本外务省编纂《日本外交文书》一九一三年第二册第三一九至三二〇页，原书编号系二六五号），载中国人民政治协商会议广东省委员会文史资料研究委员会编《广东文史资料》第五十八辑（广东人民出版社一九八八年版）

在日本下关答记者问[①]

（一九一三年二月十三日）

记者问：此次来游目的？

答：图中日两国亲交，并访旧友。

据《孙中山先生日本游记》，载《民谊》第六号（广州一九一三年四月十五日）

与陪同人员的谈话（译文）[②]

（一九一三年二月十四日）

我在二十年前曾住过此靠山地区，现今已不能记忆究在何处。有者谓有第二故乡之说，而在当时对我说，已无第一故乡之存在。所以东渡日本，

---

① 孙中山2月11日离沪赴日本考察，13日晚5时至门司，即乘船渡下关，至山阳楼小憩，受到门司、下关二市市长及新闻记者等二十余人的欢迎。

② 孙中山由下关去东京，火车临近神户时，讲了这段话。

实乃被逐远离故乡漂泊者之身,正所调天涯之孤客。加之,日本之警官尾随追踪我至任何角落,使我不愉快,遇到厉害家伙则大发脾气,斥我急速离去。

据[日]泽村幸夫著《孙文送迎私记》摘译(邹念之译),载日本《支那》第二十八卷第八期(日本东京一九三七年八月)

与新闻记者的谈话(译文)

(一九一三年二月十一日至十五日)①

即使余被推选为大总统,亦将辞不就任。较之于就任总统,余更愿倾全力于创建伊始之铁路建设事业。中华全国之铁路,应以粤汉为干线而使其及早开通,然后及于其他。此乃发展之程序也。

中国应首先着手者为币制改革,余对此深具信心。民国现时之年度收入大约为三亿元,如加整顿,即可达到二十倍,此事甚为明显。

据[日]泽村幸夫著《孙文送迎私记》摘译(邹念之译),载日本《支那》第二十八卷第八期(日本东京一九三七年八月)

与桂太郎的谈话②

(一九一三年二月十七日)

日本击败帝俄之后,如其南向海洋,协助中国国民革命,解除不平等条

---

① 谈话是在由长崎赴东京旅次,即2月11日至15日间,具体日期不详。
② 桂太郎于1912年12月组阁,为日本首相兼外务大臣。孙中山与桂太郎会晤密谈二次,当时仅秘书兼译员戴季陶参加,故中日资料中也只有戴的忆述。

约的束缚,共同阻截英国的霸权于亚洲之外,亚洲民族由此获得自由平等;唯有中日两国互相信赖,共同努力,方才能够达到这远大的目的。

据陶希圣《五四运动的历史位置与时代意义》,载陈旭麓、郝盛潮主编,王耿雄等编《孙中山集外集》(上海人民出版社一九九〇年版)

在日本大冈育造之主持的宴会上的谈话[①]

(一九一三年二月十九日)

中国日本两国有数千年亲密关系,种族、文字相同。两国之外交,不宜依随世界列国之共同行动,当恢复古来亲密之关系。中日两国宜取一致行动,以保障东亚之利益。

据《孙中山先生日本游记》,载《民谊》第六号(广州一九一三年四月十五日)

在日本铁道协会欢迎会的谈话

(一九一三年二月二十日)

会长古市公威询问先生办铁道筹款方法。

先生答:用公司名义,由政府担保借外资。

据《孙中山先生日本游记》,载《民谊》第六号(广州一九一三年四月十五日)

---

① 大冈育造之是当时日本众议院议长。此件为谈话的大意。

与内田良平的谈话①

（一九一三年二月中旬）

孙曰：现在实质上的革命已经成功了，还是请诸位帮助我们。

内田曰：我们不是已经在帮忙吗？

孙曰：这时虽说不能完全取消不平等条约，不过在最近无论如何要关税自主，因为这样我们对于国民才有信望，所以仍请大家继续帮忙。

内田曰：这是重大问题，最好先问犬养、头山两位先辈，我们当然愿意帮助。

据《追怀孙中山先生座谈会》，载《辛亥革命史料选辑》上册（湖南人民出版社一九八一年版）

与日本记者的谈话②

（一九一三年二月二十五日）③

正式大总统选举在迩，外间有不知鹿死谁手之言，故有发疑问者。然以余观之，正式大总统仍非袁莫属，盖袁在政界多年，阅历、威望、魄力三者俱备，足以统一南北而悦服中外。今中国破坏已终，建设方始，非法、美已成之共和国可比，为大总统者非有威服中外之人不可，故此时之大总统袁最合格至若吾辈虽有理想与热诚，而办事实力远不逮袁，故余早决心投身实业界办

---

① 1913年2月，孙中山赴日本考察，在东京住在帝国大饭店内，约见内田良平、宫崎寅藏、尾崎行昌等谈话。

② 这是孙中山访日期间在东京与日本某报记者所作的谈话。当时国内正处于选举正式大总统的前夜，孙中山为避与袁世凯竞争之嫌，乃往日本访问。这篇谈话反映了孙中山在此事上的一贯态度。

③ 所标时间为谈话发表日期。

理铁路以贡献于国家,至于大总统地位固非余所望。设有大多数国民属望于余而选为正式大总统,余决不就。

据天津《大公报》一九一三年二月二十五日《孙中山之选举正式总统谈》

在东京向山田良政亲属致慰词(译文)①

(一九一三年二月二十七日)

对于良政先生成为辛亥革命牺牲的第一位外国人这件事,我愿代表中国全体的人民表示谢意。

据陈鹏仁译《论中国革命与先烈》(台北黎明文化事业公司一九七九年版)

在日本接受桂太郎公爵宴请时的谈话

(一九一三年三月二日)

孙先生语桂太郎曰:"就大亚细亚主义精神言,实以真正平等友善为原则。日俄战前,中国同情于日本;日俄战后,中国反不表同情。其原因:在日本乘战胜之势,举朝鲜而有之。朝鲜果何补于日本?然由日本之占领朝鲜,影响于今后之一切者,不可以估量。此种措施,为明智者所不肯为!"桂太郎闻言悚然,语先生曰:"余此次受命组阁,仅三阅月。使余能主政一年,必力反所为,有以报命。"

(是年十月,桂太郎逝世,闻其临终时对在旁视疾的最亲信的人说:"我

---

① 1913年2月孙中山赴日本考察,在东京时,邀请山田良政的父母及良政夫人来帝国大饭店亲致慰词,并于27日在东京举行山田良政追悼会,孙中山亲笔手撰碑文,表彰其为中国革命牺牲的业绩,嗣孙中山在东京上野公园招待山田氏父母及良政夫人。

不能倒袁扶孙,成就东方民族独立的大计,是我生平的遗恨。"孙先生惊闻这噩耗,叹气道:"日本现在更没有一个足与共天下事的政治家,东方大局的转移,更无望于现在的日本了。")

据吴相湘《孙逸仙先生传》(台北远东图书公司一九八二年版)

与涩泽荣一等逐条讨论中国兴业公司计划书的谈话(译文)①

(一九一三年三月三日)

涩泽:这宗旨和计划书是益田、大仓两位先生之外,加上七八个人内部商量好的,如果真正实行起来,日本方面的人将会尽力而为的。现在跟您直接来商量,是打算由三、四个人,像平日朋友之间的谈话那样,和您极为融洽地来商谈的,望孙先生听取。因为像那些外交官的谈判那样来谈是不可能彻底表达衷情的,所以希望像亲友那样来说。

孙中山:中国兴业公司这个名称,从汉字来说是好的,但从英文来说,我觉得 China Exploitation Co. 不妥当,不如用 Development 这个字为好。其次,对于第二条组织的意见,我始终认为还是以根据中国方面的法律为好。理由是:第一,如今在中国已经有了关于公司的法律,即从清代起已经有了叫做公司律的,当然它还不是完全的法律,但属于公司的法律,大体上是没有错的,而且现在国会也快要开会了,所以目前正在实行的公司律即公司法,现在仍然实行是没有妨碍的,何况在国会开过会之后,所改正的法律,短期内就会实行的,此其一。其次,现在国会议员里面,国民党是第一多数,过了半数。所以,国民党议员所主张的就是我们所主张的,因此,对于这次关于

---

① 出席谈话者有:孙中山、戴天仇(翻译)、涩泽荣一、益田孝、大仓喜八郎、山本条太郎。地点在三井物产集会所。

全部法律怎么样制定才妥当这回事,国民党握有全权。由于这样,关于法律怎样才算妥当的问题,可以做到从总的方面同自己所考虑的一样的措施。再一点是,如果根据现在中国的法律来办的话,要进入内地营业是容易的,如果不是这样而是根据外国的法律来办的话,虽然在上海、南京那样的通商地点可以进行营业,但想进入内地是困难的,因为这是所谓国家的主权问题。根据现在各国的法律,公司、个人都不能进入内地从事营业的。如果它是根据本国的法律的,那就由本国的法律来管理,我想这样的问题,尽量根据中国的法律,就可以进入内地从事各方面的营业。再一点是,例如在从事各种各样的营业时,如果是根据外国的法律,则在遇到特别的事件时,非得到政府批准不可,如果是根据中国的法律,则只要总的方面不涉及法律上的问题,即使没有得政府的批准,仍然是可以付诸实行的,这样就方便了。所以,对于这个组织,我想仍然是以根据中国的法律为好。

益田:对于所从事的那些事业,如果是由别的公司来经营的话,那是不错的。但现在和您商量的公司,我们只不过就它作为研究的媒介来谈罢了,所以,对于刚才阁下所说的所从事的事业,不消说,是哪个国家的事业,就要根据哪个国家的法律来办事,我们都是这样主张的。但是现在所商量的公司,就它向内地从事的事业来说,没有什么要紧,只不过限于进行调查的事业罢了。那么,虽然并没有单只允许贵国的人从事的意见,但既然已经把日本人引为同伙来一起商谈,那就不根据贵国的法律,也不一定会有什么障碍的。既然日本人参加了,毕竟还是要根据日本的法律来办事的。至于今后办的事,像您现在说的那样的方法是便利的。尽管这样,如果非完全根据中国的法律不可的话,我想日本人也会踌躇起来的。就这个公司来说,我想还是以根据日本的法律为好。

孙中山:如果根据贵国的法律,目前在中国,根据贵国法律的公司已经有很多了,例如三井的公司,大仓物产的公司,都是根据贵国的法律的,我想,那跟我们所说的公司就没有什么区别了。

益田:那个区别不是别的,就是必须在日本的领事馆举行登记。因此,随着贵国国会的开会,就裁判法和其他作总的准备,可以说公司是在它的法律之下首先建立起来的,甚至连跟日本人合办的公司也仍然有根据日本的法律的,或者是已经向香港政府登记了的,在工作上并没有遇到障碍,加上这个公司资本的筹集,大多不得不由本人来张罗,我以为只要根据日本的法律来组织,也就不会有障碍的。我们创办的日法银行也是根据筹集资本多的一方的国家法律来办事,是便利的。所以,由此而产生的事物虽然有区别,但单就这个公司来说,可以根据日本法律,而且,我们这并不是说贵国的法律怎样怎样,我们的主意并不是说贵国的法律担当不了因而想要根据日本法律,所以,希望对这个不要产生误解。

孙中山:那么,现在只进行调查,到将来开始实际工作的时候,总会改为根据日本法律的。

益田:这个公司不会改的,还有,将来由这个公司的援助所产生出来的事物,对贵国所办的事业,可以根据贵国的法律,但是这个公司并不举办那样的事业,它是提供援助的公司,没有进入贵国内地的必要。

孙中山:现在即使马上根据日本的法律来确定,但将来回国以后,国民对这件事会怎样考虑,实在有些担心,或者至于被误解也未可料,因此,现在想把这个问题暂时除外,改谈别的问题。

涩泽:那么改谈第三条吧。

孙中山:对第三条没有别的意见。

涩泽:第四条虽然没有写明资本的最高额,但是考虑过怎么说法,已经说明是五百万日元,两国人各持半数这个情况了,因此,暂时缴纳这个数目的四分之一即六十二万五千日元,并在这里说明,经过股东大会的决议,可以增加资本,所以,股票是记名式的,非经董事的同意不能转让,虽然在日本的普通法律里,如果随意转让而申报了是可以的,但是因为这个是特种公司,我想经过董事的同意才能转让是妥当的,所以特别这样写下来,这对董事是否妥当,会不会不够方便,这是需要考虑的事。

大仓:总公司一定要设在上海。

益田:设总公司在上海,从我们这方面一个一个前去能行吗?又所说的第一次缴纳四分之一,民国的商法是怎样的呢,不清楚,如果合适的商法没有完成，那是弄不清楚的，所以，我想大体上以依照日本的法律为好。

孙中山：关于资本，一千万日元怎么样？一千万日元资本，最初缴纳多少是另一个问题。大体上的意见是，资金金额定为一千万日元，缴纳五百万日元，剩下来的一半，是股东的责任。例如，假若没有全部缴纳的必要，不缴也是可以的。这样一来，从一千万日元的资金中可以节省一半的钱的做法，我想是可以的。因为现在所说的组织合办公司，如果资本金额少了，我想信用就会低些，如果稍为增大些，在保证信用上，我想不是会更为有利吗？

涩泽：阁下的想法已经领会了，但我们的意见和孙先生的意向稍为不同。这个公司倒不是拿自己收集了的资金着手去直接办工业啦，采矿山啦，搞运输啦，开银行啦等等这样的事，而是进行所谓策划开发事业，调查物资，和进行以这样所说的方法立案，作为媒介来组织别的公司的。对于这个公司，是以提供日本或其他国家的资本为目的的，因此，虽然相当的信用不能不有，但积存了过多的资金也是不必要的。所以，资本额也不要那样大的资本，最大五百万日元左右就可以了，我以为三百万日元也是可以的，就进一步定为五百万日元吧。因此，虽然说是一千万日元而缴纳五百万日元，倒不如五百万日元而缴纳其四分之一，剩下的四分之三，按照阁下的方案，始终是股票持有者的责任，事实上，是不需要把五百万日元全部缴纳的。

孙中山：资本和股份，我想大体上像阁下所说那样是可以的。那末营业所又怎样呢？

涩泽：虽然写上了营业所设总公司在上海，分公司在东京，但因为对于第二条组织，如果按照益田君所细致地和阁下谈过的那样，位置是不能不改变的，所以这也和第二条的问题一起来确定吧。其次，第六条的干事，从中日两国股东里在大会上选出董事十名、监事四名，在董事中选出总裁一名、副总裁一名、常务董事两名，这样是为了处理日常的事务的。

大仓：中国的合办公司，都是设两名叫做总办的，没有副总裁，我们开办的木材公司等，也都是两个人的。

山本:愈是根据中国的法律,就愈是设置两个人为妥当。

益田:这个问题,是从议会所产生的法律的惯例来说的,实际上倒不是两个人的意思吧。

孙中山:我是这样考虑的,设总办两人毕竟也许会导致工作上的困难也未可知,会导致权利上的冲突也未可知。因此从工作上的便利来考虑,我想设一个人的办法是妥当的。

大仓:无论哪一个办法妥当,我想还是设两个人的办法为妥。

孙中山:从事实上来考虑,我想设一个人的办法为妥。

大仓:这会妥当的,如果不是根据中国的法律,是实现不了两个人的。

涩泽:其次,股东大会的事,连同营业所一起,如果是根据日本的法律的话,那不改变是不行的。而且,定期大会在总公司的所在地召开,临时大会在总公司或分公司的所在地召开,我想是可以的,但这样不知营业所是否违反了按照组织的协定呢?

孙中山:这个问题,从完成这样的事情来考虑是妥当的。

涩泽:关于第八条的债券,根据兴业公司董事的决议,发行中国兴业公司债券,但中华民国政府应准许本债券之发行,并尽力承担努力保护其利益,日本的资本家在债券发行时尽其努力购买债券;我想如果公司是根据日本的法律来决定的话,那末这一条条文怎样来处置呢?

山本:这是根据中国法律办事的情况下的问题了。

涩泽:根据第二条组织的变更,债券的条文也非得修正不可。

孙中山:所以说中国政府准许本债券的发行并保护其利益云云,是因为不知道今后怎么个说法,但现在并没有所说的例子,因此,这怎么办才妥当呢?

涩泽:阁下提问得好,我也是那样想。合起来说,因为这二者对于中国兴业公司的兴起来说,是所谓希望所在,所以我们不能够说贵国政府要服从它或者不必服从它,这只不过是我个人的希望吧了。

孙中山:现在铁路总公司是得到国家的许可的,但并不是所有的铁路总公司的规章都非得到国家的许可不可的。还有,就将来而言,做什么事情也都不得不一一得到政府的许可,或者,即使是规章以内的事也好,超出了规章之外就一定要取得政府的许可,总之,政府就可以进行干预。因此,怎么样说然后才是呢?现在,有关全国的铁路干线都是由总公司办理的,因此需要大量的资金,它向国外发行的债券,如果在发行时没有得到政府的保证,就难以筹借到,因此实际上是得到政府的许可和保证的。这样,一方面来看,虽然是得到了政府的许可和保证的利益,一方面却又由政府的干预而带来不便。

大仓:那末,这里虽然写上了债券的事,但也一定要得到政府的许可才能付之实行的。

涩泽:债券的问题即使是写上去了,但也有光只是股东所不能确定得了的事,仅仅从希望出发来写上去是没有用处的,既然说写上去也确定不了,那倒不如除去为妥。

孙中山:我想这样办妥当。

涩泽:第九条是资本的介绍,这可区别做三方面的来往,即本公司对日本的或外国的资本团实行供给资金的介绍,例如,对于拥有日本的银行聚会所那样的公司,这是一个所谓具有介绍限于从募集资本来提供帮助方法的公司,在以上场合,本公司向日本的或外国的资本团,根据内外市场情况,以债务者即要求资本的人所愿意接受的比率的方法,努力筹募资金,所以,说是日本的资本团,意思即是包括了在东京和大阪的有实力的银行,计划书概要上面就是这样写的。

孙中山:第九条这样会是妥当的。

涩泽:这个事业,过去多次说过,那末,对于贵国实业的发展,例如建造铁路、矿山、钢铁厂啦,或者建设为铁路服务的工场啦这样的场合是不少的,这些都看得出是中国要发展未来的事业时所不得不应当首先投入力量的工作,而且,郑重地仔细思考一下,对于某些不得不请求政府许可的事,经过一定程序得到政府的许可,例如,作为公司也好,在贵国由贵国或和日本人合办的也好,都一定要有资本,而由于两国国民拿不出所许可的资本,为此,资本的介绍就成为必要,从程序来说,方法的调查(就是对于经营所采用的方法进行查核),当局的许可,资本的介绍等程序的建立和执行等,真正的事业就产生了,这样,我想这个公司的本能就发挥出来了。

孙中山:第九条我想这样大体上是妥当的。

涩泽:其次,如果有幸由孙先生在贵国竭力办事,而在日本方面则不止我一个人,这里就有三个人,我想不用写三个人的名字,就写我一个人的名字作为总的代表会是妥当的吧?

孙中山:这样妥当。

涩泽:那末,再回到原先的法律问题怎么办吧。在我们早几天过目的时候,或者从贵国的法律来看,想来是没有妨碍的了,现在虽然没有说一定要绝对地根据日本的法律,但益田先生已经多次和您谈过,办公司的事倒并不是从事于进入内地的工作,既然看得出来这个公司有幸由孙先生来考虑实行,那末我想就按照益田先生的话来办吧,我不知道如果有了大的妨碍时是否一定要再考虑一次,但作为个人的希望,是想根据日本的法律来成立的,而且孙先生如果这样做的话,那岂不是三井、大仓也已经有过的吗?说到选择哪一种呢并不知道,而且那倒不是合办的,这一回则完全是合办而特别成立的,我想对于贵国全体来说,既然所谓三井、大仓是性质不同的事,所以是不必担心的,同时,如果依孙先生的考虑,对贵国的人怎样想法十分担心的话,我是不希望先生这样的。

孙中山:道理上怎么说且不谈它,因为我不得不把计划书带回去和资本家当面商量,然后决定。

涩泽:如果那样,作为原案,是否以根据日本的法律为妥呢?

孙中山:我想目前以不写为妥。

涩泽:如果这样,那就不写吧。我想可以把计划书誊正,各存一份,将来共策进行。我方除了这里的三个人之外,还有二十个信赖得过的人,如果这事办得成的话,可以一起商量怎么做。由于那些人都是和贵国有关系的有实力的银行或其他公司的人,我方希望,如果贵国认为妥当的话,就立即把它办成。

孙中山:现在还有一个问题,从这里把计划书拿回去,虽然立即和对手商量,但到那个时候来处理目前的状态,或者拿出全部资本会稍有困难亦未可知,这个不要一定说是这样做,或者这样说了能否办成是不知道的,到了那个时候怎么办呢?

涩泽:这在前几天曾经说过,例如对于一方面承担半数第一次交款六十二万五千日元,一方面其中百分之三十虽然认了数,但没有拿出钱来啦,或者虽然认了半数的款,但拿出的不到三十万日元啦,或者再多一点都交纳不了啦等等的情况是会有的,假如这样的话,那我自己来筹划贷款吧。

孙中山:对于这件事我是这样来考虑的,由于目前处在十分困难的情况,如果要在中国立即推销股份,或者是困难的也未可知,所以,如果对这个可以通融的话,由我一个人来承担四分之一的款吧。

涩泽:这样一来,由于贵国的人没有一个,我想所谓合办实际上就成为不存在了。

孙中山:然后在公司办成之后,那时再来卖股份怎么样呢?

涩泽:即使在贵国可以这样做,但如果暂时根据日本的法律的话,合办公司的多数股东是会有的。至于说到一个人承担,当公司成立的时候,由于只有孙先生一个人成为股东,那所谓两国合办公司岂不是成了有名无实吗?希望孙先生在实业家中物色十个或十五个适当的人作为同事而组织起来,即主办者系孙先生和孙先生所信赖的十至十五人的集合体,我想这样是妥当的。

孙中山:说是一个人承担,并不是一个人把股份都承担了,例如,现在回国虽然可能把十到十五位资本家集合起来,但是目前要拿出现金大抵是十分困难的,因此,由十到十五个人集体来承担股份,然后,交纳短期的现金,我之所以这样说,是因为如果贵方或者可以通融的话,则由我自己将债务承担起来。

涩泽:这样就没有抵触了。

孙中山:然后,如果到了说的那个时间,若一年则一年后,若半年则半年后,到那时如果上海其他所有商业上、金融上到了恢复的时间的话,当从那时改为交纳股金。

涩泽:中国方面的承担,在这个计划里是二百五十万日元,而交纳股份的四分之一的金额则是六十二万五千日元,我之所以说如果贵国方面不可能一次交清(例如由于虽然交纳了百分之二十或百分之三十而未有交清)而提出了贷款的话,是因为我不论如何筹划,都要从日本通融到资金,但因为把交不清的都全部由日本人来承担会变成不是合办,所以,承担金额的交纳不足部分,贵国以分担适当的比例为宜,以免股东们感到为难。

孙中山:目前的处理虽然尚未明确,但总而言之,现在的情况是拥有不动产的人多,由于通融现金非常困难,可以把这些人集合起来,由我来抵押不动产,然后,如果我们拿得出钱来,我就从旁来劝他们买股份,股东可有十人或十五人。

山本:总之,这是我们的商议得到通过的意思。

涩泽:所有这些事情一定尽力办理。

孙中山:总之,如果这样办的话,我希望立即办成,但或者这样办不成或者稍为迟一些也未可知。

涩泽:大体上,您说的解决了问题了,因此希望在这计划书中把要抽的抽出来,把原有的写上去,把彼此之间进行过的这些商议全部确定下来,我十分盼望这件事的实行,前几天的强调,决不是劝告的意思,既然我想的并不是利益,我恳切地希望不出差错,既然完全是为了两国的事业着想,让我们从这件事实开始努力,把精神放到目的上去,我想孙大人也一定有这个心意的,因此,彼此之间把这次全部商谈过了的都写成书面保存起来的方法,我想是妥当的吧。

孙中山:请把第八条删去。

> 据陈明编译《孙中山和中日合办的中国兴业公司》,载广东省文史研究馆编《岭南文史》一九九〇年第二期(原载《日本外交文书》大正二年第二册《事项九:关于中国兴业股份公司设立之件》)

附录　同题异文

关于第一条"名称"中山说:汉字之名称甚好,不过英文名称中的Exploitation 不如改为 Development 为妥。

对于第二条"组织"中山说:依中国的法律设立本公司,颇为妥当。因为:一、现在中国有公司设立法律,二、根据中国法律,可以在中国内地营业。但现行公司法律是清政府所制定的,不久国会召开时,将要加以修正。现任国会议员中,国民党员居半数以上,国民党议员之意见,即吾等之意见,将来之公司法律,当由我等决定之。

益田说:根据日本法律创设之,亦未不可。

中山答曰:今如以日本法律创设,我恐归国后难以向国民交代责任,甚至会弄出误解来。最好将此条,暂为保留,将来再谈。

关于第三条"营业"无意见,但关于第四条"资本及股份",中山说:资本以一千万日元为宜,因为资本大,则信用厚。

涩泽解释说:公司本身不集资本直接投入各种企业,而只是从事于设计或调查各种企业的开拓,待计划拟定后,再另创新公司向日本或外国募集资本,因此不需要过多资本。本来以三百万日元即足够,后来则增至五百万日元。

关于第五条"营业所"无意见,但谈到第六条,中山先生说:以我所见,设总办二人管其事,在职权上难免会发生冲突,不如设一人为妥善。

关于第七条"股东大会",中山先生完全表示同意,但对第八条"债务"则谓:中国政府应当准许债券之发行,并尽量保护其利益。今日之中国铁路总公司,即是得到政府之承认后才创设的。目下全中国之主要干线均由总公司负责督办,所需资金极巨大,向外国发行债券,如无政府之保护,甚难募集。因此,债券之发行,事实上是得到了政府的承认,并受其保护。

至于第九条"资本之仲介",经过涩泽的一番解释,中山说:在大体上无大问题。

涩泽说：孙先生如在中国方面能尽力成其事，日本方面则不止我一人，今天在坐的有益田、大仓及山本三人。三人不出其名，由我一人为代表如何？

中山答曰：甚好。

于是第十条"创立事务"的问题也解决了。

据彭泽周《中山先生与中国兴业公司》（出版者及出版时间不详）

访神户川崎造船所答谢词

（一九一三年三月十四日）

本日始视察贵厂，惊叹其规模之宏大与进步之显著。今日于我东洋得目睹斯业之发展，诚为余辈所欣喜不能措也。庶几将来社运益隆昌，为东洋平和又有事之际，均寄与多大之贡献，是为至祷。

据［日］品川仁三郎《孙文先生东游纪念写真帖》（日本神户日华新报社一九一三年版）

在下关答新闻记者问

（一九一三年三月十六日）

记者曰：请谈谈视察日本铁道的感想。

孙氏笑曰：连日来到处受到盛大欢迎，除宴会外，几无余暇。视察铁道，本来是我此次来日视察目的之一。然而除在东京中央车站视察外，其他仅在往返火车途中走马观花而已，无可谈者。

据日本《福冈日日新闻》一九一三年三月十七日《孙氏欢迎余话》

自日本归国的痛言①

（一九一三年三月二十五日）

（孙中山自日本归国，随至黄克强家，相见泪下谓）不意海外归来，失此良友，为党为国，血泪皆枯。此事务须彻底根究，惟吾人对此案尤当慎重，一以法律为准绳。

据上海《民立报》一九一三年三月二十六日《中山先生之痛言》

与日本驻沪总领事有吉明的谈话（译文）

（一九一三年三月二十六日）

暗杀宋教仁事件，事关重大。昨晨返沪以来，根据所收到之报道，其数虽少，而出自袁世凯主使之证据，历然在目。但袁一派有将事件指为国民党员所为之打算，据数日来部分报纸之报导，可以知之。幸而既然暗杀凶手已被逮捕，证据文件已被搜获，则真相大白之日，当为不远。本人素来排解他人对袁之责难，对袁世凯予以十分之同情与援助，此阁下所知者。但袁以大总统之高位，尚用此种卑劣手段，实所不能容忍，就本人而言，亦早已一步亦不退让。昨日以来与党内之得力者协商，决意无论如何按正当之手段诉之于世界之公议，而将袁排斥之。即考虑使议会按照预期集会，一开头即弹劾袁之丧失立场。而假若我党所主张之政党内阁方针得到贯彻，则陈述大总统乃一"figure head（傀儡）"而已，任何人均可当之。依此理由，则为国家着想而自当之。国民党之势力，在北方不易受到欺压。本案不独系南北分裂

---

① 1913年3月20日，国民党代理理事长宋教仁在上海沪宁车站遭袁世凯派的凶手暗杀，22日凌晨逝世。时孙中山在日本闻耗，即中止访日，于25日返抵上海，随至黄克强寓所商讨对策。

之原因,且亦使北方之形势不免于动乱。不论何时召集议会,当选举大总统之际,可能出现更堪忧虑之现象。恳切希望日本国政府于此时予以十分注意,加强警戒,频频以时局为虑。

> 据日本外务省编,陈明译《有关孙中山、黄兴反对袁世凯斗争的日本外交文书选译》(上海有吉明总领事致牧野外务大臣电,第三十号,"孙文密谈关于宋教仁被暗杀系出于袁世凯之嗾使及在议会上弹劾袁之主张"),载《民国档案》一九八八年第三期

与钟工宇的谈话①

（一九一三年三月二十六日）

钟说:上海广东商人埋怨你失信。他说:一九一二年革命甫告成功,孙中山派胡汉民在上海向他的广东富商友人中借款,允付给高利清还。这笔借款当时南京政府需要至急,此款不但没有利息,也没有还本,孙中山和他部下这帮人如此没有信用,将使孙中山很难得到他在上海的朋友的援助。

孙很惊奇此事尚未处理,说:袁世凯曾答应归还所有的革命债款,而上海的这笔借款是指定在清还债款之内的。那时是处于困境,我被任为全国铁路督办,只拿到一个月的薪金,同时在工作推进中,深感经费困难。

> 据《辛亥革命史料选辑》上册(湖南人民出版社一九八一年版)

---

① 钟工宇,早年为孙中山同学。1913年3月25日,孙中山与钟工宇同船自日本返沪。钟在上海当天遇广东商人,他知晓钟与孙的交情后,告以孙中山失信等事,翌日,钟将这些怨言转告孙中山。

与日本驻沪总领事有吉明的谈话(译文)

（一九一三年三月二十八日）

有吉转达了牧野外相的意见说：现在中国最需要避免动乱、保持平静的时候，请孙"叫党员切勿轻举妄动"。

孙中山否认国民党党员进行暗杀活动，表示"坚决采取光明正大的手段，在议会上弹劾袁世凯"，如果袁世凯用武力对付议员，"我方也用武力对抗，南方已有这一决心"。

据俞辛焞《二次革命时期孙中山的反袁策略与日本的关系》(《日本外交文书》一九一三年三月二十九日上海总领事有吉明致牧野外相电，第三十三号)，载《历史研究》一九八八年第一期

与日本驻沪总领事有吉明的谈话(译文)①

（一九一三年三月三十日）

孙中山当时对时局表示忧虑，对有吉明说：如有可能，自己则站在南北双方的中间，用和平的方法收拾局势；但当地情况，如你所知，热衷于同北京的对抗，如被卷进这一旋涡，从大局来说甚为不妙，因此希望暂时离开此地，旁观南北双方的局势，予以注意和忠告，尽可能谋求用和平手段解决的方案。

据俞辛焞《二次革命时期孙中山的反袁策略与日本的关系》(《日本外交文书》一九一三年三月三十日上海总领事有吉明致牧野外相电，第三十七号)，载《历史研究》一九八八年第一期

---

① 孙中山对国会能否弹劾袁世凯产生了怀疑，进而有避开南北冲突去日本的想法，并在3月30日会见有吉明时谈了这一想法。

与日本驻沪总领事有吉明的谈话(译文)

(一九一三年三月三十一日)

有吉拜访孙中山,转达了日本政府不同意①孙赴日的意见。

孙中山表示理解,并说:同志们也劝自己暂留此地,即使赴他地,也暂时推迟,如不能赴日,则赴广东或香港。

据俞辛焞《二次革命时期孙中山的反袁策略与日本的关系》(《日本外交文书》一九一三年四月一日上海总领事有吉明致牧野外相电,第四十三号),载《历史研究》一九八八年第一期

与日本驻沪总领事有吉明的谈话(译文)②

(一九一三年四月一日)

有吉问:如希望各国对袁施加"pressure(压力)",则是否与希望各国干涉内政具有同一意义?

孙答谓:"Pressure"虽迄未施加,而由列强"hand(插手干预)"则十分可能。怯懦之袁世凯,或可能直接透露退让之意,然则允诺予以十分之荣誉,使之退却而获圆满之解决,此在具有半独立国外观之中国而言,殆不属于干涉内政也。

孙更再三谓:袁奸谲不足恃,尤以近来鉴于袁愈益讲求收揽权力之策,

---

① 日本外相牧野不同意理由是:孙中山访日期间及回国后颇主"亲日",在宋教仁被暗杀、举世瞩目上海的时候,他再次来日,"不可避免地引起内外的误解和猜疑"。

② 1913年3月31日,日本驻沪总领事有吉明与孙中山会餐时,党人(国民党人)透露,当前各国对宋案之态度,可能逐渐有和平解决时局之意,即由各国对袁世凯施加"pressure(压力)"使其退让是也。于是4月1日有吉明再访孙中山,向孙中山提出反问。

若现时不能敌彼,则他日彼之势力愈益巩固,势将难以抗衡。本人向来亦深信确实制度之必要,但如袁世凯之从来采用其方针而反对其才干之人,竟完全委之以国家,此乃国家之大不幸,不知何时更可能招来动乱。相信于此次事件发生之时机,将迅速除去国家弊端,宁不值得庆幸。而于现状观之,难期保全中国本部,今欲□□□刺激人心,当今之际,欲建立稳固之政府,应先筹谋建设中国本部,即如并非不重要之蒙古问题,亦不得已暂时闲置之。且据来自北京之情报,袁日益加强戒备,在议会开会前后,其必加以暴力镇压之意,显然可见,亦有可能杀害在议会上提出弹劾案之议员等人之虞。为此,弹劾案将不克提出,或可能虽提出而不能成立。不论如何,不能在议会上获得满意之结果,将至南方一带之都督,一时起而对抗。只要袁不退让,则不论如何亦与袁对立。意志之坚定,与曩昔会见时,多少异趣矣。且在北京,除一部分军队外,对袁不服,利于讨伐。

据日本外务省编,陈明译《有关孙中山、黄兴反对袁世凯斗争的日本外交文书选译》(上海有吉明总领事致牧野外务大臣电,第四十三号,"孙文密谈鉴于暗杀宋教仁事件非排除袁世凯不可之主张"),载《民国档案》一九八八年第三期

与日本驻沪总领事有吉明的谈话(译文)

(一九一三年四月六日)

赵秉钧电报之被发现,不独法庭之所意外,吾人亦甚感惊异云。主张会审衙门应自人道上考虑将该等文件公开发表。自始即不能免袁之罪。对如此卑劣小人,竟不了解而努力推其为大总统,余亦不能免其责。今事已至此,余当以坚强之决心,作去袁之先驱。其方针,第一着可在议会上弹劾。由于袁向来之镇压,若无成效,南方当暂告结束,先以副总统黎元洪管理大总统事务。余亦当以电报等劝袁退让,若袁不肯,余决心亲率北伐军讨袁也。各地都督之意向亦明确,不仅南方反袁,北方亦有大致相同

之意见。如陕西、山西,已经表示同意。袁原来怯懦,若情势至于如此,彼或可能退让,果然则事情可望容易到手。假如列强或其他三数国家,根据南方形势之实际如何,从人道问题与时局大势,认为袁之退让为得策而"hand(插手干预)",则袁必退让,大局上之幸运,当无过于此。根据来自北京之密报,英美公使馆多少有此倾向。对于日本政府,亦烦请考虑之。

关于美国承认〈中国〉问题……孙认为,若新闻电报确系事实,则不过系美国未有了解目前真相之结果而已。本日美国总领事曾访黄兴,黄兴亦多少实言相告,使彼逐渐了解情况,纵令有承认计划亦当至于停止执行云。在对黄明确与美国总领事之对话上,余对本问题过于无所作为,特别对于内幕亦未提及。关于就承认谣传征求余之意见时,余感谢其好意而奉承之。

据日本外务省编,陈明译《有关孙中山、黄兴反对袁世凯斗争的日本外交文书选译》(上海有吉明总领事致牧野外务大臣电第四十七号,"孙文、黄兴关于暗杀宋教仁事件以及谣传美国承认中国之谈话"),载《民国档案》一九八八年第三期

与日本驻沪总领事有吉明的谈话(译文)

(一九一三年四月九日)

两三日前,美国驻华使馆曾派专人前来调查宋案经过,可以认定美国代理公使必已开始了解事件真相,并已向其本国政府提出报告。据本人观测,纵令美国政府从前有意宣布承认,此时亦必稍缓执行。如在此时宣告承认,只能为美国政府日后贻一笑柄,对于我党方针绝不会产生任何影响。我党今后之方针,将使十二日开幕之国会尽量拖长会期,直至宋案之审理结果判明,以便掌握充分材料对袁进行诘责,至少赵秉钧为宋案之元凶一事,已成为不可动摇。根据情况,法院或将拘传赵秉钧出庭对质,用以确定证据。关

于弹劾问题,须有全体议员四分之三以上出席和三分之二以上之多数通过,如果万不得已,则在选举时或将排除袁世凯而另以他人充任总统。具体如何进行,刻下正在探讨中。袁世凯似亦正在秘密整军备旅,但慑于南方形势,似亦不敢甘冒不韪,日前九龙山有土匪蜂起,袁曾计划派张勋南下剿讨,刻下已经停止进行。由此观之,当不敢贸然采取露骨行动;而我方亦不准备首先发难,故事件之解决,恐将延宕时日。

袁如怯懦,自当退让;否则兴动干戈,反可乘机锄除元凶,对国家前途,堪称幸事。最近以来,袁氏每日数电前来,一则为其本人之立场开脱,二则乞求予以推举,本人尚未复其一电。

据《有吉驻上海总领事致牧野外务大臣电》(译自《日本外交文书》大正二年第二册),载邹念之编译《日本外交文书选译》(中国社会科学出版社一九八〇年版)

与森恪的谈话

(一九一三年四月十八日)

对于中国兴业公司问题,向森恪提出三点意见:一、在第一次缴纳之资金中,由先生①自身所承担的四十二万五千日元,希望日本方面能代为垫出。二、同意暂依日本法律创立该公司,但将来中国新法律制定后,必须立即根据中国法律而更改之。三、至该公司正式成立时为止,中国方面应由先生负其全责,必要时可推王宠惠代理之。

据彭泽周《中山先生与中国兴业公司》(出版者及出版时间不详)

---

① 指孙中山,下同。此系上海三井物产公司支店长藤濑致函日本财阀涩泽汇报孙中山的谈话,称孙中山为"先生"。

附录　书面文

创办中国兴业公司当开办之始,中国各种法律尚未完备,自可暂时适用日本法律,以便公司之成立,而资事务之进行。至将来中国民律、商律,及诉讼律等公布后,即宜同时适用,不宜再适用日本之法律。

据彭泽周《中山先生与中国兴业公司》(出版者及出版时间不详)

与美国传教士柏锡福的谈话

（一九一三年四月三十日）

柏说:中国看来正被拖进内战。

孙答:如果发生内战,那将是短暂的,并将以袁的下台而告终。

柏力图说服孙:通过选举方法来反袁。

孙答:袁是决不肯自行退位,而让别人当选为总统的。

据《柏锡福日记》第四十二卷（一九一三年四月三十日）,载《辛亥革命史丛刊》第三辑（中华书局一九八一年版）

与上海汇丰银行交涉的谈话

（一九一三年四月下旬）

袁总统必不能再被选为总统,请于袁总统任内万不借款。大借款未经国会通过,政府之借款实系违法举动,请贵行注意。要求贵行速行电北京总银行阻止签字。

据上海《亚细亚日报》一九一三年四月三十日

接见来访者的谈话(译文)①

（一九一三年五月一日）

孙肯定,袁世凯必须对凶杀案负责。……孙说:可以立刻投入三十万人到战场上去,而且这场战争在六个星期之内就可以结束!

来访者说:万一发生内战,日本可能突然袭击满洲。

孙说:满洲并非整个中国。

来访提出警告:俄国届时将完成对于蒙古的接管。

孙说:留下来的地方才是真正的中国。

当他被告知,法国将攫取云南,德国将吞噬山东时。

孙说:届时,中国人民会起来抗争的。

据[美]韦慕廷著,杨慎之译《孙中山——壮志未酬的爱国者》(中山大学出版社一九八六年版)

与日本驻沪总领事有吉明的谈话(译文)

（一九一三年五月十五日）

有吉访问孙中山,谈了南北融合,收拾时局的好处。

孙中山表示:"自己也希望圆满地加以解决,南北融合的必要条件是袁世凯下台",但袁不肯,我们"不能坐以待毙,除决一雌雄外,别无他法","现在动干戈是时间问题,是立即举事还是暂时忍耐,正在考虑之中"。

据俞辛焞《二次革命时期孙中山的反袁策略与日本的关系》(《日本外交文书》一九一三年五月十五日上海总领事致牧野外相电,第八十六号),载《历史研究》一九八八年第一期

---

① 美国驻上海总领事怀尔德获悉5月1日来访者(未举姓名)与孙中山会晤详情,向美国驻华代理公使威廉斯报告。

与日本驻沪总领事有吉明的谈话(译文)

(一九一三年五月二十日)

　　与唐绍仪昨日会谈处,党人均佯作因家务关系,于北上途中顺道过访者,与袁无任何关系,且为使袁终归退让之必要,表示与我完全相同之意见。但果出自其真意否,甚为可疑。今晚当继续会见。唐尚将停留两周左右,其间如有任何具体决定,将直接奉告。但为使党人之使命终于告成,本人广东之行,暂告延期。此与唐之停留,绝无任何关系。实则袁世凯有将兵力集中于武汉向江西对岸武穴附近推进之模样,继又命李都督①作出交代。因此等事接踵而来,何时挬〔揭〕开南北冲突之炮衣,亦难预料。就此形势,当有直接赴南京之必要。因暂时未能前往,若江西方面多少缓和,当直接出发,但日期向〔尚〕未预定。我方无论如何以继续在议会上力争之计划,等待由袁发动之方针,但到底除诉之干戈外,别无有效之策。在和平手段方面,到底难敌彼之阴谋。且黄兴作为军人,专事战争之人也,尚以其深刻注意,宁为慎重论调。余从大局打算,持更为"desperate(决死的)"之态度,其间虽在计略上有多少意见差异,但在主义上则素无何种扞格。

　　　　　　　据日本外务省编,陈明译《有关孙中山、黄兴反对袁世凯斗争的日本外交文书选译》(上海有吉明总领事致牧野外务大臣电,第九十三号,"报告孙文关于与唐绍仪之会谈及排除袁世凯之方针之谈话"),载《民国档案》一九八八年第三期

---

①　李都督,即李烈钧。

与日本驻沪总领事有吉明的谈话(译文)

(一九一三年五月二十四日)

有吉明又访问孙中山进行劝诱①。

孙中山、黄兴都说:我方不会先动干戈。但孙更强调说,除动干戈外,别无其他有效方法。

据俞辛焞《二次革命时期孙中山的反袁策略与日本的关系》(《日本外交文书》一九一三年五月二十五日上海总领事有吉明致牧野外相电,第八十三号),载《历史研究》一九八八年第一期

与日本驻华公使山座丹次郎的谈话(译文)②

(一九一三年五月二十五日或二十六日)

反袁不是私怨,而是破坏与保卫共和制的问题,如有不排斥他而能保持共和政权的妥协方法,请赐教。

和平方法终究不能抵抗袁,不求日本援助,只要日本尽力不让其他国家援袁就满足,希望日本牵制列强。

据俞辛焞《二次革命时期孙中山的反袁策略与日本的关系》(《日本外交文书》上海总领事有吉明致牧野外相电,第九十九号),载《历史研究》一九八八年第一期

---

① 5月20日日本外相牧野电训有吉明,让黄兴提醒李烈钧劝戒部下,预防事端发生。5月24日有吉明因访孙中山进行劝诱。

② 1913年5月25日或26日,将接替伊集院任驻华公使的山座丹次郎专程来沪,劝孙中山不要以武力抵抗袁世凯。

与加藤高明男爵的谈话①

（一九一三年五月下旬）

此次大借款成立，实不啻为袁项城添虎翼，盖项城得各国援助，必以武力凌虐南方。项城若第二次被选为总统，与本党宗旨大相反对。贵国政府何不出而牵制，破坏借款，示天下以大义。

> 据上海《时报》一九一三年五月三十一日《孙中山反对大借款之阴阳面》

与加藤高明男爵的谈话（译文）②

（一九一三年六月一日）

本人等最初虽未出于何等积极之考虑，然而征之最近袁之态度，无论如何，似可认为有压迫、扫除我方之意图。若袁得如愿统一，即使不问本人等之立场如何，人心实不服袁。不能想象将来到底以太平无事而结束。且袁此次当不考虑只能遵循和平手段，而有可能按照免除江西都督职务等之动机行事。事之突发，必难为也。

> 据日本外务省编，陈明译《有关孙中山、黄兴反对袁世凯斗争的日本外交文书选译》（上海有吉明总领事致牧野外务大臣电，第一〇五号，"加藤高明男爵在上海劝告孙、黄二君自重"），载《民国档案》一九八八年第三期

---

① 加藤高明，日本政治家，男爵。1887年任三菱公司副经理，1887年任外务大臣大隈重信的秘书，1894年任驻英大使。1913年1月任桂太郎内阁的外务大臣，至2月20日本内阁换组。1913年5月下旬加藤高明男爵来中国，道经上海，往谒孙中山。孙中山语以袁世凯违法借款问题。

② 1913年6月1日，日本加藤高明男爵经过上海，孙中山、黄兴与之会见。加藤告知彼在北京与袁及其他人谈话之情况，劝告孙等此时应十分忍耐，以讲求永远和平解决时局之策为得计。对此，孙、黄作了答话。

与日本驻沪总领事有吉明的谈话(译文)

(一九一三年六月十一日)

本人无论如何将以冒进主义一举去袁,此种考虑始终不变,借款成立以来,袁之财力及于各省(如江西),亦有三数有力军队之首领已被收买之形迹。袁亦承认,于该地有可靠之处置。李烈钧此时或已至于不得已而退让。虽尚未接该地确报,李之态度,当以部下之意见为转移。总之,数日间当见分晓,昨日已派专人观察形势矣。李之交替虽多少影响我党之势力,然征之世间之同情,反有渐归我党之倾向。即令假若再在议会失去势力,而本人所操纵之傀儡戏,乃似系推翻清廷以外之意外也。再从内部发生之意外事件而言,易于出乎意料,袁之衰落,可作如是观。

据日本外务省编,陈明译《有关孙中山、黄兴反对袁世凯斗争的日本外交文书选译》(上海有吉明总领事致牧野外务大臣电,第一一四号"报告黄兴、孙文关于江西李都督被革职事谈话"),载《民国档案》一九八八年第三期

在香港与《早士蔑西报》记者的谈话

(一九一三年六月二十四日)①

孙中山接见访员颇为欢洽,惟谈及中国时事,则甚缄默。故访员迭次提及北方及广东政治情形,中山即答不知情形,因谓已不与闻时事也。

迨后访员曰:北京之时局,阁下能略言之否?

---

① 据1913年6月24日上海《民立报》报道:香港23日电,"胡汉民君昨偕汪精卫君乘宝璧兵轮来港。"又据25日报道:香港24日电,"孙中山先生由澳门来港,寓大酒店,即有西报访员到访,详谈一时。"参以谈话内容,有胡氏前夕到港之说,则此谈话时间当在6月24日。

孙曰：吾之政治手续，业已完竣，故现在情形若何，吾不能相告。且自宋教仁被杀事表暴以来，吾不复闻问。然吾敢谓从前已竭力为袁总统经营，吾常言袁氏最合为总统，吾不独在中国为伊经营，即在世界各方亦然。

宋教仁被杀一案，吾甚恶之。意谓北京政府干连该案，殊属不公。然吾非谓袁总统自有干连也，不过系其总理与有干连也，故袁总统必定略有所知。是以此事吾深恶之，且心殊不悦。

中山复曰：何时公举总统，未能逆臆。然非为宋教仁一案，则选举已久矣。

既而又曰：或者将来不复有选举之事。

访员又提及：广东情形如何？

中山又曰：此次吾未到省，故情形如何，闻知甚少。

访员问及：胡汉民氏现在何处？

孙曰：胡氏现在港，并无秘密。前夕伊乘宝璧兵轮到港。

访员又提及：本港华人报纸刊登愤激新闻，关于胡氏拨款偿还华侨一事者。

中山即声曰：此尽胡说也。其实反正后，省城需银，故由香港及外埠筹借，其商人之款，已经归还，加息五分。现在胡氏预备支还外埠华侨，然只系还本，遂被反对。此事最属无理，不公之甚。据伊等自言，省城现在无银，然此非其意，其银系借与胡督者。现胡须要清理支还。

至是访员复有所问。

中山又曰：胡汉民现派为西藏宣抚使。至将来吾之行止，殊未有定，或者不久将往英国，惟目下复行北上，注意吾之铁路大计划。虽说吾现在反对政府，未免有所阻碍计划之进行，惟吾亦必尽力而为之。吾初时本欲将铁路权利畀于外人建筑，并由其管理，以若干年为限。若果如此办理，则铁路遍布中国，乃为最捷之方法。吾计约十年间，即可敷设六七万咪里之铁路。查由西历一千八百七十年至一千八百八十年，美洲建筑之铁路约有八万咪里。自此以后，建筑之方法更快。中国现无资本自筑，若得洋人资本，即敷吾等所需。吾之所以劝将权利畀外人者，即此之故。可惜，吾国人所见与余不同，虽然，就吾将来亦必尽力进行。

访员谓：恐不得政府帮助，恐难将计划进行。

中山曰：惟政府必不阻吾之前途。

据广州《民生日报》一九一三年六月二十五日《孙先生与西报访员谈话》

附录一 同题异文

问：北京之时局阁下能略言之否？

答：吾之政治手续，业已完竣，故现在情形若何，吾不能相告。且自宋教仁被杀事发生以来，吾不复闻问；然吾敢谓从前已竭力为袁总统经营，吾常言袁氏最合为总统，吾不独在中〈国〉为伊经营，即在世界各方亦然。

又谓：宋教仁被杀一案，吾甚恶之。有谓北京政府与该案干连，殊属不公。然吾谓袁总统非自有干连，不过系其总理与有干连也，故袁总统定必略有所知。是以此事吾深恶之，且心殊不悦。

问：何时公举总统？

答：未能逆臆，然非为宋教仁一案，则选举已久矣。

既而又曰：或者将来不复有选举之事。

问：广东情形如何？

答：此次吾未到省，故情形如何，闻知甚少。

问：胡汉民氏现在何处？

答：胡氏现在港，并无秘密。前夕伊乘宝壁〔璧〕兵轮到港。

问：本港华人报纸刊登愤激新闻，关于胡氏拨款偿还华侨一事者。

答：此尽谣言也。其实反正后，省城需银，故由香港及外埠筹借，其商人之款，经已归还，加息五分。现在胡氏预备支还外埠华侨，然只系还本，遂被反对。此事最属无理，不公之甚。据伊等自言，省城现在无银，然此非其意，其银系借与胡督者。

据《宋案发生以后之政见》，载胡汉民编《总理全集》第二集（上海民智书局一九三〇年版）

附录二 同题异文

问：可否言北京之现状？

孙曰：予现已办完政事，故不能语君现在如何进行。

问：是否仍注意于北省所为之事？

孙曰：自宋案发生后，予不复如是。昔予曾为袁总统出力，敢云君已知之。予常谓彼最称总统之任，予不独在中国为之出力，即在环球各处，亦莫不然。但宋案一事，已尽倾覆之矣。君固可以谓予憎恶全事，以政府应与此案有涉之意，想曾害予之心道之。予非谓袁总统自己与之有涉，不过谓其总理及其自己之秘书，彼必知情。予曾有言，全事令予憎恶，兼伤我心也。至于选举总统一事，不知何时举行，苟非因宋案出现，则选举久矣。现在或全不选举。

访员又问及广州之事。

孙曰：此次予未到羊城，故其中情形，知者甚少。

问：前督胡汉民现在何处？

孙曰：现在全无可秘，彼实在香港。某夕乘宝壁〔璧〕兵轮而来。

访员又问及华人各报登载胡汉民支拨公款之事。

孙曰：俱是胡言。其实情是反正后未久，省城需款，遂与香港及外洋华侨借款。香港商家之债，经已偿还，兼还息五分。胡君现筹还外洋华侨之款，只还本而已，遂为彼等反对。此事极不公道，极不合理。彼辈必谓现在省城不能供给该款，但此不是问题。此款是胡君为广东都督时借与胡者，故彼必清还之。

孙又自言曰：予或往英，然现在则北上研究铁路办法。

问：现在仍欲续办否？

孙曰：政府阻碍进行，予虽反对，然应竭力筹办。予之办法，原拟交外人筑路及管理若干年，此是在中国建筑如网之铁路最速之法。予曾计如此办法,约十年内可以筑六七万里路。美国由1870年至1880年,曾筑八万里,自后则更为快捷。中国现无资本,然用洋款,亦可以供吾人之要需,故予赞成由外人筑路。不幸国人见不及此,但予必努力进行。

据香港《华字日报》一九一三年六月二十五日

与日本驻香港总领事今井的谈话

(一九一三年六月二十五日)

现在这时候,国民党应该做的手段是争取议会,但选举大总统的时候,比平时比较容易变节的议员多,结果我党之胜算极少。但袁世凯如果没有金钱的话什么也做不到的,而我党虽然贫乏,但志在千里,最后之胜利归于我党。

据北京《团结报》一九八九年二月十一日邵雍《孙中山对今井的谈话》(日本外务省档案五一三一二、一三五"支那南北冲突关系"卷)

与日本驻沪总领事有吉明的谈话(译文)

(一九一三年六月三十日)

广东方面陈炯明虽鼓吹强硬论,但部下军队干部之三数有力者,已为袁所收买,且本人自去年以来所鼓吹之袁中心主义深入人心,今一旦使其产生反对之观念,实属至难,多数希望和平,结果难图大事。昨日返沪后,于李烈钧处会面,党人亦正与南昌通声气,观望机会,虽无不恰之处,而江西孤立,徒生乱耳,殊属无谋之举。除暂时在议会上相对峙外,别无他策,无非先仍按照现状观望时势,以俟他日之机会而已。本人等势力之衰落,统归之于五国借款,袁之巧妙笼络手段,已伴随来自该借款之资金,及于地方,实属可谅。与南下前不同,对于我派势力,完全悲观。惟党人在议会上仍比地方多几分希望,因而对于议员中之有力者如张继等南下之事实,正计划使彼等逐渐返回北京。又事实上,李烈钧等在江西将不可能作出何等筹划。在地方上殆已不足以左右形势矣。

<blockquote>
据日本外务省编,陈明译《有关孙中山、黄兴反对袁世凯斗争的日本外交文书选译》(一九一三年六月三十日上海有吉明总领事致牧野外务大臣电,第一二八号),载《民国档案》一九八八年第三期
</blockquote>

与日本驻沪总领事有吉明的谈话(译文)①

(一九一三年七月十五日)

江西之变,此系由于袁之极端强压而自然发生者。而事至如今,江西乃其试金石也。无论如何,惟有奋斗。黄兴在南京,可策划诸事。该地形势完全按预期发展,大约可于本日宣告独立,程德全②恐将依附我方云。不论江西之形势如何,广东、福建亦预定不日独立。在进行上,临时政府暂设于南京,若长江沿岸一带形势不佳,则将不得不设于广东。责任余自担当之。至于将来之打算,彼亦似有十分自信,将江西、江苏、浙江、福建、广东、湖南、山西、陕西等算入。在军队数目上,预计可能南北相当,至于军费及武器方面,甚为悲观,虽设办法,但无机会。江西之局势,电报完全不通,有多少忧虑之状,关于此次事变,彼似顾虑日本方面之意见及各外国人之感情,频频询问及此。

诸如处置在江南机器局之北军,尤应慎重从事,彼谓对此实为苦心,并

---

① 1913年7月13日,"二次革命"爆发,14日黄兴赴南京,15日有吉明访孙中山面谈,孙就江西独立事发表谈话。
② 程德全,时任江苏都督。1913年7月15日,黄兴入南京,与程会晤后,江苏宣布独立,但程抗拒讨袁,逃往上海,从此闭门隐居。

谓将来似不可能发生由领事团劝告北军撤退之情况,谓前年亦有将租界附近作为中立地带之方案,而领事团中赞成者少,方案不被采用之例。

<blockquote>据日本外务省编,陈明译《有关孙中山、黄兴反对袁世凯斗争的日本外交文书选译》(上海有吉明总领事致牧野外务大臣电,第一三五号,"孙文关于二次革命爆发与各省动向之谈话"),载《民国档案》一九八八年第三期</blockquote>

与日本驻沪总领事有吉明的谈话(译文)

(一九一三年七月二十一日)

孙中山"意气昂扬,非常得意",谈了各省相继独立的大好形势。孙断言,"如果袁不辞职,则不能期望和平;今天致电袁促他辞职,如其不从,就向全体国民发出促令袁辞职的宣言。"

孙中山并公然批评日本和列强说,"在五国借款成立之际,我向各方预言此项借款必为内乱的原因,但哪个国家也不听,假借中立之名,都采取了对己有利的政策,即暗中援袁的方针"。"南方上下都信赖日本,对日本抱很大希望,但日本却和列国一起,依然采取利己的中立态度,使日本失去了大家的信赖和希望。希望日本劝诱一两个国家,率先给袁以辞职的友好劝告,如其他国家狐疑,日本单独劝诱他,袁仰赖于外国,如外国进行此种劝告,袁将格外迅速地服从,立即实现和平。"

孙坚持己见说:"袁始终以外援为生命,终于以蒙古为诱饵,依靠俄国。外国的插手和干涉,鉴于现状,事实上难免。在我们希望的时候,不如由日本掌握主动是有利的。"

<blockquote>据俞辛焞《二次革命时期孙中山的反袁策略与日本的关系》(《日本外交文书》一九一三年七月二十一日上海总领事有吉明致牧野外相电,第一五二号),载《历史研究》一九八八年第一期</blockquote>

答上海《民立报》记者问

（一九一三年七月底）

记者问：昨字林西报载有吴姓者，告密赵秉钧称曾任孙中山及陈英士两先生秘书，知平日来往函件颇多道军械事者，并言应夔丞入狱后，常与中山先生通消息。并应之逃，系中山得贿释放……该告密人自称为哈佛毕业生，及事起，为中山幽囚，不能早日通告政府等。本馆记者以此事关系甚大，特谒中山询问本末。

先生云：此种令人齿冷之谣言，殊为可笑。查哈佛毕业生，并无具名Wan-tes-ting者，余秘书中亦未尝有此名。既系大学校毕业生，何以事前不知军械之作用，及事后始告密。至幽禁一说，更令人可笑；租界何地，非北京可比，而能行此不法之举乎？虽然，俟吾人讨贼事毕，宋案终有水落石出之一日也。

据上海《民立报》一九一三年八月二日《西报造谣言》

与福州日本领事馆武官多贺宗之的谈话①

（一九一三年八月三日）

多贺：粤中情势，力劝珍重，万勿冒险，并以日船"抚顺丸"即自马尾驶台，不妨到台湾观察局势再定行止。

中山：黄兴曾有通知，在沪时所得粤中情况，尚属顺利进展，坚持赴粤原议。

---

① 孙中山于上海举事失利后，谋在粤再举，于8月2日搭德船约克号离沪。日本驻福州领事馆武官多贺宗之闻孙中山船抵马尾，时粤局多变，乃于是日下午3时赴马尾晋谒孙中山，再三劝阻万勿赴粤。

多贺再三陈述:粤局既变,香港亦将拒绝登陆,万勿身临险地。

中山见词恳切,乃稍作沉思,并翻阅地图,旋谓:不得已我惟再赴日本,俾可与同志集议,再作决定。

多贺复谓:日本当局对中国时局虽采不干涉原则,但到日后能否获得便利,尚不敢知,何如先行赴台,略作停留,并愿电告台湾日当局予以协助。

中山闻之又作沉思,旋告谓:承多方关注,实深感谢。但余仍将另行设法。

多贺乃再次说明:局势急迫,已无再考虑时机,此行并乘有日轮小艇,请即换船。

中山乃允谓:俟晚九时再作决定。

多贺于晚九时再乘小艇晋谒,中山已允换轮。

据黄纯青《国父在台湾》,载《孙中山先生感忆录》(台北文星书店一九六五年版)

与梅光培的谈话[①]

(一九一三年八月三日)

君由美洲万里归来,志切革命,今不幸失败,去国日久,回来人地生疏,钱财不可不多带。

据邓慕韩《孙中山先生轶闻》,载《建国月刊》第二卷第一期(南京一九二九年)

---

① "二次革命"讨袁之役,南京不守,上海不支,孙中山乃与胡汉民、李朗如、梅光培等乘德船赴粤,道经福州,有日领武官来见,言粤不可为,请孙中山先渡台湾,转赴日本。孙乃在船上嘱李、梅等赴港,独与胡渡台,因对梅谈话,并尽以六百元给梅。

会见某人的谈话(译文)①

(一九一三年八月十二日)

我谢绝会见新闻记者,并非担心刺客行刺,而是担心若与中日两国人士频繁来往,会引起外界误解我仍像从前那样要以日本为根据地密谋革命,所以我愿以一个旅游者身份暂时停留日本,以避免国际上对援助革命党的日本人士和日本政府妄加罪名。这是我对日本政府殷勤地保护我表示的一点心意。

据北京《团结报》一九八九年六月二十七日赵宗颇译《二次革命失败后孙文再度到神户》(下)(转录《神户又新日报》一九一三年八月关于孙文逃亡日本的报道)

与服部的谈话(译文)②

(一九一三年八月十四日)

服部说明久留日本并非上策之意。

孙答:中国南方形势目前尚有恢复之希望,故暂留日本观察形势,然后决定自己的进退。

服部:如你将日本作为敌视邻国之策源地,则自然招来困难,请充分注意。

据俞辛焞《一九一三年至一九一六年孙中山在日的革命活动与日本之对策》,载《孙中山研究论丛》第三集(中山大学一九八五年版)

---

① 1913年二次革命失败,孙中山亡命日本抵神户,在三上丰夷、松方幸次郎、萱野长知等人照顾下,从川崎造船所码头登陆后,立即住进了诹访山麓的常盘花坛山庄。孙中山住进山庄后,极力避免会见外人,也不外出,有人认为这是为了躲避刺客,孙中山否定了这种说法,因有此谈话。

② 服部系兵库县(神户是兵库县首府)知事,8月14日晚,服部密访孙中山,他按照牧野外务大臣的旨意,劝孙中山离日本去美国,孙中山坚持留在日本进行革命活动。

与辻村的谈话（译文）①

（一九一三年九月二十一日）

孙对辻村说：日本对中国南北的舆论，民间和政府虽然相反，但据闻，政府也不全然无视民间舆论，只认为不合时宜。

孙问：日本陆军和民间舆论相一致的时机在不久将来是否到来？

辻村没有做任何回答。

> 据俞辛焞《一九一三年至一九一六年孙中山在日的革命活动与日本的对策》（转录日本外务省史料馆档案《中国革命党问题》，乙秘第一三四八号《关于孙文动静之事》），载《孙中山研究论丛》第三集（中山大学一九八五年版）

与涩泽荣一的谈话（译文）

（一九一三年十月六日）

会谈中孙反复强调：现今清国②的衰盛，直接关系到贵国的沉浮，即东洋问题，贵国也不能隔岸观火。我们这些同志，准备卧薪尝胆，如果军费的筹集能获解决，则图再组织讨袁军队。今晚来访，是希望借助阁下之力，说服贵国政府，尤其是陆海军省，对此次行动给以援助。

涩泽说：关于阁下目前计划的再举讨袁军，本人不赞成。贵国目前虽然不完备，但形式上已是立宪国。如议会机关完备，则不战自胜之日不久就会

---

① 孙中山抵日后，首先和陆军省经理局局长辻村取得了联系。1913年9月21日晚，孙中山和辻村会谈约两个小时，但没有留下更多记录。

② 日本档案记录把民国误称清国。

到来。这就是再举兵不合时宜,我不表赞成之所在。在此以前,要先隐忍持重为上策。

据俞辛焞《一九一三年至一九一六年孙中山在日的革命活动与日本的对策》(转录日本外务省史料馆档案《中国革命党问题》第八卷,乙秘第一四一五号:《孙文之行动》),载《孙中山研究论丛》第三集(中山大学一九八五年版)

与饭野的谈话(译文)①

(一九一四年一月四日)

孙对饭野说:我想今年改变方针,贵意如何?

饭野问:阁下所说的改变方针是指革命吗?

孙答道:是的。

饭野恳切地说明革命的不利,劝其目前暂隐忍持重,等待时机。

据俞辛焞、王振锁编译《孙中山在日活动密录(1913.8—1916.4)》(南开大学出版社一九九○年版)(转录日本外务省档案《中国革命党问题》第九卷,乙秘第二十三号《有关孙文等情况》)

与饭野的谈话(译文)②

(一九一四年一月六日)

自己违背贵谕示,虽并非本意,但在不得不牺牲同志之情况下,特在短

---

① 1914 年 1 月 4 日孙中山访问饭野吉三郎,是为恭贺新年。
② 饭野吉三郎,系日本精神团总裁,和军部要人有密切关系。孙中山为了获得军械,于 1913 年 9 月 13 日向饭野立誓。此谈话即针对前誓言的说明。

则一、二周,长则两个月内离开贵地,故对阁下之誓言①不过是我②的个人誓约,亦不得不取消。

> 据俞辛焞《一九一三年至一九一六年孙中山在日的革命活动与日本的对策》(转录日本外务省史料馆档案《中国革命党问题》,乙秘第二十三号《有关孙文等人情况》),载《孙中山研究论丛》第三集(中山大学一九八五年版)

与秘书某人的谈话(译文)

(一九一四年一月中旬)③

某问及孙第三次革命是否已有成功之把握?

孙答:不要紧,放心吧!

孙不但怀疑日本人,而且非常抱怨日本政府,孙又说:(日本)政府以保护为名,利用警察对亡命者一行加以束缚。

> 据俞辛焞、王振锁编译《孙中山在日活动密录(1913.8—1916.4)》(南开大学出版社一九九〇年版)(转录日本外务省档案《中国革命党问题》第九卷《孙的秘书某人之谈》)

与黄兴的谈话④

(一九一四年春)

黄曰:如果在誓约内写明附从孙先生再举革命,这是等于附从一个人帮

---

① 指1913年9月13日之《誓言书》。
② 原文为"孙",今改第一人称"我"。
③ 此件无档案号,亦无日期,底本置于1914年1月中旬内。
④ 黄兴不赞成中华革命党誓约上写明"附从孙先生"字样和在誓约上印上指模,因有此对话。

助一个人来革命了；如果在誓约内印上指模，这是等于犯罪的人写供状一样。前者是不平等，后者是太侮辱人了，所以这两件事不愿意做到的。

孙答：要知道过去革命所以失败最大的原因，就是不肯服从一个领袖的命令。我们现在要做革命能够成功，以后党内的一举一动，就要领袖来指导，由全体党员去服从。至于哪一个人来做领袖，这是没有关系的。假使你黄先生愿意当领袖，我们就可以在誓约内写明"附从黄先生"，我个人当然也填誓约来服从你的。如果你不愿意当领袖，就由我来当领袖，那么你就应该服从我。至于誓约上要打指模，完全是表示加入革命的决心，决不是含侮辱的意思。

据邵元冲口述，许师慎笔录《中华革命党略史》，载《建国月刊》第一卷第二期（南京一九二九年六月十五日）

关于誓约问题的谈话

（一九一四年春）

有人提出两点：（一）对誓约上"服从孙先生，再举革命"，表示谓革命系服从主义，不应服从个人。孙先生系属个人，对个人服从，有违共和民主。（二）对"盖指模"，表示系命犯人所为，对同志不应有此。

孙解释说：一、革命必须有唯一（崇高伟大）之领袖，然后才能提挈得起，如身使臂，臂使指，成为强有力之团体人格。

二、革命党不能群龙无首，或互争雄长，必须在唯一领袖之下，绝对服从。

三、孙先生代表是我，我是推翻专制，建立共和，首唱而实行之者。如离开我而讲共和，讲民主，则是南辕而北其辙。忠心革命同志不应作"服从个人"看法。一有此想，便是错误。我为贯彻革命目的，必须要求同志服从我。老实说一句，你们许多不懂得，见识亦有限，应该服从我。我绝对对同志负责任，决不会领导同志向专制失败路上走。我是要以一身结束数千年专制人治之陈迹,而开亿万年民主法治之宏基。

四、再举革命,非我不行。同志要再举革命,非服从我不行。我不是包办革命,而是毕生致力于国民革命,对于革命道理,有真知灼见;对于革命方略,有切实措施。同志鉴于过去之失败,蕲求未来之成功,应该一致觉悟。我敢说除我外,无革命之导师。如果面从心违,我尚认为不是革命的同志。况并将"服从孙先生再举革命"一句抹煞,这是我不能答应,而无退让之余地的。

其次对于指模,亦有剀切指示:

一曰昭信誓。歃血为盟,如啮指割臂,皆古时所引用。现今不用血印而用指模,是要本人于盖指模之顷,将誓约印入脑际,历久不渝。

二曰验诚实。我国人习气专好假面子,或客气用事,结果弄成虚伪,国几不国。革命党应反其所为,以赤裸裸出之。倘犹吝惜一指,以为与面子攸关,或以为太不客气,则是不诚实之极了,所以必令盖一指模,破除积习。

三曰重牺牲。人人不畏革命,是能不惜牺牲的。革命党自负也是自我牺牲的,倘对盖指模而怀疑而畏葸,还说得上牺牲吗?故必以盖指模重视其牺牲精神。

四曰明团结。我们为了革命,失败由于涣散,欲求成功,必须团结。我虽不尚结为死党之说,而总要求同志一心一德,贯彻始终,不要中途脱节。有了指模凭证在党,自然记在心上,毋敢或违。

据居正《中华革命党时代的回忆》,载罗家伦主编《革命文献》第五辑(台北一九五四年版)

与田桐等秘密商议的谈话(译文)①

(一九一四年六月二十三日)

孙对田桐等说:第三次革命所必不可少的军用资金,至今还未筹集到

---

① 6月23日上午10时50分,孙中山偕王统一徒步至民国社,孙在该社二楼,召集田桐、居正、胡汉民、杨庶堪等人,秘密商议至中午。

手,这一点请谅解。

田桐等说:我们有决心实现这一夙愿,务望阁下也要按既往方针,在国内国外都负起指挥监督之任。

孙未作答。

> 据俞辛焞、王振锁编译《孙中山在日活动密录(1913.8—1916.4)》(南开大学出版社一九九〇年版)

讨论中华革命党总章时的谈话

(一九一四年夏)①

(总章第四条,本党进行秩序,分作三时期,在此三时期中,对军事、宪政,不闻多所异议;而对训政,则有如下之见解和非难:)

一、以为革命不应分时期。即分时期,亦只有军事与宪政,何必又要一个训政时期。

二、以为训政是皇帝时代把戏,以皇帝来训小百姓,革命党既不作皇帝,那里说得上训政。

孙闻言莞尔而笑曰:你们太不读书了,《尚书·伊训》不是说太甲是皇帝,伊尹是臣子,太甲年幼无知,伊尹训之不听,还政于桐宫。我们建立民国,主权在民,这四万万人民就是我们的皇帝,帝民之说,由此而来。这四万万皇帝,一者幼稚,二者不能亲政。我们革命党既以武力扫除残暴,拯救无知可怜的皇帝于水火之中,就是要行伊尹之志,以"阿衡"自任,保卫而训育之,使一些皇帝如太甲之"克终允德",则民国之根基巩固,帝民亦永赖万世无疆之休。是不仅训字有根据,且训政名词,是比同盟会约法名词,用得庄典而恰当了。若说到不必由军事经过训政,就进入宪政,则简直是自欺

---

① 此件底本未署时间,据中华革命党总章于1914年7月8日公布,讨论时间注为1914年夏。

欺人，不要建立民国了。过去元年临时政府之失败，虽由于语杂言庞，实由于我们同志不能自信执行同盟会政纲政策，分期布治。譬如建屋于沙丘之上，经风一吹，即便倒塌，故"二次革命"失败，不是袁世凯能打倒我们，实在是我们自己打倒的。我们痛定思痛，再举革命，不但要惩前毖后，且要脚踏实地，一步一步的建筑牢固根基，确乎其不可拔，革命才有成功希望，国家才有安定可言，人民才有福利可享。这个训政时期，是革命时期中必不可省略的过程，革命成否，全于此时期卜之。今日你们不大相信，异日当思吾言。

众问：革命党分了阶级，一级如何，二级如何，三级又如何①？

孙答：文义既明，毋庸多议。抑今日之非难，焉知不为异日之悔悟，恐以元勋自居者，反堕落为普通公民而不可得也。须知作事要有秩序，论功要有次第。辛亥革命，政府成立，有以加入同盟会为荣，或藉此招摇撞骗，大损同盟会之声誉，是漫无区别之过。我今对于入党党员区别其先后，因而奖励之，亦深寓训练党员之意。

据居正《中华革命党时代的回忆》，载罗家伦主编《革命文献》第五辑（台北一九五四年版）

与陈其美的谈话（译文）

（一九一四年八月二十二日）

陈其美申述萱野长知、王统一等人于宫崎寅藏宅集会商议、策划使孙逸仙发电召回黄兴。

孙称：流亡者之有今日，并非黄兴参与而才有力量，我意是无召回黄兴

---

① 中华革命党总章第十一、十二条规定：凡于革命军未起义之前进党，名曰首义党员，悉隶为元勋公民，得一切参政执政之优先权利；凡于革命军起义之后，革命政府成立以前进党者，名为协助党员，得隶有功公民，能得选举及被选举权利；凡于革命政府成立之后进党者，名曰普通党员，得隶为先进公民，享有选举权利。

之必要,但可征求犬养毅意见。

陈访犬养毅,将犬养暂不妨召回黄兴的意见转告孙。

孙称:此事暂可搁置不理。

据俞辛焞、王振锁编译《孙中山在日活动密录(1913.8—1916.4)》(南开大学出版社一九九〇年版)(转录日本外务省档案《中国革命党问题》第十三卷,乙秘第一五七三号,廖隆干译)

与犬养毅的谈话(译文)

(一九一四年八月二十四日)

孙对犬养说:刻下欧洲战乱确为中国革命之空前绝后之良机。据最近对中国内地以至南洋及美国等地之形势调查,革命声势愈加高涨。相信此时乃举旗之大好时机,遂决定起兵举事,目前正在准备之中。至于欧战形势……胜利终归德国。战争平息,日、德两国恢复和平之时,日本将在对德、对华外交上面临复杂情况。此时若在中国内地发生动乱,必给日本外交带来极大好处,为此日本政府务必支援中国革命,此点请阁下予以关照。孙谈及军资的筹集情况说:如若此次仍不能筹足所需资金,即便附加任何条件,也靠阁下在日筹款。

犬养仅称:如周围条件允许,现在是举革命大旗之大好时机,关于筹款一事,待与头山商议后答复。

据俞辛焞《一九一三年至一九一六年孙中山在日的革命活动与日本的对策》(转录日本外务省史料馆档案《中国革命党问题》第十三卷,乙秘第一六五一号《犬养毅与孙文会见之事》),载《孙中山研究论丛》第三集(中山大学一九八五年版)

与郡司成忠的谈话(译文)①

(一九一四年九月二十三日)

郡司曰：知道先生住在这里，但因没有特别要紧的事，所以一直未来访问，今日想来听听先生对近来欧洲战乱有何感想？

孙文答曰：我没有什么特别感想。不过日本政府对我们的运动似乎总是怀有恶感，请问有何耳闻？

郡司曰：我许久没有和政府人员交谈了，所以难以判断。

孙文曰：那么郡司先生对我们的革命运动有何感想？

郡司曰：如果说对孙先生的方针有什么疑义的话，我们的想法是，第一次革命之时，革命者和镇压者虽然都是幼稚的，但导致革命最终没有成功的原因之一，就是缺乏人才，且方法也不完善。这是谁都承认的。第二次革命时也想光明正大、堂堂正正地起事，因此没有采取暗杀袁世凯的手段。如果不是这样，是会达其目的的。不知没有那样做的真意何在。第三次革命虽然已经有了种种计划准备，但我考虑，有必要改变以往的手段。……总之，为了发动革命而在目前的情况下奔走于借款之事是极为愚蠢的。必要的是选择合适的根据地和人才。

孙文谈及本月上旬陈中孚在本溪湖及奉天想发动革命，但遭受日本官宪干涉被迫撤离，不得不中止，并且表示不满。

对此，郡司大尉没作任何答话。

据俞辛焞、王振锁编译《孙中山在日活动密录(1913.8—1916.4)》(南开大学出版社一九九〇年版)(转录日本外务省档案《中国革命党问题》第十四卷《孙文与郡司大尉的对话》，米庆余译)

---

① 1914年9月23日下午，郡司由宫崎寅藏偕同来访孙中山。

与秋山定辅的谈话(译文)①

(一九一四年十二月二十九日)

孙问:选举结果如内阁更迭,是否由寺内正毅任首相? 如寺内任首相,其对华政策如何?

秋山答:无可奉告。

> 据俞辛焞、王振锁编译《孙中山在日活动密录(1913.8—1916.4)》(南开大学出版社一九九〇年版)(转录日本外务省档案《孙文动静》,乙秘第二七五九号)

与谢持的谈话②

(一九一五年一月十六日)

孙中山嘱谢持存案办法,务使逐日所商决或面嘱应办之事无一忘者,宜存记之,可备后日考核。

> 据谢持《总理嘱件记录》,载罗家伦等主编《国父年谱》增订本上册(台北一九八五年版)

---

① 1914年12月29日,孙中山访秋山定辅,是要了解日本政局,大隈内阁于12月25日解散议会,并决定1915年3月25日举行众议院选举,当时大隈内阁积极推行以"二十一条"为中心的侵华政策。秋山定辅系日本众议院议员,孙中山故有此问。

② 谢持为中华革命党总务部副部长。1915年1月16日孙中山嘱谢持对嘱办事项作记录备查。该记录自1915年1月始,至5月止。

与谢持的谈话

（一九一五年一月二十七日）

办事人员既有意见,则办事权限必清;无意见时,可从便办理。

据谢持《总理嘱件记录》,载罗家伦等主编《国父年谱》增订本上册(台北一九八五年版)

与谢持的谈话

（一九一五年一月三十日）

孙谈论各省情形,嘱谢持查考有的确需款者,可将所需款项数目列一清单,便酌量办理。

谢报告云:永平、承德一带须着手。

孙云:如有可靠之人,则派往办理。

据谢持《总理嘱件记录》,载罗家伦等主编《国父年谱》增订本上册(台北一九八五年版)

对谢持的面谕

（一九一五年四月一日）

凡属江浙方面关于军事者,一律令于上海接洽。

据谢持《总理嘱件记录》,载罗家伦等主编《国父年谱》增订本上册(台北一九八五年版)

关于考查党员的谈话

（一九一五年四月二日）

孙中山嘱谢持"注意考查党员",并谓:"吾党秘密事,何以袁政府总能得消息?"

> 据谢持《总理嘱件记录》,载罗家伦等主编《国父年谱》增订本上册(台北一九八五年版)

与波多野春房的谈话(译文)①

（一九一五年四月七日）

孙对波多野作了如下谈话:

一、在日中交涉问题上,袁世凯为敷衍中国国民并为自己的立场辩解,正极力煽动国民掀起排日运动。因为国民舆论和态度益加强硬,袁进退维谷,处境愈益窘迫,予将乘此时机,以遂平生素愿。目下正通过某日本人(姓名秘而不宣)谋求日本政府之援助,正在活动中。倘若日本政府不应允予之要求,予当赴美求援,那时将用一年余时间在美国各地游说,以赢得其国民之同情,并筹备好军资等事宜。然后赴英国、再去欧洲各地游说,继而举事。到那时,时机上虽稍迟些,但既然得不到日本的援助,只好如此。

二、美国对日本交涉的态度,表面装作平静,实则非常反感。据予所闻,美国对袁政府有好感,决定提供五十万挺枪支及相应所需弹药,已送去二十万挺,其余三十万挺将在今后两个月内送到。美国态度如此,日本……②

---

① 1915 年 4 月 7 日,孙中山对来访的日本太阳通讯社社长波多野春房发表关于最近时局的谈话。

② 以下几个字,原件影印不清。

另外，波多野问孙：风传阁下接受了德国巨款，事实如何？

孙说：若有如所传之事实，就太好了。说得模棱两可，未作确切回答。

据俞辛焞、王振锁编译《孙中山在日活动密录(1913.8—1916.4)》(南开大学出版社一九九〇年版)(转录日本外务省档案《中国革命党问题》第十六卷，乙秘第六五九号《孙文之谈话》)

揭露中日交涉黑幕的谈话①

（一九一五年四月九日）

袁世凯原与大隈重信友善，故大隈组织内阁，袁氏大喜（此与吾国新闻可征者也），遂以二事要求日置益公使还国与大隈商议，求其赞助。二事者何：一、渠欲称帝；二、代平内乱是也（此事西文新闻纸言之颇详）。及日置还国，大隈赞成。然日本元老虽亦希望中国仍为帝国，而实存以朝鲜视我之心，而又深恶袁世凯，于是强大隈先提出此次条件（即二十一条）。故日置公使于开始交涉之初，面见袁世凯，即申言日本国人皆谓足下系排日者，足下今日欲与日本亲近，而求其助，不能不有所表示。足下能将此次二十一条件完全承认，则日本国人皆信足下而即助足下云云。袁世凯本欲承认，而其左右如段祺瑞、汤化龙及外交总长陆征祥诸人皆大反对，渠不得已，乃有此次抗议。然综观前后局势，袁终必承认也。

据谢持《总理嘱件记录》，载罗家伦等主编《国父年谱》增订本上册（台北一九八五年版）

---

① 孙中山于4月9日嘱谢持将中日交涉黑幕，提示要义，以通告各支部。

清理海外来函的谈话

（一九一五年四月十五日）

孙中山将海外来函三束交与谢持，嘱"清理其可存者存之，不必存者焚之。但清理之人，须择其永久可靠者，不然恐将来熟悉后既知内情，而赴海外捣乱也。"

据谢持《总理嘱件记录》，载罗家伦等主编《国父年谱》增订本上册（台北一九八五年版）

答复马尼拉地方法院检察官的书面质询①

（一九一五年五月六日）

美利坚合众国

菲律宾群岛

马尼拉地方法院预审庭

原告：美国

被告：G. U. Liongsin et al.

书面质询对象：

孙逸仙，日本，东京。

（一）你目前的居处何在？

东京：赤阪，灵南阪，二十六号。

（二）你目前的职业为何？

---

① 此为菲律宾法庭档案文件，无年月日。今据《国父年谱》考订系菲检察官以"美国"名义侦讯某案时就有关袁世凯暴政函询孙先生（时寄寓日本东京），孙先生逐条答复者。

无职业。

（三）你以前住在哪里？

中国,上海,法国租界,Paul Brunat 道,四三一号。

（四）你以前的职业为何？

中华民国总统,后来担任中国铁路总公司总理。

（五）你为何改变住所？

因为我反对袁世凯暗杀农林总长宋教仁,以及他未获国会同意即与五国银行团签订借款协定。

在江西、江苏、湖南、安徽、福建和广东各省相继发动武装讨伐袁世凯后,袁即要求上海租界引渡我,我只好离开中国。

（六）你为何放弃以前的职业？

为了和平与避免流血,我辞去总统职务,让位给袁世凯,条件是他必须依据宪法信守效忠中华民国的誓言。

我辞职之后,向参议院推荐袁世凯继任总统。其后,我离开政坛,担任铁路总公司总理职务。但在南方武装反袁抗议期间,袁世凯废除铁路总公司章程,我只好离开这个职位。

（七）就你所知,袁世凯是以何种方式当选中华民国总统？

袁世凯当上总统是凭两种手段:第一靠贿赂,第二是使用暴力。在总统选举期间,有两度他未能获得足够票数,于是他派武装警察包围国会,扬言如果他没有当选,就要杀害他们全体。凭这两种手段,最后他才勉强得到过半数的票数当选。

（八）如果你知道下列诸人的死因,请说明,如果你个人不知道,请说明在中国和其他地方一般人所了解的他们的死亡经过,这四人是广州市警察局长、张振武、方维和宋教仁。

这四人中我个人认识两人:广州市警察局长陈景华和宋教仁;另外两人张将军和方维,我和他们只在武昌有过一面之缘,关于这两位将军之死,他们是应袁世凯之请前往北京就任新职。到达北京后,他们应邀前往六国饭店参加晚宴,宴罢返回住所途中,在路过东交民巷外面遭到逮捕,当晚即被处决。有关广州警察局长陈景华之死,在八月十五日那天,他接到广东都督(按为龙济光)的中秋晚宴邀请。晚宴结束时,都督向他出示袁世凯的电报,电文说陈景华有阴谋反叛政府之嫌,应予枪毙。陈景华就在没有证据也未经审判的情形下当场被处死。

宋教仁是国民党领袖。袁世凯打电报请他前往北京。他在上海火车站正要出发时遭枪击重伤。几天后,他在铁路医院逝世,与此同时,刺客武士英和唆使者应夔丞(桂馨)也已被法国租界警察所逮捕。应夔丞家中的文件全被没收。文件中有国务总理赵秉钧从北京发出的密码电报,命令应夔丞杀死宋教仁,并答应给他一笔丰厚的酬劳。在上海的电报房也找到了应夔丞在刺杀宋教仁前后发给赵秉钧的电报。这个案子在上海的会审法庭初审,凶手被判有罪后再交由中国当局审理,在上海审判期间,英国领事道格拉斯和哲尼干担任宋教仁这一方的顾问。

刺客交给中国当局后,江苏都督程德全和民政长应德闳向总统详细报告整个事件的经过,指出国务总理赵秉钧是刺宋案的唆使人,并要求袁的总理和秘书前往上海接受审判。袁世凯对这项要求非常不悦,他罢免了这两名官员的职务。

(九)就你所知,说明袁世凯如何运用他中华民国总统的权力执行法律?

袁世凯自立为中国的无上统治者,一切事情都依他的意志为依归。他虽宣誓遵守临时约法,却又废除了约法和国会,不但如此,他还逮捕国会议员,杀害抗议他行为的人。

(十)对于中国人逃离中国的情形和原因,你所知如何?

在袁世凯政府的统治下,法律没有保障,他可以不经法律程序逮捕任何人。因此,与袁世凯意见相左的人都不得不出国避难,以求保命。

(十一)就你所知,中国国会议员被免职的经过情形如何?

国会主张共和思想，并希望采行宪法所阐扬的民主原则，但袁世凯忖度，果真实施民主，他的权力必然大受限制。因此，他在去年十一月十日以政变行动，干脆解散了国会。

（十二）在袁世凯担任民国总统时的法律之下，中国人如何受害，囚犯如何被刑求，以及被判死刑者在行刑前后曾遭到何种不人道待遇？

在职担任民国第一任临时总统时期，我废除了所有审讯时的刑求，但袁世凯继任后，恢复了所有以前使用过的刑求方式，甚至还发明新的刑求手法，诸如强迫犯人跪在烧红的砖块上或铁链上，以绳子捆绑犯人的姆〔拇〕指和脚趾，把他四肢吊起，还有许多其他残酷的刑罚，是以前帝制时期所未曾听闻的。

（十三）请说明宪法会议及袁世凯曾对它采取什么行动？

袁世凯废除宪法会议的手法和他废除国会的手法完全相同，他指控他们叛变，只因他们拥护中华民国肇建所根据的民主原则。①

据秦孝仪主编《国父全集》第二册（台北近代中国出版社一九八九年版）

与东京大学某教授的谈话

（一九一五年六月五日）②

东京大学教授邀请孙中山演讲民族问题毕，某教授进而质疑谓：欧美列

---

① 按袁世凯于1913年11月4日下令解散国民党，撤销国民党籍之国会议员资格，又补行追缴证书、徽章，致国会不足法定人数，陷于停顿状态。1914年1月10日，袁正式宣布停止参众两院现有议员职务，解散国会。

② 谈话时间，底本仅标"民国四年"（1915年），未署月日。据日本外务省档案《孙文动静》乙秘第一二六五号，1915年6月5日下午6时，有波多野春房来访，约孙中山至同气俱乐部演讲。参加此次演讲会有松浦伯爵、福冈秀猪、渡边千冬等七人。另说参加者除松浦、波多野外，有建部遁吾、金井延、中村进午、吉野作造、立作太郎、山川义太郎、和田吴松、福冈美井，后八人为文学及法学博士，共进晚餐。晚8时，孙中山站着作了一小时半的演说，由戴季陶翻译。后闲谈，谈的是外交问题。谈话人物及内容与此件相吻合，时间因标为6月5日。

强同一侵掠中国,其程度不减于日本,何以近者中国人对于同文同种同洲之日本排斥独甚,其故亦可闻欤?

孙曰:中国民族已日不堪外力压迫之痛苦,而日本帝国主义乃后起而益甚,中国人不能不首先抵抗,谓其遂已忘情于他国者,非也。其有时恶日本过于他国,则正以同文同种同洲之故,譬如一家有兄弟二人,其长者,因于种种关系,久受邻里之欺侮掠夺,其少者,初时亦同受欺凌,幸而奋发有为,独立门户,乃不惟无救于乃兄之受欺,且追逐强邻之后,一如其所为,以为兄家已至于破产,其家人子女生计无足顾惜,予取予求,毋失时会,则其兄之家人子女恨此恶弟过于强邻。况此恶弟犹日以同胞亲爱之名词夸称于众,则谁能堪之!君等于此岂犹未悟耶?

闻者皆爽然自失。

据《孙逸仙先生言行小识——关于对帝国主义者之奋斗》,载《胡汉民先生遗稿》(台湾中华书局一九七八年版)

在东京对同志的声言①

(一九一五年十月间)

我爱我国,我爱我妻。

我不是神,我是人。

我是革命者,我不能受社会恶习惯所支配。

据《孙中山轶事集》(上海三民公司一九二六年版)

---

① 1915年10月间孙中山与宋庆龄拟结婚时,国民党人中有反对孙中山再婚者,于是孙中山发表此声言。

与日本上原勇作的谈话[1]

（一九一五年末或一九一六年初）

为了立即打倒专制横暴的袁世凯，确立为全体国民所支持的革命新政府，收到中日结合的实际效果，希望日本至少以预备役将兵和武器编成三个师团，支援中国革命军，中国新政府可以东北三省满洲的特殊权益全部让予日本。

日本人口年年增多，东北三省的辽阔原野适于开拓。日本本来资源贫乏，而满洲，则毋庸讳言，富于重要的资源，日本瞩目斯土，乃当然之国策。对此，我等中华革命党员能予充分谅解，故可以满洲作为日本的特殊地区，承认日本移民和开拓的优先权。

但孙中山明确声明：东北三省是中国的领土，吾等坚决维护固有的主权，虽寸土亦不容侵略[2]。

孙中山并说：不仅满洲，中国本土的开发亦唯日本的工业、技术、金融力量是赖。

倘日本真能以互助的精神，诚心实意地援助中国的革命统一，相互提携，为亚洲的独立与复兴通力协作，则中日两国的国界难道不也可以废除吗？

> 据杨天石《孙中山与"租让满洲"问题》，载《近代史研究》一九八八年第六期（原载山中峰太郎《亚细亚的曙光》一九六三年版）

---

[1] 上原勇作系日本陆军参谋总长。二次革命失败，孙中山亡命日本，曾秘密会见了日本军部上原勇作，要求日本支援中国革命，以"满洲特殊权益"让与日本。

[2] 据[日]藤井昇三著，朴成昊、丁贤俊译《孙中山与"满蒙"问题》一文载称"……承认日本拥有移民和开拓的优先权。但东三省是中国领土，主权仍属于中国"。语句是相联的。

在东京与某某的谈话

（一九一六年四月）①

先生慨然曰：君亦有与仆同一之乐观乎？

余曰：唯。请闻其说。

先生曰：约法与国会，共和国之命脉也，命脉不存，体将安托？明达之士，当袁世凯破坏约法、解散国会之时，当早知其必有称帝之一日，而能烛其先机、大声反对者，乃绝无其人。余于此时实抱无上之悲观，乃以革命二字，供献于吾同胞，俾为根本解决。吾同胞心直手软，谓袁世凯未必至此，余因是不得不听良心之主张，组织中华革命党，冀尽愚忠于祖国，成则民国赖之，败则少数人殉之。天佑吾国，自筹安会发起，国之豪俊，恍然警醒，群起义师，讨袁世凯破坏约法、解散国会之罪。罪首诛，则约法复；约法复，则民国苏，此余所以对于始误终醒之同胞而为中华民国抱无上之乐观者也！

先生言至此，状至愉穆，余因进而问先生对于今后中国之观感。

先生笑曰：辱君下问，余惟有以简括之辞答君曰：中国有此义勇无双、感觉灵敏之人民，实为中国不亡之福音，故余实为纯粹抱乐观主义之一人。

余曰：然则，将来建设之术如何乎？

先生曰：至诚相向，无难不破。国民今后自当一心一德，共任艰巨。君行矣！愿各奋前程，早置中华民国于巩固之域也。

据上海《民国日报》一九一六年五月六日《中山先生之乐观》

---

① 本文记述者自署为"东京归客"。谈话在东京进行，当在孙中山归国前。

与某记者的谈话

（一九一六年六月八日）①

吾对于今日之时局，颇具乐观，惟不识多数国民之意志，能如予之所要求否？一般执权武人之自持，能如予之所希望否？在二次革命失败以后，云贵义军未起以前，袁逆之爪牙腹心多散布一种流言，谓非袁则乱。国民之无识者，亦畏袁逆及其爪牙腹心之武力，以为非袁真乱也，遂种种拥护袁逆，一若袁去而中国即陷于不可收拾之境者然。外国人之不悉中国情形，皆亦视袁逆为中国唯一之人物，不惜尽力以助之，于是袁逆得以维持其地位以至今日。是"非袁则乱"一语，几成为内外无知识者之口头禅。今云贵义师起后，响应者达六七省，拥护共和之声遍于全国，而袁逆乃不幸于未明正典刑之日，见绝于天。今后国内无袁逆，国内国外之无识者所倡非袁则乱之谬说，至此随袁以俱灭。但是袁死之后，中国果然可以大治否？果然可以不乱否？若今后南北各执权者能一秉至公，尊重约法，拥护共和，去其争权夺位之私心，革其武人干政之恶习，以爱国之真诚，和平之精神，致力于奠定国基，建设国政之事业，则袁死而中国真可大治。此实吾国民在历史上世界上之唯一光荣，使世界各国认识我中华民族，为爱国的文明民族，使国内政治上执权者，皆知为恶必无善果，而树一国民道德、政治道德之轨范，更为中国永久的幸福也。但是现在已起义各省之执政者，征其数月以来之行事，吾可信其为诚意拥护共和。而未独立各省之执政者与乎伪内阁之人物，彼等于袁逆既有皇帝逆谋之今日，尚不能明白表示其态度，与之断绝关系，举而置诸法，犹拥护之为总统，则今日袁虽死，而彼等苟非今后表示其爱国护法尊重民意之真诚，则予万不敢信其真正忠于人民。故今日予十分注意，倘各执政者皆能表示其诚意之所在，则予愿与国民共助之；倘不然者，则予愿奋起

---

① 所标时间系上海《民国日报》发表日期。

而与国民同尽挞伐之责。此予对于今日时局之意见也。

予更有一语为执政诸公暨国民道者。中国地大物博,而属现在物质文明达发〔发达〕之今日,合中国之人力与地力,可为的事虽终日孳孳,亦有不逮,那争权夺利的事稍为有一点识见、一点胸襟的,绝不肯为,亦绝不必为。现在一般反对共和之逆党,大家都说争总统不好,所以要主张帝制复活,今后这争总统的事实,万不能再有。不然,则使国民心里存一个疑惑也。

据上海《民国日报》一九一六年六月八日《某民党首领之谈片》

与徐朗西①的谈话

（一九一六年六月十五日）②

目下时局,尚未敢骤言容易解决。因袁党依然盘踞要津,国会议员尚未正式集会;完全责任内阁又未成立;斯时之民军,正未能从此息肩,而即云国是已大定也。故予昨日致广东、山东、福建诸军电文中,不过请其暂时停止进行,息肩一层尚未易语及。段祺瑞虽为反对帝制派之一,然渠能从此真能拥护共和与否,维持秩序与否,此时段之态度尚未明了,不能妄加臆断。曩者段曾为逆党所不容,此时或能与民军相互提携,亦未可料。维持秩序,目前更未可断定。报载予深信段氏能维持秩序,或即指此事而误传耳。总之,予对于时局之主张,曾有两次宣言,是即予对于最近时局之意见。除宣言及其他通电,外间所传闻者,予概不能负责任。

据上海《民意报》一九一六年六月十五日《本报记者与孙中山先生之谈话》

---

① 徐朗西时为上海《民意报》主持人。
② 所标时间系上海《民意报》发表日期。

对于时局的谈话

（一九一六年六月三十日）

余对于时局无甚乐观，旧约法虽有旦晚恢复之说，而上海所谓一般政治大家，除发空言打电报外，滞留沪上，不敢进京，致使黎大总统孤立无援，一切政令仍为帝制党所把持。欲望大局之进步，安可得乎？

据上海《民国日报》一九一六年七月一日《某要人之时局谈片》

在杭州的谈话①

（一九一六年八月十六日）

前此到杭，道路及各项设备尚多简陋，今则焕然一新，深佩[涮]当局布置之得宜。

西湖之风景为世界所无，妙在大小适中，若瑞士[瑞士]之湖水嫌其过大，令人望洋兴叹。日本之芦之湖则又嫌其过小，令人一览无余，惟西湖则无此病，诚为国宝，当益加以人工之整理，使世界之游客咸来赏其真价。

据上海《民意报》一九一六年八月十八日《孙中山先生游杭记（一）》

---

① 孙中山于1916年8月16日抵杭州，曾与浙江军政界会晤。

游西湖时的谈话①

（一九一六年八月十六日）

孙先生自采荷花，笑曰："中华民国当如此花。"

旋至纪念碑，孙先生摩挲读之，顾为同行诸君曰："辛亥之役，可为纪念者大抵为袁氏毁灭无遗，而此碑矻然独存，可见浙人士保障民国之功矣。"

又至秋墓，孙先生唏嘘凭吊曰："光复以前，浙人之首先入同盟会者秋女士也。今秋女士不再生，而'秋雨秋风愁煞人'之句，则传诵不忘，今日又风雨凄其，得勿犹有令人愁煞者，抑亦秋女士之灵爽未昧耶？"

> 据上海《民国日报》一九一六年八月十九日《孙中山先生游杭记》

游览杭州时的谈话

（一九一六年八月十七、十八日）

一

（十七日早孙中山至葛岭，登楚云台，见削壁临空，奇峰突屹）孙先生曰：皆人工所致，想浙省在昔不知为何种建筑用石至多，故凿山为石，而山成壁，未必天然也。

> 据上海《民国日报》一九一六年八月十九日《孙中山先生游杭记》

---

① 当时，孙中山由吕公望所派的参谋长周凤歧、警察厅长夏定侯、民政厅秘书陈去病陪同，从督军署过湖至公园游览。

二

（十七日午后三时孙中山由督军署宴罢赴六和塔观钱塘江潮）先生谓同人曰：子胥实死于钱江，人谓其怒气所凭，故钱塘之潮甲于江海，为一大观。余意人之精神不死，虽躯体不存而精神犹能弥漫天地，此即浩然之气也。（徘徊久之，嘱陈去病君赋诗以记之。）

又曰：余昔在欧洲曾游一塔，值薄暮闭门，几不得出。（乃下塔由南山复趋别径，至虎跑寺）先生亲掬泉水饮之曰：味甚甘美，天之待浙人何其厚耶。

（十八日谒张苍水墓）孙先生叹曰：张公乃吾人之先觉者。

（入石屋洞，纵观造像，登其高处，历览乾坤、青龙等洞）笑曰：天地之间，乃设此许多幽雅之境，以供吾人休养，而无暇消受之，不亦辜负造化耶。

据上海《民国日报》一九一六年八月二十日《孙中山先生游杭记》

与秋壬林的谈话[①]

（一九一六年八月十九日）

孙中山对秋瑾殉难后，关怀先烈后裔的生活垂询甚详。

秋壬林：民国成立后，我曾担任过一年绍兴电报局局长，以后又去萧山任茧捐局局长，自感阅历尚浅，"二次革命"失败后卸任，至今还待业在家。

孙中山：我知道你们秋氏是书香人家，秋瑾本人，国文基础就很不错。你还年轻，应当潜心深造，学好了本领，才能继承先人的革命遗志，继续为国

---

① 秋壬林，为秋瑾先烈后裔。1916年8月19日，孙中山一行到绍兴，特邀秋壬林从漓渚到兰亭会晤。是年12月，蔡元培就任北京大学校长，接秋壬林来信，不久蔡回信邀他进北大法律系攻读，并安排了一个助理会计职务。

家出力。你们绍兴有一位蔡元培先生,对培育青年成材非常热心。你可去信,就说是我推荐来的,请他设法安排。

据北京《团结报》一九八七年三月七日秋仲英《孙中山关怀秋瑾后代》

在绍兴游览时的谈话①

（一九一六年八月二十日）

（二十日辰刻,孙中山登望海亭时对周围的人说）绍兴地大物阜,确系富饶之所,惜乎实业未曾讲求,使有用之地,而竟成为废弃。譬彼高山,胡不栽森林,譬彼旷地,胡不种桑茶棉果。

据上海《民国日报》一九一六年八月二十三日《孙中山先生越游记》

与王嘉的谈话②

（一九一六年八月二十二日）

孙问:余姚有多少人口？

王茫然答:不知道。

孙又问:余姚有多少土地面积？

王仍答:不知道。

孙又说:凭你所知道的可否告诉我一点？

王毫不思索地说:余姚钱粮共有七万两。

---

① 孙中山于1916年8月20日自杭州到达绍兴。
② 王嘉,余姚县知事。1916年8月22日,孙中山从绍兴乘火车去宁波,途经余姚,王嘉率众在车站欢迎,孙中山在车厢接见了他。

孙"吓!"的一声之后说:你们做县知事的只知向人民要钱的事情。

据上海《新民晚报》一九八三年三月十一日辛得《孙中山关心市政文明》

在游览象山群岛时的谈话

（一九一六年八月二十五日）

中山先生谓:得此地自开商场,必胜过宁波矣。

据上海《民国日报》一九一六年八月二十七日《孙先生象山群岛之逸游》

与高炉文的谈话①

（一九一六年八月）

革命事业虽有希望,惟大改革中国为时尚远。中国政事无所谓失望,惟我等或无生命见此。从根本上之大变政,实有此日也,因国民爱国精神已甚为发达矣。民众已了解此事,犹之种子已布,必有发生结果之日也。

据陈灿遗著《孙中山公事略》（黄彦、李伯新整理）,载广东省孙中山研究会主编《孙中山研究》第一辑（广东人民出版社一九八六年版）

---

① 高炉文,全名为"富列度力高炉文",似系英文译名。为地理学家,1916年8月他往谒孙中山,在上海法租界寓所谈论革命之将来,约有两小时。

关于不任铁道协会会长的谈话①

（一九一六年九月二十二日）②

余于路政，曩曾有所规划，但该会经中止而恢复，情势已变，会长一席，余并未承认，现会中一切设施，余未尝闻问，故绝对不负责任。余此次归来，对于往年各种团体之曾举余为会长者，亦绝对不承认有继续之效，非只铁道协会为然也。甚望将此意转致国人周知，免致误会，实为感谢！

> 据上海《民国日报》一九一六年九月二十二日《孙中山先生与铁道协会》

与旅沪党人总事务所代表的谈话③

（一九一六年十月二十日）

此次善后，虽由自己发起，但既由政府办理，自己不能再行干涉。且甚望各党员早日领款得所。至致函护军使缓发，此时万难答允。若商会肯出款项，我自然乐予承认，但我并不要求商会发款。

> 据上海《民国日报》一九一六年十月二十一日《孙中山不干涉党人善后》

---

① 中华民国铁道协会为1912年于右任等所组织，二次革命后人员星散，袁世凯死后，渐谋恢复，准备仍推孙中山为会长。
② 所标时间系上海《民国日报》发表日期。
③ 袁世凯死后，中华革命党人滞留沪者众，要求善后拨款安置，商会已允出款帮助。因款项不足以安置，党人总事务所代表求见，请致函护军使署要求暂缓拨款。

与旅沪党人代表的谈话①

（一九一六年十月二十二日）

一、各省能否一致停款不领？
二、各省代表能否担任维持现状？
三、各省代表能知各省究须若干款方可解散？
四、各省党员除中华革命党外，有无混淆？
五、商会款项可否应允？
俟以上各端一一询明，乃允俟商会交出款项，准即出面维持。

据上海《民国日报》一九一六年十月二十三日

与日本驻沪代总领事原田万治的谈话(译文)②

（一九一七年二月下旬）

原田就听到各地关于复辟的评论，询问孙的意见。

孙谓：复辟必可实现，其时间当在日内，而本人对其可能实现，出自衷心盼望。

原来之帝制问题虽由于袁之死去而一旦消灭，但当时拥护帝制之余党仍然残存，且对议会憎恶之横暴者，又岂只张勋、倪嗣冲，各省督军莫不皆然。尤以官僚派之首要人物，认为处于中国目前之国势，若非实行专制，运

---

① 中华革命党人的善后拨款安置问题，各省党人中之不愿领者，公举代表晋谒孙中山面求维持，孙中山垂询各情。

② 此件系某宴会上，孙中山与日本驻沪代总领事原田的谈话，他早就料到张勋等人迟早都会进行复辟，并对复辟终将迅速失败充满信心。

用充分实力,则难以维持。苟一旦时机成熟,则彼等均切望破坏现状。且此时机正在逐渐成熟,如陆宗舆之渡日,亦正出于此一目的。今年之内,不管如何,此方面之策划,当可见其有巨大进展。而此运动,如上所述,由于乃是目前具有实力的官僚派之所最盼望者,故必能成功。即如冯国璋,虽然最初或不赞成亦未可知,及至形势逐渐有望,必至于赞成,而一旦果然如此,则复辟定必成功。现时作出预言虽感踌躇,而其维持之时间则颇短。盖作为中国根基之真正民情,终究不能容忍,因此必倾覆之而后止。如此则今日之所谓官僚派等其他帝制余党,必至于全部消灭,世上可能出现真正的理想的共和时代,此所以欢迎一时复辟之成功也。

原田反问:如目前欲驱逐形成此似共和而非共和状态之官僚系,何以不早日迅速积极行动,扫除为实现所谓理想的共和国之障碍耶?

孙答:如上所述,帝制之拥护者目前不少在表面上系共和之拥护者,正与本人同一方向前进,现时缺乏特别攻击彼等之适当口实,且彼等均拥有具有实力之私党,而本人仅有二三督军之援助,在实力上不可同日而语,将徒使彼等反抗,只有无谓牺牲而已,故所以待其自灭也。

又关于升允,彼对于本人及主义虽正相反对,但有牢固之信条,比之无主义、无节操如冯国璋等者,相去何止霄壤,只因欠缺实力,故难于采取行动耳。

据陈明译《孙中山就帝制复辟问题的一次谈话》(转录《日本外交文书》一九一七年第二卷《一:关于张勋复辟之件》中的第十一件:日本驻上海总领事一九一七年二月二十六日致外务大臣本野一郎的密函,第十二号),载《岭南文史》一九九一年第三期

与章太炎的谈话[①]

（一九一七年二月）

章太炎以上海散布复辟说，为孙中山道之。

孙公曰：复辟果成，则聚而歼旃耳，养寇可也。

章曰：不然，冯国璋方欲倾黎公[②]，必怂恿张勋为此，而己不与焉。勋事成，则已〔己〕又出师讨勋，然后以副总统继任。公何不了也。

孙公曰：不然，冯国璋北洋老军，清主果立，彼得一王封足矣，安敢望继任。

章曰：不然，冯平日固非有大志者，今为副总统，则觊觎之心自起，岂以王封自满乎？

孙公终不悟。

据汤志钧编《章太炎年谱长编》上册（中华书局一九七九年版）

反对参加欧战的谈话

（一九一七年三月）

欧洲大战，协约国诱迫中国对德宣战，一时中国之知识界靡然从风，孙先生独不谓然，谓欧战实一争商场之战争，争殖民地之战争，中国不当参加，对于列强之间而有所好恶者尤为可笑可耻。中国民众非善忘，不应仅记忆侵掠胶州之德国而忘其他，在中国此时立场，何不向列强收回一切侵占地与

[①] 1917年初，康有为、劳乃宣、刘廷琛、郑孝胥等在上海散布复辟揭帖，讼言无忌时，熊希岭、章太炎曾以此情告于孙中山。

[②] 黎公，即黎元洪。

一切权利。

> 据《孙逸仙先生言行小识——关于对帝国主义者之奋斗》，载《胡汉民先生遗稿》（台湾中华书局一九七八年版）

关于参战问题的谈话①

（一九一七年四月十一日）

中国不宜加入战团。请其于入京之后转告政府，务须审慎。

> 据上海《申报》一九一七年四月十四日《孙中山不愿中国加入战团》

与莫擎宇②的谈话

（一九一七年七月十日至十六日间）③

上海《时事新报》载汕头通信云："……孙对莫④言，在粤组织政府一节，在沪时商诸各巨公，均认为正当，海军全体亦已赞同，佥举渠为总司令。"并云："粤督陈炳焜〈于〉督军团之事发生日，以筹备出师之空言哄骗吾辈。其实则与段氏暗通。此次举事自须首先去陈，免为腹心之患。将来督军一缺，须以君乘乏"等语。

> 据长沙《大公报》一九一七年八月五日《孙中山与莫擎宇》

---

① 卸任制造局总办李钟岳偕国会议员彭养光、潘仲荫于4月11日往谒孙中山，此系孙的谈话大意。
② 莫擎宇，时任广东省潮梅镇守使。
③ 谈话具体日期不详，此据孙中山从上海乘应瑞舰南下广州途中在汕头停留的起讫日期标出。
④ 莫，指莫擎宇。

与某报记者的谈话①

（一九一七年七月十六日）

总之，大家还要出力再造真正共和。（余略谈他事，记者即辞出）

据上海《民国日报》一九一七年七月十七日《孙章陈诸先生抵汕记》

凭吊黄花岗时的谈话②

（一九一七年七月二十二日）

无论如何，必将先烈坟墓整理。

据上海《民国日报》一九一七年七月三十一日《广东大事记》

答广州某报记者问

（一九一七年七月二十五日）③

某报记者询问时局。

孙中山答曰：此次变乱，可分两种问题，倪杨之变，关于政体问题；张康之变，关于国体问题。复辟取消，国体问题虽已解决，国会仍未恢复，政体问题尚须争执。若共和政体任其蹂躏，则共和国体已丧灵魂，民国何以生活。

---

① 孙中山等乘应瑞舰于7月10日抵汕头，记者于16日往见陈炯明，陈与记者谈话后，介绍记者谒见孙中山、章太炎，此系孙答记者问时总结性的话。

② 孙中山由沪到广州后，与许崇智前往黄花岗拜祭先烈坟墓，见黄花岗荒芜孤凄状况后作此谈话。

③ 所标时间系上海《民国日报》发表日期。

我国人不欲谋巩固共和则已,欲谋巩固共和,即不能以张康之败亡即谓晏然无事也。

记者又问事在必为,势固不能罢手,然而事关大局,究属谁之仔肩?

孙中山答曰:中国四千万方里,长江实划南北之界,君主专制之气在北,共和立宪之风在南,此因形势气候之不同,故文明进化有迟速之异,乃自然之区分,非吾人一朝一夕之意见,所强为畛域也。故南人有慕君主专制之风者,必趋附于北方;北方人有慕共和立宪之风者,必趋附于南方,自然之势也。今日欲图巩固共和,而为扫污荡垢,拔本塞源之事,则不能不倚重于南方。我南方人遂因地理关系,而负莫大之责任。南方重要之区,厥为粤省。我粤省人更因地理关系,而负莫大之责任。所以兄弟主张在粤省聚集国会议员,组织统一机关,请陆干卿①速出主持大计,电邀全国要人贲临,以共筹大局,务使真正共和实见,以固民国之基础。

> 据上海《民国日报》一九一七年七月二十五日《孙中山先生之伟论——主张在粤聚集国会组织统一机关》

只有共和与帝制之争的谈话②

(一九一七年七月二十九日)③

自余平日心理,实无南北之见存。惟以南方之帝制派往往与北方之帝制派同流合污,而以北方为其根据,若北方之共和派亦往往附合南方之共和派,而以南方为其根据,故表面形分南北。实本无南北之争,只有共和与帝制之争。

> 据上海《申报》一九一七年七月二十九日《孙中山在粤之时局主张》

---

① 陆干卿,即陆荣廷。
② 7月20日孙中山在滇军欢迎会上演说后,外间传闻孙氏主张南北分裂,对此,某人特谒见孙,询问此事,孙作此回答。
③ 所标时间系报纸刊载日期。

与广州各报记者的谈话①

（一九一七年七月三十一日）

今日蒙诸君不弃，惠然肯来，至为忻感。兄弟由沪启程来粤之初，原欲由广东出兵，以征讨复辟逆贼，而以海军为辅。迨抵粤时，复辟已遭打消。然打消复辟者，并非真拥护共和。如段祺瑞者，实为复辟党一重要人物，彼之反对张勋，纯系个人利害之冲突。或谓彼既打退张勋，何不自称皇帝，或拥废帝以自私，奚为假冒共和之名目？不知彼之不敢蹈张勋之覆辙者。因北方军人亦多赞同共和，故不得已以共和为假面具，而后可以笼络其部下。兄弟以为今日救国之第一步，即当恢复国会，尤宜在粤开会。中华民国之约法，明定之权在人民全体。国会为人民代表，议员之任期未兔，当然可以恢复国会，〈有国会〉然后有统治机关，一切问题皆可由此解决。所惜者广东报界之言论尚未一致，在外省或外国之人，不察内容，将疑我广东尚多纷扰，故言论不一致，其害实深。兄弟非谓持反论者，须弃己见，以盲从我。但不妨互相以诚意讨论之，苟反对者之见解，比兄弟之计划为高，兄弟必肯降心以相从；如兄弟之计划为善，则务宜一致赞成。故今日邀请诸君相会，甚愿发挥所见，指教一切；尤愿持反对论者，畅所欲言，或有怀疑，亦请说出，兄弟当尽所知以答复。

中国本不患贫，惟理财乏术，遂觉困穷。若假以一二年之暇日，整顿本无难事。然为救急之计，则此一年内，商借外债或亦不免。然此项俟国会开会后，成立政府，而后可得外人之信用。今段祺瑞亦欲借外债，惟彼不得外人之信用，未必成功。吾人若依法组织政府，外人可无间〔闲〕言，款项筹措，不必过虑；况各原有缴解中央之额，政府成立，当然照常解交应用，而外洋华侨亦皆乐于赞助。故兄弟以为财政问题，甚易于解决也。

---

① 此件据胡汉民编《总理全集》校订。

倘以南方〈之〉力，统一北方，自然无分裂之忧，否则南方人民，亦未肯为北方武力所征服。譬之亚洲以日本为较强，然中国人断不肯自甘归并于日本。况北方伪共和派，所行自杀之政策，吾人岂可与之同归于尽，虽分立亦何不可以自强，然此不过退一步想。其实北方本多拥护共和之人，南方若有依法组织之政府，则四海归心，伪共和派断无反抗之能力。兄弟主张恢复国会，即为谋统一起见。盖来粤之议员各省皆有，黑龙江亦有先到者，此皆足以代表各省维系统一者也。至于人民厌乱，殊非实情。反对复辟与伪共和者，声浪最高，且以理论之，厌乱必须求治。如任伪共和专制全国，是奖乱也。譬如火烛，岂能因厌烦扰而不救；又如乘舟触礁，断不能厌烦扰而安卧以待毙。若论南北之实力，南方必占优胜。北方军心不一，而又畏难。历次战争，南方之师皆能以少数胜多数也。况海军握全国势之一半，此次第一舰队宣布拥护共和，即为得胜之先兆也。第二舰队，虽未表示态度，〈然其〉在长江一带之兵轮，其力不足与第一舰队比。第一舰队现有大〔十〕舰将来粤，以兄弟所得之消息计之，今日可到汕头，如非因避风或落煤，则明后日可以到虎门。惜昔英以海军陷京，烧圆明园一役，其军舰尚不及今日我国之第一舰队。今之沿岸空虚，无异昔时，吾人得海军之助力，若出兵北上，十日可到武昌，握中原要点，北方伪共和派非降即逃而已。外交尤无问题，国会开会，政府依法成立，不待他国之承认。非如段氏之伪政府，成立已过旬日，而外人绝无承认表示之意也。惟若南方久不组织正式政府，则北京政府，虽非法所许可，而外人将以为国民已默认之，此则可虑矣！故吾人非急速进行不可也。

国会中之民党议员已占多数，故到粤者必多，若以在沪者而言，己〔已〕有二百余人，必能到粤。如不足法定人数，则可以开非常国会也。

据上海《民国日报》一九一七年八月六日《孙中山与报界一席话》

附录　同题异文①

记者问：如照民党计划，国会、总统及海军聚集于广州，其经费若何筹措？

中山答谓：国会暂时用途，已由海外华侨担任，惟将来终须借内债或外债。以中国之天产及国债额与各国较，中国仍为一极富之国。倘将富源及税则正当整理，则此时虽不免借债，将来偿还，诚易易耳。盖只须有一良好之政府，国内外之人民皆将信任官吏，则归还国债，人民自乐于解囊也。借款不难借到。

记者问：临时政府一成立，南北势必分裂；现人民厌倦战乱，且南方实力上未必能与北抗；再则外交上不免棘手。

中山答谓：国会系代表全国人民，今召集于此，即系为免分裂起见。但分裂果佳事者，如病者之解腕，亦当为之。南北各得其所欲之政治，国家反因而强盛，未可知也。然分裂终是不得已之举，人民固甚厌乱，然恶政府之造乱无穷。今共和派人为自由及良政治之故，举兵与帝制派人争，骚乱不过一时。譬如人家失火，其家之人乃不愿受救火之扰，则必病狂矣。今中华民国乃在失火之际，此国民所不可不知也。帝制派人与共和派人之兵力，海军在实际上已全部赞助南方，海军对外虽不足，对内则有余。以一万陆军，助以海军，即足使北京、南京、汉口长虑而却顾。现广州既已在共和派势力之下，而北方军界及人民亦不乏共和派人，故共和派之势力，只须妥为组织，则武力上占有优势，可断言也。外交关系，未必有重大问题。查民国成立，国会一经开会，美国即首先承认。今召集于广州之国会，犹见第一次在北京召集之国会。在共和国，国会具最高权。而今召集之国会，又即各国数年前所公认之旧国会，则外交方面如何能发生困难乎？至于加入协约，对德宣战问

---

① 此篇与前篇为同一谈话的不同记录，二者内容文字互有异同，并录于此。

题,列强惟于中国能全国一致对外时,始欢迎其加入战团。否则美及他国,宁愿见中国之和平与统一,而不愿其率尔参战也。

记者问:陆荣廷、陈炳焜、朱庆澜及其他两广官员之态度。

中山答谓:彼等赞助共和派人计划,毫无疑义。督军、省长等均曾拍电请议员来此,一面准备招待,种种筹划非常周到。吾人对于当局,岂能更有所奢望乎!在共和国家,民意为重,官意如何,固可以不问。然使现在之当局而如一年前之龙济光,则彼必不能在广州与官场杂处,而发表此等言论,此可为当局诚意赞助之明证也。议员集会,可满法定人数,若万一不足,可行非常集会。盖在非常事变之时,本可行非常集会,平时法定人数,可以不拘。试思督军团称兵非法,毁坏国会,危害民国,甚至暴行复辟,此等非常变故,自应予以非常之处置也。关其冯副总统之将来,冯于国会未解散之前,业经辞副总统职,印信证书,均经交还,后来又辞职一次。冯之为帝制派人,毫无疑义。盖复辟若成,即彼可以不居副总统之位,而不负责任也。据民党之意,冯虽未公然赞以帝制,然若表示反对旧国会之意思,即不能逃惩罚及褫职。即以江苏督军而论,上海、浦口、徐州之军官纷纷造反,岂能不举兵讨伐?彼之不讨,即应受军事裁判。至于关涉复辟之叛逆罪,无论矣。民党对于张勋反无大恶感,张忠于其满清故主,到底不变,亦属可敬。至段祺瑞若公然赞成复辟,使两方争点更为明白,当为民党所喜。照目下情形,思最美最易之法,厥惟召集旧国会也。

据上海《中华新报》一九一七年八月八日《孙中山最近之演说》

与陈炳焜的谈话①

（一九一七年八月四日）

陈督军述去年进兵湖南,逐走汤芗铭等种种计划。

孙曰:"吾人甚愿督军以去年护国讨袁之精神对付今日之北方。"

据上海《申报》一九一七年八月五日《广东黄埔公园之宴会》

与陈炳焜的谈话②

（一九一七年八月五日）③

孙氏提议各事（如组织粤政府等各问题,早见各报今不赘）陈督军以粤省无此能力。财政支绌为辞。孙氏厉声问曰:"贵督军究竟真拥护共和,抑假拥护共和?"陈督军以此问突如其来,遂指天而誓曰:"我之拥护共和,天日可表。"孙曰:"既真心拥护共和,何以不赞成建设真正共和之政府。"再三讨论,陈督只允电商陆使④,然后定夺。竟不欢而散。

据长沙《大公报》一九一七年八月五日《广东军署大会议纪略》

---

① 8月4日孙中山宴请粤督陈炳焜、省长朱庆澜、林虎及省议会议长谢已原、国会议员张继等数十人,在席上讨论时局问题时对陈炳焜的祈望。

② 报载参加会议者有:孙中山、陈炯明、章太炎、胡毅生、许崇智等民党要人十余人,暨国会议员邹鲁等数人以及陈炳焜、朱庆澜和高级军官十多人。

③ 所标时间系报纸刊载日期。

④ 陆使,即两广巡阅使陆荣廷。

与陈炳焜的谈话

（一九一七年八月六日）①

孙谓："海军舰队及国会议员已相继来粤，此项供给务请预为筹备。"

陈督军谓："粤库奇绌，积欠军饷尚巨，安有余力任此巨款。"

孙谓："粤自宣布自主后，截留中央之款每月不下二百万，又增赌饷六百万，况省〈议〉会通过赌案原以出师讨逆为条件，今此举无非为讨逆起见，拨给应用最为适宜。"（辩论半小时，意见终未能融洽遂不欢而散。）

> 据天津《大公报》一九一七年八月八日《孙中山与陈督军算账》

与广州各报记者的谈话（译文）②

（一九一七年八月十一日）

段祺瑞在支持共和政府的幌子下，无视宪法，窃夺了人民的政治权利。此外，段祺瑞目前正在和列强中的某些国家谈判筹借巨额贷款。为了借这笔贷款，中国的所有兵工厂和海军基地将被作为抵押。我们现在能够做的唯一事情就是在广东建立南方政府和成立国会，以此与段分庭抗礼。这是反对段的唯一可行的办法，并应尽快实施。希望报界能在这个问题上助我一臂之力，通过报纸，把我的观点告诉人民。

> 据广东省档案馆辑译《孙中山在第一次护法运动中》（粤海关档案《各项时事传闻录》一九一七年八月十三日条），载广东省孙中山研究会主编《孙中山研究》第二辑（广东人民出版社一九八九年版）

---

① 所标时间系据天津《大公报》称："前日孙文乘'江汉'兵舰（隶属广东江防舰队）由黄埔来省〈署〉与陈督会商"而酌定。

② 1917年8月11日孙中山邀请广州各报记者参观海圻号巡洋舰，并发表谈话。原件为英文。

与美国驻粤总领事海因策尔曼的谈话（译文）

（一九一七年八月十四日）

孙中山向美国领事透露了与美国一道向德国宣战的意向。还说：前参议院议长张继已被派遣赴日，说服日本人不要借款给北方政府；张继正在努力使一笔日本借款成功，以便用来为南方的舰队购买军火。

孙又说：财政援助、军火装备以及外国政府（对南方政府）的承认，是他的经济十分拮据的政党最迫切的需要。孙断言：纽约的朋友们正在资助革命运动，但是，由于在香港的英国检查制度，使得他不可能和这些朋友接触。

孙建议美国人在中国建立军火工厂并在改善内政的各个方面进行帮助，而且向海尔策尔曼保证，新政府将给美国人以优惠权利，即，使美国人能够得到工业天然资源开发利用的特让权利。

据[美]韦慕廷著，杨慎之译《孙中山——壮志未酬的爱国者》（中山大学出版社一九八六年版）

与记者的谈话

（一九一七年八月十八日）

记者："组织政府现在是否进行？国会议员来粤可否达法定人数？"

孙曰："国会议员总数共七百余人，依附官僚者外，来粤人数至少可达五百人。连日接津、沪各处函电，均称陆续启程来粤，大抵两星期内即可齐集开会。至南方政府，鄙见主张提前成立，现与督军、省长等赶速筹备，务先成立以为根据，吾敢信南方政府成立，各省风势当为之一变，譬如风扇一动，则室内空气尽为转移。至组织南方政府固当以南方各省为要素，纵或南方诸省未能十分联络坚固,即以两广势力单纯组织之。"

据上海《申报》一九一七年八月十九日《西南组织政府之近况》

就派员赴日本筹款的谈话①

(一九一七年八月二十五日)②

只要日本有人赞成南方政府成立,则华侨捐款,足济需要。

据天津《大公报》一九一七年八月二十五日《广东特别通信》

与日本河上清的谈话(译文)③

(一九一七年九月十五日)

　　这次欧战如果以德国的溃败结局,也就是说事实上受英国控制的协约国获胜,那对亚洲将毫无裨益,对中国和日本更是如此。因为那种局面一旦形成,它必将导致英国加紧对亚洲的控制,尤其是对中国的控制。这次战争如果能以平局结束,那对我们亚洲更为有利。

　　当然,我们对德国,也和对英国一样,并没有什么好感。不过从我国的国家安全考虑,我们不愿看到德国被彻底打败,不再成为英国在远东推进的制

---

① 报称:孙中山派张继、戴天仇前往日本运动民党人士赞助,并筹款采购军械时作此谈话。
② 所标时间系报纸刊载日期。
③ 河上清,日本山形县人,早年加入社会主义研究会,并组成社会民主党,遭到日本政府禁止,因而于1901年去美国,侨居华盛顿。1905年后,他担任《万朝报》特派员,后又被《时事新报》、《每日新闻》委任为特派员,直至太平洋战争开始为止。他曾以英文发表诸多论著。此件即系他著《日本与世界和平》一书第八章《中国参战经过》所载1917年9月15日访问"著名的南方分离主义者"的"领袖"人物,记述了孙中山和他的谈话。作者认为孙中山的谈话"会失去那些西方朋友",他的名声在海外会受到沉重的打击。因此,"还是以缄默不言为好"。

衡力量。这就是我们——南方的共和主义者为什么不要对德宣战,为什么要和以段祺瑞为首的、加入协约国一方参战的北方派斗争的主要原因之一。

从世界政治、广泛的国际关系的角度来看,在目前这一关头,日本在中国应该走的道路是显而易见的。日本应该以金钱武器援助南方的共和主义者。假使贵国政府立刻借给我们几百万美元,送给我们几船武器,我们就可以轻而易举打败北方派。等我们取得对我国政治的决定性影响力以后,我们将以最有利于保卫亚洲的利益为目的明确表示我们对这场战争的态度。

在今天的中国人里面,只有南方的我们对复杂的国际政治真正有所了解。北方那些老朽政治家们,如段祺瑞、冯国璋之辈,对二十世纪政治一窍不通,只不过是盲目追随英美而已。日本作为亚洲公认的领袖,不应该跟他们一样去为白种人火中取栗。

欧美人在中国设立的学校,现在全都被人用作在中国青年中煽动反日情绪的地方,这您知道吗？日本人应该去看看这些学校。现在已经到了日本应该和中国的正当的一方、进步分子的一方达成一个明确的协议的时候了。

据[日]藤井昇三著,禹昌夏译《一九一七年九月孙中山与河上清的谈话》,载广东省孙中山研究会主编《孙中山研究》第二辑(广东人民出版社一九八九年版)

附录一　同题异文(译文)①

孙中山先招呼河上清和他隔桌相对坐下,然后就问候犬养毅的健康,称他为"庄严的老人"。孙还告诉说,他和他的革命同志亡命东京的时候,犬养毅是如何帮助他们的:让他们住在自己的家里,和他们分享自己的衣服、食物甚至金钱,尽管他并不富有。

---

① 此件与前篇在河上清二种英文著作均有记载,但两者详略各有不同,篇幅也不尽相同,故为同题文。原文标题为《孙中山的大亚洲主义》。

问候故旧、回忆往事之后,孙随即以与众不同的激烈言词痛斥西方"帝国主义"列强,谴责日本在这次血腥的欧战中支持他们。……①

然后,孙开始猛烈抨击日本。孙说:"贵国目前的行为恰似一个受英国操纵的木偶。贵国本来不必因日英同盟之故而对德宣战的。贵国本来应该等待时机,同时对我们给予援助,而不是去援助北京那些唯协约国之命是从的奴才。因为只有我们南方派才是中国真正的爱国者,只有我们才了解世界政治,并真诚希望我们两国为了共同致力于复兴亚洲的事业而达成友好的谅解。"

孙接着又说:"贵国政府应该做的是:向我们提供武器弹药和大笔贷款,好让我们向长江流域进军,把政府迁到华中某一个战略要地,然后向北京推进。"孙说,一旦上述任务得以实现,他还有一个计划:为了中国和西南诸邻国的最终解放,他将与日本结成同盟,宣布实行"亚洲人的亚洲"主义。

据[日]藤井昇三著,禹昌夏译《一九一七年九月孙中山与河上清的谈话》,载广东省孙中山研究会主编《孙中山研究》第二辑(广东人民出版社一九八九年版)

附录二 同题异文(译文)

孙中山表示,希望日本方面给予"武器、军火和大量贷款"。"这样,我们就能推进到扬子江流域,将我们的政府迁移到华中的某一战略要点,然后,向北京进军"。

孙中山声称,一旦完成任务,为了中国和她的邻国的完全解放,将与日本结盟,并且宣布"亚洲是亚洲人的"这一原则。孙中山特别说明,一旦他掌握了权力,将愉快地将满洲交给日本管理。

对此,孙中山解释道:当然,我们乐意将满洲保持在自己手中,但是,我

---

① 此处所谈"这次欧战如果以德国的溃败结局……"一段与前文相同,故略。

们不像你们那样需要它,我们认识到你们巨大的正在增长的人口迫切需要活动场地,中国在南方有丰富的发展余地,千万中国人民已经或正在去苏门答腊、爪哇、西里伯斯岛、婆罗洲、海峡殖民地、法属印度支那、暹罗、缅甸等地,成为富裕者,并且每年寄回家乡几百万美元。这样广阔的区域合法地属于亚洲,它们是中国的希望所在,比满洲更能给人以指望。

据杨天石《孙中山与"租让满洲"问题》,载《近代史研究》一九八八年第六期(原文为 K. K. Kawa. Kami(河上清)*Sun Yat Sen's Great Asia Doctrine*(《孙逸仙的大亚洲主义》),载日本辛亥革命研究会《辛亥革命研究》第五号一九八五年十月)

与国会议员的谈话

(一九一七年九月二十二日)

军政府并非定要借外债,如国债应募踊跃,则可以无须外债。本府求才向无畛域,倘四方有志之士,不弃此险阻艰难之军政府,来相辅助,军政府正欢迎之不暇。至于任议员为参议,亦因此次政府与国会,本系休戚相关,议员等皆富于政治学识,又为人民代表,故拟陆续请为参议,共襄大计,不可视此为笼络敷衍之具。

据上海《民国日报》一九一七年十月一日《募债之大集议》

与驻粤各国领事的谈话①

(一九一七年十月十六日)

徐世昌、梁士诒诸帝孽,一日留存于中国,则提倡复辟之事,不能保其必

---

① 驻粤各国领事因接得北京公使馆消息,以近日北京又有第二次复辟之传闻,所以急赴大元帅府聆听孙中山的意见。

无。愚早已料及,亦早经筹备对待方法,但事关秘密,现在未便宣布,请贵领事安心。

据上海《民国日报》一九一七年十月十七日《军政府大事记》

与蓝天蔚的谈话

（一九一七年十月二十六日）

西南方面已一致进行,北方曹锟等及直系军人为孙洪伊所联合,急切待人声援,现欲任君为关外招抚使兼任司令之职,请君即日北行,并拨款十五万元以资军饷。

据上海《民国日报》一九一七年十月二十七日《蓝天蔚任招抚使》

与军政府陆海军各要人的谈话

（一九一七年十一月九日）①

粤省早经自主,舜卿②亦一时人杰。督军一席关系重要,现有省议会及各军官,又有陆巡阅使③近在咫尺,自有尽善尽美办法,非我军政府之所可问,余前已宣言不干涉粤政矣。

据上海《民国日报》一九一七年十一月九日《广东督军问题》

---

① 所标时间系上海《民国日报》发表日期。
② 舜卿,即陈炳焜。
③ 即陆荣廷。

与莫荣新的谈话

（一九一七年十一月二十二日）

莫：因闻大元帅政躬违和，特来奉候，望勿过于焦劳，宜为国自重，自后凡有重大问题，开诚布公，凡可协助进行者，必尽力为之。

孙：今承惠临，甚谢厚意。大局之事，果至彼此相见以诚，自无隔阂矣。

据上海《民国日报》一九一七年十二月二日《莫代督往谒孙大元帅》

与某人的谈话

（一九一七年十二月十二日）①

民国成立以来，几次政变，皆系少数私人争权夺利之所致，言之痛心。

据上海《民国日报》一九一七年十二月十二日《秦广礼谈话》

与苏赣督军代表的谈话②

（一九一七年十二月十六日）

余只知有共和，不知有他；余酷爱和平及和平之热诚，想为天下人所共见。唯余酷爱之共和，不但须有共和之名，且须有共和之实。共和国之精神寄托于国会，国会为共和政治之源流，无国会共和精神无由表现，则名虽共

---

① 所标时间系上海《民国日报》发表日期。
② 苏督李纯、赣督陈光远为解决大局重要问题，特派赣南镇守使李廷玉、苏军署秘书白坚武为代表到粤磋商，孙中山接见了他们。

和,实系专制,其流弊之所及,更有甚于专制。故余酷爱如生命者,名实相符之共和也。余自信为中国最爱和平之一人,唯余所酷爱之和平非一时的乃永久的。除去一切共和之障碍及为乱之种子,使国家大法得能确定,人人受此大法之支配,永久的和平之基础方能确定;不然迁就言和平,非余所乐闻也。余与西南各省之希望最简单,依法恢复国会而已。国会恢复,其他诸问题不难迎刃而解。再余非不嫌于段氏,恶其假托加入战团,平张勋等复辟之乱为名,攫取政柄,以遂其报复主义,对友邦、对国民,皆无忠信。继任之人,国会未恢复以前,继段者不能谓为合法内阁。总之,国会未恢复以前,一切设施皆非法。此余此次约同国会及海陆军及西南各省将帅,护法卫国之大意也。

据上海《国民日报》一九一七年十二月二十三日《苏赣两督代表抵粤记》

与刘成禺的谈话

(一九一七年)①

凡纲领,命语愈简单,人愈明了,运动无不成功。予忆在广州乡间,与人言反清复明,尚有不了,然予举制钱,示正面某某通宝,问曰:汝识此字乎?曰:识。举反面两满洲文示之,曰:不识。乃历举满人入主中国之事告之,遂恍然于反清复明之大义,如知汉高祖约法三章,曰:杀人者死,简单明了,可定天下也。凡民众相信,在凭据,不在理论。不观索士比亚戏曲乎?罗马凯撒〔撒〕演说,民众归凯撒〔撒〕,而呼杀布鲁特。及布鲁特演说,民众又归布鲁特,而呼杀凯撒〔撒〕。民众之从违无常,在能举简单事实证据,使群伦相信耳。今用排满口号,其简单明了,过于反清复明矣,故革命甚速。至若三

---

① 此件未署时间,据谈话中有"今来广州,以护法为号召",时刘成禺为大元帅府参议,当系1917年间在广州的谈话。

民主义、五权宪法,为立国之根本,中人以上能言之,大批中下民众,甚难解释。行之恐周章时日,不若排满口号,推倒满清之易。民国成立以来,民国无皇帝,民众一说即知,故反对帝制,袁世凯八十三日而崩溃。今来广州,以护法为号召,所护何法?法如何护?难为一般民众详尽告之,恐此事难结良果。故予今以革命努力树口号,所谓一切不良有害民众者,较易成功耳,必改易之。

据刘成禺《先总理旧德录》,载《国史馆馆刊》创刊号(南京一九四七年十二月)

与刘德泽的谈话①

(一九一八年一月一日)

我自护法南来,未能实现护法主张,去了一个陈炳焜,又来了一个莫荣新,都是护法障碍。这几日,因为我决心要驱逐莫荣新的秘密消息,被李烈钧、吴景濂、王正廷他们晓得了,所以他们时常来劝解,阻我不要动作,我怕麻烦,故此装病。你若能今晚就去发难,我就立刻起来同你去,跑九十里路毫不相干。你须注意的,就是同海军约定的发难日期不可误事,因海军升火须遇机会。

据罗家伦主编《国父年谱》增订本下册(台北一九六九年版)

---

① 刘德泽时任大元帅府参议。孙中山愤粤督莫荣新骄横跋扈,曾命刘运动滇军赵德裕等驱莫。此为1日夜称病时对刘的谈话。

与程璧光的谈话①

（一九一八年一月初）

你如果想重新归顺中央政府,那么可以这样做;但假如你同莫督军站在一起,那我就得说,你对不起我。

据广东省档案馆辑译《孙中山在第一次护法运动中》,载广东省孙中山研究会主编《孙中山研究》第二辑(广东人民出版社一九八九年版)

就筹集国会经费与粤省议员的谈话②

（一九一八年一月十四日）

此次西南护法,省〈议〉会首先发起欢迎国会议员到粤开会,诸君对于西南护法之责任至大至重。但诸君既于去年欢迎国会议员来粤开非常会议,今年亦须欢迎尚未到粤之议员,以期早日得法定人数开正式会议,解决诸大问题。召集国会,按照约法,国会自身有权召集,无须要求武人恢复,惟开正式会〈议〉须预备一笔的款为国会开会经费。

顷闻有议员某君云:广东省今年收入自番摊③及口票开后,多收千余万。省议会有权在此款内指定一笔为国会经费。国会能恢复与否？责任在发起欢迎国会〈议员〉之粤省〈议〉会,望诸君下一决心指定的款,继续欢迎

---

① 孙中山因海军逐渐转向桂系,程璧光亦依违其间。故孙中山曾命程下令海军炮击观音山,程未奉命,且将大部军舰调驻黄埔,宣布戒严,凡兵舰附近均不准船只通过,以防孙中山对其部属直接指挥。因有上述谈话。

② 孙中山为筹集国会经费于1月14日邀请广东省议员四十多人开茶话会,此系在会上的谈话。

③ 广州方言,指一种赌博。

未到粤之议员,俾早日开正式会议。更望诸君从今日起发奋为强,认定此为解决中国纠纷不二之方法。

（陆孟飞议长及议员①发言后）继续说:西南各省只有两广、云、贵。在满清之际,广西、云南、贵州三省行政经费须他省协解,民国成立,他省不协〈解〉,勉强敷衍。若要广西、云南、贵州等省协助国会开会经费,恐其力有不逮。吾粤三千万人民代表之省议会,视其力之所及,救一巳〔已〕死之国会焉有不成功之理? 此为诸君之责,非官吏之责也。望诸君不惮烦劳,游说各界协助,使国会早日在粤开会。开会后各国必争前恐后承认军政府,即有权提用广东截留应解中央〈的〉海关税及盐税余款。如能由省〈议〉会与各社团磋商,协同垫款数十万以供国会开会之用。国会恢复后,即在截留海关税及盐税余款内提还。愿省〈议〉会不可将此责任推让于他省,须竭力为之。

据上海《申报》一九一八年一月二十四日《粤省议员之两茶话会》

关于调解炮击粤督署事件所提条件②

（一九一八年一月十七日）③

（一）承认元帅府为南方统一军事机关;（二）承认孙文为大元帅,有指挥军队权;（三）粤省督军须由粤人充当,否则〈大元帅〉亦有任免权;（四）以后拿获党人须交军政府处分;（五）粤省外交人员由元帅府委任。

据天津《大公报》一九一八年一月十七日《粤中孙党与桂军之交恶》

---

① 省议会议长及省议员。
② 报道称:莫荣新对于前三条答以须候陆荣廷决夺;第四条则定为如惩办民军须取得军政府同意;第五条亦定为委任外交人员须得军政府同意。
③ 所标时间系报纸刊载日期。

与国会议员的谈话①

（一九一八年一月十七日）

国会全年经费经得省议会议员多数签名请开特别会议②，提议表决，此事当有成绩。请国会设法召集未到粤之议员赶程前来，俾足法定人数，刻日开正式国会，以解决一切问题。

据上海《民国日报》一九一八年一月二十四日《非常国会最近谈话会记》

与徐绍桢的谈话③

（一九一八年一月二十四日）④

民国总统本不好做，且各国于举总统时每多争执。余欲以一让位之先导，希望后日举总统时减少争竞之酷烈。

据上海《民国日报》一九一八年一月二十四日《伍廷芳、程璧光总长宣布粤省治安记》

---

① 1月17日，国会议员与粤省议会议员分别在省议会不同会场开会，孙中山对省议员就筹集国会经费讲话后，转到国会非常会议的会场向国会议员作此谈话。

② 省议会决定于1月22日召开第四次临时会议。

③ 此件系徐绍桢在军政府会议上演说中谓"孙先生在南京受任总统不三月以此位让之袁世凯，余当时大不以为然"，于是有孙中山上述谈话。

④ 所标时间系上海《民国日报》刊载日期。

在广州警界宴会上与何某的谈话

(一九一八年一月二十八日)

此后我国形势,应注意于西北,若俄国现在之革命政府能稳固,则我可于彼方期大发展也。

据邵元冲《广州护法日志》,载《建国月刊》第十二卷第六期(南京一九三五年六月)

与国会议员的谈话

(一九一八年二月六日)

国会议员多人询以对于联合会议之意见。

孙曰:联合会议本余所发起,嗣以西南人自为政,故无赞同之者。今渠等以事有利,遂欲自为之,而复厄于外交无援,不得已与军府会商。倘渠等能隶属军政府,自可有商榷之余地。不然,事既非法,予亦不能赞同,即甚有益于予,而为予表赞同,国会亦不应盲从予也。

据邵元冲《广州护法日志》,载《建国月刊》第十二卷第六期(南京一九三五年六月)

与金幼舟的谈话[①]

(一九一八年二月十八日)

冯旅[②]既无正式通电,事确否?未可知。即确,则其志图一全皖,决不

[①] 金幼舟自沪至粤,道经汕头,闻安庆已为冯玉祥占领,共促金幼舟返皖。金抵粤即谒见孙中山请示方略。

[②] 冯旅,即冯玉祥。

容异军突起。否则,支节为之,犹无济,不如从汝为①至闽,闽、浙定,则分一军赴皖,为势顺也。

据邵元冲《广州护法日志》,载《建国月刊》第十二卷第六期(南京一九三五年六月)

与全体国会议员的谈话②

(一九一八年四月十一日)

军政府视国会如父君,国会之所决议,军府无不服从。顾如昨日所提议之改组军政府,为军政府本身之存亡问题,而国会事先绝未征求军政府意见,径行提议而付审查,揆之事理,宁得为平?且以法律而论,约法规定为元首制,今乃欲行多头制。又军政府组织大纲明明规定:本大纲于约法效力完全恢复、国会完全行使职权时废止。无修改之明文,今日何以自解?

军府近于外交方面,正在进行接洽之中,今蒙此影响,军府基础已摇,日后必无进步可言。况日本以军械借款之故,决计援段,英则素嫉民党,法则自顾不暇,今日能为我助者只一美国,乃以改组军府之影响,美亦不能再为我助。故今日余个人对于改组一事,根本反对。即于改组后有欲以余为总裁者,亦决不就之,唯有洁身引退也。

据邵元冲《总理护法实录》,载《建国月刊》第一卷第三期(南京一九二九年七月)

附录 同题异文

我对于此事并无成见。但我辈既以护法为目的,诸事当求与法律不相

---

① 汝为,即许崇智。
② 4月10日,国会非常会议在广州开会,出席者六十余人,罗家衡等提出改组军政府案,赞成者四十余人。孙中山于11日约请全体国会议员到军政府谈话,对改组军政府事提出严正质问。

违背。我中华民国约法既规定元首政治,正式国会议决大总统选举法及非常国会议决之军政府组织大纲,均无不与此同样体制。倘此制忽拟改为无〔多〕头①政治,不几与法律相违背耶?但求诸君会议法律当与根本大法性质不相抵触,此外兄弟别无意见。

至对人问题,无论陆干老、唐继尧来做大元帅,我均可让他来做。他派我做别项事件,虽在前敌极危险的地方,我均可去干。若使我牺牲法律,则所谓护法者,向万难承认。

据上海《民国日报》一九一八年四月二十六日

接见国会议员代表的谈话②

(一九一八年四月十三日)③

现在无论言外交、言内政问题,皆不好动摇根本。若改组,即是使扩法动摇问题。根本动摇,种种弊害困难,皆由此发生。且正式国会召集之日距今不过两月。且〔而〕正式国会若成立,则又非于改组之外再行改组不可。一日三变令,内外人士皆以我护法之举为乌合,故至今尚坚持不改组之议。

现在最要紧者是令陆干卿对大局表示决心,对民国表示诚意。若彼能来梧州,则为决心诚意之表示。〈予〉即可亲赴梧州与之面商一切,以谋感情之融洽。万一彼不能来梧,即到南宁亦可,予亦能亲赴彼访之。若彼愿任大元帅,则吾让之于彼,亦无不可。倘既不能到梧州,复不能到南宁,是毫无决心与诚意。则无论如何联络总是做话。今日办法只有以人就法,不可以法就人。以人就法,则予个人去位可也;以法就人,则改组万不可也。

据上海《民国日报》一九一八年四月二十八日

---

① "多头",指改大元帅为"七总裁"。
② 国会非常会议审查会推代表褚辅成、王湘、吴宗慈、卢仲琳、王葆真五人进谒孙中山,征询改组军政府意见。此为接见时的谈话。
③ 所标日期据邵元冲《总理护法实录》所定。

与李执中等的谈话

（一九一八年五月四日前）①

余对此事毫无胶［缪］执意见,然余［汝］等岂非以护法为目的耶！若是,无论何事不可不注意使不违背法律。我中华民国约法既已规定元首政治,正式国会议决大总统迭［送］举法耶？即非常国会所议之军政府组织大纲亦何莫经同样手续而成立之制度。倘如斯既往成立之制度,忽改为无头政治,几何不与法律相背驰,是非蔑视制度耶？余唯盼诸君于审查会议,注意毋使与根本法之性质相抵触而已！别无他意也。若陆干卿、唐继尧欲来作大元帅,无论何时,［余］俱可退让；不然,欲使余牺牲法律,则所谓护法者果何事耶？此则余所万难承认者也。

据上海《民国日报》一九一八年五月十一日《东报论军政府改组与孙中山》

与某报记者的谈话②

（一九一八年五月十五日）

记者问曰：近者国会议员暨各界人士均电挽留先生仍任大元帅,勿萌退志,先生意见如何？

先生曰：余之辞志已极坚决,虽各方挽留,但深感其厚情。依法律、政治两方面观察,予万无可再留恋也。

---

① 此件系非常国会军政府改组案审查委员会代表李执中、童杭时、梁士模向孙中山征求对改组案的意见时孙的答话,时间应当在5月4日辞大元帅职前。

② 谈话地点在广州大元帅府会客厅。

记者问:军署方面之递捕陆军总长张藻林及枪杀交通部次长崔戟勋①,先生观此办理,是否合法?

先生曰:予于张、崔二君实深惜之。

记者复问:然则先生将离粤去乎?

先生曰:犹未定也。予必于同来之海军如何安置及大元帅府开办至今之手续如何结束,妥为办理,始能定行止也。

据上海《民国日报》一九一八年五月二十二日

与国会议员的谈话

(一九一八年五月二十日至二十一日)②

(军政府政务总裁经非常会议选出后,昨特专派国会议员代表谒见先生,请刻日就职。)

孙谢之曰:军政府既为予而改组,则予实无复就总裁之必要。

既而议员婉词再三。

孙乃谓:此事须缓图之,诸君为联络各方面势力,则俟各方面势力团合,于时局乃有补也。予此时虽不就职,惟暂不辞,以谢诸君,而维持大局已耳。

据上海《民国日报》一九一八年五月二十八日

---

① 指桂系莫荣新于5月11日在韶关诱捕军政府陆军总长张开儒,因于督军署;枪杀代理陆军次长崔文藻事。

② 原报道未署时间。军政府政务总裁于5月20日下午选出,孙中山于5月21日下午离广州赴汕头,推断谈话应在20日至21日间。

在日本门司与记者的谈话①

（一九一八年六月十日）

曩居日本时曾罹胃病,归国后适值国家多事,于役繁杂,致不获养生。今得稍卸仔肩,故再来贵国。拟在箱根静养,即在该地歇夏,若接见贵国朝野名士之事,余殊无此希望。

今军政府改组,余虽仍被选为总裁,而就任否,兹尚未决。因若就任须深思详虑而后出之,今匆忙中亦未得考虑之暇。此次南北战事,南方目的原在平和。惟致平和之道,不可不自恢复约法、国会始。段祺瑞对于南方之本意,原无何等主意。徒以人为目标,尽力以伐南方之人。彼既如此,是南方纵若何渴望和平,两方面终不能相容也。最近之北军无战意,段阁已濒于危机,渐可以促进调和诸说。余往途中,亦未由知此消息,果为若何。如北方真有爱平和之意,余与余同志者亦极表同情。而条件若何,当从多数意见。余个人亦未能任意为何等决定。

至日本对于中国诸事,余已解大元帅职,不直接当折冲樽俎之任,则于各事亦全然不甚明了。就林使之措置,亦未知其是非究竟。两国亲善欲其实现,要不在方法之问题,而在双方之意思如何。若果有真希望亲善之意思者,却不问方法,亦可翘待而至者。日本既真有其意思,乃尚时有误会,则当格外求其如何可以致真亲善。斯诚是一重要之事。余固尝为一希望两国亲善者,今后更当运思致力于此。至如借款于北方,虽有困苦南方之嫌,而余亦不能确实知之。第南方今日全不欲从日本借款,余亦不负欲求借款之意。余更无自日渡美之意。

据上海《民国日报》一九一八年六月十八日

---

① 孙中山偕胡汉民等6月1日自汕头乘轮启行,取道台北赴日本,于6月10日抵门司。

与泽村幸夫①的谈话(译文)

(一九一八年六月十日)

北方之武人派,如若反对共和政体,亦反对中华民国,则旗色鲜明,如此则出之以战争,亦有战争之价值。但彼等既不反对共和政体,亦不反对我孙中山,所以难以应付处理。在武人派之势力能维持得住之范围内,此种伪共和恐仍将继续下去。

据[日]泽村幸夫著《孙文送迎私记》摘译(邹念之译),载日本《支那》第二十八卷第八期(日本东京一九三七年八月)

与头山满等人的谈话

(一九一八年六月十一日)②

孙氏语日人云:"彼革命以前,在东京头山满家中终日抑郁,染有胃疾,迩来因操劳过度,旧疾复发。此次赴日纯为养病起见,并无政治目的,拟即在箱根避暑,不往东京。

余对于南北妥协问题不甚留意,盖以绝对不相容之两物而强使之妥协,事实上实难办到。即使近日所传梁士诒辈之妥协案竟能成立,将来仍埋伏无数之祸根。此种妥协虽能苟安一时,而于吾曹心目中之真共和了无裨益。吾曹所理想之根本妥协,今日尚非其时,故吾曹对于和议之声曾一措意,盖亦时势使然耳。

总统问题,吾曹亦怀抱同样思想。在今日伪民国而竞争选举伪总统,苟

---

① 泽村幸夫,时任大阪每日新闻社东亚部顾问。
② 此件未署日期,据与此件内容雷同的电文曾在上海《民国日报》1918年6月13日,以共同通讯社12日东京电发出,酌定谈话在6月11日。

非至愚决不为此。吾曹当兹伪共和之世,武力上不能制胜,固无足怪今日武人依之跋扈,不仅见之北方,南方如陆荣廷辈亦有过之无不及。彼等貌虽反对帝制,赞成共和,实则内中不过假真共和之名而行伪共和之实,与吾曹实行皆在真共和者截不相同。方今世衰道微,竟使标榜正义、真共和之吾曹屈服于若辈不正义、伪共和之下,此真吾曹所太息痛恨而无可如何者也。"

据长沙《大公报》一九一八年六月二十六日《孙文在东之谈话》

附录 同题异文

孙氏就于时局语曰:即使如梁士诒等之计划能妥协南北,然依旧留一祸根,吾辈之理想在于根本改革,故对于妥协案不加着意。

又就于选举总统语曰:以伪民国而选举伪大总统,固无议论之余地。夫南北之乖离,乃由反对帝制赞成共和与其否者而起,彼等虽主张假面共和,然于今时则有不利。

又对于传其将渡美说,否认曰:余将在日本十分静养,即再返中国,吾辈决非为陆荣廷等所逐而至者。

据上海《民国日报》一九一八年六月十三日(共同通讯社,十二日东京电)

与神户新闻记者的谈话

(一九一八年六月二十三日)

日本新闻记者问:孙氏以归国后,在上海是否欲与岑春煊有所磋议?

孙氏答云:余自辞大元帅职以来,一切政治概不干涉,故至上海后并无与岑氏磋议之必要。但岑氏如来会晤,则又当别论。至言岑氏对北方之态度固与余同,余至今信之。岑之持论为不承认北方政府,余之持论为欲讨伐北方政府,故两间之持论相同,而所异者惟手段尔。

据上海《时报》一九一八年六月二十八日《东报纪孙逸仙来沪情形》

抵上海时的谈话

（一九一八年六月二十六日）

此次受日医诊视①,须排弃一切,加以静养,故于政治问题,徇医生之请,不欲有所审察。

据上海《民国日报》一九一八年六月二十七日《孙中山先生归沪记》

与吴玉章的谈话②

（一九一八年七月上旬）

吴玉章说明了来意,又简单地谈到了国会非常会议选举七总裁的经过,最后请孙中山就职。

孙先生当时气愤得很,坚决不干地说:那些人还革命！他们根本不革命！他们想拿军政府同北方议和以保个人权位,我决不与他们同流合污！

吴就劝道说:时局这样混乱,南方各省当局虽然还不很好,但他们还打着护法的旗帜反对北方军阀,这点是好的。现在南方、北方都很混乱,南方

---

① 1918年6月10日孙中山离粤抵日本访问,因左眼作痛,在京都就医,诊断为急性结膜炎。
② 1918年6月26日,孙中山辞大元帅职,由广州抵上海。吴玉章当时是四川省的代表,参加了改组军政府会议,推举他去上海劝孙中山就职。吴到上海会见孙中山,孙卧病在床,请吴坐在床边一同谈话。

各省有势力的当局虽然同床异梦,各有野心,但他们还想利用革命招牌以壮声势。我们必须保持一些革命势力以图发展,革命道路是曲折的,我们不能脱离革命战线。南方的势力派虽然排斥先生,但又不敢完全丢掉先生,他们还想利用先生的威望,所以还给先生安一个位置。先生如果不同他们合作,而离开了他们想自己搞革命,这是不容易的。因为这会受到两面夹攻,一方面是南方军政府打击先生,另一方面北方军阀更要打击先生。南方各派所以还要给先生一个总裁是怕舆论攻击。先生不去,他们就有话可说了。拥护先生的革命力量还是有的,如广东有陈炯明的队伍、陕西有于右任的队伍、湖南有程潜的队伍,湖北还有一些革命力量,尤其是老同盟会员熊克武已经统一了四川,有很大的力量。这些力量都希望先生来维系他们,团结他们。南方势力派想出卖军政府与北方议和,如果先生在其中团结真正的革命力量,也能制止他们出卖,以保存革命势力。先生不要看岑春煊现在炫赫一时,如果他不好自为之,将来他的失败会比先生更凄凉得多。希望先生委屈求全保持革命的联合战线,先生如果不愿亲自前去,派一代表去也可以。

孙听了这番话后,不胜感慨地流下了热泪,随着说:我听你的话决定派汪精卫去①。

据上海《文汇报》一九五六年十一月十一日吴玉章《对孙中山先生的一段回忆》

与李宗黄的谈话②

（一九一八年七月）

李君问:我到日本以后,应该注意些什么事?

先生答:现代军人,只懂军事是不够的;军事以外,还必须了解政治。所

---

① 后来孙中山是派徐谦去广州为军政府全权代表。
② 此次谈话地点在上海法租界莫利哀路二十九号住宅。注:莫利哀路(今上海香山路),又译作莫里爱路、莫里埃路、莫里哀路、莫利爱路。

以汝到日本以后,应该注意考察政治。

李君问:政治的范围非常广泛,考察之时,应从何着眼呢?

先生答:政治的基础,在于地方自治。日本的市、町、村组织,都很健全。日本之强,非强于其坚甲利兵,乃强于其地方组织之健全。要看,最好看看他们的地方自治。不过,他们这种地方自治,官治气息很重,是不合乎吾党民权主义全民政治的要求;但他们的某种精神和方法,在训政时期却很可参考,所以仍然很有考察的价值。

据重庆《扫荡报》一九四五年五月五日李宗黄《总理的训示》

在上海答记者问

（一九一八年八月至九月间）

……惟期望国会者甚切,以为国会成立后,最重之职责,应以宪法及选举总统为要。意则以为制定宪法,尤宜较选举总统为先。必使先有宪法而后有总统,切不可先有总统而后有宪法。盖有宪法不患无总统,而有总统而恐终无宪法。诚以总统先宪法而产出,则今日之民国总统未必即为缔造民国之人,不能尊重民国政体,受宪法之束缚,自在意中。其桀者则不使宪法成立;即其驯者,亦能厌恶其条项之束缚,而令国会迁就。其个人之意思,是无宪法与有等于无之宪法,皆由总统之选出而致,此中华民国之危机也。民国二年,国民党失败后,不惜变其先定宪法后举总统之主张,以先举总统。其结果袁氏当选,而宪法、国会随之而毁。宪法方在审议,而先补选副总统问题又起,其结果补选之副总统,即为领衔干涉宪法、解散国会之人。此皆前车之鉴,为国会议员所宜大觉悟。是以今之国会议员,诚能先定宪法,后举总统,则中华民国之基既归巩固,虽有野心者不敢冒违宪之名。然其悍然出于违宪,自有弹劾权与叛逆之罪刑随之。吾人亦可以拥护宪法起而问罪。讵不胜于拥护临时约法,使违法者得以反唇相稽耶?

据上海《民国日报》一九一八年九月九日《孙总裁最近之政局〈观〉——主张先定宪法后选总统》

与戊午通讯社记者的谈话

（一九一八年十月二十七日）

记者问：此次南北战争，纯为法律问题。但现时平和会议将见微芽，将来对于法律一层，其趋势是否为调和的程限抑是板定的？

孙答：法律二字与他种事物迥乎不同；法律之性质如几何学，如物理学，当然是板定的，绝无通融挪移之余地。国人对于法律往往混道德、人情为一例，此根本之错误。譬诸专制时代，俗犹有云："王子犯法，庶民同罪"。可见专制时代于一切普通法，尚不可有所出入，而况民国。盖国家之治安，惟系于法律，法律一失其效力，则所尚专在势力；势力大者，虽横行一世而无碍；势力少者，则惟有终日匍伏于强者脚下，而不得全其生。则强暴专国，公理灭绝，其国内多数人，日在恐惶中，不独不足以对外，且必革命迭起，杀戮日猛。平时不能治安，外力乘之，必至亡国。故吾人对于法律问题，终不敢稍有迁就也。

问：今北洋派已成一种特别势力，究将何以待之？

答：民国号为五族共和，汉、满、蒙、回、藏五族公有，汉人且不能私有之，何况北洋派，何况民党。不过民党之所求者，国中无论何人及何种势力，均应纳服于法律之下，不应在法律之外稍有活动。乃数年以来之事，竟大不然，袁氏解散国会，谋为帝制，此北洋派第一次之破法。袁氏既伏天诛，而段氏乘之，复包藏祸心，破坏国会，蹂躏约法；借对德为言，以欺弄友邦，借款招兵，惟日不足，举国之内，惟暴力纵横，正义灭绝，此为北洋派第二次之破法。护法之师以起，血战经年，逆焰稍熄，而徐世昌又由私人机关之伪国会，举为总统，靦然就职，此北洋派第三次之破法。国为五大族所共有，北洋派安得如此专横？国人不能彻底觉悟，辛亥之役，皆曰袁氏有造于民国者，究也何如？袁死段继，又皆曰段氏当有造于民国者，而今又何如？今徐非法被举，出身尚不如袁、段之正，而国人复曰徐氏有造于民国者，岂不怪也哉！其父杀人,其子必且行劫,徐、段、袁何择焉。前事不忘,后事之师,我国人何健忘若是也? 徐氏之为人,其生平历史,国人更不以长乐老目之,在清为宰辅,而不能救清之亡;仕袁为相国,而不能阻袁之帝;姑不论其政治学术,果与现世新潮流,为顺为逆,即其品行操守行为,亦决不足障百川而东之,挽狂澜于既倒。所谓亡国大夫,不足与图存;再醮之妇,不足与言贞;尚何论其守法不守法哉?

况民国以国民全体为主,而代表国民之总意,以行使其主权者,则厥惟国会。共和国之国会,犹专制国之皇帝,皆为建国之根本。至于国会议员,果谁为良、而谁为莠,此乃由于个人问题。决不可因议员不良,即轻视国会;更不可因不如己意,以强力驱逐议员。如有此举动,在国法上即谓为叛逆。即如君主皇帝虽不肖,不能因其人而轻视皇帝之位;更不可因其人不遂己意,即以强力驱逐之,另拥立同己者。如犯此者,在国法则视为权奸,视为乱臣贼子,人人得而诛之矣。此理至明、此义至显。徐氏而果守法者,则不应承认此伪选举,当请代大总统下取消以前非法解散国会之命令,使国会得自由召集重开会议,以解决时局。更以君主时代之大义例之,如徐氏果为忠臣,即不应受潜主之命,极力迎立旧君复位;所有一切平治之法,皆应听命于旧君之裁可。而自己可裹赞于其间,旧君感其忠诚,且有复位之功,自然命之为宰辅,以掌国政。今徐氏通谋废立后,又受潜主之命,复与乱臣贼子通同一气,以此附乱从贼之人,而与勤王将士护法义民商言和平,和平胡从言起? 若西南此时而与徐氏谋和,则西南自居于何地? 岂非以讨贼之人附贼,靖乱之师通乱耶! 此事乌可可行? 此理亦说不通,国人以此判断之,则思过半矣。

据上海《民国日报》一九一八年十月二十八日《民党某君之政局谈》

与日本松永安左卫门的谈话(译文)

(一九一八年十一月十六日)

目前中国南北对立是日本助长起来的,日本如果改变援助北方派的政策,北方派就会不攻自灭。

日本如果援助南方派的话,可以承认日本对"满蒙"的领有。

> 据[日]藤井昇三著,朴成昊、丁贤俊译《孙中山与"满蒙"问题》,载《国外中国近代史研究》第三辑(中国社会科学出版社一九八二年版)(原载松永安左卫门《我的支那观》大正八年版)

与日本驻沪总领事有吉明的谈话(译文)①

(一九一八年十一月二十六日)

南北和平会议中如果南北两派之间达成妥协,日本的势力将被逐出东亚,由英美两国取代日本,"希望日本由现在默然坐视英美之跋扈转而采取果断措施坚持东亚联盟的理想以援助本人,以资实现将来之大计",并希望将上述意图迅速转达日本政府。

> 据[日]藤井昇三著,李吉奎译《孙中山的"亚细亚主义"》,载《国外中国近代史研究》第十八辑(中国社会科学出版社一九九一年版)

与日本驻沪总领事有吉明的谈话(译文)

(一九一八年十一月二十八日)

孙中山早晚两次会见有吉明,认为从现状进行南北统一,对中日两国均不利;唐绍仪也不赞成姑息妥协;孙在福建有势力,在浙江、四川处于有利地位。希望将此观点转达外务省。

> 据李吉奎译《孙中山与日本关系大事记》,载《孙中山研究论丛》第六集(中山大学一九八八年版)

---

① 此件系有吉总领事致内田外相,1918年11月26日发,外务省记录《支那南北调停一件》。

与日本驻沪总领事有吉明的谈话(译文)①

（一九一八年十二月五日）

对日本政府对彼之友情，深表感谢，希望告知其宗旨。同时，认为事情至此地步，除等待时机之外，别无其他意图。再者，关于共同劝告，认为此举对北方有巨大效果，根据间接传闻，徐世昌有同意恢复旧国会，并由旧国会正式选举大总统之举，至于今后即使会议亦易于召开，而此次之劝告，若系出于日本之主意，则应使妥协在正义之基础上进行，今后日本应有之责任，厥为从事敢于干涉，使旧国会得到恢复等正义之行动，不胜盼望之至。若果然如此，则各国亦不可能有反对之理由。

再次，参战督办处今仍依赖日本援助训练军队之事实，认为中国除需要完备之警察官外，不需要一切军队。并强调，今当有一律裁兵之需要时，日本仍扶植一部分军阀之势力，执行产生同样结果之措施，此所以徒然招致中外之疑虑也。其特意训练之军队，安知他日不为别国所用乎？

有吉明力言应加注意之必要，希望予以仔细慎重之考虑。

据日本外务省编《日本外交文书》一九一八年第二册上卷，"中国南北调停一件"一六〇号十二月六日驻上海有吉明总领事致内田外务大臣第九十八号电报(陈明译)

---

① 1918年11月26日孙中山与有吉总领事谈话意图，希望迅速转达日本政府，12月4日内田康哉外相来电授意有吉答复孙中山：深刻谅解"孙文始终忧虑东亚大局，以日中提携为念"。南北和平劝告既已施行，望"顾及大势归趋，此刻宜持稳健自重之态度，赞同日本之方针"。12月5日，有吉面晤孙中山转达，孙中山对内田外相的答复表示遗憾。于是与有吉谈话对日本行动提出希望及批评。

诗 学 偶 谈①

（一九一八年）

中国诗之美,逾越各国,如三百篇以逮唐宋名家,有一韵数句,可演为彼方数千百言而不尽者;或以格律为束缚,不知能者以是益见工巧。至于涂饰无意味,自非好诗。然如"床前明月光"之绝句,谓妙手偶得则可,惟决非寻常人能道也。

今倡为至粗率浅俚之诗,不复求二千余年吾国之粹美,或者人人能诗,而中国已无诗矣。

据胡汉民《不匮室诗钞》卷八（广州登云阁现代仿宋印刷所印一九三六年版）

对胡瑛的声言②

（一九一八年）

胡瑛来莫利爱路谒孙先生,苦述赞成洪宪为不得已之苦衷,求先生宽恕。

孙厉声曰:胡经武,我从前以三民主义号召汝革命,并未教汝劝人做皇帝,如汝非革命党人,而保皇党、进步党、宪政党为之,翻然改悔可恕也;保皇、立宪、进步党员,尚多不屑为此劝进丑事者,而子为之,是可恕,孰不可恕乎？士君子重廉耻道义,爱人以德,既毁袁世凯,又来此忏悔,汝并无以对袁

---

① 此件为1918年某日孙中山在广州与胡汉民、朱执信等的谈话。
② 胡瑛,字经武,湖南桃源人。应黄兴命与宋教仁设华兴会支部于武昌,1906年被捕入狱,辛亥光复始释,二次革命失败,胡瑛成为"洪宪六君子"之一。1918年孙中山因广州改七总裁制,居沪著书立说,胡瑛来莫利哀路谒见孙中山,孙乃有此声色俱厉的责言。

项城于地下矣。汝宜闭户思过,求有功德于人民者,作一二事,国人当为宽恕,不必向予悔过也。

据刘成禺《先总理旧德录》,载《国史馆馆刊》创刊号(南京一九四七年十二月)

与王正廷等的谈话

(一九一九年一月上旬)

党员有参与巴黎和会者,孙先生告之曰:宜提出取消中国与列强所订之不平等条约,收回被侵掠之各地,承认高丽之独立,庶符民族自决之旨,苟不能是,则和会为无价值。中国之参加,尤无意义矣。

据《孙逸仙先生言行小识——关于对帝国主义者之奋斗》,载《胡汉民先生遗稿》(台湾中华书局一九七八年版)

与日本记者大江的谈话①

(一九一九年四月)②

日人大江访孙逸仙而言曰:愿公勿认吾以日本人,而认以亚细亚人也。

孙氏曰:尔日本人非亚细亚人也。

大江愕然询其故?

孙氏曰:尔日本人为欧人使用而侵略吾亚细亚人者,焉得为亚细亚人乎!尔日本人若欲以亚细亚人行世乎,则将满洲权利与山东问题,早行还付

---

① 1919年3月1日朝鲜人民举行反日示威游行,惨遭日本帝国主义镇压和屠杀。孙中山在上海闻讯,即发出呼吁,要求日本政府承认朝鲜独立;在答日本记者大江的谈话中,严厉谴责日本对朝鲜人民的暴行。此件为朝鲜《新韩青年》杂志据日本《大正日日新闻》载《孙逸仙之日本观》译为汉文。

② 底本未标出日期,根据内容应是1919年4月间。

中国，而许朝鲜之独立。

今中国各地之排日运动，依然炽盛，固为遗憾。然最近中国人之排日感情，其为浸润颇深远。若谓容易而除去，此则不可能也。余亦认日本自然的澎涨不得已也。若日本为其发展地求诸中国，则其结局之为绝望，不可不言也。将来日本以其进出口向于中国，则中国人取猛然反抗的态度，无违也。日本为目下的世界憎恶之中心，陷于非常之穷地，在中国则受中国人之排斥；在南方要求发展，则买欧、米人之反对，在西伯利〈亚〉亦一样也。惟将来日本不受排斥，充分发展之地，则赴南洋也。爪哇、斯玛透罗①方面之土人勿论，而数十万之中国人，姑无对日人之恶憾，故极力向此方面而发展，为良策也。况该地非日人之故乡耶，在他地不得容纳之时，则归向故乡亦自然之事也。

反观乎世界之大势，则以今番欧洲之大战，而世界之形势一变，盎格鲁逊民族横暴日加，当此时我等亚细亚人，非事内争之时也。盎格鲁逊民族与非盎格鲁逊民族之结合与冲突，早晚间难免之运命也。对此而非中日相结为中心之势力而对抗，则不可也。日本蓄置海军之力，中国巩固陆军之力，为必要也。

朝鲜问题，极其困难之问题。以余意见，则日本须容韩人之要求，而承认其独立为宜也。以韩、日合并而买韩人之怨恨勿论，而中国人及其他对日本疑惑甚高，使日本陷于现在之苦境，与其莫大之影响矣。元来未有如中国民族之爱正义者，日本曾称中国侵犯韩国之独立而起清日战争，中国以战败之结果，割让台湾，赔偿巨额，然爱正义之中国人，实认其犯独立。而不惟对于日本无一言怨嗟之叫呼声，而反尊敬日本先将欧、米留学之学生，为学日本之文明使趋日本。日俄战争以后尤尊敬日本。（中略）②乃至今日有反对之状态者，韩日合并为事实上最大者力也。此结果对于中国人而与以非常之疑惑及不安，酿出今日之情势为其主因也。至于今日俄帝国既为崩坏，日

---

① 斯玛透罗，即苏门答腊。

② 原文如此。

本对于北方无何等之威胁,而俱已消灭,而今日承认韩国之独立,无何等障碍之生。韩国反因此而表满腔之谢意,永永不忘矣。中国人对于日本之侵略,而一扫其一切疑惑与不安之念,昔日之交情复活,东洋之平和于兹确立矣。

据《中国前大总统孙逸仙氏对日本谈》,载朝鲜《新韩青年》第一卷第一号(上海一九二〇年三月)

与邵元冲的谈话

(一九一九年五月二十日)

邵君问:先生平日所治甚博,于政治、经济、社会、工业、法律诸籍,皆笃嗜无倦,毕竟以何者为专致?

先生答:余无所谓专也。

邵君问:然则先生所治者究为何种学问耶?

先生答:余所治者乃革命之学问也。凡一切学术,有可以助余革命之智识及能力者,余皆用以为研究之原料,而组成余之"革命学"也。

据秦孝仪主编《国父全集》第二册《治学杂谈》(台北近代中国出版社一九八九年版)

对上海学联的口头意见[①]

(一九一九年五月二十九日)

这次你们学生罢课,完全出于爱国热忱,中山先生非常赞成。但是目前

---

① 1919年5月29日,孙中山电话通知学联派代表于晚上在西藏路南京路口老晋隆西餐馆约会密谈,上海学生联合会正会长何葆仁、总干事朱承洵前往会见了孙中山派来的代表,该代表转达孙中山的口头意见。

这样温温吞吞的下去是不成的,势必会旷日持久,贻误时机。中山先生说,你们学生应该再大胆些进行活动,不要怕这怕那,要有牺牲精神,要有突击运动,要扩大阵线,要设法激起怒潮来。万一工部局起来抓人,中山先生已经为你们请好外国律师,一名是法国律师达商,一名是英国律师穆尔素①,一定会出来办交涉的,你们放心大胆干好了。

据朱仲华《我有幸多次得见孙中山先生》,载《孙中山与浙江》(浙江人民出版社一九八六年版)

与邹鲁的谈话

(一九一九年五月)

某日先生告邹君曰:一般人读书不认真还不要紧,我们革命党人却千万不可不认真。因为一般人读书,或是为个人的前途,或是为一家的生活,他读书不认真,成败得失,只他个人或其一家。革命党人则不然,一身负国家社会之重〈责〉,如果自己读书不认真,事情做错了一点,就不但害了我们的党,连整个国家社会也被害了。

某日邹君等问:鉴别文章的方法如何?

先生答:很容易,一篇文章能当做一章读,一篇文章能当做一段读,一段文字能当做一句读,这便是好文章。因为唯有这样的文章,全篇气势才能贯注,作文之道亦如此。

据邹鲁《谨述我亲见亲闻的国父言行》,载重庆《扫荡报》(辑六全大会特刊,一九四五年五月五日)

---

① 当时在租界内,中国律师是不准出庭的。

与谢某焦某的谈话

（一九一九年五月）①

我本不是当段祺瑞个人是仇敌，因为他做背叛民国的事，我所以反对他。如果他能够自己把参战军全部废了，把所有他经手的卖国条约都取消了，而且实实在在的服从国会、服从法律，明明白白的把自己的罪恶都宣布出来，向国民谢罪，那么自然大家不会十分为难他的，有什么联络不联络？

据上海《民国日报》一九一九年六月二日《孙先生联段说之辨正》

与何葆仁朱承洵的谈话②

（一九一九年六月二日）

你们能攻破上海这个帝国主义的顽固堡垒，是很了不起的胜利！这是同学们团结一致的力量！

据朱仲华《五月忆泪》，载《上海青运史资料》一九八四年第一期

---

① 此件具体日期不明。据1919年6月2日上海《民国日报》载《戴季陶君之谈话》一文，谈及孙中山此次谈话时间，"当在一个月前"。今酌定为5月。
② 1919年6月2日，孙中山在寓所亲自接见何葆仁、朱承洵，详细询问这次上海示威游行的情形，特别对上海学生粉碎圣约翰大学校长卜舫济破坏爱国救亡运动的阴谋活动表示赞赏。

与何葆仁朱承洵的谈话①

（一九一九年六月十日）

孙中山用英语对他们说了两句话：

"团结就是力量，分裂导致灭亡。"

据朱仲华《我有幸多次得见孙中山先生》，载《孙中山与浙江》（浙江人民出版社一九八六年版）

与戴季陶的谈话

（一九一九年六月二十二日）

先生问：你这几天研究甚么东西？

戴答：我和两个朋友，办了一个《星期评论》，一天总要写一点文章。而且《建设》月刊的出版也近了，我已经担任了的著作和翻译，都要准备起来。所以一天看书作文，已经很忙，便连会客应酬都谢绝了。

先生问：《星期评论》里面，有一篇《国际同盟和劳动问题》，是不是你的？你也留心这个问题么？

戴答：不错，这劳动问题，中国人差不多向来没有注意到这个地方，一则是中国的工业没有什么发达，社会阶级没有十分彰著；二则由于中国人对于政治问题、社会问题本来没有近代的知识，历年来政治上纷争太厉害了，所以这种实在的民生问题，更是没有人顾及；三则由于那些工人本身，多数是不曾受过教育，几十人中找不出一个识字的来。所以他们阶级的自觉是一

---

① 1919年6月10日，北京政府被迫罢免了曹汝霖、章宗祥、陆宗舆三人，消息传来，何葆仁、朱承洵又一次前往莫利哀路晋见孙中山。

点也没有的;四则由于那些经营工业的资本家,对于近代社会思想的潮流,一点知识都没有,即使有一两个懂得一点的,他们也巴不得没有这种思想运动发生。因为这种原故,中国注意这个问题的人真是少极了。不过就上海地方说,工人的人数有三四十万,而且罢工的事件也常常发生。前几天罢市风潮的时候,同时就引起了大罢工的事实,幸而北京政府免曹、陆、章①的命令下来了,如果再迟一二天,恐怕会变了全市总同盟罢工的景象。当时上海有知识的人,差不多没有一个人不焦心,大家想法子劝告工界的人不要罢工,为什么呢?就是因为这许多无组织、无教育、无训练、又没有准备的罢工,不但是一个极大的危险,而且于工人本身也是不利的。但就这次的现象看来,工人直接参加政治社会运动的事,已经开了幕。如果有知识、有学问的人,不来研究这个问题,就思想上、知识上来领导他们,将来渐渐的趋向到不合理、不合时的一方面去,实在是很危险的。所以我受到罢工风潮的感动,觉得用温和的社会思想,来指导社会上的多数人,是一桩很要紧的事。

先生问:你是想要直接去指导他们呢?还是站在研究的批评的地位,做社会思想上的指导工夫呢?

戴答:我的目的还是属于后者,因为我对于这个问题,现在知识还很浅薄,所以打算努力做研究的工夫。拿我的研究所得发表出来,供他们各方面的人的参考资料。

问答至此,先生又道,你这个意思很好。我们改革中国的主义,是三民主义。三民主义的精神,就是要建设一个极和平、极自由、极平等的国家。不但在政治上要谋民权的平等,而且在社会上要谋求经济上的平等。这样做去,方才可以免除种种阶级冲突、阶级竞争的苦恼。所以我们在经济上,一面是要图工商业的发达,一面是要图工人经济生活的安全幸福。不过目前这个时候,我们对于许多不明白的人,要使他明白,应该怎么样呢?有一点顶重要的,就是指导他们的方法,很要注意。中国现在不但工人没有知识,连号称知识阶级里面的人也是一样没有知识。工人没有知识,就是一切

---

① 曹、陆、章,指曹汝霖、陆宗舆、章宗祥。

新旧知识都没有的；知识阶级里面的人就是有有害的知识，没有有益的知识。对于毫无知识的，给他一个知识是容易。对于号称有知识的，教他判别是非利害，倒是很难。我们在这个时候，既然立了一个主意，要做指导社会的工夫，最要紧的，就是不好先拿我们的知识，整个的放上去，以为这件事，我已经明白了，他为什么不明白？两次说不明白，便生了气，这是不行的。我们要晓得，群众的知识是很低的，要教训群众、指导群众，或者是教训指导知识很低的人，最要紧要替他们打算，不好一味拿自己做标本。这样的去做工夫，方才有趣味，方才得到研究的益处，方才能够感化多数的人。你看教马的人，他怎么能够把马教会的？就是他在教马的时候，他自己的意识已经先变了马。他不是先要马懂得他的意思，他是先要自己懂得马的意思。教马的人，在马的面前，是一点也用不得人的智慧的；如果要用人的智慧，一定要和马打起架来。你又看那教猢狲的人，他也是要就猢狲的性去教猢狲，不是要就人的性格去教猢狲。因为在我们看来，英国是这样，美国是这样，俄国是这样，德国是这样，拿许多的榜样做材料，就归纳到中国应该怎样的本题，成一个主张。但是那多数的人，他却是不懂的；所以我们如果要指导多数人，是先要把自己的知识学问收藏起来，处处去顺他的性，来诱起他的自觉，然后得来的结果，方能够圆满；然后我们指导社会的目的，方能够达到。

戴问：此刻这个时代，思想的震荡已经到了极点，中国在这世界思潮的震荡的中间，也就免不了震荡起来。但是因为知识程度太低的原故，一般的人对于世界上思想的系统，不能够明白，那些做煽动工夫的人，就拿了一知半解、系统不清的社会共产主义，传布在无知识的兵士中和工人里面。这几天报上登载说军队里面发现题名《兵士须知》的小册子，就是这种事实了。如果因为这一种无意识的煽动，发生出动乱来，真是一塌糊涂，没有办法了。先生对于这个问题，有什么意见？

先生答：这确是一种危险。因为无论在那一国，他们各种思想都是有系统的，社会上对于有系统的思想的观察批评，也是有系统的。政治运动是政治运动，经济运动是经济运动，各有各的统系，都随着人文进化的大潮流，自自然然的进步。如果没有特别的压力，像我国从前那样的政治，决不会有十分激烈的变态发生出来的。中国在社会思想和生活还没有发达,人民知识没有普及,国家的民主的建设还没有基础的时候,这种不健全的思想,的确是危险。不过这也是过渡时代一种自然的事实,如果要去防止他,反而煽动人的好奇心,助成不合理的动乱。再冷静一点想,无论在什么地方,荒地开〈垦〉的时候,初生出来的,一定是许多的杂草毒草,决不会一起便天然生出五谷来的,也不会忽然便发生牡丹、芍药来的。这种经过,差不多是思潮震荡时代的必然性,虽是有害,但也用不着十分忧虑的。

据上海《民国日报》一九一九年六月二十二日附刊《星期评论》

答日本《朝日新闻》记者问[①]

（一九一九年六月二十四日）[②]

兹承贵记者问:中国人何以恨日本之深,及有何法以调和两国感情?

予当竭诚以答,并以此告吾日本之故友。予向为主张中日亲善之最力者。乃近年以日本政府每助吾国官僚,而挫民党,不禁痛之。夫中国民党者,即五十年前日本维新之志士也。日本本东方一弱国,幸得有维新之志士,始能发奋为雄,变弱而为强;吾党之士,亦欲步日本志士之后尘,而改造中国,予之主张与日本亲善者以此也。乃不图日本武人,逞其帝国主义之野心,忘其维新志士之怀抱,以中国为最少抵抗力之方向,而向之以发展其侵略政策焉,此中国与日本之立国方针,根本上不能相容者也。

乃日本人之见解则曰,中国向受列强之侵略矣,而日本较之列强无以加也,而何以独恨于日本尤深也?呜呼,是何异以少弟而与强盗为伍,以劫其长兄之家,而犹对之曰:兄不当恨乃弟过于恨强盗,以吾二人本同血气也。

[①] 此件系孙中山就要求收回青岛和山东权利等问题答日本《朝日新闻》记者问。
[②] 谈话日期不明,今据上海《民国日报》发表日期。

此今日日本人同种同文之口调也。更有甚者：即日本对德宣战，于攻克青岛之时，则对列强宣言以青岛还我。乃于我参加欧战之日，则反与列强缔结密约，要以承继德国在山东之权利。夫中国之参战也，日本亦为劝诱者之一也，是显然故欲以中国服劳，而日本坐享其利也。此事以中国人眼光观之，为何等之事乎？即粤语所谓"卖猪仔"也。何谓"卖猪仔"？即往时秘鲁、智利、古巴等地，垦荒乏人，外洋资本家利中国人之勤劳而佣值廉也，遂向中国招工。乃当时海禁未开，中国政府禁工出洋，西洋人只得从澳门招工，每年由澳门出洋者，以十数万计。此等工人，皆拐自内地，饵以甘言厚利，诱以发财希望，而工人一旦受欺入于澳门之猪仔馆，终身无从逃脱矣。而猪仔头（即拐卖工人者）则以高价售之洋人，转运出洋，以作苦工。工人终世辛劳，且备受种种痛苦，鞭挞残杀，视为寻常，是无异乳猪之受人宰食，故名此等被人拐卖之工人曰"猪仔"。曩者日本之劝中国参战，而同时又攫取山东权利，是何异卖中国为猪仔也。夫猪仔之地位，固比家奴为尤下也。家奴虽贱，倘服务勤劳，奉命惟谨，犹望得主人之怜顾而温饱无忧也，而猪仔则异是。是故当时澳门之为猪仔头者，无论如何贪利，断不忍卖其家奴为猪仔也；必拐诱休戚不相关之人，而卖为猪仔也。以中国视之，则日本今日尚不忍使台湾、高丽服他人之务，而已坐享其利也，是日本已处中国于台湾、高丽之下矣。是可忍孰不可忍？倘以此为先例，此后世界凡有战争，日本必使中国参加，而坐收其利矣，此直以猪仔待中国耳。尤有甚者，昔澳门之猪仔头，亦不过卖人为猪仔，而取其利于洋人而已。日本今回之令中国参战也，既以此获南洋三群岛以为酬偿矣，乃犹以为未足，而更取山东之权利，是既以中国为猪仔矣，而犹向猪仔之本身割取一脔肥肉以自享也，天下忍心害理之事，尚有过此者乎？中国人此回所以痛恨日本深入骨髓者，即在此等之行为也。而日本人有为己辩护者，则曰日本之取山东权利，乃以战胜攻取而得者也。果尔，则日本何不堂堂正正，向列强要求承继山东权利于攻克青岛之时，而乃鬼鬼祟祟于中国参加欧战之日，始向列强要求为酬偿之具也。夫中国尚未隶属于日本也，而日本政府竟已对中国擅行其决否之权，而且以行此权而得到列强酬偿矣，此非卖中国之行为而何？

夫此回欧战固分为两方面,旗帜甚为鲜明者也:其一即德、奥、土、布,乃以侵略为目的者;其一英、法、美、俄,乃以反对侵略为目的者。故英、美之军在欧洲战场战胜攻取,由德国夺回名城大邑,不啻百倍于青岛也,且其牺牲,亦万千倍于日本也,而英、美所攻克之城地,皆一一归回原主也。日本为加入反对侵略之方面者也,何得以战胜攻取而要求承继山东德国之权利耶?若日本之本意,本为侵略,则当时不应加入协商国方面,而当加入德、奥方面也。或又谓中国于参战,并未立何等功绩,不得贪日本之功也。而不知此次为反对德、奥之侵略主义而战,则百数十年为德国侵略所得之领土,皆一一归回原主也。彼波兰、捷克二族亦无赫赫之功也,而其故土皆已恢复矣;我中国之山东青岛何独不然?且丹麦犹是中立国也,于战更无可言功,而德国六十年前所夺彼之领土,今亦归还原主矣。是中国以参加战团而望得还青岛,亦固其所也。乃日本人士日倡同种同文之亲善,而其待中国则远不如欧美。是何怪中国人之恨日本而亲欧美也。

日本政府军阀以其所为,求其所欲,而犹望中国人之不生反动,举国一致,以采远交近攻之策,与尔偕亡者,何可得也?是日本今日之承继德国山东权利者,即为他年承继德国败亡之先兆而已。东邻志士,其果有同文同种之谊,宜促日本政府早日猛省,变易日本之立国方针,不向中国方面为侵略,则东亚庶有豸乎。

孙　文

据上海《民国日报》一九一九年六月二十四日《孙中山先生答朝日新闻书》

与常万元的谈话[①]

（一九一九年七月）

中国的将来,中国的命运,这些重大的责任,完全落在你们这一代青年

---

① 1919年7月常万元(即常宗会)担任安徽学生会代表,到上海参加全国学生联合会总会的成立,曾赴莫利哀路谒见孙中山。

的身上。你们要学科学,要爱国。否则的话,你们爱国之心虽有,但是力量不够,作用亦就不大了。有了学问,才能发挥重大的力量去爱国。

据常宗会《一九一九年在上海两次见到孙中山先生》,载中国人民政治协商会议江苏省委员会文史资料研究委员会编《江苏文史资料选辑》第七辑(江苏人民出版社一九八一年版)

与董昆瀛等的谈话①

(一九一九年八月二十一日)

余任总裁徒代他人受过,于所抱救国志愿丝毫无补。今承两院诸君厚意,用特切实声言,余救国之志迄未稍衰,而总裁职务则久经断念。

据上海《民国日报》一九一九年八月二十二日《国会议员挽留孙先生》

与张瑞萱等的谈话②

(一九一九年八月二十二日)

余之主张惟"护法"二字。护法者余之友,坏法者余之敌。段祺瑞、徐树铮而能护法,余愿友之,何有于王揖唐?反是,则余不必明言矣。

至于国事,以余观察,此时实无办法。余不久将赴欧美旅行,不欲再闻

---

① 1919年8月7日孙中山通电辞总裁职,广州参众两议长致电驻沪国会议员董昆瀛、张瑞萱挽留孙中山。他们接电后,于8月21日下午2时谒孙中山陈述一切,再三挽劝,孙中山在谈话中表明辞意甚坚。

② 旅沪国会议员对北方和议总代表王揖唐到上海与孙中山商议关于和会问题不理解,公推代表张瑞萱、方潜等四人,分谒孙中山和唐绍仪。此系孙中山在与张、方等人的谈话中表明对护法及时局的态度。

此无聊之聒絮矣。

据上海《国民日报》一九一九年八月二十三日《孙唐两氏与议员谈话》

与许世英的谈话①

（一九一九年九月上旬）

孙对许说："独秀我没有见过，适之身体薄弱点。你们做得好事，很足以使国民相信我反对你们是不错的证据。但是你们也不敢把来杀死；身体不好的，或许弄出点病来，只是他们这些人死了一个，就会增加五十、一百。你们尽做着吧！"

许听了这番话，口口声声的："不该，不该，我就打电报去。"

据《沈定一致胡适》一九一九年十二月十六日，载《胡适来往书信选》（上）（中华书局一九七九年版）

与王揖唐②的谈话

（一九一九年九月二十二日）

王叩以对和局之意见。

孙面斥段氏之无识坏法谓：现在唯一解决方法，只有恢复国会，使其自由行使职权。此为余二年来护法之主张，亦即为全国谋和注意之点，若能办到此层，和局今日即可成立，即不再开会，余亦可负完全责任。否则断无可

---

① 许世英，北洋政府代表。1919 年 9 月，孙中山在上海听到陈独秀、胡适被捕深为焦虑，适许世英于 9 月上旬到上海进行南北和议，孙中山一见许世英就面斥北洋政府拘捕陈、胡之非，进行援救，几天后，陈、胡获释。

② 王揖唐，安福系首领，时任北方和议总代表。

商量。

王言:北方不能办到此层。

孙言:既不能办到,则更何和可言。

据上海《民国日报》一九一九年九月二十三日《孙先生对和局之意见》

与曹亚伯的谈话①

（一九一九年九月二十三日）

和之一字,当根本取消。若北方能服从条件,以旧国会完全自由行使职权,则南北本属一家,国民同心救国,本可减轻全国工人之负担,吾当即日将徐、段来商始末宣布,使中外咸知也。

据上海《民国日报》一九一九年九月二十四日《王揖唐来沪第五日记》

与童杭时的谈话②

（一九一九年十月十四日）③

改组军政府采多头政治,与民国约法规定元首政治,本为不合,且总裁多不到粤,虽派代表,对于办事进行,诸多困难。故余原始本不赞成,当拟辞

---

① 中华工业协会理事长曹亚伯,对于王揖唐来沪议和,特赴莫利哀路谒见孙中山询问云:"北方不法,西南护法,吾辈工人两年以来携掠负重,驱为牛马;吾辈工人,固不反对合法的议和,但反对分赃的和议。如某为总统、某为总长、某为督军、某为省长,……全国工人,无论南北,惟有拒绝不许。"

② 童杭时系广州世界和平共进会派赴上海挽留孙中山辞卸政务总裁的代表。童经孙中山接晤,返粤后,对和平共进会会员及国会议员作了汇报,传达孙中山谈话的内容。

③ 孙与童谈话日期不明,今所标系上海《民国日报》发表日期。

总裁职,嗣缘国会议员诸多挽留,故不得不牺牲个人意思,勉遵国会多数意旨,表示不辞而已。至办事上,仍难积极负责。今两年以来,徒挂虚名,毫无实效,自问甚觉无谓。故此种总裁,辞与不辞,殊无足轻重。现诸君恐政局上及制宪人数上,或受影响,以为余似灰心护法矣。孰知余并不灰心护法,且仍积极护法,必求贯彻主张然后已。即制宪人数决不致受影响。

盖余辞职有两种意思:一因国会议员前曾函推余赴欧美,余因著书未完成,旅费未筹足,故暂缓行。今著书已脱稿,一俟筹备旅费,即拟起程,对于世界各国,说明我国国会完全恢复之必要,祈同为公道之主张;二因沪上和会将重开,余拟以国民资格要求和平提出一个条件,即国会必须完全行使职权,不得稍加限制是也。若仍挂总裁虚名,即倚一偏,诸多勿便,不如辞去,纯以国民资格较自由也。现承诸君仍再三诚挚挽留,余当又暂不再表辞意,以尊重国会及各方挽留者意旨。但在余看来,此种总裁,虽挂虚名,对于护法前途,实际上毫无裨益。

据上海《民国日报》一九一九年十月十四日《童杭时报告孙中山先生之谈话》

与上海《晨报》记者的谈话①

(一九一九年十月十六日)

记者问:童某所言,有无是事?

孙果答曰:我并无对童说是语,报章所载,殊无根据。我既已决定辞职,一定坚辞到底,万无中途被人摇动之理,请汝在报上为我更正。

据上海《民国日报》一九一九年十月十七日《孙先生辞意坚决(取消辞意说不确)》

---

① 孙中山坚持向广州国会辞总裁职,而国会议员多方来电及来人挽留,仍一律坚却。乃粤报发表童杭时报告孙中山谈话谓:"嗣缘国会议员诸多挽留,故不得不牺牲个人意思,勉遵国会多数意志,表示不辞而已。"上海《晨报》记者为此特赴莫利哀路孙寓访问,诘以童杭时所言有无此事,孙即席发表"取消辞意说不确"的声明。

与留法学生的谈话①

（一九一九年十一月中旬）

不管你们到那一国去留学，也不论你们将来学什么，只要你们能够刻苦用功、切切实实的去学，将来一定会有成就的。

但是，你们要知道，我们中国虽然已经推翻了满清专制政体，建立了五族共和的中华民国，可是我们的立国的基础还没有巩固。许多官僚、政客、武人，对于共和政体还没有真正的认识。所以才有袁世凯推翻共和政体、要做洪宪专制皇帝的可笑事件发生。袁世凯现在虽然死了，北方政府仍然在北洋军阀、官僚、政客的手里。所以我非在广东组织护法政府，重新革命，不能挽救中华民国。你们也要知道，中国还是一个贫弱的国家，事事都受世界列强的干涉和压迫。我们全国同胞，尤其是知识分子，必须要大家齐心参加革命，才能使中国得到独立、自由和平等。

我国在各国的留学生，应该都是最优秀、最革命的知识分子。可是事实上并非完全如此。许多留学好的，只知道读死书、求知识；其次的只学了外国学术的一些皮毛；再次的只学得些外国人的生活享受和恶习；最奇怪的是大多数都不知道过问政治。比较起来，还是留日、留法的学生好一点。比如过去留法学生在巴黎和平会议的表现和最近留日学生为了爱国运动，宁可牺牲学业，离开日本回国参加反日工作。最不行的是留英学生，他们多半误解以为英国人民不管政治，因为受了这种影响，在留学期间或者回国以后，也就以为参预政治是不必要的。因为英国人民平时只靠他们的政党替他们过问政治，而很少直接参与。但是他们留英期间如果遇着英国一次大选，他们得到机会仔细观察，就知道英国人是怎样疯狂参加政治活动的。所以我

---

① 张道藩等十余名赴法留学青年，在上海候船之际拜谒孙中山。据张氏说明，对孙中山当时的训示，原有日记，抗战时失于南京，上述文字仅系记述谈话大意。

希望你们到外国去不要以能读死书求得一点知识为满足。你们应该除了专门科目而外,随时随地留心考察研究各国的人情、风俗习惯、社会状况,以及政治实情等等。这些活的知识于你们学成归国之后,对国家、社会会有很大贡献的。

据张道藩《酸甜苦辣的回味》,载台北《传记文学》第一卷第六期(一九六二年)

与某人的谈话①

（一九一九年十一月二十二日）

孙中山氏对某人言:不赞成南方军阀之行动,并预料谭延闿行将失势。

孙氏言:护法派人(即孙氏与旧国会所代表者),自有强固势力,非南方军阀派所能蔑视。

某人问:北方靳总理是否诚意谋和?

孙氏言:彼信靳之谋和计划已失败,料其不能久安于位。靳之计划,在南北两方武人单独媾和,而漠视护法派之条件,盖靳氏以为南方军阀能包办和局也。

孙氏又论和局情形谓:彼之媾和条件,可望承认,即国会必须完全行使职权。此次条件既有北方承受之希望,则北方代表王揖唐将不离去沪上。其在北京方面靳云鹏与安福派对于阁员之争,现已变为徐世昌与段祺瑞之争,徐氏助靳,必欲周自齐为财长,段氏则反对之;现小徐②扬言如周氏果为财长,彼将行急剧行动。

据上海《民国日报》一九一九年十一月二十三日《西报纪和局转变形势》(孙中山之意见)

---

① 此为英文《大陆报》所刊载。
② 指徐树铮。

与邵元冲的谈话

（一九一九年十一月二十四日）

邵君曰：近欲赴美治学，希先生有以教之！

先生答：既决意治学，亦大佳。然必须至美国中部，华人既寡，研究始专；若东美、西美，则华人众，意见致纷，不宜于学。既学必求其通，勿浅尝辄止也。

先生问：汝将治何业？

邵君答：吾人志行，既以革命为依归，则所学自期有裨于革命、有裨于主义。吾党主义，民族、民权两部分，领悟者较多，民生一部，了解较寡。故此行研习，当以民生为主，其基础则经济学、社会学也。

先生曰：甚是！

据秦孝仪主编《国父全集》第二册《治学杂谈》（台北近代中国出版社一九八九年版）

与上海《大陆报》代表的谈话

（一九一九年十一月二十六日）

《大陆报》云：孙中山昨对《大陆报》代表云："新内阁人员，绝对为亲日派，靳云鹏即为去年赴日参预秋操时，订结中日军事协定者。而略有亲美倾向之周自齐，则已为安福国会所拒绝。"孙君评论路透电所传过激派致函孙君请其发起中国劳工革命之说。谓："中国并无传播过激主义之机会。彼尚未接到该函，恐亦未必能接到，因英国社会党人有许多致伊之信均为英国当局扣留云。"孙君又云："南北战事，系余发起。故余能操纵讲和条件。余之惟一条件，为国会必须有全权行使职权。北京政府一经承受余之条件，和平可以立成。段祺瑞已允余之条件,惟他派人不愿国会重行召集。徐世昌不愿旧国会恢复,因彼之自身系由非法国会选出。若非法国会解散,则彼将去职也。日本亦不愿旧国会恢复,因旧国会将否认中日间一切密约也。现有此等阻力,故去和平尚远。惟北军将不与吾人作战,北方或将派兵数十万及大宗之金钱,以与南方战。然吾人有法使其失效,北军一到战地,必即投戈向南。至迟三个月内,纵不与南方为友,亦必为中立者。须知吾人殊不畏巨大之军队与新式武器也。前者徐世昌曾得南方一最有力武人之助,此人即陆荣廷。彼等曾谈判南北武人单独讲和。但今日护法派人已与陆荣廷作战,预期六个月之内,陆氏虽拥有强固武力,必将蹶败也。段祺瑞则已知悔,思补其前失。现愿与余提携,惟阻力颇多,彼目下之势力,不足以脱离其前此同伴之束缚。彼以前袒日,今虽自愿排日,而有所不能。"孙君信过激主义不至传入中国,其言云:"余恒主张铁路、矿产、水力,均归国有,(此等皆为国家实业之关键)因为此则劳动与资本之战争,将从此消灭也。英人恒言,预防胜于疗治。国有一端即为劳动反对资本之预防法,欧美资本主义发达,故过激主义易传入。现在英美两国似均有以路矿改归国有之倾向矣。中国则资本主义,并未发达,路矿等多自始为政府所有。而过激主义不过一种劳动反对资本之方法,今中国已有预防策,即无需于疗治矣"云云。孙君对于本埠出口公会所谓过激危险遍伏于中国之说不以为然,谓:"其绝无理由。上海工界之一二行动,或有类于过激主义之色彩,然绝不能谓全中国皆然"云云。

据上海《民国日报》一九一九年十一月二十七日《西报纪孙先生谈话——过激主义不至传入中国》

与马伯援的谈话①

（一九一九年十二月一日）

孙先生谓伯援曰：你初自日本归，知道日本近况，请你报告报告。

伯援乃将日本军缩运动及其民主思潮为先生详述之。

孙先生曰：如是方好。恐怕他们的国民不能有如此觉悟。但吾人对日本无多大希望，只求其不行劫可也。

（中略）马对中山谓：听说冯玉祥的军队颇好，予愿以宗教关系往说。

孙曰：我也听说他的军队很好，又听说他不肯革命，究竟如何？不得而知。你能去看看，那是最好的一件事。

据马伯援《我所知道的国民军与国民党合作史》（上海商业公司一九三二年版）

与胡汉民的谈话

（一九一九年）

孙问：你看，我这本书②在文章上有什么特点呢？

胡云：先生这本书的文章是前后一气呵成的啊！

孙谓：不错的，我这本书文章的特点就在这个地方，从第一句到最后一句，一气读下去，实在是一篇文章。

据胡汉民《孙文学说的写稿经过与其内容》，载秦孝仪主编《国父全集》第二册《治学杂谈》（台北近代中国出版社一九八九年版）

---

① 马伯援自日本回国，12月1日下午2时往上海莫利哀路谒孙中山汇报情况，孙中山有此谈话。

② 指《孙文学说》。

与马湘的谈话

（一九一九年）

　　孙中山与马湘一起步行至愚园路,孙忽然指着路旁一幢幢的洋房对马湘说:"你看！愚园路这一带地方,以前都是坟墓,现在都是华丽的洋房了。这些洋房都是我国军阀建筑的。他们割据地方,横征暴敛,开烟开赌,无恶不作,吸尽民脂民膏,来到这里盖起洋房,娶小老婆,打麻雀牌,饮洋酒和吃大菜,弄得工人农民都吃不饱,穿不暖。这样,中国还能不亡国？所以我们非打倒军阀不可。"

据马湘《跟随孙中山先生十余年的回忆》,载《辛亥革命的回忆》第一集（中华书局一九六一年版）

在上海对美国传记作家林百克的口述(译文)[①]

（一九一九年）[②]

　　记得有一天,著者问孙博士道:"博士,人家说你是生在火奴鲁鲁的,这话确不确？"他笑着——当他说到同志的时候,总是笑的——说道:"这种传说确是有的。我的几个过于热心的同志,以为我倘若说生在火奴鲁鲁,便可以得着美国政府的保护,而同满清反抗。我也确是在那里住过好多年,所以他们便这样说。其实我和我的几代近祖,的确是生在翠亨村里的。不过我

[①]　林百克（Paul Myron Wentworth Linebarger）曾在菲律宾任美国巡回法庭推事,后被孙中山聘为顾问。应林百克之请,孙中山同意为他本人撰写英文传记,抽暇口述历史,如对童年时代的忆述即用一整天。谈话内容经林百克记录整理,自称"著者",而对孙中山使用第三人称。本篇系选录。

[②]　孙中山于1919年夏同意撰写传记并开始口述历史,故标为该年。

家住在那里只有几代,我们的家庙却在东江上的一个龚公村(译音)①里。"

············

中山有一次告诉著者道:"我所记忆最早的,是住在吾家一位老叔母所讲我听的一桩故事。那时我是一个小孩,伊以为这金星港②的事,很可以使我听了快活。虽然这金星港相离很近,但是那时我年纪很小,总以为是很远的。叔母从前住的地方,可以望见那金星港的全景。伊是善于讲故事的。伊说这些外国船停在那儿实在不妥当,因为常有可怕的事情在他们船上发现出来。这些外国人,金钱都很富足,他们所穿的衣服很是奇怪。最异样的便是他们头上一个没有辫子,有几个竟一丝儿头发也没有,但是却有不少的胡须,他们的胡须有时会有火一样的红。伊听人说,那些外国人是用锋利的刀子来吃东西的。伊并且说,伊曾经亲眼看见,有烟从他们常用的枪里出来。因此伊见了那些洋人,心里实在害怕。伊教好的中国小孩子,应该远远地离开他们,因为那些洋人十分暴躁。"这个小孩(指中山)课余在田野间做工作的时候,脑子常常想:既然洋人是这种样子使人不安,他一定有什么可以值得研究的事情。

············

中山说道:"我很小的时候曾经遇到一过〔个〕侨商,他讲他游历的故事的时候,我站在一家茶馆门前。他讲到在海洋中经过了许多日子,于是到了一块地方,有山有水,同中国一样,不过那边有很多的金子。又有一种人叫做红人,还有截路的强盗,为了抢劫金子杀死人命。有一桩这个侨民讲的故事,使我终身不会忘掉。他说他总把自己的金子分做两起:一起放在容易看见的地方,待强盗看见了就让他抢去;还有一起藏得很秘密,强盗去后,依旧可以保存着。因为翠亨也有水盗,所以我们听了引起一种兴味。最使得我

---

① 此句原文是 The village of our ancestral temples is at Kung Kun, on the East River,可译作"我们宗祠所在的村庄,却在东江流域的 Kung Kun"。类似发音"龚公"的村子并不存在,Kung Kun 一词似为 Tung Kun(以往"东莞"县的英文拼写法,发音据广州话方言)之误。
② 金星港,原文为 the Harbor of Venus。金星是伶仃洋一小岛,金星港亦称金星门、金星口,位于香山县唐家湾(今为珠海市唐家镇)与南海中的淇澳岛之间,珠江出海口之一。

们有深的印象的是他把金子分成两起,因为他又说有几个同伴把全部的都隐藏起来,因此就遭杀害。我那时候,觉得这个侨民在取与的世界里,得到了一种实际有益的特殊哲理了。"

……中山从小就有出洋的企慕,后来他终于计划去了,但是他的计划有种阻力,许多年不能实现。因此著者有一次问他说:"虽有反对的,你不想私下跑去乘了一只外国船到美国去吗?"他回答道:"我从来没有这样想过,因为这是违反了我对于国民的责任了。"在这个答复里,就含着改造家的哲理。

....

中山的父亲①年轻时候,曾经到过相去三十英里的澳门去做裁缝的学徒。……著者问中山道:"你的父亲在澳门居住了多少时候?"他答道:"据我所知,他住在那里并不长久。因为他害了恋乡病,渴念着翠亨,这是因为他重视对于家庭的责任的缘故。"……著者对中山说道:"我想你的父亲是很特异的。"他说:"特异么? 他是和善可亲的,所以一家的和同他在一起的人,都很敬重他。"

....

中山曾送给著者一张他合家的照片,他的母亲②在中间,在这张照片上可以看得出他的母亲的年纪很大了。……著者先取出一张照片来,指着上面的人一个个问他是谁? 最后指着他母亲的肖像说道:"这是一件很美丽的衣服,并且鞋子很美很小!"中山用很郑重的口气说道:"是的,我的母亲是中国人,自然是缠足的。"他很郑重地注视着这张照片,又说道:"我所以这样长久地容忍这种习俗的原因,是因为敬重我们的母辈。"他说到他母亲的时候,音调低下来了。

....

"你小孩子的时候,你们家里的人叫你什么?"中山听了我这句话,脸上

---

① 即孙达成。

② 即杨氏。

的笑容突然收敛,表示出一种受感触的神气,因为他回想到他小时候一家的人现在差不多都死了。他回答道:"他们叫我文。"……"你小时候最不可少的东西是什么?这是指点关于你游戏的事情,并不是关于学校的。"著者又问。这个问题,他回答得很快,并不像他平时那么再三思维。他说:"这是一个奇怪的问题,我那时常常想,我要一只鸟,一只真会叫的鸟。"……放风筝是中山很喜欢的,踢毽子、跳田鸡、量棒、劈甘蔗这几项游戏也是中山很着魔的。量棒这游戏是用一根棒把另一根棒打出去,一个孩子便用衣襟来接,倘若他能接得住,便调他去打,到后来便量出二人打出的长度来,做胜败的决断。劈甘蔗的游戏很像一种赌赛,先把甘蔗扶着竖立在地上,手一松,乘他没有着地之前,用重刀猛力的一劈,劈下的甘蔗最大的便算胜利。

……他能做游戏的时候不但很短,而且是不常有的,因为他同别的中国小孩子一样,要去上那没有星期休假的烦杂的功课。每天要读《千字文》,学《三字经》,还要习练那五谷、五常等等的象形字和许多强记的文句。……每天另外还要做些工作,在空旷的户外,和一个有益的环境之中。……他幼年虽须力作,但却是很快乐。他告诉著者说,虽然他在翠亨村天天做那呆板的例行功课,在这幼年时代也常觉得有新奇的事情。

……著者因为中国人有的用一种使人惊奇的砖枕,所以问他道:"博士,你小时候用什么枕头枕着睡觉的?"他笑道:"我欢喜用装豆的枕头。因为这种枕头,既不像那套硬布的砖枕那么生硬,又不像那装茶叶的枕头那么柔软。我那时虽是一个小孩,却知道采用一种舒适的中和之道。"……我又问道:"你们每天什么时候从田里回来吃饭?"他答道:"天才亮我们大家起身,那些要到田里工作的人,便要吃些充足力气的食物。但是其余的人,每天只吃两餐规定的广东饭,一餐大约在早晨九点钟,还有一餐差不多在下午四点钟。不过这也是随各人家便的。"著者又接着问道:"翠亨地方可有什么能发扬志气的事情吗?"他说:"我的母亲是很好的,我的父亲也是很好的。家庭中虽是守旧一些,但却是古朴可风,另有一种美德存在着。我因为要博他们重视,所以一心上进。所说的那种美德是保守的,并不是进取的,不过却是很适合于人生道德的。我的母亲希望我能得家庭中的信仰和全村人的敬礼，使我自己得以身心愉快。"

....

中山一个月中天天到村庙学塾①里去同别的学童高声朗诵《三字经》，不断地在抄簿上一页页的写缺少兴味的字句。中山幼稚的头脑，觉悟到这种教授法的不合理，于是站了好久，起来反对道："我一些不懂，尽是这样唱是没有意思的，我读他做什么？"教师惊骇地站起，取了一根戒尺，在手中怗〔掂〕量。于是他的手臂放下来，因为他正在思索：中山是全校中最善于背诵的，打他似乎不能使别人心服；而且中山的父亲是村中的长者，恐怕也不能如别人一样对待他。于是教师挥他的戒尺，可怕地喊道："什么？你反叛经训吗？"

"不是，我并不反对经训。但是我一些不懂书中的意义，为什么要天天这样无意识地念呢？"

"这就是大不敬，就是反对先圣贤之教。"教师可怕地说。

"但是我到学堂里来要先生教我读的，而我竟不明白我所读的。"抗命的少年回答说。

教师不胜震惊。中山比较别的学童有进步，所以他应当有求先圣贤学问的机会。

"可否请先生启发我，知道我所读的书中的意义？"这少年学生又说。

……教师无言可答。但是中山的这种反动，竟使他深入经书的意义中间，这种求学的方法造成他通儒的基础。没有这样，他还不能做人民领袖呢！不论什么时候，他勤勤恳恳地在经书上做工夫。他下面这个思想在教室中诵声里面回应出来："就是这个经书里面一定也有道理的，我总有一天要寻求出来。"

……当他在杂乱的经书里边做工夫的时候，他自己安慰自己道："一定有别的真理可以在蓝谷之外寻求到的。我总有一天要出去寻求这个真理，

---

① "村庙学塾"的原文是 the village temple school，此处宜译作"祖庙"而非"村庙"，因当时翠亨的村塾以祖庙名义开办，设于冯氏宗祠；被称为村庙者系"北极殿"。

于是就可以不再闷在黑暗中了。"

…………

一天他正在村塾里念书,忽然外面起了极大的喊杀声,伴着攻墙器击墙碎石声,震动翠亨全村。这是水盗对于一个由美国回来的侨商住宅的攻击。……这个幼小的旁观者,就是自己预定将来要做一个反对恶势力的良善的领袖者,自己思索道:"为什么中国没有洋人这样的法律?为什么这个侨商冒了生命的危险挣到诚实的金钱,洋人允许他带回来的,在中国竟得不到法律的保护?"

…………

翠亨镇上有三个弟兄,他们本是穷的,但是后来富了。……中山常常到他们的园子里去游戏。他因为他的父亲说他们的钱财得来很正当,所以对他们很是尊重。……后来有一天,中山在园子玩耍的时候,忽然起了一阵吵闹,尘沙起处,有数十名满清兵士携带枪刀,同着许多衙役,还有强盗一样的官吏,一齐抢到三兄弟的家里和园里来了。他们包围了三兄弟的家宅,把三兄弟拖出来,上了脚镣手铐,押去受刑。而几个官吏竟留在那里,占据了他们的财产和家宅。

……中山跨过一道破墙,眼看景物是这样颓败变化了。一个满清官吏佩着刀走出来。幼小的中山立在场上,满清官吏问道:"你来这里干吗?"中山答道:"我到三兄弟的花园里来,这是他们的园子,他们是我们家族里的朋友,我来赏玩他们的园子。"这个官吏听了这几句话大怒道:"你说的什么话?"中山又答道:"我说我到这里来赏玩我的朋友的、就是三兄弟的花园,他们常常对待我很好的。这是他们的花园,我们也当然可以赏玩的。你们为什么把他们捉去?为什么把他们上镣加铐?为什么杀了一个弟兄?为什么把他们关在狱中?"这官吏因为中山敢于这样抗议,勃然大怒道:"好,我要教导你怎么样赏玩你朋友的花园!"这官吏说了这句话,就很凶猛地拿刀子来刺中山。中山见他有武器,自己要吃亏,急向园外逃去,回到家中。因为他敢于对处置三兄弟不公平的事情提出抗议,心中很是高兴。

…………

中国人完税也有一桩苦痛的事,就是白契完税。孙家的白契,是在从前迁到翠亨的时候就得到的。他们从前得了数千亩的田地,后来因为急需卖掉了一部分,这几次所卖的,都是照中国习惯用白契转让的。因为若是要官吏在白契上盖印,将白契改为红契,要费很多的钱。所以让与者不过给一张正式合同与受主,当一张来注册的地契。这种办法使受主得了田地,而地册上的主人名义依旧是让与者的。所以孙家虽然卖掉了许多田地,在地册上仍为地主,继续负付税之责。因此,收税员每年到孙家来,向家长收取一大部分的地税。……中山曾经对著者说:"我一遍一遍问我自己,为什么那些官吏对于红契要这样勒索重费,而使人家用这种白契的权宜方法呢?为什么这般官吏不依经书上合于道德的办法做呢?为什么所谓天子的容许这样不公平的法律,使百姓设许多诡计逃过官吏加的苛税呢?而且我一遍一遍自行打量道:一定有补救的方法反对官吏的罪恶的。"

…………

自从三兄弟的悲剧演了之后,他很注意到权力的意义。谁把打人锁人的权力给残暴的官吏的?是不是因为官吏是强有力而带武器,还是另外有别人有比较他所给的暴力更大的力量?谁是发令斩决三兄弟中的一个和囚其余两个在牢狱的人?

后来著者问他道:"那时他们说到关于北京的事情吗?"中山说:"直到我十三岁离开中国到火奴鲁鲁的时候,我记得没有听见说北京是皇帝权力的中心。不过知道翠亨村是与香山有关的,香山是我们翠亨的县城。在他的周围,那许多村人们的温和无变的生活,在政治和社会中的行动很是整齐,好像永久依着轨道一样。因为翠亨和香山周围别的村子,都以为凡与法律秩序有关的事情,香山是权力最后的地方,所以他们以为北京是同我们没有什么关系的。"

著者又问他道:"翠亨的村民管不管给与香山管理官吏的权力的地方?"

"翠亨的村民这样厌恶权威,所以他们同香山官吏觉得越少交涉越好,所以自然不敢问到比香山以外的权力了。翠亨村中的长者教村民对于香山的税收快些交付,因为他们看纳税像纳贿与水盗一样,付了税,就可没事了。"

……他的母亲既不能给他政治上的智识,他以为伊可以帮助他知道别的问题。中国人常常用一万年表示极长的时间,他有一天问他的母亲道:"一万年是怎么样长久?"他的母亲答道:"这是极长的时间,没有一个人知道的。"

又有一次他问她道:"青天是什么东西做成的?""这是像一只饭碗合了转来。"他又问道:"但是没有别的碗合在这第一只碗之上呢?"老母不能回答。

他幼时又早有人生不朽的思想,所以问他的母亲说:"人死了怎么样?"他的母亲黯然说:"种种事情都完了,死完结了一切。文!"幼小的搜求真理者肯定地说:"但是我死之后,不要我的生命就此完结。"他的母亲没有使他满意的答复,她只能把爱给他。

著者并不烦扰这改造家,教他想起他家庭中拜祖先的详细事情。但是他告诉著者:他在孩童的时候,早已发见崇拜祖先有很对的理由,是很可嘉尚的举动。服从父母是很对的,因为他们是教养孩子的,敬礼他们,同时也要敬礼近代的父母。

…………

一八七九年,中山是十四岁了,他由水道从翠亨村直接到澳门去。他的哥哥的共事者,已在那里雇定了一只约二千吨的英国的铁汽船叫做"格兰诺去"①的,预备载运中国侨民到火奴鲁鲁去了。这是中山离家的第一次。……著者问他道:"你上了船使你感触最深的是什么?"他靠着他的椅子,深深的想了一回,说道:"感触很是利害,但是使我比较机器和汽锅的奇异更加重视的,不过是船上的一个铁梁。这是贯连着船的两边,使他更加坚固。我看起来,这是一桩很重大的事情。吾记得那时吾想这么重的一个梁,要多少人才可以把他装配好,忽的想到那已发明这个大铁梁的天才,又发明了应

---

① 原文是 Grannoch,今译"格兰诺赫"号。

用他一个机械的用法。外国人所做的东西,我们中国人不能做,吾立刻觉得中国总有不对的地方了。外国人既能制造这些坚实金属的大梁,并且又能把他装配好,这岂不是他们在别方面优于中国人的证据么?"

…………

那时火奴鲁鲁虽然比现在小的多,在中山看起来,好像已经是大而奇了。那时巨大的王宫还没有建造,但是那旧的邮政局(现已拆掉好久)和他的游廊与栏杆都好像很是奇怪。中山说:"这旧的邮政局,在我的心里还记得很是清楚。因为他们告诉吾说,只要把信上贴了邮票,写了姓名住址,投入一只箱子里,便可以把他寄回中国去,像大汽船一样的快,不必等候几个星期甚至几个月找一个归国的侨民托他带回去。所以吾当他是一所奇怪的房子。"使他感触最深的是良好的秩序,随处他见到尊重法律、信任、保护的证据。

……那里是没有攻墙的水盗和巨大的火铳,没有官盗,没有白契,没有收税员。他知道这富裕的新国里没有衙署,很是快活,就想起了"生时不入衙门,死后不入地狱"这句老格言。那里不但非常隆盛,并且各物丰富,人民都觉得安适愉快,他不得不把以上种种归功于法律;因为夏威夷没有满清衙署,法律很是有效。

…………

那时他还穿着长袍,拖着发辫。校中比他年长的土人和杂种的儿童,都开始拖他的发辫来取乐。……那时他因发辫而受的麻烦,不单是如上述者,并且常有和他很友善的外国人问他:"你为什么不把你的发辫剪掉呢?"这个问题,后来他自己亦是要问的。他招聚些别的中国人,把因了发辫所受的困难告诉他们。但是他以为这是政治上的标记,所以关于这事,全体的中国人应该一致的。把辫子剪掉,可以免掉一个中国人许多的麻烦和凌辱,但是不能增进全体中国人的地位,并且将要使外国人相信中国人自己因是中国人而以为耻辱的。那时他的主张是:"我们为剪辫最后的目的,应该大家联合起来,等到全体的中国人都可剪辫的时候,才把辫剪掉。若是一个一个的把发辫剪下,是不相宜的。这种愚蠢的风俗,是满洲人强着我们做成的,必须等全体的中国人决心把他去掉,或者至少要有一个大多数,使全世界都知道才行。并且这发辫不过是中国所受许多耻辱中的一种,我们应该立刻的把许多耻辱全体去掉的。"

…………

大哥既有严厉的命令,中山不得不从火奴鲁鲁回中国了①。……那时他已十八岁了。他没有到翠亨的时候,就得到一个宣传改造的机会。因为要改乘一只中国沙船开往翠亨,不得不离所乘的大轮船在香港登陆,他很热心地乘了这最先的机会,在旅客中行改造的工作。

这沙船在香港口子,一定要经过一小岛上的中国税务处。这船将近小岛的时候,船主因为对于本国人独立的品性已饱受了经验,特地把全体的乘客招聚拢来劝戒他们道:"你们对于厘捐局中吏员不要麻烦,若是触怒了他们,他们要难为你们的。"这些乘客对于他们无理的勒索,很安静的忍受着。那时中山因为要免得船主多受困难,对于厘捐局中吏员过度的勒索,亦是忍受着。这些吏员但知强取勒索,绝不注意他们的职务。许多旅客恐怕这些贪吏要把他们的东西充公,或者要逮捕他们,或者要罚他们的钱,要求太平,不得不拿些礼物送给他们。

中山见他们拿了许多东西去,以为他们一定满意了,所以拿行李收拾起来。刚上了锁,不料又来了一批,对他说道:"把你的行李打开给我们瞧。"中山对他们说道:"我已经受过检查了,你们为什么还要使我受检查的麻烦呢?"这些狡猾的吏员道:"上次的检查,不过是收本地的海关税②,我们是收厘捐的。"中山听了这句话,不回答,只得把他的行李打开。第二次的检查完结了,他从新把他的行李收拾起来,像第一次一样再上了锁。过了一回〔会〕儿,第三批的吏员又到甲板上来了,他们携着刀子,叮当地响,对着中山厉声道:"打开来!"中山说道:"我已经过两次检查了。"这新的一批很轻侮地说道:"他们不过是收本地的海关税和厘捐罢了,我们是查禁私运鸦片,保护百姓的官员。"中山准他们第三次搜查了,再第三次把行李收拾起来,预备

---

① 孙中山于1882年在意柯兰尼学校毕业,1883年归国。据林百克记述,归国原因是孙眉不愿他继续受外国教育。

② "海关税"的原文是 native customs,即本地进口税。

航行。不料第四批又来了,穿了制服,携了军械,他们命令道:"打开行李来!"中山问他们道:"你们现在为什么来的,检查了三次还不够么?"这第四批的首领说道:"不是,我们是查禁私运火油,保护公众的官员。不要迟延,快些把你箱子与囊橐打开来,我们才可以知道你私运火油没有!"中山驳他道:"这是胡说,你们看了我行李的数目和大小形状,便可以知道没地位可藏火油的。你们为什么把这无意识的要求来麻烦我呢?"这些吏员恐吓中山,但是他总是不肯给他们检查,对于他们无理的要求不肯服从。因此别的旅客都来恳求他道:"这一回也听他们检查罢,否则他们要无缘无故扣留我们在这里的。"中山仍旧不肯,他想这是开始努力于改造的一个荣幸机会了。于是沙船的船主来说了许多很高兴的说话,中山回答他道:"我替你与诸位乘客忧虑,但是等我们到了港口,我将帮助你们上诉,若是上级官厅是公正的,那么这些共谋害民的吏员要受罚了。"这沙船的船主听了这句话大笑起来,对中山说道:"你岂不知道在中国没有上诉的事情么?若是你到上级官厅那儿去,他们亦不过使得我们再受些麻烦罢了。"

  沙船的船主对着乘客曾经劝戒他们不要触怒那些检查的吏员,否则将要受麻烦的,那时果然不出船主所料,乘客真的受着麻烦了,因为这些吏员把这沙船扣留,不准开行。直到第二天早上,船主纳贿给他们,沙船才得开行。官吏叫纳的贿做罚款。那时中山就乘了这个机会对着乘客演讲中国政治改造的必要,问乘客道:"中国在这些腐败万恶的官吏掌握中,你们还坐视不救么?"他在船中尽力的宣传,直到这旧〔只〕沙船到了金星港才停止。

  ……他到了故乡,对着村中某人很大胆的说道:"你们为什么用最美丽的文字上书北京的朝廷呢?你们想那朝廷愿阅这些文字么?你们相信这些文字可以得到朝廷片刻的注意么?你们在呈文中颂扬朝廷仁德、圣主洪恩,在中国什么地方有表示这种仁慈与恩惠的事情呢?你们说朝廷是好的,官吏是坏的,他们中间的异点是什么呢?朝廷是什么做成的?因为官吏腐败,所以朝廷亦是腐败的!"

  ……他后来竟要攻击县衙门了。他说:"你们的县衙门是在香山城里,你们的衙门替你们干什么事呢?每年衙役到翠亨来一次,向你们收取那县衙门所规定的钱。他们收了你们的钱就去了,你们不向他索什么,他亦不再向你们索什么。"当中山讲的时候,村中的人都环绕他听着。他又说道:"这衙役对于一年中村间所遭的事情,无论怎样的重要,他总不告诉你们。你们的县衙门与衙役和邻村来的人,对于你们村里的事一点都不知道,亦不询问你们。为什么呢?因为你们未必比县衙门高明些,你们不要县衙门干涉你们的事,县衙门亦不要你们干涉他们的事,所以中间就有了隔阂。他们拿了你们的钱,你们没有受着出钱的益处。一个政府应该替人民管理种种事情,正像家长应该注意到家中各人一样。现在你们若是要一条路,你们要自己造的,或者要你们自己捐钱的,甚至清兵所用的桥也要你们出钱造。这里因为车子少,我们无须大路,这是确的。但是因为小路是通大路的,我们也应该鼓励建造大路。你们既然出了税,他们应该每年做些事情给你们看的,无论是建造学校、桥梁、马路。你们所出的钱那里去了?到天子那里去了。天子替你们在这翠亨村里干了什么事呢?没有!这天子的朝廷这样的腐败,你们不要和他的官员有所交涉,你们因为要他们不加干涉,你们所以付这些税项。你们知道,道路、桥梁由你们自己建造,学校由你们自己维持,比让满清人来替你们建造、替你们维持,费用要省得多哩。"

中山又拿村中人民和外界少交接的事叫他们注意,又因村中和四周没有什么连合,很为悲叹。这都是因为满洲人漠不关心所酿成的。蓝谷①里有三个村子,一个北边的村子每十天里逢二、五、八三天有市集,南边的村子逢一、四、七有市集,东边的逢三、六、九,三个村子组成一种循环的市场。他以为从这种市场可以得到利益的,人民靠了这些市场的媒介,因相互的利益与进步的动作才能够结合起来。中山对他们讲道:"你们应该利用这些市场,那么每个村庄因了与别个村庄的交接可以得到益处。你们都是一样的迷信,一样的愚昧,所以这三个村子中没有一个足以为模范。你们为什么不觉醒起来,记忆着人们只有靠着结合的力量,才能够改善他们的地位呢?"

---

① "蓝谷"的原文是 Blue Valley,在林百克笔下,或泛指翠亨村周围地区,或为翠亨村的别称,以其四周丘陵环绕、景色秀丽而名。下文所叙,指翠亨的三个邻村。

这些就是中山在青年时,一有适当时机所作政治宣传的意思。许多听他演讲的人,都是信服他的。他又说:"这是不能归咎你们的,这是你们所称的天子的不是,一个政府至少应该使他的人民得到些便利于商业的基础。你们也注意到满清的币制吗?满清没有正确的币制给你们,所以无论上面有什么字样的铜钱,你们总要把他的重量重新秤过。满洲人不但在政治上不替你们干什么,并且对于种种道德教育都是忽略的。你们大家还是相信风水,怎么能够有风水这种道理呢?"

中山手里拿了一个铜钱问他们道:"中国的元首是谁?"他们立刻回答道:"天子就是中国的元首。"中山问道:"这天子是中国人么?"他们回答:"自然,除了中国人以外,没有人配做天子的。"他说道:"你们瞧这铜钱上天子的字,这些不是中国字,是满洲字。统治中国的不是中国人,是满洲人!"

…………

中山在火奴鲁鲁时就常常记起翠亨乡庙中的三个神像,觉得这些神像就是中国贫弱的记号。他觉得中国人民须要前进,但是他们相信了这种神像和经签的说话,就永不能进步了。他知道迷信是愚昧的原因,又常想到中国在紊乱的礼拜和迷信的桎梏状态之下,只有退化的。他说:"迷信使人害怕,这些神像必须在中国能够成一个进化的民族之前去掉。因为迷信的意思就是怕惧和愚昧。"有一天他领了几个同伴走进乡庙到神像旁边,有的同伴提议向神像跪拜,中山拉他们站起来,把他们推向后面,他走进去握住了北帝的木手。在旁边的孩童看见了他亵渎神道,大惊。他喊道:"我们为什么敬礼这个木偶?他们自己还不能帮助自己,谁说他能帮助我们?现在看我拉掉他的手指,他能不能阻当我,看[好]他还〈能〉不能回避。"于是把北帝的木手用力一拉,就拉断了,把手指握在手中说道:"现在你们看见这样的保护乡村的神道了,我折了他的手指,他还照旧笑,这样的神道来保护我们的乡村?"……中山的父亲因为要平乡中父老的气,立即把破坏的神像修复,又被迫把中山驱逐出乡村。中山既被家庭迫得立刻要离乡,他同他们辩论一番之后,决定到香港。他已得他父亲的允许入香港皇家学校①。

....

中法战争开始时,他并不在中国,因为他在香港学校里,所以有机会知道战争经过。……有一个乡民说:"中国当然是胜的。哈哈!现在要这班洋人尊敬我们中国了。"中山候着他们丧心病狂大言的时候,做宣传革命的机会。他公然说道:"无意识!法国人有铁甲舰,而我们只有木制的沙船。法国人有新式的炮和精练的炮手,我们的枪很是难放一响的,我们的兵没有纪律,不过是一群暴徒。你们怎么敢说我们胜利?你们连法国在那里都不知道,你们能打法国人么?你们说我们已胜了战事,但是我们没有兵船攻到法国去。我们在战争以前,应当不应当预备并且熟习外国的法子,那样我们才可以用外国的法子同法国开战。我们有多数的人,但是多数的人不过阻碍而不能帮助战争。即使我们已经驱尽了法国兵舰,也并不是胜利,因为胜利的意义是统治。倘使我们是真的胜利者,我们要能够跑到法国去,到他的海岸上去打他,再冲进他的内地,像他加于中国的一样。谬妄可怜的百姓呀,你们因为用了古时偶像的心理,所以变成愚蠢了。你们还没有自己的政府,而你们还要自称强大。满清是外国人,统治你们,并且用寡廉鲜耻的手段统治你们。你们还不知道地球是圆的。你们为什么不先学世界的事情,在你们自以为战胜以前?"

这个时候,在一八八五〔四〕年八月二十三日,法国元帅戈白进了闽江到福州兵工厂,七分钟的炮火,毁了中国水师的十一只木制大战船②。中山问道:"现在你们要不要相信我们应当造钢铁的轮船?木头船是没用的!"中山说这种说话,他们都当他是帮外国人的奸细。但是他继续宣传革命,说

---

① 原文是 Queen's College,即皇仁书院。孙中山当时就读的学校为香港中央书院(官立中学),1889 年易名域多利书院,至 1894 年始改称皇仁书院。

② 此指中法战争初期著名的马尾海战,法国海军突袭驻扎闽江口内马尾军港的福建水师。戈白(Amédée Anatole Prosper Courbet),通常译为孤拔,时任法国驻远东舰队司令;原文 French Admiral 即法国舰队司令,此处译成"法国元帅"欠妥。福州兵工厂的原文是 Foochow Arsenal,应指马尾船政局(造船厂)。

要战胜法国并非难事,只靠民众力量。他很悲观战事的刺激,不足以唤醒民众知道他们对于自己和世界的责任。他们太相信古训,太佞神佛!

此后忽然在战争的昏暗中有一桩案件发生,可以证明中国人虽在外族统治之下也并不是没有爱国心。这个意外的事发生于一只法国兵轮从台湾来,因大受损伤到香港修理。中国工人因为这是敌舰,修好之后要去打自己国里的,于是拒绝工作。这个热诚的举动,给中山希望革命的勇气。这个抵制修理兵轮的事实证明中国人已经有相当觉悟,虽然是微小而被动的,但是此事可证明转移到自动的动作将要来了。中国国民的困难在太被动、太退缩,这件事情表示中国人还有种族的团结力。

……在中法战争中间,当宣传革命的时候,中山开始考察满清的兵备。论其人数和军器,他得到完满的报告。他们并不用外国式的枪炮和机关枪。他知道清室的军法规例,他秘密进行推翻满清的心愈加厉害了。

…………

中山从〔被〕他大哥被〔从〕火奴鲁鲁送回家的时候,差不多是一个年轻人中最有钱的了。这个财产是因为中山帮他大哥经商而得的。大哥很爱中山,以为很应当把他商业利益的一半给他。……可怜的大哥!从翠亨来的消息说,中山的亵神行为和他因为毁坏了神像从家乡驱逐出来,对于他的刺激是怎么样呢?大哥接到了这个报告,决意以为这个财产在中山手里是很危险的。他以为必须立刻重新取回来,但是这件事有极大的阻力,因为财产已在中山名下,要取回来必须教中山到火奴鲁鲁,然后他可以将财产交出。大哥于是立即送信召中山到火奴鲁鲁。

中山此时正在香港求学,得了信甚为惊异,他也不再问究竟,立即乘第一次船到火奴鲁鲁。大哥所命,弟弟应当服从的。大哥欢迎他仍像从前爱他一样,但弟弟可以看出欢迎里边带些忧愁的样子。欢迎宴毕后,大哥很忧郁地评论他的任性妄为,他的不敬现时所尊崇的中国习惯,和毁坏北帝圣像贻全家以失体面。大哥极敬重北帝的,因为这是北帝保佑他平安经过可怕的海洋,又带了财宝回乡。……中山后来说:"我抱歉我使你失望,我抱歉不能在中国古人所走的路上尽我的责任。如其我的良心允许我,我也愿意遵守中国的法律做事,不是一味要遵守外国法律。但是中国自己并不能尽自己的责任,我不能遵守已败坏的习惯。你所很慷慨地给与我的产业,我很愿意还给你。我不再有什么要求,财富不足以动我心。金钱是中国的灾害之一,金钱可以用之正当也可以用之不正当,不幸在中国官场以金钱充贿赂,以致增加人民担负。兄长,请你完全告诉我,怎么样把产业交还给你?"大哥大喜过望,因为他起初怕外国势力把中山的性质都改变了。大哥就同中山到律师办事处。他心上满意,因为知道中山就是仍旧固执着外国的疯狂行为,至少也不能带了他辛苦经营的一半财产一同败坏。

　　…………

　　在皇家学校的时候,中山知道中学毕业之后为新中国工作起见,他一生须从事于一种职业。要做革命事业,必须先凭借一种职业以为藏身地步。……倘使有机会进陆军学校,恐怕中山已进去了。但是满清政治势力决不肯给反对他的人的,他没有政府的帮助,就不能进陆军学校。他又想进海军学校,但是中国只有一个福州海军学校①,这个学校又在中法战争时候被法国人毁坏了。他又想做一个法律家,但是那时候中国也没有法律学校。所以最后他就选定了医科。……中国的医学那时候很不进步,人都不看重医生。中山想用新医术救人,以改革旧医术的窳败,同时他可凭借医业以终身从事革命事业。于是他在中学头班毕业之后,就进广州的博济医学校②。他选中广州,因为那里可以做发展革命的中心。……他在广州医学校里读了一年,日里专心在实验室和课堂用功,一定的几个钟点他可以自由从事革命工作。那时他革命事业的萌芽很得他一个同级生郑士良的帮助。在这个早的时期他又开始组织革命会党,做叫〔叫做〕哥老会,内分军事、民事、爱国募金三部,军事部内后来产生了敢死队。

---

　　① 福州海军学校的原文是 Fuchow College,应指马尾船政局附设的水师学堂。
　　② 博济医学校系译自原文 Pak Tsai Medical School,其后又作 Canton Medical School,实指博济医院(Canton Hospital);1886年孙中山入院就读时尚无医校名称,至1901年始有"华南医学堂"之附设。

一八八七年一个新的医学校成立于香港①,中山为革命活动便利计,转入这个学校。他在香港读了五年(一八八七至一八九二年),毕业后他想在澳门悬牌应诊兼活动革命,但葡萄牙政府于医生立案颇觉为难,因此他最后决回广州,于是,一八九三年他在广州及广州城外均设诊所,他有了两个政治活动根据地,都以医生招牌为护符。他很尽心治病,良医的名声大震,获利很多。

…………

中山在一八八五年②第一次从火奴鲁鲁回国的时候,就承认要推倒满清靠着两样东西发挥他才能的要件:第一样,是把他的头端正在两个肩头上;第二样,是做一个他可以立脚的讲坛。在他前面,没有什么东西可以做他的讲坛。他要推翻皇帝,但是他不能找皇帝的差〔碴〕;因为中国人当皇帝是不差的,从来没有人能昌言反对君主专制。但是他后来终究思索出一种口号来,可以做推翻皇帝的讲坛,这种口号并不是反对皇帝,但是反对忠君。倘使忠君的理想可以推翻,皇帝便没有凭借,而他的权力也失掉了。中山在秘密会议里面开始提出推翻皇位的时候,党人都问道:"你用什么来代皇帝呢?"倘使他说"服从法律",他们必定要误会的;倘使他说"人民的主权",他们还不知道"人民的主权"是什么。实在中山的困难,就是用什么言语开始他对于皇帝的攻击。中山后造出四个字的宣言,就是:

"天命无常。"③

用了这个口号,中山宣传反对忠君。这四个字是无害于众人的,所以很容易深入人心。工人苦力都懂得这个简单、无恶意而却是动人的口号,所以他知道一定可以成功的。他又发表了一篇攻击皇帝的文字,广为宣传。这篇文字的大意是:

---

① 指香港西医书院(The College of Medicine for Chinese, Hongkong),原文作 Hong Kong Medical School。

② 英文本误作 1875 年,译者改成 1885 年亦误,孙中山第一次回国的时间应是 1883 年。

③ 在英文本中,"天命无常"的原文与前篇《我的回忆》完全相同,系据汉语音译;紧接下文尚有对此四字的解释,意为"神权不会持久",亦与《我的回忆》同,但中译本并未译出。

"暴君肆虐,罪恶滔天,信任奸邪,滥施淫毒。应天顺人,除彼独夫。凡我同胞,毋稍瞻顾!"①

....

一八九九年夏天,中山的处境很困苦。他这时在日本作亡命客。……他决计要在满清耳目的前面做革命运动,以横滨满清领事馆为目标。他租定了最近该处的一所房屋,做革命运动总机关。他的敌人举足就可到的。这个房屋就是山下区一百二十一号②。……跟从中山的人一天多一天了,世界各部分都有人来,日本更多。横滨有二千五百个中国商人和雇佣者,大半是广东人,这班人都爱戴中山为领袖。在长崎也有许多宁波人,神户和大阪有许多福建人,都加盟于中山党中的。……这是革命的积聚时期,中山在此时增加能率使革命势力焕然一新。"孙博士,等了这几年了,你也觉得失望吗?"有人问他。"譬如一个人开始造一间房子,他要不要失望,倘使他要等材料。我们并不等工作,我们不过等材料。"他答道。

....

中山知道茶馆不是鼓吹革命的好地方,所以他创立秘密集会所以代茶馆,在那里招致一班人民,灌输他的主义。……中山费了很少的钱做鼓吹革命事业,他的钱是用来买军械,组织义勇军。这种军队,本来是茶馆里的份子,而现在做了会党里强有力的党人。这种人加入于劳工的军队里面,都是受的中山感化的力量。中山做革命事业并不把钱当做最要紧的东西,他曾说:"金钱并不是常常有用的,北京政府有很多的钱,但是他仍旧得不到真正替他出力的人。人民觉醒之后,金钱在革命事业里面是比较不重要的。"③

....

---

① 在英文本中,林百克称本段文字乃出自孙中山的"独立宣言"(Declaration of Independence),经他译成英文如下:No longer shall we reverence the throne. The Son of Heaven is incompetent. His rule is an abomination. He shall give way to the will of the people. No longer shall we reverence the throne. 中译本系据此回译。

② 即外人居留地(原称山下町)一百二十一番地。孙中山在1898年8月自东京迁居于此。

③ 本段所述,主要指孙中山筹备1900年惠州起义的活动。

中山辞职①后,于一九一二年……八月到北京同袁氏②会商发展铁路计划。……一件事情使中山很不快的,袁氏委任官职并不注意人是否合宜,是否能实行民国改造事业。……中山对于这个委任官吏的事情,直接向袁氏提出来。袁氏温和地回答道:"你对于中央政府用人的意见怎么样呢?"中山答道:"我所要的第一是诚实的官吏,但是中国官吏诚实之外还需要别种美德。中国需要有创造新事业才能、使中国人从事实业以生利的官吏。我不管谁任命为中央政府的官,只要人民自身在立法上面有全权对于任命官没有否认。我不注意于置我的朋友于职位,因为我并不要与我已经退位的执行大权有所冲突。我的事业现在是建设的,我不要干涉你的职务上的自由。倘使我干涉你的自由,我就要照我干涉的程度而负失败的责任。我并不要干涉你的执行职务,也不要别人干涉我的建设职务。倘使我要任用我的朋友,我可以用在我自己的地方,所以我不注意官吏的任命。我的志愿是愈急速,愈好开始我的建设事业,开始建筑我所计划的中国铁路统系。我们有了铁路统系发达于全国,就可以为了人民的利益以开辟工商业的道路,农业的中国要变成工业的中国了。为取不正当利益而找官做的人,就要改变从赋税上取利的法子,而向更有利的服务的路上了。"

袁世凯问道:"你怎么样可以做这种种事情呢?"袁氏听说可以得利益的,就提醒他了,因为他可以不用勒索敲诈弄钱了。中山答道:"铁路是开发新地的企业第一件需要的事情。私人组织建筑受政府管理的办法,须经议会通过,这个是同美国建筑铁路计划相符的。倘使铁路归政府所有,就给谋官的人以牟利的机会;倘使是归私人公司所有,不能得外国投资。倘属私人组织,仍归政府管理,就可脱离政治势力且有政府管理的益处。"

……一九一二年八月十五日张振武将军的被害,演一出在袁政府暴力之下敢死军人的流血惨剧。张氏是军人出身,他是中山主义的信徒,武昌起义时擢升统帅。……张将军,一个勇冠侪辈的军人,用少数精兵冒险搜寻黎

---

① 指1912年4月初辞去临时大总统职务。
② 袁世凯,继孙中山任临时大总统。

统领①。黎从这一间屋子跑到那一间屋子,后来在床下找到一个隐身之地。张冲进这个里边,在床下见黎的一双足跟,黎面向地下躺着、抖着。……于是黎带他的全镇降附于张。这是没有什么奇异的,黎从此就恨张,要致之死地而后快。过了许多时候,黎终究报了仇。黎氏同袁世凯接近,他就怂恿袁邀张入京商议国事。袁措辞谦抑,张氏这样的受敬礼,心中欢喜,随即入京。袁设盛宴欢迎,张很满意于这样款待。袁忽然发命令道:"处以死刑!"兵士早已预备,就牵张到静处杀毙。……因为张的朋友知道之后不肯干休,朋友呼吁之后,国民都忿忿不平。这件事实,这样的众目昭彰,后来使袁氏的仇人增加,他们都联合以抗袁。袁氏起初冷笑,后严厉,最后心惊胆战了。因为他怕张的朋友得人民的后援,或者要危及他生命;议会弹劾袁氏,袁格外恐惧。

　　……袁氏想道:"倘使孙逸仙来,他可以救我。"这样他发了一个诚恳的邀请书给中山,请他到北京来,用国家的上宾礼款待。中山的从者说道:"不要去。他请你去,要用对待张将军的手段杀害你的。"中山说道:"去是我的责任,因张振武的无故被杀,内战可以因此而起。我们必须保持中华民国的统一。倘使我不到北京去,国民都要以为我惧怕袁氏。倘使我去,国民都要想我是保护他们利益的。"于是中山立刻动身到北京去。袁氏用天子御辇,到车站迎孙入宫。袁氏的选练的卫队,全部护卫手造民国的伟人。全北京城对中山致敬意。在满清专制时代,人民从来没有这样诚挚的欢迎。但是第二天中山就拒绝使用御辇,且命卫队减至百人。后来著者问中山道:"你怕你也要照党人的话被袁世凯杀害吗?"中山笑说道:"并不,因为我知道袁氏是一个谨慎的人。我知道他不敢害我的,因为他怕我的帮助的人报复的。"

　　富于同情心的中山,看见袁氏作卑下的悔过态度,至少使中山疑惑。寒暄之后,中山表示很惨苦的神情,差不多第一句话,中山就激烈地说道:"你为什么置张振武于死地?"袁唯唯,很卑谦软软地答道:"因为黎氏给我一个

---

① 即黎元洪。

电报,说张振武不但图谋反对黎氏,且图谋反对政府。"袁说的政府是指他自己的,"所以,因为他图谋反对政府,似乎应当处死刑的。"中山说:"无识之徒,你相信你的恐惧心可以辩护你的行为是对吗?"于是袁氏好像表示真的痛悔,过了一会中山就哀怜袁氏,袁氏饱受虚惊。中山继续咎责袁害张振武之非,袁氏继续表悔意,以黎氏催促从速执行以绝后患的来电自护罪过。

…………

一九一三年九月中山因起兵讨袁,为上海领事团所请,离开上海。……亏得日本领事发给护照,他于是在福州转船到台湾。到了台湾,换乘日本轮船到日本门司,再到东京。他又在日本设立讨袁机关,这是中山一个很失望的时期。因为他的好几个同志都灰心了,说中国总要为专制势力所统治,要除去专制是做不到的。他的一个同志有一次表示他的灰心,中山于是告诉他道:"你为什么灰心?你为什么惨伤?十年以来我们工作没有成功,于是我们成功了,现在又失败了。所以让我们忘记去了成功,而重新到十年前的地位去。"

据[美]林百克著,徐植仁译《孙逸仙传记》①(上海三民公司一九二六年五月再版②)

与马立成等的谈话③

(一九二〇年一月十四日)

李、马两君叩以南北政局。

先生云:北方武人之祸国,南方贼子之专权,昔满清之权力,吾犹能推倒之,今桂系如此,吾人应赶他。今后我同志当一德一心,驱除此万恶不良之

---

① 英文原版 Paul Linebarger, *Sun Yat Sen and the Chinese Republic*, NewYork:The Century Co., 1925(林百克《孙逸仙与中国革命》,纽约世纪公司 1925 年出版)。
② 该书初版发行于 1926 年 2 月,再版时有所修订。
③ 此系孙中山与加拿大回国华侨马立成、刘礼堂、李秉三谈话纪要。

政府,大权还之民党,方可救中国危亡于万一也。

礼堂君谓:鄙人与各同志回国,得见先生,实是欣幸。然弟在加属与各同志约,欲在扬子江购地垦荒、畜牧等事,但言语不通。现在治安情形未悉,求先生指教。

先生答云:苟政治良则极佳。惟垦荒之事,余不敢知。若买田些少,耕兼住家或无妨;如欲大作置,多买牛、羊、猪、鸡等,即有兵劫。欲知耕业如何,祈问朱卓文君便白。盖朱君乃由美农科大学毕业,集资十万,回国业农,曾在南京买地,今则全然抛弃,赶回上海做工矣。

再叩以现在北方借债度日及南方政局如何?

先生答云:南方军府内幕,腐败不堪。陆氏①及桂系握广东政局而腐败,汝地要齐心赶左〔走〕几个桂人,必要我地②粤人治粤。前日赶满清要我,现下赶广西仔要汝地云。

李、马、刘等君云:现在加属党务自陈树人先生到后,今日党务尤为发达,《新民国报》亦然。

先生云:余甚欣慰,望汝几位同志代吾慰问海外各同志。

据《加拿大国民党布告录》第十八号(一九二○年一月十五日)《同志与孙总理谈话》

与《益世报》记者的谈话③

(一九二○年一月二十六日)

记者问:山东问题应否与日本直接交涉?

---

① 陆氏,即陆荣廷。下文"广西仔"亦指陆等人。
② 汝地、我地,皆粤语,即你等、我等或你们、我们之意。
③ 京、津《益世报》驻沪记者佐治(徐谦),1月26日午后3时在上海孙宅拜访孙中山,请发表关于德国归还山东殖民权益和日本占领胶州、青岛等问题的见解。孙中山谈话的记录,由记者整理后发表。

孙答:君知我前此之意见否?

记者:愿闻其详。

孙曰:余本主张"二十一条"应作废。日本并应于租借期满后,退出满洲各地。高丽独立问题,按照马关条约,中国亦应过问。余所主张如此,则山东问题不问可知矣。此次日本通牒,可以置之不理,盖日本绝无可以占据胶州、青岛之理由。试观英国于欧战时,以兵力夺回德人占领比国之地,及美国以兵力夺回德人占领法国之地,均已无条件交还比国、法国,不闻英、美强行占据。日本既属协约国之一,应取一致行动,岂独能占据吾国之胶州、青岛乎?乃日本竟强行占据胶、青,无异强盗行为!日本可为强盗,吾国断不能与强盗交涉,更不能承认强盗有强夺吾国土地之权利。况吾国既已拒签德约,自无再与日本直接交涉之理。与其现在与日本交涉,何如当时签约?今约既未签,而与日本交涉,不蒙德约之利,徒受丧失胶、青及其他权利之害,天下宁有如此之愚人乎?且美国之保留案,虽非全为中国,然反对日本之占据德国在山东之一切权利而不交还中国,亦属一大原因。吾国若不顾美国之好意,而与日本交涉,则必失美国之同情,将使美国视为不堪扶助,殊属失策之甚。吾国现实〔宜〕与美联络,而日本之强横,可无所惧。此时若不知世界大势,又不顾国家人格,倘一经与日本交涉,胶、青既失,他国必且效尤,瓜分之祸随之,美国亦爱莫能助,真可谓万劫不复矣!非然者,吾国宁可极力坚拒日本,而以抵制日货及其他断绝经济关系之法对待之。纵使日本以兵力压迫吾国,极言之,吾国为塞尔比亚,日本为奥国,亦不可〔过〕再惹起一世界大战争,其结果日本将受莫大之祸,吾国尚可无覆亡之患,且可因此而有振兴之望。要之,日本绝不敢冒昧〔昧〕用兵,则山东问题吾国拒绝交涉。日本亦惟有〈为无〉①条件之交还而已。此言余尝告诸日人,使达知日政府,今即以余言告诸国人可也。

据上海《民国日报》一九二〇年二月一日《孙总理之鲁案谈话》

---

① 据胡汉民编《总理全集》补"为无"二字。

与张国焘许德珩等的谈话[①]

（一九二〇年一月）

学生问：南北政局都是一团糟，孙先生有何方针和计划？

孙曰：你们学生反抗北京政府的行动是很好的；你们的革命精神也是可佩服的。但你们无非写文章、开大会、游行请愿、奔走呼号。你们最大的成绩也不过是集合几万人示威游行，罢课、罢工、罢市几天而已。北京政府只要几挺机枪就可以把几万示威的学生解决掉。现在，我愿意给你们五百条枪，如果你们能找到五百个真不怕死的学生托将起来，去打北京的那些败类，才算是真正革命。

许德珩等以责难式的口吻表示：孙先生也掌握过几万人的部队，何以革命还是失败了呢？新文化运动反对旧思想、旧势力，在那里艰苦奋斗，学生们赤手空拳不顾生死的与北京政府抗争，只因为没有拿起枪来，就不算革命吗？

孙以安详的态度、缓慢的声调回答学生所提出的许多问题。大意是指出下列各点：一、他要学生们托起枪来，不过是希望学生们的革命精神再提高一步。他并不看轻学生开会、示威等等动员民众起来反抗北京政府的行动，并相信那些行动都有重要的作用。二、他承认学生指责他没有充分重视学生运动和新文化运动，不是完全没有理由的。他声称他很注重宣传，素来主张宣传与军事并重；不过事实上宣传的工作做得不够。所以不能使一般青年和民众了解他的主义和主张。三、他叙述他的三民主义和根本推翻北京政府的立场，要求学生信仰他的三民主义；一致合作，共策进行。

据张国焘《我的回忆》第一册（（人民出版社）现代史料编刊社出版，一九八〇年十一月印刷）整理

[①] 1920年1月某日中午，北大学生张国焘、许德珩、康白情及天津女代表刘清扬到上海，前往莫利哀路孙寓访见孙中山。

与张国焘的谈话[①]

（一九二〇年一月）

孙问："听说你喜欢研究马克思主义，是吗？"

张给予肯定的答复之后，孙又说了一大篇话，大意是：

社会主义的派别很多，马克思主义不过是其中的一派。他在欧洲的时候，与社会主义各派领袖人物都有过接触；各派的理论他也都研究过。他参酌了社会主义各派的理论，汲取它们的精华；并顾及中国的实际情形，才创立三民主义。

孙指着一个摆满了英文书籍的书架说："我这些书都是讲社会主义的，你都可拿去看。"

接着孙问："听说你在学生运动中很注意民众运动和工人运动，是吗？"

张答：五四运动时只是以"救国十人团"的办法来组织民众，到了上海之后，才注意调查研究工会的情况。

孙又阐述他注重工运的道理和事实，并且指着朱卓文说："朱卓文同志就是一位工运专家，我们大家可以谈谈。"

据张国焘《我的回忆》第一册（（人民出版社）现代史料编刊社出版，一九八〇年十一月印刷）整理

[①] 这是孙中山与北大学生张国焘、许德珩等谈话十日后，又约张国焘单独晤谈。谈话过程中，朱卓文来到，加入谈话。

与《大阪朝日新闻》记者的谈话

（一九二〇年四月四日）

该社特派员于四号晚会见孙文氏，询其对时局意见，孙氏之言如下："余对于广东之骚扰，信其易于镇铮〔静〕"（唯其理由则不肯说明，似胸中有十分之成竹者），而彼时广东军政府当即解散。国会议员来集上海，有开非常国会之事，（中略）①余于〔与〕段祺瑞氏相提携一说，诚属事实，初非无稽之谣言，盖段祺瑞氏能服从民意，速望南北统一，故段与余提携也。无论南方督军之反对如何，纵令反对，彼等今日已无实力，何足虑哉！惟段氏最近避居南苑，与此殊无关系耳。要之北方与南方，互以军相争，殆将陷于破灭。惟顺从民意者，则得胜利。中国统一之日要不远矣。（言时孙氏面上满露得意之色。）

据长沙《大公报》一九二〇年四月二十六日《孙段携手之一证》

与美国拉蒙特的谈话（译文）②

（一九二〇年四月）

孙中山向美国银行家展示了一系列拟议铺设的铁路地图。

拉曰：取得建设铁路资金，作何设想？

孙答：目前，我要求您予以垫付，中国将最终偿还给您的！

---

① 长沙《大公报》刊载时所省略。
② 拉蒙特，美国摩根公司银行家。1920年4月初，他为了美国银行财团的一项任务（间接地为了威尔逊总统）去远东，孙中山在上海邀请他来寓所。此谈话，是拉蒙特在上海的警卫员乔治·索科尔斯基的追忆记录。

拉曰：威尔逊总统要求我探索，是否有一条途径给中国的南、北方之间带来和平。

孙干脆利落地重复说：南北方之间的和平？为什么？哦，是的！拉蒙特先生，只要您给我二千五百万元，我就可以装备一倍的军队，然后我们就可以迅速得到和平。

据［美］韦慕廷著，杨慎之译《孙中山——壮志未酬的爱国者》（中山大学出版社一九八六年版）

与吴廷康①的谈话（译文）

（一九二〇年春）②

在两个多小时的谈话中，孙中山对我③讲了军阀袁世凯如何背叛革命，以冀借助日本帝国主义复辟帝制，而他，孙本人，又如何在东京通过友人的斡旋对当时的日本外相加藤施加影响，让日本帝国主义政府与袁世凯断绝关系。孙中山认定，日本政府与袁世凯之间那个有名的条约即二十一条，并不是由于日本方面的压力才签订的。孙说，那简直就是袁世凯本人向日本驻华公使提出或者暗示的：只要日本帮助复辟帝制，他袁就签约。果然后来就签约了。

---

① 即魏金斯基（1893—1953），俄文名 Г. Н Войтинский，原名札尔欣，化名格里戈里耶夫、格里戈里、塔拉索夫，在中国用名：吴廷康、胡定康、伍廷康、伍先生、吴先生、魏琴、威金。1920—1921年任俄共（布）中央委员会远东局外事处和俄共（布）中央委员会西伯利亚局东方民族部驻中国的代表、远东书记处主席团委员，1922—1925年任共产国际执行委员会东方部远东处处长，1923年为共产国际执行委员会远东局局长，1924—1927年作为共产国际执行委员会代表几度来华。1925—1927年为共产国际执行委员会远东局驻上海代表，1927—1929年从事经济工作，1932—1934年为红色工会国际太平洋书记处书记，1934年起从事教学科研工作。近年流行于某些党史作品中的"维经斯基"一名无史料可考。——译者

② 他受俄共（布）中央委员会远东局外事处的派遣于1920年春动身来到中国，这是与孙中山的第一次会面谈话。——译者

③ 文章采用第一人称，"我"即吴廷康，"我们"即吴廷康一方。下同。

谈话接近尾声,我们临走时,孙中山又谈起苏俄。看的出来,他深感兴趣的一个问题是:华南刚刚从广州反革命桂系军阀手中解放出来,如何把这个地区的斗争同与远方俄国的斗争结合起来,孙中山抱怨说:"广州地处遥远,我们无法与俄国建立联系。"他详细询问,能否在符拉迪沃斯<托>克或中国东北建立大功率的无线电台,从那里我们就能同广州联系。

据苏联《真理报》(*Правда*)一九二五年三月十五日(李玉贞译)

与波波夫的谈话(译文)①

(一九二〇年春)

孙问:莫斯科能否对实现他的作战计划给予援助。

波波夫提出:为何不首先攻击亲日派的徐树铮和段祺瑞?

孙答:其他事再重要,也没有必须首先从南方扫除军阀势力重要,其后再考虑处理北方之事。

波波夫问:安福系利用孙中山,先借孙中山之手打倒南方,然后再打倒孙中山,有无这种可能性?

孙曰:自己的力量比他们强大,因此他们难以做到这点。

据[日]森时彦《第二次广东军政府时期的孙中山》,载《孙中山和他的时代》上册(中华书局一九八九年版)

与《字林西报》记者的谈话

(一九二〇年六月十一日)

(《字林西报》云:昨日孙中山对本报代表表示反对英日同盟之续订,措

---

① 孙中山在上海会见带着布尔什维克阿穆尔地区军区司令官信任状的波波夫大校,与他谈话。

词极为有力。)

孙君云:余对于英日同盟之续订,极端反对之。

代表问何故?

孙君答曰:因同盟有害于中国,日本既取侵略政策,英国何以赞助之,同盟第二次续订后,高丽即脱离中国,华人现信同盟如经三次四次之续订,则中国将步高丽之后尘矣。但吾人准备与之奋斗,华人无一不反抗日本,倘英日再续盟,则华人且将反抗英国。

代表问曰:抱此意见之华人多乎。

孙君曰:甚多,不过彼等不皆如吾之公然表示意见耳。

代表曰:同盟如不续订,君意宜以何物代之。

孙君曰:此吾不能知之,此须英国决定之,因同盟有害于英。……同盟每一次续订,中国必有所损失。始而高丽,继而满洲,如再经一次,则中国岌岌可危矣,但彼时中国人民必奋斗也。……日本利用印度以取得同盟,当时英国惧俄国南侵,但现在俄之帝国势力已消灭,已无复同盟理由之存在。假使谓日本既无同盟之束缚,将不利于印度,则试问中国如受日本管辖后,其危害将至何等乎,中国乃一和平之国,然则何不使中国为日本与印度间之一缓冲国乎。日本与英国同为岛国,其利害终必冲突。今日本且图控制中国之天产如煤、铁、石油及人力,俾彼得巩固其地位于亚洲大陆,如日本竟达此目的,则英国无宁日矣。

代表云:日本或能控制太平洋,但不过如此而止耳。

孙君云:能控制太平洋之国,即为能控制世界之国,日本若握太平洋霸权,即能殖民于澳洲,占领坎拿大,控制南非,畀印度以独立。

代表问:中英两国如缔同盟,能代英日同盟否?

孙君谓:如以攻守同盟言,中国不能多所贡献,惟既得英国之助,中国亦能贡献其商务与和平,中国既和平,印度或能因是而减少乱事,此于英国大有关系,因印度之革命党恒来中国求教于中国革命党也。

据上海《民国日报》一九二〇年六月十二日

附录　同题异文

　　孙氏于《字林报》访员问话后,即曰:余极力反对《英日盟约》之赓续。

　　访员问曰:何故?

　　答曰:因有害于中国也。日本施行侵略计划时,英国何以愿意扶助之乎?英日第二次续盟后,朝鲜即脱离中国而亡。华人意见,盟约苟延至第四续或第五续时,中国亦将不保,但吾人必奋斗以拒之也。华人无一不反对日本,苟《英日盟约》再行继续,吾人亦将反对英国。

　　访员问曰:华人多抱此意见否?

　　答曰:然。不过未公然表示,如余所为耳。

　　访员问曰:据君之意,应以何物代此盟约?

　　答曰:此非余所知,但须英国自决之也。《英日盟约》实有损于英国,此约每次继续,中国辄有牺牲。朝鲜去矣,满洲亦步其后尘,如此约再继续不已,则中国亦将随之而去,届时吾华人不得不出以奋斗。日本以印度为获取盟约之具,英国本以俄国为虑,但今日俄国已亡,故《英日盟约》无继续存在之必要。苟谓日本无盟约之束缚,可加害于印度,则试问中国苟为日本所支配,日本不将更能加害于人乎?中国为笃爱和平之国家,何不以中国为日本与印度间之缓冲国乎?英日两国皆为岛国,彼此利益终必冲突。日本现拟握有中国煤铁油之天然利源与其人力,庶可固立于亚洲大陆,日本既偿此愿时,英国将无宁日矣!

　　访员曰:日本或能支配太平洋,但及此而止。

　　孙氏答曰:凡支配太平洋之强国,即能支配全世界。日本全力苟遍及于太平洋,则将殖民于澳洲,取坎拿大为外府,管辖南斐①,而予印度以独立矣。

---

① 南斐(South Africa),今译南非,此指当时英国自治领"南非联邦"。

访员询以应否以中英盟约代替《英日盟约》?

孙曰:攻守同盟之约,中国或未能多所贡献,惟中国得英国之助,则可以商务与宁靖为贡献也。中国安靖则可为印度之良好范围,而使之亦归于安靖,此非细微事体,盖印度境内革命党当向中国境中革命党征求意见也。

据上海《申报》(十)一九二〇年六月十二日《孙中山反对英日续盟之外讯》①

与上海《大陆报》记者的谈话

(一九二〇年七月十六日)②

《大陆报》据孙中山先生之意见:数星期来之政治发展,如湖南之政变,北方之军队冲突。最近苏浙两省间之扰乱,总括之为安福系与直隶系之争者,其源皆出于日本之策略。而近因则为前此在沪南方四总裁之宣言,孙君与唐绍仪之意见相同。

此次之争,决非立时可了,不久必将公然开战。最后之决断,将由东京为之,不论何方战胜,终为日本之胜利。凡此皆使解决南北争端之更大问题,益无希望。

段祺瑞之本心实系排日者,彼历述予起此次争潮之一切事情,而谓"四总裁之宣言,实为导火线"。此宣言中最注重者,为要求宣布中日间一切密约,并要求取消军事协定,以为重行议和统一南北之基础。将来国会只能有一,执行相当方法,使中国成为强国独立。而段祺瑞对于此宣言则承受之,段氏此项态度,乃与日本一切阴谋及希望相背,一经表示,于是困难乃相迫而来矣。

向使余不设法使南北分裂,则中国今日早为日本之附庸矣。今日中国北

---

① 当时上海各中文报纸颇多译载此谈话者,文字稍有出入,如可参阅同日上海《民国日报》第十版所载《孙中山与西报之谈话》及上海《时报》(一)所载《孙逸仙反对英日同盟》。

② 所标时间系上海《民国日报》刊载日期。

方已为日本所控制,若南北不分裂,则中国全国将归日本掌握。由是可知段氏之与日本阴谋,实大有关系。彼必须亲日,否则即须遭毁坏。段之承受四总裁宣言,为反对日人之第一声,彼允许排除日本势力,余觉其实出于诚意。惟彼或因慎失其权位而取消其诺言,亦未可知,又或彼将被推倒,亦意中事。因日本于此次争端中,究将助安福系或助直系乃一疑问也。张作霖大有举足重轻之势,假使段竟履行其诺言,脱去日本羁绊,则不但须抵抗今之敌党,并须打倒为东京所操纵之一切势力,而张作霖即此种势力之一也。段若能推倒张,则能于六十日内毁灭曹锟、吴佩孚。然张绝有力,曾有一日本阁员告余,谓张作霖为日本对华政策之晴雨针,因此段氏一经承受四总裁宣言,吴佩孚立即发难,欲以全力倒段,张作霖追踵入京,肆行恫喝,盖皆有线索可寻也。

孙君言之〔至〕此稍停顿,续曰:余旋致一书与日本陆军大臣田中氏,表示意见,该书于六月二十九日发出,以后已有效验。盖张作霖已被召出京,召张者并非日本陆相,而为奉天日领事。张回奉后如何情形,不得而知,或者已说服日人,从彼之意见,彼最近致总统措词强硬之电讯,殆以此故耳。

据上海《民国日报》一九二〇年七月十六日《孙总裁之时局谈话》

与李朴生等的谈话①

（一九二〇年夏）

（一）你们是学生,学生要研究高深学问,革命基础在有高深的学问;

（二）军阀可以由我的军队去打,还用不到学生去打仗;

（三）民众不了解革命的道理,不拥护革命,革命还不成功;

（四）学生最好是做宣传工作,宣传工作做得好,我的军队就会打败军

---

① 李朴生,广东学生联合会会长、高等师范学生。1920年岭南大学副校长钟荣光提出组织学生军的主张,以备和军阀战斗。为慎重起见,他派李朴生、林卓夫(高师学生)前往上海谒见孙中山,征求孙的意见。

阀的军队。军事行动与宣传工作是相辅相成的。

据余齐昭《钟荣光和孙中山的友谊》，载《岭南校友》第十期（一九八五年十一月）

与林百克的谈话(译文)

（一九二〇年八月）

"博士，有一个大机会在美国等候着你"，林百克开始说。又把关于此事的各种文件送给孙中山看，还有宣传的详细计划。

中山想了好久，不注意地把这些文件看了一看，又想了一会说道："我实在很喜欢去望望美国人民。这是多么愉快的旅行呵！"

接着中山说："咳，这就是为什么我想不去的缘故。我的责任——在此地看起来不是应当吗？我走了之后还不能说要遇到什么事情哩。还是劳你去走一趟罢。"

林大为失望说："什么！你不去吗？博士，你不去将来要懊悔的。这个机会不再来了，政治是不像自鸣钟那样可以随意旋紧的，这个大的政治机会不再来了。"

"是的，这个机会不会再来了"中山说，"我的责任是在此地，还是你去的好……我现在不能去。"

据［美］林百克著，徐植仁译《孙逸仙传记》（上海三民公司一九二六年版）

与黄一欧等的谈话①

（一九二〇年九月）

孙先生指示：现在的局面必须打开，由广东北伐，湖南首当要冲，湖南的动静关系西南大局。谭延闿不是革命党，他不会死心塌地跟我们走的，所以湖南每次的革命都没有成功。

至此，孙先生指着一欧说：湖南这个地方很要紧。从前你父亲的部下在那里的很多，事情比较容易着手，所以找你们来商量。我请道腴②先生回湖南活动，你们迟来一步，他已经搭船走了。你们回去后，看情况变化，如果谭延闿不愿意革命，就把他拿下来；谁把谭延闿拿下来，我就让他做湖南督军。……你们找居觉生拿点旅费，赶快回去，多多联系同志，遇事多和道腴先生商量。

据黄一欧《谭延闿被迫下台和李仲麟被杀的回忆》，载中国人民政治协商会议湖南省委员会文史资料研究委员会编《湖南文史资料选辑》第十四辑（湖南人民出版社一九八一年版）

与刘谦③的谈话（译文）

（一九二〇年十月五日）

孙中山与刘谦达成的协议是：

---

① 1920 年 9 月，孙中山致电黄一欧，嘱约阎幼甫、杨仲恒三人速即去沪。这是孙中山在上海寓所接见他们的谈话。

② 道腴，即周震鳞。

③ 刘谦，化名费多尔·费奥德罗夫（？—1920），1920 年起任俄共（布）阿穆尔州委中国部书记。1920 年 6 月旅俄华工召开第三次代表大会，成立了隶属于俄共的俄国共产华员局，刘为中国部书记，他遂以该组织代表的身份来中国与孙中山商谈后者的西北军事计划。是年向国外转移时，在中国境内被杀。——译者

一、立即把中国南部、俄国中部和远东的中国革命势力统一起来,以做一日和尚撞一天钟共同地、步调完全一致地为反对华北现在的反动政府打好基础;

二、为此必须在远东有一个指挥中心,确定将布拉戈维申斯克作为中心,届时将可以从这里向华南和苏俄境内的团体发布命令;

三、苏俄、华南现有军队的集结地定为新疆省,在谢米巴拉廷斯克和七河省交界处,靠近中国土耳其斯坦(新疆省)的地方。目前征募志愿兵的工作已在局部进行之中,从战略上考虑,此处乃顺利进军华北的最佳地点之一。关于军队混合编成的问题,已由俄国中部的华人①军队与华南领导人孙中山谈判过若干次。前者完全同意与华南采取一致行动。为同孙中山建立联系,已派出两名代表前往莫斯科,他们不久将到达此地②。二人拟在布拉戈维申斯克稍作停留,就地向工人群众和中国军队做宣传工作;

四、大力做出版工作,为此应在上海建立一个印刷厂。

据李玉贞译《联共、共产国际与中国(1920—1925)》(台北东大图书公司一九九七年版)

与上海通讯社记者的谈话

(一九二〇年十一月八日)

记者:山东问题之救济法,因现下舆论纷呶,尚未定有举国一致之最后办法。请孙先生表示意见。

孙答:余始终未尝表示何等之意见。惟现下照余个人观察所得,则此时似不必用狮子搏兔之全力,尽注于该问题之上,实应将目光放远一步,专行注力于满洲、高丽两方面。其第一步办法,应先要求取消马关条约,扶持韩

---

① 指在俄居住多年并参加过苏俄国内战争的华侨。——译者
② 指布拉戈维申斯克。1920年底国民党人李章达来此。——译者

人独立,以缓其冲。第二步办法,要求取消二十一条卖国条约,以锄其攫取山东之根。因养成今日之局势者,皆此二十一条中承继山东德人权利一条有以酿成之也。该两步办法如能办到,则吾国藩篱已固,山东问题亦即可以连带解决。故余意目下殊可不必汲汲于山东一隅之问题也。

记者:两步办法极佳。惟如何实施之法,可得闻乎?

孙答:目下似宜先行造成一种强固之舆论,以博各国之同情,后日列强如有大半表同情于吾,然后再定实施之法;或直接向日本要求;或提交国际联盟会公判。公道自在人心,胜算即不难预卜云。

据上海《民国日报》一九二〇年十一月九日《孙中山先生之外交谈》

与《大阪朝日新闻》记者的谈话

(一九二〇年十一月十二日)

孙氏对记者曰:"徐世昌南北统一革命不过戏谈而已。北京政府因欲得新银行团之借款,故有此声明,以欺瞒中外。岑春煊亡命来沪,其政治的生命已然告终,惟政学派尚有何等活动。迩来陈炯明及广东各方面劝余(孙氏)速赴广东,至余应之与否,今尚未定。而余之行止,约在本星期内决定。"

记者问:军政府移至广东,结果西南更有坚固之计划?

孙氏曰:"余对此计划赞同与否,目下尚不能述其意见,惟观将来表示〔现〕之形势以定余之目的。至于全国统一一节,堪信不久必能实现。"

据长沙《大公报》一九二〇年十一月十二日《孙文口中之统一谈——对日报特派员之谈话》

与记者的谈话①

（一九二〇年十一月二十三日）

予明日当与唐绍仪、伍廷芳二君偕同胡汉民、汪兆铭二人,搭乘"支那"轮船赴广东,业经决定。广东之形势,业告肃清,广东省内已无广西军踪影,但未可遽以为乐观。盖广西今虽在孤立状态,然陆荣廷之势力却不可轻视。今次粤桂战争,广西军已丧失其大部分,现在足为陆荣廷手足之军队者,虽不过三万余,然尚可与北方（经由安南）自由传达消息。我等如不压迫之,至于消尽,则深信难达南方统一之目的。故予抵广东后,当讲攻略之策。

今广西内部有反陆荣廷派,即与我等提携。如广西同志会欲改造广西,是其一也。陆荣廷亦当无安闲之日可过耳。

目下最为中国障碍者,北有张作霖,南有陆荣廷。推倒此两人,则可达统一之目的。外间以我等之南下,当开南方分立之局,此乃误之甚者。今后南方行将统一北方耳。

据北京《顺天时报》一九二〇年十一月二十五日（原载上海二十三日东方电《孙中山气势焰焰》）

与《字林西报》记者的谈话②

（一九二〇年十一月二十五日）

孙君云:吾人虽渴望和平,然不能承认北京政府之统一命令,必须北方以正当方法,与吾人讨论各大问题,如宪法、外交等等。吾人之议和代表固

---

① 孙中山等人应粤军许崇智之请,于11月25日由上海启程经香港,28日抵达广州。此系孙离沪行前与来访记者的谈话。

② 此系孙中山乘船离沪赴粤时的谈话。

留待于上海,如北方有电来,表示愿对等议和,吾人即可中止广州之行。惟吾人不要私人媾和,不要苟且之和平。当陈炯明将军驱桂军出粤后,岑春煊、温宗尧等鼠窜逃生,同时乃发表南北统一之宣言,此事太滑稽,不值一顾。乃北京政府欲欺骗外人贷以金钱,遂遽以宣布统一命令。夫岑春煊早己〔已〕为军政府所逐,彼又安能宣布统一乎?

访员问:北京如缔借外债,若等承认之乎?

孙君曰:决不承认。吾人今足法定人数,以后照旧进行,当力除军阀主义,而以禁赌为第一要务,以次及于禁妓。总之,吾人当竭力以民治主义,改革广东,如上海及香港然。余尚拟行一新例,其始不免遭人反对,即凡百官吏于就职,必发誓奉公守法,不取贿赂;以后有违誓者,必尽法惩治之。总之,吾人当竭力整理护法各省之政治,俾人民蒙其福利,而得有为他省之模范也。

据上海《民国日报》一九二〇年十一月二十六日《三总裁启程赴粤记》

与《日日新闻》记者的谈话①

(一九二〇年十一月二十五日)

孙、唐均谓:"废督裁兵、施行地方自治、改造军政府,非速实现不可。"至对于和会,两人意见不同。唐氏谓:"余望南北统一早日实现,若北方取消统一命令,由合法机关开和平会议,甚愿交涉。"孙氏则谓:"上海和会之复活乃一疑问,因北方政府无诚意。若南方与之议和,非北方当局将北方政府大改造不可;而改造政府,非先将现政府推翻不可也。"

据长沙《大公报》一九二〇年十二月一日《孙唐伍在甲板上之谈话——孙唐对于和议意见不同》

---

① 孙中山、唐绍仪与伍廷芳于11月25日乘中国号轮船往香港,同行者有胡汉民、伍朝枢、戴天仇、王伯群、郭泰祺五人,此系在船上对记者的谈话。

视察观音山的谈话

（一九二〇年十一月二十九日）

孙中山询及龙济光、莫荣新当日守御情形,此外凡经过各处炮垒兵房谓:此不祥物,无裨国防,徒供负固,行当扫除净尽,毋使市民惊恐。

据上海《民国日报》一九二〇年十二月七日《孙总裁视察观音山》

与杨西岩的谈话①

（一九二〇年十一月下旬）

中国欲达安宁富强之目的,须组织工商政府,庶几铲除军人之专横、武人之残暴,而民治精神始能实现。

据香港《华字日报》一九二一年九月十四日

关于与段系联络的谈话②

（一九二〇年十二月二日）

吾等所取之目的自宜一致护法,但所用之手段则各有方法,不必限于同一步调。譬如吾等与段系在上海携手,并非我等屈就段系,乃段系来求援于我。虽反对北政府之方法不同,而反对北政府目的则一。

据长沙《大公报》一九二〇年十二月十日《孙唐等人之会议》

---

① 转引自1921年9月11日杨西岩在筹建广东省总商会会议上的讲话。
② 12月2日孙中山在广州召开会议,出席会议的有唐绍仪、陈炯明、叶夏声等人,此系孙在会上的谈话。

与陈家鼎等的谈话①

（一九二〇年十二月三日）

陈等首言："军府迭次宣言并无提及召集国会字样，外间多传军府有不要国会之意思，究竟实情如何？请一表示，以安人心。"

孙氏初则答以此必秘书厅遗漏。

陈等再诘以此等文电总裁有无过目？

孙氏瞠目者久之，继忽毅然答曰："我实不相瞒，此回之军府确无用国会。而如五十号、石行会馆②皆为倒蛋人物，万不容其存留。君等欲规复国会，究竟有法能将此等倒蛋议员取消否？"

陈等答以五十号、石行会馆等，此为议员不良之分子，究与国会全体无与。不能因分子不良遂欲将一机关取消，譬如军府分子亦有良歹之分，如岑、陆不良分子，而孙先生及唐、伍等则良者也，若因岑、陆不良而谓军府可废，岂有此理？至国会中不良分子之取消，此当以法律行之，不能任意为去取。

据长沙《大公报》一九二〇年十二月二十一日《孙文不允恢复国会之表示——留粤议员大扫兴》

附录　同题异文

当陈③以军府四总裁宣言未提及召集国会字样，谓似有疏漏时。

---

① 孙中山、唐绍仪与伍廷芳回粤重建军政府时，旅沪议员未返粤，在粤议员反而联翩离粤，在此情形下，陈家鼎、谢英伯、马小进、蔡突灵与邓天一等留粤国会议员于3日谒询孙中山，孙作此谈话。
② 此二处系政学系国会议员常聚会的场所，意指时留驻广州的国会中政学系议员。
③ 即陈家鼎。

孙答曰："国会议员南来原为护法，前被岑春煊、莫荣新等逼走，故移云南开会，汝等逗留广州不去，实为甘心附逆、罪有应得。今日岑莫失败，复又倡言护法，何以从前不到云南及重庆乎？余照〈法〉律应将留粤之议员一一逮捕，徒因军府事忙未暇为之。此后国会开会，只有纯洁而未变节之议员有此权利；其曾经附逆者非从严惩治不可。"（议员有曾依附桂系者，闻孙语大为失色）①

谢英伯起言："先生如此办理实为大公至正，为民国正本清源计必当如此。"（众遂兴辞而出）

据上海《申报》一九二〇年十二月十四日《广州新军府之大事纪》

关于西南局势的谈话

（一九二〇年十二月五日）②

粤军朝气方盛，攻入桂省确在指顾间。刘显世在黔失利一时，彼能助之恢复原有势力，滇黔仍可图川。至于湖南赵恒惕代谭延闿维持秩序亦出〈于〉个人之计划。不久即可重造〔组〕西南真正护法政府，惟旧议员散处各地，一时未能集会，故组国会方面尚难骤行。

据天津《大公报》一九二〇年十二月五日《孙中山抵粤后之态度》

---

① 括号内是记者的按语，以下同。
② 所标时间系报纸刊载日期。

关于桂军必败的谈话

（一九二〇年十二月六日）①

孙氏曾对广东各界宣言："桂有〔军〕必败理由有三：（一）轻弃护法团体已使西南离心。（二）粤军战胜，气势方张；桂军屡败，决难反抗。（三）粤有滇、湘助力，桂已三方受敌。职是之故，可操必胜之券。"

据天津《大公报》一九二〇年十二月六日《孙文轻视桂军电讯》

与梁长海伍于簪的谈话②

（一九二〇年十二月中旬）③

希望君等以其创立国民银行之计划，创立全国粮食管理局，以杜商人之垄断，而减轻贫民之负担。此为欧战后各国政府最新而最有效之善政，中国应速仿行，以裕民食。

据上海《民国日报》一九二〇年十二月十九日《孙总裁对港商之谈话》

---

① 所标时间系报纸刊载日期。
② 此件为谈话大意，本书刊录时稍作过整理。
③ 谈话时间不明，今据报载酌定为12月中旬。

在广州与某客的谈话

（一九二〇年十二月二十一日）

孙中山与客谈及粤人主张自由贸易问题，孙殊赞同此议，盖目下之税则，徒助励外货之输入，损中国之出口家，以利外商而已。

孙并诋责目下海关制谓：海关仅为外国入口家经营，以遏制华商为务。官场关于此事，亦未有何行动可令其注意。

据上海《民国日报》一九二〇年十二月二十九日《孙总裁之自由贸易观》

与《广州新民国报》记者的谈话（译文）

（一九二〇年十二月）

孙中山主张更直接的革命，即依靠武力达成南北统一。他说："惟自简单抽象而言，统一南北，必以革命之道行之。"

"余生平酷嗜革命，昔以革命创造国家，今以革命改造国家。余信革命为救国不二法门，舍此实无良策。"

记者问道："今日大局非武力不能解决，舍兵而言和，实无有是处，先生以为何如？"

孙中山一再点头称是，并明确表示武力统一是自己的真意。但目前"粤中报纸三十余家，主和者十居其八，人民赞成议和者既居多数，军府惟有顺从民意。"

最后孙中山激励记者，希望报纸宣传努力纠正以往错误的舆论，把目标转向宣传武力统一的正确方向。

据[日]森时彦《第二次广东军政府时期的孙中山》，载《孙中山和他的时代》上册（中华书局一九八九年版）

与卢宝贤的谈话①

（一九二〇年）

孙说：阿卢，你可以帮我一个忙吗？我这里有价值十万港币的现金和支票，准备用来购买四架军用飞机。我们需要这些飞机，去消灭广东那帮军阀。你能够担任我的财务吗？我希望你能在银行给我开个户头并且经管它。

据《人民日报》一九八一年九月二十九日卢宝贤《与孙中山先生在一起的时候》

统一南北意见②

（一九二一年一月八日）③

统一南北，固余日蕲之而不可得者。惟非打破军阀专制，则民治之精神，无由实见。今北方各省军阀，余感较前尤盛，纵迁就言和，不久亦兆分崩之祸，与其敷衍一时，何如坚持到底？余之所亟亟从事于联省制者，即欲以自治之基而造就巩固不拔之统一政府。北方如诚意谋和，必先复上海和会。然和会开日，余之所持之联省制与其废督裁兵之两大条件，非完全承认无磋商之余地。广州为护法省份，将来统一告成后，南北应有对等之兵力。而统率南北军权之最高机关，应设在广州。否则，余非达到以南方统一北方之目的不止。

据《北京日报》一九二一年一月八日

---

① 卢宝贤，当时在上海商业储蓄银行工作。1920年的一天，孙中山约他到法租界中国航空公司见面。

② 谈话对象不明。

③ 所标时间系《北京日报》刊载日期。

与褚辅成的谈话

（一九二一年一月二十三日）

附逆议员之审查招致许多之反动。二十三日孙文面告褚辅成，谓"对于来粤议员，自应格外优待，不能遇事挑剔；务取来者不拒之方针，以免〔便〕早日凑足法定人数。"

据长沙《大公报》一九二一年一月二十九日《粤中选举总统问题》

就陈炯明与国会关系的谈话

（一九二一年一月二十九日）①

孙文劝告议员等谓："陈炯明对于议〔国〕会之态度，非如褚辅成所谈之趋于极端。余与陈炯明间之问题，可由余自处理之，幸勿误解。"

据长沙《大公报》一九二一年一月二十九日《粤中选举总统问题》

与日本东方通讯社记者的谈话

（一九二一年二月十二日）

日本东方通讯社驻广东通信员小林氏就云南局面急变往访孙逸仙先生，询问其观察。

---

① 所标时间系长沙《大公报》刊载日期。

孙先生曰："唐继尧之失足,因彼对于南北两方面,向持首鼠两端之态度,只知以己之地位为本位,趋于私利。因此颇招一般人士之恶感与本省人民之离叛。此际突遭顾品珍等之反抗,遂至难以立足也。军政府向不信任唐氏,且该省人民与军政府理想符合,故必无重大之影响。若仅以顾品珍等应李根源等政学会派运动之结果,而遽加以判断,则未免失诸过早矣。顾氏与军政府,以前虽无何等之谅解;但即使将来云南局面归顾氏支配,顾氏亦绝对不能与余对敌。是以川、黔、湘各省,亦不致有重大之变化也。"

小林氏又提及关税问题。

孙先生曰："军政府现正向外交团交涉,要求交付以前之关系〔余〕,大约可望交付。至于讨伐广西问题,倘广西求和,则军政府亦愿允之。否则,只得武力解决耳。"

> 据上海《民国日报》一九二一年二月十四日《日人电传孙总裁谈话》

与《字林西报》记者的谈话①

（一九二一年二月十七日）

孙君接见余于亚洲旅馆,时在彼迁往城市后面山上小屋中之前数日。彼以彼所特具之微笑迎余,初言欢迎余来广州,继以极谦和之状,赞余平日写述中国事情,具有使人信服之力,是为中国恶弊之劲敌;又谓若余处此纪述事情之真相,则更为有益。

寒暄既罢,余告孙君,在北京甚寂寞,故不嫌跋涉而来广州,来时以为将见孙君与陈炯明实行互相排抵,岂知事乃不尔。

孙君答曰："此间决无公然破裂之理,至于意见不同,确无可讳。惟吾人皆抛弃客气,故能免除争端。凡在正式方面,如有意见不同时,往往用客

---

① 此系《字林西报》驻北京记者解尔般脱访问孙中山的谈话记录,内容由该记者披露。

气方法以期免去争执。岂知意见酝酿愈深,决裂终不能免。今吾人已抛弃此项客气习惯,遇事皆开诚讨论,和衷商榷,故能消弭意见。此种办法,今已确有成效。目下外间一切广州将有乱事之预言,皆以北京之谣言为根据耳。"

余复向广州税关将被占领之说。

孙君断然答曰:"绝无此事。税关为一种中国政府之服务机关。吾人并不承认北京,吾人乃中国之政府也。今对于关余问题,吾人依赖美国、英国及他国人民之正义观念,必有公平之判断。夫北京自能不顾西方民治国之舆论,而悍然行动。但假令北京竟用炮舰来攻吾人,则西方之人,自有最后之公论。吾人所赖者,即此正义观念耳。总之,吾人将不为任何鲁莽行动也。"

旋又谈及去夏北京之战事及孙先生与段〔段〕祺瑞之联合。

孙君云:"此乃容易解释者。段〔段〕氏向我保证,彼愿取消二十一条要求及由此发生之各协约。夫中国南北之分裂,即为此问题而起。段既宣言愿向日本提议此事,吾自愿与段谋和而共同行动。今使北京愿与吾人提携,解决此问题及宪法问题,则吾人亦可与北方媾和也。去夏之战,吴佩孚所以成功者,其唯一原因,乃在张作霖奉日本之命,反抗段氏。而日本之所以如此,其唯一理由,乃在段氏允余取消二十一〈条〉要求也。"

据上海《民国日报》一九二一年二月十七日《〈字林报〉通信员披露广东真相》

与美国士提反的谈话[①]

（一九二一年二月中旬）

借款条约均须由西南军政府为主体方可同意,否则不能赞成。盖军府

[①] 士提反系美国驻华银行代表。北京政府为向银行团借款以粤汉铁路敷设权为交换条件,银行团因恐不得西南政府同意,乃派士提反代表赴粤设法疏通,孙中山特设宴招待,宾主畅谈。

之目的在于以西南统一全国,若赞成北庭〔廷〕之签押借款条约,而藉以获得一部现款,实与军政府护法戡乱之宗旨大相违背。

据上海《民国日报》一九二一年二月二十一日《孙总裁与士提反的谈话》

与东方通讯社特派员的谈话

(一九二一年二月二十六日)

中国各地及日本方面所传之孙、陈不睦,乃某国(非日本)及反对党所散布之谣言。其实予与陈炯明多年患难之交,其关系有欲离而不能离。

近时日本国民渐次有了解中国之倾向,诚为可喜之现象。从来日本人过分抱国家的观念,因有时暴露其排外的言行。吾人对于友邦冀一律亲善,故不鼓吹亲美排日等偏见。但由人文地理上之关系,中日两国比之他国有更须亲善之必要。然过去十年间之事实,反与此相反。而每至意见隔膜,其原因已为两国民所深知,不必赘言。但刻下问题,在如何改善两国之国交,以保善邻之谊而已。依予所见,贵国对于中国当废去从来政略的卖恩的或利用的权谋术策,专图对华经济的提挈。

由此观之,两国实业家之接近,实为国交改善之捷径。日本政府囊受政略的借款,滥发之余币,至于对华借款发表自缚之声明书,因此大受约束,遂至经济的投资亦受影响。吾人实不胜其遗憾!关于此点,予促日本实业家早日觉悟,对华投资须以非侵略的、对等的,而以增进中国国民幸福为要紧。

据重庆《国民公报》一九二一年三月二十二日

与伍廷芳陈炯明的谈话(译文)①

(一九二一年三月一日)

如果广东不先发制人,一旦广西军事方面准备成熟,战争爆发时广东就会受害非浅,因广东现在又多少有些处于孤立无援的境地,它应该先行开战,以赢得支持,而不应该坐等别人来攻。

据广东省档案馆辑译《孙中山与陈炯明》(粤海关档案《各项时事传闻录》的英文情报一九二一年三月一日),载广东省孙中山研究会主编《孙中山研究》第一辑(广东人民出版社一九八六年版)

与某要人的谈话②

(一九二一年三月十一日)③

竞存以我为万恶之薮,凡举措政事,其有善足述者,则引为己功;其受人唾骂者,即诿为余过。最近如查封逆党产业,本非余意,乃竞存自行招告多方暗查,冀得一宗巨款以济急用。乃查得之后,不用自己名义标封,却暗中列单交余发交政务会议通过,咨交办理。彼即以准政务会议咨办为名,自称执行咨件,纵□部下随处滋扰。现时舆论哗然,咸谓出自我□,其实皆由竞存主动。彼投变该项产业之后,款则归己,藉肥私囊,而人民株连怨苦之声,过则归余,使余府怨。此等阴险小人,试问如何共事?又如收管海关一事,

---

① 自从云南的唐继尧倒台以后,广东为了防御广西随时可能的入侵,军政府忙于安排本省的防卫,各总裁举行商谈,孙中山主张采取攻势,但伍廷芳、陈炯明主张采取守势,除非时机有利于采取攻势。为此,3月4日孙中山与唐绍仪、伍廷芳致电唐继尧"望即命驾来粤,共图进行"。
② 该则谈话由孙中山某秘书传出,但具体时间不详。
③ 所标时间为谈话发表日期。

虽由余提议,然迭经会议研究始行发表。竞存无一次不与会,却未尝有片言反对。表决之时,一致赞成,始宣布实行期限。此等议决之件,既经赞成在先,无论成败利害如何均当负责于后。乃此事一经发表,洋人反抗,宣言调兵舰封锁广州海口,断绝省港交通。斯时人心皇皇〔惶惶〕,群情震动,正待竞存出而镇摄,不料彼反发一通稿,登载各报,声言收管海关之事,系孙总裁主张,陈省长本不赞成。等语。自此通稿发出后,一时物议沸腾,咸集注于余之一身而表同情于竞存。此等冷箭毒计尤足令人切齿,其反复无端更不待论。余每举一事,竞存必掣余肘。有利于彼者,则亟亟为之,或假余之意以为布置,其专制刻酷手段比袁世凯为尤甚。若使他为总统,不满十日必作皇帝矣。

据天津《大公报》一九二一年三月十一日《危机四伏之广东》

与宫崎寅藏的谈话(译文)

(一九二一年三月十七日)

我(按:宫崎寅藏)说,在日本,有的人说孙先生是激进派,有的人认为他是亲美派。

对我这种说法,孙先生答说:世界在变化,但中国国民仍然是中国国民。随时代的变化,其思想虽有多少进步,但在实质上,中国还是中国。我除了为我中国国民对我们的主张已经多多少少地有了解而高兴外,我并不认为我们需要修改多年来我们所主张的三民主义,因此我们决心彻底实行这个主义。至于所谓亲美等语,我想不必由我多做说明,如果有人对此有所怀疑的话,我觉得应该问日本当局,不该问我。要迫我成为亲美派或者亲英派,完全在于日本当局的态度。

说罢,孙君呵呵大笑,而我们也不由得着跟一起笑。

据陈鹏仁译著《宫崎滔天论孙中山与黄兴》(台北正中书局一九七一年印行)

与黄璧魂唐允恭等的谈话①

（一九二一年三月二十八日）

我自然愿主持公道的，但这不是说一句公道话的事。宪法规定着主权在全国人民，女子也自然应该有选举权和被选举权的。你们只有这些人去争是无效的，要唤起大多数妇女的觉悟来才行。假使现在有五百万妇女签名要求，会怕省议会不允吗？他们便不允，你们难道自己不能取得选举权和被选举权吗？

据上海《民国日报》一九二一年四月四日《妇女要求选举权风潮》

与叶楚伧②的谈话

（一九二一年三月二十九日）

以前的中国，政府是管人民的，人民是养政府的；政府变本加厉了，便把政权来压迫人民，人民被压迫到愤极时，便不愿再养政府——停止纳税。在这种事状底下，政府和人民两方面，便各自发现出一个纷扰惨酷的陷坑来。

政府垄断了全部政权，这已经像草包藏着无数宝贝，够起人攘夺的野心了。何况那垄断得的政权，是专做营私利己的工具的，怎地能禁止人不来抢夺。于是胃口小的争一县一道的政权，大的争一省一国的政权，结果闹成四分五裂，国家元气与个人野心同尽。这是政权在上的一个普通现象，中国今

---

① 为争取女子参政权，女界联合会与广东省议会引起风潮，女界全体到军政府要求孙中山主持公道。此为孙接待女界代表黄璧魂、唐允恭、伍智梅、邓蕙芳等时的谈话。

② 叶楚伧，系上海《民国日报》主编。

日,便是在这普通现象中受祸最烈的。

人民专做了养政府的人,他一方面便因纳税的多少,有的做了法律的保护者,有的做了法律的牺牲者。在一个平面上,渐渐地分成了无数阶级,那最下的一层,何止地狱;最上的一层,真等于天堂。这不平等的现象,一天显着一天,结果便发生出社会经济的革命来。这是政府不能养人民、反要人民去养的一个普遍现象,各国已受了这种大痛苦,中国快也要进这种危险的。

要免除上说的两件危险,我以为该颠倒过来。本来人民是由政府管的,以后便由他自己管去。本来是人民自养养政府的,以后却由政府来养他。以前人民所填筑的经济制度,由政府来改造;政府所垄断的政权,全部加诸人民。再明白些说,政府是应该做个国家生产的经纪人,政治上设施,全由人民自己办去。

据上海《民国日报》一九二一年四月七日《西南底一件大事》(楚伦)

当选总统后与某同志的谈话①

（一九二一年四月七日）

从此成立正式政府,国家前途有望,惟吾辈苦矣。

据上海《民国日报》一九二一年四月九日《广州七日发电八日早到》

---

① 1921年4月7日,国会非常会议选举孙中山为非常大总统(出席议员220人,孙以218票当选),孙闻获选时作此谈话。

与美国记者辛默的谈话

（一九二一年四月上旬）①

孙先生：各国如能任中国之自然，不加干涉，则中国情形必日有佳象。

记者：阁下之驻〔指〕谓各国者，美国亦在内欤？

孙先生：否。余意中所述者乃日本耳。日本之意，盖无〈不〉欲在中国扩充其势力，彼拟以施诸高丽人之手段，复施诸吾人，将中国改成日本之殖民地。惟日本此种政策，幸犹非日本臣民均所赞同，乃系彼军阀中之野心家主张而已。当余在日时，日人告吾，谓一千九百十五年向中国提出之"二十一条"，彼等几忘之矣。此何谓耶？彼"二十一条"当其提出之时，直至今日，固仍同样存在，彼等并未将其取消，且百计谋我加以承认。现彼政策之目的，达到者尚无几，故仍思以他种手腕以图我焉。

记者：然则北京政府如何乎？

孙先生：北京政府系无能力之政府，彼等之举措，不能出于日人意中所欲之范围以外。至彼总统，亦非合法总统。缘合法组织之国会，今乃在广州集会，并另选一人为总统矣。而彼总统为日人之所选择而已。至吾人若论美国，则其承认徐世昌为中华民国总统一事，实有害于民国。惟余以为美国对于此种情形，其自己必膜然不知，且彼历年来固未尝故意欲中伤中国也。

记者：阁下以为帝政将有复辟之机会乎？

孙先生：复辟之事，有人正暗中图谋，然其不能成功，则可必也。中国人民，无〈分〉南北，对于此举均所反对。惟日人则希望之，且助其进行焉。此种运动，即使一时成功，其政府亦决不能久存。盖吾人当能以敏捷之手段而覆灭之也。

---

① 此次谈话时间不明。据其内容，称今广州合法国会另选一人为总统，故谈话当在广州非常国会选举总统之时。今酌定为1921年4月上旬。

记者：人言张作霖与谋复辟然乎？

孙先生：此余不能言。惟张之亲日，则人所共知。当日俄战争之时，彼尝助日以攻俄。其时张尚系匪徒，迨战后始借日人向中国之提议，归降华军，充当头目。彼之势力现布满北京。而在天津之曹锟，亦有欲将其兵力推向至于北京之意。惟两人之势力终不免于冲突。故乃发起此天津会议以谋调和。

记者：所谓长江七省联盟果据何重要之地位？

孙先生：余以为并无何重要之处。此等联盟，仅各该省份之督军等为保护个人私利起见，而缔结之盟约耳。故北京政府或其他方面苟非有侵及彼等私利之举，彼决不〈有〉所举动也。

记者：军人此等但图谋自利之态度，或谓遍国皆是，果然耶？

孙先生：然。全国军人多借军力以搜括财货，此中国所以军队充斥之原因。盖无一武人不欲扩充其势力于最高之限度，以为保持地位之计。

记者：南北统一果有何机会？

孙先生：吾人无时不筹备与北〈方〉谋和，惟吾人之谋和条件，须将日本之"二十一条"撤回日本。而北京政府则不能如此作为也。故吾人此后乃不能不取战争之手段以将解决时局。余信此时各国若能承认，则统一北方，不久可告成功。盖吾人既有各国之承认，则各省必渐归向南方焉。南北统一之后，吾人当根据于地方自治政府之基，而建一中央政府。中央政府所操之权，则以不能归属于地方政府之权为限。

记者：顷阁下谓各国须任中国仍其自然，然则中国即无须外人之扶助，即能自拔于危险欤？

孙先生：外国若能与中国协力，自为中国人所欢迎。惟外力之来，须出于正当之道。此等援力，当不在所谓任其自然之范围内也。吾为今当筑铁道、修驿路、改善公共事业。凡此种种，当然不免借外款之力以成之。维余希望银行借款，系非借给军阀耳。余所谓借款于北京政府不利于中国者，即因其系借给军阀也。

据上海《民国日报》一九二一年十月十二日《总统与美记者辛默氏之谈话》

当选总统后的谈话

（一九二一年四月十四日）①

个人此次被选为非常大总统,所具目的第一系重对俄,盖西南应付世界潮流有积极实行共产主义之必要。既承认俄新政府首先联合滇、粤,足知俄人重视南方人格。故望各界襄助,赶组正式政府,预备摹仿俄势〔制〕,俟有成绩,再改称劳农。

据天津《大公报》一九二一年四月十六日《孙文被选后对俄态度》

关于西南政务的谈话

（一九二一年四月二十六日）②

中央接广州林委员来辅密急电云:"孙文特与各界首领提议,嗣后西南进行各项要政,紧要之点,厥在缺乏款项。现在外交团既不肯拨付关余,又不愿承借政、军各费,足可以制南方死命。但据个人趋向,则拟先向俄劳农政府借款,复于国内发行公债,一面施行减政主义,庶几可冀延长命运。"

据天津《大公报》一九二一年四月二十六日《孙大炮表示进行宗旨》

---

① 报载称此件系北京政府"驻香港李委员来函电云:'孙文昨向各首领宣言'"。所标日期系李委员的发电时间。
② 所标时间系天津《大公报》刊载日期。

与苏俄记者的谈话(译文)①

（一九二一年四月）②

（在孙中山先生被选为中华民国总统后不久,我们有幸见到了他本人,并就当前发生的一些事件同他进行了交谈。孙中山博士是一位身材匀称,体格还很健壮的六十五岁的老人③。他举止文雅,镇定自若,使人觉得他是一位坚强的人,是一位对自己的一言一行都很自信的人。孙先生个子不高,容貌整洁,圆脸庞,身着一件很普通的灰色短上衣。他的样子与其说是像一个会在中国人民的历史上起巨大作用的南方人领袖,不如说是像一个中等农场主。

孙先生在他的官邸里接见了我们。过去这里是莫将军④的官府,也是南方各省相互为敌的总督们彼此经常角逐的地方。）

孙中山对我们说:你们是远东共和国俄文报界的代表,想必你们对我们这里发生的事件很感兴趣。倘若你们提出的问题不涉及现在说起来还嫌过早的那些微妙的局势的话,你们将会得到详尽的答复。

问:如您所知,不管是本地的还是外国的报纸,对您当选持不同态度。外国报纸更多的是进行冷嘲热讽,而反对选举的那些中国报纸则认为选举为时过早。它们没有意识到您有力量使那些持不信任态度的人们相信,您确是中华民国的总统,并且预言,您的当选会导致内战的爆发。我们想从您这儿了解一下事情的真相,听听您对这些问题的看法。

---

① 此件最早刊于《苏维埃西伯利亚报》（西伯利亚革命委员会与俄共布中央西伯利亚分局机关报）,题为《孙中山的一次谈话》。
② 谈话日期不明,据谈话称"大家一致选举我为总统",及解释与陈炯明的分歧等问题,可酌定为1921年4月间。
③ 此误,孙先生时年55岁。
④ 指1920年10月底以前的广东总督莫荣新。

孙中山笑着回答说：报界分为两大阵营，这没有什么值得我们大惊小怪的。我们很清楚自身的力量，也知道我们要干什么。大家一致选举我为总统，国会要求我出任总统，我只能服从。

中国人民对连续不断的纷争和内战早已厌倦，并深恶痛绝。他们坚决要求停止这些纷争，使中国成为一个统一、完整的国家。因而，我们正在尽力完成赋予我们的这一艰巨的历史使命。在我国，新中国与过时了的旧中国之间的斗争早已进行，政治派系从来没有像现在这样泾渭分明过。一方面是听命于日本人的反动君主派势力的头子张作霖，以及他精心豢养的军队。中国的一切黑暗势力和敌人都麇集在他的周围。中国的纷争对他们有利，因而他们支持这种纷争。另一方面是我们——为中国的统一、强大而奋斗的立宪民主的新中国的代表。

所有进步势力都支持我们，全体人民站在我们一边，而且，实际上事态的进一步发展将证明我们是正确的。

我们眼下还没有一支强大的军队，这不足为奇，因为我们重新掌权不过才数月之久，但我们会有军队的，而且会有一支精良的军队，军阀将被彻底消灭。建军工作正在顺利地进行。

我们近期的任务是建立一个由中国优秀知识分子组成的，首先能够把整个华南统一起来的政府。

在我们周围的各省中，只有得到北京支持的广西，以武力反对我们。我现在同你们谈话时，桂军正在我们的边界上集结。但毫无疑问，它们很快就会被消灭。在桂军中，相当多的人对唐继尧可能长期呆在那里表示不满。在我们周围的省份中，广西最令人不安。一旦解决了广西，我们将立即自动与云南和贵州联合，这些省在我们这儿驻有代表，并承认我们，然后再同湖南联合。诚然，湖南省反对选举。但既然我们明确、肯定地致力于统一全中国的任务，那么，这决不会使我们放下武器；显然，同他们必有一番斗争。但我们预计在那里不会遇到特别大的阻力。湖南省对我们来说极为需要。我们将假道湖南占领中国未来的首都汉口。我们要在汉口设立政府，并由那儿开始对中国人民的一切敌人——反动分子、军阀和支持他们的那些"第三国"、"第四国"——奉行强硬政策。中国人民再也不能容忍别人瓜分自己的国家,他们希望统一,成为一个强大的和不可动摇的民族。

目前,我们的资金还不足,但我们会有的,而且,我们能够为此而克服我们处处遇到的障碍。在统一中国的思想鼓舞下,我们善于在很多方面克制自己。我们每个国会议员的工资不超过一百五十元,而在北京则可拿到四百元。这样的例子不胜枚举,我只不过是说出其中之一罢了。我们财政状况好转的速度远较敌人预想的要快得多。

你们也对我推辞正式就任总统的原因感到兴趣。这完全是出于技术上的考虑,而绝非政治上的考虑。

外交使团的代表对我的任职所抱态度不同,对这一点尚不应作出否定性结论。要知道,他们过去不愿同莫斯科对话,而现在却一个接一个地签订条约。如你们所见,我们的任务非常明确,这就是为统一中国而斗争和同日本作战。全中国人民都支持我们这样做。

问:报界常报道说,您同陈将军有分歧,这是否符合实际?

孙中山答:这是一个使一些人感到不安,而又使另一些人感到高兴的问题。在共事中,时时处处都会出现一些看法上的分歧,或者这只是由于人与人的天性不同而已。我们之间也经常产生一些分歧,然而只有我们共同的敌人才会幻想我们分裂,以期削弱我们,并由此得出我们分裂了的结论。因为我同陈将军有着共同的任务,每当我们产生分歧时,将军总是服从我这个政府首脑的。

问:还有一个问题,统一华南和建都汉口以后,是否会同北方开战?

孙中山坚定地回答:不会。北方将不得不听从我这个中华民国总统。

现在请允许我向你们提几个有关远东共和国的问题。我对俄国和远东发生的事情很感兴趣。请问,苏维埃俄国与远东共和国不同之处何在?远东共和国到底是什么样的国家?

(我们尽量阐明这个缓冲国与苏维埃俄国之间的差别。)

孙中山继续问道:日本军队在其占领区都干了些什么?赤塔政府和人民对日本人的看法如何?

（我们对日军指挥部给予了应有的评价,指出,赤塔政府现在正以强硬的语言同日军指挥部进行对话。）

据《国外中国近代史研究》第三辑(中国社会科学出版社一九八二年版)(转译苏联《远东问题》杂志一九七四年第三期)

与陈少白刘成禺的谈话

（一九二一年四月）①

刘成禺记：一日与少白坐粤秀楼榕阴石上，先生呼茗为黄昏月上之谈。先生指榕树曰：

汝观榕树之本干乎？今被其枝条纠缠紧束而死矣。盖榕树长条堕地，起成新干，其枝蔓则缠绕老干，紧束干死。草木新陈代谢，未有若此树之自食本身者。古之创业明主，为其臣下王子篡弑而死者，亦犹此树之理欤！不能谓强干弱枝者，为多事也。

据刘成禺《先总理旧德录》，载《国史馆馆刊》创刊号(南京一九四七年十二月)

就任总统前的谈话

（一九二一年五月四日）②

孙被举后对人言："将来府中仿华盛顿白宫式，不挂总统招牌，表示此为平民政治之中心点。"

据长沙《大公报》一九二一年五月四日《孙文就职之筹备庆祝》

---

① 此件谈话，刘成禺谓："先生殆因陈竞存部下跋扈，有此感触，睹物兴怀耳！"底本未署年月，据孙中山《洪宪纪事诗》叙辞：有"今春……居观音山粤秀楼，与禺生、少白、育航茗话榕阴石上"句，原序为1921年4月，因酌定此时间。

② 所标时间系长沙《大公报》刊载日期。

与全国各界联合会代表周某的谈话①

(一九二一年五月二十六日)

余为革命之人,向尊重民意。辛亥革命虽告成功,惜未彻底,以致历年祸乱相寻,民不聊生,殊为愧恨。所以此次革命主义,超乎法律民情之上。虽谬膺总统之选,实亦贯彻革命主义,行使革命职权,以救垂亡之中国。希望贵会作同一革命之进行,俾革命之主张,得以完全达到之,则中国幸甚,国民幸甚。

据《广东群报》一九二一年五月二十七日

与工党代表的谈话

(一九二一年六月八日)

连日各工厂要求加薪,罢工风潮亦正在酝酿中。昨有工党多人进谒孙文,孙当即接见,并对各工党宣言:余对诸君行动必为力助。须知余之任总统,实系工人总统,并非军人总统。盖余固因得工人之拥戴而获此职,并非得军人之拥戴而获此职云云。

据香港《华字日报》一九二一年六月九日《孙文力助工人之宣言》

---

① 全国各界联合会代表周某由沪抵粤后,5月26日晋谒孙中山,询及大政方针,并望尊重民意,谋国利民福。此系孙中山对周的答词。

附录　同题异文(摘要)

余之得任总统,得工界助力,非军界拥护,余必与诸君尽力。

据长沙《大公报》一九二一年六月十五日(二)《上海快信摘要》

与何天炯的谈话[①]

（一九二一年七月十九日）

汝东行之事,余无日不希望早日实现之者,唯此番正式政府成立,汝须以代表政府之名义往,方为郑重。因此,汝之任务,固不在实业,尤不在借款。汝之任务,在宣传新政府光明正大之宗旨于日本朝野上下,告于今后贵政府不可对于东方有侵略及包办之野心。非独不可有此野心之进行,即如从前二十一条之不当要挟,亦须一律取消。如此,则彼我两国,方有经济提携及种种亲善之可言。若一部分之小小实业问题。固无须政府特派代表以为之。且日本若不改变侵略政策,则小小实业亦不易成功,虽或能进行于初,其后亦必有困难之日,且以目下之情形而论,若政府贸易与日本生特别之关系,则政府必受人民之攻击,或宣告死刑焉。盖以段祺瑞之强,其倒毙即在向敌人乞款以杀同胞,此皆可为殷鉴之事。

你此次东行,至少须有一万元才能出发,刻下总统府财政颇为困难,你外间有无友人或商人可以借贷？若有,可由政府出名,或担保。

据杨天石、狭间直树《何天炯与孙中山》,载《历史研究》一九八七年第五期

[①] 宫崎希望何天炯尽早访日,和资本家直接洽谈,何天炯提出海南岛开发等事业供宫崎考虑。1921年7月19日,何天炯接宫崎来函,即持函见孙中山。孙读后很高兴,对何天炯的东行任务作了谈话。

与何天炯的谈话①

（一九二一年七月）

日本外交，不求其助，只望不成为我害，即大成功也。

据杨天石、狭间直树《何天炯与孙中山》，载《历史研究》一九八七年第五期

与蒋梦麟的谈话②

（一九二一年九月上旬）③

此间自余对外发表布告后，西南各省如黔、滇、川、湘、桂等，均有长电来粤，否认北京派遣出席太平洋会议代表，所有对于太平洋会议事件，应由广州政府外交部主持一切。

按此次太平洋会议，乃从前巴黎和平会议之变相。巴黎和平会议，不过将日、英两国秘密对山东问题条约，借该会议决，变为各国公认之约。

此次太平洋会议，因日、英续盟，为坎拿大利亚、新西兰、非洲各属地所反对，又借太平洋会议为名，避开各属地反对联盟之约。对于中国所议事件，某二国④早有商量，虽由太平洋会议公开，然某二国对于中国，仍有其他之内幕，总之，不利于中国而已。如北京派遣代表，某二国最为欢迎，将使其卖国签约之人，再作第二次卖国。苟南方此时加入中国代表，将来各国议决

---

① 1921年6—7月，有日本轮船"小川丸"运械接济桂系军阀被发现，广州各界掀起抗议与抵制日货运动，据何天炯函告宫崎，事件发生以来孙中山"亦云日本外交……"的谈话。
② 上海总商会等团体推举北京大学代校长蒋梦麟赴广州，就太平洋会议问题，征询孙中山意见。此系孙中山对蒋的谈话。
③ 会见时间不明。据谈话称"此间自余对外发表布告后"等语推断，时间应在9月上旬。
④ 二国，指英、日两国。

中国之事，谓南方亦有代表在场，而北方代表没有承认所议，则南方代表更难独任反对。况请帖乃邀北方代表者，即南方加入，亦不过为北方之附庸。不如南方不出代表，只否认北方代表无代表中国之资格，将来对该会所议中国事项，否认有效，或可与中国以平反议案之机。而某某两国之秘密续盟，应不致明目张胆，以中国为鱼肉也。

据上海《民国日报》一九二一年十月三日《总统与蒋梦麟之谈话》

附录　同题异文

二十六日广东电：日前抵粤之蒋梦麟面会孙文，述华府会议与中国之关系，力说举国一致以派遣代表为必要。孙态度顽强，斥之谓等眼光中。中国仅有唯一之正式政府，如与非法政府之代表一同出席于国际会议，则断断不能。列国不承认中国正式政府，则我等亦不派代表而已。因彼等所讨议之中国事项，其效力之不发生固无待论。我等且不问彼等之行动如何，宜毫不踌躇而努力令中国名实上共履于独立国之域。次关于派遣民众代表之可否，答以无论事之如何，排斥〈一〉切姑息手段云。

据长沙《大公报》一九二一年十月五日（三）《孙中山拒绝调停》

与时功玖等的谈话①

（一九二一年九月十三日）

北伐讨贼一举，为西南各省夙昔所主张，现正积极筹备进行。

据上海《民国日报》一九二一年九月二十三日《鄂公团派代表莅粤，请求出师援鄂》

---

① 鄂省人士因直系军阀吴佩孚滥用威权，摧残民意。故特由湖北省议会推派国会议员时功玖、汪哕鸾二人赴粤谒孙中山，备陈湘鄂两省人士，迫切希望出师北伐，当由孙中山接见谈话。

与美国记者金斯莱的谈话①

（一九二一年九月十八日）

记者称：余今日晋谒中国南方政府大总统孙逸仙博士于广州总统府办公室内，谈论中美间外交关系，及未来之美京大会议问题。孙总统大意注重美国今日必与日本抗争，压抑其侵略野心，如美国今不以口舌与日本力争，则将来必至用枪弹死战。孙总统并注重美京会议问题。美京会议中国南方政府尚未经邀请。孙总统以为此会如无南政府代表与会，则哈定非独不能维持和平，且将挑未来战祸。

孙总统于本年五月间，曾致一详书于哈定总统，以为今总统之召集美京会议，于彼书颇有影响；惟哈定总统未复孙总统，且尚未承认南方政府。孙总统希冀美国调查菲律宾委员团之乌德将军及科比氏来广州一行，两人亦未至；委员团中有数人从香港来广州，然为非正式的游〔旅〕行，未谒孙总统。

孙总统曰：余希冀美政府洞悉中国之真相，照目前情形，则美京裁兵会议难冀有佳结果。

记者发问曰：指就中国而论耶？

孙总统答曰：然。就美国论亦然。

同座中有第三客插言曰：余意裁兵之结果，将挑未来之战祸。此第三客亦为美人，曾久居远东，熟悉远东情势者。

孙总统向第三客倾首，复郑重其词曰：美国欲避除战祸，只有一法，即为及今以口舌与日本力争。如美国今不协助中国，抵拒日本，则美国将来必至与日本开战。我政府已不啻与日本宣战。

---

① 金斯莱系美国民治社驻芝加哥记者，1921年9月18日，孙中山在广州总统府办公室与之会见，并回答了所提问题。19日，芝加哥《辑表报》刊登了此次谈话内容；同年11月21日上海《民国日报》据以译载。本书采用时，删去若干非谈话内容的文字。

孙总统续云：如美国承认我政府，反抗"念一条件"、取消《迎胜石井条约》①，则可免战祸。因日本今必不敢轻启战祸，即万一欲战，则不两月必败。惟如美国今弃去时机，毫无挽救，则五年之后，日本俨有中国，移殖其数百万盈余人口至中国，控有中国北部所有富源，届时欲图封锁日本，难乎其难矣。

孙总统又云：中国南部人民，今力争美人所主张之开放门户主义，美人或不知此事实。惟美人欲助中国南方政府，今须从速，否则无及。因美国如不早助中国南方政府，南方政府或竟不能待美国之赞助，而为日本侵略压力所推倒也。

据上海《民国日报》一九二一年十一月二十一日《美报记孙总统之谈话》

提议铸造国玺与大元帅印

（一九二一年九月二十二日）

孙总统提议两事：一为铸造中华民国〈国〉玺，一为铸造中华民国陆海〈军〉大元帅印，以重信守。

据上海《民国日报》一九二一年十月一日《国务会议通过两要案——铸造国玺及大元帅印》

关于军政府不派代表参加华盛顿会议的谈话

（一九二一年九月二十八日）②

已有素马在美，即足以办理南方一切之交涉，无庸复派非正式之代表

---

① 《迎胜石井条约》，指1917年11月2日美日两国订立以共同侵略中国为目标的《蓝辛石井协定》。

② 所标时间为报载日期。

前往也。

据天津《大公报》一九二一年九月二十八日《粤人催派代表——孙氏意不谓然》

与德国驻粤副领事 Wagner 的谈话

（一九二一年九月）

德国驻粤副领事 Wagner 首次拜会孙中山时,孙即提出与德国合作问题。力言"德国应立即承认广州非常政府,并开始谈判一双方互惠条约。德国只有这样,才能在中国获得如他国一样的待遇。"孙并告语"已派朱和中前往德国相机办理。"

据吴相湘《孙逸仙先生传》下册（台北远东图书公司一九八二年版）

与某人的谈话①

（一九二一年十月三日）②

吾人素以北京政府为非法之机关,故欲吾人派遣代表与北京军阀之代表共同列席华盛顿国际会议,实不成为问题。设华盛顿政府暨其他各国坚不承认广州政府为代表中国民意唯一合法政府,则吾人将终不派遣代表赴美。将来关于中国之利益纵有所议决,然对于吾国决不生若何之效果。

据天津《大公报》一九二一年十月三日《粤孙对外之态度》

---

① 1921年秋,北京政府委派广州政府外交次长伍朝枢为出席华盛顿会议代表,遭到孙中山等人的抵制。时有人访孙,孙即发表上述讲话。

② 所标时间为谈话发表日期。

接见韩国专使申圭植的谈话①

（一九二一年十月三日）②

申：圭植前年在沪拜别钧座后，以俗务羁身，屡思南来进谒，问候起居，终未果愿，至觉歉疚。此次奉鄙国临时政府李大统领之命，携带国书，南来访粤，奉问贵大总统政躬康泰，并代表鄙临时政府及全体人民，向贵大总统致敬。

孙：谢谢贵国统领及贵国政府之厚意。余甚愿贵大统领及贵政府全体阁员健康安好。

申：谢谢，谢谢。

孙：先生系我老同志，辱蒙远道过访，至为感谢。此次复以韩国国使资格，相会一堂，尤所庆幸。唯今日之会，既非正式，我们不妨随便谈话，以倾积愫。

申：谢谢，谢谢。优蒙贵大总统召见，至为荣幸。圭植此次来谒之意，已向胡先生展堂详述，谅已渎尊闻。圭植自辛亥年亡命来华，适逢中国革命，遂入同盟会，追随我大总统，参加第一次革命。其意盖谓中韩两国革命同样重要，中国革命成功之日，即韩国独立解放之时。圭植不才，愿效包胥，作秦庭之泣也。讵料民国成立，十载以来，袁氏称帝，张勋复辟，军阀割据，政客祸国，内忧外患，纷至沓来。圭植虽愿作包胥，实无秦庭可泣也。今幸我大总统组织护法政府，维护天地正气，重整国家纪纲，鄙国临时政府闻讯，莫不额手称庆，咸谓中国统一有望，东亚曙光已启。故特命圭植南来趋粤，晋谒我总统，访问我护法政府诸公，以表崇高敬意；并拟请贵政府正式承认鄙国

---

① 1919年朝鲜"三一运动"后，4月11日朝鲜侨居国外的民族主义者在上海成立大韩民国临时政府。1921年代理国务总理兼外务总长申圭植赴广州护法政府晋谒孙中山，在谈话中孙中山表示支持朝鲜人民争取民族独立斗争。

② 此件时间底本标为1921年11月3日，当时孙中山出师北伐在梧州，不在广州。据《东方杂志》18卷23号"大事记"记：10月4日广州正式成立中韩协会。申圭植在穗晋谒孙中山，似在10月3日，今以《东方杂志》为断。（参见陈锡祺主编《孙中山年谱长编》下册（中华书局1991年版））

临时政府,在平等互惠之立场上,援助鄙国复国运动。兹携有鄙国所拟就之互惠条约五款①,特此奉上,伏乞钧裁。

孙阅毕,稍事沉吟,蔼然曰:中韩两国,同文同种,本系兄弟之邦。素有悠远的历史关系。辅车相倚,辱〔唇〕齿相依,不可须臾分离,正如西方之英、美。对于韩国复国运动,中国应有援助义务,自不待言。唯自推翻满清,建立共和以来,军阀政客,仅知一己私利,不识共和为何义?钩心斗角,日事禄利之争,违背余所创之立国精神,到令人民重沦于水火,国族复濒于危亡,思之殊堪痛心也。故中国不救亡图存则已,否则非有一强有力之革命政府不可。护法政府之产生,基因在此。然目前北伐尚未成功,国家尚未统一,仅以广东一省力量,实难援助韩国复国运动。故关于贵政府第四条、第五条之要求,目前尚无能为力,至少在北伐占领武汉后,始可以办到。又关于第二条承认韩国临时政府一节,原则上毫无问题,对于流亡中国而继续艰苦奋斗之贵国临时政府,我护法政府自应予以深切同情,而加以承认。实则我护法政府,迄今亦尚未得他国之承认也。若干年来,余对韩国问题,始终异常重视。故此次出席泛太平洋会议之代表,余曾语之云:"所谓二十一条、东三省问题,以及山东问题之重要性,远不及马关条约。盖日本侵略弱小,破坏东亚和平,实自订立马关条约,蹂躏韩国独立始。故列国如不承认马关条约为平等合理之条约,则各种继起条约,统归无效。"唯是所谓泛太平洋会议,不过尽人事而已,对于国际纠纷,何所裨补乎?再关于贵政府第三条之要求,亦毫无问题。我等原极希望韩国子弟多多受军事教育,俾培养韩国军事人材。此事余决照办,通令各军校尽量收容贵国子弟可也。至于借地练军,作革命根据地一事,余认为北方最适宜。然目前政府(护法政府)力量,尚不能达到华北,

---

① 该条约五款内容:
一、大韩民国临时政府承认护法政府为大中华民国正统政府,并尊重其元首及国权。
二、请大中华民国护法政府承认大韩民国临时政府。
三、请准予收容韩国学生于中华民国军校。
四、请借款五百万。
五、请准予租借地带,以资养成韩国独立军。

徒托空言,亦无益耳。设使现有适当地带练兵,而无强有力之政府保护,诸事亦无法进行。总之,一切实力援助,须待北伐计划完成以后,届时当以全力援助韩国复国运动也。余之言,先生或以为失之迂远,然实系真心话也。

申:辱蒙贵大总统厚爱,对鄙国革命,予以深厚同情,复多所指示,至为感激。现在鄙国临时政府,已在巴黎、华盛顿等地设立欧美委员会,此次泛太平洋会议,亦将派员前往参加,以资呼吁、宣传。尚请我大总统嘱饬贵国代表,与鄙方代表密切联络,以资呼应为幸。

孙:可以,可以。余即通知鄙国代表可也。

申:尚有一要事须奉商者,即中韩两方,嗣后应有系统的外交联络。从前鄙临时政府未成立以前,贵我双方之外交,多侧重私人关系,而缺少系统的正常外交联络。此种情形,弊多利少。故今后贵我两政府间,应有正式的外交联络系统,俾便洽商,而免公私淆混。不知钧座之意如何?

孙:先生所见,极为合理。所嘱之事,自当照办。日后即请贵政府派代表南来,常川驻粤,与我护法政府保持密切联络,俾便随时磋商。至于贵代表膳宿一项均由我政府招待可也。

申:谢谢。谨当遵命。①

据[朝鲜]闵百麟《中韩外交史话》(重庆东方出版公司一九四二年版)

与廖衡酌的谈话②

(一九二一年十月六日)

(英国殖民当局)摧残侨民教育无异摧残我国内教育,此等悖绝人理之事,我政府誓与华侨同其祸福,可传谕侨特〔众〕,谨守文明,据理力争,不为强暴所

---

① 后申圭植返沪,派濮精一(纯)为韩国临时政府驻粤代表,常驻护法政府。
② 廖衡酌系马来亚华侨代表,因英国殖民当局摧残华侨教育事业,受派返国恳请广东当局及各社团支持,从速与英国交涉。此件系孙中山接见廖衡酌时的谈话。

屈。现本总统已切谕外交部筹划交涉手续,政府力所能及者,必尽力以赴之。

据北京《益世报》一九二一年十月十四日《廖衡酌谒见孙文》

与美国记者辛默氏的谈话

（一九二一年十月十二日）①

辛默氏询以各种问题。

孙氏谓:各国如能任中国之自然,不加干涉,则中国情形必日有佳象。

辛询曰:阁下之驻[所]谓各国者,美国亦在内欤？

孙曰:否。余意中所述者乃日本耳。日本之意盖无欲在中国扩充其势力,彼拟以施诸高丽人之手段复施诸吾人,将中国改成日本之殖民地。惟日本此种政策,幸犹非日本臣民均所赞同,乃系彼军阀中之野心家主张而已。当余在日时,日人告吾谓:一千九百十五年向中国所提之二十一条,彼等几忘之矣。此何谓耶？彼二十一条,当其提出之时,直至今日固仍同样存在,彼等并未将其取消,且百计谋我加以承认。现彼政策之目的达到者尚无几,故仍思以他种手腕以图我焉。

辛氏问曰:然则北京政府如何乎？

孙答曰:北京政府系无能力之政府,彼等之举措不能出于日人意中所欲为之范围以外。至彼总统亦非合法总统,缘合法组织之国会今乃在广州集会,并另选一人为总统矣。而彼总统盖为日人之所选择而已。至吾人若论美国,则其承认徐世昌为中华民国总统一事实有害于民国。惟余以为美国对于此种情形,其自己必膜然不知,且彼历年来固未尝故意欲中伤中国也。

辛氏又询云:阁下以为帝政将有复辟之机会乎？

孙曰:复辟之事有人正暗中图谋,然其不能成功则可必也。中国人民无论南北对于此举均所反对。惟日人则希望之,且助其进行焉。此种运动即

---

① 所标时间系谈话发表日期。

使一时成功,其政府亦决不能久存,盖吾人当能以敏捷之手段而覆灭之也。

辛又询曰:人言张作霖与谋复辟然乎?

孙曰:此余不能言。惟张之亲日则人所共知。当日、俄战争之时,彼尝助日以攻俄,其时张尚系匪徒,逮战后始借日人向中国之提议归降华军,充当头目。彼之势力现布满北京,而在天津之曹锟亦有欲将其兵力推而至于北京之意,惟两人之势力终不免于冲突,故乃发起此次天津会议,以谋调和。

辛再问曰:所谓长江七省联盟果据何重要之地位?

孙谓:余以为并无何重要之处。此等联盟仅各该省份之督军等为保护其个人私利起见而缔结之盟约耳。故北京政府或其他方面苟非有侵及彼等私利之举,彼决无所举动也。

辛氏曰:军人此等但图谋自私之态度,或谓编[遍]国皆是,果然耶?

孙曰:然。全国军人多借军力以搜括财货,此中国所以军队充斥之原因,盖无一武人不欲扩充其势力于最高之限度,以为保持地位之计。

辛又问曰:南北统一果有何机会?

孙曰:吾人无时不筹备南北谋和,惟吾人之谋和条件,须将日本之二十一条撤回日本,而北京政府则不能如此作为也,故吾人此后乃不能不取战争之手段以将解决时局。余信此时各国者能承认,则统一北方不久可告成功,盖吾人既有各国之承认,则各省必渐归向南方焉。南北统一之后,吾人当根据于地方自治政府之基而建一中央政府,中央政府所操之权则以不能归属于地方政府之权为限。

辛曰:顷阁下谓各国须任中国仍其自然。然则岂中国即无须外人之扶助即能自拔于危难欤?

孙曰:外国若能与中国协力,自为中国人所欢迎,惟外力之来须出于正当之道,此等援力当不在所谓任其自然之范围内也。吾人当筑铁道、修驿路、改善公共事业,凡此种种当不免藉外国之力以成之。惟余希望银行团之借款系非借给军阀耳。余所谓借款于北京政府不利于中国者,即因其系借给军阀故也。

据上海《民国日报》一九二一年十月十二日《总统与美记者之谈话》

与廖仲恺的谈话①

（一九二一年十月十三日）

廖仲恺对孙中山说："中西习尚，本不相同，欧洲军队常带有妇人参与其中，不为惊奇。若中国军队，绝对不容许妇人参与其中，以妇人在军中影响士气，先生首次北伐出师，对此似宜慎重考虑。"

孙中山听后反驳说："韩世忠大破金兀术于黄天荡，赖夫人梁红玉击鼓助战，可知中国军队并非不许妇人参与其中，亦不见得影响士气。至于妇人在军中兵气不扬的一类理论，乃腐儒见解，毫无根据。"

廖仲恺坚持己见，进一步说明道理："梁红玉击鼓助战，为历史上罕见之事，故传为美谈。今日习惯上仍以妇女不随军为原则。盖在甘苦之情形下，常为使士兵发生一种不良反感，不可不加考虑也。"

孙中山认为廖仲恺言之有理，便接受了他的建议。

据北京《团结报》一九八八年四月五日马宣伟《孙中山与廖仲恺之间的一段往事》

与上海《大陆报》记者的谈话

（一九二一年十一月上中旬）②

记者问：是否实行北伐？

孙先生答：吾人并不攻伐中国之北方，乃欲与日本战耳！因北方之人

---

① 1921年10月13日，孙中山决定15日出发，先到广西再取道湖南北伐。出发前曾有偕夫人宋庆龄同行之意。廖仲恺得知后，怕因此而影响北伐军的士气。便向孙中山进言。

② 谈话时间不明。据孙于10月29日从南宁返抵梧州，至11月15日始离梧州赴桂林，现酌定于11月上中旬。

民,赞同吾人之主张,吾人今只谋推倒被日本使用之华人耳。若辈在今日,已处穷境,内部已有争执,若辈又无资,除非向人索勒而得者云。

记者又问:吴佩孚如何?将为北伐之中梗乎?

孙先生答:吴如战,吾人可败之。今滇、黔与两广,均主北伐。南方首领中,只少数人不赞同;即曰四川方面,但吾人可令加入;若湖南赵恒惕,如不加入,必被驱逐,湖南人民与军队,均主北伐。陕西亦然,陕人与首领,均愿吾人之出兵。由此可见,吴佩孚已四面受敌,况吴拥兵太多,并无充分之财力以养之,只在商人和银行方面索勒而已。如此行为徒失人民之信用,民众将反对之。吴如不量力而用兵必败。但吴颇聪明,观察与见解均高,与吾人同。吴或不愿妄杀,而向吾人投诚,吴当知其素主张之民治政府,如〈在〉南方势力之下行之,必较在北方政府权力下为有实效。

记者又问:外传孙文与陈炯明有意见,及陈不主北伐,确否?

孙先生答曰:陈与余同事十六年,陈极主民治,终身以造成一共和之中国为目的,况今陈为南政府之官,必依从政府之命令,如不奉命,可易人继之。

记者又问曰:如何易之?陈自有兵,民又信之,如彼不从命,君将逐去之乎?

孙先生闻之,目光稍闪,继伸其手,紧握成拳,高声言曰:军在余掌中。外间之传说不确,陈必依从政府命令。

据上海《时报》一九二一年十二月四日《孙文与美报记者之北伐谈》

与某要人的谈话①

(一九二一年十二月五日)②

我非定要专打吴佩孚,如吴能让出武汉,将鄂省让归鄂民,实行地方自

---

① 1921年,吴佩孚占领湖北及湖南岳州等地后,为全力对付张作霖,意图拉拢正积极进行北伐的孙中山,乃托在沪直隶正定府某纱厂面粉公司总理某向粤在沪某要人疏通,某要人即抵梧州向孙中山转述吴佩孚的意见。本件为孙中山与该要人所作的谈话。

② 所标时间为谈话发表日期。

治,彼率驻鄂省之直军尽师北上,助我定中国长治久安之策,以民主主义为前提,我又何必与他个人为难。如以权利地盘为交换问题,中国各省地方乃中国人民地方,非武人所能随意分配占据。请告该总理,如有所表示,先撤在鄂直军,通电申明主义,否则虽派代表无益也。

据天津《大公报》一九二一年十二月五日《吴佩孚代表在粤之运动》

与吴佩孚代表的谈话①

（一九二一年十二月五日）②

子玉如以诚相见,我可接谈,惜吴子玉事事骗人,即如所说,恐人亦不尽信。吴子玉一骗王占元,再骗赵恒惕,三骗鄂省人民,今则加兵岳州,进兵川陕,俨然与西南为敌,我不打他谁打他。鄂人逐王占元乃鄂人之天职,与吴佩孚何涉？既不助王占元,又不助鄂人,反从中窃取地位权利,此种人说话毫无信义,叫我如何能信？如吴佩孚能翻然自悟,移兵北逐,让鄂省于鄂人,方有办法,否则口头上话,句句好听,对于国家人民究竟有何裨益？陈总司令无论如何决不能不服从我的主义,如以为派代表来粤即可停止兵事,吴子玉真发奇想。我此次出兵,系照川、黔、滇、湘、粤、鄂六省地方长官或人民之请愿。如吴子玉服从三民主义,实际表示,亦国家之福、我所愿闻者。

据天津《大公报》一九二一年十二月五日《吴佩孚代表在粤之运动》

---

① 吴子玉即吴佩孚。陈总司令指陈炯明。1921年11月,吴佩孚派张雨山等人为代表至广东活动,张等抵广州后,即派一湖南人赴梧州转述吴意。上述谈话即孙中山之回应。
② 所标时间为谈话发表日期。

与美国记者嘉乐利的谈话

（一九二一年十二月十七日）①

美国记者嘉乐利氏访问孙总统曾以英人此梦②问之曰：英人殆将成功乎？

孙氏答曰：是视吾们如何奋斗为转移。

嘉问：先生亦畏日本否？

孙答：否。日本不足畏矣。日本之伟大人才，已如陈土，求如当年明治天皇之人才，今不复睹矣。

孙谓嘉乐利曰：世之观中国者，不当观其所已为之事业，当观其所能为之事业。中国在大体上，固尚觉暗然无生机，但自太平〈天国〉之役而后，即如美国南北战争。于绝望中忽发现新生命之时期。惟中国所经之途径，皆属黑暗无光。昔者美国民族尔时因系一少年之民族，今亦犹为少年之民族，困难问题较少。若中国则一旧民族也，其困难问题，因之亦甚繁夥，旧日相传之习惯，势必经较长之时日始能革除之。顾当吾中国人民改革旧日困难之时，则有外人从而环绕之，而掣其肘，控制其咽喉，束缚其行动，因而消灭其改革工程之效力。

孙氏又曰：至若持日本与中国比较，彼直接造成现代日本之伟大人物，皆不复存；而中国之伟大人物则正在诞生。余或不能躬睹敝国获得自由最后胜利之一日，但余决不欲生见吾民沦入于西方巴比伦为人囚奴之境界。

据上海《民国日报》一九二一年十二月十七日《美报论孙总统与华会》

---

① 所标时间系上海《民国日报》发表日期。
② "英人此梦"，是指英人欲建新大不列颠帝国于亚洲，自波斯海峡，东至渤海湾止，企图把中国沦为英国殖民地，孙中山斥之为梦想。

与陈炯明的谈话

（一九二一年十二月二十三日）①

（一）北军南征适在秣马厉兵之际,闽、赣招募新兵抵御联军,粤军不宜裁汰。

（二）北伐军现已编练就绪,若提倡裁兵,军心不无动摇。

（三）粤、桂防务均在吃紧之时,桂、粤军不足分防务,应暂停止裁汰。

据天津《大公报》一九二一年十二月二十三日《孙文反对陈炯明裁兵》

与马林的谈话（译文）②

（一九二一年十二月）

我们③马上就当前的问题——正在召开的华盛顿会议、俄国革命、苏维埃共和国的发展和新经济政策的重要性——进行了长时间的谈话。

……从谈话中听得出来,对于攸关苏维埃共和国生存的所有重大事件,他都十分了解。共产主义思想对中国青年学生的影响,引起他特别关注。因为他曾严肃地批评过这些人,指责他们根本不了解斗争的实际意义,因为他们只会埋头读书和空谈哲理。他感到,国民党元老不充分接触日益倾向社会主义革命的、受过教育的青年是不利。我的译员④就是这些青年中的

---

① 所标时间系报纸刊载日期。
② 1921年12月,孙中山与马林有两次谈话。据邓家彦《马丁谒总理实纪》中记载,孙中山第一次与马林的谈话,邓家彦未参加,第二次谈话的参与者中又无张太雷。由此判断,此为孙中山与马林的第一次谈话。（谈话系报告体裁）
③ 文章采用第一人称,"我"即马林,"我们"在这里指孙中山与马林。下同。
④ 指张太雷。当时他陪同马林访问孙中山。——译者

一人,是共产主义青年团①杰出代表之一。

孙中山对他说,他虽然已广泛地了解西方和西方的科学,但仍然非常相信中国人。他用中国话对译员说:为什么青年要从马克思那里寻求灵丹妙药,从中国的古典著作中不是也能找到马克思主义的基本思想吗?

据荷兰《阶级斗争》杂志(一九二六年三月号)(施辉业、刘特平译)

与马林的谈话②

（一九二一年十二月）

马丁③宣布第三国际意旨,力促国民党与之联盟,可谓语重心长。总理顾谓党人曰:"诸同志亦有说乎?"众默然。总理于是郑重答复马丁曰:"苏联革命甫四载,其事绩世罕能言者,文献阙然,莫由闻知焉。吾侪革命党人也,讵不同情革命?顾革命之主义,各国不同,甲能行者,乙或扞格而不通,故共产之在苏俄行之,而在中国则断乎不能。况吾师次桂林,志在北伐。今吴佩孚屯军洞庭以逆我,吾夺洞庭,窥武汉,直取长江,实侵英国势力范围。英知我联俄,必力图遏我,吾北伐之师,从此殆矣。为安全计,今仅能与苏联作道义上之联络。一俟义师北指,直捣黄龙,再谋具体合作,未为晚也。"

据邓家彦《马丁谒总理实纪》,载罗家伦主编《革命文献》第九辑(中国国民党中央委员会党史史料编纂委员会一九八四年影印版)

---

① 当时称社会主义青年团。——译者

② 此为孙中山与马林的第二次谈话。据底本记载,参加谈话者除孙中山、马林及邓家彦以外,尚有胡汉民、许崇智、陈少白、孙科、林云陔、曹亚伯、朱卓文。

③ 即马林。底本原文曰:"叩其姓名,则曰:'马丁',并拼音出之,曰:'MARTIN'。后有作者误以为马林或马麟(Maring or Marling)皆未尝与之谋面,或记忆失愈耳。"

与奉直代表的谈话

(一九二二年二月十一日)

孙中山对奉直代表来粤表示意见：

一、北伐不因此停顿；

二、直为国家者，宜服从正式政府，先驱逐徐世昌；

三、宜服从民权最高政治；

四、以旧国会奠固政局；

五、排去交换利益恶习。

据上海《民国日报》一九二二年二月十二日

附录　同题异文

一、奉、直两方虽各派代表来粤，而北伐军不能因奉、直两系代表〈来〉而不积极进行，正式政府仍必执行其权。二、我等对奉、直两方原无意见，如实心为国起见，宜服从正式〈政府〉命令，移兵作政府前驱，不得顾个人军阀地盘。三、正式政府置最高民权政治于军权之上，将来中国废去军阀盘据各省为地盘之习，还权于地方人民，奉、直宜首为之倡。四、旧国会解决中国纷乱政局，使中国成一永久宪法上之国家政府，巩固国基。五、正式政府对中〈国〉责任，为一劳永逸之计，态度光明，以国家为重者为国友，争私人权利者为国仇。从前交换给合之习，皆认国家在后，私人在前，长此相沿，何以对国家人民？亦不必多此用兵一举，故西南决不能苟结合，致蹈从前覆。

据长沙《大公报》一九二二年二月二十五日《孙中山对奉
直态度——对奉则主张以旧国会解决时局》

与伍朝枢的谈话

（一九二二年三月二十七日）

香港转桂林电：伍朝枢于宥日抵桂后，即于沁日赴全，与孙中山会晤，并筹商统一问题。据云孙氏确已表示意见谓：南北统一，固为吾人所日夜靳所不可得者，惟空谈统一于事何补？今欲联络南北一致，非南北方赞助余之主张不可。其主张有四：（一）请南北公推一人组阁，代行大总统职权，其阁揆拟采法国制，设一正一副。（二）组织新国会，以旧国会制宪法。（三）废除督制，实行划分军区，南三区，北三区，特别区两区。（四）着手裁兵，其裁兵手续，由国会定之。又云：此大体条件，双方同意后尚须开全国和平会议，以解决繁琐之手续。至北伐进行，此时仍不能稍辍，盖恐北方之反复无常，而以虞诈之手段相对待也。

据长沙《大公报》一九二二年四月七日（三）《孙中山之最近主张》

与桂林《学生联合会三日刊》记者蔡挺生的谈话

（一九二二年四月四日）①

记者问话要点有二：

一、湖南之现状如何？二、广西今后之进行，请指示！

大总统对一之答语云：湖南没有什么，只是一味闹饥荒，米很贵。外面的谣传，都是敌人的侦探所制造。对二之答语云：土匪溃兵，都不足畏，只要人民联络起来，成一个有力的团体，就是拿起刀枪也可以抵御。但是就我们

---

① 所标时间系该刊发表日期。

中国人看起来，个人的力量是很大的。譬方从前的唐太宗、元太祖、明太祖之辈，以几十年的工夫，可以把破坏和建设的事情，同时做到。像元太祖当时的威力，西边到里海，东北边到黑龙江，可以想见他的力量。又看广东的人，到南海去做生活的，不到几年工夫，居然赚了几十万、几百万回来，如此可以想见，我们个人的力量是很大的。但是我们中国人没有团体的力量。譬如我们中国办的公司总是失败的。像广东的某家、某家，从前以一个人的力量，弄得非常发达；近来因为子孙众多，变了公司性质，便衰退下来了。近来一般新文化家，一天的鼓吹个人的力量要如何的发展。其实我们个人的力量已经够了，只要我们联络起来，什么事情都可以做得到了。

联络团体，我们先要揣度一般普通人的心理，普通人的心理是顶粗笨的。切莫拿我们顶聪明的思想来看普通人。因为聪明的思想不是他们所懂得。既然不懂得，即是他们做不到。那么，只是几个聪明人走上前，一般大多数人便要落后了，岂不是和社会脱离吗？我有一个很浅的譬方，我们去年由梧州上桂林的时候，总共有百多支船，走了廿多天才到桂林，为什么这样缓呢，就是因为我们走船，并不是以顶快的那一支船为标准，是以顶慢那一支船为标准。那时动身刚得一天的时候，已经有一支船走到昭平，而一支顶慢的船离梧州还没有好远，我们当时即止住到了昭平的船缓着前进，要等那支顶慢的船一起走。若不是这样，那么，那一支顶快的船只要十一、二天工夫便可以赶到桂林，而那些慢船便要丢到后头了。所以我们宁愿耐烦些，定走船的速度，以顶慢的船为标准，所以到了廿多天，百多支船一总便到桂林了，我还有一个譬方，耍猴子戏你们总应该见过。耍猴子的人，怎样教猴子呢？还有渔人，又怎样教他的鹭鸶呢？就是他教猴子、鹭鸶的法子，并不是拿人的聪明去教他，是要研究猴子、鹭鸶这一类动物，到底喜欢的是什么？怕的是什么？教的人自己要变成猴子、鹭鸶，和猴子、鹭鸶做了好朋友，这样自然可得成功了。

我们联络团体，又从那一些人起首呢？这先要从一般无业的、做工的、种田的起首。这一些人都是极可怜的人，而又是极有力量的人，以我们有知识的人，总可以把他们说得动，联络起来。这三种人，拿到了手，还有商人、士大夫，俱不足畏了。因为这两种人，都是依靠上面三种人才生活的。上面三种人能够团结起来，下面两种人是不能奈何的。这两种人未尝不应该联络，不过后一些罢了。我们初〔最〕初提倡革命的时候，没有一个人肯听的。但我先把一般无业的游民联络起来，替他们谋饭吃、找事做，他们便信我起来了。我最后联络的人才是一般学生，你们要联络社会的人，也要先从一般无业的、做工的、种田的人入手，最后才到商人和士大夫。

　　我们求学问不妨玄之又玄，妙之又妙，想入非非；但我们做事情，又不妨从顶粗的、顶笨的做起，顶粗、顶笨的事情是人人能够做得到的，不必要什么高的学问。譬方想实行地方自治，先要从调查人口入手。调查每条街有好多家，每家有好多人。并不是要怎样的学问。住家的有家主几人？男女几个？或奴仆几个？营商的有老板几个？伙伴几个、仆人几个？从旁访问，是很易得的事，并不要立什么章程。你们做学生的能够联得十个、八个做一个团体，马上便可以着手做去。有了人口做材料，地方自治便易得办了。你们学生做一样事情，并不要人家信用，我们调查我们的，人家叫我们疯子，由人家叫作疯子罢了。你们能够把人口调查起来，我总可以帮助你们。我虽然不久便要北伐，但我在外面仍然可以帮助的啊。

　　土匪溃兵并没有什么可怕，若果是你们能够把地方自治弄好，他们是没有路子容身的。此刻你们各乡若是有了好团体，我们都可以设法给你们得到枪枝，譬方现在桂林军械局也还有许多旧枪，可以修整回来，就可以拿来应用。其实你们团体能够团结得多，便是拿竹竿也可以抵御啊。

据桂林《学生联合会三日刊》（一九二二年四月四日，桂林档案馆藏）

与陈炯明交涉之条件（摘要）

（一九二二年四月十五日）①

　　（一）省长、总司令两席让出一席；（二）孙部军全换新枪；（三）北伐军

---

① 据港电日期而定，报载"余五日"疑为 15 日之误。

饷两星期交一半,余六月内交;(四)取消民选县长;(五)所封政学系产已揭封者再封并通缉;(六)陈炯明北伐。

据长沙《大公报》一九二二年四月二十一日(二)《上海快信摘要》

关于南北议和的条件

(一九二二年四月十八日)①

(一)非北方军队退出武汉,或联军会师武汉时,不能开议。
(二)总统地位,非同时取消,不能开议。
(三)南方非有十省以上之根据地,不能开议。

据长沙《大公报》一九二二年四月十八日《孙中山之三不开议》

与某西报记者的谈话

(一九二二年四月二十日)②

陈炯明不服从我,故免之,惟仍与机会使知改悔。但予亦不能予以前此要职,料陈将仍为我助,否则,是彼牺牲其政治地位。外传陈联吴佩孚,我不视为重要,因此事发生,足令吴亦不信任陈。陈去时携去数百万及军械无算等语。末述彼已联张③倒吴。

据上海《申报》一九二二年四月三十日《孙对某西报访员言》

---

① 所标时间系报纸刊载日期。
② 此件日期据上海《时报》1922年5月5日载《孙中山对西报记者的谈话》译自《字林报》广州西报记者4月20日通讯云:"今日记者晤孙中山……","今日"即为4月20日。
③ 指张作霖。

与美国《华盛顿邮报》记者的谈话

(一九二二年四月中旬)①

孙总统语该访员曰:广东合法政府北伐之目的,不在中国北方人民,而在日本及为日本外府之北庭〔廷〕。溯辛亥革命之役,吾人调和心理,失于过急,在当时以为可免战争流血,而结果则并革命所成就者尽失之。袁世凯当国,中国入帝制派之手,迄今战祸频仍,牺牲性命,不可胜计,咸系少数军人政客,为个人私利而动兵戎,卖国之徒遂将矿产、森林、渔盐种种利权,售于日本,故急起直追,推翻北庭〔廷〕以撤销日本之外府,刻不容缓。盖中国若不推翻日本在中国之势力范围,日本必利赖中国之天产及人民,以遂其穷兵黩武之帝国主义。能维持太平洋和平之国家,非英国实中国也。吾人今日自救,即可以使全世界免除日本武力之危害;北方同胞亦逐渐醒悟,将与吾人同心协力,推翻日本之外府。

推原北庭〔廷〕之所以能存立者,良由列强各国之承认,倘各国否认之,中国即能统一于民意合法政府之下,然后解散无用之军队,整理财政,禁止贿赂,则国库充裕,外债即可清偿,故列强多承认北庭〔廷〕一日,即多重苦中国人民一日,亦即中国真正民治之政府,不能早实现一日。美国自来对于中国毫无攫取土地之野心,亦未利用中国衰弱以营私利,故今日否认北庭〔廷〕,当然事也。

> 据《民信日刊》一九二二年五月七日《孙总统与美京邮报访员之谈话》

---

① 此次谈话在梧州进行,具体日期不明。据孙中山于4月16日由桂林抵梧州,20日赴肇庆,故酌定为4月中旬。

与梁鸿楷等各军官的谈话

（一九二二年四月二十三日）

本总统此次回粤，系从军事上便利计，改道北伐。各军将领皆为热心爱国之人，现奉直已发生战事，本总统日内即率大本营兵士出发，会师武汉，直捣幽燕，以竟护法之初衷，毋负国民之期望，故驻粤之日无多。深望各位谨守秩序，保护治安，使万民安居乐业，为本大总统之所厚望。

据重庆《国民公报》一九二二年五月二十二日《抵粤之热闹》

与达林的谈话（译文）

（一九二二年四月二十七日）

【达林向孙中山递交了全权委任书，转达了苏俄工农的问候，称他为总统，以示对其地位的尊重。】

孙中山反复表明对苏俄的友好情感，并说愿意向我①介绍华南情况，也想听一听苏俄国内形势。

【讲到陈炯明时，孙中山火冒三丈，大声说：】

"我是总统，各部长应当服从我。他反对我，就是反对中华民国总统，违背人民的意愿，如果他不服软，那就要把他消灭。根本无任何和解可言。"

据 C. A. 达林《中国回忆录》（莫斯科科学出版社一九八二年版）②（李玉贞译）

---

① 文章采用第一人称，"我"即达林。

② 俄文原书信息为 С. А. Далин, *Китайские мемуары*, Москва：Наука，1982。以下 C. A. 达林《中国回忆录》俄文信息同。

与驻粤各国领事的谈话

（一九二二年四月下旬）

不但关余宜交回广州之中央政府，所有海关主权亦当一并收回，不得听命于北京总税务司，迟日即须施行，先行通告。所收各海关如下：甲、广州海关；乙、潮海关；丙、琼海关。

据上海《民国日报》一九二二年五月二十日《广州通讯》

与钟秀南的谈话（摘要）

（一九二二年四月下旬）①

二十七日香港电：内容略，钟秀南离财政厅长后，回省见孙文，孙谓：我未下令逐汝辈，胡相继辞职？须速办交代。

据长沙《大公报》一九二二年五月三日（二）《上海快信摘要》

与《字林西报》记者的谈话②

（一九二二年四月底）③

孙云：余赴桂林，原拟与吴佩孚相见于衡山，以解决大局。乃吴不至，故

---

① 据港电日期而定。
② 本篇系《字林西报》记者在广州晤孙的访谈录。
③ 底本发行于1922年5月5日，其访谈录译文谓"记者今日（二十）谒孙中山氏"，所指当为4月20日。但是日孙中山尚未到广州，故估计系于"二十"之后漏排一数目字。按文中言及"奉张现正预备击吴"、"北方战事业已开始"等，乃指直奉战争爆发之初，故酌为4月底。

吾人不得不酌改原定之计划。

记者讶曰:与吴相见乎?

孙笑曰:然,以兵戎相见耳。吾人之军队军装不完,不足御吴于平阳之地,故吾人希望南军至桂林,吴军亦至衡山,衡山为多山之地,吾人于此固不难以降伏之。余初意吴闻余至,必率四五万人南下,军火当充裕,将其击败之后,吾人可得大宗接济。不意彼意〔竟〕不至,此今日所以必改弦更张也。从韶关进兵,可以从速。余意由桂林水路下驶转赴韶关,可乘敌人于不意之中,收复赣省。不料行抵梧州,忽闻内部发生困难,于是势必不能〈不〉先解决困难之后,再谋进行。

陈炯明氏对于各事早已允照余意行之,或者遗来彼乃发生反对余之意见,然余意此实其左右为患耳。此辈人物悉系重要军人,其意拟用第一、二师军队以抗余。乃不知军队者非私人所有,而系公家所有,并非即可以利用者。其先彼等谓将以之〈与〉滇黔联军战,继乃谓将以抗许崇智,顾及余抵梧,而军士乃无一人愿出抵抗之举动者。

记者谓陈氏之赴惠州,窃以为系因其不以北伐为然,故不肯加入。

孙云:此余所以将其免职者也。此后彼将加入与否,余不得而知。惟余意彼当加入,何则?陈今日已无事可做,其军队并不愿抗予。君不睹余回广州,并不随带军队以俱来,彼军官如能抗余,尽可于此动手矣。

记者谓假使陈及其军队不愿加入,北伐仍当进行否?

孙云:此当然进行,且时已在进行之中,军队正陆续开过韶关也。

记者谓进行中之军队,系属何人部下?出发路径如何?将来大约与何人军队作战?

孙云:黄大伟①军今为先锋,许崇智军将继续开拔作为中队,而以李烈钧军为右翼,更邀陈炯明指挥左翼,由湘、赣两路一齐出发。湖南方面当不至有反抗事实发生。江西方面,南北按〔接〕触约在赣州②〈附〉近一带。吾

---

① 黄大伟,时任粤军第一路司令。
② 赣州,清代设赣州府,民国初已废,此指其府治赣县。今除赣县外,另析其城区置赣州市。

人军队在人数、训练、形式各方均不及北军,惟人数、训练、形式等事在中国并不成问题。要之,吾人为主义而战,而北军则为金钱而战,故吾人可一以当十。况彼等即肯作战,即如吴佩孚部下,肯为吴个人而作战者尚不及百人。彼川鄂、湘鄂之战①,吴氏军队綦多,而有时乃不得不亲赴前敌,即此故也。现在彼若欲抗余,其困难当尤甚。

记者又询以奉粤联盟事。

孙谓现无所谓同盟。

记者谓,然则可谓与张作霖已具有谅解。

孙曰:然,称之曰谅解宜耳。惟此种谅解者要以服从为根本,故彼当服从命令,而此种谅解然后存[存]也。

孙又云:奉张②现正预备击吴,故谋得外援,吾人因此曾有代表往来,彼亦知余移军队于桂林之计。桂林一地在唐继尧未回滇以前,实为集中滇、黔军队最宜之地点。滇事后虽变化,但滇军固仍有前来助余者,现在此军已开抵黔西。奉张知西南不弱,故乐于与吾人联合。

记者谓北方战事③业已开始,恐南军不易于战事了结之前即能军锋及于长江,届时阁下以为奉直双方仍能欢迎南军否?又假使奉军得胜,能不阻南军向长江以北否?

孙曰:否,奉张当不致拒南军渡江,或将拒南军渡河④耳。然吾人固无所惧,假使不得已而战,则南军并不见劣于北军。盖南军有二优点,即习于山战及夜战是也。至于北方目下之争,则决非一时所可结局,吾人进兵尚不嫌迟云。

记者告孙,外人对于其在工界方面之势力殊为注意。

---

① 指1921年7月至11月间相继发生的湘鄂战争和川鄂战争,分别与湘军、川军交战者即为吴佩孚统率的直军。

② 奉天张作霖之略称。

③ 指第一次直奉战争,1922年4月26日开战,5月4日以奉军溃败而结束。奉军的迅速失败大出孙中山意料之外。

④ 河,指黄河。

孙云：其对于劳工运动宿表同情，故尝奖励劳工之团结，惟其本身与劳工运动并无关系。

与记者同往谒孙之美国军官，斯时因谓劳工组织有时信奉极端主义，性质綦为危险。

孙氏答云：但中国人做事向不趋于极端，此可无虑。

该军官又谓，闻此地有数种工业，业主因改良机械之故可以少用若干人，而工会乃以势力迫该工厂不准其解雇，故厂家每有养游惰工人至百余者。此殊非奖励彼改良工厂者之道，此种情形宜如何补救？

孙云：是不艰，只须再多购机器，令此游惰工人亦作工可耳。

据上海《四民报》一九二二年五月五日《孙中山与西报记者之谈话——讨论西南各问题》①

就反基督教运动事发表谈话②

（一九二二年春）

予敦非基督徒者？予之家庭且为基督徒之家庭。予妻、予子、予女、予婿，孰非基督徒乎？予深信予之革命精神，得力于基督徒者实多。徒以我从事革命之秋，教会惧其波及，宣言去予，是教会弃予，非予弃教会也。故不当在教会，但非教义不足贵也。教会在现制度下，诚有不免麻醉青年及被帝国主义者利用之可能。然如何起而改良教会，谋〈求〉独立自主，脱去各帝国主义之羁绊，此教友人人应负之天责，亦为一般从事宗教运动者应急起为之者也。予奔走政治，不能为直接此项运动之参加，然予亦反

---

① 此据《字林西报》所译。同月29日成都《国民公报》所载别一译文《孙中山与西报记者之谈话》，内容与本篇基本相同而文字差异较大，内有一段关于秘密会党渗透北方军队情况的谈论，为底本所无。

② 1922年春，北京、上海及其他一些大城市掀起了以反对帝国主义文化侵略为中心的非基督教运动。孙中山虽然不赞成全面否定基督教的观点，但他明确表示中国教会应当进行改良，脱离帝国主义的控制，于是发表此谈话。

对现在反基督之理论。

据陆丹林《革命史谭》(中华书局二〇〇七年版)(录自《真道周刊》、包世杰《请保护教会促进自立呈文》)

与马科森的谈话(译文)①

(一九二二年五月中旬)

孙中山指责华盛顿会议"以给日本自由来代替限制其权力";孙中山以权宜之计为由,替他和张作霖的联盟进行辩护。他论证,北京政府之所以能够存在,仅仅是由于外国列强的承认。并且表明,他的政府是唯一合法的政府。在其国际开发中国计划的热烈讨论之后,孙中山断言:"如果美国承认我,统一的绊脚石就会消失。"

孙中山对马科森的临别赠言是:"帮助我们取得美国的承认,因为这样做就意味着胜利。"

据[美]韦慕廷著,杨慎之译《孙中山——壮志未酬的爱国者》(中山大学出版社一九八六年版)

与西报记者的谈话②

(一九二二年五月二十九日)③

孙先生:余前在桂林,冀会见吴佩孚于衡山,而与之解决一切;讵彼不能来,吾人乃不得不略将计划变更。

---

① 伊萨克·F. 马科森,《星期六晚邮报》的作家,孙中山在韶关会晤了他。
② 孙中山与西报记者谈话时,尚有一美国军官在座。《谈话》刊载系报道体裁,今整理成问答式,并删去原报道中与谈话无关的文字。
③ 所标时间系重庆《国民公报》刊载日期。

记者:会吴佩孚乎?

孙先生:然。特相见以兵耳!吾人未得大炮及在平原与彼相会之设备,故希望吾人到桂林,彼当到衡山,吾人乃围彼于山中而结果之。吾人以为,彼闻余将至,当率四、五万人来会,吾人乃可本其一批大炮及其他供给品,岂知彼竟不来。吾人遂不得不改变方针以赴韶关。君当知从韶关出发进行,可以甚迅。吾人以为由桂林从水道东下,不数日全军可到,以迅雷不及掩耳之手段袭取江西。

吾初未知此间有任何反对,直至梧州始知。乃只得先到此间解决此事。陈炯明原已应允,一许〔切〕服从吾之命令。彼或有反对吾之意,亦本〔未〕可知,但反对大半系出于彼之部下。彼辈自谓为广州之伟大武人,目空一切,欲与余战。以为第一、第二两师乃愿与余战者,不知此等军队,并无〔非〕私产,乃国家所有;两师士兵并非彼等之人,故不愿反对余。此辈武人初告士兵谓须拒滇黔之苤止,既而谓须抵拒许崇智回,不提及吾名。余抵梧州后得知一切。余本欲直赴韵阔〔韶关〕,遂舍军队而自回广州。彼等闻余至,皆逃,相语曰:来者乃孙中山也。无一人愿与吾战者。

记者:陈炯明已赴惠州,即因不赞成北伐,不愿加入之故?

孙先生:此余之所以免其职也。余不知彼今尚愿来余处否;但余以为彼当愿来。因彼无他事可为,彼之部下不颇〔愿〕反抗余。君试观,余并未带兵到此,此间实际上并无兵,果使彼部下而能反抗余者,当于此间为之。

记者:倘陈将军与其部下不加入者,君亦将进行北伐耶?

孙先生:然。吾人现已在进行中,军队正从韶关陆续出动也。

记者:出发之军为何项军队?由何路进行?预期将遭〔遭〕何反抗?

孙先生:黄大伟率领前锋军队。中路许崇智统率,李福林属之。李烈钧统右翼。左翼本拟以陈炯明为司令。现在出兵计划须稍为变更,将全军分向赣湘两省出发。在湘省方面,预期毫无反抗,与在广东行军相同;江西方面,则其始在赣州附近当有若干阻力。

吾人军队不多,军器、训练均不甚良,形式亦不及北兵之美观,但此等事在中国并无多大意味。吾人之兵为主义而战,彼等之兵则为金钱而战,故数目一层无足重轻。吾敢言,吾兵一人至少可当被〔彼〕等之兵十人。不但此也,彼等之兵亦不乐与我战。吴佩孚所有愿为彼拼命之兵不过数百人,彼前与湖北人及川人战时已自知之。若与吾战,则更为难,因吾人皆同隶于一会,北兵属于此会者在半数以上,彼等并不反对吾也。

记者:所谓之会,系属何会?

孙先生:此非国民党,亦非同盟会,乃一种新组织,系秘密团体,有秘密符号,略与他国之共济会同。君曾闻三点会、白莲教及哥老会乎?此会大略相似。若吾人举出秘密符号时,对方之兵即将不战而与吾人携手。

记者:该会何名?

孙先生:各地名称不同。

记者:北方军人皆属此会乎?奉天兵亦多有属之者乎?

孙先生:奉兵属斯会者或不多,其他兵士则甚多。

记者:吾人于君之北方同盟极为注意。

孙先生:并未有同盟之事。

记者:然则君曾与张作霖及老段等成立一种妥协乎?

孙先生:然。乃一种妥协。惟此妥协之可能,乃以服从为基础,彼等必须服从命令。

记者:北方有一邱〔印〕象,以为君与张作霖约定,粤省先北伐以牵制吴佩孚之兵力。

孙先生:是(点头)。张预备与吴战,因求同志援助。吾人互派代表交换意见,彼知吾人集中桂林之计划。当唐继尧未回滇之前,桂林为滇黔军集合之良好中心。张作霖彼时允许为吾后援。吾人现又得滇军若干,有与唐继尧不洽之数〔派〕旅团,已于今日抵此点验矣。

记者:惜君桂林迁延多时,北方业已开战,恐君到长江,北战已了。苟张作霖获胜,君意彼将不反对君之渡江乎?

孙先生:〈渡〉长江未必反对,渡黄河则恐反对,但此可无虑。吾人即并与彼等作战亦不畏。吾人军队素受山战及夜战之训练,此为两种长处。但此次北方战事,非一时可了,如直皖之战然。吾人或有〔于〕其终了之前达到北方,亦未可知耳。

记者:外人闻君与工界运动有关系,深为注意。

(座中一美国军官称:劳工组织如取激进主义,颇为危险。)

孙先生:中国不然,中国人从不为极端举动。

美军官:但吾闻此间有雇主改用新式机器,拟少用工人,而为工人团体所反对,至有豢养数百不作事之工人者,此于改良工业殊有碍,将何以解决之乎?

孙先生:此易易耳。只须多购机器,即可多用工人,但余信此等大工业应归国有。如美国洛克菲勒、多卡纳奇等之事业,应皆归国家管理。中国今尚无此种大企业,将来如有之,吾愿其立于国有铁路之同一地位也。

(孙否认彼拟任工党领袖谢英伯为广东省长,并谓省长一席将由伍老博士永任。今因外交总长一职无人继任,否则伍博士当已卸外长而专任省长;至兼职之繁剧,将派干员助其处理。)

送别记者时,孙先生称:吾望不久在北京见君,吾意当在秋间也。

据重庆《国民公报》一九二二年五月二十九日《孙中山与西报记者的谈话》

与达林的谈话(译文)

(一九二二年五月)

【达林讲到苏俄的共产主义制度、无产阶级专政和红军时,孙中山向其提出建议:】

"我给你一个最落后的山区的县,它没有被现代文明教化。那里住的是苗族。比起我们城里人来,他们更加容易接受共产主义。因为城里的人接触了现代文明,他们已经成了共产主义的反对者。你就在这个县里建立苏维埃政权,如果你们试验成功,我就在全中国采用这样的制度。"

据C.A.达林《中国回忆录》(莫斯科科学出版社一九八二年版)(李玉贞译)

与达林的谈话(译文)

(一九二二年五月)

【达林问孙中山为什么不依靠贫农进行土地革命,孙中山回答:】

"现在我面临的是军事任务,我要把全中国从军阀统治下解放出来,此后才能进行土地革命。"

【达林谈到关于没收外国资本的政策时,】

孙中山说,他不能实行没收外国资本的政策。他说自己是民生主义者,根本上反对中外资本主义。但是没收外国资本的政策会吓跑中国民族资产阶级。

【达林谈到中国军队的雇佣性质,孙中山同意,但是他认为,】

"第一步应当先清除中国的军阀,然后在中国建立统一的国家军队。"

【达林说国民党组织力量薄弱,组织松散,不像一个现代意义上的政党,孙中山举出了一个天文数字并说:】

"你看,上海学生代表大会就表示拥护我,中国光学生就有多少人?再加上我的军队,官兵都承认国民党的三民主义,总人数有10万人。"

【达林说起陈炯明时,孙中山满脸涨得通红,挥着拳头说:】

"我的挚友陈炯明背叛了我,他被吴佩孚收买了,被香港的英国人收买了。"

据C.A.达林《中国回忆录》(莫斯科科学出版社一九八二年版)(李玉贞译)

在广州接见澳门工会代表团的谈话①

（一九二二年六月二日）

代表团详述澳门葡兵逞凶枪杀华人情事，请政府设法对付。

孙答谓：此事现在政府方面已提出严重交涉，不必各位来，政府已经去做，此系政府就应有之责任。但各位意思要政府如何做法，不妨明言。

代表团的意见，有请派舰前往保护华侨者、有请派兵收复澳门者。

孙谓：政府有政府应取之态度，当根据国际公法向他严重交涉。至国民方面的行动，则政府不能过问，亦不能预闻。

谈晤颇久，最后由孙氏担认积极向葡人交涉，必尽力保护侨民。

据香港《华字日报》一九二二年六月三日《关于澳门事之孙中山谈话》

与汤廷光温树德等的谈话②

（一九二二年六月二日）

各位即当将海军积弊清除。

据上海《申报》一九二二年六月十一日《粤军忽然戒严说》

---

① 澳门葡兵枪杀华人，澳门工会举代表陈恨生、梁工侠等多人赴广州晋谒孙中山，请愿派舰援助侨民。

② 2日午刻海军部长汤廷光、海军舰队司令温树德及各舰长多人就海军事务问题联同谒见孙中山，孙氏答允海军饷项由军政府盐税项支付，并说此语。骤看是片言只语，但它是现看到的孙中山部署、领导改组护法舰队取得成功后，对新指派的舰队各官佐讲话的首件文字记录，它有助于证实改组舰队是孙中山部署指挥的，录载供研究。

与美国教士的谈话①

（一九二二年六月六日）

美教士请孙取消护法政府,承认黎元洪复位。

孙云:此乃吴佩孚之敷衍计划,非俟其有充分诚意,余之北伐计划决不中止进行。

据上海《时报》一九二二年六月七日《广州六日电》

在广东省交涉署与外宾的谈话

（一九二二年六月七日）

希望友邦勿再扶植北方恶势力。并详述建设政策。

据上海《民国日报》一九二二年六月九日《本社专电》

关于黎元洪不能复任总统的谈话

（一九二二年六月九日）②

北方徐氏既倒,护法之业已告一部〈分〉成功。黄陂为解散国会下令之人,此时万难听其复职。即退一步而论,黎之任期业由冯国璋代理完毕,现无时期可复。若在法律上言论,只应由护法政府继承法统方为适当。

据长沙《大公报》一九二二年六月九日《南方对黄陂复职态度》

---

① 吴佩孚由美国教士斡旋,频向孙中山表示意向。
② 所标时间系长沙《大公报》刊载日期。

与日本朝日新闻社记者的谈话①

（一九二二年六月上旬）②

由吴佩孚以旧国会恢复为条件，劝告南北和平，确有其事。两三日来，由美国教士及直隶系人物为介，频向余求其承诺，其诚意未明白以前，决心按预定之北伐计划进行。今次日本受英、美、法之相商谓：当劝告中国裁兵统一，闻日本答以对于主义赞成。惟目下政情便难认为安定，此际仅援助北京之势力，即是助一党一派，故不可不加以考虑云云。此实甚得我心，斯盖由日本对袁世凯等个人之援助而失败所得经验欤！

据上海《民国日报》一九二二年六月十三日《总统对外宣言与谈话》

与达林的谈话（译文）

（一九二二年六月上旬）

吴佩孚解散了旧国会，此次他的声明③是不打自招。所以国会回到北京的条件，应当是惩办解散民国最高立法机关的祸首和解除吴佩孚军队的武装。再一个条件就是让南方军队开进北京，这一切则应保证国会的正常运转，保障它不致再遭解散。

据 C. A. 达林《中国回忆录》（莫斯科科学出版社一九八二年版）（李玉贞译）

---

① 原文系据国闻通讯社转译日本《大阪朝日新闻》日外务省得广州电讯。
② 谈话日期不明，据谈话称"两三日来，由美国教士"频向孙中山"求其承诺"的谈话，应在6月6日之后，因酌定为6月上旬。
③ 吴佩孚扬言同意在北京召集"旧国会"。孙中山于1922年6月6日发表宣言，惩办祸国罪寇，保障国会安全。——译者

与日本朝日新闻社记者的谈话①

（一九二二年六月上旬）②

关于日美英法四国间有援助吴佩孚之议,在援清朝、援袁世凯、援段祺瑞之各国,其有此事,盖当然而不足怪。惟余则不问各国之如何援助吴佩孚,惟有断乎遂行其初志而已。旧国会恢复,当然与吾人之主张合〔一〕致;问题惟在吴氏主张之动机如何。彼果诚心诚意恢复旧国会,置国家统一之根本于此,则自无反对之理由。以余所见,吴特不过穷余之一策,借此美名而已。盖吴佩孚于袁世凯时代,攻四川而未入宜昌以西;段祺瑞时代,攻湖南而不敢入岳州以南,此实由恐惧西南实力之故。故今日破张作霖而更向西南,乃彼所以为困难者。彼于是一面以恢复旧国会为题目,求各团体之谅解;一面由代表及某某外国人向余求妥协。惟彼之真意,既未之明,自不能应之。本来武力统一为不可能,如各国对于中国守严正之中立,则一年之内,必由妥协而统一中国,非不可能也。

据上海《民国日报》一九二二年六月十三日《总统对外宣言与谈话》

与国会议员的谈话③

（一九二二年六月十一日）④

孙曰:余两次来粤,皆以保障旧会⑤为责任。一解散于袁世凯,再破坏

---

① 原文系据国闻通讯社转译日本《大阪朝日新闻》广东特讯。
② 谈话日期不明。据谈话称吴佩孚"今日破张作霖而更向西南"等语,应是直奉战争中奉张失败、徐世昌辞职、孙中山6月6日《对外宣言》发表之后,今酌定为6月上旬。
③ 徐世昌退职后,北方军阀政客忽大唱恢复旧国会。南方国会议员闻讯,有的议员前往观音山总统府谒孙中山,询问他对旧国会的意见。
④ 谈话日期不明,今所标时间系上海《时报》发表日期。
⑤ 旧会,指旧国会。

于督军团,再见逐于岑春煊。现在中国只有此合法国会,予曾通电各国各省,主张中国由第一届国会,为中国主人。凡国会所集合议决者,即为中国合法之举动,国会以讨贼大权赐予,故予即服从国会命令,执行不懈,此予民国六年来对国会所负责任也。

今北方徐世昌,自知为中国伪庭,一班军政要人曾与国会为难者,处于无可如何地位,又有以第一届国会为傀儡,而行其欺饰天下之计者。使若辈对于国会,果有诚意,何至两次皆见逐于北京方面也。予为主张第一届国会解决中国之一人,即为数年来保障第一届国会之一人。予对于恢复第一届国会,无论南北应有先决问题两项:(甲)惩办破坏第一届国会之重要祸首;(乙)确定第一届国会之永久保障。据甲说言之:民国五年袁世凯死去,国会重往北京开会,予即有言,国会为中华民国之主人,主人见逐于奴仆,臣奴已死,主人今归理家政,其他帮凶之恶奴多人,尚在家中。如不严加惩办,则国会主人,彼必视同儿戏,定有第二次被逐于优容之凶奴。故民国六年再演解散国会之戏,同人不注意予言,始有此种结果。

六年以来,予同海军、国会,来粤护法。北方对于第一届国会,视同蛇蝎,仿袁故技,另行制造,如是有新国会。有新国会,以违法新国会之举出伪总统徐世昌,亦居然解散举出本身为伪总统之新国会。徐世昌盖有鉴于第一届国会之总统,皆能自行解散举出本身总统之国会于前,无妨解散举出本身为伪总统之新国会于后,视为惯例,殊不为怪。北方军政要人,既目合法国会与非合法国会,俱视为不足重轻之物。推其原因,以为一旦破坏解散,国家人民,不能由法律上治若辈以何等罪状,不可〈利〉用则破坏之,有时可利用则恢复之。国会既无惩办之文,若辈视为进退之具,纪纲败坏,国体何存。此次全国议论,既趋于第一届国会召集,为解决国事之一途,此予六年来所主张,天下既守服从予主义矣。但今日可以恢复,明日仍可以破坏,是恢复国会,仍无益于国家也。袁世凯第一次解散国会公案,已成过去之历史,不必深究;此后国事,来日方长。凡民国六年对于第一届国会,主张执行破坏者,无论为从、为首,择其主要,必先宣布若辈危害国家罪状,处以惩办之条,使国人有所矜式,不致有军政权者再任意妄为。予为主张第一届国会之领袖,当然有提出惩办之特权。国会锡予讨贼,所讨何贼?即讨伐惩办破坏正式合法国会之贼也。据乙说言之:民国五年国会重入北京,予即主张调南方兵数千人入京,为国会保障军。六年护法南来,予通牒美国总统,仅提出合法国会,执行国政一条,为解决中国时局之答复。予知北方军政要人,对于合法国会,观念异常薄弱,且有视为仇雠而不容存在者。盖有国会,则若辈不能为所欲为也。

予之所谓保障者,非为第一届议员计,为中华民国永久国会计,民国无合法国会,国几不国,民国而可危及国会,民国何存。世界有法纪之国家,国会当然无需保障。中国既演非法之戏两次,徐世昌更于伪非法戏中,又演伪非法戏一次;且有自认非法,而必行此非法之事者。合法国会,关于北方危险之处,一触即发。盖若辈视为成例,于己不利,则尤妨照例行也。予前为提倡护法之一人,亦即为保障国会之领袖,如南北各方服从予数年来之主张,召集第一届国会,解决国事,则先宜承认保障国会条例,使国会有自由执行之权,即有永久不可侵犯之权。保障之法,予在沪上,已对外人发表,是可取为条件例也。现南北均知趋重合法国会,予甚欣慰。予断不容北方蹈始利用,而终弃之故辙。故先决问题:(一)惩办祸首;(二)永久保障。然后天下始知国会之定固尊严云云。

据上海《时报》一九二二年六月十一日《孙中山之宣言》

与广州报界及各通讯社记者的谈话①

(一九二二年六月十二日)

报界诸君:

我因北伐赴桂,阅八月犹不能出中原一步。此八月内之广东事故,诸君

---

① 1922年6月12日孙中山因陈炯明军队归驻省城,广州大局可危,特邀请报界及各通讯社记者假座财政厅开设茶会,到者25人,孙中山在会上分二次谈话。

深知之，即请诸君为我言之。至今日以后之事，我欲为诸君言之。

八月之事为何事？系出发桂林北伐。何以要北伐？系为打破武人专制，拥护宪法。彼武人专制，其痛苦不能尽言，如报界记者，亦曾受桂逆枪毙，而广东人亦有枪毙记者（似暗指反正时某记者事），此非武人专制欲防民之口乎？故打破武人专制，为北伐之要旨。然北伐自桂林出发，师抵全州，阅八月犹未出中原半步，其故何耶？盖此中系有阻力，系武人反对北伐，武人拥护武人。然湖南表面系与我相好，须军至岳州，始有敌人，其间陆行月余，始达彼地，而挤济非易。环顾各境，最近而与我为敌者，则为江西，故改道北伐，遂电全州军队反师。讵第二军旅长谢文炳，误用聪明，于永州致电陈炯明（因全州为我军范围不能发电），谓北伐军反攻广州。在陈氏为自卫计，即电广西粤军，阻止我军西下，是亦无怪其然。

及我军抵濛江，则为粤军所阻，几致冲突。其后我明白解释，始能消祸。我再个人至肇庆，屡电催陈来，当面解释，免生误会，而陈不特不来，且请辞去本兼各职。我以彼为不可留，亦遂准之。及我返省，而陈已去，北伐军未留省城一日，可知其志之在于杀敌。其败也，我固不能留恋于广州；其胜也，我已向长江进发，更何所取于广州？时陈已明白，狐疑尽释。然彼所辖之粤军，时〔特〕于广西插〔歃〕血盟誓，相率回粤，置广西于不顾。及陈知之，去电制止，时已莫及。比抵省城，我军已进江西，占崇安等处，确非据广州之心，已可大白。

讵彼六十余营之粤军，不特不谅我，且欲截吾军之后，进驻北江一带，以防我变。其在省者则日日索饷，迫令银纸兑现，日甚一日，似非达兵变之目的不止，将拥陈炯明返省。孰思陈氏之返省，早经我电布衷曲，再四派人敦请，而彼不顾，又经各界劝留，于情于理，已达极点。以大总统去一职官，本属常事，其部曲反因是而要挟，岂得谓合。

本大总统系受国会委托之重，行使总统职权，素富贵，行夫富贵，素贫贱，行夫贫贱，素大炮，行夫大炮，素革命，行夫革命。此次自韶返省，与陈家将当面解释一切。而彼不与我会面，只系终日索饷，欲陷省城于危险，吾岂无法治之？不过恐地方之糜烂，有所不忍。在今观之，时时可以内乱，刻刻可以开战,而陈氏今且不能返省,因系失驾驭之力耳。

盖彼陈家军麇聚省城,不听调遣,固不听总统命令,亦不听陈总长命令,贻患无穷。前者吾以炮击督署,惩创莫荣新,吾尚敢为,今以炮击陈家军,吾岂不敢为乎。吾素以大炮著名,当行吾大炮计划,但这回则将用毒烟矣。在座诸报界,为地方计,谁无性命财产,谁无父老昆弟,岂忍地方糜烂。当以三千毛瑟揭示各界,使知今日陈家军麇聚索饷之无理,成一种舆论,吾当于十日内设法去之,以顾桑梓,否则非糜烂不止也。

我现欲对于诸君讨论者有二事:(一)我去年自主张北伐,离去省城八月之久,人民对于北伐,究竟有什么批评,究竟感着什么痛苦?又省城有什么变故?很希望记者诸君详细说给我听。(二)报告今后我对于广州之行动。

打破武人专制,是我向来的主张,欲贯彻主张,就不能不出兵北伐,先行打破北方武人之专制。但广东方面,有武人仍欲袭武人的专制,所以他不赞成我北伐,多方阻挠。我因他恐怕北伐打破了北方的武人,就不免有兔死狐悲之感。但我是总统,不顾什么说,都要行我的主张。惟是师经湖南,由长沙出武汉,一日路程不遇一敌,倒给敌有一日之准备,我们是很吃亏的。所以不能不改道江西,江西的改道命令,我先经通告陈总长,他得收和没有得收我可以不管,但我的手续算已完了。改道之前没有陈总长的答复,谢文炳自作聪明,自衡州拍发一电给陈总长,说我派大军回省城,不是改道,是驱逐总司令。陈总长据此,即下令堵截。我当时知他的军队已戒严,我亦下戒严令,说如有军队胆敢截止,定必迎头痛击。当时两军接触,其不至成为战争者,实间不容发。我到三水时,叫陈总长来会,陈总长不来,并且声明辞去本兼各职。我当时认为陈总长既不愿干,所以我不坚意留他,遂批准辞职。

我回到省城,陈总长和他的部下,多已跑了。没有多日,驻扎广西的陈家军,通通拔队归来,这是陈总长手令,要他们归集中的。这些陈家军有六十多营,耀武扬威,想再演武人的专制,他每日要到财政厅闹饷,得了饷时,便尽行兑换银毫,所以弄得市面纸币,由九成而八成,而七成,而六成,或者低至两三成不定,通通是他们胡闹之过。我想他们这样胡闹,不过他们以为我革去他的总司令不服。但我是堂堂的元首,当然有任免文武官吏的权。我想把这理由说他听,请他,他又不来。我想去见他,他的军营警备森严,我又不能去。这六十余营的军队,天天这样闹饷,银纸日日低下,军队不难哗变,现在这省城无时无刻不在危险之中。我以很有〔多〕人劝我叫陈总长回来维持。我虽不愿意,我亦已经多次去电,及派人邀请回来。前礼拜他好似有回来的表示,但近两三日,陈总长来电,又表示决不回来。我问他何以不回,他说须军队先悉数离去省城,但他军队不听他回防的命令,硬要驻在省城。可知六十余营军队,陈总长已没有统驭的能力了。这样蛮横的军队,违背上官命令的军队,反对政府的军队,贻害地方的军队,无时无刻不可以作乱。

  我现时决定处置的方法,将下命令,要他全数退出省城三十里之外,他若不服命令,我不难以武力压服。人人说我孙中山车大炮,但这回大炮便是利害,不是用实心弹,乃用开花弹,或用八寸口径的大炮之毒气弹,不难于三小时内,把他六十余营陈家军变为泥粉。但残害六十余营的军人,且惊动全城的居民,不免过于暴烈。但我不如此做去,他们终不罢休。我只望报界诸君,主持正义,十日之内,做足功夫,对于陈家军加以纠正。陈家军若改变态度,即不啻如天之福,万一无效,就不能不执行我海陆军大元帅的职权制裁他们了。

据上海《申报》一九二二年六月十九日《孙中山与报界记者谈话》

附录一　同题异文

报界诸君:

  我因北伐赴桂,八阅月犹不能出中原一步。此八月内之广东事故,诸君深知之,即请诸君为我言之。至今日以后之事,我欲为诸君言之。

  (当时报界闻言,深以为异,举座寂然。孙大总统乃从容继续而言曰)八月之事为何事?系出发桂林北伐,何以要北伐?系为打破武人专制,拥护宪法。彼武人专制,其痛苦不能尽言,如报界记者,亦曾受桂逆枪毙,而广东人亦有枪毙记者（系暗指反正时陈听香事）,此非武人专制欲防民之口乎。故打破武人专制,为北伐之要旨。然北伐自桂林出发,师抵全州,阅八月犹未出中原半步,其故何耶？盖此中系有阻力,系武人反对北伐。武人拥护武人,然湖南表面系与我相好,须军至岳州,始有敌人,其间陆行月余不遇一敌,倒给敌有一日之准备,我们是很吃亏的。而环顾各境,最近而与我为敌者,则为江西,所以不能不改道江西。江西的改道命令,我经先已通告陈总长,他得收和没有得收,我可以不管,但我的手续算已完了。改道之前没有陈总长的答复,遂电全州军队反师。讵第二军旅长谢文炳误用聪明,于永州致电陈炯明（因全州为我军范围不能发电）,谓北伐军反攻广州。在陈氏为自卫计,即电广西军队阻止我军西下,是则无怪其然。

及我军抵濛江则为该军所阻,几致冲突。其后我明白解释,始能消祸。我再个人至肇庆电催陈来当面解释,免生误会,而陈不特不来,且请辞去本兼各职,我以彼为不可留,亦遂准之。及我返省,而陈已去。北伐军未留省城一日,可知其志之在于杀敌。其败也,我固不能留恋于广州,其能胜也,我已向长江进发,更何所取于广州,时陈已明白,狐疑尽释。然彼所辖之军队,特于广西歃血盟誓,相率回粤,置广西于不顾,这是陈总长手令要他归来集中的。比抵省城,我军已进江西,占崇安等处,确非据广州之心已可大白。

讵彼四十余营之军队,不特不谅我,且欲截吾军之后,进驻北江一带,以防我变。这些陈家军有四十多营,耀武扬威,想再演武人的专制,其在省者每日要到财政厅闹饷,得了饷时,更尽行兑换银毫,所以弄得市面纸币,由九成而八成,而七成,而六成,或者低至两三成不定,通通是他们胡闹之过,似非达兵变之目的不止。我想他们这样胡闹,不过他们以为我革去他的总司令不服。但我是堂堂的元首,当然有任免文武官吏的权。我想把这理由说他听,再思请他,他又不来。我想去见他,他的军营警备森严,我又不能去。这四十余营的军队,天天这样闹饷,银纸日日低下,军队不难哗变,舍〔故〕省城现无时无刻不在危险之中。所以很多人劝我叫陈总长回来维持,我早经电布衷曲,后来亦经多次去电,及派人邀请回来,各界也行劝留,于情于理，已达极点。前礼拜他好似有回来的表示，但近两三日，陈总长来电，表示决不回来。我问他何以不回，他说须军队先悉数离去省城，但他军队不听他回防的命令，硬要驻在省城。可知四十余营军队，陈总长已没有统驭的能力了。这样横蛮的军队，违背上官命令的军队，反对政府的军队，贻害地方的军队，无时无刻不可以作乱。以大总统去一职官，本属常事，其部曲反因是而要挟，岂得谓合。

本总统系受国会委托之重，行使总统职权，素富贵，行夫富贵，素贫贱，行夫贫贱，素革命，行夫革命，此次自韶个人返省，与陈家将当面解释一切。而彼不与我会面，只终日索饷，欲陷省城于危险，吾岂无法治之？不过恐地方之糜烂，有所不忍。自今观之，时时可以内乱，刻刻可以开战。而陈氏今且不能返省，因系失驾驭之力耳。

我现时决定处置的方法，下命令要他全数退出省城三十里之外，他若不服命令，我不难以武力压服。但扫除四十余营的军人，且惊动全城的居民，不免过于暴烈。但我不如此做去，他们终不罢休。我只望报界诸君主持正义，十日之内，做足功夫，对于陈家军加以纠正。陈家军若改变态度，即不啻如天之福，万一无效，就不能不执行我海陆军大元帅的职权制裁他们了。

（继又续谓）我现欲对于诸君讨论者有二事：（一）我去年自主张北伐，离去省城，八月之久，人民对于北伐，究竟有什么批评，究竟感着什么痛苦，又省城有什么变故，很希望记者诸君详细说给我听。（二）报告今后我对于广州之行动。

据李睡仙等编《陈炯明叛国史》（上海一九二二年版）

附录二　同题异文（译文）

自从去年我离穗到广西，至今已有八个月；这段时间发生的事，我未得到详细报告，因此请你们尽可能向我提供详细情况。

我确信你们是了解下一步事态的演变的。我逗留桂林时考虑到，与广西相邻的湖南、贵州和云南都在护法政府的管辖之下,不是我进攻的目标,因而改变方向,转而进攻江西。出乎意料,陈炯明的追随者谢文炳对此过于敏感,因而产生了误会。他电告陈炯明,说我正领兵进攻广州,所以陈立即电令其广西部属,回归阻击我的进攻。幸而那时我们的军队已过了梧州,否则可能受到他们的拦击。当我到达三水时,陈突然离穗前往惠州。他离开不久,我全部北伐军进发韶关,接着向江西进军;与此同时,陈部将领陆续返穗。回来后,他们制造了许多纠纷反对省银行钞票流通。虽然惠州和潮州的税收长期被他们扣压,但我仍如平时一样给各部队发饷;与此同时,他们有预谋把从市场收来的当地银行钞票全部抛出,造成钞票逐日贬值。而且他们反复地向财厅要求专款,并强迫省行支付发行的钞票。我要求会见陈部的将领,以便亲自说服他们,但他们不来见我;我想到他们住宅与其分别会面,但恐怕他们会避而不见。我发觉,不久前陈炯明指示其部将领只把一半兵力调回广州,但那些官长擅自把军队从广西全部撤回。从这点你们可以看出,陈的命令已不生效;他已完全失掉了对军队的控制力。假如我把正在进攻江西的北伐军调回广州,把陈部这些官长全部逮捕,是易如反掌的,但这样我便放弃了江西,岂不可惜?因此,我现时被迫采取另一办法,就是把他们从广州赶跑。现在我得向你们全体提出请求;请你们在十天内,以同一口径对他们发出警告。告诫其撤到距离广州三十里以外地区。若他们置之不理,时间一到,我将用三时直径的大炮发射有毒炮弹轰击他们。我会提前九小时发出通知让市民躲避,接着的三小时内,达姆弹将落到他们头上。那样的话,他们六十个营的兵力会全部完蛋。我不管你们是否会说我今天所讲的全是吹牛,你们要明白,我是通过投票选任总统的,即使那些国家不承认我的地位,我也不在乎。当前,广州正处于人民自治的时期,我是广州人,为何我不能留在广州?

> 据广东省档案馆辑译《孙中山与陈炯明》(粤海关档案《各项时事传闻录》的英文情报一九二二年六月十六日),载广东省孙中山研究会主编《孙中山研究》第一辑(广东人民出版社一九八六年版)

关于曾令海军可炮击陈炯明部的谈话

（一九二二年六月十二日）

余十二日向广东各界及各报记者嘱其以舆论之力,于十日以内令陈炯明部下之军队退出〈省城〉三十里以外。若至期尚未撤退,则海军可以开炮向陆上陈军攻击。

据北京《晨报》一九二二年六月十七日《孙陈部下起冲突》

在省财政厅对记者的谈话①

（一九二二年六月十二日）

此次返省,请各陈家将②宴饮,既不来;余亲往探访,亦不见。且屡屡欲图索饷闹事,摇动后方,此时已达至无可疏通,无可转圜之余地,实忍无可忍。

据长沙《大公报》一九二二年六月二十七日《孙陈决裂前之种种》

在陈炯明兵变前与魏邦平的谈话

（一九二二年六月十五日夜至十六日晨）

魏邦平打电话三次,告以祸在眉睫,促其速走。

---

① 此简短谈话,据报载称："孙前在财政厅对众演说",可能是6月12日孙中山在财政厅招待记者时演说的一段话,或演说外的个别谈话。
② 指陈炯明所部将领。

孙不肯。谓:"余誓死不去,看陈竞存把我如何处置。"

据北京《晨报》一九二二年六月三十日《粤人请孙文从速去粤》

与林直勉等的谈话

(一九二二年六月十六日)

林直勉、林树巍前来总统府报告,言今夜消息险恶,请速离府,暂避凶锋。

孙言:竞存恶劣,当不至此,即使其本人果有此不轨之心,而其所部,皆与我久共患难,素有感情,且不乏明理之人,未必助桀为虐,受其欺弄,请诸君不必猜疑,以免惊扰。

林等言:粤军蛮横,不可以常情度之,如其果有不利于总统时,当奈何?

孙言:我在广州之警卫军,既已全部撤赴韶关,此即示其坦白无疑。毫无对敌之意,倘果有不利于我,亦不必出此用兵之拙计。如敢明目张胆,作乱谋叛,以兵加我,则其罪等于逆伦反常,逆徒贼子,人人可得而诛之。况吾身当其冲,岂可不重职守,临时退缩,屈服于暴力之下,贻笑中外,污辱民国,轻弃我人民付托之重任乎?吾当为国除暴,讨平叛乱,以正国典,生死成败,非所计也。

此时约已凌晨三时,林秘书等复来劝总统出府。

孙言:竞存果敢作乱,则戡乱平逆,是吾责任,岂可轻离公府,放弃职守。万一力不如志,惟有以一死殉国,以谢国民而已。

据蒋中正《孙大总统广州蒙难记》(上海民智书局一九二六年版)

与达林的谈话(译文)

(一九二二年六月十六日)

【陈炯明炮击观音山期间,孙中山不能同达林联系,他通过陈友仁告诉达林:】

"所有涉及我们谈判的文件,我全都随身带到了舰上。"

【孙中山在永丰舰上通过陈友仁告诉达林:】

"如果我去不了苏俄,那我现在连上海也不想去了,我会在这里奋斗到最后一息。但是我坚信苏俄甚至在我患难时也是我唯一的朋友。我决定到上海去,继续奋斗。一旦失败,我就到苏俄去。"

据 C.A.达林《中国回忆录》(莫斯科科学出版社一九八二年版)(李玉贞译)

与伍廷芳的谈话[①]

(一九二二年六月十七日)

今日我必率舰队,击破逆军,戡平叛乱而后已。否则,中外人士,必以为我已无戡乱之能力,且不知我之所在。如畏慑暴力,潜伏黄埔,不尽职守,徒为个人避难偷生之计,其将何以昭示中外乎?

据蒋中正《孙大总统广州蒙难记》(上海民智书局一九二六年版)

---

① 1922年6月16日,陈炯明叛变。17日,孙中山在黄埔永丰舰上接见外交总长伍廷芳,此系接见时的谈话。

与《大阪每日新闻》记者的谈话

（一九二二年六月十八日）①

《大阪每日新闻》载日外务省得广州电报云：孙中山谈称："由吴佩孚以旧国会恢复为条件，劝告南北和平，确有其事。两三日来，由美国教士及直隶系人物为介，频向余求其承诺，其诚〈意〉未明白以前，决心按其预定之北伐计划进行。今次，日本受英、美、法之相商，谓：'当劝告中国裁兵、统一，闻日本答以对于主义赞成，惟目下政情便难认为安定，此际仅援助北京之势力，即是一党、一派，故不可不加考虑。'此实甚得我心，斯盖由日本对袁世凯等个人之援助而失败所得之经验矣。"

据长沙《大公报》一九二二年六月十八日《孙中山对外人之谈话》

与陈炯明的议和条件②

（一九二二年六月十八日）

（一）南北统一会议开时，当以孙为南方总代表。
（二）征赣广东军之军费与善后费，当由广东省担负之。
（三）在广东之海军军费，当由广东省担负。
（四）孙文部下之生命、财产，当负责保护之。

据上海《申报》一九二二年六月二十一日《广东战事中之条件》

---

① 所标时间系长沙《大公报》刊载日期。
② 6月18日晨叶举派代表往谒孙中山，孙对来者提此议和条件。

与美国领事的谈话

（一九二二年六月十八日）

美领事曾于十八日赴永翔〔丰〕舰晤孙,劝勿开炮,顾桑梓。

孙言:"我实迫处此,欲我不战,除非有生路我走始可。"

据天津《益世报》一九二二年六月二十三日《广东军民对粤省政变之态度》

与海军将士的谈话①

（一九二二年六月二十三日）

今日伍总长之殁,无异代我先死,亦即代诸君而死。为伍总长个人计,诚死得其所。惟元老凋谢,自后共谋国事,同德一心,恐无伍总长其人矣！吾军惟有奋勇杀贼,继成〔承〕其志,使其瞑目于九泉之下,以尽后死者之责而已。

据蒋中正《孙大总统广州蒙难记》(上海民智书局一九二六年版)

---

① 6月23日,中华民国广州政府外交总长兼广东省长伍廷芳病逝,此系孙中山就伍廷芳之死与海军将士的谈话。

在永丰舰与多家记者的谈话①

（一九二二年六月二十三日）

孙曰：余料君知局面情形，与余相等。

访员问：已闻传说之事甚多，但其中关于孙氏方面者，迄未明了。

孙曰：余已堕奸人圈套中，余必不肯为强力所屈服，始终做爱国之人，以为中国将来之表率。余恒从事设法制止军阀主义，余常愿服从义理，并将余命以争正义。余愿牺牲生命以压止强力与摄权，不独为中国而牺牲性命，且为世界亦愿之。无论何人，一用强权，即失文明矣。

孙续曰：海军现效忠于余。自经六年战争之后，北京显著〔者〕，现始承认彼等向来之错误，现彼辈决定恢复国会及拟制宪法，但彼辈要尽收利益而泯灭余等。余等为此数事，已战争许久，今彼等竟要收余等功业之效果。余现系为人道、文明、共和、主义四者而战。至于星期五发生战争之事②，余信为某人所命令，余永未料及余之友竟向余反抗。余曾预备对抗敌人，但未尝提防友人及下属。（中略）余由余之总统府逃出，势甚险迫。余府曾被军队围困，若余与余妻一同逃走，则余妻之安全甚可虑，因余等或致双双被杀也。故余于未开战之前数分钟，自行逃出。欲再派人接余妻，但为情形所不能矣！余之卫队，死者甚多，在总统府之四百卫队，善于战斗，鏖战一日一夜，孙夫人亦极危险，其能保存生命□，□□由于其卫队之尽忠而已！当时余并未预备对付攻击，及海军之行事，已费了日半之功夫，乃能筹备。海军轰击广州城，系为余之反抗日昨之事端，并为维持正义也。此次扰乱之震激，系

---

① 孙中山在永丰舰对记者的谈话，在同一时间，不只有香港《士蔑西报》、《电闻报》的记者，还有纽约《万国新闻社》的记者。此篇谈话系长沙《大公报》所载，内容比上海《民国日报》、《申报》及蒋中正《孙大总统广州蒙难记》所载更详，且孙中山在谈话中指出广州兵变及孙夫人宋庆龄出逃的情况，为其他所无。

② 指6月16日陈炯明在广州发动兵变。

为伍廷芳致病及其死之原,伊受此种震激,乃不能挽救。年末辞职,余必不因强力而告辞,余若欲辞职,余自晓向举余之国会告辞,决不向余之下属辞职也。

访员问:海军长官、兵士多已离孙,是否确实?

孙答:伊并不知情,海军效忠于伊〔余〕,无可疑义。

据长沙《大公报》一九二二年七月八日《孙中山最近之谈话》

附录一 同题异文

《士蔑西报》访员,昨(二十三日)赴黄埔永丰舰谒孙,孙言:吾堕部下所设陷阱,予决不降服势力,海军现仍忠于我。南北战争六年,北方知其错误,故恢复国会制宪,然彼辈实欲攫吾人之利益,因吾人所战,无非为此。当晚陈部逐吾出城,即肆行抢杀,吾此时亦甚危险,因逃出不及数分钟,即〈枪声〉乱发。吾对此不满,及为维持正义,故命海军开炮。现予决不辞职,即辞亦必向国会辞,不向吾手下辞。

据上海《申报》一九二二年六月二十五日《国内专电》

附录二 同题异文

余为部下及朋友所绐,堕入陷阱。余信上星期五晨之轰击,乃出于陈炯明命令。余断不料旧友变为仇敌。余拟与敌为抗。若辈既出余就开始劫掠。轰击广州,乃表余反对前一夜之事变,并表余之拥保正谊。伍廷芳博士即因变起肘腋,忧愤成疾,遂致逝世。余并未引退,不欲屈服于武力。余仅能向选余为大总统之国会辞职,不能向余部下辞职也。

据上海《民国日报》一九二二年六月二十五日《总统在永丰舰之谈话》

不会在压力下辞职的谈话

（一九二二年六月二十六日）①

不愿在北京压力之下辞职，渠②被阳为同志阴蓄奸谋之部下所卖。渠可向国会辞职，但不能向部下辞总统职。

据上海《申报》一九二二年六月二十六日《孙中山愤语》

在永丰舰接见各界代表的谈话

（一九二二年六月二十六日）

今动以武力促我下野，各位之意思以为如何？彼恃武力，便可屈服人，试问有何公理？民国以来，人民自应有权主张公道，不能因武力而受屈服。汝辈亦可发主意，岂因彼有枪械而受屈服乎？则将业之枪械更多者，岂不又再受屈服？在本总统之下野与否，国会自有权衡，不能从部属而背叛长官。陈炯明为予部属，曾令兵士举枪致礼于我，今竟任兵士驱逐我，是谓叛逆。夫曾举枪致礼之兵士，断不赞同此种行动，然听以听其命令者，系有准兵士自由行动之优厚条件。今省城之秩序凌乱，抢劫频仍，此殆彼之条件也。我今日实力虽不足，然终有吐气之日。以彼等之行为，予曾能容。若陈氏今早抵省，我即今早开炮；今晚返省，则今晚开炮。汝等既赞成之，则自负责任。如其不来，我亦何必开炮？然我或不能以炮击中，则当以枪击之；再不能，则以炸弹炸之，不达目的不休也。总之，陈氏一日在省，则省城地方一日不宁。汝等既系来请我勿再开炮，这有何难？若能本汝等之良心主张，不欢迎陈

---

① 所标时间系上海《申报》刊载日期。
② 广州方言，即他。

氏,作消极之抵制,彼自讨没趣,自然不来省,则我亦可日内离去省城。否则,彼来,我亦可来耳。

代表郑某谓:总统言有离省之语,究竟何时始?孙接口曰:我三五日当可离去。省城彼既不来,我亦何必监视太紧?否则,自当别论。

据香港《华字日报》一九二二年六月三十日

附录　同题异文①

继而代表邓毓生(绅界邓华熙之子)谓:总统护法南来,我等久在骈蠓之列,今回事变,殊出我等意料之外,但望总统无论如何,当以保全地方为重。继黄鹭塘(商界)发言,谓:今日我等来意,总统想已洞悉,兹请总统发表意见。旋某代表又申言粤人希望和平之意。

三人言毕,孙氏默然久之,旋举目矇众一过,即云:诸君之言,想已尽于此矣。

时众皆无言。

孙即云:诸君为各社团代表,应主持公道,试问日前之事,何方为合理乎?凡平人相与,必须公道方能服人,若以武力,断不足令人悦服,况余为总统,为彼等之上官,岂有可以武力挟持之事?诸君设身处地,将若之何?今日彼等所恃者,不过武力耳,若武力可以服人,则有十枝枪者,可以屈服〈百〉枝枪者,若遇有百枝者,则彼又须为人所制矣!可见彼等恃武力而挟制人,殊非善计。况余为畏武力之人乎?余之总统,受命于国会,下野与否,惟国会能发言,余非恋恋于名位者,苟国会及人民公意,欲予下野者,予随时皆可去也。

随有某代表问:总统果欲何时离粤乎?

---

① 长沙《大公报》1922年7月10日《孙文不肯罢手别讯》云:"(二十六日,伍朝枢)遂即与各界代表同乘公安局七号巡轮,驶往黄埔,见孙于永丰舰。"

孙即答谓:余之离粤,三数日即可成行。但余虽离粤,必不使彼挟有武力者能主粤事,苟彼今日来者(彼字殆暗指陈炯明),则予今日可开炮,彼明日来者,则余明日开炮,总以使彼不能主持粤事为主。余之与彼,已立于绝对地位,如予对彼,不能以大炮取胜者,当改用手枪,手枪亦不能取胜者,则当以炸弹。余虽离粤,彼如回粤者,予必知之,予亦必跟踪回粤,必制伊死命而后已。诸君如不主张公道,而欲欢迎武力,则彼此地方糜烂之责任,君等当负之。云云。

言毕,又问众尚有意见发表否,众均无言。

> 据长沙《大公报》一九二二年七月十一日(二)《孙文不肯罢手之别讯》(续)

与陈炯明调和代表的谈话①

（一九二二年六月二十六日）

事已至此,实无调和余地。我为广东人,无论如何,总不能无故糜烂桑梓。但须切实告各界转告广东人民,如欲广州市区不发生战事,请你们不要欢迎陈炯明进省。否则,陈炯明进省之日,即为我开炮之时。请你们自己去斟酌。

> 据上海《民国日报》一九二二年七月四日《孙大总统坚持讨逆》

附录　同题异文

各代表至永丰舰谒见孙中山,请以地方为重。

---

① 1922年6月26日,广州各界代表应陈炯明部属之请,赴永丰舰见孙中山,恳求调和,此为该代表与孙中山的谈话。

孙问:此次何人曲直?

各代表不敢答,惟请顾全地方。

孙曰:前者联电请陈炯明返省,应负其责。但我决不开炮,且随时可离去,如陈朝回省,我朝开炮,夕回,夕开炮。

据上海《申报》一九二二年六月二十九日《本社专电——二十七日下午九时香港电》

与驻粤领事团的谈话

(一九二二年六月二十六日)

各领事抵黄埔,即上永丰舰谒见孙中山,先由英领美詹臣君发言,表示来意谓:一、领事团并非干涉中国内政,请勿误会;二、领事团此来,实为各国旅粤侨商生命财产而起,请切实保护。

于是美、法、日各领事相继发言。

孙答言:对于外商生命财产,向所尊重,各位应请放心。如果大局能得满意解决,鄙人亦于日间离去广州。旋又以日前在珠江开炮,致外商稍受惊恐,殊抱不安,向各领事一一道歉。

据上海《申报》一九二二年七月六日《孙中山与领事团谈话》

与各界代表的谈话

(一九二二年六月二十七日)

东方社二十八日广东电:昨日广东各界代表人物访孙文于黄埔,为免广东兵乱起见,请孙离粤。当时孙氏豪语往见者曰:"民意既如此,则余或当二、三日中去粤。但余虽去,余之部下不平之馀,恐将以炸弹与手枪与仇敌相见。"

据长沙《大公报》一九二二年七月四日《孙中山尚未离粤》

附录　同题异文

二十七日广东各界代表往访孙氏,请其去粤,以免广东糜烂。

孙谓:"如确系民意,则自当照行。虽然余去粤之后,余之部下因不平已极,早晚行当以炸弹、手枪灭此仇敌也。"

据北京《晨报》一九二二年六月三十日《粤人请孙文从速去粤》

与陈烜的谈话

（一九二二年六月）

陈烜谈及一百八十万元纸币失散,并请罪。

孙曰:汝无罪,且有功。该项纸币朱曾失散,予出时即乘该舰,故得保全。现此间海军十数兵舰,即赖以维持。否则,尚不知如何耳!

据《广州民国日报》一九二四年六月十五日"讨逆特载"陈烜《陈逆叛变前后之见闻》

与达林的谈话（译文）

（一九二二年六月）

【达林同孙中山的会见都是极其秘密的,孙中山仅仅向身边最信赖的人说起这位苏俄客人。】

"苏俄能否像在蒙古那样在满洲发动一次政变?"孙中山的问题使达林十分吃惊。"我们两国有共同的敌人——日本,它靠美尔库洛夫的帮助占了你们的符拉迪沃斯〈托〉克和我国的满洲。待我打败吴佩孚,下一个就该打张作霖了。那时候苏俄的援助就会特别重要。"

据 C.A.达林《中国回忆录》(莫斯科科学出版社一九八二年版)(李玉贞译)

与达林的谈话(译文)

(一九二二年六月)

【直奉战争后达林同孙中山就中苏关系有一番谈话,在座的有孙夫人宋庆龄。此时他的北伐有些起色。】

"过两个星期,最多过一个月,我就能占领汉口。到那时候我就承认苏俄。"孙中山眉飞色舞地说,"你认为所有国民党员都对苏俄友好吗?可不是那么回事。我的政府里和议会里都有反对苏俄的人,原中国驻美大使伍廷芳博士就是其中之一,他后来当过外交部长,现在是广州市长。"

"况且,请不要忘记,香港近在咫尺,不要忘记,如果我现在就承认苏俄,英国人就会起而反对我。"

据 C.A.达林《中国回忆录》(莫斯科科学出版社一九八二年版)(李玉贞译)

与魏邦平的谈话

(一九二二年七月一日)

魏邦平师长来舰,晋谒总统,问:总统可否准其调解。

总统仅以大义责之。并以陆秀夫之历史勉魏,而以文天祥自待。言:"宋代之亡,尚有文、陆;明代之亡,亦有史可法等。而民国之亡,如无文天祥其人,则何以对民国已死无数之同志,垂范于未来之国民,以自污其民国十一年来庄严璀灿之历史,而自负其三十年来效死民国之初心乎?"

据蒋中正《孙大总统广州蒙难记》(上海民智书局一九二六年版)

在永丰舰答香港《士蔑西报》记者问

(一九二二年七月一日)

访员叩以对于时局之意见。

孙答:宁牺牲一己之生命,不愿退让于叛逆之下属。

问:近传君索款数百万元方允休战之说,确否?

孙答:予索款何为?当黎元洪入京复任总统时,予曾向各国发表宣言,无论此后事变如何,予必坚持宣言上所载之条件。予现时已在危急之际。

问:工党于此危机,仍守缄默,所因何故?

孙答:彼等不能转移其命运,虽干涉亦无用,反多受困多日。

问:各大舰之舰员登陆而去,久不返舰,其理由何在?

孙答:彼等不欲于战争中被俘耳。

访员述及叶举将军甚欲与孙直接谈判,以解决时局。

孙答:予不愿与属员谈判。

孙对访员谓,彼之大本营实在海圻舰。据云:我辈现在此间,粤军不敢进攻。

据香港《华字日报》一九二二年七月四日

在永丰舰上的谈话

(一九二二年七月二日)

(一)以西江水浅,如各舰移至西江,仅留三大舰在黄埔,则海军以分而力弱,大舰或为逆军所买,则将来更难取胜。

(二)以大本营一离黄埔,则长洲要塞必失,广州附近水陆形胜,尽入叛军范围之中,牵制更难,贼焰必张。

(三)以总统移驻西江,其地面较广,活动虽易,然黄埔为广州咽喉,且有长洲要塞,其地点重要,非西江可比。且总统驻于黄埔,广州虽失,犹易恢复,威望仍在;如移西江,地势偏僻,无以系中外之望。

(四)海军如往西江,重来省河较难;如北伐军回粤,不能奏水陆夹击之效。

(五)移驻西江,而弃长洲天然之要塞,另谋陆上根据地,能否占领,尚不可知,且西江各部陆军,态度不明,能否为吾所用,尚未可必,如果陆上毫无根据,陆军又不奉命,则海军势绌,可立而待。有此五害,故动不如静,坚待北伐军速来,以备水陆夹攻省城,则贼亡有日也。

据蒋中正《孙大总统广州蒙难记》(上海民智书局一九二六年版)

与各国驻广州领事团的谈话

(一九二二年七月二日)①

领团见孙,请保护其生命、财产,速决粤事。

孙答:"命、产非所计,不愿虽〔离〕粤。"

据天津《大公报》一九二二年七月二日《专电》

---

① 所标时间系天津《大公报》刊载日期。

在永丰舰对幕僚的谈话①

（一九二二年七月六日）

我辈既为国牺牲，当置死生于度外，方寸既决，逆军其如余何？当此危疑震撼之时，吾人惟有明断果决，支此危局而已。

据蒋中正《孙大总统广州蒙难记》（上海民智书局一九二六年版）

与广州绅商的谈话

（一九二二年七月六日）

绅商易某等赴黄埔谒孙中山，询孙对离粤、下野之真意见。

孙答：离粤一问题，下野又一问题，勿误会。但我月内必离粤，我之政府不限定设于广州，或之杭、或之沪。下野问题，我尚未能决，如北方能容我条件固佳，否则，我再奋斗。北上代表仍未有电给我，俟日间接电，我即发宣言，为允否下野之决定。

据上海《申报》一九二二年七月九日《香港八日电》

与陈炯明调和代表的谈话

（一九二二年七月七日）

能恢复政府，陈亲出谢罪，叛军悉退出广州，可赦。

据上海《民国日报》一九二二年七月八日《本社专电》

---

① 孙中山闻海军司令温树德为何某等挟制，态度益形暧昧，乃对随员作勉励的谈话。

就在浙江设联邦自治政府答某某问

（一九二二年七月七日）

关于在浙江设想联邦自治政府将以孙文为首领之说，孙氏答某要人之问曰："在上海余之部下，或与卢永祥①计议此举亦未可知，然余向来关于此项问题从未加以甚深之考虑。余之希望，如北方果有诚意恢复旧国会，则正正堂堂从事总统选举运动。关于广东时局，则不日依许崇智之归来，挽回形势易如反掌，颇抱乐观。"

据长沙《大公报》一九二二年七月十三日《孙中山行将去粤》

附录　同题异文

余部下之旅沪者与卢永祥之间是否有无联络固不可逆料，惟余关于此问题从来即不甚考虑。余之希望为北方诚心诚意恢复旧国会，出正正堂堂选举总统之运动也。至关于广东之时局，俟北伐军归来，即可挽回。

据北京《晨报》一九二二年七月九日《孙文不注意联络卢永祥》

与魏邦平的谈话

（一九二二年七月七日）

魏邦平又复来舰，请求总统发表与六月六日相同之宣言，以责备陈军各

---

① 卢永祥，时任浙江督军。

将领,则陈军必根据此宣言,拥护总统,再组政府。

　　孙中山以其事离奇,谓:陈军甘心叛逆,责备何为? 如其果有悔祸诚意,则可另予其自新之路,先使其广州附近军队,退出百里之外,以免人民遭殃;以广州完全归还政府,然后再言其他。否则宁为玉碎,不愿瓦全。吾为国会选举之总统,不愿为叛逆军队拥护之总统也。

据蒋中正《孙大总统广州蒙难记》(上海民智书局一九二六年版)

与广州劳动者代表的谈话

(一九二二年七月八日)①

　　孙文向往访之劳动代表声称:"年来对于劳动者,拥护其权力,自信不无微劳;而劳动者对于此次事变竟取傍〔旁〕观的态度,未免令人灰心。"

据北京《晨报》一九二二年七月十一日《孙陈间议和条件之沪讯——劳动者援助孙文》

与调和人士的谈话

(一九二二年七月九日)②

　　我如无力量剿平陈炯明,我即死于珠江。③

据天津《大公报》一九二二年七月九日《专电》

---

① 此件未署日期,所标系记者在广州发电日期。
② 所标时间系天津《大公报》刊载日期。
③ 指流经省城(广州市)的珠江河段,时又称省河。

与夏税务司的谈话

（一九二二年七月十日）

孙大总统率舰队由黄埔经东歪炮台进入省河白鹅潭后,广州夏税务司登舰晋谒,大总统与之谈话如下:

夏首问:总统是否来此避难?

总统言:此为我之领土,我可往来自由,岂可谓之来此避难?汝言何意,令人不解所谓!

夏乃言:白鹅潭为通商港口,接近沙面;万一战事发生,窃恐牵涉外国兵舰,引起交涉。不如请总统离粤,俾可通商由自。

总统言:此非汝之所应言者!吾生平不服暴力,不畏强权;吾只知正义与公道,决不受无理之干涉!

夏乃默无一言,如礼辞去。

据蒋中正《孙大总统广州蒙难记》(上海民智书局一九二六年版)

与广州各社团代表的谈话

（一九二二年七月上旬）

予曾作中华民国总统,今为部下受北方吴佩孚之联合,因副总统问题,欲置我于死地,为陈竞存与吴佩孚分配南北正副总统张本。设非竞存有如此下我毒手? 其实竞存亦系至愚,设彼好好助我,必能作我替人,我年已六十①,竞存尚属壮年,不但副总统可作,大总统又岂无希望。今出此下策,急

---

① 孙中山是 1866 年 11 月生,1922 年只有 56 岁。

欲与吴佩孚瓜分大、副总统,合而谋我;今我已出险,有我在,决不使彼达副总统之目的。我想吴佩孚上面尚有曹锟,吴佩孚亦不易去曹锟而自为大总统。我初不决信竞存有此糊涂条件,经北伐军前敌将士在赣州搜出来往电通多通,方能相信。

虽然,如广东能出一个副总统,亦我粤人之荣耀,但今日予在兵舰,诸位劝我与竞存订和约,中华民国十余年来,以下犯上成为风气,予决不与下属订条件,非予固执,实欲保持中国纪纲。如不严加整顿,则廉耻道义绝灭矣,国乱其有已时乎!我总算做过中华民国总统,如兵舰不到住,我只有死在广东,决不逃往沙面、香港,逃往外国兵舰,求外人保护。我既为总统,决不能失中华民国体面于外人。

竞存原为我部下,如此作乱,我为总统,部下残害人民,只有我对不住广东桑梓及各省流寓广东之人。将来将此恐强盗军队消除,我只有对人民谢罪而已,故予前次军舰开炮,实由叛军先攻击军舰,海军人员恐波及省城人民,只放实弹,而未放开花弹。设叛军来攻击,我海军人员,为自己起见,施放开花炮,则对省城人民,当先请恕我不得已之苦衷。各叛军不来攻我,我决不对省城燃放一炮。

予受议会之请,护法戡乱。予在南京曾弃总统如敝屣。且予曾宣言,国会自由行使职权,非明是非,严赏罚,办到确实保障,为中华民国一劳永逸之计,予决不去责任。予提倡逐满革命,建设中华民国以来,今年近六十,尚不为民国定一永久强国基础,何以对中国死难先烈及举国人民,此希望诸公知吾主持正义所在,非争广东一方面而为此也。

据长沙《大公报》一九二二年七月十四日

与日本记者的谈话

(一九二二年七月上旬)

广东乃正式政府,如陈炯明军不退,予惟有出于一战,决无条件可言。

许崇智已抵韶关,数日内,各事可望解决。

据上海《民国日报》一九二二年七月十五日

与香港《士蔑西报》记者的谈话

(一九二二年七月十一日)①

问:近与粤军有复开谈判之说否?

答:事实并非如此,只有某某官员及公众团体于前二日内竭力与予磋商耳。

问:先生以何辞答之?

答:予之答词,与前无异,如彼等允遵从予之良好条件,必须请予返省,俾执行政府职权,以惩办战务负责之人。

问:先生允不再炮击羊城乎?

答:是也。但须附以粤军不击予之条件。

问:先生现有之兵舰七艘,是完全效忠于君乎?

答:是也。复言各舰水兵,俱效忠于予。各舰员则已受贿,无力驾驭水兵。前有兵舰二艘,由舰员驶来此处,今已避去。

问:先生曾接陈炯明之来函否?

答:数日前予在黄埔时,曾接陈氏直接来函,乃陈氏自缮,其计划及决断,完全谬误。君当知陈之目的,业已失败。彼料我军败于江西;有人妄告陈,谓北伐军全军覆没。彼之决策,盖根据北伐军即未尽败,而返粤亦必遭敌军追击之说也。

孙先生又述陈氏阴谋陷害之计划,并言予若被害,陈将诿咎于不负责之兵士,而声言深以此事为可惜,然后再表示其悲悼之意。言至此,略犹豫。

---

① 据汤锐祥编注《护法时期孙中山轶文集》(海洋出版社2011年版),此次谈话在1922年7月11日。

问:尊意将谓彼于先生死后赠以花球或诔词乎?

答:是也。彼将致一诔词,表示对于予死事抱憾之意,以脱身事外,孰知事竟出其意料所及。予现待北伐军之返省,北伐军一部已抵惠州,一部由北江而下,本月八号占取韶关,且有湖南军与北伐军联合。

问:黄埔之战,是否有北洋舰三艘,助叶举军队炮轰长洲炮台乎?

答:并无此事。该三舰于中夜驶去,水兵初不知驶往何处,经此一役,水兵将不复听舰员之命。该舰由温树德统带,惟水手效忠于予,此数舰现实归予所有。

又谓:车歪炮台自十号被兵舰炮击后,台兵已逃走一空。乡民于两军开战后,一致群起由后方袭击台兵,占夺炮台,现代予保守之,予目下地位,获益良多。

问:兼有保障乎?

答:非保障之问题,予与城中之交通,较前极近,且与北伐军愈为接近。北伐军之数,最少亦有三万人云云。

据《关于陈炯明叛变之谈话》,载胡汉民编《总理全集》第二集(上海民智书局一九三〇年版)

附录一 同题异文

我失长洲〈炮〉台,得车尾〔歪〕〈炮〉台,地势更好,因可与北伐军夹击陈军。北伐军约有三万人,分两路回粤,一抵惠州,一由北江下,八日已占韶关,我专候北伐军到广州即行事。现彼方不攻我,我亦不开炮。陈欲杀我,卸其责于部下,惟其计不行。

据上海《申报》一九二二年七月十三日《香港十二日电》

附录二　同题异文

总统言:我为国会议员所选举之总统,故对国会议员,负有非常重大之责任,现时我在军中,所以照常行使我之职权也。如我放弃职权,则对国会为违法,对国家即为叛国。即使我欲辞职,亦当向选举我为总统之议会正式辞职也。广州自陈炯明主使其部下叛变以来,至今已将旬日,吾与叛军始终奋斗,坚持不息者,亦惟守法尽职,对我国会与国家负有完全责任而已。如我轻弃职守,偷生苟安,是自背初衷,从此上无道揆,下无法守,其将何以立国?吾又何必创造民国,枉费此三十年来惨淡经营之精神乎?吾誓必戡乱,以谢国人。违法之举,非吾孙某所为也。

据蒋中正《孙大总统广州蒙难记》(上海民智书局一九二六年版)

对陈树人的面谕①

(一九二二年七月十三日)②

竞存实欲杀我,其部下所为全出于竞存指使。故其〔期〕将此实事,为我布告海外同志。

据上海《民国日报》一九二二年七月十三日《陈炯明叛乱之实录》

---

① 陈树人,时为海外同志非常通讯处主任。通讯处遵谕先后发表了《陈炯明叛变实录》、《宣布海军放弃长洲》及《孙总统离粤之真象》三次通讯。

② 所标时间系上海《民国日报》刊载日期。

表示决不离粤的谈话

（一九二二年七月十四日）①

孙中山表示决不离粤谓："愿为正谊而死。"

据天津《大公报》一九二二年七月十四日《专电》

与西报记者的谈话

（一九二二年七月二十日）

昨浮雷几中美舰，殊难负责。余派秘书见美舰，请同维海面秩序，吾不移别处。列强准叶举间谍，利用沙面对余施限制。韶战恶耗，吾不灰心，吾革命家长受压力，中国若得合格政府，吾为总统或苦力亦不计。

据上海《申报》一九二二年七月二十二日《孙答西报访员》

在永丰舰上的谈话

（一九二二年七月中旬）

广东有人欢送我，北方则都欢迎我，我之尊荣，决无足念。惟此时放下一走，则忠诚之海军，失所依归，而北伐大军之归者，亦无以善其后，故不能不忍耐以待。

据上海《民国日报》一九二二年七月二十八日

---

① 所标时间系天津《大公报》刊载日期。

与外国记者的谈话

（一九二二年七月中旬）①

北伐军已占据韶关。即因此故，然是时省中由石龙运往之粤军及别处运来添派往韶赴援者，其数约有万人。此项新兵一到，重复返攻，器械复又充足，故因而转败为胜。其尤为得力者为李炳荣由惠州派往翁源截击许军之一支②，盖北伐军中以许军由翁源而来者，其势为最猛，力量已延及英德一带。及李炳荣由惠州境绕道而出，许军遂有不得不引退之势。又许军之根据地在大塘，彼欲绕道攻夺马坝，及省中新兵至，反守为攻，由侧面攻入，并将北伐军包围，此时北伐军如不引退，则将被截断在赣边军队之交通。为战备计，又不得不引退。迨阵势一动，粤军乘之，当然获胜矣。刻下北伐军仍退至大塘，而从前有进无退所争得之二十五里阵地均已为粤军争回矣。

据上海《申报》一九二二年七月二十六日《孙陈军之战况》

在永丰舰上的谈话

（一九二二年七月二十三日）

孙文现被外舰之劝告，令脱离险地。孙犹向外人声明："十九日水雷之事③，彼不负责任。"

---

① 此件未署日期，据报道 7 月 15 日两军在韶关激战后，孙在舰上与记者谈话，据此酌定在 7 月中旬。
② 指许崇智所部的北伐军。
③ 指 19 日陈家军以水雷攻击白鹅潭上的永丰舰时，水雷在美国"特拉西"驱鱼雷艇停泊处爆炸。

现更对人云:"吾为一革命家,一时之失败,余决不灰心。北伐军虽见失利,但认〔若〕吾人志不衰颓,终有恢复之一日。余但求中国有一合法政府,即退而为一劳动者亦乐为之。惟此种政府之造成,须视吾辈革命之效〈果〉如何。"

据长沙《大公报》一九二二年七月三十日《孙陈仍奋斗》

在永丰舰与随从的谈话

(一九二二年七月二十五日)

将士沾泽被恩,无如陈炯明之厚者。今陈且叛乱,则洪、熊①等背义附逆,更不足奇矣。

据蒋中正《孙大总统广州蒙难记》(上海民智书局一九二六年版)

对某军的慰言

(一九二二年七月二十六日)

某军有脱离叛军之表示。孙中山派员慰之曰:如某军甘心附逆,执迷不悟,则不过为叛逆陈炯明私人之功狗,终见其自杀而已。倘能觉悟自警,反正附义,尚不失为悔过之良好军人,吾固知某军必有悔悟反正之一日也。

据蒋中正《孙大总统广州蒙难记》(上海民智书局一九二六年版)

---

① 指洪兆麟、熊略,他们受陈炯明指使,6月16日首先发难围攻总统府。

与某议员的谈话

（一九二二年七月下旬）①

据最近由广东来沪之某议员语人,彼行前曾谒中山于军舰,中山谈次谓:护法之役,业已告终。我言法统,彼等亦言法统,无足相恃,惟竟存以部下抗我,非讨灭之不可。俟粤局底定,我亦要休养,将来另革命。云云。

据长沙《大公报》一九二二年七月三十日（三）《孙中山认为护法告终》

允与北方联络的谈话

（一九二二年八月五日）②

孙已允与北方联络,但曾宣言:"北方应速先将南北议员日（?）为一炉。个人牺牲地位,不舍向日主义,以示贯彻宗旨。请速决定交换办法,前途可望统一。"

据天津《大公报》一九二二年八月五日《孙中山允联北方之主张》

与居正程潜的谈话

（一九二二年八月八日）

居正、程潜登永丰舰,劝先生离粤,另谋进取。

---

① 据报纸刊载日期而定。
② 所标时间系天津《大公报》刊载日期。

孙中山以未得前方确报,决不轻弃职守。谓:敌报不足信,如前方军队未退,以我离粤,牵动前方军心,因以致败,则我将何以对前方两万余人,为我牺牲之将士耶?

据蒋中正《孙大总统广州蒙难记》(上海民智书局一九二六年版)

在摩轩号舰对幕僚的谈话

(一九二二年八月九日)

美国素重感情,主持人道;法国尊重主权,又尚道义;而英国外交,则专重利害,惟其主张,中正不偏,又能识别是非,主持公理,故其对外态度,尝不失其大国之风,在在令以敬爱,吾国建设,当以英国公正之态度、美国远大之规模,以及法国爱国之精神为模范,以树吾民国千百年永久之计。

然而今日中国之外交,以国土邻接、关系密切言之,则莫如苏维埃俄罗斯。至于以国际地位言之,其与吾国利害相同,毫无侵略顾忌,而又能提携互助策进两国利益者,则德国是也。惜乎国人不明俄、德真相,徒以德国大战失败,为不足齿列,而不知其固有之人才与学问,皆资足助吾国发展实业、建设国家之用也。又以为俄国布尔歇维克为可怖,而不一究其事实。吾忆三年前,日本参谋本部部员某访余于上海,问余是否赞助俄国之无政府主义者。余答其俄国列宁政府,组织完备,固为其堂堂正正之政府,焉得指其为无政府耶?该员闻此,亦不知其言所自出,乃竟不能复答。今日吾国人士对俄之恐怖心,固犹如昔。至于今日俄国之新经济政策,早已变更其共产主义,而采用国家资本主义,并弛私有之禁,其事已逾一年;而国人不察,至今尚指其为共产主义,为过激派。其故盖由某国不能发展其侵略主义于东亚,而又与俄国利害冲突,积不相能。故俄国明明有政府,乃强指其为无政府。俄国早已弛去私有之禁,而又宣传其为共产国,为过激派。以彼之恐怖而不相容者,而又忌人缔交亲善,故特布此恐怖之宣传。

吾国外交,本非自主,向落人后,而又不能研究其利害与得失之所在,殊可叹也!今后吾国之外交,对于海军国,固当注重,而对于欧亚大陆之俄、德二国,更不能不特别留意,不宜盲从他国,致为人利用也。

据蒋中正《孙大总统广州蒙难记》(上海民智书局一九二六年版)

对陈炯明袭舰计划的谈话①

（一九二二年八月九日）

吾信陈炯明或有此计,然今日幸已败露,当不致为所陷害。吾可派人通告各国领事,嘱其自卫,如果有此惨无人道,嫁祸贻患之不轨举动,陈炯明当负其责也。

据蒋中正《孙大总统广州蒙难记》(上海民智书局一九二六年版)

在摩轩号舰对幕僚的谈话②

（一九二二年八月九日）

不图吾与君等,竟得脱险,以有今日,一息尚存,此志不懈,民国责任,仍在吾人身上,不可轻弃,以自负初心也。

据蒋中正《孙大总统广州蒙难记》(上海民智书局一九二六年版)

---

① 1922年8月9日,有人密报陈炯明计划袭击永丰舰,贿买坐舰士兵中立,并贿买某舰长发炮射击沙面外人居留地,使外人干涉,祸嫁于孙中山。孙闻后即作处置。

② 孙中山以北伐军失利,待援无望,乃召集各舰长会议,决议离粤,遂于8月9日下午3时,乘摩轩号舰离穗赴港,转乘邮船俄国皇后号赴上海,启行时孙中山悲歌慷慨与幕僚谈话。

与陈公哲的谈话①

（一九二二年八月十一日）

孙说：您在国内服务社会有几年了，现在又到南洋推广国术，海外亦会受益不浅。我从事中国政治革命，到处奔波。而您本着服务社会的精神，希望功在社会，也是不计较苦乐啊！

陈说：先生与我都是广东香山人。先生革命数十年，至使清帝逊位，革命告一段落。现在军阀专权，陈炯明叛变，这是革命中的波折。以前承蒙您数次邀请我参政，但是我向来以改良社会为目的。如果社会健全，则对于国家政治，不是没有好处的。

孙表示赞同地说：您所做的，实际上是社会革命。社会基础健全，是国家振兴的本钱，我们是走不同的路，但是都为人民谋幸福。

据北京《团结报》一九八八年五月三日黄石峰《孙中山与陈公哲》

与蒋介石等的谈话②

（一九二二年八月十二日）

以中国各省之土地与人民，皆比世界各小国为大而且多，故各省之自治可不依附中央而有独立之能力。中国此时所最可虑者，乃在各省借名自治

---

① 陈公哲，精武体育会的创办人。1922年8月10日陈公哲从香港乘船到上海，适与孙中山同船，二人邂逅畅谈良久。

② 1922年6月16日，陈炯明部在广州发动兵变。孙中山脱险后率海军各舰讨逆，因势孤无援，乃于8月9日离粤赴香港，次日乘邮船俄国皇后号往上海。蒋中正曾任援闽粤军第二支队司令，深得孙中山信任，广州兵变后自沪奉召来粤登舰辅助讨逆。此为邮船驶沪途中对蒋中正等随行人员的谈话。

实行割据,以启分崩之兆耳。故联省自治制之所以不适于今日之中国也。

至言真正民治,则当实行分县自治。盖县之范围有限,凡关于其一乡一邑之利弊,其人民见闻较切,兴革必易,且其应享之权利亦必能尽其监督与管理之责,不致如今日之省制大而无实,复有府道界限之争也。分县自治或不免其仍有城乡区域之分,然其范围狭小,人民辨别较易,以其身家攸关,公共事业之善否与是非,当不致为中级社会所壅蔽,且因其范围不广,故其对于中央必不能脱离而称独立也。至如今日之所称为"联省自治"者如果成立,则其害上足以脱离中央而独立,下足以压抑人民而武断,适足为野心家假其名而行割据之实耳。

吾之主张联省不如分县者以此,当世明达必有决择也。

据蒋中正《孙大总统广州蒙难记》(上海民智书局一九二六年版)

在邮船俄国皇后号上的谈话①

（一九二二年八月十三日）

有人言:陈炯明自认此次广州判〔叛〕乱为革命,视总统为南北统一之障碍,故要求总统实践与徐世昌同时下野之约言也。

总统言:与徐同时下野之约言,不知其从何而来。吾在民国元年,曾有与宣统同时退位之语,而今日与徐同时下野之说则无有;其或造谣生事者,根据于与宣统同时退位之语而来,不过假此以荧惑世人耳目耳。如吾果有与徐世昌同时下野之语在前,是无异承认其为合法,承认其为正式总统,安能为之? 吾之就总统职者,乃知名器之不可假借,职权之不可虚悬,正名定位,不使是非混淆,以乱天下人之耳目。名分既定,则吾自无与徐同时下野

---

① 孙中山于8月9日由香港转乘邮船俄国皇后号赴上海,14日抵达。13日,在俄国皇后号上,有人谈到陈炯明自认为此次广州叛乱为革命,视孙中山为南北统一之障碍,故要求孙中山实践与徐世昌同时下野之约言时,孙发表了本篇谈话。

之理。至于南北统一之议,则吾已于六月六日宣言,表示与北方停战言和,以望统一之成,焉得谓之统一之障碍哉？至于革命与叛逆之名,则不可丝毫假借,其理甚明。盖革命为一宝贵尊严之名词,须知革命有革命之主义,有革命之道德,有革命之精神。法国革命之主义在自由,美国革命之主义在独立,而吾国之革命,乃求实行三民主义也。故革命之精神与道德,亦皆由此三民主义而出。至于陈炯明此次叛乱之行为,纵兵殃民,图袭谋害,适与革命之精神与道德,成一反比例,而其主义,则在盘踞与割据,以逞其一己之私欲而已。此革命与叛逆之所以分,不容丝毫淆乱者也！借〔假〕令彼能堂堂正正以革命政府之命,则革命为吾人所乐许,吾且奖励之不暇,焉能禁人之不欲加诸我也。惟乱臣贼子,不得借汤武神圣革命之名词,以实施其篡窃欺盗之行为耳,犹之魏、晋、宋、齐之禅代,不能伪托唐、虞、商、周之美名,此稍治历史者所能别之。而况共隶于一护法旗帜之下,大业未终,自叛降敌,乃可谬援名称,以自掩饰？公道在人,岂能尽欺耶？

据蒋中正《孙大总统广州蒙难记》(上海民智书局一九二六年版)

在上海接见各界代表的谈话

(一九二二年八月十四日)

北伐军近虽少受挫折,并未全败,前敌军队固有数次退后,第此为军事上之作用,全部仍在作战中,深信最后必击破叛军。与陈炯明数十年深交,乃不虑其竟甘冒大不韪。当离粤之前,闻陈部下尚有种种乱谋,意图运动部下之海军共同作乱,在广州租界作战,并危害余之身体。离粤非被迫而出走,系另有其他种种原因,迨我人最后胜利之后,当可证明强权之非,即为公理也。

据上海《民国日报》一九二二年八月十五日《孙总统到寓后简单谈话》

与东方通讯社记者的谈话①

（一九二二年八月十四日）

初到此间，诸事多未妥帖。此等问题（指记者所提之总统府与国会移沪与否等问题），难即发表意见，一切拟经协议后再决定。愚见不日将发表宣言书。

据天津《大公报》一九二二年八月十六日《孙中山抵沪之电讯》

与某人的谈话

（一九二二年八月十八日）

北方形势太混沌，尚待详查，故一时不便发表具体意见。惟南方用兵数年，今北方军人亦已知有法律一物，则不难与之讲道理。国人既渴望统一，吾人自无反对统一之理。

据上海《民国日报》一九二二年八月十九日

与□□的谈话

（一九二二年八月十九日）

余已面告各代表②，余并不在谋党派之结合，若有一派或数派欲谋抗反

---

① 1922年8月中旬，讨陈战事告一段落。是月14日，孙中山抵达上海，于法租界住所接受东方社记者采访，作上述谈话。
② 孙中山抵沪后，各方代表群趋沪上，前有曹锟代表孙岳等，后有黎元洪代表刘成禺等，往谒孙中山，面呈黎亲笔函请北往会商。连日孙中山在寓所与各方代表分别会谈，均不置一辞。

对派,而与余联络,余将严行拒绝。余现在唯一之目的,系在恢复和平与真正之统一。

据上海《时报》一九二二年八月二十日

与上海各团体慰劳代表的谈话

(一九二二年八月二十一日)

今日承蒙各团体诸君,如此热心下慰,鄙人实感于心。但希望诸君本国民之责任,以监督政府行动,为救国之后援。其余问题甚多,皆在社会诸君身上。鄙人因近来各方卜慰者甚多,未克与诸君多谈,深以为憾,并希望诸君原谅。

据上海《民国日报》一九二二年八月二十二日《各团体慰劳总统盛况》

与国会议员的谈话[①]

(一九二二年八月二十三日)

当今国会在京开会之武力障碍,既要扫除,议员之责任,即在迅速入京,将护法派所主张之主要问题,一一由国会提出施行。

并称渠于政府用人行政组阁诸问题,俱不愿有所讨论。

据上海《申报》一九二二年八月二十五日《孙中山对议员之表示》

---

① 此系23位国会议员于1922年8月23日下午赴莫利哀路孙寓进谒孙中山时的谈话。

附录 同题异文

议员问：关于吴佩孚将军和曹锟将军的代表来沪的原因。问孙是不是打算去北京，还问是否劝他们这些前议员也上北京？

孙拒绝回答前两个问题，但劝告这些前议员说：你们应该进京，因为你们是合乎宪法程序选举的国会代表。

据《上海公共租界工部局警务处情报选择——有关孙中山在沪期间政治活动部分》，载《档案与历史》一九八六年第三期

与马林的谈话①

（一九二二年八月二十五日）

孙：我现在感到与苏俄建立一个更紧密的联系是绝对必要的。

马：劝你不要单纯用军事行动去收复广州，而要以上海为基础开展一个群众性的宣传运动。我去莫斯科，共产国际已经通知中国共产党人参加国民党。

孙中山接受了马林关于改组国民党的意见。

据《马林在中国的有关资料》（人民出版社一九八四年版）

---

① 1922年8月25日，孙中山与马林在上海莫利哀路第二次会见。会见后，第一批中国共产党员就参加了国民党。

与国会议员的谈话①

（一九二二年八月二十五日）②

孙语该议员等云："六年来南北战争已告终熄，不致再事纷扰。"

据天津《大公报》一九二二年八月二十五日《孙文之和平态度》

与客人的谈话③

（一九二二年八月二十五日）

中国之内部政潮欲求解决，必须先从解决财政入手，尤以解决北京政府之对外借款义务为特要。在北京前此开始拖欠外债之前，欲先谋统一然后整理财政，其事虽非不可能，然极困难。今已不复如是矣！北京若无一有效力之政府，能实施其命令于全国，并收集各省之税款而不遭阻挠者，则统一之举，徒属空谈。而国家之还债若不恢复，则设立此种政府显然为不可能之事。在未觅到若干解决中国财政问题之方法以前，余不准备加入北京政府。因为当小数薪金尚不能付之时，断然无法处理北京大局。倘余得有美国及其他中国欠债之国之保证，证明中国提出关于归还过期外债借本之提议，将得优惠之考虑，又保证在依据外人良好顾问不久即将实行之整理时期内，新银团将给与垫款，以供寻常行政用途，则余将

---

① 驻上海《法统维持会》的国会议员推举各省籍国会议员谒见孙中山，此系孙的谈话大意。报称孙对时局还发表了意见。
② 所标时间系天津《大公报》刊载日期。
③ 此件系《世界新闻社》转译日本《广智报》上海通讯员索克思8月25日报道的孙中山与客人谈话。现按内容加以整理，删去一些记者报道文字。

往北京。

  有许多国家为中国之债权国,而对美国则为债务国。假使欧洲各国果郑重向美国建议请取消战债,则余希望美国应记得中国乃欧洲之一大债户,或可将中国欠欧洲之债移渡于美国之一问题加以考虑。去年华会开会,广州政府要求参加时,余曾组织一委员会研究此问题。

  余之提议以中国欠欧洲之债移于美国,用意盖因美国经济情形较良,中国或可取得较宽之条件及调整。关于此种希望,有一先例,即美国之归还拳乱赔款是。倘美国再作此主张,则此同项政策,或亦可适用于其他之赔款;但余须郑重声明者,即凡北京政府所合法缔结并经国会最后批准之任何借款,余绝无否认之意。

  余现仍从事与北京领袖谈判,以谋统一之进行。

据上海《民国日报》一九二二年九月八日《美报记孙总统之谈话》

与日本《大阪每日新闻》驻沪特派员村田的谈话

(一九二二年八月二十九日)

问(村田,以下同):阁下北上之说如何?

答(先生,以下同):尚未决定。

问:阁下将派遣陈友仁、郭泰祺二氏代表北上之说有之乎?

答:此事亦未解决,目下大约尚无派遣代表之事。

问:阁下将承认现在之民国六年国会乎?抑主张民八国会乎?

答:余之希望当为恢复民八国会。

问:闻阁下劝在沪议员北上,有之乎?

答:是诚有之。

问:闻民党之方针决定维持黎总统,此说如何?

答:苟黎氏能处理得当,则维持问题,视黎氏之能力与态度如何而定。

问:阁下以为与直隶派提携而无视安徽与奉天之各派,得有完全统一之望乎?

答:于统一之前,对于无论安徽派直隶派,当无反对之理由。

问:阁下曾与段祺瑞相提携,今乃与为仇敌之吴佩孚氏相提携,将来阁下与段氏之感情上,可无龃龉乎?

答:段氏对此,颇了解予之衷心,为图谋统一计,自与段曹吴等会商为佳,即与张作霖氏谋之亦无不可;惟曹吴果有对于统一之诚意与否,尚属疑问,苟彼等无此诚意,则予当然拒绝与之提携也。

问:直隶派将推荐孙洪伊为国务总理,事果属实否?

答:此事尚未有所闻。

问:将来之总统,当然属之阁下,以为如何?

答:此事予尚毫未有所考虑。

问:对于陈炯明氏,作何处理?

答:不出三月,必见消灭,盖即放纵之,彼已不能维持广东,彼为人道之贼,非但广东实全国之民所共弃者也。

据北京《益世报》一九二二年九月五日《孙中山关于时局之谈话》

与上海东方社记者的谈话

（一九二二年八月三十一日）

外传余将北上,决无其事,即代表亦未派遣。北方武人与余之主张接近,确为事实。但余非知其诚意如何?决不与之联络。苟有诚意,不论为张作霖、为吴佩孚,均可引为同志。国会问题,余主张恢复民八国会。至对陈炯明,余必按宣言膺惩之。

据上海《民国日报》一九二二年九月二日《沪东方社来电》

与中国共产党领导人李大钊的谈话(译文)①

(一九二二年八月下旬)②

……孙先生首先从北上问题谈起,他认为:如若能恢复民国八年的国会,又能恢复当时的非常总统,我的北京之行也许必要;但目前已把民国六年的国会恢复了,我本人就连打破这"六年国会"、恢复"八年国会"的一点武力都不掌握,所以我之北京之行既已失去必须去的任何理由,而且也没有这个必要了。

对中国处在如此混乱状态之下的这种局面,我时常在考虑解救它的方法。我以为应恢复合法的国会、护法总统、护法政府,与此同时,使中央在事实上拥有强大的武装力量,以此来削弱各督军的势力,这是促进统一的最好方法。我决不承认现在这样的督军割据的联省自治,应当一面采取集中兵力于中央的办法,一面扩大县的自治权力,从而削弱现有督军的权力。

在逐步加强兵力于中央来实现全国统一的同时,紧接着就需要组织强有力的政党。所以我目前正在改组③中国国民党,使本党能有更多的工人参加进来。这样经过改组后的大政党,一方面要讨论政治手段的运用,作一般政党应作的工作;另一方面为了谋求社会的根本改革,还要努力唤起民众的觉醒。归根到底,是要把它建成一个群众革命的先锋组织。总之,我国在近期内,想要依靠短暂的统一来实现永久的和平,那是不现实的。除了四万

---

① 1922年6月陈炯明部在广州叛变,孙中山脱险后于8月14日抵达上海。8月23日李大钊到上海后,曾往法租界莫利哀路二十九号(今香山路七号)孙中山寓所拜访,进行多次交谈。其后不久,李大钊即在孙中山主盟下以个人身份加入国民党,后又应邀参与国民党改组工作。本篇系李大钊返京后于9月13日接受《北京周报》记者访问时,介绍有关孙中山谈话内容的部分。

② 底本未说明谈话日期,此据李大钊在上海逗留时间酌定。

③ 此处译为"改组"未必恰当,其时孙中山有较长一段时间是使用"改进"的提法。

万民众的觉醒和真正的群众性的改革之外,别无他途可寻。

据李大钊著,韩一德译,穆传金校订《中国统一的方策与孙吴两氏的意见》①,载《近代史研究》一九八五年第一期(译自日文《北京周报》第三十三号(一九二二年九月十七日)②)

与刘成禺的谈话

(一九二二年八月)③

常闻中国谐论,某进士公见人读《史记》,问为何人所著。答曰:太史公。进士曰:太史公是那科翰林? 翻阅数篇,曰:不过汝尔。此种笑话,正如华盛顿民选下议院议员,所问成一正比例。美国合众国,大总统称 President,大公司、大学、农场首长亦称 President。有南部某小州,民选下议院议员,系农场出身,未入大都会,一日,议会论合众大总统之权限,某南部议员发言曰:合众国 President 权限,是否与我农场公司 President 权限一样? 我农场公司 President 有紧要可召董事,合众国 President 遇有紧要,随时召集议员,有何不可? 全场大笑。美国为民选主义之国,其政党以金钱竞选,结果乃有此无学之议员,故予主先考议员,考入选者,使人民就中投票。因国家大政大法,非有金钱而毫无学识者,所得参议,东西洋可谓物必有偶矣。

据刘成禺《先总理旧德录》,载《国史馆馆刊》创刊号(南京一九四七年十二月)

---

① 标题中"吴"指直系军阀首领吴佩孚(两湖巡阅使),当时以"恢复法统"相标榜,李大钊曾于9月上旬在洛阳与吴晤谈。

② 该期《北京周报》迄今未见。

③ 此件本署时间,据刘成禺在孙中山谈话后对孙曰:"有一相似谐话,一日与王用宾进谒大总统黎元洪,论及议员资格……"当时刘成禺、王用宾均是北京国会议员,1922年8月15日黎元洪命刘成禺等三人为代表来沪进谒孙中山。此件当系1922年8月的谈话。

与刘成禺的谈话①

（一九二二年八月）

杨度可人，能履行政治家之诺言。

据刘成禺《先总理旧德录》，载《国史馆馆刊》创刊号（南京一九四七年十二月）

对白逾桓的声言②

（一九二二年八月）③

孙厉声诘问曰：予并未命汝回本乡本土起兵，今汝乡人，控告汝鱼肉乡里于我者，已十余起，汝携匪人抢掠，汝自任之，何故假我名义？现在中国人，有呼革命党人为匪类者，皆汝辈为之也。不爱汝乡，安能爱国？不改前非，不准再来见我。

据刘成禺《先总理旧德录》，载《国史馆馆刊》创刊号（南京一九四七年十二月）

---

① 此件系刘成禺由北京来上海，向孙汇报杨度在北方举止，孙听后所言。
② 白逾桓，字楚香，湖北天门人。早年东渡日本，与田桐等组织《二十世纪之支那》杂志。避居天津时，又创办《国风报》。1922年8月15日，黎元洪命刘成禺等三人为代表来沪晋谒孙中山。当时白逾桓在上海，邀刘成禺同至莫利哀路晋谒孙中山。
③ 底本未署时间，据刘成禺来沪时间酌定为1922年8月。

与商界联合会代表的谈话

（一九二二年九月一日）

民国之主人翁为国民。国家兴亡，凡为国民者人人有责任。是以当此国家危亡之秋，士农工商皆应起而救国。上海为全国商业最发达之地，诸君实握有重大权力，即如前次六三运动，上海商店愤而罢市，北京乃不得不释所囚之学生。惟诸君之权力既重，诸君之言行亦不得不慎重。罢市为商人最后之武器，非至必要时，不宜滥用。滥用则效力失，商人之武力穷矣。是以深愿诸君能各秉天赋之能力，随时尽国民之天职。

据《广州民国日报》一九二二年九月二日

与北京代表的谈话[①]

（一九二二年九月八日）[②]

孙氏力言兵工政策之足以救国，并云实行此策，须要资金，而资金不得不仰给于外债，借外债又非先统一不可，不统一外债绝不能借，不然纵借外债，适足以使国家早日破产而已。目下果能实行兵工政策，则借外债自得用于生产事业，余已有此计划，其详尚在考虑之中，一俟此计划决定后余必北上。

据天津《大公报》一九二二年九月八日《孙中山最近之表示》

[①] 1922年8月，孙中山抵沪后，直系军阀极力拉拢，北京政府派代表至沪，促其北上。这是某日孙中山与该代表的谈话。

[②] 所标时间为谈话发表日期。

关于借款的谈话

（一九二二年九月十四日）①

孙中山语曰：近来外间传有国民党改造之说，此不过协议扩张党势之方法。又北京政府与劳农政府开始交涉，此事以北京政府于对外关系上恐有不可能。其次财政问题，颇现困穷，予之主张在借债，然限于次之二种：（一）偿还到期借款债约五一万元；（二）裁兵借债约五六万万元。此外借款，则绝端反对，又因关税之增加，赞成撤废厘金，其他烟酒税、地租税等如与改善，收入必见增加，其裨〈益〉于财政者当非浅尠也。云云。

据长沙《大公报》一九二二年九月二十日（三）《孙中山之借款谈》

与格克尔等的谈话（译文）②

（一九二二年九月二十六日）

孙中山声明他基本上同意越飞同志的（指其第二封信）③想法，就此信没有什么问题，然后格克尔同志请孙中山说明现在拟讨论哪些军事问题。

孙中山回答说，首先要说的就是，俄国是否愿意支持他统一中国的行动

---

① 据上海电日期而定。
② 此次谈话于1922年9月26日上午9时在莫利哀路二十九号孙中山宅进行。来访者格克尔（Анатолий Илъич Геккер）为苏俄高级军官，于本年8月随苏俄驻华特命全权代表越飞来华，中苏建交后任使馆武官。同时到访并作记录者为马林。《上海俄文生活报》的古尔曼担任翻译。访谈录对孙中山使用第三人称。原文系德文手迹。——译者
③ 即越飞于1922年9月15日自长春致孙中山的信。见李玉贞译《联共、共产国际与中国（1920—1925）》，台北东大图书公司1997年版，第97—99页。——译者

这个原则问题,第二,俄国能够用什么方式提供帮助。

格克尔同志发表意见说,俄国原则上同意在统一中国的事业上给予援助,而且毫无疑问,俄国认为孙中山是能够统一中国的人。越飞前曾说过,最佳方案乃是谋求同吴佩孚的联合,尽可能避免内战,因内战会引起外国列强的进一步干涉,也许还会出现北京被占领的情况。

孙说,那样的干涉很可能出现,但他认为,想防止吴佩孚与张作霖之间的战争再起是不可能的。孙希望张作霖将是胜家。

格克尔同志说,他亲眼看见吴佩孚军队的组织情况,他以为,吴的军队要比张作霖的军队强大得多。至于吴佩孚的财政经费是否够用,他,格克尔,当然不能断定。吴对孙极抱好感,同意建立一个由孙领导的政府。格克尔认为吴是一个为中国统一和独立而奋斗的民族主义者。

孙认为必须把吴、张这两个对立面的特点加以说明。吴——是中国的老学究(scholar),不容易被新思想所吸引,他——是一件"成品"。而张作霖——"原料",可以予以加工。认为张仅仅是日本的工具而已,这不对。有些事例证明他推行自己的政策。他虽然没有受过教育,却是一个聪明人。吴佩孚则唯英美的马首是瞻,他不止一次欺骗中国人,孙中山十分怀疑目前吴对俄国的友好姿态是否出自真心。他反对日本,这毫无疑问,然而与此同时却可能无意识地成了英美资本主义的工具。吴佩孚的胜利就会是英美的胜利。

格克尔同志说,他要同吴佩孚再会谈一次话并向他直言不讳地说明,俄国人只有在吴完全摆脱英美影响后才能向他提供援助。他想说服吴佩孚务必同孙中山合作。吴已经知道,俄国承认孙中山为中国国民运动的领袖。张作霖眼下只证明他勾结一切与俄国为敌的人。满洲像是日本的一个省。那里随处可见日本人,可有时候却不见张的踪影。张作霖与俄国的君主主义者合作,现在与狄特里志斯将军也有联系。俄国不能坐视满洲成为第二个蒙古,让新恩琴分子在那里得到援助进攻俄国。

一段时间来,孙已经为让张作霖改变政策而做了一些工作。他现在又一次派了代表到奉天去,说服张作霖要把新俄当作中国的朋友。如果不能把张作霖说服,那么孙中山就将反对张作霖。另一方面,俄国的代表们应该告诉吴佩孚,帝国主义的支持不能使中国统一起来。如果能让吴佩孚正确理解中国的实际情况,向他说明,中国只不过是列强的殖民地,这就是一大成功了。但愿此举成功,届时即可与吴携手。

孙博士坚信,迟早中国一定会统一起来。不过只靠自己的力量,他要花费很长的时间。外国列强阻挠中国的统一事业。我们需要一个支持中国统一的朋友,只有俄国可以成为这样的朋友。孙想在中国西北边界或东土耳其斯坦①拥有一支自己的由俄国提供武器和军用物资的军队。那一带有军需食品。只是交通非常不便。无论如何一定要建立这支独立的军队。可以在吴佩孚与张作霖之战以后进行这方面的工作。然而,即使吴、张不战,那也必须着手组建军队。孙中山在广东、江西、广西、贵州、云南、四川等南方省份也还有自己的军队,但是装备非常不好。俄国是否会帮助在西部(西北部)建立这样的武装力量?

格克尔同志举了土耳其为例。那里各种信仰的民族主义者共同进行反对外国侵略者的斗争。他本人就曾前去,参加了战斗,非常了解情况,所以他知道眼下凯末尔的胜利就是俄国的胜利。经常可以听到,俄国穷,无力助人。土耳其的情况就证明这种说法完全是错误的。首先应该把所有的民族主义力量联合起来,然后依靠俄国的援助组织起来,顺利地反抗资本主义列强。

孙博士强调的是组建独立而可靠的武装力量的必要性。即使为此做出某些和解也在所不惜,和解后现有各派势力可以暂时合作。不过要考虑到,各派系领导人之间的相互关系是会变化的。俄国能否为这样一支革命军队提供交通工具、辎重和武器? 现在有三条路线,最长但最可靠的一条是经过土耳其斯坦。有这样一支武装力量也能在华南把国家统一的障碍予以清除。孙介绍了他的力量在南方省份分布的情况。如果他的观点原则上可以

---

① 当时俄国人称中国新疆省为"东土耳其斯坦" Восточный Туркестан,或"土耳其斯坦" Туркестан。——译者

接受,一俟得越飞同志通知后,他,孙,就派一个军事专家赴长春,与格克尔同志一起给莫斯科拟一个计划。他问,俄国能否提供一些飞机,俄国是否制造飞机,有否汽车,有哪些型号的大炮,机关枪多不多等等。

格克尔同志同意在长春做更加细致深入的讨论,指出运输的极大难度,讲了对土耳其的帮助,红军现状,在军队中进行宣传工作的必要性。

孙中山在地图上指明了运送援助物资可以利用的路线。

格克尔同志问,能否在洛阳同孙的代表联系,届时他们即可在那里开展这方面的工作。

孙博士说最好是分头进行。因为那样,勿须讨论就可以遵循同样的计划。不过,孙并不反对让格克尔同志带上几封信,孙给越飞写了一封简短的回信,并且请格克尔费神向越飞详细转告会谈情况。

据李玉贞译《联共、共产国际与中国(1920—1925)》(台北东大图书公司一九九七年版)

与郭泰祺的谈话[①]

(一九二二年九月二十七日)

予自到上海以来,外面对予之态度,均不甚明了,而各方面劝我北上之电报,已积有八百余件,未几又有直系分子来电,询予是否有联张联段之事。其电多系湘、鄂、豫各法团名义,不知予向来抱定护法宗旨,始终不渝,全不为权势威逼,彼方面借名通电,劝我统一,其用意在淆乱我的宗旨,好为彼等利用。当予北伐军初入江西时,并无一人劝我谋统一,何至今日而劝我者纷至沓来?深知各方面均欲以我为玩具,藉以居奇;惟予之心目中,除护法二字为主脑外,余概不足为动余。至关外张作霖,向不知护法二字为何物,更谈不到与我有所接洽。惟彼等性同土匪,招集乌合之众,占几个地盘,遂张

[①] 此系郭泰祺赴京前孙中山对他的谈话,郭抵京后对某议员转达,并披露报端。

牙舞爪,以疆吏自居,在予目之,殊不值一笑也。

予奔走护法已十一载,李协和、许崇智从予之志,百折不回,试问北方政府自元年以至今日,内阁不知几经改组,尚不能统一局部,除勒索军饷百端借债外,毫无成绩可言。予此次虽失败,然护法二字,仍然不灭,自信对国人可告无罪。今各方面欲拉我北上,毋乃陷我投入漩涡。须知段芝泉乃北洋老宿,历军三十余年,尚为一般土匪式的军队所卖。故予决计久居此地,俟时局稍可为,予即仍图贯彻护法二字。

据北京《益世报》一九二二年九月二十八日《孙中山之近态》

与郦朴的谈话①

（一九二二年九月三十日）

郦君问:北方之吴佩孚与南方之陈炯明,此二人将来之成败得失为何?

孙先生谓:若论吴陈二人之将来武力主义,颇不合民治国家潮流。二人若能真正为国家谋建设,将来均有希望。但吴系北方军阀,近尚能有尊重法统之表示。陈炯明为余二十余年来同患难受恩惠者,竟至用种种不人道之手段,加害于余。如此则陈之德义,又不及吴佩孚矣!

据上海《民国日报》一九二二年十月一日《外宾谒见中山》

---

① 郦朴(译音)系荷兰驻华使馆译员,9月30日谒孙中山谈话两个小时,此件系录报载部分。

关于时局的谈话[①]

（一九二二年十月十六日）

汪兆铭赴奉结果,张作霖于大体上已得谅解余之政策。福建方面,已归许军之成功,惟徐树铮在闽举兵,事前并未与余相商,而彼谓遵余与段氏之命令,此次行动实未受余何等命令,故闻段、卢两氏,亦咸不直徐之所为,结局恐以失败而终。总之福建局面尚不免经几多之曲折。李厚基原拟联陈炯明而攻余。余故先发以制之,其次当时陈矣。

据天津《大公报》一九二二年十月十七日《孙文之时局谈》

与东方通讯社记者的谈话

（一九二二年十月中旬）

汪兆铭赴奉之结果,经得张作霖之谅解。余之意见,闽省方面,许军已告成功。惟徐树铮事前与吾人并无若何之接洽。徐氏虽谓遵奉余及段祺瑞之命令,但非与余有关系,且卢永祥及段祺瑞亦并无同意于徐氏之行动。因李厚基与陈炯明联络抵抗吾人,故有讨伐之举。吾人现拟先行讨李,次及陈炯明。

据香港《华字日报》一九二二年十月十九日

[①] 孙中山是在什么场合作上述谈话,待考。其时,国民党军队（北伐军）与皖系合作,驱逐福建督军李厚基。

对时局之六项意见①

（一九二二年十月二十五日）②

（一）对于国家建设问题。今日无论何党派或全部国民，如不能以法兰西大革命之精神改造国家，最小限度亦须有日本维新之气魂〔魄〕与努力，方可希望。国势危殆，再不能容敷衍苟且。

（二）方法。改造国家之器具有二，一合法国会，二非常机关。目下北京所开之国会，以不合法故，不能得国民之尊重，焉能制定宪法？焉能令全国听命？改造国会俾之合法，为今日之急务。如万办不到，则以诚意施行民治为标准，较护法更进一步，可设置非常机关，成立非常建国局面。

（三）总统问题。黎元洪三次背叛民国，罪当服上刑，无论合法局面或非常局面之下，决不可使之居要位。今日国民元气不振之故，由于居要位者以取巧丧廉耻之行为为天下倡。将来总统为何人，只要由合法国会选出，吾党可认之（中山先生无意于斯席）。

（四）县全民自由〔治〕。省隶属于中央，县由人民组织，中央政府与省政府皆为人民使用之奴仆。县自治乃确定人民发号令之主权基础，县知事由民选为县自治最小之限度。

（五）工兵政策。满清式之驻防政策，为中国不统一之大原因。改兵为工，则可化恶感为有益，南北问题亦赖之融和。

（六）国内息争。国内战争只有革命党有权主张，以其为进步为代表公

---

① 孙中山为谋求国家和平统一，曾于1922年6月6日在广州发表《工兵计画宣言》，8月到上海后接直系军阀首领曹锟（直鲁豫三省巡阅使）、吴佩孚（两湖巡阅使）来电表示赞成，曹、吴及齐燮元（江苏督军）还派代表来沪联络。孙中山乃命张继（字溥泉）作为回访代表，自9月26日至10月12日相继在南京、保定、洛阳与齐、曹、吴三人洽谈时局问题。此六项意见，系张继出发前，孙中山指示他与直系商谈时所应采取的基本态度和主张，为张返沪后向报界披露者。

② 孙中山发表对时局意见的日期不详，所标时间系上海《民国日报》发表日期。

理之行为,可以代表人民之公意者也,其他皆攘夺地盘之内讧、无意识之争斗而已。无论何方面不可再用兵,奉直调和尤为目前之急务。如斥奉张及西南各省为一种割据,则保、洛及直系督军亦为一种割据;如斥奉张为侵略关内之民贼,则直系亦为侵略长江之民贼。五十步与百步之计较,可以口舌判断之,无兵火相见之必要。

据上海《民国日报》一九二二年十月二十五日《张溥泉君
之宁保洛报聘谈话》

附录　同题异文[①]

一、国家建设问题,中国国民全部,应具有法国革命及明治维新当时之气魄与努力。

二、国家改造有两种机关,一为合法国会,二为非常机关。目下北京国会不合法,不能得国民之尊重,其何能制定宪法?故使国会合法,为今日之急务,若并此不明,则以施行民治为标准,设立非常机关,以图解决。

三、总统问题,黎元洪三叛民国,以如此之人,身居要位,为国民元气不振之原因。总统不论为何人,须由合法国会选出。但孙中山无做总统之意思。

四、县民自由。省隶属中央,县由县民组织,中央与省政府,为人民公仆。县之自由,为确定人民发布号令主权之基础,县知事民选,为县自由最小限度。

五、工兵政策。清朝式驻防政策,为中国不统一之主因,故宜变兵为工,恶感一去,南北问题,自见融和。

六、防止国内战争,奉直调和,为目下之急务,若奉天与西南同为割据,则保定、洛阳及直隶系督军,亦为一种割据,仅五十步百步之差,有何诉诸武力之必要?

据北京《益世报》一九二二年十月二十七日《张溥泉所述
孙中山之意见》

[①] 此篇相较前篇,内容较简略,今附录并存。

与朱德等的谈话(译文)①

(一九二二年秋)

朱:我们决定到外国留学,在重新回到中国的政治生活之前,要先会见共产党人,研究共产主义。

孙对于共产主义没有任何偏见。问曰:既然要留学,为什么不到美国去?美国没有封建背景,又有很多进步制度。

朱答:我们两个都没有可以在美国念书、在美国久住的款项,而我们愿意到欧洲是因为听说社会主义运动在欧洲最强大。欧洲已经出现了新的社会力量,也许对我们更有好处。

孙同意朱意见。说:我正在制订国民党的新政策。

据[美]史沫特莱著,梅念译《伟大的道路——朱德的生平和时代》(生活·读书·新知三联书店一九七九年版)

与雷彭的谈话②

(一九二二年十一月一日)

闽省实行自治,由省议会选举正式省长,并拟由许崇智尊重议会。

据上海《民国日报》一九二二年十一月二日

---

① 1922年朱德与孙炳文到上海,在赴欧留学前,他们在上海前往莫利哀路访见孙中山。

② 雷彭系福建省议会副议长。孙中山为讨伐陈炯明,令东路讨贼军总司令许崇智率粤军已于1922年10月17日进驻福州,于是雷彭特来沪谒见孙中山商榷福建省善后问题,"谈论颇久"。

与《日本广告报》记者的谈话(译文)①

（一九二二年十一月二十六日）②

  在世界大战中，日本必须参加德国一方，我曾鼓励各种日本的国务活动家这样做。如果日本向协约国宣战，安南和新加坡将会起兵反对法国和英国；印度人将会向大不〈列〉颠英国造反；在日本联合亚洲的努力中，土耳其人和中国人有可能支持日本。由于日本参加了协约国，泛亚细亚计划就无限期搁浅了。因为日本遭到了失败，中国势必又会被号令去把亚洲变成所谓亚洲人的亚洲。

  假如日本真正希望看到亚洲人来管理控制亚洲的局面，它就必须加强和俄国人的关系。俄国人也是亚洲人。在他们的血管里，流动着亚洲人的血液。在反对盎格鲁·撒〔撒〕克逊人的侵略当中，日本必须和俄国人共同进行斗争。在维护亚洲人的权利而进行斗争时与俄国携手合作，将展示出使日本与其他东方国家从大灾大难中获得拯救的唯一希望。盎格鲁·撒克逊人贪得无厌的野心，正使这些国家沦落于苦难深渊之中。

据《日本广告报》一九二二年十一月二十六日，转录自
[美]韦慕廷著，杨慎之译《孙中山——壮志未酬的爱国
者》（中山大学出版社一九八六年版）

---

 ① 关于这次会谈有一个单行的译本（日文至德文，再至英文），发现于：B.尼科拉雅夫斯基《俄国、日本和一九二五年前的泛亚细亚运动》，载《远东季刊》第八期（1949年）。（原注）
 ② 此件所标时间据《日本广告报》发表日期。

与《日本纪事报》记者约翰·白莱斯福的谈话

（一九二二年十二月九日）①

白氏问：曩在广州时，得悉君被视为劳工之友。余复得知君对于劳工界曾有所尽力，即如君用君之势力使劳工参加于广州市议会是也；但君究望为劳工成何事业，能明白见告否？

中山答：余之目的，在使劳工被认为社会间一种有资格之人。从前劳工在中国政治生活中毫无势力，一般人视彼等为奴隶，不配预闻公共事，余则确信公共生活若有劳工势力参与其间，其意味当益浓厚。

问：君当知香港报纸，甚至英伦报纸，因君被指于本年春间赞助香港之罢工者，故颇加责备，且诋君唆使罢工。君于此有所说否？

答：当罢工事起时，余在广西之桂林，其地与广州不通火车，余方以全力注于北伐；彼时主管广州政府者为陈炯明，余初不知有罢工事。直至吾人军用品因交通断绝不能达梧州（经此往桂林）时，余始知之。至余对罢工者之感想，苟彼等之目的为经济的，余固予以同情。而彼等之罢工，其后虽牵涉政治，原始时实为经济的也。但谓余赞助罢工，以期损害英国利益，余绝对不能承认。惟凡关于改良劳工情形之运动，余皆赞同之。

问：君之特赦犯杀妻罪之陈炳生，尤受人指摘，即君之友人亦有不以为然者。

答：余之友人当知特赦问题之来余前，实经当然之轨道。余为总统，有特赦之权。该案经省当局详细考查，据云陈妻犯奸，故陈杀之；为此杀妻，依中国旧习，实不认为刑事罪名。而余所接之公牍中请余特赦，省当局及伍廷芳博士均赞成此议，余遂执行余之特权而赦之；不料乃大遭反对也。

---

① 会见日期不明，今所标时间系上海《民国日报》转载日期。

问：君素主张依地价征税主义，即单一税主义，海外人士时时道及。君至今仍持此主义乎？

答：余仍持依地价征税主义，但与正派单一税主义者不同，即余主张再征收他种税款是也。近世国家生活情形，复杂变化，迥非昔比，若严格施行单一税主义，于理于势，恐皆不当。依余之计划，应将现时地价重行估定，以后地主苟有不以代价换得之地产，概归为国有。地主得自行定价，但国家有权随时依地主自定地之价，购其地产。

问：现君此言，可知世人虽多非难国家社会主义，君仍视为一种稳健主义。

答：诚然。但余亦深知，经验已告吾人以国家社会主义确有缺点。有许多事业，可由国家管理而有利，亦有必须竞争始克显其效能者。余并不固执，经验之教训，自不可漠视。但试观大战中各国多以大规模行国有事业，各项实业逐一归国家管理，以期得较大之效能，其中自不免许多耗废，但此泰半因其目的纯在尽速尽量生产，不顾费用之多寡，对于获利与否，或供过于求与否，皆未尝措意耳。

问：但在国家社会主义下之工作，往往耗废而乏效能，有许多人言，此乃势所必然，因与工人利益太远故，如邮局即其一例，此层君自知之。

答：余知此说信者甚多，但须知国有事业归政府主管，经验尚浅，非私人事业可比。私人事业，如合资公司，当其初兴时亦有困难。中国今日合资公司往往失败，因缺乏西方已具之经验故。由此推之，国家社会主义在〈最近〉将来，亦将遭许多阻力，迨经数十年之经验后，阻力自可渐消。故余以为此项反对论据，不能永久适用。更就全体论之，余以为为公共利益作工，不为私利作工，纵有上述之弊，亦为利重弊轻矣。

问：但以经济权与政治权并置于政治领袖之手，宁非危险？岂非将增多专制之机会乎？

答：人性不变，贪权之念不灭，此项专制之危险终将存在。但余意国家管理实业，足使富源之分配较为公平。在现时制度之下，财富集中于少数人之手，他一方面则多数人贫无立锥，成为一大问题。且国有实业苟能生利，又毫无弊窦,即足减轻纳税之负担。现时纳税负担,贫民尤重。各进步国家莫不有增税倾向。国家企业而能获利,至少可以减增税之需要。利害相权,吾终以为国有企业较胜于现时之私有制。

问:君曾研究"基尔特社会主义"或"苏维埃"否?君愿劳工及资本家两方共同主有并管理实业乎?抑愿限制劳工方面对于现时之资本家与将来之政府机关之相对地位乎?

答:余曾览柯尔之书,对于基尔特制度尚未完全研究,但余觉依吾人之经验尚不足使吾人坚持此项制度。人类性质乃游移无定者,且终苦经验缺乏。今日国家企业之不经济,其真因即在此。但就中国论之,此项对于社会主义之反对论据,实比西方为不适用,因中国之一切大工业,均在萌芽故也。申言之,无论私人企业或国家企业,在中国今日乃由同一点出发,不问采用何法,终需外国之经济助力也。

据上海《民国日报》一九二二年十二月九日《西报载孙总统最近谈话》

与北方某氏的谈话①

(一九二二年十二月二十日)②

(一)"总统问题绝对不拘成见,当初以谁为倡导民国者应谁先任总统;今乃觉悟其大可不必,故惟有实力即与赞成谁为总统。对保曹亦可以赞成,既属实力问题,无庸经过鬼祟烦琐之投票手续,简直由实力派推戴可矣。民六议员不配举总统,彼辈捣鬼十一年,与国家毫无裨益,论理真可以解散之。"

(二)中山又自言:"建设虽不敢谓有何才能,惟号召多数人以与某种势

---

① 因孙中山久未发表政见,北方某要人先与保定方面接洽,后赴福建会见许崇智。许介绍其返沪晤孙,此系孙的谈话,在座有汪精卫、胡汉民。
② 所标时间为谈话发表日期。

力抗,则自问绰绰然有馀裕。故欲为总统者,不能不承认余在国家社会中之相当地位,否则亦足以抗之,使其不成。"

又谓:"陈炯明应为全国人之公敌。苟及〈联〉陈者,余即以敌视之;苟有诚意与其[余]联络者,非一致排斥陈炯明不可。"

据长沙《大公报》一九二二年十二月二十日《孙中山崛起之酝酿》

与曹锟使者的谈话

（一九二二年）①

中华民国人民,不受法定限制者,人人皆有被选为总统之权利。只要一不藉武力,二不藉金钱,则未来总统属任何人,皆不反对。

据长沙《大公报》一九二二年七月二十六日《汪精卫之孙曹携手观》

与某记者的谈话

（一九二三年一月五日）②

孙中山语往访之某通信记者曰:"广东方面形势之变化原为预定之计划。至陈炯明倒后是否即赴广东,又或组织政府,现尚未设想及此。但当照前次宣言,尽力于南北和平统一,其方法现虽非发表之时期,然将来总有具体的发表之机会。最近外国新闻有谓中国统一须加入外力,又有谓须待中国人自身之自觉,加中流阶级之实业家尤须奋起等主张固不待论。但无论加入外力,或实业界奋起,如将余等民党视为度外,总不能得真正统一,此观

---

① 报载称此系汪精卫转述孙中山的谈话,谈话时间不详。
② 此系记者发电日期。

于从来之事绩亦自明甚。"（言外大现得意之色）

据长沙《大公报》一九二三年一月十一日《中外新闻》

与《大阪每日新闻》记者田村①的谈话②

（一九二三年一月五日）

田村问：陈炯明之失败，似已成为时期问题，但彼于战之一字，亦为健者。联合军究能完全击破陈氏乎？孙答：确有胜算。问：闻联合军已促足下南下，有其事乎？答：然。已接到此电报矣。问：足下其拟南下耶？答：目下未定。现在拟暂不远行。问：广东恢复后，其即再建政府乎？答：目下未定。问：闻陈炯明已向吴佩孚乞援，吴氏能发援兵否？答：此事恐未必然。纵欲实行，事实上亦有所不能也。问：福建省内之民军，尚未出动攻粤乎？答：犹未出动，目下正在急谋准备之中。问：广东恢复后之方针如何？答：当向南北和平统一处进行，凡事俱照予前次宣言行之。问：统一之方法如何？有开南北和平会议之意否？答：此事非恢复广东后，难于明言，但此种会议，征诸前例恐未必有效。问：如此，则非与中心势力交涉不可，足下究认何人为北方之中心势力耶？答：北方并无所谓中心势力者在。问：保定、洛阳如何？答：保定、洛阳乎？若以彼等为中心势力，则此外者尚极多，奉天亦其一也。问：广东问题，今暂勿提。最近伦敦《泰晤士报》谓中国之统一，须借外力。《字林西报》则谓中国之政治，今后当由国内之商业团体支配之。足下对此之意见如何？答：以外力之援助而统一亦可，由商业团体而统一亦无不可，但若借外力以图统一，则外国非先与民党结合不可。若依赖无力之北京政府，则统一永无可期。商业团体亦然，必须先变其从来反对民党之态度，而尊重民党然后可，如此则无论用

---

① 田村，疑为"村田"之误。下同。
② 1923年1月5日，田村在上海访问孙中山，询其关于时局的意见，孙中山即发表上述谈话。

何种方法,亦易于统一也。

据天津《大公报》一九二三年一月十二日《孙中山与日报记者之问答》

与《字林西报》记者的谈话①

（一九二三年一月八日）

孙曰：其计划现已见效。陈军将领如第一师长梁鸿楷及从前叛余首领之叶举,皆已与护法派联合。滇军将领张开儒、桂军将领沈鸿英,均已尽忠于余。梧州、德庆、封川以及其他数处,亦已入张开儒之手。余之故乡亦已为吾军占领。

记者问：其约若干日,其军方能入广州？

孙答：约两星期。余希望于五日内取肇庆（梧州与广州间之大城）,得肇庆后,再进取广州,约两星期便可到手。

记者问：福建方面是否将同时发动,以攻陈之北？

孙答：江西一方面已足,似可无需。福建方面将领并未有令其进攻广东之命。

记者问：吴佩孚与公等曾言和,同时又曾与陈联络,吴现在究将援助何方？

孙答：吴固与吾人言和,但至后并未有何结果。吴现方派军入赣,意在攻击福建之吾军。

记者又问：曹锟又将如何？

孙答：曹亦相同。曹亦曾与吾人言和,现正在谈判中。

据上海《民国日报》一九二三年一月九日《孙中山先生与外报记者谈话》

---

① 经孙中山派邹鲁等联络后,滇军杨希闵、桂军沈鸿英、刘震寰等部代表,于1922年12月26日在广西藤县大湟江"白马会盟",随即出师讨伐陈炯明,28日收复梧州,随后收复德庆、封川等地。《字林西报》记者于1923年1月8日造访上海莫利哀路孙宅,孙中山与他进行了这次谈话。

与全国商联裁兵劝告委员代表的谈话

（一九二三年一月十日）

余对于裁兵之意见，曾于客夏六月六日发表宣言。此次之运动极表赞同，而期贯彻。公等奋斗，不胜感佩！惟劝告当局为第一步，第二步办法宜有积极的准备之计划，不可徒托诸空言，尚望公等努力一番。

据天津《大公报》一九二三年一月十一日《孙文赞成裁兵》

关于陈炯明求和条件的谈话

（一九二三年一月十二日前）①

在陈炯光所部未哗变以前，陈氏见大势不佳，确曾向孙文求和。孙氏当时提出下列四条件："（一）交出当时祸首名单。（二）勒令叶举解除兵柄。（三）对于护法各省及孙系表示道歉。（四）陈部各军全体离粤。"

据长沙《大公报》一九二三年一月十九日《粤陈危殆之各方续讯》

与吴南如的谈话

（一九二三年一月十四日）

孙先生云：广东方面虽极望余回粤，惟余之行止，尚未能定，刻正在考虑之中。广东军队虽颇复杂，惟陈炯明一去，即无问题，收拾亦非难事。是

---

① 此件未署日期，据陈炯光（陈炯明胞弟）留守广州的部队在12日哗变，酌定为12日前。

〔此〕后对于大局,当仍秉统一和平之旨。惟欲谋统一,须先裁兵,前既屡次表示,盖武人把持军队,不特足以引起战祸,并实陷国家财政于绝地。国内所唱各省代表会议与裁兵会议之说,先生似倾于后者;至裁军之安插及以后军队之维持,则仍持兵工政策。

先生对于今日武人干政,极露厌恶之意,谓军人所以保卫国家,而非宜治理国家;排除武人政治之方,只有国民自起努力,造成有组织之民意,始可以打倒军阀。前年美国波兴上将手持六百万雄兵,不敢如中国军人之为非者,国民能力强厚,监督严密故也。又先生对于大局之态度,不久即将有宣言发表,现正在斟酌中云。

据《民信日刊》一九二三年一月十五日《孙先生关于时局之谈话》

与国闻通讯社记者的谈话①

（一九二三年一月十六日）

国闻通信社云:此次粤省之事,系以滇军为主力,桂军为辅助。滇军总司令杨希闵系受孙中山先生委任,曾有通电发表。桂军之沈鸿英,则以岑西林与中山对于粤桂大局同力合作之故,出而协助讨陈。昨日本埠字林西报载有一段纪事,谓此次攻粤,并非孙中山军队云云,其为颠倒事实,至为显明。该报又称:孙、岑携手,以中山不设政府为唯一条件云云,本社记者昨晨往访中山先生,问其是否有此条件？

中山先生云:余（中山自称）与西林于前日始行见面,条件之说,绝对未有其事。余对于时局,主张和平统一,希望北方军阀彻底觉悟。今日所以仅将战争限于广东局部者,在予北方当局以觉悟之机会;否则余为革命党人,

---

① 1922年底到1923年初,滇军杨希闵等部、桂军刘震寰、沈鸿英等部接受孙中山领导,讨伐陈炯明。上海《字林西报》却哄称讨陈非孙中山军队;孙且和岑春煊约定不在广州设立革命政府。国闻通讯社记者为此走访孙中山,孙作此答复。

当以贯彻主张为职志,势不能与人为虚与委蛇之周旋,是以余之设立政府与否,当以北方有无真正觉悟与办法为断,其责任并不在余云云。

又云:某西报之态度与言论,素为国人所知,其于民党及余个人向持反对,昨日此段纪事,难保非中伤挑拨之故智,望舆论界注意了解云云。

据《民信日刊》一九二三年一月十七日《孙中山先生对于时局之又一表示》

与李希莲等的谈话

（一九二三年一月十九日）

（昨日本报载有留粤国会议员于洪起等一电,系致法统维持会转请孙总统返粤复职,并邀两院同人赴粤重行集会。昨日下午,由李希莲君等持电晋谒,询孙总统意见。）

孙总统勉以赴北京力争合法国会(按即民八国会)之实现,并谓:今后解决时局,以不用兵力为最宜,法律问题可以和平方法奋斗得之。故非最万不得已时,国会不必在广州重行集会。

孙总统又言:粤军善后不难解决,照目下的情形,尚无亲赴广州之必要。

据上海《民国日报》一九二三年一月二十日《孙总统力主和平统一》

与记者的谈话

（一九二三年一月中旬）①

记者问:孙、岑携手是否有中山不设政府为条件?

---

① 此件未署日期,据长沙《大公报》1923年1月22日载此谈话而酌定。

中山云：余与西林于前日始行见面，条件之说，绝对无有其事。余于时局主张和平统一，希望北方军阀彻底觉悟。今日所以仅将战事限于广东局部者，在予北方当局以觉悟之机会。否则，余为革命党人当以贯彻主张为职志，势不能与人为虚与蛇委之周旋。是以余之设立政府与否？当以北方有无真正觉悟与办法为断，其责任并不在余。

据长沙《大公报》一九二三年一月二十二日《孙中山对于时局之表示》

与参议员王用宾的谈话①

（一九二三年一月二十六日）

自民六护法以来，一般政界要人及社会群众，皆知国家分裂若此，有统一之必要；但政治不外历史之教训，即政治之经验，吾人今日所主张之统一政策，即此七年之政治经验也。依我六年来之观察，前此所用政策不外三种：其一武力统一，即能以兵力打胜一切者，乃能统一也。此种政策之失败，自不待言。其二为法律统一，然法律是一种理论，至于欲求实现此理论，仍非诉之实力不为功。其动机虽与武力不同，而结果乃与武力相等。其三为策士统一，即离开今日政治之实象，而以纵横捭阖之手段行之。如前此之联省会议、庐山会议、国是会议之类皆是也。以上三种统一政策，虽有诚伪、善恶、虚实之不同，而有一绝对相同之点，即一切皆就政界之人而言统一，未尝实证于国民之前，而求其承认是也。中国今日纷扰之根本病源，即强仆各自有其是非，而四万万之弱主人，无置喙之机会是也。欲人民对于今日政争发言，须先使人民认识政争为何物。前述三种统一政策，武力固为人民所畏避，即法律统一之说，亦是陈义过高，人民仍难骤然理解。至于策士统一，乃

---

① 王用宾，号大蕤，中国国民党党员，新受孙中山委任为本部参议，现任参议员，当时受黎元洪、张绍曾委托，由京至沪，与孙中山商谈南北统一问题。

纯然为多数人升官发财而为之,于人民尤为毫不相关。

余意今日国民所最苦者,莫如兵多,即主张先裁兵;而裁兵即统一之根本条件。人民乐于裁兵,故人民亦必乐于统一。故余自信余之统一政策,最易得人民之了解,故可断定人民亦必因此而乐于为我之后援。人民表面上似无能力,然要知对于某问题,既得一种直觉之了解,则实力异常伟大,不使枪炮,而其力大于枪炮十倍百倍而未已。盖人民有罢工之能力;有罢市之能力,有抗纳税之能力,有撤回代表之能力;果使人民一旦正确认识其幸福在于统一,统一在于裁兵,一人传十,十人传百,虽有拥兵百万、据地千里之军阀,一朝可使之为独夫。故余之统一政策,即本此七年之经验,而知惟有以裁兵谋统一,则手段与目的完全一致,最容易得国民之直觉云云。

据《裁兵为谋统一之政策》,载胡汉民编《总理全集》第二
集(上海民智书局一九三〇年版)

孙文越飞会谈纪要(译文)①

(不晚于一九二三年一月二十六日)

【越飞向莫斯科报告说,"孙的计划有两个,一个是立即行动计划,第二个是前一个失败时的应变计划"。】

孙中山的第一个计划

依据这个计划,孙中山首先要立即彻底消灭陈炯明。

陈炯明被迫逃出广州,藏匿于两广交界处,一个名为梧州的地方,据说,

---

① 1923年越飞写给俄共(布)、苏联政府和共产国际领导人的这个汇报,是迄今为止能够见到的孙越会谈的唯一详细记录。(见李玉贞译《联共、共产国际与中国(1920—1925)》)对于中外媒体来说,最早见于报端的关于他们会谈的情况,是由1923年1月27日上海英文《大陆报》(*The China Press*)公布的,但内容简略得多。——译者

他有约近一万军队。孙想派兵从两个方面夹击陈部,将其钳住,聚而歼之。不过孙认为如果陈炯明突围则更好,届时吴佩孚部必来接应,那孙吴之战势不可免,这更易理解。我①认为孙忽略了另外一个可能性,即陈炯明突围不得,孙也不能将其拿下,因为陈被逼逃到海上后,有可能由其友人或同盟者英国人搭救;孙同意,认为有这种可能性,但是并不可怕,因为他觉得陈不可能在广州东山再起。

不管怎么样,击败陈后,或者在追歼的过程中,孙吴冲突必然发生,孙拟从湖南(孙有可靠军队)和四川(孙在此处有十万自己的军队)两方兴兵打吴,即攻打吴部牢牢盘踞的河南洛阳和汉口。②

与此同时,张作霖就要挥戈北京,占领首都。孙中山认为驻扎京畿的"基督将军"冯玉祥不太会从中作梗,而曹锟与其党徒无还手之力。

此计划中事态的下一步发展则是,张作霖把北京让给孙中山,后者此时当已将吴佩孚击溃,以统一的中国代表者的身份入主北京,到那时,所有的省份就都应该在孙的掌握中了。

我认为,在目前北京政府的混乱局面中,在华北民生凋敝的形势下,鉴于孙中山威望在全中国范围内日愈提高,他只要提出想竞选总统就足够了,就能同样以全中国(选举产生的)代表的资格入主北京,我便问孙中山为什么不用这样的和平办法入主北京。孙中山回答说,也许这是对的,但是根据中国的习惯,如果他不用武力击败敌人,那么即使把他选为总统,他也不可能免于一死,因为在那种形势下,北京会有人暗中刺杀他,这一点丝毫不容怀疑。

这是胜利时的计划。孙认为这个计划的致命缺陷乃在于下述两点,一、由于经费不足,孙中山无法调动足够的军队去打吴佩孚,所以不能将吴击败。

为了消除这个危险性,孙中山最多需要两百万墨西哥元(约合同样数

---

① 文章采用第一人称,"我"即越飞。下同。
② 原文如此。汉口在湖北。——译者

目的金卢布),故此孙切望我国会给他这笔钱,第二个致命点是张作霖拿下北京后,由于吴佩孚将忙于同孙交战,张可能食言,而不把北京交给孙。出现此种情况时,孙中山也同样坚决指望我国会帮助他,也就是说,他指望我们在满洲挑起事端,将张作霖的兵力从他占领的北京吸引到那里去。

我回答孙说,我会立即就上述两种情况下我国给予帮助的问题请示我国政府,但我本人对我国提供财政援助事持乐观态度,然而我认为更加现实可行的是我们的军事援助,也就是我们依据同孙中山的协定,进军满洲。

不过我当即补充说,无论孙还是我国,都必须考虑到一个情况:一旦我国进军满洲,日本可能也出兵就地对付我们。

孙中山的第二个计划

如果孙的第一个计划由于得不到上述我国的援助,或者由于其他预料不到的原因而不得实行,那么,孙据其惯有的毅力和遇到失败时的习惯做法,已经拟定了第二个长期的计划,这一计划完全是依靠我们的。

孙,显然出自这样的想法,他认为他迄今为止所遭受的失败,其原因乃在他一贯把基点全放在华南,所以对帝国主义国家的依附性太大。

非常清楚,鉴于上述原因,他想在完全摆脱帝国主义列强、在同我们联合的基础上,构筑其行动纲领,尽管他强调,激烈反对他的只有一个英国,而美国是支持他的,日本则可说是同情他,并不敌视他(至少安福系支持他),法国——无所谓。

况且,孙中山因一向把基点放在华南,就时时要考虑到,"列强"可以随时切断他同海外的联系,迫使他就范。所以如果能把基点移到中国腹地,离我们近一些的地方,那么,只要同我们达成协议,列强在太平洋沿岸的任何破坏活动,也就绝对没有什么可怕处了。这是孙中山的一段议论。

目前,在这里,就说是穆斯林聚居的东土耳其斯坦地区和临近的省份吧,已经都在孙中山势力的牢固控制下了。孙在这里的势力有待加强还有另一个原因,即不管情况怎么样,他务必保持同我们的密切而直接的联系。

再者,从四川省出发,还可以不经过吴佩孚的辖地,即通过甘肃、宁夏等省调动孙中山在那里的十万军队赴蒙古边界,这一带是产粮区和富庶的省份,正处在通过东土耳其斯坦、通过库伦同我国直接联系的必经之路上。

这支军队由我国提供装备(辎重、衣服等孙中山拟自筹,但是需要一些我国的军事教练)。(孙认为过一两年)这支军队进入战备状态后,即可进行孙的最后一次"北伐",那就"稳操胜券",届时列强的任何干涉都不足惧怕了,因为即使把海路全切断,列强也阻挠不了这个计划的实施,而从海上派兵到中国腹地——他们不敢铤而走险。

那时候,只有一个日本能够从满洲调兵,但是这并不可怕,因为有十万人的一支劲旅,足能把日本拒于千里之外。

孙认为,按照他的计划,我们就不应该同北京政府签署协定,也许,我们甚至应该把我国使团的驻地迁至符拉迪沃斯托克,我可以从那里同孙联系。这就是孙的第二个计划。

我已经把我个人对这个计划的想法用书面形式写出(随信附上)。孙中山同意我做的所有政治性的修正,但是他指出我关于蒙古问题的想法不对,他说,他没有想在蒙古境内而只是想在临近蒙古的地方拥有自己的军队。

就这样,孙现在已经决心按照我向他建议的融政治—外交—军事于一体的综合方法开展活动。

但是,即使这后一个被修正了的计划最终定了型,孙也还是完完全全指望得到我国的支持与援助。

如果得不到我们的援助,孙就不得不同帝国主义者妥协,自然也要同受列强役使的北京政府妥协,中国国民革命的胜利就会长期拖延下去。

据李玉贞译《联共、共产国际与中国(1920—1925)》(台北东大图书公司一九九七年版)

对上海《大陆报》发表的谈话[①]

（一九二三年一月二十七日）

余之宣言,亦被宣传,余尤欣慰。余期望中国人人能读或听余之宣言,今得广为宣布,被置有无线电话接受器之数百人所听闻,且远达天津及香港,诚为可惊可喜之事。吾人以统一中国为职志者,极欢迎如无线电话之大进步,此物不但可于言语上使中国与全世界密切联络,并能联络国内之各省各镇,使益加团结也。

> 据上海《民国日报》一九二三年一月二十八日《无线电话传布孙先生统一宣言》

与国闻通讯社记者的谈话

（一九二三年一月二十七日）

余（中山先生自称,下仿此）此次本不愿回粤,欲在上海与各方进行和平统一,共图建设。乃粤省军民各界函电纷驰,以军队云集,纠扰堪虞,要求赴粤,藉便镇慑调解,俾资善后,因定于今日（即昨日）回广州一视,略事料理,即行返沪。讵忽得急报,昨晚驻粤各军在江防司令部开军事会议,邀魏邦平到会,桂军沈鸿英竟执魏氏而杀之,（但同时另有报告,谓魏仅被执而未杀。）主客军既已决裂,余欲前去调解之目的,已然丧失,只好待其自然解决,故取消轮船舱位,不即出发。余为主张和平之人,自不便命令攻击沈鸿英军队。惟魏果被杀,则已挑起粤军反感,沈军人数不过数千,恐难任其猖

[①] 上海《大陆报》与上海无线电公司立约,每晚传达新闻消息。1923年1月26日,上海无线电台广播孙中山《和平统一宣言》,27日孙特向上海《大陆报》发表谈话,表示嘉勉。

獗;所可叹者,在广州作战,地方受害耳云云。

据《民信日刊》一九二三年一月二十八日《孙中山先生中止返粤》

与马伯援的谈话①

(一九二三年一月二十九日)

伯援向中山报告赴陕西之工作及其结果,后问其将来进行方针。

孙曰:胡景翼既是"浩然楼〔庐〕"的同志②,请你报告他,我们彼此心印。不过冯焕章的事,须当更进一步,劝其革命。

伯援则曰:革命须有步骤,对于西北军人,漫然促其革命,恐无偌大效果。因彼等所处之环境,不似南方之自由,而北方人性情与南方多少不同,吾党当暗中结合之。中山颇以伯援之言有理。

据马伯援《我所知道的国民军与国民党合作史》(上海商业公司一九三二年版)

与日本《朝日新闻》记者的谈话

(一九二三年一月三十一日)

此次越飞赴日,系为观察日本人民对于俄国之观念为如何。以日俄关系之重要,此实为日本人民表白真正意见之绝好机会,愿日本新闻界唤起人民之注意,勿盲然失此机会。

据上海《民国日报》一九二三年二月一日《日报记者谒中山先生》

---

① 马伯援奉孙中山命赴陕西访问冯玉祥,1923年1月回上海,29日下午3时即往莫利哀路谒孙中山,汇报情况。

② 1914年1月胡景翼到日本,在孙中山所举办"浩然庐"军事干部学校学军事,因此孙中山引为同志。

就江防会议事件的谈话

(一九二三年一月下旬)①

广州事变起后,中山态度甚形消极,除叙述粤报外,并谓:"主客军既已决裂,余欲前去开解之目的已然丧失,只好待其自然解决。余为主张和平之人,自不便命令攻击沈鸿英军队,惟魏②果被杀,则已挑起粤军反感。沈军人数不过数千,恐难任其猖獗。所可叹者,在广州作战,地方受害耳!"

彼并言:"即令此项冲突解决,彼亦不愿再赴广州。"

据长沙《大公报》一九二三年二月四日《孙中山之观察》

与北京大学学生王昆仑等的谈话③

(一九二三年一月至二月间)④

今天看到你们北方来的青年,我很高兴。你们在北方的情形我都知道的,这次的经过也先有人打电报报告我。

在违法的政府底下哪里会有好的教育?所以不是什么彭允彝的问题,也不是黎元洪的问题,而是产生黎元洪的那个违法的国会的问题。你们在北方常听见说南方政府要护法,就是为了要有个合法的国会,有了合法的国

---

① 此报道未署日期,据江防会议事件发生于1月26日而酌定。
② 指魏邦平。
③ 1923年初,由于时任汪大燮内阁教育总长的彭允彝破坏司法独立,北京学生发起驱逐彭允彝、推翻黎元洪政府运动。北京大学学生王昆仑等四人作为代表到上海联络有关事宜,他们曾往莫利哀路孙中山寓所拜访。第一次是由国民党本部交际部长张秋白陪同前往。
④ 底本未说明谈话日期。驱彭运动开始于1923年1月,孙中山又于1923年2月15日离沪赴粤。所标时间即据此酌定。下篇与王昆仑的单独晤谈时间也据此酌定。

会才能产生一个合法的好政府。

现在的许多军阀都不讲法、不守法,许多政客议员玩弄政府,捣乱政治,所以国家就大乱起来,也不能统一,现在要想国家统一,就先要使这些军人觉悟,不要专靠武力征伐,把自己的兵裁掉,实行我的兵工政策,然后才能有一个好的政府,有一个不是靠军人为后台的政府。

黎元洪的政府一方面要讨好那些违法的议员,一方面实在是吴佩孚支持他,他没有力量做什么好事;你们要求他做什么事或反对他做什么事都没有用。你们学生现在知道过问政治,就应该懂得政治上的大道理。

我们国民党革命的目的,就是为了根本解决中国的政治问题。如果中国的政治问题不能根本解决,即使黎元洪被你们赶走了,吴佩孚不会另找一个人来做大总统吗?所以我们要推翻的不仅是黎元洪,而是要推翻北方军阀御用的政府,把它变成一个革命的政府——革命的政府,你们明白吗?

北方的学生和人民都很痛苦,我们知道。可是北方的人很多不懂得革命的大道理,革命的大道理就是三民主义;要救中国就要相信我的三民主义。我们国民党辛亥革命的目的是为了造成一个中华民国,不是要造成一个军阀国;所以袁世凯专权,破坏议会,杀国民党,我们要再革他的命。我们现在还要打倒吴佩孚,要叫吴佩孚也来服从我们的三民主义。可是我知道你们北京的学生要说,既已把满清推倒了,怎样还要革命呢?这是北京官僚对你们说的话。革命是以造成一个真的中华民国为目的,就是人民都享幸福,国家政治的主权在人民,政府要听人民的话,这样才叫中华民国。

这革命的大道理从前只有我们革命党懂得,后来南方的人民也大多懂得了;可是北方的人民就不大明白。现在你们来看我,足见北方的学生也懂得了革命,这很多的军人也都渐渐觉悟了,他们都愿意相信我的三民主义。譬如北方的张作霖和浙江的卢永祥近来都已表示接受我的主张。现在可以说全国各方面都很好,只有南方一个陈炯明反对我,北方的一个吴佩孚还执迷不悟。

陈炯明不成问题！就是吴佩孚也不成问题！可是我们先要解决陈炯明和沈鸿英。

有人说我们的北伐军已经分散了。其实不对。我已下令北伐军集合起来：许崇智的粤军有三万人在江西；朱培德的滇军有两万人在湖南，滇、桂军杨希闵、刘震寰有三万人由广西进广东；还有福建的王永泉也听我指挥，还有熊克武有五万人在四川也可以出来；此外李烈钧、柏文蔚都有许多军队等候调用，至多两个月内我可以完全解决广东问题。那时我要和吴佩孚讲话，要他觉悟，他不要以为打了两个胜仗，就能以武力统一中国。要统一中国就要裁兵，裁了兵就没有军阀，那时才能以和平手段来统一。现在只剩吴佩孚一个还没有接受我的主张，但是全国都觉悟了，他个人再崛〔倔〕强也没有用处。他到将来才能知道自己没有力量。

还有许多问题等我回到广东自然都可以解决。

据王昆仑《我初次谒见中山先生》，载《中苏文化》"孙中山先生逝世十五周年纪念特刊"（重庆一九四〇年三月）

与王昆仑的谈话①

（一九二三年一月至二月间）

【孙中山说：】

你们青年学生愿意来加入革命，我很高兴，足见近来北方的学生一天一天觉悟了。

现在的青年除了加入我们的党是没有办法的。青年要救国，必要相信我的三民主义。青年要自己有前途，也必要相信我的三民主义。我们国民

---

① 王昆仑在第一次聆听孙中山谈话之后，便决心加入国民党。根据王昆仑的请求，党本部党务部长谢持安排他到孙中山寓所再作单独晤谈。晤谈时，谢持及党本部宣传部长张继在座。访谈录中的记述文字，"先生"指孙中山，"我"系王昆仑自称。

党现在正需要你们青年。当时发起革命推翻满清的许多革命党,也是和你们一样的青年。可是我们国民党从辛亥革命到现在经过了多少困难,多少次的失败,当时的同志牺牲了,没有牺牲的,到现在变节的变节了,老的老了,奋斗的时代太久了,觉得我们的党也有些衰老了。党要改组,就是要叫革命党再年轻起来,所以必须要你们青年来加入,来续党的新生命。党没有青年加入,就要中断的。

中国的革命事业,是要全国的人民跟我们国民党一起来干才能成功的。在长江一带、广东和海外,常有很多的青年学生和教员来入党,我们非常欢迎他们。从前北方的青年入党的太少,这是因为不懂得我的三民主义的原故,因此国民党在北方不发达。现在我正要派张先生①到北方去办党,以后许多事情可以请这位张先生告诉你们。

先生指一指着旁边坐着的张溥泉先生,又接着说:

你们北方学生五四运动的精神很好,可是专研究新思潮是不够的。学生要读书,也要懂得政治,因为政治不好,使你们读不成书。读书研究学问就是为了把国家弄好,要把国家弄好就要来入革命党。我希望你们北京的学生,从今以后都来帮助我们革命。我们的革命,没有你们学生加入是不能成功的。国民党的革命事业不是一代人所能做得完的,必要一代一代的接着干。近来许多青年来找我,我觉得很乐观。以后国民党要许多青年进来一同干革命。

……………②

我便请问先生:"我们怎样才能把黎元洪政府推翻?以及以后我们怎样干?"

【孙中山回答:】

北京很黑暗,你们在那里很痛苦,但是因此你们才应该努力,使北方的学生们都起来奋斗,起来帮助国民党来革命。你们从此努力下去,你们的力

---

① 指张继,字溥泉,1923年2月被孙中山委任为国民党北京支部部长。
② 此处略去张继的长篇插话,他同时询及北方学生的政治状况。

量就一天一天大起来。现在你们并不能推翻北京政府,可是你们的力量将来能改造中国。

你们愿意加入国民党,就是做了革命党了。革命党一定能解决中国的问题!

"先生,我入了党就不回北京去了!我北京的那些朋友也都可以来。"我心里炽烈地燃烧着,幻想着入党以后留在上海工作。

"这倒不必。你们是北方的学生,就正好在北方努力。而且你入党以后,就要为了党到北方去做事。"谢先生①从旁这样说。

这时张秋白先生走进来了。先生指着我对张、谢两先生说,要他们给我办入党手续。②

据王昆仑《我初次谒见中山先生》,载《中苏文化》"孙中山先生逝世十五周年纪念特刊"(重庆一九四○年三月)

与李日垓的谈话③

(一九二三年二月八日)④

此事,决不怪西林。

据天津《大公报》一九二三年二月八日《广州事件与孙岑关系》

---

① 指谢持。
② 过后不久,王昆仑即往国民党本部,由谢持等担任介绍人,办妥入党手续,并致函北京大学同学动员他们加入国民党。
③ 因江防会议事件,岑春煊(字西林)派李日垓往见孙中山,此是孙对李的谈话。
④ 所标时间系天津《大公报》刊载日期。

与秘书的谈话①

（一九二三年二月十五日前）②

秘书问："李根源在先生处说些什么话？"

孙直告之③，且曰："李根源说得恨〔很〕少，也非李根源不能说此话，堂堂阁员④之身价、人格如此！府院方面对于粤事，信使则不绝于途。命令又一批一批的只管发表。"

据天津《大公报》一九二三年四月二十八日《粤中通讯》

与马伯援的谈话

（一九二三年二月十五日）

是日中山回粤，伯援等相送于其寓，便中又谈及冯焕章军队事。

孙曰：予赴广东，大概有所成就，吾人不可专在南方作工夫，你能到北京去看看冯玉祥甚好。

据马伯援《我所知道的国民军与国民党合作史》（上海商业公司一九三二年版）

---

① 李根源从北京到上海谒见孙中山，遭到冷遇，李去后孙向秘书作此谈话。
② 日期不明，因谈话系在孙离沪赴粤前而酌定为2月15日前。
③ 报载李根源的讲话是："根源不啻是公之儿子，我的功名、富贵亦是公给我的。儿子得罪父亲，父亲岂有不要儿子进门之理，况根源在北京，于公有许多利益，公尽管去做。〈我在〉京中当能为公出力敷衍。"
④ 李根源时为北京政府农商部总长。

与东方社记者的谈话①

（一九二三年二月十五日）

余抵粤后，当依然本和平统一之主旨，徐图收拾时局。广东方面，现极平稳，滇军誓为余效。今驻韶关沈鸿英军之真意虽不明，然已派代表请余南下。闻说孙传芳与刘冠雄呼应，企图入闽，惟余尚未接到何等确报，倘偌辈济终以武力相与，则势不得不讲对待之法，实则曹、吴对于余之和平统一主义，并未发表何等意见。孙、刘之入闽，或与之有关系。余现并无在粤设立总统府及召集国会之意，即滞在期亦未定。

据天津《大公报》一九二三年二月二十二日《中山赴粤前之谈话》

与旅港粤商代表的谈话

（一九二三年二月二十日）

旅港粤商代表谒见孙中山，因广州赌禁大开，请求制止。

孙云：此是叛党乱政，一致必除。

据上海《民国日报》一九二三年二月二十一日《本社专电》

---

① 1923年2月15日，孙中山离沪赴粤。这是他离开上海前夕接受东方社记者采访而作的谈话。

与东方通讯社记者的谈话

（一九二三年二月二十二日）

广东欲再建政府与否，不能明答，惟欲尽全力以促进统一。至其手段，则以西南之团结为必要，固不俟言。余与张、段之三角联盟，现正进行甚顺利，当以之制吴佩孚。吴若不从余之主张，当用联盟之武力讨之。但予不背夙昔先裁兵后统一之主张，不问北方之态度如何，余欲裁去西南所有兵数之半，以示诚意于天下，此点当为一般人留意者也。

又近时外人间有谓中国统一必借外力；中国之政治，将来当依商业团体支配者，此亦一有理之议论也。至关于广东一省之事，则财政之穷乏已极，各军之处置，为国家之大问题，将有非常之困难伴之而生；然余既有诚意，确信可圆满解决也。

据上海《民国日报》一九二三年二月二十五日《孙总统宣述政见》

在广州宴请各军军官时的谈话[①]

（一九二三年二月二十四日）

民国成立，于兹已十二载，鉴于年来民国之政治比之满清尤为不及。审其缘因，年来把持国事者，均系军阀武人，争权夺利，祸国误民，有国家共和之名，无国家共和之实。我人民虽然推倒满清，国家共和，尚未见享有真正共和之幸福。譬如我之房屋为贼人占据，我为攻击贼人起见，不惜击毁之。既将我之房屋击毁，贼人已逃，尤须将我之房屋建设完好，然后始有屋可住。

[①] 这次宴会在广州农林试验场举行，出席宴会者有时在广州的各军少校以上军官。

今贼人已逃,我之房舍尤〔犹〕未建设,于己犹无益也。故文历年为国奔走,不辞劳瘁,亦如为建设完好之房舍,得以安居。以后望诸公同心协力,将此破烂之房舍极力建造,则不独文之数十年来所抱之宗旨,得偿素愿;则民国前途,实利赖之。至军人之天职,首重服从命令,抱定宗旨而行,幸勿为朝秦暮楚,致受灭亡。如陈炯明,昔为民党最铮铮之人物也,不期中途失节,卒至身败名裂,足见反复无常之人,终归灭绝,吾人可引为殷鉴。

据孟德居士编《孙大元帅回粤记》(上海民权初步社一九二三年版)

附录　同题异文[①]

本总统此次回粤,全仗滇、桂附义各军驱除陈逆之力,但凡为军人,必要知军人之本务,如士、农、工、商之各执一艺,惟军人即在执枪,须知顺逆之分。其本务即在执枪杀逆贼,不是执枪杀人民。陈逆炯明不分顺逆,一味作假。谁知天下事以假伪不能胜真诚。吾国改革以还,变乱频仍,推其原因,皆由军人不明顺逆所致,故凡为军人,必要知其本务之所在,本其良心真实做去,自可操最后之胜利。吾经数十年艰苦,总不外持一"真"字为奋斗之工具,更愿持此共勉。先图统一西南,然后统一全国,以救四万万同胞。

据上海《民国日报》一九二三年三月三日《孙总统返粤后之新猷》

与某外报记者的谈话

（一九二三年二月下旬）[②]

余裁兵〈主〉张,不论各方赞同与否,余绝对抱定斯旨努力进行,并愿以

[①] 此件与前篇似为同一谈话,但文字不同,今附录并存。
[②] 所标时间系据报纸刊载日期推测。

广东为裁兵策源地,以表示诚意于天下。并谓:余之裁兵主张将来必有贯彻之希望。如护法之役必达至旧国会恢复之目的。至施〈政〉方针,已决定军民分治,军队之编制法,亦分省军、国军二组。国军直辖统属于大元帅,省军则归省长节制,如时局底定,则省军一律废除,以警察维持治安,至类似督军之总司令,此后亦当使此项名称绝迹,以免孕育军阀政治。民政事宜,固卿可负全责,余绝不过问,且固卿长粤,深得粤人之欢迎,定可胜任愉快。至徐绍桢就职省长后,其治粤之方针,闻先以救济金融、维持纸币及禁绝赌博为最先业务,现已与各方筹商具体办法,又以善后诸端亟待整理,复电请叶夏声返粤襄助一切,惟叶氏一时尚难成行云。

据长沙《大公报》一九二三年三月四日(二)《中山回粤后之裁兵运动再志》

与谢持周震麟的谈话①

（一九二三年三月三日）②

国会有自由集会之权,并不主张电邀。如护法议员自由南下集会,开非常会议以解决时局纠纷,则本人亦不加阻止。

据天津《大公报》一九二三年三月三日《吴佩孚请明令申讨中山耶?》

关于外交问题的谈话

（一九二三年三月七日）

民党如得外交上之同情援助,则革命容易成功。西南方面如结束〔合〕

---

① 因外间传闻孙中山电邀驻沪的护法议员南下回粤,议员集议有促孙中山南下组织政权之议,并托谢持、周震麟转告孙,此系孙的答话。

② 所标时间系天津《大公报》刊载日期。

坚固,则东北自归向我等。

据长沙《大公报》一九二三年三月十三日《孙文代表将表示态度》

与学生代表的谈话①

（一九二三年三月七日）

孙大元帅曰:此次教职员罢课,弄到教育界似有一种恐慌,殊为可惜。政府确不愿有此现象,不过现时广东省库的确罗掘俱穷,原因由于军队复杂,各属征收机关,又未能解款前来,军饷尚无法筹措。因此,欲整顿教育,提倡实业,必须先从政治着手。政令不行,则万民失业,故欲卫国安民,必先要政府得人民之信仰。诸生当此罢课期间,很希望出来为广东服务,代政府做些宣传功夫。果尔,一月半月后,广东就完全平靖,教费不难即发。现时则学生帮助政府,将来则政府帮助学生。

孙大元帅问:贵校教员和学生对于国家的思想是怎样？

代表答:敝校教员和学生,多是主张和平统一的。

孙大元帅又问:贵校学生在陈炯明时代,反对政府借款,不过现时广东非借款不得,诸生对于我的借款反对否？

代表答:借款本身无可反对的,不过看其用途适当否耳。

孙大元帅曰:此次借款,纯是实业的借款,并非政治的借款。我的借款条件,亦断没有上当,请诸生放心,并希望诸君将此种意思向一般社会解释。

据上海《民国日报》一九二三年三月十八日《孙总统对学生之谈话》

---

① 广东高等师范学校的教职员因政府未发给经费举行罢教。该校学生会评议部派代表求见孙中山,说明情况,请示维持办法。

在广州以大总统身份对某君的谈话[①]

（一九二三年三月十二日）

　　本大总统这次来粤,经过香港时,觉得有一个很大的机会;香港政府的态度,从前是很赞成吴佩孚的,譬如香港报纸,便极力代吴佩孚宣传;到了陈炯明造反之后,数月内中国不但不能统一,并且广东的军队,奸淫抢劫,无所不为,政治腐败,日甚一日;香港的外人看见,知道吴佩孚真不能有为,觉悟他们从前的主张大错,所以这次便根本改变方针,竭力和真正民党亲善。我们现在得了一个和门户极接近的帮助,便是成功的大机会。革命的成功与否?就古今中外的历史看起来,一靠武力,一靠外交力。外交力帮助武力,好像左手帮助右手一样。从前美国独立,所以成功的原因,一半固然由于本国武力的血战,但一半可说是由于法国外交力的帮助,如果专靠武力,决计是难于成功的。譬如洪秀全革命,由广西打过湖南、湖北,以至建都南京,而终不能成功的原因,大半是由于外交失败,没有外交力的帮助。所以革命的成功与否?外交的关系是很重大的。我们现在既得了香港外交力的帮助,又有诸君武力的基础,以后要想革命成功,统一很快,便要取和平的态度,以取得舆论的后援。所以本大总统这次回粤便主张第一和平统一,第二扫清叛乱军队,第三化兵为工,第四精练一部分军队。如果不想法子安插过量的军队,便和四川一样,兵士太多,长年的打仗,从前有主军与客军相打,现在内部相打。目前两广兵多为患,真是和四川相同。要消灭这个祸患,应该赶快设法,安插不良之兵。本大总统前在上海宣言,主张化兵为工,奉、皖两系是很赞成的,只有直系不赞成。我们主张是先裁兵,后统一;直系主张先统一,后裁兵。诸君要晓得裁兵便是统一的方法,先裁兵,后统一,那才算是真

[①] 1923年3月13日上海《民国日报》亦刊出此一谈话。此谈话与本全集第七卷收录的1923年2月21日《在广州滇桂军欢迎宴会的演说》后半部分内容相同,文字稍有差异,今依底本分别据存。

统一。如果先统一,后裁兵,便是假统一。譬如袁世凯从前不裁兵,借统一的招牌,便借了很多的外债,打败我们民党。又如两个民家械斗,要想和平解决,便先要停止器械的战争。佛家所说:"放下屠刀,立场成佛。"我们要想成佛,必先要放下屠刀才好呀!这个道理,是很容易明白的。至于本大总统主张裁兵,是在化兵为工,并不是把所有的兵完全裁去;就现在兵士的情形而论,在广东的饷项,每月只发六七元,有时伙食都领不到手,另外每日还有早操、午操、晚操,总共约有七八小时之多,一旦有了战事,还要拼死命,这种情形,是很苦的,是很可怜的。不但广东的兵士是如此,就是各省的也是一样。到了化兵为工之后,每日做工不过六小时,在劳动一方面,是很舒服的;饷银除原饷之外,另加工钱一倍,简言之,便是可以得双饷。至于做工的种类,或是开辟道路,或是办极大工厂,所做的工是永远的,不是临时的。像这样讲来,在没有化兵为工之先,兵士的饷银既少,操练又辛苦,生命又危险;在已经化兵为工之后,兵士的饷项加倍,劳动合度,生命又安全,他们一定情愿去做工的。所以这次欧洲大战之后,欧美联军,一定有几千万的兵,不到一二年之后,大半可以裁去的道理,便是用这个安插的方法。本大总统这次回粤化兵为工,便是利用欧战后各国裁兵的方法,整顿西南的交通,发展一切的实业。诸君要晓得我们革命,是要做甚至事呢?是替人民谋幸福的!革命的责任,是爱民的,不是害民的。如果各省明白了西南的革命是为大义的,就是到不得已的时候,要用武力,自然是"东面而征西夷怨,南面而征北狄怨",所谓"仁者无敌于天下",不必要用大武力,各省是很欢迎的,到了各省欢迎,所用的武力是很小的。我们自今晚起,要把这个责担负起来,大家向前奋斗,另外造成一个新局面。

据胡汉民编《总理全集》第二集(上海民智书局一九三〇年版)

关于对外关系的谈话

（一九二三年三月十三日）①

吾人若得外交上之援助,则目的自易达到。余由沪到粤途中所受香港政府之态度视之,此事颇有希望。且吾人之西南之结合愈坚,则〈与〉东北之联合自愈巩固,而对内自能速见成功。

据长沙《大公报》一九二三年三月十三日《孙中山计划偏重对外》

与广州各报记者的谈话②

（一九二三年三月十八日）

广东现在最〈重〉要最重大之问题为裁兵。然裁兵无款不能行,所要之经费,除募集内债或外债外并无他法。余深信当可由二者中筹得。现正考虑募集内债。至次于裁兵之重要问题则为禁赌。故余将先依〔行〕裁兵,谋节减军费,然后及于禁赌。

自主之广东,不受北方之干涉,故广东将止办广东之外交。广东外交中占最重要之部分者为香港、澳门之外国官宪事。不待言,自驱逐陈炯明告成以来,香港、澳门政厅之对民党态度已改,甚为可幸。吾人不可不与广东门户之香港及澳门政厅〈增强〉了解及共助,而谋广东之开发。至因与英国方面感情疏隔而不成之黄埔筑港及广九、粤汉铁路之连络问题,此障碍已渐渐除去。香港政厅若更能推广范围,表示应〈允〉矿山、铁路等小借款之好意,

---

① 所标时间系长沙《大公报》刊载日期。
② 参加此次招待会者有广东名流及各报记者共四百余人。

则余将计画建筑滇粤及川粤铁路,且将开放广东全省之矿山,俾列国自由竞争与自由抵〔投〕资。又与香港政厅间进行中之此等借款,为广东对香港间之交涉,其间并无中国对英国之国家关系,故北京政府并无可以阻止之理由。至关于与澳门政厅间悬案不决之境界问题,葡国方面似欲以之少待万国平和会议之审判而解决之。余信是颇得策。惟广东政府之态度,全然将依舆论决定之。

请将速谋恢复广东之秩序,以广东政府为中心,谋中国之统一,以开导各省。除此之外,余〈相〉信更无统一中国之良策也。

据上海《民国日报》一九二三年三月二十一日《孙总统对各界宣布政见》

与某记者的谈话①

（一九二三年三月二十日）

孙军入闽,吴、沈图粤,虽为事实,而非如传闻之切迫。此次行动,乃北方因过信沈鸿英实力之误算,殆冒险事也。使粤、奉、皖三角联盟而健在,则余决不以前途为悲观。

据天津《大公报》一九二三年三月二十三日《倒阁声中之内阁形势》

与广州新闻记者团的谈话

（一九二三年三月二十日）

中山接见广州新闻记者团,力言:"自鄙人回广州后,粤、港两政府交情

---

① 1923年3月20日,某记者因北方谋粤,往访孙中山。孙乃有上述表态。其中孙军指孙传芳所部,吴、沈,即吴佩孚、沈鸿英。

日见亲密,此次借款纯为谋经济上之发展起见,亦足以表示中英睦谊之益敦也。因地理上种种关系,粤、港两政府必须互相协助,方足以谋彼此之乐利。至于此次接洽之三千万借款,只可视为地方上之行政举动,与中、英两国政局上并不发生何种关系,故北京政府亦决不应有所抗议。"

中山又谓:"广东既系处于自治之地位,自身外交,中央当然不能预闻。至于外人方面亦难免有误会发生,但□与路矿等利益亦属开放门户之一种表示,与机会均等绝不相背而驰也。今欲为解粤民之倒悬计,冗散之军队必须立即裁撤。又如粤省赌博之事亦须严禁。凡此种种皆须借款以为活动。"

(关于南北统一问题,中山目前甚抱悲观,但以为早晚必可实现。)

据天津《大公报》一九二三年三月二十五日《中山最近发表之政见》

关于沈鸿英与吴佩孚关系的谈话

(一九二三年三月二十二日)

吴佩孚之所以相信沈鸿英者,实为沈氏竭力向各方面鼓吹其实力如何丰富之功。吴氏采用此等政策之结果,不过使粤人再受一次兵祸。至于吴氏之目的则终难达到也。现余与段、张之联络既日趋巩固,则对于前途之希望较前愈大。吴氏虽采此政策,余实未尝不抱乐观也。

据北京《晨报》一九二三年三月二十三日《孙文对沈鸿英督粤之态度》

与某外报访员的谈话(摘要)

(一九二三年三月二十四日)

孙中山二十四日对某外报访员言:沈鸿英既受我桂军总司令之任命,料不敢就督理职务。

据长沙《大公报》一九二三年三月三十一日《快信摘要》

在欢宴港商会的谈话[①]

（一九二三年三月三十一日）

欲图中国之和平,必首先裁兵及行工兵政策入手。然此事重大,非筹有大款不克举办。现外人已允愿借款,但兹事体大,非二、三月便可成事。故目前二、三月内,原有财政未能复元,外债又未能到手,故此时期内,须筹有数百万,将各军队编遣。俟财政整理,然后兴办各种实业。此时财政不虞困急,或有盈余,亦未可知。长〔诸〕君旅港多年,深知英人政治文明,故特请诸君到来,商议财政公开,并望诸君出而监督。因广东为三千万人之广东,非我一人之私有,如此办法,方得公平。有英人名汉尼者,曾在马来半岛掌理财政,成绩昭著,兼通粤语,吾将来欲聘请此人助理一切。以广东如此富庶之地,加以诸君具此热诚,又得〈有〉经验之外人为之帮助,则广东何难兴盛。军队变乱,一原因于政治,一原因于饷项。政治变乱,吾有法处理,可保无事。至因饷项变乱,则甚难处理,还望诸君同负责任。故目下财政如何维持,请诸君互商研究。

据上海《民国日报》一九二三年四月八日《孙总统欢宴港商记》

---

① 参加宴会者有港商马应彪、蔡昌、李煜堂、林晖庭等数十人。

与美国布罗克曼的谈话(译文)①

（一九二三年三月二日至四月二日间）

孙曰:真正的麻烦是,中国不是一个独立的国家。……②她真正地处在比高丽或台湾还要糟糕的情况之中。她们有一个主人,而我们有许多……

如果外国能让我们单独行动,六个月之内,中国将会把她的事情办得像个样子。外国列强遵循着一种灾难性的政策:资助腐败而无效率的北京派系,坚持一种虚构的幻想,称其为一个政府。对于我们现时的大混乱和大崩溃,美国必须特别地承担责任。

把我们带进欧战的是美国。一直到那个时候为止,我们还有一个负责任的政府。正是段祺瑞政府把我们卷入战争的行动,导致了南北的第一次分裂。

如果没有从外国政府那里取得的支援,北京政府就不可能存在一天。……它的唯一的财政收入来自海关和盐税。……如果不是因为有外国这个后台,人民将不费吹灰之力来推翻这整个的军阀制度。

外国曾经闭目塞听,坚持拒不承认南方政府的政策,虽然北京是一个事实上的政府,但南方共和国是合法的政府。六个省早已表示忠于南方政府。从关税和部分盐税所征收的税款（所有这些税款都是在外国权力之下敛集的),并未取之于民,用之于民。这些钱都流向了北京,而且其中一个为数可观的部分用之于来和我们作战。外国列强正在以从南方中国攫取到的税收转手送交北京的办法,来帮助一个专制独裁的、官僚主义的北京政府。

……我们不要求这些国家把从我们的人民那里征集来的税收转交给我

---

① 布罗克曼系基督教青年会国际委员会的高级秘书长,早期是孙中山的美国友人。会晤日期未作说明,从3月2日至4月2日间在广州农林试验场晤谈。

② 原文如此,下同。

们。我们要求:他们从南北两方征集税收,保存和掌握它们,直至我们中国人民自己能够解决自己的问题,并且建立一个真正的代表中国人民利益的政府为止。

对于来自美国、英国、法国或者其他强国的援助,我们已经绝望了。……以某些迹象表示了帮助我们南方政府的唯一的国家,就是俄国的苏维埃政府。

布问曰:您认为苏维埃是民主的吗?

孙毫不犹豫地答曰:苏维埃是什么,我并不介意,只要他们能够帮助我反对北京,也就行了。

据《纽约时报》一九二三年七月二十二日,转录自[美]韦慕廷著,杨慎之译《孙中山——壮志未酬的爱国者》(中山大学出版社一九八六年版)

与外国记者的谈话

(一九二三年四月三日)①

记者谒孙,询其对沈氏督粤②之意见?

孙谓:"沈鸿英既受我桂军总司令之命,谅不敢就粤督。"

据长沙《大公报》一九二三年四月三日《沈杨拒绝北廷任命之粤局》

---

① 所标时间系长沙《大公报》刊载日期。
② 指北京政府任命沈鸿英督理广东军务。

与广东民权运动大同盟代表的谈话①

（一九二三年四月五日）

谭平山代表述来意："北廷破坏和平，请元帅组织革命军打倒军阀，组织人民政府及统一革命军名称，以便出发。"

大元帅答谓："余对于各团体意思甚为赞成，但须先由国民各团体证明北廷破坏和平，始能用武力。"又谓："余在上海发表三次和平统一宣言，到广州后又发表一次裁兵宣言，已表示真正和平意思。但须国民知道北方破坏和平，有用武力之必要时，然后用武力。不然，则人皆以我非真欲和平统一，一到广州即变态度也。"又谓："几年来之对北战争，国民皆若不关痛痒，故屡不成功。今若用兵，不但须南方人民知道公道是非，且须北方人民明白公道是非，自能事半功倍，可得好结果。是余之所厚望！"

代表答谓："愿带领群众为大元帅后盾。"

据上海《民国日报》一九二三年四月十五日《广州民权运动大同盟之巡行》

与黄耀武等的谈话

（一九二三年四月十日）

黄问：是否准日人西沙实业公司恢复？

孙承〈认〉此事，谓：西沙不过枝叶，琼人何不从根本将琼改省，然后自

---

① 北京政府发布《闽粤督理令》后，广东民权运动大同盟于3月28日召集各界代表开声讨大会，反对北京政府破坏和平统一。4月5日举行示威游行，并派出谭平山、唐丽波、麦波扬、曾西盛、张瑞成、何洲泉、冯菊坡、阮啸仙、杨伯智、施其祥、方润碧、张惠坤、萧举恩、黄石棠等赴大元帅府请愿，此系孙中山与代表们的谈话。

撤销该公司。

　　黄谓：何必俟改省，请顾琼民意。

　　孙谓：昔四万万人均谓清朝深仁厚泽，余独反对，可知民意未尽得当。

据上海《申报》一九二三年四月十一日《国内专电》

与唐宝锷①的谈话

（一九二三年四月十七日）②

　　孙中山接见张绍曾代表唐宝锷谓："北方下闽粤督理令，破坏和平，沈鸿英听我令，不就职③，不日北伐。可转知黎黄陂、张绍曾预备子弹。若要调和，除非将闽粤督理〈令〉取消。"

据天津《大公报》一九二三年四月十七日《粤电志要》

与报界记者的谈话

（一九二三年四月二十二日）

　　记者询问剿平沈鸿英战情。

　　孙简告：连日战斗白云山一役最烈，我军伤亡一千人，沈军伤亡二千余，被俘千余。我军已占肇庆、英德，当乘胜攻韶。潮梅为粤门户，暂由许崇智驻防。

据上海《申报》一九二三年四月二十四日《国内专电》

---

① 唐宝锷是北京政府的皖派人物，经其叔唐绍仪请孙洪伊介绍到广州谒见孙中山，此系孙与他的谈话。
② 所标时间系天津《大公报》刊载日期。
③ 指不就任北京政府令派的广东军务督办。

与王宠惠的谈话①

（一九二三年四月二十七日）②

对沈鸿英之激战乃正当防卫，并不背和平之旨。

据天津《大公报》一九二三年四月三十日《珠江战讯》

与唐宝锷的谈话

（一九二三年四月二十八日）③

汝来此干什么？我有全权代表胡、汪、徐、孙④等四人在沪，尽可向他们商量，不必来此多劳往返。但你免〔既〕来，我痛快告诉你，北庭〔廷〕如不将吴佩孚免职及黎元洪离京，简直无商量余地，你们快去罢。

据天津《大公报》一九二三年四月二十八日《粤中通讯》

---

① 北京政府代表王宠惠两次谒见孙中山，此系孙谈话的部分内容。王谒孙后对人言："中山赞成和平统一，不赞成武力统一；北方果诚意言和，当先去吴佩孚"。
② 所标时间系香港发电日期。
③ 所标时间系天津《大公报》刊载日期。
④ 指时驻沪办理和平统一事宜全权代表胡汉民、汪精卫、徐谦、孙洪伊。

与王宠惠杨天骥的谈话①

（一九二三年四月下旬）②

此次北方阳言和平，阴使沈鸿英叛变，于夜半急攻大本营。若我军战败则无可言，惟现已战胜，不能不述此事；惟我仍不改主张，可再与北方言和，但须视北方之觉悟如何。

据北京《益世报》一九二三年五月十六日《孙中山言和平须待北方觉悟》

附录　与杨天骥的谈话③

余对于和平统一，未变初衷。虽北方一面言和，一面助沈鸿英等扰粤，和平似已破裂，然余今既驱逐沈氏，戡定粤局，北方果从此觉悟，则和平统一仍可继续商榷。

据上海《民国日报》一九二三年五月十一日《杨天骥返沪之和平谈》

---

① 王宠惠、杨天骥是张绍曾派往广州见孙中山的代表。此为杨天骥回到上海时转述孙中山与王、杨的一次谈话。
② 杨未提及确切日期，今据谈话内容提到沈鸿英叛军已被击败及王宠惠行程，酌定为4月下旬。
③ 此件与前篇内容相同，唯谈话对象只有杨天骥，今附录并存。

与王亮畴等的谈话

（一九二三年五月上旬）①

此次北方阳言和平，阴使沈鸿英叛变，于夜半急攻大本营，若我军战败则可无言，惟现已战胜，不能不声述此事。惟我仍不改主张，可再与北方言和，但须视北方之觉悟如何。

据天津《大公报》一九二三年五月十六日《孙文促北方觉悟之真电》

与外国记者的谈话

（一九二三年五月十五日）

此次临城劫车案②，掳中外乘客，系袭老洋人③掳西教士受吴佩孚改编国军故智。吴首开此风，令匪党以接洋财神为不二法门，后患不堪设想。祸魁有属，舆论家宜注意。

据上海《民国日报》一九二三年五月十六日《本报专电》

---

① 此件未署日期，据5月11日电复上海国民党要人解释此次谈话的旨意，酌定谈话在5月上旬。

② 临城劫车案：1923年5月5日，土匪孙美瑶部在山东临城绑架火车旅客二百余人，其中外国旅客26人，以北京政府收编作为释放中外旅客的条件。这一事件在帝国主义压力下，以收编孙美瑶匪部了结。

③ 老洋人，指河南著匪张庆。1922年底曾绑架外国教士及商人二十余人，后被吴佩孚收编。

就沈鸿英部败退梧州的谈话

（一九二三年五月十七日）①

孙中山近对人言："沈军、北军已完全退出,陈炯明军不能战,不久当可戡定广东全省。"

据长沙《大公报》一九二三年五月十七日《粤战最近之形势》

与叶恭绰的谈话②

（一九二三年五月十七日）

大元帅府在河南③,叶入见,中山先生时方指挥调度,汗流满面曰：君来甚好,但省城现势危急,君非战斗员,如怕,或先回港亦好。

叶曰：如怕即不来矣。

中山先生笑曰：有是夫。

下午叶再往见,中山先生延入密室,屏左右言曰：余请君来,非为一地一时关系,不料省城情况忽紧,不得不先其所急,但大计不定,枝节何裨。君知我约君回国之大意乎？曹、吴之指使各方攻我,其背后尚有主之者,而我内部干部,派别分歧,政策之执行,固不能贯彻。即行政事务,亦互相牵掣,各为其私,其何以济？君既意志坚决,我想将一切政务事务,交君主持,我专务

---

① 所标时间为报纸刊载日期。
② 叶恭绰,字誉虎,广东番禺人。民国初年历任北京政府交通部路政司司长、交通次长、总长等职。1923年出任孙中山大元帅府财政部长。是日叶抵广州,适逢沈鸿英之变,炮声震地,孙中山正在指挥调度,接见叶谈话。
③ 河南,指广州珠江南部。

其大者远者何如？

叶闻之出于意外，惶恐无地。乃答曰：余以一党外之人，未尝追随先生从事革命，且军务尤非所习，怎能当此大任，且先生何为而出此言？目下军队虽然庞杂，财政更形枯竭，党内诸先进或不尽互相融洽，然对党纲政策及先生命令，当不致违背。且精卫、汉民随先生有年，即有不合，亦不致有大出入。

中山先生欲言又止，旋曰：今且姑谈应急之策，今孤守广州，财源将竭，君意计将安出？

叶曰：余去国经年，离乡廿载，情形极为隔膜，容细思奉答。

据叶恭绰《往事回忆》中《我参加孙中山先生大本营之回忆》，载《近代史资料》总七十四号（中国社会科学出版社一九八九年版）

与温树德的谈话

（一九二三年五月十八日）①

温谓："树德数电子玉②，劝与我公戮力同心，共纾国难。无奈子玉颇自用，不肯下听。"

中山笑谓："足下意下如何？"

（温被孙一诘，大为难情，当现不安之状）随后答云："当维我公之命是听，决勿有他。"

据天津《大公报》一九二三年五月十八日《广东海军北归失败之经过》

---

① 所标时间系天津《大公报》刊载日期。
② 即吴佩孚，字子玉。

与商民代表的谈话

（一九二三年五月三十一日）

代表详述地方治安情形。

孙嘱该代表等转告商民："各宜安居乐业，毋自惊慌。地方治安，彼当完全负责。"

据上海《民国日报》一九二三年六月六日《孙总统巡视石龙情形》

与鹤见祐辅的谈话（译文）

（一九二三年五月）

过去二十年日本对中国的外交都是失败的，辛亥革命以后援助北京的政策都是违背中国人期望的、缺乏远见的政策。正因为如此，中国革命才失败了。

日本应该放弃过去对中国实行的错误的西方式侵略政策，停止对北京政府的援助，必须从满洲撤退，要不然，无论日本怎样施展策略都不能得到中国人的谢意，中国人只会以深感怀疑的眼光继续注视着日本。

据[日]藤井昇三著，朴成昊、丁贤俊译《孙中山与"满蒙"问题》，载《国外中国近代史研究》第三辑（中国社会科学出版社一九八二年版）

到最近，才了解到苏俄是中国可以信赖的国家。中俄两国若结成攻守同盟，则世界上没有任何国家足以畏惧。又，土耳其、波斯、阿富汗、德国等都是中国的朋友。但是，我们对日本还是没有绝望。为什么呢？因为我爱日本，感谢流亡时期庇护过我的日本人。此外，作为东洋的拥护者，需要日本。跟与苏俄结成同盟相比，我们更希望以日本为盟主的东洋民族复兴。因此，日本应当抛弃对华的西方模式的侵略政策，停止援助北京政府，从满洲撤退。否则，不论日本实施何种政策，也不能赢得中国人的感谢，中国人将继续以怀疑的目光注视着日本。

据[日]藤井昇三著，李吉奎译《孙中山的"亚细亚主义"》，载《国外中国近代史研究》第十八辑（中国社会科学出版社一九九一年版）

与马林的谈话（译文）

（一九二三年六月三日）①

孙中山在全神贯注地研究"我能不能征服陈炯明并保住地盘"这个问题。他只关心军事形势。

我②去他那里，批评国民党拍给外交使团的那份关于临城事件的电报。电报要求撤回对北京政府的承认，从而为中国人民组成一个"好政府"创造机会。这是一封中国国民党的电报，不言而喻，其内容与孙中山回广州前在香港发表的讲话一样坏。

孙不谈他是否同意伍朝枢在上海炮制的这份电报。伍不是党员！后来我问孙谈了改组国民党和政治宣传的必要性问题。这次的回答是：在解决广东问题之后，我们就能着手进行。我建议他尽快派代表到莫斯科。他未置可否。相反，他声明，现在南方迫切需要财政援助。

据安东尼·塞奇《中国第一次统一战线的源起》（又译《斯内夫利特／马林的作用》）第二卷，莱顿、纽约、哥本哈根、科隆，布里尔出版社一九九一年版③（李玉贞译）

---

① 马林因孙中山长时间在石龙前线，乃和廖仲恺于6月3日前去拜访孙中山。此件系1923年6月20日马林致越飞和达夫谦的信中所提"与孙中山的两次谈话"之一，日期为6月3日。——译者

② 文章采用第一人称，"我"即马林。

③ 英文原书信息为 Saich, Tony, *The origins of the 1-st United front in China*（*The role of Sneevliet／Alias Maring*），Vol. 2, Leiden, New York, Kobenhaven, Koln, Brill, 1991. 以下安东尼·塞奇《中国第一次统一战线的源起》英文信息同。

与张开儒等的谈话①

（一九二三年六月十四日）

东江战事，不日当可结束。今有汝为在惠城主持，予尽可放心。东江既平，则北江沈军，决无能为，且予早经逆料其必来犯，曾与藻林、介石、绍基三君预筹应付计划。故当东江军事最紧时候，接得沈、北军再犯韶城的警信，予与绍基早已胸有成竹，绝不惊惶。想不出旬日间，当可聚而歼之。予决拟日内偕藻林赴北江巡视一切，并慰劳前敌各军士兵。

据上海《民国日报》一九二三年六月二十三日《孙总统将巡视北江》

与某外报记者的谈话（摘要）

（一九二三年六月十八日）

港迅：孙中山十八日在大本营召集各要人讨论时局。（中略）孙中山语外报记者：黎元洪之被逼辞职乃意计中事，此正可见北京政府之懦弱与军阀之跋扈耳。故欲中国和平统一，非先推倒军阀不可。临城案发生，外人甚不满北京政府之措置，竟有国际共管之说，然外人既承认军阀及北京政府，则得此结果，亦固其所。今中国国民及外交团如乘时拥余，余自有相当之计划。至在广州设总统府尚待研究，但亦视时机如何耳。

据长沙《大公报》一九二三年六月二十五日《快信摘要》

---

① 此系孙中山从东江前线返回广州的当日与张开儒、胡汉民、汪兆铭、谭延闿、杨庶堪等人的谈话。

与马林的谈话(译文)

(一九二三年六月十九日)①

昨天我②访孙,指出,鉴于目前北京的危机,必须往上海一行,必须设法抓住反对北廷运动的领导权。

但是他说,这并不重要。他想在两个月之后去俄国,再由莫斯科前往柏林。现在,他的伟大抱负是:"我们的主义和德国的技术"。他想借助这个口号,"在五年之内"建立新中国。

当我对斯汀尼斯③和列宁结合起来的可能性表示怀疑时,他解释说,除了斯汀尼斯外,还有别人。"日本的维新需要五十年,我们将在五年内实现"。

我建议他留在中国,派一位像廖仲恺或汪精卫这样的亲信去莫斯科。随后他请我通知你们④,他想在三周以后派汪精卫⑤和我去莫斯科,而他自己在两个月之后也要去。

> 据安东尼·塞奇《中国第一次统一战线的源起》(又译《斯内夫利特/马林的作用》)第二卷,莱顿、纽约、哥本哈根、科隆,布里尔出版社一九九一年版(李玉贞译)

---

① 此件系1923年6月20日马林致越飞和达夫谦的信中所提"与孙中山的两次谈话"之二,日期为6月19日。——译者
② 文章采用第一人称,"我"即马林。
③ 胡果·斯汀尼斯,德国垄断资本巨头。——译者
④ 指的是越飞和达夫谦。
⑤ 孙中山在世时汪精卫没有到莫斯科。——译者

与外国记者的谈话

（一九二三年六月二十二日）①

黎元洪之被逼辞职乃意计中事,此正可见北京政府之懦弱与军阀之跋扈耳。故欲中国和平统一,非先推倒军阀不可。临城案发生,外人甚不满北京政府之措置,竟有国际共管之说。然外人既承认军阀及北京政府,则得此结果亦固其所。今中国国民及外交团如乘时拥余,余自有相当之计划。至在广州设总统府,尚待研究,但亦视时机如何耳。

据天津《大公报》一九二三年六月二十二日《各地要电》

否认与陈炯明和解的谈话（摘要）

（一九二三年六月二十五日）②

外传余与陈炯明调和,余未之知。广东非去陈不得安,日内将赴东江督师,务于一月内肃清敌踪。

据长沙《大公报》一九二三年六月二十五日《快信摘要——孙中山语人》

---

① 所标时间系天津《大公报》刊载日期。
② 所标时间系长沙《大公报》刊载日期。

在大元帅府与记者的谈话①

（一九二三年六月二十六日）②

记者问对付北方政策,孙氏曾言:"彼此次意先弄好广东,然后再图对外。现广东弄到如此田地,当无暇对北云。"

据长沙《大公报》一九二三年六月二十六日《中山回省时
之三江战况》

关于发表对外宣言的谈话③

（一九二三年六月二十六日）

宣言已由伍朝枢部长用英文起草,大要谓:"十二年来军阀颠倒国宪,以私意把持,废立总统、内阁,政象杌陧不安,胥由于此。人民疾苦,彼辈绝不存问。余提倡和平统一、化兵为工政策,全国翕然,彼辈则迷信武力统一,绝不觉悟采纳余之主张,尤复穷兵黩武,出兵侵犯川、闽、粤,其好乱性成,举世共见。彼辈对于外人生命财产及商业保护更等闲视之。临城劫案及河南匪案足为明证。曹、吴等所盘踞之五省拥兵数十万,坐令少数盗匪横行无从惩治,更何能治理中国?至彼辈历年为恶之祸源在挟北京政府以图存。列

---

① 报载此谈话时编辑按:"孙氏此行回省,有说因北京政局陡变,张阁总辞职,黎元洪出走,北方已陷于无政府时代,故胡汉民、汪精卫、叶夏声诸政客以为孙氏接任总统之时机已到,特请孙回省讨论对付方略。"此件系孙氏回到广州之后,记者往访时发表的谈话。
② 所标时间系长沙《大公报》刊载日期。
③ 孙中山于6月26日在帅府召开会议,提议发表对外时局宣言,由伍朝枢用英文起草,此系孙的谈话大意。而上海《申报》7月3日在题为《粤省重要会议》的报道说:"孙中山于六月二十六日下午四时召集各长官会议……"议发表宣言,该宣言已由伍朝枢用英文起草,大要谓:"十二年来……"因此,此件未能决定是谈话或宣言的内容,至今又未发现此件宣言,有待考究。

强若为中国和平计,应将现时承认北京政府案撤销。吾人非望列强撤销北庭〔廷〕,同时承认南方政府,惟希望列强将此承认中国政府之权暂行保留,俟吾人将真正之中华民国政府组织完成,然后加以承认,我全国国民当感激不置。"

据上海《民国日报》一九二三年七月五日《元帅府召集重要会议——讨论发表对外宣言》

与广东各界代表的谈话

（一九二三年六月下旬）①

民意既如此,则予或当二三日中去粤,但予虽去,予之部下,不平之余,恐将以炸弹与手枪与仇敌相见。云云。

据长沙《大公报》一九二二年七月四日《孙中山尚未离粤》

答某外国记者问

（一九二三年七月一日）

问：先生昨日发表之对外宣言,请列邦撤消北京政府之承认,预料果能发生若何之效力乎？

孙答：目下北京已陷于无政府地位,完全丧失其统治能力以公理论,列邦当然要撤消其承认。

问：列邦与北京政府缔有种种条约,若撤消其承认,是不啻自行消灭种种条约之效力,是故撤消一层,事实上恐未易办到。想所发之宣言,亦仅为形式上之一种具文耳。

---

① 据长沙《大公报》载东方社广东电日期而定。

孙答：列邦之不肯撤消其承认，仍系为武力观念所束缚，然无论如何，余尽可达到统一之目的。

问：究竟多少时日乎？

孙答：若列邦撤消其承认，则北京政府无关余及外资之接济，行见三个月之内，彼辈将不攻自倒，而完成统一之事业。否则，非期以三年之光阴不可。

问：进行统一之办法如何？

孙答：斯时未能宣布。

问：先生既有三个月及三年之期间，可知成算在胸，具有把握，则办法不妨概括发表，亦足为对外宣言之一助也。

孙答：请举例以明之，满清奄有二十二省之土地，拥有百数十万之雄兵，我辈仅饷以炸弹数枚，驳壳数杆，清社遂屋（？）。征诸已往，即可推知将来，办法无俟明言也。

问：远者且勿论，就以广东而言，北江未平，东江又起；东江方剧战，西江又兴戎。循环攻击，迄今未能收拾，一省尚如此，况全国乎？

孙答：此层更不成问题。此等现象，仍系列邦不撤消北京政府承认所构成之结果。须知今次东、西、北三面战事，均系受北廷接济。若北京失却关余及外资之资助，则沈鸿英、陈炯明安能打仗乎？

问：南方有迎黎之消息，究竟先生有何意见？

孙答：余现在尚未暇研究及此种问题。

据香港《华字日报》一九二三年七月四日

赴韶关视察的谈话

（一九二三年七月六日）

自英德以上，山川形势仿佛桂林。石英、煤矿，所在多是，惜未开采耳。

据毛思诚编《民国十五年以前之蒋介石先生》第五册（一九三七年三月印行）

与某人的谈话①

（一九二三年七月六日）②

昔日之护法同志，如某议长及某某，今皆为曹锟谋选总统，吾尚有何法可护？不是护法，乃是护曹锟。今简单言之，凡今日离京不举曹锟为总统者，便是护法议员，皆余之同志也。

据天津《大公报》一九二三年七月六日《黎邸之宴会》

与曲江县各社团代表的谈话③

（一九二三年七月七日）

须本日回省④，现实无暇，因此辞不赴会，并向代表道达一切。

据上海《民国日报》一九二三年七月十八日《孙总统出巡韶关详情》

---

① 黎元洪下台后，在天津私宅宴请离京来津之议员，适国民党议员刘成禺自粤经沪至津，刘即于宴席上转述孙中山对某人的谈话。时该人向孙中山进言，召集护法议员，续开民八国会。
② 所标时间系天津《大公报》刊载日期。
③ 7月7日孙中山于出巡北江时抵韶关，曲江县商会等团体拟于是日午刻开欢迎大会，派代表前往恭请孙赴会，此系记者报道孙中山与代表的谈话大意。
④ 指广东省城广州市。

与陈独秀蔡和森的谈话(译文)①

(一九二三年七月十三日)

【陈独秀和蔡和森作为《向导周报》的编辑,到孙中山那里去探问关于北方的危急他有些什么明确的打算。】孙做了如下说明:首先,他不会同曹锟联合,另一方面他不会参加那个高级专员委员会,即那个由不在北京的部分国会议员倡议成立的作为国会一部分的委员制。……孙说,这种组合没有价值,所以他不参加。此外,他也不想按照各方面的建议把国会召至广州。他说,他的军饷已经捉襟见肘,但他并不想从外部筹饷。他说,建立一支自己的革命队伍,才是必须做的事。虽然他不反对党员以个人身份支持商人的行动,可是他不能,因不会有什么结果,所以党不该介入。如果商人们的计划成功,他们会来找他的。同样,在贝葛②问题上,党也不能表态,因为不久我们可能要与日本合作。贝葛中,我们可以支持党员以个人身份参与国民会议运动。陈问道,孙如何考虑建立其自己的队伍,孙答称:党只有在严肃的运动中才能出面。必须以广东省为基地,在西南地区建立军队,将其发展为革命力量,尔后在西北或东北也必须这样做。那就可以为胜利做好准备了。

孙一次再一次地重复,我孙某人,就是我行我素,论行动,只能是军事行动,党不应当介入民间的运动,至少不能以党的名义。党员个人可以参加。只有在决定性的运动中,党才能打出其旗帜。

> 据安东尼·塞奇《中国第一次统一战线的源起》(又译《斯内夫利特/马林的作用》)第二卷,莱顿、纽约、哥本哈根、科隆,布里尔出版社一九九一年版(李玉贞译)

---

① 此件系马林1923年7月13日致达夫谦和越飞信中谈到的"北京危机与孙中山计划"。——译者
② 指抵制日货。——译者

与马林的谈话(译文)①

(一九二三年七月十八日)

【七月十七日,廖仲恺受孙中山委托,询问能否专门成立一个由五名中国人组成的小组,开始考察西伯利亚的华裔群体,看能否用这些人组建军事组织。五个中国人当中有四个国民党党员,但是没有一个名人。】我②问孙中山,他这样做有的意图何在,他本人是否了解这些人,因为廖仲恺告诉我,他本人对这些人没有把握。孙与廖的话相同,这已经是在为他的北方计划③做准备了。他对这五名国民党员的召集人说,不得向张作霖透露这个计划的任何情况。

我向孙中山指出,他本可以做得更好些。第一,不要派这么多人;第二,只派有名望的领导人去同赤塔当局的官员会谈。

【马林认为很难接近孙中山去讨论《密勒氏评论报》报道失实的问题,因为这意味着批评他的政策。这一点清楚地表现在与马林的最后一次谈话里。】

孙与廖仲恺用汉语谈论一份关于钱的电报,但是他突然改用英语,说再也不许发生陈独秀在那份周报④上批评国民党的事。如果他的批评文章再说要建立一个比国民党更好的第三党,我一定开除他。如果我能甩开手地把共产党人开除出国民党,我就可以不接受财政援助。他说得很激动。

……我为陈独秀辩护,并声明,有几篇批评国民党不作为的文章出原是

---

① 此件系 1923 年 7 月 18 日马林给越飞和达夫谦的信中所提"今天我先同廖仲恺省长谈话,后又与孙中山谈话。"这次会谈为孙中山与马林最后一次谈话。会谈后,马林即离广州赴上海,9 月,奉调回莫斯科。——译者
② 文章采用第一人称,"我"即马林。
③ 即孙中山的西北军事行动计划。——译者
④ 指《向导周报》,该报这个时期发表的这类文章有:《羞见国民的中国国民党》[春木(张太雷),第 29 期];《北京政变与各派系》(和森,第 31、32 期)等。——译者

我的手笔。但是我也说,援助问题与共产党人能否留在国民党内毫无关系。

据安东尼·塞奇《中国第一次统一战线的源起》(又译《斯内夫利特／马林的作用》)第二卷,莱顿、纽约、哥本哈根、科隆,布里尔出版社一九九一年版(李玉贞译)

与杨文焰的谈话[①]

（一九二三年七月二十日）

杨代表：今日代表全国学生总会来见先生,祝先生幸福无量,中国前途无量。现在全国青年预备加入战线,希望先生领带我们一齐向光明的革命路去走。学生们现在要和〈被〉压迫的一切民众,共做澄清政治的运动,希望先生能实力援助。现在社会上受了腐化太深,看见学生的举动都大惊小怪起来,以致生出许多误会,希望先生嘱党人于民众运动多用几分力量。

先生问：现在全国学生与总会一致同情实力做事的究有多少人数？

杨代表答：敝会系由各省学生联合会所组织,照章则全国学生皆为敝会之分子,而现在照总会的主张进行的,自北京以至汉口、长沙,西至四川,南至上海至福建,都已一致。现在北京学生会因请求使团撤销〈对〉北政府之承认,刻已被迫迁至上海了。

先生谓：中国十余年丧乱,都由革命未能做到彻底一层工夫,学生们从前枝枝节节的去闹外交,在我已早知其无谓,不过社会活动始有进化,我亦非常赞成。现在你们要从澄清政治做去,我是十二分赞成的。我做数十年的革命,未达所愿,今日同志多已丧亡,我觉得非常冷寂,你们是社会的中坚。

据上海《民国日报》一九二三年八月二日《大元帅与全国学生代表谈话》

[①] 1923年7月20日10时,全国学生总会代表杨文焰晋谒孙中山,面陈赴粤宗旨,此为孙中山与杨文焰的谈话记录。录用本谈话时,称谓略有改动。

与桂军将领代表的谈话（摘要）

（一九二三年七月二十五日）

粤省报载：二十五日，〈广〉西将领合派代表见孙中山。孙谓：如陆荣廷、林俊廷等能悔祸来归，吾当引为同志，前事不究。

据长沙《大公报》一九二三年八月一日《快信摘要》

与叶恭绰等的谈话①

（一九二三年七月二十八日）

曹、吴始终不觉悟，迷信武力，两次祸粤，致我粤生民涂炭，罹于兵燹，自应大张挞伐，以儆刁奸。惟鄙意拟俟各江军事结束后，再召集各界人士暨各职员会议，如果众意确已佥同，余即为民国尽力，亲出扫此群丑，而贯彻前者对外宣言之主张。但此时尚有数项最要问题，乃须慎密考虑，再行对外。

据上海《民国日报》一九二三年七月三十日《大元帅讨伐曹吴表示》

与桂军代表冯某的谈话

（一九二三年七月三十日）②

梧州桂军将领派代表冯某谒孙，孙言："梧州治安仍交桂人自治，粤人

---

① 7月28日，财政部长叶恭绰、军政部长程潜等联谒孙中山，请下令讨伐曹锟、吴佩孚，并先就大总统职，以正名位。孙中山就此与叶、程等发表谈话。
② 所标时间系北京《晨报》刊载日期。

决不干预。"

据北京《晨报》一九二三年七月三十日《孙陈相持中之粤局》

与旅粤桂省人士的谈话①

（一九二三年七月三十日）

为两粤安全计,为西南大局计,均不容鼠辈窃据桂省,屠〔荼〕毒桂人,但桂事目前宜征刘显臣总司令解决意见,予必极力援助。

据上海《民国日报》一九二三年七月三十一日《大元帅解决桂局意见》

与王永基等②的谈话

（一九二三年八月十三日）

王：请先生不可专注军事革命,宜注重群众革命。

孙：在此战期,不得不偏重军事。国民党现人才少,有才者多死或分裂,望诸位共图国事。

据上海《申报》一九二三年八月十五日《国内专电》

---

① 当时沈鸿英、林俊廷叛军已遭到挫败,梧州已被滇、桂联军收复,旅粤桂省人士亟图解决广西问题,向孙中山请示。

② 王永基等系全国学生联合会代表。

与广东籍某议员的谈话

（一九二三年八月十四日）

　　诸君欲藉区区空泛之省宪及宪法，遂足以束缚武人不法之行为乎？不知曹、吴辈特利用国会制宪，以达其选举总统之目的。及目的既达，日后宪法自宪法，暴力自暴力，实际上毫无所补。居今日欲解决时局，除非扫除军阀，方为根本解决。必以戡乱除暴为前题〔提〕，然后收制宪定国之效果。

据《广州民国日报》一九二三年八月十五日《大元帅对联治之批评》

与永丰舰官佐的谈话①

（一九二三年八月十四日）

　　永丰舰前由广州赴汕，再由汕赴厦，始终为护法起见，今复坚持正义，由厦回广州，历多次险阻，曾不改其初志，与滇军之由滇川桂而至粤，复在粤先后肃清妖氛，所经过之艰难，仍以护法为职志，实堪称并美。故此后深冀各官佐继续贯彻其主张，与滇军功绩互相辉映。

据《广州民国日报》一九二三年八月十五日

---

① 8月14日，孙中山以永丰舰官佐衷心追随革命，特亲临该舰，召集官佐，面予慰勉。

在大元帅府的谈话[①]

（一九二三年九月十四日）

东江战事极容易可结束，敌人已心惊胆破。一、炮手之得力。惠州城外附近有一高山，我军运到十五生的大炮一尊，架于山上，昨十二日连发四响均命中，将以特别重赏该炮手。二、战事之得手。平山、博罗、白芒花、三多祝、柏塘、泰尾等，我军均得手，逆军困守孤城，我下总攻击令，约于一星期内，必能攻克惠州城。三、犒军之筹费。此次东江战事，将告结束，犒军需费，面嘱会计司长王棠，着力筹集巨款，以为犒军及结束军事之用。

据《广州民国日报》一九二三年九月十七日《大元帅返府之战事谈》

与日本驻粤总领事天羽英二的谈话（译文）

（一九二三年九月十六日）

孙中山对天羽英二说：日本主张大亚细亚主义，作为亚洲国家的日本仿效欧美推行帝国主义政策是不像话的。日本应主动废除不平等条约，实现真正的富有成效的日中提携。

据《天羽英二日记资料集》第一卷，转录自俞辛焞《孙中山的革命运动与日本》（日本六兴出版社一九八九年版）

[①] 1923年9月14日，孙中山由前线回广州，在大元帅府对部属的谈话。

与某记者的谈话①

(一九二三年十月初)②

问:曹锟伪选已成,大元帅将如何对付?

答:曹锟串同无耻议员,谋之已久,今日之事,早在人人意料中。日前我曾通电宣言警告曹氏,冀其觉悟,今竟冥顽不灵,甘冒不韪,只有重行兴师北伐之一法。

问:北伐是否单独广东进行?

答:广东为护法之区,自应提絜,至关东、浙江、湖南等省,事前有反对曹氏之电文,最近有向余请问办法之表示,若广东出师,以上各省,当可沿途响应。

问:北伐军如何组织及何时可以出发?

答:现拟挑选各军之劲旅组织之,至于出师期,固愈速愈妙,不过因财政问题,稍有商量耳。余最近设一筹饷局,专向省外各县设法征收,总有一好结果。意料出师之期,总在数星期之间。

问:东江未平,与北伐有无影响?

答:广东现在兵力甚雄,东江不过有一部分,此外当可抽调军队,况料惠州数日可下,实不发生碍窒。

问:曹氏此次有无外力援助?

答:曹氏除金钱之外,其次当然借重外力,其助曹之某国人,殊属出余意表。

问:预料北庭〔廷〕将如何结果?

答:曹氏之于民意,久已丧失无余,燧火之光,终不能久。国人能助余为

---

① 10月8日孙中山下令讨伐曹锟。此为下令讨伐曹锟前,某记者谒见孙中山时的谈话记录。
② 原件未署月日,时间应是8日之前,今酌定10月初。

国效力,则去曹氏甚易耳,但余甚希望广东北伐,学生界出而尽力,以为后盾。

据上海《民国日报》一九二三年十月十四日《大元帅对北方贿选之表示》

与鲍罗庭①的谈话(译文)②

（一九二三年十月九日）

鲍罗廷转达了莫斯科以及政治代表加拉罕同志对于孙中山的问候和祝愿,他还补充说,加拉罕期待着在最近的、适当有利的时机和孙中山会晤。然后,鲍罗庭简要地向孙中山说明了他来广州的任务,并向孙中山询问了许多关于全国、特别是关于广东形势的问题。

孙中山表示了这样的意见:如果他能在中国中部和内蒙古驻足,他就可以十分自由地和帝国主义打交道。至于中国中部的局势,一切问题都取决他的军队北伐运动的成功。他还等待着他派赴莫斯科的代表所进行的谈判的结果。很明显,他期待着在莫斯科的这些谈判能够取得丰硕成果。

对于孙中山来说,蒙古这块地盘是很有吸引力的。

孙说,蒙古提供了巨大的可能性,首先是因为,在北方,有着比在南方更多的追随者。在蒙古,有着友好的俄国在其背后作为后盾,他有可能执行一种更加公开和更具实效的政策。目前,他发现,控制广东是必要的,因此,他的军队必须扩编和加强。要做到这一点,他需要援助。如孙中山所设想的,这种援助可以通过符拉迪沃斯托克提供给他。不必在香港靠岸,从符拉迪

---

① 鲍罗庭,今多译作"鲍罗廷",依据原始档案记载作"鲍罗庭"。

② 此件系鲍罗庭向他的上司所作关于这次与孙中山会晤的报告。这次会晤的日期未曾注明,但孙中山于10月9日为鲍罗庭举行了午宴。鲍罗庭的报告中提到,在宴会上"孙中山十分热情地欢迎我,让我和他坐在一块,并且目不转睛地凝视着我达数秒钟之久",开始谈话。(本篇据底本整理)

沃斯托克至广州的直达轮船航线,可以用来为此事服务。但是,打开符拉迪沃斯托克至广州之间这样一条直接航线,必须用某种方法加以解释,事情才容易办好。因为,广州需要木材、水产、大豆等等,这些东西可以用地方产品进行交换而获得进口。

这就是孙中山最迫切需要立刻开辟的线路,换言之,就是与俄国(苏维埃社会主义共和国联盟)的直接联系。不可缺少的军事补给由于梗阻而不能收到,这也可以从符拉迪沃斯托克运入。

据[美]韦慕廷著,杨慎之译《孙中山——壮志未酬的爱国者》(中山大学出版社一九八六年版)

与东方通讯社记者的谈话

(一九二三年十月十二日)①

余曩曾发通电警告曹锟,曹氏不听,竟敢实行贿选。余将责其违法,一面从速组织北伐军从事讨曹。现东江方面河源、平山、龙门等已落我手,惠州不日可下,故由各军选拔精锐从事北伐亦属易举。又东三省及湘、浙诸省对于余之北伐亦将响应而起。惟关于曹之当选,闻某国人实予以援助,洵出意外。

据上海《民国日报》一九二三年十月十三日《大元帅将讨伐曹锟》

召集党务讨论会会员时的谈话

(一九二三年十月十六日)

自民国成立以前,本党时有进步,民国成立以后,反日见退步,此无可讳言。本党自来于军事上罕获胜利,然前此每经一次失败,即精神上多一次胜

---

① 此件未署日期,所标日期系记者发电讯日期。

利。征诸事实,第一次在广州举义失败,遍受亲朋唾骂,咸诋为大逆不道。第二次在惠州失败,则已变唾骂为怜惜。及第三次以后,如黄冈、钦廉、河口、镇南关诸役,居然有人筹助军饷,是为逐次进步之征。然屡次革命均遭失败,至武汉举义各省响应,无意中反得成功。因及期事泄,党人多被捕杀,干部人物,逃往上海,事将解散矣。工程营及炮兵营因惧祸及,遂先发难,炮击督署,两湖总督瑞徵及统制张彪先后逃遁。时干部尚在上海,乏人主持,黎元洪见事急,匿屋中床下,党人搜索得之,以其协统也,劫之以兵,使权都督篆。无几何北兵南下,汉口、汉阳相继失陷,武昌岌岌,黎元洪几走者数矣,干部急在解围,一面出师攻克金陵。袁世凯派员议和,并盛倡君主立宪之说,以饵南军。余力持和议非是,无已,亦必使清廷退位,然后可以言和,此当日之实况也。虑成功以后,本党势力未见增进,推思其故,殆有二端:(一)党中缺乏组织,此盖由于当日革命党人多属留学生,自由平等之见,深入脑中。以为党员当绝对自由,一切联络维系之法,弃而不讲,其缺点即在于此。故其时多重用老官僚,以老官僚有经验,犹胜于革命党之无组织也。夫自由既属可贵,如空气然,不得则死。然中西历史不同,西国政府对于人民事事干涉,故西人重视自由,有不自由毋宁死之说,其历史之战争,多自由之战争;若中国则不然,中国个人向极自由,以其得之极易,故不知宝贵,历史上为自由而战者,自秦末一役以后,殆不数数睹。故吾国人之于自由,正患其多,不患其少。何则,个人有自由,则团体无自由故也。吾人既为国民之一分子,又为本党之一党员,当牺牲个人之自由,以蕲国家之安全,党务之发展。吾国自推倒满清以来,国家尚不能独立,故华侨之旅居外国者,多受外人压制,因国家不自由,而个人之自由,亦不能保,其害不亦彰昭较著乎。吾居日京时,尝倡此说,党员多不以为然,余屡加辨驳,犹不达斯旨。后群托日友宫崎寅藏质予,谓先生既教人革命,以求自由,今乃反对自由,不与革命这旨相刺谬乎?予乃譬以慈善家向人捐募,以益己私,是非慈善,乃劫掠耳。革命党只图一己之自由,而不愿公众之自由,其弊亦犹是也,众始相恍以解,是故自由一也,须随时制宜,随时制宜,行之始有利而无弊,不可一概论也。(二)光复时有一种谬说:谓"革命军起,革命党消。"此说倡自热心赞助革命之官僚某君,而本党党员黄克强、宋渔父、章太炎等咸起而和之,当时几视为天经地义。自改组国民党,本党完全变为政党,革命精神遂以消失。袁世凯并倡军人不入党之论,以防止革命,因得肆无忌惮,帝制自为,皆此说阶之厉也。试观俄国革命以来之历史如何,即可以证此说之全无价值矣。(三)本党之基础未固。党之基础何在?在于军队。俄国革命党能以一百英里之地,应十八面之敌。三数年间,卒将内乱外患次第戡定者,因其军队全属党人故也。去年苏维埃政府为正本清源计,曾将淘汰一次,当时因假冒党员被革除军籍者三十万人,虽间有调查不实,革出后因而自杀者,亦可见俄政府办理此事之谨严矣。设无此庞大之党军,苏俄之势力,必无今日之势。故吾党宣传功夫,此后应亟从军队着手,庶可以立统一之基础,愿各同志注意此着。基上述三种原因,故十年来党务不能尽量发展,观之俄国,吾人殊有愧色。俄国革命六年,其成绩既如此伟大;吾国革命十二年,成绩无甚可述。故此后欲以党治国,应效法俄人,首须立远大之眼光,不可斤斤于目前之小利。昔吾在欧时,遇俄革命党某君,彼询吾中国革命期以若干年成功,吾答以三十年。吾意三十年之期已久,讵彼反讶其速,吾乃转以俄国革命之年期叩彼。某君曰:自吾今日起无日无时不行革命,亦须期诸百年,然后可成。吾乃大愧服,以其志趣之远大也。盖革命为非常事业,苟获成功,其所贻留于后世者,远出巨万金钞之上。常人只知积金钞以遗子孙,不知金钞之为物最不可靠,如吾粤之潘、卢、伍、叶,家赀均千万以上,至今日其子孙尚有流为乞丐者。若实行三民主义、五权宪法,可使世世利食无穷,人人饮食居处均极丰赡,无贫困转徙之虑。同为子孙计,而有效无效悬绝如此,吾人亦可知所别择矣。昔文王以百里王天下,即以其能施行仁政,使万民皆蒙乐利也。故吾国人追思往古,动称唐虞三代,其时确为太平盛世,人人安居乐业,为后世所不可企及,本党目的,即在达到此种境地。总之为党员者,须一意办党,不可贪图做官。并当牺牲一己之自由,以谋公众之自由。现既觉悟前此种种之失,今后益当振刷精神,实行奋斗,一味向上发展,从此一步一步做去,前途实有无穷之希望也。

据《广州民国日报》一九二三年十月二十二、二十四日《大元帅党务进行之训示》

与某记者的谈话

（一九二三年十月二十二日）①

记者问：外间传桂系将领私迎陆荣廷出台，将有举动，以冀摇撼桂局，是否？

先生答：北方无时不思挑拨南方，故此令陆氏再图捣乱，但陆信用久已坠地，试问其有何号召能力？而且陆年老昏愦，有何作为。此不过一种虚声，断无实力，彼自保首领且不暇也。

记者问：外间又传唐继尧遣滇军入柳，意欲窃桂，是否？

先生答：梧总〔州〕现驻重兵，布防严密，滇军未必有此举。即来亦不能越雷池一步，于桂局断不发生影响。

记者问：报载刘震寰拟回桂维持，其行止究如何？

先生答：东江平定后，本欲助刘司令回桂收拾全局，但现时势变易，北伐军急须组织，大抵刘部必须助现政府发展，或未能全部回桂。

> 据上海《民国日报》一九二三年十月二十二日《大元帅对桂局之谈话》

与马伯援的谈话②

（一九二三年十月二十五日）

孙曰：冯焕章若真革命，必须加入国民党。

马曰：入党固可表明其决心，但因入党一个问题，而妨害其革命进行，亦可

---

① 此谈话未署月日，现所标时间系上海《民国日报》刊载日期。
② 1923年10月25日午后2时，马伯援在广州赴士敏土厂大元帅府谒孙中山，汇报访问冯玉祥事。

不必。且我并非加入国民党,而先生早晚待我,无异党员,这不是一个好例吗!

孙曰:你是同盟会会员,有历史的。

马曰:冯玉祥等在滦州举过义旗,廊坊打过张勋,武穴打过通电,是有工作的。请先生勿固执入党之说,而阻天下归心。

孙又曰:段祺瑞亲口对吾人说过,冯玉祥为人过假,极靠不住,故吾同志中,均怕与彼住〔往〕来。

马曰:一般人对于冯的观察如此,不仅段祺瑞一人说他不可靠,就是张溥泉等也极疑惑他。但我的意见:觉得中国革命,尤其是北方革命,非他不可。且他的行为与热心,已感动了陕军胡景翼,冯、胡必合作革命,请先生北上。

中山于此则问曰:你知道蒙古情形,及山东军队所在吗?

马答曰:然,前由日本东京前赴内蒙古海拉尔一带游历,住过帐幕十数日。与青年郭道甫周旋月余,常常谈到革命计划,及国民党主张。倘先生到满洲里附近起兵,将革命旗子竖起,我去说冯玉祥、胡景翼响应,成功则堂堂正正的干一场。否则求个速死,免得在广东天天受罪。

中山听了郑重表示曰:这是一件大事,出诸你口,入于我耳。你须去问问冯焕章的意思,他有这种计划与决心否?若有,我必舍却广东,到北方去。

此间军队若不改良,无论如何不能革命,更谈不上北伐。你的话有许多是对的,你的计划有许多可行的。但革命是要一致贯彻,不可中断的。倘冯、胡等决心,我无别的方案时,也只得尽我的力量去干,我实在希望你的计划实现。

借力于俄国、蒙古,这是我最近的出路。因为现在俄国人看见我的苦斗,已表示许多的意思,不像日本的小气,只是口惠而实不至。反正我们革命党,于现今世界,要求一条出路,非要国际间的援助不可。

你的计划虽是不错,最怕的是张作霖作梗,因为张作霖背后有日本。日本最注意的是满蒙问题,并反对我等亲俄政策。你去运动时,当注意及之。虽然"有志竟成"乃我一生革命的信条,你既到北方去,须往说之。总合结果,秘密告我。

据马伯援《我所知道的国民军与国民党合作史》(上海商业公司一九三二年版)

与梁士锋何振的谈话①

（一九二三年十月二十七日）

革命军人，讨贼救国，职责重大。作战将士，首以勇敢沉毅为主，对于我之一方，或少有挫折，自当更振奋维持，前仆后继，万不能借辞牵动，遂亦随而退却。古所谓泰山崩于前，而色不变者，此军人之勇也。兵士放枪，须教其〈瞄〉准，不可徒肆浪费弹药，无的放矢，于事无济。假如每兵日发十弹，而必令其一弹命中，则二千人每日不过发弹二万，而毙敌可二千，以其数考之，其胜利为何如。至于对敌之冲锋，更须镇静，盖敌之冲来，不过一鼓之气，其心意中，对我必曰：我冲到矣，尔盍速退乎。尔果不退者，则我退矣。故倘我当时忍耐片刻，镇静不惊，示以死守不退，则冲来之敌，必反自退矣云云。

据《广州民国日报》一九二三年十月三十日《大元帅之新战术谈》

关于与陈炯明和解前提的谈话②

（一九二三年十月二十八日）③

如竞存能反而讨□〈曹〉，则前嫌可立释，而仍与合作。

据天津《大公报》一九二三年十月二十八日《汪精卫最近之乐观语》

---

① 梁士锋为东路讨贼军第四军所属支队司令，何振为该军参谋长。他们在赴东江作战前，于27日晋谒孙中山，请示方略。
② 此件系报载汪精卫谈话中提及孙中山的讲话。
③ 所标时间系天津《大公报》刊载日期。

对海军问题的谈话

（一九二三年十月三十一日）

孙中山对永翔、楚豫、同安、豫章四舰投北，不甚重视，谓："该四舰南来之成绩，已予人以共见，得之无益，失之亦无伤。"

未投北海军官兵推孙祥夫将情形报告孙中山。孙表示："海军果为国家前途计，则可留此，助成革命全功；若不欲革命，则去之无拘。然为海军名誉计，固当竟护法之功也，对留粤海军官兵深为称许。"

据上海《民国日报》一九二三年十一月八日《大元帅亲赴前线督战》

附录一　同题异文

自"永翔"、"楚同"①、"楚豫"、"同安"叛孙后，某军官叩孙意见。孙说："此种无用废物，去之何伤？"

据北京《晨报》一九二三年十一月四日《广州危急》

附录二　同题异文

此种无用废物，去之何伤？倒减轻粤库每月十数万之负担。

据上海《申报》一九二三年十一月七日《粤局忽又紧张》

---

① 护法舰队无此军舰，实为豫章舰。

与胡思舜等人的谈话(摘要)

(一九二三年十一月三日)

孙实系江(三日)午由省乘大南洋电船赴石龙,即在电船驻节。胡思舜、蒋光亮、卢师谛等均往谒。胡、蒋报告退出平山情形。孙云:博罗、河源方面,汝不必顾虑,汝但担任右翼攻平山便可。敌最凶为林虎,林计划由河源出增城,二十日要到广州,现林部三王已被我打花了,请你们明日快由樟木头沿马路打惠阳。

据长沙《大公报》一九二三年十一月十二日(二)《快信摘要》

与滇军军官的谈话①

(一九二三年十一月四日)②

诸君知今日之战何为乎?以义讨贼也,为国也。滇军将领之思想学问,是否胜陈军将领?滇军士兵之学术经验,是否过陈家军?盖胜之过之也。以如此者而与如彼者敌,犹有顿挫,讵非大耻?诸君能忍此大辱则已,否则当听吾命。

据李烈钧总纂,大元帅府参谋本部编《孙大元帅戡乱记》(广东一九二四年版)

---

① 孙中山抵石龙后,鉴于部队呈混乱状态,乃召集滇军军官训话。
② 底本未指明训话时间,今据前后有关记载及当时战事发展情况定为11月4日。

与华北《英文日报》主笔的谈话(摘要)

(一九二三年十一月五日)①

上海五日电:华北《英文日报》主笔至广州谒孙文,询问阁下未通知广州领事之自扣留关余,其中理由愿闻其详。孙文宣布:北京政府用广东关余军费攻击广东,是何理由?各国可能担负北京政府不用关余为军费否?

据长沙《大公报》一九二三年十二月十日《快信摘要》

与冯自由的谈话

(一九二三年十一月七日)

讨曹计划,此间早已议定,现在筹备进行中,一俟就绪,便通告全国出师,请将此意转达国会同人。

据《广州民国日报》一九二三年十一月九日《冯代表谒见大元帅之陈述》

与刘云昭等的谈话②

(一九二三年十一月十二日)③

一、集会问题:八年国会自为真正法统之所在,今日自仍重视此观念。

---

① 据上海电日期而定。
② 护法议员推代表刘云昭、孔昭尧、凌钺等赴广州谒孙中山,当由孙中山接见。
③ 时间不明,据谈话中孙中山谈及"战事状况,彼等十三日离粤",12日孙中山由石滩返广州、13日复赴前线督战,因酌定为12日。

惟粤省现军事期内,事实上尚有因〔困〕难之处。

二、经费问题:一俟战事小有结束,即拟筹集一笔款项,汇沪接济。

> 据上海《民国日报》一九二三年十一月二十一日《护法议员粤代表返沪述孙大元帅近况》

与冯自由的谈话

（一九二三年十一月十六日）①

对于议员不为利动,甚为嘉许！但以国会招牌已成废物,不足起国人之信仰,故国会之纯洁分子如能同来革命则无不表示欢迎。若要集会,则广东尚在军事时期,姑未遑暇,即粤局大定,尚当加以考虑。

> 据上海《申报》一九二三年十一月十六日《粤局紧急中之各消息》

与许崇智的谈话(摘要)

（一九二三年十一月十六日）

许崇智因滇军缴去军械不交还,又因孙文委杨希闵为联军总指挥,甚不平,于十六日谒孙文,孙谓:汝等屡败,何可说？

> 据长沙《大公报》一九二三年十二月三日(二)《快信摘要》

---

① 所标时间系上海《申报》刊载日期。

与鲍罗庭的谈话(译文)

（一九二三年十一月十六日）

我正给日本内阁中我的朋友们写信。

我写的是,他们在俄国问题上干了许多蠢事。我向他们指出,那种政策对于他们是极为不利的。他们不应当仿效英国、美国和其他国家。日本在俄国问题上应当实行完全独立的政策,必须承认苏俄。

我依然同意实行劳工法和关于改善小资产阶级状况的社会法令。至于土地法,我建议先与农民进行联系,弄清他们的需要,主要是成立一个宣讲团向农民解释该法令……①

据[苏]切列潘诺夫著,中国社会科学院近代史研究所翻译室译《中国国民革命军的北伐——一个驻华军事顾问的札记（1924—1925）》(中国社会科学出版社一九八一年版)

与安德森女士的谈话(译文)②

（一九二三年十一月二十五日）

孙中山攻击英国宁愿支持中国的保守顽固派一方,而不支持他。孙申明:"我站在进步的、优良的政府立场,在任何意义上,我既不是布尔什维克,也不是过激派!"

孙替自己要求提取关余的做法进行辩护,认为英国现行的这种政策,并

---

① 原文如此。
② 1923年11月25日孙中山和宋庆龄在广州寓所接见来访的一位英国人道主义者和研究工厂劳动条件的专家戴姆·阿德雷德·M.安德森夫人,并与其谈话。

不反映英国人民的情感和意向。孙说:"中国人和英国人是一样的,热爱和平,高贵自尊,文明优雅。"

据[美]韦慕廷著,杨慎之译《孙中山——壮志未酬的爱国者》(中山大学出版社一九八六年版)

与余伯良的谈话

(一九二三年十一月下旬)①

返国从戎,日前法属海洋洲大溪地埠华侨国民党分部筹捐军饷万数千元,委派代表余伯良带款返国,余抵粤后,即趋谒大元帅,报告该处业务,并请缨讨贼,经帅座面谕嘉奖,并谓:"东江前敌联军,兵力雄厚,足以戡定粤难。海外党务,责任綦重,效力内地疆场,不如效力海外党务,其功尤大,请努力奋斗,返埠发展党务,襄助革命事业收永久之效"云云。余代表聆谕后,拟于日内返埠。

据《广州民国日报》一九二三年十二月十二日

与邓泽如等的谈话②

(一九二三年十一月)

你们不赞成改组,可以退出国民党呀!

你们若不赞成,我将来可以解散国民党,我自己一个人去加入共产党。

据《人民日报》一九五六年十一月二十九日何香凝《对中山先生的片段回忆》

---

① 原报道未署日期,唯东江之役于11月底平定,此谈话当作于11月下旬。
② 邓泽如、冯自由、刘成禺、胡毅生等人为反对改组国民党,1923年11月联袂往谒孙中山,要求取消改组提议,遭到孙中山指责。

与《字林西报》主笔葛霖氏的谈话

（一九二三年十二月四日）

　　上海六日电：《字林西报》主笔葛霖氏，四日在广东会见孙文，当时谈话之大要如下：孙氏关于截留关税言曰：两广一年间之关税收入达一千万元，此当然归广东政府所有，现为北京政府所征收，用作征伐广东军费，故予定于日内断行截留该项收入，此事与领事团无关，事前不与通告。如外交团能将属于广东关余支付外债之余额交付广东，则彼可中止是项计划，但外交团恐未必出此耳。次言及整理内债基金谓：该基金担保，有□余及交通部收入余款尽足。记者问以如外国不允截留，能与目下碇泊广东之英炮舰四只、法炮舰二只、美炮舰二只、日炮舰一只为对手，开始战争乎？孙氏答称：对此如许兵力，到底难操胜算，但以此与列强战，虽败犹荣。行将出以第二手段，至第二手段，力避明言，仅露出广东派遣代表，将与苏俄出以积极的同盟之意思。孙氏又谓：彼热望与英国及列国亲善，但列国如援助北方政府，则广东民军将以中国善政之目的永久战争，不为稍懈。记者又问如广东截留关税一经成功，则其他各地亦将陆续仿行，中国关税组织不将为之破坏乎？孙氏答称：列国如撤回援助北京政府，则此毫无容其顾虑之必要。云云。

据长沙《大公报》一九二三年十二月十三日《孙文之谈话》

与外交团代表的谈话①

（一九二三年十二月四日）

　　外交团代表劝孙打消提取关税之意。

---

①　北京公使团对孙中山提取关余，"万难承认"。于是派英国海军官尼威逊氏、法国海军官符乐作氏二人于1923年12月4日到广州往谒孙中山，企图"劝孙打消提取关税之意"，孙中山坚持原议，二氏不得要领而去。

中山答称:如君等有能力禁予不提取,予即不提取。

据上海《申报》一九二三年十二月十六日《粤当局收回关税之大交涉》

与伍某的谈话①

（一九二三年十二月五日）

伍曰:近日政府做事太强硬,将民业变官产,即此一层,人心尽去,稍富者皆远避海外,不是自杀吗?请大元帅顾念桑梓,徐谋发展,转道妥当。

孙厉色曰:我至怕无兵,有兵何愁无地盘,有地盘何愁无钱,人心与不人心,不成问题。各地报纸骂我倒行逆施,乃为真正革命事业,俄国劳农政府政策,就是革命政策。你说富人尽从海外跑去,此又深合鄙意;所谓富人,你以其钱多耳,若共产政府成立,废止金钱,富人也不成富人,土地尽归国有,不信富人带着土地以跑。我现在种种征收,一方面为着军饷,一方面为着革命政策,如果帝国主义消灭,北洋军阀何愁不倒。现在总要大家帮忙,有钱出钱,有力出力,度过难关。否则,我手段愈辣,你们更多议论,然总非我所畏也。

据香港《华字日报》一九二三年十二月六日

与《字林西报》记者的谈话②

（一九二三年十二月七日）

中山先生宣布其截留广州关税之决心,谓广州担负护法战争之军费,历时已久;北京则用在粤所收之税以攻粤省,外交团知而不问。查两广关税,

---

① 伍某,广东台山人,美洲华侨。因其亲属杨某有屋在广州河南被官产处缴价征用,求伍某转圜说情。伍某乃于5日赴帅府拜谒孙中山,由大本营副官王某带领往见,候半小时,孙中山出见谈话。

② 这是孙中山在广州大本营接见《字林西报》记者格林的谈话。

岁以千万元计,此原为粤人之款,故彼拟截留之,彼将令税务司缴出粤省关税之全数。如不从命,则将另易总税司;如北京乏款付到期之外债,彼愿酌量拨出一部分,以供此用。

记者询:以何时实行其志愿?

先生答称:殆在后此数日内。且不欲预先照会外国领事,因款属粤省,与彼等无干也。

记者复问曰:外交团如照一九一九至二〇年办法,以关税付清外债利息后,若有盈余,则将粤省之部分拨出付之,则先生可免施截留之举否?

答曰:如将前因美政府反对停止缴付之欠款付清,余亦可作罢,惟恐外交团不能照行耳。

记者又述及以关余为抵之内债,因粤欲截留关税,价已大落,牵动市面。

答谓:此项内债,且以盐税及交通部入项为抵押品,此二款尽可弥补关税之不足。

记者询以各国如从事阻止截留,是否将与各国抗?(按目下广州港内泊有英炮船四,日炮船一,美、法各二。)

先生答称彼力不足与抗,然为四大强国压倒,虽败亦荣;果尔将另有办法。

记者再三请其明示办法。

先生只隐示拟与苏俄联盟,盖苏俄代表波罗定①氏刻方羁旅于广州也。且谓切愿与列强维持友交,对英尤甚。惟谓列强若长此以精神上及财政上之助力予北京政府,则护法战争无日终止。北京政府借海关之机关,列强之保护,而得向一省取款,即用以与该省作战,不公孰甚?此实万不能忍者。

记者语以若粤省截留如愿,他省必即步其后尘,则海关制之全部,将因粤省此举而破坏矣。

答曰:列强若撤销所予北京政府之助力,自不难挽回此举也。

据《截留关税之决心》,载胡汉民编《总理全集》第二集(上海民智书局一九三〇年版)

---

① 波罗定,即鲍罗庭。

与东方通讯社记者的谈话

（一九二三年十二月十二日）

由广东政府要求广东收入之关余，固当然之事也，乃以之交付北京政府，而以供压迫南方之资，是明明为干涉内政。要知广东政府欲使用之于教育行政之费，决不用于军费。若列强拒绝此正当要求，则余惟免税务司职，将关税扣留之；设并此法亦不行，则惟有以广东为自由港，俾南北俱不得收入之；使列强以武力反对此要求，余亦惟有以武力对抗之。盖为曹、吴军所破，为余之耻辱；若依正当之理由，以列强为对手而为其所破，余意决不为耻。余故始终实行之，以期贯彻目的而后已。

据上海《民国日报》一九二三年十二月十四日《大元帅对关税问题之决心》

与各界代表的谈话

（一九二三年十二月十三日）

必实行政府主权，阻止粤关税解北长乱。为拥护公理而战，亦所不辞。

据上海《民国日报》一九二三年十二月十四日《本社专电》

对广东收回关余公民大会的谈话

（一九二三年十二月十六日）

今日得国民如此踊跃，担负国家重大责任，余深为欣幸。余现对于关余问题，经拟定收回办法，决于日内，以正式公文向税关提收盈余，如该税关不照办,则并警告该税务司,着即遵办。倘过十日期间,该税务司仍不依办,我自有收回税关办理之法。倘领事团不谅解而至派水兵登陆,借口保护税关,亦未可知,此时余更有相当对付办法。惟国民既为政府后盾,则此时甚希望再召集国民大会,并派发英文传单,以义理劝告外人,外人知义理之所在,或得觉悟。否则余当以其占领我国土地之行为,向全世界宣告,冀各国人士秉公判辩是非。余意此问题必得完满解决,今日国民既如此踊跃,为政府援助,请各位代余致嘉奖之意,并将余意对众宣布云。

据《广州民国日报》一九二三年十二月十七日

关于广东省应均沾关余税款的谈话

(一九二三年十二月十九日)①

各国在广东举办事业或在广东发生〈困〉难问题时,必对于北京政府交涉,且必对于广东政府亦提出交涉,而我广东政府对此特置交涉使。然北京政府对于此等事毫未支付薪俸,而在广东所收之海关税金全部归北京政府之收入。如此之不公平,乃各国承认与不承认问题以外之不公平也。余对于此不公平屡抗议于外交团,而外交团并不容认,故余正当实行受入此项入款矣。现广东政府事实上在今日已独立,各国亦对于在广东所起〔遇〕之困难问题与广东政府交涉,故与各国有关系之税金一部当然应交与广东政府,即使离开承认广东政府问题,亦宁非当然之事乎!

据长沙《大公报》一九二三年十二月二十五日《孙中山将
宣布广东为自由港》

---

① 此件未署日期,所标系新闻的发电时间。

在岭南大学与外籍教授和学生代表座谈会上的谈话(译文)①

(一九二三年十二月二十一日)

英国一贯地对中国怀有敌意。香港政府若要对中国采取某些友善措施,唐宁街②就要起而反对。

在十年内将要爆发的世界大战之中,印度将和中国、俄国、德国、阿富汗、波斯、美洲和非洲的黑人联合起来,为自由独立而进行伟大的斗争。现在,中国人和俄国人是十分亲密的,俄国拥有世界上最强大的军队。中国将从德国取得她所需要的技术上的援助,然后转过手来再帮助印度。在这次战争中,受迫害者和迫害虐待者(即,英国及其自治领地和"经常屈从于英国外交政策"的美国)之间,在数量上将会是悬殊的。至于日本将会参加那一方面(孙中山并未明确指出)。

孙向周围的美国人提问:如果十六或十八艘外国兵舰驶入纽约港口,恫吓镇慑这座城市,并且干涉她的内政,你们又将作何感想?

孙警告说:中国人民有着深沉绵长的记忆,你们不可能一下子洗刷自己的恶言秽行!

有人问:外国政府如何了解中国的真正需要。

孙回答说:可以问我!我想中国之所想!看一看人民群众对我的欢迎吧!他们明白,我是他们的真正的领袖。这就是英国政府下了如此大的决心来压服我的原因所在。

据[美]韦慕廷著,杨慎之译《孙中山——壮志未酬的爱国者》(中山大学出版社一九八六年版)

---

① 广州岭南大学,为美国教会所设立,这一天,孙中山在对岭南大学学生发表演说后,即在有外籍教授和学生代表参加的小型座谈会上和一位英国教员进行了谈话。
② 唐宁街,伦敦英国外交部所在地。

附录　在广州基督教学院的
言谈概略(译文)①

（一九二三年十二月二十二日）②

广州基督教学院学生会,事先没有与学院主管人员商讨,就邀请孙博士前来学院讲话。那时能做的就是接待他,尽量不使他因这样的局面而感到尴尬。孙中山先生于12月22日星期五约下午一点到达。然后随当时任主管的英国人巴克斯特博士赴午宴,亨利先生不在。据我所知,席间的谈话没有涉及政治。

午餐后,在全院和附属中学群众大会上,孙逸仙讲了近两个小时,但完全没有谈及政治话题。他的主题是中国学生如何报效国家,关于美国,他只说了只言片语,他认为学生如果在中国不能如己所愿受到教育,那前往美国就无可厚非。他强烈反对那些虽然在美国读书,不时往返美国与中国之间,没有安下心来在中国做些建设性工作的人。他言之有理。

大会后,有几个外国人和中国人应邀在中国副院长张温广③先生家喝茶。我没有出席,但我尽可能多地向聆听孙先生谈话的人打听他说了些什么。所记可能不是全部,但内容准确。

孙先生说,十年后,将出现世界大战,受世界帝国主义和军国主义(后来这些话表明他是指英国、美国、法国和或许意大利)压迫的国家将统一力量,挺身而起,从地球上铲除压迫者。他说,"从现在起过上十年,你们将体会到中国舰队出现在旧金山湾的滋味。"他说,中国正在与俄罗斯联合,日后还会

---

① 此篇与前篇应为同一内容的不同记录,二者日期及内容文字互有异同,今附录并存。英文原标题为"Resume of Dr. Sun's Remarks at Canton Christian College"(《孙中山先生在广州基督教学院的言论概略》),为避免上下文脱节等情况,本篇保留了译文的整体内容。
② 据文中表述时间而定。
③ 音译,英文原文为"Chang Wing Kwang"。

和德国、印度、日本联合起来,与今天压在"头顶上"的国家做最后的斗争。

他在这次茶会上还是另一次在校园里,谈到了英国怎么看待中国的崛起。他说,英国害怕中国在商业、财富、教育、文明上的进步,以及中国整体发展和前进的运动等,这一切融合起来并拟人化地体现在他身上,因而英国从一开始就挤压孙逸仙。他的谈吐似乎把他愤愤不平的心态表露到极致,这正如许多外国人当时感受到的;他至少处于极端危险、神经质的状态。

他对一个中国人说:"遗憾的是这所学院不完全是中国人办的。"

孙逸仙离开时,对巴克斯特博士和陪同他的外国人说:"好吧,再见,有一天我们可能变成冤家对头。"

人们可能从他的话得出这样的结论:他目前的计划是对外国人十分敌意的那一种,中国应采取军事行动铲除外国至上的所有痕迹。

难以说明学生的心态,给人的感觉是学生们从心里同意孙中山,不管他关于中国反对外国人的话是对还是错。不过与我们交往中,外国人依然和蔼可亲,愿意客观地谈论一些事情。

据(英国)外交档案 1924 年,No. 12652(密件),罗·麻克类爵士致寇松侯爵,克德斯顿(2 月 26 日收到)第 22 号密件 F586\586\10 复印件①译(张卫族译,李玉贞校)

与日本领事的谈话②

(一九二三年十二月二十七日)③

吾此次与外人争而不胜,当以实力对待之,届时望君(指日领事)避去

---

① 感谢姜义华教授向主编提供此复印件。
② 在截留广东海关余税中,大元帅府外交、财政两部曾致函北京外国总税务司声称:"查本政府所辖地域内,凡各财政机关之收入一应归我政府处理,海关税收当然亦在其列。"但粤海关拒不执行,美、英、日、法、葡等国军舰竟驶入广州市省河白鹅潭进行武力威胁。对此,孙中山与日本驻广州领事作此谈话。
③ 所标时间系上海《申报》刊载日期。

为佳。

据上海《申报》一九二三年十二月二十七日《争持中之粤关税问题》

与李福林的谈话

（一九二三年十二月二十七日）

李军长于昨日上午亲赴大本营,竭〔谒〕见大元帅,报告在港得遇金陈二氏所谈之事,帅座微笑良久,先问其他事件,继即庄容而言曰:"陈炯明如果有悔过之诚,应即来省见我请罪。"

李军长婉词以对曰:"帅座宽容大度,中外共仰,但竟存未必有此胆量来省耳。"

大元帅俯思良久乃曰:"陈炯明之错过非止一次矣,我亦为之惜,然陈若今日有悔悟,立即今日通电,表明其悔过之诚意,斯犹有商量之余地,若徒以他人展转传述,为口头之求和,则余不能停兵以待也。"

据《广州民国日报》一九二三年十二月二十八日

与黄季陆的谈话

（一九二三年十二月）①

孙说:"你方从外国回来,最近外国有什么新书出版?"

黄马上便把《战后欧洲新宪法》、《近代政治问题》两本新书的名称告诉他。

孙问:"书中的内容如何?"

---

① 1923年冬,黄季陆从加拿大多伦多城回国,到了广州以后,在大本营工作。有一天,孙中山与黄季陆谈话,时间酌为1923年12月。

黄滔滔不绝的说了大约有半个钟头,孙一声不响的听着我说,一直到了我把话说完之后,孙取出一本红封面的书,带着微笑,对黄说道:"你所说《近代政治问题》一书,是不是就是这一本?"

黄接过来一看,正是我所说的《近代政治问题》,心里渐渐浮起一种不安和惊奇的感觉。

孙很慈祥地带着微笑说:"读书要多读新出版的名著,这样才能渊博,才能吸收新知。阅读专著也很要紧,这样学问才有系统。你现在已经在做事了,做事时更要抽出时间来读书,不然便追不上时代,一个人追不上时代便会变做一个落伍者。你还年轻,你好好用功。"

据黄季陆《国父的读书生活》,载尚明轩等编《孙中山生平事业追忆录》(人民出版社一九八六年版)

与美国格罗弗·克拉克的谈话(译文)

(一九二三年十二月)

孙中山详细地说明了他的关于即将来临的世界被压迫人民反对压迫者的战争的理论,中国在这次战争中取得胜利以后,她将获得自由独立,并在世界文明之林中居于领先地位。避免这样一次战争的毁灭性灾难的一条途径,将是占有优先地位的列强改变其对于中国的态度,并在各个方面公正地对待中国。

孙中山详细地谈到了现时的俄国政府,并且强调指出:俄国和中国是天然的同盟者,这两个国家站在一起,将成为一个特别的、不可战胜的联合体。

据[美]韦慕廷著,杨慎之译《孙中山——壮志未酬的爱国者》(中山大学出版社一九八六年版)(转录格罗弗·克拉克《世界革命谈话》,载《京津时报》一九二四年一月十九日)

与刘成禺的谈话

（一九二三年）①

自吾辈易造反为革命，陈义大雅，究不如造反二字，深入人心，较易鼓动下层社会。然开国事业，当与荐绅先生言之，陈少白之言不诬也。今人多谓革命二字，只能代表革反，而不能代表革进，此大误也。革命本中国语，不能以西语解释。革命始于汤武，传曰："汤武革命"，反之也，直言之，即造反。天命所归，故革之，诗曰："周虽旧邦，其命维新"。所谓革去旧染之污，而自新易旧，命为新命，凡不合应天顺人之事，皆宜革而去之，是含革反革进两义。语曰："莫非命也，顺受其正"，凡事物皆有一定之至理，此天命也。逆反其正，必不能应天顺人，是宜革之，并不专指朝代国家主权者言也。天地进化，今日光明正大之民主政治，他日有待革之处，亦难预言。予屡言革命尚未成功，乃举远者大者而言，非举近者小者而言，设以革反与革进评判革命意义，是未知革命至理者。

据刘成禺《先总理旧德录》，载《国史馆馆刊》创刊号（南京一九四七年十二月）

与□□记者的谈话（译文）②

（一九二三年）

中华民国就像是我的孩子，他现在有淹死的危险。我要设法使他不沉

---

① 此件未署时间，据谈话中有"予屡言革命尚未成功"，孙中山手书"革命尚未成功"遗训，系在1923年11月，则此谈话酌在1923年。

② 底本标为"孙先生曾在另一个场合以更戏剧化的方式表达了同样的想法"，没有说出谈话对象。

下去,而我们在河中被急流冲走。我向英国和美国求救,他们站在河岸上嘲笑我。这时候漂来苏俄这根稻草。因为要淹死了,我只好抓住它。英国和美国在岸上向我大喊,千万不要抓那根稻草,但是他们不帮助我。他们自己只顾着嘲笑,却又叫我不要抓苏俄这根稻草。我知道那是一根稻草,但是总比什么都没有好。

> 据[联邦德国]金德曼《在中国历史经验照耀之下,孙逸仙的意识形态和其非凡的领导力》,载《中华民国建国史讨论集》第一册(台北"中华民国"史讨论集编辑委员会一九八一年版)

在大本营军政会议的发言①

(一九二四年一月四日)

今日曹锟贿选已成,国中纠纷万状,时局急待解决。故今日有三事须待商。

第一为组织正式政府问题。因目前政府地位,外交团常视同一地方政府,外交上极受影响。第二为出兵北伐问题。第三为财政统一问题。请各抒所见,共谋讨贼进行办法,以纾国难。

(伍朝枢起谓:西南政府在昔收管关余,及与北廷在上海开和平会议,均取得对等资格,此时尤宜正名,中外方能禽服云云。徐绍桢起谓:今日急务,对内足正国人视听,对外解决国际交涉,慰各方之仰望,莫要于赶赴速成立正式政府,总筹全局云。山陕军司令路孝忱起谓:当孝忱前由奉天来粤时,张作霖总司令主张由此间从速组织正式政府,东省首先服从。解决时局、巩固国基等语,是则组织正式政府之议,此时益不可缓云云。蒋光亮起谓:从法律、时势而言,应继续护法事业,大元帅复总统位,以图发展。)

---

① 会议于1月4日午后4时在大本营举行,与会者有谭延闿、樊钟秀、杨希闵、刘震寰、李烈钧、程潜、张开儒、宋鹤庚等军政要人及各省代表,共计六十余人。

现在护法可算终了,护法名义已不宜援用。因数年来吾人护法之结果,曹、吴辈毁法之徒,反假护法之名恢复国会。北京国会恢复之后,议员丑态贻笑中外,实违反全国民意。今日不当拥护猪仔国会。予在沪未回粤时,尚冀曹、吴辈觉悟,故力倡和平统一。至回粤后,只用大元帅名义统驭各军。乃曹、吴辈利用沈、陈①诸逆祸粤,是和平已无望。今日应以革命精神创造国家,为中华民国开一新纪元。

(经众讨论之后,李参谋长协和提议组织新政府,名称建国政府。刘震寰提议,名为国民政府。杨沧白秘书长提议,名为建设政府,众以建国政府二字甚为适宜。最后表决,多数赞成定为建国政府,即交大本营各部长筹备。次讨论北伐问题。)

出兵问题,有以为须俟东江完全肃清,稍为休养,然后抽队。但无论如何须先有出兵决心,先行筹备,方能有济。此时江、浙风云密布,奉张亦已准备入关,我们应亟筹划。

(讨论结果,全场一致力主急速出兵。即由军政部,参谋部,滇、湘、粤、桂各军总司令筹备。惟急速出兵,则饷弹问题亟应待解决,议决由大本营财政委员会分任筹措。次讨论广东财政统一问题。)

第三问题最为要著,与第一、二两问题有牵连关系。西南自护法以来,一切军民政费,几全部仰给于广东。查广东每年收入约三千余万元,合以现在种种新增税项,可得五六千万元,以之应付军民政费未尝不足。顾年来各征收机关更为各军截收,以致征额反不如原有,只有二千万元。度其中千余万元均取诸广州市一隅,广州市民已不胜重负矣。今后既决定组织正式政府,实行北伐,此后军费之接济,倚助于广东全省尤殷。故各军长官应将所属占领之征收机关,于一月内交回主管财政机关接管,藉资整理,增益税收,以裕军实。

据《广州民国日报》一九二四年一月七日《三大问题之解决》

---

① 沈、陈,即沈鸿英、陈炯明。

在帅府欢宴各军政长官的谈话

（一九二四年一月四日）

今当民国十三年之始，吾人下大决心决议进行之三大事件，即建国政府、出师北伐与统一财政是也。有如此决心，实为民国以来之最大希望。回忆二十年前我在东京创立同盟会时，与诸同志誓死为革命运动，其决心与今日无异。因有同盟会实行革命之决心，而三月二十九广州之役与武汉起义继续发现，卒底于成。然当时武器缺乏，革命军之所恃者决心而已。即如河口、镇南关诸役，革命军以少数与多数战，以手枪、炸弹与长枪、大炮战，虽归失败而相持甚久，亦可见革命之精神不懈，到底终能成功也。今日各人具有大决心，有较多之武器，建国目的何有不达？吾人固深信前途之大有希望也。吾人希望千万年后，亦将以此十三年一月四日之会议留为大纪念日也。

据《广州民国日报》一九二四年一月八日《建国北伐之决心谈》

与美使舒尔曼的谈话[①]

（一九二四年一月六日）

中国有种种问题，扰乱其国家治安，破坏其生活力，危害其人民之生命财产，酿成对外侨及外国政府之不断的冲突，削弱其在国际间之威望。今之粤关余争端不过此许多问题中之一端耳。欲消除此许多问题，必须移去中国现状之根本原因。中国人民对于此项现状之妨碍外人，固引为遗憾，但中

[①] 1月6日，孙中山在大元帅府接见舒尔曼。舒尔曼（Jacob Gould Schurman），1921年至1925年任美国驻华公使。

国人民自己受害最甚,岂不愿改良之乎！欲改良此恶现状,而不注意于一根本原因。中国必须和平,必须遣散各省军队,使彼等释甲回里从事生产工作,全国乃可统一,而戴一对各地方各政治团体,或各公民个人负责之单独政府。中国并不与任何国作战,其所需要之武装队,只须警察或国民兵足以维持国内秩序、保护生命财产而已。目下各省为势所迫,不能不保有身〔军〕队,互相敌抗。即如南方因遭北京侵略,不得不奋斗以谋自存耳。

中国人民及多数领袖对于何东①之和平会议计划热心响应,足证彼等极望此举之成功。但现已陷于停顿状态,则因有循私自利者,不愿加入以谋国家幸福故耳。时势至此,列强当用其势力。列强果真心为中国谋幸福者,果注意保护其公民在华利益者,皆应亟起相助。中国现状愈趋越恶,若不迅速救济,明春将见全国陷于战火之中。历年进步成绩或致荡灭,外人权利将遭毁损。彼时情形,以目下之关余案相比,不过一小问题耳。美国于此应为领袖,美之地位足以左右他国,又得中国人民信任,吾意美宜提议在上海或其他中立地点,召集一华人为主而列强代表得参预之会议,吾对此会议必躬亲列席。他人苟以国福为先者,亦必与吾同。此种会议之建议而出诸美国,列强及中国人民必皆重视之。

（舒尔曼插话：美国向来对中国及他国内政取不干涉政策,恐美人舆论不赞成政府发起此种对华自大的举动。）

不干涉中国内政,为在华会列强所一致赞同。但此不过一种空谈。试观今日有六国之战舰泊于广州港内,阻吾人利用应得之关余,而将此关余付诸北京,乃犹云不干涉内政,实则不干涉内政其名,外交团控制中国如一殖民地则事实也。盖各国人民皆愿和平,政府虽不愿,不能违民意。今召集中国会议同以和平及裁兵为目的,则华会正一好先例也。唯召集此项会议,亦可由中国人民声请,如是更无美国或他国干涉中国内政之嫌。中国人民既知此项会议有召集之可能,则请求之声必遍于国中也。

---

① 何东,广东台山县人,香港洋商买办,曾提倡军、政、商各界首领联合发起和平会议,以解决中国内乱问题。

（舒尔曼插话：恐人民团体在武力环境之中未必敢运动裁兵，以干军队之怒。）

彼等苟知其呼吁将得响应，则必有作此请求之勇气，且此项和平会议既为中国幸福而设，其成功可有把握。中国舆论具有不可抗之强力，其权威过于执政者及军队，其重力能使人立即感之，故任何领袖不肯参加此会议者，将被认为国家公敌，而会议中之决断或协定，苟得人民之赞同者，亦必被尊重而实行。

据上海《民国日报》一九二四年一月十三日《大元帅对美使解决时局谈》

附录　同题异文①

中山先生云：如粤税争执一事，在中国已常见，今欲求基本之解决，中外人实宜互相进行。缘华人所痛苦者，间接直接均与外人有关。夫基本解决，谁不知为裁兵。盖中国何必养如许兵，始终未与外国交战，若为保护人民生命财产，有警察在已可。所幸自何东提议和平，各省华人首领应之者多，故希望实多。惜国内仍有好私者，何东之计显已停顿。

又云：为今之计，只可利用列强之势力，惟列强必坚抱为助中国之好意。再时局在今日已日恶，如列强不即加以助力，迟至明春，中国又将见战事，且不止一处。由此可见粤关之争，与外人关系尤为小事，将来大乱在后。余以为今美国当首先提倡此和平计划，以美之商与列强，可使他国同调。况华人素信任美，如美国宣告将在上海或他中立区，召集一和平会议，全国必响应之，各国必加入。或曰：美素不干涉中国内政，此计似难行（美使曾如此语先生）。而不干涉之说，列强在华府会议均赞同。但此说乃一原理，今为关

---

① 底本原说明为"民国十三年一月十三日，与《支加哥报》远东记者胡特氏之谈话"，标题为《对于美国之希望》。经王耿雄先生考订，应为与美使舒尔曼的谈话，遂作问题异文。（参见王耿雄《〈孙中山全集〉几件史事的考订》，载《近代中国》第三辑1993年）

税，六国已派兵船驻粤，是助北京，即干涉之谓，于此可见事实与原理之不同矣。况以根本言，美之召集华府会议，当时他国亦有不愿加入者。幸人民均以为然，政府不得不从民意；而在政府着想，美国此举，实不啻间接干涉他国（不赞成之国）之内政。然则今之提倡中国和平会议，亦可谓与华会之议裁军备，同一命意。更进一步言之，为美求全计，如华人首先提倡，而请美及他国参与，则天下人皆不可以非之云。

又曰：今之中国舆论势力颇强，实比军力有加，如全国人民一致提倡，武人谁敢不加入云。

> 据胡汉民编《总理全集》第二集（上海民智书局一九三〇年版）

关于时局的谈话

（一九二四年一月七日）①

建国政府业经决定树立，目下正在准备中。叶恭绰赴奉赴浙之结果，三角同盟大为进步。现已决定北伐，拟先向江西进兵，由湖南、河南、安徽、山西各省亦当共举讨伐吴佩孚旗帜。开〔关〕税问题，昨日与美公使会见之际，该公使言明南方之要求殊属正当，本公使深为谅解，拟居中调停等语，本问题深信日内可圆满解决。

> 据北京《顺天时报》一九二四年一月十四日《孙中山之时事谈话》

---

① 据北京《顺天时报》载，该谈话时间为1月7日。

与宋庆龄的谈话

（一九二四年一月上旬）

在一九二四年,当国共合作问题正进行讨论时,宋庆龄问孙中山,为什么需要共产党加入国民党？

孙中山回答说:国民党正在堕落中死亡,因此要救活它就需要新血液。

孙不止一次向宋说:国民党里有中国最优秀的人,也有最卑鄙的人。最优秀的人为了党的理想与目的而参加党,最卑鄙的人为了党是升官的踏脚石而加入我们这一边。假如我们不能清除这些寄生虫,国民党又有什么用处呢？

据宋庆龄《为新中国奋斗》（人民出版社一九五二年版）

与鲍罗庭的谈话（译文）①

（一九二四年一月十五日）

鲍罗庭问:"你们打算和那些民族共同行动？你们说,具有敌对情绪的帝国主义列强的包围妨碍你们发表同革命的俄国结成统一战线的声明,而你们却又想用极端含糊不清的'国家和民族'这些提法和〔来〕掩盖自己的想法。但是只要看一遍国民党的宣言就足以明了,你们是准备反对帝国主义的。民族和国家划分为被压迫的和压迫人的。你们打算同其中的那些国家和民族携手前进呢？"

---

① 此件系孙中山与鲍罗庭在国民党临时中央执行委员会上商讨被压迫国家民族革命运动结成统一战线问题的谈话。

孙中山认为：这种提法①在策略上是不合时宜的。英国对国民党行动纲领中直接打击它在印度的利益这一条是决不会容忍的，而法国"及其一切政治上的激进分子"都会由于这一条抨击国民党，因为这一条反对法国在安南的统治。国民党应当帮助朝鲜、印度、安南等国人民。但须知它们的状况远较我们轻松：朝鲜人、印度人和安南人只有一个主子，这毕竟比我们有许多主子分割要好得多。既然尚未取得中国的全国统一，尚未聚集力量回击在华的帝国主义者，就不能发表只指望得到英国工人运动或法国社会主义者和激进分子的不可靠的支持的声明。如果说在关税冲突时，香港总督得以阻止了英国外交部采取断然措施，并从广州召回英国领事，那么国民党要是发表这份声明就会把一切事情都弄糟。

孙中山还说："当然，港英总督采取这种方式，只是因为我用号召香港举行新罢工相威胁的缘故。因为罢工一度曾使香港完全陷于瘫痪。应当对你们说，我的上述威胁并不是基于这样一种信心，即真有可能在香港工人中间又号召起一次运动。同时我个人完全同意一切被压迫国家民族革命运动结成统一战线的观点，关于这一点我已说过不止一次。不妨插一句，本着这种精神我曾往日本写了一封信②……"

最后，孙中山这样表述他的立场："我完全赞同被压迫国家民族革命运动结成统一战线，但我认为现在把这一声明列入国民党新的行动纲领是不合时宜的。但等发表这种声明的时机一到，我无疑将赞成这个声明。"③

据[苏]切列潘诺夫著，中国社会科学院近代史研究所翻译室译《中国国民革命军的北伐——一个驻华军事顾问的札记（1924—1925）》（中国社会科学出版社一九八一年版）

---

① 委员会采纳的说法："国民党将民族革命运动置于本国广大人民群众的支持的基础上，并同时认为，同其他被压迫的国家的民族革命运动，以及与我党有着共同目的——为争取殖民地、半殖民地国家的解放而斗争的世界革命运动建立反对帝国主义及其在华势力的统一战线是必不可少的。"
② 指1923年11月16日孙中山致新入阁的犬养毅书。
③ 数天后，孙中山在国民党第一次全国代表大会上宣布了这一政治方针。

与张国焘的谈话

（一九二四年一月二十日）①

张国焘向孙中山报告：我们已决定在"二七"一周年纪念日，在北京秘密举行全国铁路工人代表大会，现在距会期不远，我是主要负责人，是非赶回去参加不可的。

孙中山先生也不问张国焘对〈国民党〉大会有何意见，便欣然表示赞成；并说去主持铁路工人代表大会比出席这次大会还更重要而迫切，应当从速赶往。至于彼此见面交换意见，此后还有很多机会。

据张国焘《我的回忆》第一册（（人民出版社）现代史料编刊社出版，一九八〇年十一月印刷）整理

与北京《东方时报》记者的谈话②

（一九二四年一月二十三日）

记者问：建国政策如何？

先生答：建国宣言不日即当正式发表，条目悉载大纲中，阅者当知其详。

记者问：关余问题近日如何主张？

先生答：此事纯为中国内政，外人无干涉余地。如外交团抗不交付，复以兵力威胁，不独为吾国民之辱，亦所谓自号文明国者可耻之事。此事良由

---

① 据张国焘《我的回忆》记述，孙中山知道张国焘提早离开广州北返，特约他晤谈，于"二十二日晚上十一时，在西濠酒店夜宴后，晤谈即在大厅中举行"。另据上海《民国日报》1924年1月28日载《孙总理欢宴各代表》报道，"二十日下午七时，中国国民党总理孙中山先生假座西濠酒店餐楼，欢宴该党全体代表，……直至十一时许"。两则内容、时间和地点相吻合，但张所标日期22日有误，应是20日。

② 这是1月23日孙中山于中国国民党第一次全国代表大会会议休息隙间与记者的谈话。

总务司安格联脑筋中深印帝国主义,欲图援助北方军阀,使中国内乱无已,抗不交与,极不合理,西南政府自当坚持到底,非达到收回关余目的不止。即以海关言,乃中国之海关,不过用客卿办理耳,仍为中国之官吏,受政府之指挥管辖。中国欲促进工商事业之发展,非进而收回海关不可。希望全国一致力争,以为政府外交之后盾,并望报界力任故〔鼓〕吹,务贯〔贯〕彻主张。至世界大势,则欧战而后,公理战胜。各国人民亦大有觉悟,大势亦因有变迁。现在英、美、义、法等国已将争先承认苏联,可知帝国主义压迫弱小,万难适存,军阀专横,又可能久恃耶?

据上海《民国日报》一九二四年二月九日《东方时报记者之"粤游纪实"》

对一大《宣言》中"收回租界"等纲领性语言被删的愤言①

（一九二四年一月二十四日）

本党此次改组,如果我们还不能把反帝国主义的纲领提出来,中国革命至少还要迟二十年才能成功。可叹!

据中华文化复兴运动推行委员会主编《中国近代现代史论集》(台湾商务印书馆一九八六年版)

---

① 1月23日《宣言》政纲通过以后,孙中山发现收回租界等明显的革命纲领被删除,十分愤慨,说了上述的话。

关于取消总理制成立委员制的说明

(一九二四年一月二十五日)①

如果仍然沿用总理制,则万一将来我不死于床第〔笫〕,而死于枪林弹雨之中,你们怎么办?所以我建议以后取消总理制,成立一个中央委员会,选出一批中央委员,大家共同负责比较好。

据《人民日报》一九五六年十月二十九日何香凝《对中山先生的片段回忆》

与克拉克②的谈话(译文)

(一九二四年一月二十七日)③

中国农民的文化

中国农民虽然没有知识,究竟与那些没有受过教化的人不同。换言之,就是与未受教育者不同。中国普通的农民不能与澳洲丛林中的土人、印度的山人,或非列宾④人一例看待——中国人绝不像这些人们一般,文化已比他们高几百年——其实中国文化不以近代文化发达的情形比,却较西方各国的文化高的多。

---

① 此件系何香凝回忆孙中山在国民党"一大"期间向大会提出,但未说明日期。据1924年1月25日孙中山在关于列宁逝世演说中(这篇演说原题为《党的精神在党员全体不在领袖一人》)谓:"有人以此次总理制改为委员制,觉得不大妥当。……"虽然孙中山在演说中对为什么总理制要改为委员制有所说明,但此件可能也即当时说明之一。因酌定为25日。
② 克拉克(Clark),时任北京大学教授。
③ 所标时间系《政治评论》发表日期。
④ 非列宾,今译菲律宾。

中国谦逊的农民却有一种成熟的智慧(Ripe intellect)。

中国人亲悉民主国

中国人民亲悉一种民主概念,已经四千余年——从彼时起实际上已经建设了这样的民主政府。中国古时民主国被人推翻,如罗马共和国被凯撒(Caesar)推翻了一般,后来中国人看着民主政府如乌托邦(Utopia)似的。但是他们得着一种机会,看见美国、法国的民主国都成立了。他们对于乌托邦的意义也就了解了。

因为这种观念刚刚抚养,从专制政体改到共和政体的问题简单极了——这种概念在中国人看来,非常简单,比别国未把乌托邦当作共和国的理想的简单的多。

虽然共和的概念由学者灌输的普通人民,有点游移恍惚,但是这种概念是中国大部分人民的基本文化,普遍于各方。不顾人民之智愚贤不肖,只要把政府置于普通人民之志愿上,不会不成功的。

人民可听人言

他们虽不能写读,无论怎样都容易说给他们罢〔听〕。他们很有了解政治的能力,经一度之说明,他们便恍然大悟。

在帝国管辖之下,人民未尝表示一种政治的兴趣,以及各种事体进行的流利。但是到了政府征税太苛,他们对于政治才表示一种厚浓的兴趣——强迫管理者允许他们的要求。

在帝国管辖之下,这些人民也管理他们本地的事,一如他们管理家庭、协会和村庄的事。在这点看来,这种制度是极端的共和,他方面国家政府是绝对的专制。因此中国人民一部分使用共和,一部分受制于专制。

停滞的原因

这样参差的政治情况,不但得一种纷扰的结局,并且阻碍进步。几世纪以前,中国为现代世界上各文明国之冠。到了现在,中国文化停滞,西方各国驾乎我上,我反瞠乎其后。这全由于中国政治背道而驰。

列强都在中国竞争,欲得一点主权而后甘心,所以把我们人民的统辖权占了去。

我过去的事业是建设中华民国,把管辖权交给人民。宣言推翻满清,不是为我自己的权利,并且可以表明,一个民主国当属于人民团体。因此之故,一旦民国告成,我就下野,人民得有自由另选贤能做民国的大总统。

中国不能独立

倘使中国人民能够独立,民主国可以成功。可是他们未能独立,北京政府完全寄生于外人管辖之下,破坏共和。因此,我奋斗的精神不辍,接续我的事业,从不平和压迫里寻出自由来,造成一个真正的民主国。

据宋我真《北大教授 Clark 和孙中山先生非正式的谈话》(宋转译《北京导报》Clark 原著),载北京大学政治研究会编《政治评论》第五号(上海民国日报馆一九二四年一月二十七日)

对《依法连署提案》的意见①

（一九二四年一月三十日）

　　本案加入政纲中，本总理非常赞成。当初起草宣言之时，本总理曾嘱于对外政策应列举事项。现在政纲中之对外政策，乃将此三件事情忘却，虽有概括之规定，犹嫌未能明白。本总理以为应将这三件事大书特书。如今虽有说收回主权的话，都是空空洞洞，一无办法，未闻有说收回租界者。我们现在有了办法，实属可喜，亟应加入以补充之。犹忆我在南京解职回到上海之第一天，有十六国之外国人与外交官在尚贤堂开欢迎会，我曾说：你们外国要帮助我们收回租界。当时有许多外人不敢说话，亦有赞成我此说者，而外国报纸，则加以攻击论调。尚有一次，我曾作论主张收回租界，综计我提倡收回租界前后有两次：一次在大庭广众之外国人欢迎会中；一则著书立说，并发行于租界中。要知租界原是我们的土地，外人则认租界是他们的，此实大错。如上海地方已认为是他们的殖民地，真是令人痛惜。现在趁大会尚未闭会，赶紧将这个意思加入政纲对外政策中实为主要，本总理对此提案亦加入附议。

　　　　　　　　据《中国国民党全国代表大会会议录》第十六号，载中国
　　　　　　　　人民政治协商会议广东省委员会文史资料研究委员会编
　　　　　　　　《广东文史资料》第四十二辑（广东人民出版社一九八四
　　　　　　　　年版）

---

　　① 《依法连署提案》为廖仲恺1月30日在中国国民党全国代表大会所提出。提案旨趣为："一、租界制度于二十世纪之今日尚任其存在于中国，实为中国人民族之耻辱，应由中国收回管理。二、外国人在中国领土内应服从中华民国之法律。三、庚子赔款当完全划作教育经费。"这是孙中山在讨论提案时的发言。

与鲍罗庭等的谈话(译文)①

(一九二四年一月三十一日)

中国人民最恶毒、最强大的敌人是帝国主义。帝国主义者本着"分而治之"的原则,豢养中国军阀,唆使他们互相混战;各系军阀也只有依靠帝国主义才能存在。如果我们把帝国主义者赶出中国,那么,不必费多大力气,就可以肃清国内的敌人。我们应该重整自己的国家,把帝国主义者连同他们的帮凶——军阀一起驱逐出中国去。我们要按照苏维埃的军事制度来组织革命军队。要在南方建立北伐战略基地。你们在从国内驱逐帝国主义及其走狗的斗争中得到了丰富的经验,我们希望,你们能够把这些经验传授给我们的学员——革命军队未来的军官们。

据[苏]契列帕诺夫《忆孙中山》,载《苏中友好》第三十八期(一九五八年)

附录 同题异文(译文)

我们的首要任务是按照苏联式样建立一支军队,准备好北伐的根据地。

我们希望你们把在反对帝国主义者武装干涉、并把他们赶出本国的斗争中积累的丰富经验传授给我们的学生——革命军队的未来军官。

据[苏]切列潘诺夫著,中国社会科学院近代史研究所翻译室译《中国国民革命军的北伐——一个驻华军事顾问的札记(1924—1925)》(中国社会科学出版社一九八一年版)

---

① 这是第一个苏联军事顾问小组亚·伊·切列潘诺夫、尼·捷列沙托夫、雅·格尔曼、弗·波里亚克由鲍罗庭陪同赴广州,在河南大元帅府介绍会见孙中山时的谈话。参加会见的还有瞿秋白。

与林伯岐等的谈话①

（一九二四年一月）

孙中山紧紧握住林伯岐的手说道：你是我的一个忠实同志，多年以来，我时时想见你，今天机会真好，真的见到你了。

孙问肖佛成说：林伯岐是不是来出席全国代表大会？

肖答：林是一个工人，又是一个文盲，没有资格当代表。

孙质问：工人何以不能当代表。

据《重庆日报》一九五六年十一月十二日陈从之《追忆孙中山先生掌故两则》

与黄昌谷的谈话②

（一九二四年一月）

我要把三民主义宣传到全国国民，但是没有时间写出来，想用讲演式说出，你可不可以替我笔记呢？

据张益弘《三民主义之考证与补遗》（台北怡然书舍一九八四年版），转录自陈锡祺主编《孙中山年谱长编》下册（中华书局一九九一年版）

---

① 林伯岐，广东澄海人，暹罗华侨，工人。1924年国民党改组，暹罗国民党负责人肖佛成要参加大会，林请其带他一同回国，介绍谒见孙中山。

② 孙中山的三民主义演讲由黄昌谷笔记，邹鲁读校后再呈孙中山修正审定。

与黄季陆的谈话

（一九二四年二月初）

黄向中山先生提出关于蔡元培出任中央候补监察委员的意见。

中山先生很委婉地说道："蔡子民先生在北方的任务很重大，北方的政治环境与南方大不相同，他对革命的贡献是一般人不易了解的。本党此次改组，不提他参加中央亦不好，使他在中央的地位太显著，对于他的工作反为不便，他不会计较这些的，我希望他由欧洲回国后，仍能到北京去工作。"

据黄季陆《蔡元培先生与国父的关系》，载台北《传记文学》第五卷第三期（一九六四年九月）

与清华大学学生施滉等的谈话[①]

（一九二四年二月九日）

他先问一问我们在清华几年，然后问我们各人学些什么东西。如是，他便问我们有什么话要问他。施君便说："我们暑假后便要到美国升学。请大元帅指教，我们将来如何做事，以为求学的方针。"孙先生说："那要看你的学问造就如何。"

施君……又问："我们觉得大元帅的人格的精神高尚，坚忍不拔，革命的事业有孙先生在，是不会停止进行的。但是上寿不过百年，孙先生百年之后，谁能继续这种奋斗，我们觉得这是很可虑的。不知孙先生的意见怎样？"

[①] 是日下午，孙中山应寒假自北京来粤的清华大学学生施滉、徐永煐、何永吉三人的请求，在大元帅府会见他们。访谈录对孙中山使用第三人称，文中称"我"者则为笔记者徐永煐。

对于这个问题的回答是:"国民党以前是靠一个人支持,现在改组之后是要拿党来活动。党所以能活动,是因为有纪律来维持。以前的革命党,分子大半是学生,因为学生的思想新,能了解革命意义,容易集合,殊不知病就在这个地方。他们以为革命的目的既是求平等自由,他们自己便要自由,不听党的号令,不受党的约束,因为他们以为号令、约束是摧残他们的自由的。因此,革命党虽然是在一党,都是人自为战,并没有党的行动,所以不能不靠我一个人来支持。他们不知道,革命党所要求的是人民的自由、人民的平等,不是个人的自由平等。要替人民要求自由平等,便要牺牲自己的自由平等,服从党的命令,遵守党的约束,才可以群策群力,一致的与外敌奋斗。假使能办到这一层,党便有力量,便用不着一两个人来干独木支大厦的勾当。如是,则一两个人的存亡,与大体上毫无关系。如同俄国,自从列宁死后,劳动政府仍然屹立不动。这是因为他的党员能牺牲个人的自由、个人的意志,以成全党的自由、党的意志,所以党的力量异常之大,党的基础异常之固,一个领袖死了,丝毫不发生什么影响。"

孙先生这番说话,论到俄国的地方很多,结果弄得施君发出当然的问题,说:"国民党实行的是否俄国的主义?"

孙先生说:"否!俄国是俄国,中国是中国。俄国有俄国的主义,中国有中国的主义。我方才一篇话,处处论到俄国,是说他革命党的组织,不是说他的革命的主义。俄国的革命所以成功,因为他的党有党的意志,党员都牺牲自己的自由来承受党的纪律。中国革命之所以失败,就是缺乏这一层。这是国民党现在所觉悟到而开始来取法的,也就是我十几年来所奋斗以求之的。"

孙先生说到这里,忽发出一个问题来考我们,他说:"西洋人为何争自由,中国人为何不争自由?中国人不但不争什么自由,并且连这个名词得到现代的意义,还是最近一二十年的事,这是何故?"……他便说:"这是因为中国人自由太多了,所以不知道有自由。我们想想,我们生活上头一件最重要的东西是什么呢?是吃饭么?不是,乃是呼吸空气。吃饭,我们一天不过两顿、三顿,最多四顿、五顿,要吃到十顿、八顿我们便干不了了。然而我们呼吸空气,一分钟要吃三十次。我们吃饭要停止一天、两天、三天,都不至危及生命,我们试把呼吸停止一分钟、两分钟、三分钟,恐怕就要支持不了。这不是空气比饭重要么?然而我们普通想到生活要件的时候,只知道有饭,而不知道有空气。其故就是因为空气很多,我们可以随便取用,故不但不知他的重要,并且不理会果然有无这么一件东西。"……①"人在空气里不知道有空气,犹之乎鱼在水里不知道有水。你要是把一条鱼从水里取出来放在陆地上,过一半分钟,那鱼便知道有水了。你要把一个人关在一间屋里,把那间屋子里的空气用抽气机抽去,那个人便知道有空气这件东西了。中国不知道要求自由,如同平常人不要求空气一样。西洋人知道自由的重要而争自由,是因为自中世纪以来,人民的自由受剥夺得太甚了,如同抽气机里面的人、陆地上的鱼一样。中国人的自由实在过多了。中国人现在所要的是纪律,不是自由。国民党的失败,也就是各人自由太甚所致。所以说,我们现在要取法俄国革命党的组织,要注重纪律,要党员牺牲各个人的自由。"

……孙先生说完这段,把眼闭了一闭,等我们再发问。但见我们一时来不及,他便继续说:"对于方才你们所问回国做事的问题,我想可以回答你说,请入国民党。因为国民党现在已经改组。国民党不是一个人支持的了,是要大家合作的。我们将来作事,一个人赤手空拳,不论有多大本事,总是很难,总要凭借已成的势力。国民党不问他以前如何不完善,但总有他几十年的历史,总有他的基础。现在真正为民治而奋斗的,也只有这一个组织。所以我劝你们还是入国民党。现在还有什么要问的么?"

施君趁这个机会便又问道:"照历史看来,统一中国,大半是从北而南,绝少从南而北的。这是不是不可逃的定理?假如是的,孙先生对于这层有什么计算?"

他回答说:"统一中国,不要〈说〉从北而南比从南而北容易,在学理上也有几分是真的。这大半由于北方生活比南方困难,北人到了南方,便留恋着不愿走,北人也就愿意向南方进行。南人则适得其反,到了北方,感着生

---

① 此刻孙中山离开房间处理公务,谈话暂时中断。以下接谈刚才的话题。

活的不安,尤其是不能耐冬天的冷,所以不能在北方久住。不过北方统一南方容易,物质上的原因还不及心理上的原因的成分多。因为有这点物质上的原因,南人便很少敢向北方去,去的越少,越觉得南人打不到北方。其实就最近洪杨①时代,他们的兵也曾到过天津。那时因为只有五六千人,僧格林沁用几万马队来围困他,所以不敌。假使有几万人,怕北京不会攻下?况且就这五六千人还在天津过了一个冬,然后整队退归,僧格林沁十几万马队也奈何不得。谁说南人绝对到不了北方呢?这无非是心理作用罢了!"

如是,何永吉便问他道:"孙先生计划统一什么时候可以成功呢?"

他说:"这是很容易的事。现在所愁的不是统一,是统一后的办法。有了办法,统一是不成问题。像曹锟、吴佩孚这种人,随时可以叫他们倒的。"

何又问他:"进行的方法如何呢?"

他说:"总要随机应变了,没有一定的方法的。譬如现在的科学都是近几十年、几百年才有的,然而社会的存在,并不是社会学成立了以后才有。一切应用物理学的机械,如帆船、如车,也不是物理学成立之后才有的。我们认定一个目的往前做去,自然会有方法,这并没有一定的公式可以遵循。我做的一本书叫做《孙文学说》,你们看看,就可以明白这个意思了。"他又说:"世事变化不定,中国也许一两年内可以统一,也许一两日内可以统一,谁能知道?当初的革命党,谁能想到他们竟轻轻易易的把一个清室推翻了?我们只要认定目的,望前干去。"

何到这时,忽发出一个哲学的问题说:"我们现在很感着没有一个完满的人生观,生活因而不得安定。孙先生做事几十年,一定很有经验,对于这层可以给我们一个指示。所谓人生观,即是 philosophyg〔philosophy〕of life 或 view of life。"

孙先生听了,把眼闭一闭说:"view of life, view 太多了,要看你从那一个 view②。就政治上说,我们应当为多数谋幸福,为真正没有幸福的人谋幸福,

---

① 指洪秀全、杨秀清,太平天国领导人。
② 英文 view,此处可译为"视角"或"见解"。

简单说来，就是替最下级的人民谋幸福。这层只有现在的俄国在做，我们所最应当取法的。"说到此地，孙先生便联带的批评美国，他说："以前求学，美国最好，因为美国比较的谋的是多数人的幸福。现在则不然，比较上谋多数的幸福的乃是俄国。美国不但不这么样干，反而不赞成俄国的举动，所以英国都承认了苏维埃政府，美国独仍表示反对。美国怕俄国这种办法一来就要upset① 他现在的institutions②，所以要极力的反对。因此，美国以前是极进步的国家，现在反变了极退化的了。诸君要到美国念书，极要留意，稍一不慎就要被他们带坏。像现在的王正廷、顾维钧，这都是美国留学生，切不可学他们的样。还有中国最初送出美的学生，大半都变成美国人，回到国来看见种种腐败的情形，不想法子改良，反开口闭口的 You Chinese③ 没有希望了，We Americans④ 怎样怎样。像这种亡国奴要他们何用？你们切要小心。"

……我不甘再寂寞了，因问道："现在所用的军队，外间很不赞成，说他们纪律不好。究竟军队的骚扰，是用着兵的时候便一定不可免，还是我们可以得着较好的军队呢？"

他说："这倒不一定必不可免的。现在所用的云南军虽然于革命上也有些渊源，从前有个杨什么的⑤运动过的，在云南也打过很多革命的战〔仗〕，不过现在分子改变了许多，然而他们不十分了解革命意义，也是无可讳言。我们现在正着手编练革命军呢。"

何又问道："广州的治安何时可以恢复？"

他说："军事时代谈不到这个问题。陈炯明打平了，治安马上可以恢复的。现在的军队，你约束过严，他便跑到敌人那方面去了。"

何说："那么，陈炯明何时可以打下呢？"

---

① 英文upset，意为"颠覆"、"推翻"。
② 英文institutions，意为"制度"。
③ 英文You Chinese，意为"你们中国人"。
④ 英文We Americans，意为"我们美国人"。
⑤ 似指杨希闵，笔记者可能未录下其名，而称为"杨什么的"。

这个问题实在是难回答。孙先生只好敷衍着说:"两三个月罢。"

最后一个问题又轮则〔到〕我了,我说:"据先生起初所说,国民党现在不注重一个人,注重组织和纪律。这个话也很对。不过……分子问题就是人的问题,仍是很重要的,不知道国民党这次改组,顾虑到这层没有。假如不曾,恐怕差之毫厘,谬以千里,所谓纪律、所谓组织仍旧是一纸具文罢了。"

孙先生说:"分子问题,国民党当然注重的。再过五六个月,你们便可看我们的成绩。"

……①他说:"我很欢喜你们来谈。你们还有什么问的,或有什么意见,以后可以写信给我。"

据徐永煐《见孙中山先生记》,载《清华周刊》第三○八期(北京一九二四年四月四日)

与王恒等的谈话②

(一九二四年二月十日)

关于组织政府问题,中山先生仍旧主张以不参预贿选之议员为人民代表作组织政府之运动,此事与外间所喧〔宣〕传之国民党赤化之说,完全立于反对之地位。盖先生之意,似仍欲将党的代表与人民的代表明白区为二项。申言之,即党的代表是私的,人民的代表是公的;私的为宣传主义之用,公的乃为建设国家之用也。

据上海《民国日报》一九二四年二月十一日《王恒谈国民党改组后倾向》

---

① 此时因有人入见孙中山,施滉等便向他告辞。
② 王恒、王用宾、张善与、徐清和及刘云昭等谒见孙中山,并谈了组织政府问题及解释国民党赤化之误会。

对冯自由的声言[①]

（一九二四年二月十六日）

反对中国共产党即是反对共产主义，反对共产主义即是反对本党民生主义，便即是破坏纪律，照党章应当革除党籍及枪毙。

据《冯自由致孙中山先生函稿》，载《档案与历史》一九八六年第一期

附录　同题异文

姑念汝等效忠本党已久，对本总理尚能服从；否则，定将汝等打靶。此案交中央执行委员会裁判，裁判结果，最低限度亦须将汝等革除党籍。

据公民丛书社编《孙文与共产党》（上海公民丛书社一九二四年版）

与国闻通讯社记者的谈话[②]

（一九二四年二月十八日）[③]

记者问：先生目下最用力者为何事？

孙先生答：现正以全力肃清东江战事。大致十天八天内即可开始。

[①] 冯自由，早期参加兴中会、同盟会，1924年国民党第一次全国代表大会召开期间，因带头反对国共合作，被孙中山训斥。
[②] 谈话地点在广州河南大元帅府。
[③] 所标时间系据2月25日上海《民国日报》云"二月十八日下午，记者特邀廖仲恺君偕往访，谒中山先生"确定。

记者问:次于此者为何事?

孙先生答:次于此者为财政统一。然亦非东江事毕后,不易实行统一财政及民政也。

记者问:东江成功,军事上作何进行?

孙先生答:当视福建情形如何。吾于闽南甚注意也。

记者问:有意出兵江西否?

孙先生答:果其能之,亦所愿也。

(先生旋谈及中国全局问题)盖非有一坚实之政党,国事终不可为。我现在竭力造党,使民众得训练。然后,吾人可以有组织的民众为后援。盖群众非受训练将不知所辨别,而易为政客所颠倒。吾甚望各方面能助吾进行此事。

(次又谈到国民政府事)先生自谓:确有是意,但须在造党有成,各省人均有觉悟之后,非目前即要实行也。

(次谈及英俄政治问题)英国现在工党要人多已不大相识。盖已十多年不到英国,以前相识之工党人物,大抵死去也。至俄国列宁虽死,可信于大局无大关系。盖彼党组织极为坚实,有民众为后盾,决不虞失败也。

据上海《民国日报》一九二四年二月二十五日《大本营访问记》

与某外人的谈话①

(一九二四年二月十九日)②

鄙人现已与伍朝枢商定,拟派干员数人,分赴各国,要请正式承认南方政府,俾免将来遇有重大交涉时,解决困难。

据天津《大公报》一九二四年二月十九日《孙文派员赴欧》

---

① 此系孙中山与在广州某外人的谈话。该外人即电告该国驻华使馆,谈话内容由此传出。
② 所标日期为谈话发表时间。

与上海《民国日报》记者的谈话

（一九二四年二月二十六日）①

孙先生云：财政问题，现在将各财政机关逐渐收回。各军长官皆随我有年，无不深明大义，大约至四月间必能完全统一。

军饷问题，随财政统一而解决。因吾粤出产丰富，人民富饶，华侨方面且皆愿毁家纾难，希望革命成功。故虽一时困难尚有办法，以后筹饷局禁烟局两处月可得饷百万有奇，其他一切正税及盐税等，月可得约二百万。如能顺利进行，军饷问题不难解决。

陈军②盘据东江经年未能肃清，深为北伐后患。我故调湘军全部加入作战，进攻计划已商议妥帖，惟事关军事秘密暂难宣布，逆料三月份必能完全肃清。

北伐问题，势在必行。现在皖奉两方亦已商量妥当。只要东江肃清，决不停留，即行北伐。

省长问题，杨沧白不日接任，毫无问题。

苏维埃政府已为英、意所承认，列强皆有继起承认之趋势，则吾国亦何独不可？且本党民生主义中之"平均地权"意思已十分明了，实无再怀疑必要。吾党同志无论新旧，无不精神一致。分裂云云，皆反对党捏造之词。

凡我有志之士，皆已认苏俄为同志。正不须欢迎曹家③之承认。

（孙先生述至此，欣然说）我们谈谈报罢。上海报纸现在对此间之批评如何？

---

① 据3月3日上海《民国日报》载：该报记者"特于二十六日至大本营，谒大元帅于办公室"。今据此确定谈话时间。
② 陈军，指陈炯明部队。
③ 曹家，指曹锟控制下的北京政府。

记者答:大都表示敬意。虽有一二家日报、十八世纪式之报纸不十分赞颂,然亦不敢公然诋毁。

孙先生问:《民国日报》如何?

记者答:凡国人抱有爱国思想而脑筋清敏者皆爱读此报,将来惟视同人之努力如何。

孙先生谓:那很好。君以后如要探听重要而确实的消息,尽可来问我,我必定使你尽职满意。

据上海《民国日报》一九二四年三月三日《谒见大元帅时的谈话》

与上海《民国日报》记者的谈话

(一九二四年二月二十七日)①

本党此次改组,宣言、党纲均极明了。民生主义与共产主义之区别,我又在大会讲演详细说明。本党与苏俄精神合一处,乃在同为压迫民族奋斗,至主义并无变更,且苏俄现时亦非纯粹共产主义。本党同志无不服从党纲,敌党谣言不可信。

肃清东江计划,已定期一月竣事,春末必能移师北伐。

据上海《民国日报》一九二四年二月二十九日《大元帅与本报记者重要谈话》

---

① 此件所标时间系据2月29日上海《民国日报》云"廿七日广州电,大元帅对记者言"拟定。

与日人某君的谈话[①]

（一九二四年二月）

（一）俄之赤化运动决不深入中日

问：闻阁下近顷接近俄国，欲借其援助，以起统一运动。窃以为俄国之赤化运动，如波及中国国内，岂非危险之甚乎？

答：俄国与中国，今为对等之国家，彼对于不平等条约，有共同之目的，诚为中国之友邦，其援助中国也，乃当然之事。中国之与提携也，亦不能不谓当然。俄国以赤化英国为目的，其计划在先对于印度及其殖民地为赤化运动。其援助广东也，在强行赤化运动于广东之敌之香港，然后再赤化印度及缅甸方面也。以广东为根据地之俄国赤化运动，非以中国国内为目的，系以香港及印度为目标。我辈之不阻止俄国之赤化运动者，在已知此种实情故也。若夫中国国民之赤化，未必是可恐之事。何则？盖中国国民三千年来有再三、再四之赤化经验，业已带有消毒性之共产思想之社会的赤化。一时纵见中国国民之雷同，然终难求续，不难察知也。若夫香港及印度之赤化，纵英国官宪死力抵抗，亦渐次得向其目的地进行也，可谓无疑。夫俄国之赤化印度，与其由陆上侵入，不如由海上侵入为得策。故俄国拟以广东为根据，由香港侵入安南、新加坡及南洋各地。更由缅甸方面向印度本部为赤化的潜入。至于中国国内之赤化，一面必受中国国内之资本家、智识阶级及军人社会之反对；他面必为日本所嫌厌，故俄国当不至深入也。俄国之大目的在印度，对于中国及日本，既欲维持友邦之关系，当不至继续赤化运动也，固不俟论。

[①] 本问答原发表于北京《顺天时报》，《台湾民报》将其译出发表。据黄季陆等编《研究中山先生的史料与史学》载：此谈话时间为1924年2月某日，地点在广州大元帅府。底本未说明谈话者的姓名，据《孙中山著作丛书》之《论改组国民党与召开"一大"》（广东人民出版社2008年版），此日人为日本记者松岛宗卫。

(二)三民主义非仿制他人之糟粕

问:阁下所主倡之三民主义,闻有人评之为再制列宁及其他近世社会主义者之糟粕。阁下十年前未尝提倡三民五权主义,得乎诚踏袭列宁等之所说乎?

答:决非如此。我辈之提倡民族、民权、民生三大主义,业已三十年于兹矣! 不过其说明系归纳的,未尝判然明言三民主义为何物,我辈之三民主义首渊源于孟子,更基于程伊川之说。孟子实为我等民主主义之鼻祖。社会改造本导于程伊川,乃民生主义之先觉。其说民主、尊民生之议论,见之于二程语丝。仅民族主义,我辈于孟子得一暗示,复鉴于近世之世界情势而提倡之也。要之,三民主义非列宁之糟粕,不过演绎中华三千年来汉民族所保有之治国平天下之理想而成之者也。文虽不肖,岂肯尝列宁等人之糟粕。况如共产主义,不过中国古代所留之小理想者哉。

(三)属望全国统一故与北段提携

问:上海、香港之中国实业家等,呼阁下为空大炮,谓徒大言壮语,于实际无裨,嘲笑阁下之统一中国,为不过空言,而三民主义,亦不过为书生之论,未审阁下,究能统一中国乎?

答:有笑我者,任之可耳。我辈事实上已放三十年空炮。然此空炮,确能促内外人之觉醒,今日已为不能不放实弹之际,对于友方而放空炮也,实属当然。友方既然觉醒,则向敌方放实弹也,亦属自然。我辈热中于统一中国,业与北方之段祺瑞等相提携。民国之幸福,以统一为主,今不幸而陷于四分五裂之混乱状态。我辈敬服汉高祖,推重明太祖,因彼等能统一国内增进国民之幸福故也。我辈打倒腐朽之清朝,然破坏之后,以建设为必要,此古今历史之明示也。欲统一中国之现状,势不能不借武力,武力统一乃我辈所热心者也。借言论或妥协统一,恰如沙上楼阁,行即崩溃,复陷于四分五裂之状也,明甚。既有武力统一之必要,自不能不使南北武力提携之成立,此吾辈所以与北方段棋〔祺〕瑞等握手也。段祺瑞在中国现在之人物中,为最可信赖之人物,还胜于曹锟及黎元洪也。

(四)现代人物之月旦评

问:关于吴佩孚、张作霖、冯玉祥、唐继尧、阎锡山等诸人物,阁下之月旦评如何?

答:张作霖之有今日,不妨谓全由于日本之援助。彼本为一小武官,然彼能迎合日本在东三省之发展,发挥其才能,遂跻于今日之地位。段祺瑞与吴佩孚终难两立,故张作霖或继段祺瑞之后,左右北京之政权亦未可知。河南之吴佩孚,诚可谓卓越之军人,然非支配大局之政治家。一旦战败,即陷于不可恢复之地步。至若我辈,则屡败屡增加势力,此为军人与政治家不同之处。要之吴实一卓越之军人也。云南之唐继尧,系过于计算利害之人,虽可支配云南一省,然决非维持大局,支配中原之大人物也。冯玉祥之利害打算,亦不弱于唐氏,或与安福派为友,或加入直隶派,又或出于中立态度,不断地由自己心中之利害关系而行动,故不易信赖。若夫阎锡山因守山西故其位置安全。虽然,彼非支配一省以上之大人物。若以山西保境安民为主,则目前彼之位置,当不至发生问题,苟出山西以外,加入大波澜之中,即不能保,必亡命海外也。国民现在正欢迎新人物,老辈已为过去之人物,段祺瑞虽为可尊敬之人物,然已入老境;徐世昌虽为恂恂儒者,然已无在政界活动之勇气;唐绍仪虽野心勃勃,然利欲之念,好色之情甚盛,不足以集众望。由此观之,中国之人物,均属过去之人,前途有为之士,不能不求之于新进政治家及壮年军人也。

(五)蒋介石为英杰,故使练兵北伐

问:阁下之武力统一,当先起北伐军进出长江,然已有北伐之准备否?

答：广东之形势前年以来极为动摇，然渐已归平稳状态。滇军之横暴，实为吾等所最苦者。然以去岁底黄埔军官学校养成之学生军之奋斗，已将云南客军讨灭，广东局面遂全然一新。惠州陈炯明之兵力已不振，行将见其归伏于我辈之脚下矣。其他如林虎、如李福林，均深知大势之所趋，已归附吾辈。如此，广东之局面归于平稳，则前最应努力者，在新军之训练，在劲旅之编制。黄埔军官学校刻由蒋介石主持，有为之士官辈出。当攻击滇军时，蒋介石所指挥之学生军，即军官学校学生军，精锐无比，业已发挥其战斗力矣。我辈知蒋介石为英杰，数年前曾与之谈养成新军之事，今蒋介石已成新军之中心人物，正着手编制民国第一之劲旅。彼为浙江出身之武官，十年前曾留学于日本士官学校，受新式军事之教育，且人物雄略沉毅，将蔚为军官中之大器。我辈以财政委之于廖仲恺；民政责之于胡汉民；外交则由伍朝枢总揽；党务则由汪精卫任责；教育归邹鲁担任；军事则命蒋介石掌握，以期完成北伐之目的。惟最困心衡虑者，财政一事也。然广东之财政，苟不藉借债，即无法救济。我辈日前曾致书于日本某氏，述吾辈拟向日本资本家借三千万元之希望，恳其居间斡旋，当可成功也。

（六）将长江占领后，即出持久态度

问：尝考中国二十四史，凡中国之统一，概属北方南征之结果，其南方之北伐，殆未有能征服长江以北者。史册所载，往事历然，今阁下企划之北伐军，果能进至长江以北否耶？

答：中国史册所载，诚如尊论。亦有北守南征之史实，秦自西北强行统一中国，遂至平定六国。汉又乘秦之失民心，由东方统一天下。隋虽平定南北五胡之乱，致唐之李渊又将天下夺去。唐末五代之乱，被宋之赵氏平定，宋又为由北而来之金元所亡。若夫至于元之没落，虽由起于中部之朱元璋之武力，然明朝之统一天下，乃因以北京为根据地故也。明为起于北方满洲之清所征服，而清朝又为起于南方之我党所推翻，此乃最近之事实也。试观中国历史，除清朝外，殆皆示北方南征统一天下之事实。然我辈北伐军，既讨伐清朝，更欲一扫其残党。清朝已推翻矣，而其残党犹割据长江沿岸及长江以北。我辈之北伐，乃继续第一革命，故非将专制政府之残党肃清，不能谓完全讨灭清朝。既我辈之北伐，乃顺应大势，故其成功也必矣。北守南征不过过去之史实，今迎合新局面，不得不确信南守北征之当然。北伐军已准备就绪。其方略，拟先自梅岭侵入湖南，再征服湖北，以掌握长江之枢纽；两湖既入我党之手，则分军为二，一军入赣，一军入豫。然后再将长江下游收于支配之下。惟所谓问题者，即占领南京、汉口后究侵入长江以北耶？抑占领长江一带，而采持久策耶？此实为我党之大问题。何则？盖北伐军长驱，减少兵力更兼军械子弹缺乏，军费不足，殊不易侵入长江以北。然我军已有成竹在胸，一旦将长江占领后，即暂时出持久态度，谋与北方同志之段祺瑞同志一派提携徐徐再打开统一的局面。召开南北统一国民大会，议定约法、其他国宪，裁减各省军队施行内外新政，俾实现三民主义。

（七）共党如扰民党，断然绝其提携

问：国民党与共产党派现虽提携，未审将来亦有提携之望否？被视为共产党派之人物中，其卓越者，闻除徐谦、谭平山外，尚有其他人士，且此等人士，似已脱国民党，若然，国民党之前途，不至分裂乎？

答：国民党系我创立之民国唯一之政党，而共产党派则为赞成俄国列宁等主义之学者有志一派。国民党员固有加入该派者，然国民党始终为国民党，共产派则为共产派，而为其独特之活动而已，不能必言其互相提携也。我党员之先辈有力家冯自由、张继等，反对与共产派相接近。冯自由且目共产派为破坏民国之毒瓦斯弹。彼母亲系日本人，彼系热诚勇敢之人物也，在国民党之先辈中，次于张继之德望家，亦一器局雄伟之政治家也。徐谦、谭平山两人，多年为国民党尽力，辅助我活动之功劳者也，最近任共产派之领袖。彼等之所以为共产派，并非俄国之走狗，欲打破民国之现状，断行第之大改造者也。并非脱退国民党，不过为国民党之急先锋，而促国民之自觉，否认妥协政治,因此国民党内分急进派与稳健派,亦不得已之举。张继、冯自由、谢英伯为稳健派;徐谦、谭平山等为急进派;而我及汪精卫、胡汉民等可称为综合派。是皆为国民党而努力,时虽有意见之冲突、反目、抗争之状态,而各人胸中毫无私见,依然奉大国民党主义。虽止包容民国三分之一,最近将来,定可支配大局无疑矣。此际因共产派而至国民于分裂,可断言其必无疑矣。若共产党而有纷乱我党之阴谋,则只有断然绝其提携,而一扫之于民国以外而已。

(八)目前中国情况在在〔?〕均有进步

问:我辈日人对于中国之前途,几难揣拟,未审阁下作何观察?

答:此问题颇大,对于淡漠之质问,只得答之以淡漠而已。我辈对于中国前途,并无悲观,然亦未敢作乐观,惟实无悲观之必要耳。三千年来之国民性不易变更,虽经二十四朝之变迁,尚未亡国。政体虽经数次之变更,然邦土依然存在,四亿民众依然活跃。例如大海之波澜,有时滔天,然有时归于波平浪静。中国之混乱其不久必即归于平静者可断言矣。自前清溃倒以来,中国社会的进步,颇为显著。其表面之波涛虽猛,然内面之状态,肃然有进步之观,实为不可掩之事实。国民教育日益普及,观产业之发达及海外贸易之年年增进,实可窥之。生活之改良,交通之发展,最近尤惹吾人之注意。劳动社会业有所觉,今后若农民亦能自觉,则中国之社会状态,必能一新面目。现在之中国,其最腐败者为官吏社会,次则为军人社会。若夫政治界官吏与军人对峙,故非至腐败不止。虽然,较之旧朝之政界,则觉别有天地。我辈认目前之中国,为进步中之邦家,随而其前途一旦统一必能渐次放大光明。如印度等亡国事变,断不至发生,可谓明矣。或有谓中国统一之不易,而悲观其前途者,是盖以短日月律邦家故也。中国之寿命亦有数千年,固不俟论。再经十年或五十年当成浑然统一之状态,如斯天下统一之中国,随社会的进步,政治、产业、军事、教育及其他方面,亦当渐次进步发展当能成一大文明国,与日本并驾齐驱,若以我辈之观察为空想,则我辈惟以微笑答之耳。

据梁惠锦《台湾民报中有关国父孙中山先生的记载》,载黄季陆等编《研究中山先生的史料与史学》(台北"中华民国"史料研究中心一九七五年版)(转录《台湾民报》第一八三——一八八号(一九二七年一月))

附录 同题异文(译文)

松岛认为孙中山对日本既批判,又寄于希望的态度,"恰如无节操之女郎",并劝他有所改变。

孙中山则强调"此乃促贵国反省之举","实为贵国朝野之觉醒","吾辈排日只是手段,目的是亲善。为达此目的,乃斗胆出排日之策。"

据俞辛焞《孙中山的革命运动与日本》(日本六兴出版社一九八九年版)

与洪兆麟代表的谈话[①]

(一九二四年三月九日)

湘臣果有诚意来归,应先脱离陈炯明,调离东江。

据《广州民国日报》一九二四年三月十一日《洪兆麟也求降》

---

① 洪兆麟(字湘臣)派代表谒见孙中山,表示悔过,但提输诚条件:"(一)请予以某军总司令名义,(二)未北伐前,许以潮梅为防地。"此系孙的答话。时间不详,所标系报道此谈话的电讯日期。

与《东方通讯》记者的谈话

（一九二四年三月十三日）①

孙先生云：北京政府承认劳农俄国，与英、义等国之承认无异，非吾人所得而干与。但与吾等主义政策合一，其亲密关系一如兄弟之劳农俄国，其承认范围日见扩大，吾人殊表欢迎。又，俄国政府与吾等既有兄弟之关系，似无再求互为形式的承认之必要。

记者问：波耳比引②等俄人在广东之活动，有无抵触北京政府提出之中止赤化宣传条项？

孙先生答：俄国政府派加拉罕驻北京，派波耳比引驻广东为正式代表，固认北京政府与广东政府为对立者也。中止赤化宣传，仅限于北京政府势力范围内，在广东自无抵触之可言。

据北京《顺天时报》一九二四年三月十五日《劳农与中国如兄弟》

与邓演达的谈话③

（一九二四年三月二十二日）

允解散财团，刷新党政。此后共图大业，诸同志应各负责。

据毛思诚编《民国十五年以前之蒋介石先生》第六册（一九三七年三月印行）

---

① 此件所标时间系据北京《顺天时报》云"广东十三日东方电，本日孙文氏语往访之《东方通讯》记者"确定。
② 波耳比引，为 Borodin 之译音，即鲍罗庭，亦作鲍尔汀。
③ 此件系孙中山听取邓演达汇报关于赴浙江奉化挽蒋介石回粤情形后，与邓晤谈。

与杨大实的谈话[①]

（一九二四年三月二十六日）

国民党共产赤化，皆逆党造谣，请电雨亭，弗可信。

据上海《民国日报》一九二四年三月二十八日《电讯》

附录 同题异文

粤中实未施行共产，对奉对直政策，亦未变更。

据《广州民国日报》一九二四年三月二十六日《奉张代表杨大实抵粤》

与香港某电报通社访员的谈话

（一九二四年三月三十日）[②]

数年来，直接或间接颇有与莫斯科政府来往，盖就历史及感情言之，俱有来往之价值。苏维埃所派驻粤之代表实与其派驻伦敦之商务代表无异。

（访员问孙中山是否有试行共产政府之意）

共产政府，以工人就社会问题设想，可以平均贫富、减除犯罪，使生命较近于人类，诚有试行之必要。（但以彼为政府领袖，则此项主张，不论在粤

[①] 奉天（今辽宁）国会议员杨大实，系同盟会会员，奉张作霖命来粤谒孙中山，告以外间传闻共产赤化，前来调查，并禀商协讨直系军阀计划。

[②] 此件所标时间系据3月31日北京《顺天时报》云"昨有香港某电报通社访员……见孙"推定。

或在他部,一时尚不敢采择。)

据北京《顺天时报》一九二四年三月三十一日《粤孙否认
共产政府之谈话》

与日本广州新闻社记者的谈话(译文)①

(一九二四年三月)②

问:现在北京政府正采取一些步骤就承认苏俄问题同加拉罕先生谈判。因为这个问题有国际意义,所以各界人士都乐于知道您本人对这个问题的看法。如果北京政府真的承认苏俄,南方政府将持什么态度?

答:北京政府是否承认苏俄,与我的政府毫无关系。这只是苏俄同北京政府间的外交关系问题,我不能发表任何个人的意见。加拉罕到北京之前,苏联政府就已经表明了它对我的政府的态度,它与苏联对北京的态度是完全不同的。至于说我的政府对苏俄的态度,那么至今在这方面并没有任何变化,也没有任何理由会引起现状的改变。

问:这就是说,南方政府既然不依赖于北京政府,所以它将要单独承认苏俄。

答:此举毫无必要。苏俄与我的政府间的关系十分友好,就像两兄弟间的关系。这种关系不需要诸如承认之类的形式。一个单身汉想娶妻,必定要费一番工夫选择新娘,并要同意某些条件,尔后才能成婚。兄弟之间不需要任何形式,我同苏俄之间正是这样的关系。

问:您是否想以此说明,贵政府的政策原则和方针与苏俄完全相同?

答:当然,俄国政府两年前实行的政策,其原则与方针与我政府是完全不同的。但是俄国政府的现行政策——新经济政策,其主要点与应在中国

---

① 鉴于北京政府即将承认苏俄,日本通讯社广州新闻社记者为此征询孙中山的意见。——译者

② 所标时间系据公布此档案的苏联历史学博士卡尔图诺娃所考订的日期。——译者

实行的我的《建国方略》却是如出一辙。因此,我们自然是在两个政府间建立兄弟般的关系。这个政策在两国的实施情况迥异,但是它们的政策基本上是相同的。

问:好的。不过从国际政治关系的观点上看,政府间务必互相承认,方能进行彼此间的外交往来。您是否认为这是必不可少的?

答:实际上我的政府一直与苏俄维持友好关系。这种关系从未中断,所以也不会出现用专门正式承认的办法恢复关系的问题,因为我的政府事实上已毫无条件地承认俄国了。

问:北京政府承认俄国,也就意味着对俄国持同样友好的态度。您是否欢迎它这样承认俄国?

答:我当然欢迎。但是北京政府在真正承认俄国前安排了一些预备性谈判,承认之后,还要签署一系列条约和议定书。这种承认不仅仅是基于沟通两个民族的崇高理想。南方政府必将欢迎这样的做法。

据苏联《亚非人民》(Народы Азии и Африки)一九六六年第二期(莫斯科一九六六年俄文版)(李玉贞译)

与邓演达等的谈话[①]

（一九二四年三月）

当此时局,最好同志尚且不谅其苦,同志不同负责而归责任于首领,不以困难自任而以困难责人,诸兄如此,则国事、党事尚复何望?

据中国第二历史档案馆《廖仲恺致蒋介石一组函电》,载《民国档案》一九八七年第一期

---

① 此件录自1924年3月24日廖仲恺给蒋介石的电文。

与黄季陆的谈话

（一九二四年三月）

黄请示总理：我是否可以利用此一时间，请教几个疑难的问题。

孙说：今天早上正好没有别的事情，你就坐下来讲吧！

黄问：在第一次代表大会中，先生曾说关于收回租界的主张，民元在上海法租界尚贤堂，上海外国人士的欢迎会上曾经讲过，并且曾引起外国报纸的严厉批评，不知先生的讲词原文是否有存稿或其他的记载？先生又说曾经发表过文章，不知这一文章现在尚能寻得出否？

孙答：这些材料手边现在都没有，大约在当时旧报中可以寻得出。我对于此项主张不只发表过一次，当时外国人固然觉得不安，就是我们的同志，也颇以我的言论易引起外人的反感为虑。

黄说：先生当日所持收回租界的理由和内容能不能告诉我一点？

孙微笑着说：说起来很可笑，当日我曾经把日本、暹罗的前例告诉国内的人士，说明这在一个独立的国家是很平常的事，因为日本在明治维新以前就曾有过外国的租界，由于政治的进步，后来租界亦由和平的交涉而取消了。可能是因为中国在庚子年八国联军之役受创过深，中国人对于外人的恐惧也特别利害。民国元年距庚子义和团事变为时仅仅十一年，一提到易引起外国人误会的事便谈虎色变，这亦是无足为怪的事。辛亥以前一般从事革命的同志，虽然热诚勇敢，不惜生命的牺牲，但是最忌讳的事，便是怕被人把我们的革命误会为排外的义和团，引起国内同胞的恐惧和外人的干涉。当日康有为、梁启超那班君宪派，所持的反对革命的理由，更是认"革命要召致瓜分"，我们驳斥他们的言论，亦只能从善意方面分析帝国主义的情势说明革命是绝不会召瓜分的。其实在我内心的筹划，列强终将不会轻易听任我们革命的成功，甚至要予中国革命以阻挠与干涉，亦是我意料中的事。外交关系我们的成败很大，要免于这些困难，势不得不因应他们，不能不在他们之间利用其矛盾以求得友军，更不能不把革命被人误会为盲目排外的义和团那种观念洗刷干净。但是现在的情势与以前已经大不相同了，所以我们要谋国家的自由独立，便不得不把真正妨碍中国自由独立的帝国主义作为我们今后奋斗的目标。

黄听中山先生说到这里，就迫不及待地问道：照先生的说法，当年在尚贤堂，听你讲演的那些外国人岂能甘休？这岂不是与虎谋皮，自讨麻烦吗？

中山先生笑了笑然后说：我当然在和他们讲话的时候，亦注意到这一点。我是和他们讲大道理：第一，告诉他们只有中国革命成功，他们的利益才得有保障。从前满清的排外是由于政治腐败，我们的目的是改革政治建立文明的政府。如果满清的腐败政府继续存在，野蛮的、排外的、义和团事变一类的事，是不会终止的。第二，是因为鸦片战争以前满清采取闭关政策，不与外国通商交往，你们外国要到中国来做生意，便不得不用武力来打破中国关闭的门户，满清政府在一八四〇年鸦片战争战败之后，才被迫开放广州、厦门、福州、宁波、上海五个口岸准许你们做生意，才划定地方给你们居住，这是租界的起源。当时的意思是：你们做生意只能限定在这租界以内的地方。现在中国革命已经成功，中国已成为世界文明国家之一，你们放弃了租界，全中国各地都可以给你们通商贸易，这不是你们的损失，相反的是你们外国在中国贸易范围的扩大。你们只要遵守中国的法律，全中国各地和各地的人民都会欢迎你们的。如此你们所失者小，而所得的却更大。第三，租界的存在，好似国中有国，侵害了中国的主权，你们在租界享受的种种特权，对中国是一种不平等，是中国的奇耻大辱，中国人民对你们不会有好感的。你们不能得中国人民的好感，你们在中国的贸易是不会受到中国人民的欢迎的。

黄问：先生的话在场的外国人听后作何感想？他们有无反应？

孙继续说：明理的外国人是赞同的，多数的人当然感到不快，其后外国人在上海等地所办的报纸，对此都加以攻击，党内外的人士听到外国人都反对这一主张，于是更瞻前顾后不敢有所作为了。不然的话，废除不平等条约和收回租界等等国民革命的中心问题，至少早在十几年以前便应大声疾呼地提出来了，何至迟延到今天才明白标举出来作为宣言及政纲。这一不幸的延宕是十分可惜的事。当然,从此下定决心,勇敢地向这一方向走还不为迟。今日国民的知识,和国际的情形已比辛亥年时大大不同,进步得多了,做起来虽不无困难,但比以前不知容易了多少。十几年前之所以没有把反帝国主义的主张高喊出来,就是因为辛亥革命后同志们的心已经涣散,信仰也已动摇。现在本党改组,我们强化组织、坚定信仰,所以今后行之必易。

据《黄季陆先生怀往文集》(台北传记文学出版社一九八六年版)

与宋某的谈话①

(一九二四年四月四日)②

宋往大本营见孙文,请其主持一切。

孙谓:"我现亦无法可设,尔辈想要我怎办?"

宋谓:"刻下残部尚无所归,请下令制止黄、李、郑③勿再追击,并指定地点收容。"

孙谓:"去电已两日。至请指定地点收容一层,可速缮正式呈文来,方有话说。"

据长沙《大公报》一九二四年四月十六日《陈部在都城解散以后》

---

① 第七军军长刘玉山所部陈天太率队往梧州,行抵都城被黄绍竑、李济深、郑润琦等部阻击。陈部秘书宋某逃回广州向刘玉山诉说遇阻情形。刘着宋某向孙中山报告此情,此系孙的答话。

② 据孙谓去电已两日,即"制止联军内讧致李济深等电"(4月2日)后两日作此谈话。故酌定为4月4日。

③ 黄、李、郑,即黄绍竑、李济深、郑润琦。

与谭延闿等的谈话①

（一九二四年四月上旬）

据我看,这消息也未必便靠得住。如果沈鸿英真个再叛,那么沈实在不是个人,但他果然和陆荣廷联络,我惟有一打而已。我们再调查调查,或由君打个电报探探口气。

冠南要辟谣,这消急刻回桂和陆荣廷打几仗,谣言不辟自息,态度不表而自明。如其不是这样实行去做,态度既不明瞭,谣言又何止哉。

据上海《民国日报》一九二四年四月二十二日《沈鸿英回桂逐陆报捷电》

与大本营法制委员的谈话②

（一九二四年四月十八日）③

现在我要诸君组织法制委员会的目的,是要上紧做三件事:

第一,要把现在广东各机关的组织条例,全部拿来审查。整理行政的系统,改善行政的组织。将来诸君关于审查这种案件的时候,应该要求各该机关的人列席,求事实的明瞭和理论的贯彻。

第二,要把一切现行的法律,全部拿来审订。和民国建国精神相违背的地方,通要改过,并且一方要求适合于革命时期中的行使,一方面要求适合于国家和人民的需要。

---

① 沈鸿英投降后,广州谣言沈暗中仍与陆荣廷、陈炯明密谋攻粤。谭延闿闻讯据报孙中山。当谈话时,适沈驻粤代表邓士瞻来报沈有电表示真诚态度,要求辟谣。

② 这是孙中山在大元帅府与廖仲恺、戴传贤,林云陔、吕志伊等谈话的大意。

③ 所标时间系据4月19日《广州民国日报》云"昨日午前十时,各委员往谒帅座"酌定。

第三,要审定法院编制和司法行政的组织。我们一个着眼在除弊,一个着眼在便民。能除弊方能确立司法的尊严;能便民方能完成司法的效用。至于法官和律师的考试,也是一件要紧的事情。委员会要制定考试的通则和法官律师考试的专则。

据《广州民国日报》一九二四年四月十九日《法制改革之帅座政见》

与古应芬等的谈话①

（一九二四年四月二十日）

现在我要诸君组织法制委员会的目的是要上〔加〕紧做三件事：

第一,要把现在广东各机关的组织条例全部拿来审查,整理行政的系统,改善行政的组织。将来诸君关于审查这种案件的时候,应该要求各该机关的人列席,求事实的明了和理论的贯彻。

第二,要把一切现行的法律全部拿来审订,和民国建国精神相违背的地方通要改过。并且一方〈面〉要求适合于革命时期中的行使,一方面要求适合于国家和人民的需要。

第三,要审定法院编制和司法行政的组织,我们一个着眼在除弊,一个着眼在便民。能除弊方能确立司法的尊严,能便民才能完成司法的效用。至于法官和律师的考试也是一件要紧的事情,委员会要制定考试的通则和法官、律师考试的专则。

据《广州民国日报》一九二四年四月二十六日《大元帅对于法制改革之政见》

---

① 孙中山指派古应芬、戴传贤、曹受坤、杨宗炯、陈国渠、何启澧、陈钜思等法制委员筹建法制委员会,4月20日各委员偕同谒见孙中山请示工作方针,此系孙的谈话。25日,孙以该会职责重大,非广集专门学识人才不利进行,加派廖仲恺、吕志伊、林云陔、陈融为该会委员。

关于台山县自治办法的谈话

（一九二四年四月二十七日）①

该县自治，只能经理地方财政。凡属国库、省库之征收机关，不得妄引条约，致碍统一。

> 据《广州民国日报》一九二四年四月二十八日《关于台山自治之帅令》

与柏文蔚的谈话②

（一九二四年四月二十八日）

孙先生：往事都可不问，今日只要文蔚答复对于联省自治主张如何？

柏文蔚：文蔚是军人，对于政治无多研究。以前在上海，因徐季龙主张委员制，蔚曾与闻。至于联省自治，向未主张。

孙先生：究竟以后对于联省自治是否主张？

柏文蔚：以前既未主张，以后当然不主张。

孙先生：此答辩可满意。以前错误的人很多，不是一人的错误，乃是一般的错误。这回改组，就是划除以前的错误。此改组以前的事，可以不问。只要以后服从本党的主张，柏案就算了结。

> 据罗家伦等主编《国父年谱》增订本下册（台北一九八五年版）（转录一九二四年四月二十八日中央执行委员会第二十五次会议纪录）

---

① 谈话时间不详。按4月28日《广州民国日报》载："省长公署……昨特指令财政厅云……此事已面请帅示"。今据此酌定日期。

② 这是孙中山于4月28日在中国国民党中央执行委员会第二十五次会议审查柏文蔚被控案时与柏文蔚的谈话。

与日本广东通讯社记者的谈话①

（一九二四年四月三十日）②

余于此问题,初无特殊之感想,此在日本毋宁视为最良之教训,须为黄种色人而觉醒之绝好机会,此外,余殊无所感也。

日本以前过于倾倒白人种之势,对于白色民族少所顾虑。余企图亚细亚民族之大同团结已三十年,因日人淡漠置之,遂未具体实现以至今日。使当时日本表示赞同,想不至如今次受美国极端的屈辱。日本对于美国态度之愤慨,固属当然。然日本将以何种手段对抗之耶？今日之日本,恐非可威吓美国者。虽已对美举行示威运动,然以前此震灾,国力受莫大之损失,战争必不可能。然舍此欲使美国被动的变更其态度,实无一物,其事甚明。故余此际所望于日本者,忍受耻辱,退而静谋亚细亚民族之大结合,俟黄色人种之团结完成,然后讲求对于此次屈辱之方策,斯日本民族之愤激庶不徒劳,而有圆满结果之一日。

美国此种态度正当与否,余不愿明答。何则？盖恐引起日本并吞高丽是否正当之反问也。为日本计,此际无论如何,惟有隐忍以图国力之充实,并努力亚细亚民族之团结。至于此问题将来之进展如何,全属未知之数。南方政府未尝就此考虑何等之对策,局面之变化,殊非吾人所能预测。余关于中国移民排斥问题,亦无何等感想。中国今日毫无向外发展之余力,非先专意以促内部之统一不可。（下略）

据《广州民国日报》一九二四年四月三十日《帅座对美排日案谈话》（转录原文译文）

---

① 鉴于美国上院通过排日移民法案,日本舆论界主张一致强硬对付。为此,日本广东通讯社记者走访孙中山,这是孙与记者的谈话。

② 所标时间系《广州民国日报》刊载日期。

与黄昌谷的谈话①

（一九二四年四月下旬）

孙中山于四月廿六日讲完民权主义后，曾谕黄昌谷谓：民族、民权两主义已经讲完，今后要讲民生主义，但民生主义的理论，比民族、民权都深奥。我对民族、民权两主义可以随便演讲，但对民生主义，却不能不要充分时间准备一下。所以我想停讲若干时日，把民生主义演讲的大纲拟好后，再继续讲。同时，你对于有关这类书籍，必须研究一下，读校时才更便利些。

据张益弘《三民主义之考证与补遗》，转录自陈锡祺主编
《孙中山年谱长编》下册（中华书局一九九一年版）

与西江联军代表冯某的谈话②

（一九二四年五月三日）③

江门各军，既不愿出兵向两阳，政府调他军前往，若辈又行阻止，究竟是何用意？

据天津《大公报》一九二四年五月三日《西江联军拒绝豫
军之原因》

---

① 当时邹鲁也在场听了孙中山的谈话。

② 1924年4月中旬，孙中山令调驻北江的豫军开赴江门，以期收复两阳。此令下后，已大部开往西江的粤军竟欲抗拒，派代表冯某至广州，请孙中山收回成命，当即遭到孙中山呵斥。

③ 所标日期为谈话发表时间。

与邵元冲等的谈话①

（一九二四年五月十七日）

孙中山告众人以试验水性之术，谓：掬水一盂，以手盥濯胰子，洗濯少顷，若有泡沫纷起者为软水（活水），宜于饮用，反是则为硬水，于饮用不宜。

据《邵元冲日记》（上海人民出版社一九九〇年版）

与诺尔氏的谈话②

（一九二四年五月二十日）

孙中山接见诺尔氏，对于讹传其死，亦颇愤愤。彼对北京政府之态度，绝未稍形软化，即对列强亦然，盖彼称北京政府之存在，完全为列强承认之结果。

据上海《民国日报》一九二四年六月一日《西报纪孙先生谈片》

为省长问题的谈话

（一九二四年五月二十二日）③

孙中山对省长人选态度是"以贤能与否为进退，不以省界范围为束缚。

---

① 1924年5月17日，孙中山偕宋庆龄、邵元冲、古湘芹、许汝为出游白云山，在一山凹中，三面环山，前临深谷，兼有清泉之胜，故有此对众谈话。
② 诺尔氏系《费城公录报》及《纽约晚邮报》驻远东通讯员，他在5月20日在广州访问孙中山，此为谣传孙中山逝世后，外国记者与其谈话之第一人。诺尔氏于电讯称："彼（中山）之答语明彻而机警，彼表示不少之精神与目的，可知彼决非一失望的领袖。"
③ 所标时间系《广州民国日报》刊载日期。

杨庶堪长粤数月,成绩如何？久为社会人士所洞知,固无待言。"

当孙中山对杨省长启程赴沪前表明辞意,甚为不解,认为当此粤局尚未统一之际,内部不宜多事更张,故对杨极意挽留。并对人言:"沧白①做得好好的,何故态度又变消极？致省长又生问题,殊非目前所宜。"

据《广州民国日报》一九二四年五月二十二日《大元帅对省长问题的态度》

与邵元冲的谈话②

（一九二四年五月二十四日）

邵询以考试中各问题。

孙谓:组织可采用院长制,并设副院长一,以为之佐,另设一参议机关,以计划考试事务及选任考官事。至考试条理〔例〕实行后,甄别现任官吏办法,宜先后〔从〕简任以下办起,首试以三民主义,继乃试以专门学术。

据《邵元冲日记》（上海人民出版社一九九〇年版）

与吴廷康的谈话(译文)

（一九二四年六月初）③

令孙中山感兴趣的主要是我们④的经济如何得到恢复和我国的农民怎

---

① 即杨庶堪,字沧白。
② 1924年5月23日下午大本营法制委员会讨论考试制度问题,众对于"一、院长制及委员制,二、考试条例实行后,对现任官吏之甄别办法",皆难决定。因推邵元冲于24日往询孙中山意旨,以为标准。
③ 据吴廷康在文章中提到的一句话判定此日期,他说"我拜会孙中山前的几天,我国政府和北京政府在北京缔结了条约,"所指即1924年5月31日的《中俄解决悬案大纲协定》。——译者
④ 文章采用第一人称,"我"即吴廷康,"我们"即吴廷康一方。下同。

样生活。听说我们在工业领域没有达到战前产量,他神色黯然,感到吃惊。但当我们谈到国民教育情况和成长中的世界上最自由的青少年一代时,他又喜形于色了。

我谨慎地探问孙中山对这个问题①的看法。他不谋而合地阐明了自己的观点说,他深刻理解苏联和中国政府缔约的目的,以及该条约对中国人民的意义。

接着他又详细询问列宁逝世后苏联国内形势。对于资本主义国家承认我国这一问题特别感兴趣。

孙中山对中国解放运动发展的看法是乐观的。他相信帝国主义国家之间在太平洋地区的矛盾有可能使中国人民在不久的将来掀起一场反对世界帝国主义的伟大斗争。

据苏联《真理报》(Правда)一九二五年三月十五日(李玉贞译)

与某访员的谈话②

（一九二四年六月八日）

美国大统领顾理治署名加洲〔州〕排日案,就表面观之,则日本似抱悲观,其实乃予亚细亚民族以大同团结之良好机会。日本此时宜退而自省,与我中华民国携手,而努力于亚细亚之复兴也。

据天津《大公报》一九二四年六月十一日《中山病后之新猷》

---

① 指《中俄解决悬案大纲协定》。
② 6月8日,孙中山向录音机讲述三民主义。这是孙中山演毕与在侧的某访员所作的谈话。

与菲律宾劳动界代表的谈话(译文)①

（一九二四年六月二十三日）

菲代表：斐列滨人民目前受治于斐列滨总督、斐岛②审计官及高等法庭法官之下，难望进步。盖此等握权者非由斐人公举，乃美国总统所委任，凡斐议会所立之法，彼等皆得否拒之也。

孙中山：此乃一国被别一国管理之结果，无论斐岛受治于美，抑受治于日本，其结果皆如是耳！

菲代表：阁下对于斐人之自治能力意见如何？假使准斐岛独立之权握于阁下之手者，阁下今日即许吾人独立否？

孙中山：余于斐岛情形不甚明了，但吾意独立必须赖陆海军之实力，斐岛之军队实力若何欤？若徒有自治之智慧，恐不足以救一国家。

菲代表：斐岛并无陆海军，仅有警察队六千人。今之斐岛陆军乃美兵及斐人侦察队所构成，直接归美政府管辖者。阁下之意是否谓：斐人若不能自设陆军或海军足以抵御别一国之攻击者，则决不能得独立之给予。换言之，因美国尚怀疑于许斐岛以独立，故斐岛遂不能得独立欤？

孙中山：中国现象君等宁不见之，弱国未有不遭强国侵陵之险者，苟无一强国拥卫君等，则君等必恒在他强国之侵略中。中国将来能否达到充分强大地位，足以保护东方诸弱小国，乃一疑问。二千年前，中国甚强，不独雄踞东方，且威震欧洲。然中国既强，即以和平主义教训世界，彼教各国弭战，营和平生活，但当中国宣传此种教训，他国正在准备巨大陆军、海军，遂成今日之结果。彼等见中国地大物博，为商业上之大好市场，而武备缺乏、文弱不振，遂划分其土地，各占一势力范围。时势至此，东方各民族非结一坚固

---

① 6月23日，菲律宾劳动界参加广州国际劳动会议代表五人，由廖仲恺陪同至大元帅府谒见孙中山。此谈话原载于马尼拉 Ang Araw 杂志。

② 斐列滨、斐岛，今译菲律宾。

同盟不可。最近之欧战当在君等记忆中,然此并非世界最大及最后之战,东方人民多于欧洲,倘吾人能团结一致,则力量亦必更强。中国有不少敌人,今国内不统一,对外对内均无实力,若不能得一相当适合之政府,将不能为谋国家任何幸福,而设立政府必自有实力始。

菲代表:管理贵国之权力本握于阁下之手,但阁下将此权力让诸别一人。吾人以为,让此权力之责任应由阁下负之。

孙中山:诚然。但余让权之理由有历史证明之。吾为此举或系失策,但予信,无论何时吾人愿将恶劣政府推翻,苟其愿力充分强固,则必能达到目的。今之北京政府,与吾人从前经三十年之奋斗而推倒者正复相同。其犹能保其地位者,纯因他国为其后援,给与金钱,军器之故。君等斐岛人民只有美国一个主人,美人且优待君等,而我中国人有十八个主人,其地位之困难实远过于斐列滨。吾人如欲脱离一切羁绊,必须经过许多实力之奋斗,并须同时对付每一国家也。

菲代表:阁下以为日本对于斐岛有无图谋,倘美国许斐岛独立后,日本将起而占据之乎?

孙中山:日本之欲占斐岛以及爪哇、婆罗洲、澳洲及中国,固无疑义,但彼此时有许多困难阻其进行。若美国目下许斐岛独立,日本或未必占领该岛;但若斐岛未得独立之前,日美两国间发生战争,则我敢断言日本必攻击该岛。彼拥有强大海军,大与斐岛接近,尽能惟意所欲,而使君等为最初牺牲者。

菲代表:阁下知否斐岛及美国之政情,阁下信吾人能从美政府取得独立乎?

孙中山:予料美国对于斐岛之目的,与英人对印度、日人对高丽、荷人对爪哇之欲久占不去者相同。总之,能一日保留其殖民地,则将一日不许其独立。君等斐人,尤其劳动阶级,必须努力工作,以图进步。目下美国武力强盛,斐人不能以力敌,只得以和平方法要求独立耳。

菲代表:愿闻阁下对斐列滨人之赠言。

孙中山:吾顷已言之,君等必须努力研究,增进学问,使国民地位益加进步。全国同心协力,随时准备,一致对外,此吾所望于斐岛人民者也。

据上海《民国日报》一九二四年八月一日《中山先生与斐岛代表之谈话》(译自马尼拉 Ang Araw 杂志)

为广东沙面工人罢工问题与英领事的谈话

(一九二四年六月三十日)

(三十日广州电,英翟领事谒孙大元帅,请谕令各工人复职。)

大元帅答:我不能剥夺人民自由权,系铃解铃,还须贵领事善自反省。

据上海《民国日报》一九二四年七月二十一日

与蒋介石等的谈话[①]

(一九二四年六月)[②]

我们这一辈人,举旗打天下,是为了建立共和国,那么,孩子们应该是国字辈啦。建立共和制的目的,是求得天下大同,我看,四个孩子的名,就叫"经纬安定"好了。

据上海《新民晚报》一九九〇年八月十二日盛李《"经纬安定""定"何在?》

[①] 1924年,蒋介石、戴季陶、金诵盘相约去孙中山处,这天孙中山情绪很好,谈话间,戴季陶提请孙中山为他们的孩子起名字。孙中山就为他们四个孩子按国字辈提名"经纬安定",即蒋经国、蒋纬国、戴安国、金定国。

[②] 戴季陶于1924年6月28日离广州赴上海,时间因酌为1924年6月。

就弹劾共产派案的谈话①

（一九二四年七月二日）②

共产派之加入国民党系鲍罗庭氏所介绍。若共产党有可疑行为，可质问鲍氏。

据北京《晨报》一九二四年七月二日《国民党破裂》③

与杨大实的谈话④

（一九二四年七月五日）

苏俄此次与北廷缔约⑤，不过表面上之敷衍手段，吾辈与苏俄即为精神上之知交，不必拘于形迹，否则不免时生误会。

据中国社会科学院近代史研究所中华民国史研究室编
《中华民国史资料丛稿：大事记》第十辑（中华书局一九八六年版）

---

① 张继、谢持提出弹劾共产派案，分呈国民党中央委员会及孙中山，并面谒孙中山陈述意见，孙对此作这讲话。
② 所标时间系北京《晨报》刊载日期。
③ 报载称："就此弹劾案，国民党中央委员会于六月十九日曾进行会议；二十三日晚又在大本营开会讨论，孙中山亦出席。"
④ 张作霖派杨大实至广东，拟运动一致反对中俄协定。是日，杨大实偕奉天留粤议员徐清和谒孙中山，询对于中俄协定之态度。
⑤ 即5月31日顾维钧与加拉罕正式签订《中俄解决悬案大纲协定》。

与吴铁城的谈话

（一九二四年七月十二日）①

聘定德人穆赖尔为教官，月薪毫银八百元；翻译官范望，一百七十元。由十三年二月一日起，至七月卅一日止，双方签订合同，暂以六个月为限。期满复看察情形，仍得赓续订约。

据《广州民国日报》一九二四年七月十二日《增加训练武警预算呈文》

与英国驻广州领事的谈话②

（一九二四年七月十九日）③

领事：得先生一言片言九鼎，一语解纷，受赐实多。

孙先生：华人此次因争人格发生合理循轨的罢工，政府实不能加以取缔，苟或有之，即为剥夺人民自由之违法行为，革命政府决不敢出此。且贵领此次毅然颁布此苛例，其中侮辱国体、人民之处实多。沙面为中国领土之一，外人以居留资格，实无取缔华人权。今幸苛例尚未实行，解铃系铃，还须贵领觉悟。至于调停一节，政府自应赞助，但不能接受贵领意思。

据上海《民国日报》一九二四年七月二十六日《沙面华人罢工之第五日》

---

① 所标时间系《广州民国日报》刊载日期。

② 7月15日，广州沙面工人为反对英帝国主义颁行的新警律，举行大罢工。英领事为解窘境，谒见了孙中山。

③ 谈话时间系据7月26日上海《民国日报》云"沙面华人罢工之第五日"推算，定为19日。

与宋庆龄的谈话

（一九二四年七月二十八日）

孙中山看到许多衣衫褴褛的赤脚农民来广州参加农民联欢大会①，深为感动。对夫人宋庆龄说：这是革命成功的起点。并说：中国被压迫的人民在自救中所必须起的作用。

据宋庆龄《为新中国奋斗》（人民出版社一九五二年版）

为广东沙面风潮与英法领事的谈话②

（一九二四年八月六日）

此次沙面华人离工风潮，系出于工人之自动，政府似未便干涉，以压迫民意，倘工人罢工而暴动，政府自应干涉。

据《广州民国日报》一九二四年八月八日

与廖仲恺鲍罗庭的谈话（译文）

（一九二四年八月十日）③

孙中山与X同志④谈及农民问题时说过，"对于中国革命，我向来认为，

---

① 1924年7月28日，国民党农民部召集广州近郊农民千余人在广东大学礼堂举行农民联欢大会，由彭湃主持，孙中山、廖仲恺在会上演说。
② 此一谈话系因英、法两国领事为解决沙面风潮，向"反对苛例大会"提出修改之八条件，被华工拒绝，乃于6日由日本领事天羽英二介绍，往谒孙中山，请令罢工华人刻日返工。此为孙中山之答语。
③ 所标时间为刊载此次谈话的《简报》第161号出版时间。——译者
④ 可能是指国民党中央执行委员会农民部的顾问佛朗科。——译者

中国强大的民族革命运动和摆脱外国帝国主义压迫的斗争,应当靠广大的人民群众去进行,首先是依靠农民。迄今我和国民党都还没有能够同农民建立联系。这是国民运动中的一大疏忽,主要原因在于本党党员的成分。"他微笑着说,"我本人是资产阶级出身,敝党的多数党员是学生、城市知识分子,在一定程度上是些商人。所以我们没有合适的人去深入农村并在那里扎根。在第一届农民讲习班结业前,我曾经很想去给学员们讲几次课。通过这些毕业的学员和将来办的其他一些学校,我们就能够把中国农民组织起来,成立劳动农民协会。届时国民党在广东就会有三百个受过农村鼓动工作培训的干部。

我对农民问题的政治路线是:我决定将迄今为止地主(出租土地者)占有的土地给农民,为农民所有。但是由于地主在一些地方,在政治和经济方面势力很大,影响也大,所以我认为下面的方法是唯一可行的。你们拟定了一个组织广东农会的计划和章程,据我所知,在一些地方已经开始实际建立农会了。我们应该在广东全省建立这样的农会,以便就此铸造一个反对地主的强大的武器。只有当我们建立起这些农会,待农民武装起来的时候,才能实行解决土地问题的激进措施。至于说达到什么目标,那我与你们的意见一致。不过,我认为,在目前农会的组织状况下,进行任何反对地主的鼓动都是策略上的错误,否则地主会先于农民组织起来。"

尽管 X 同志激烈反对这样的策略,孙中山博士还是坚持己见,并且得到省长廖仲恺的有力支持。廖仲恺举出一个例子,说在广宁地区,我们组织的一些农会几乎将近就绪了,可是,发生了几次军事冲突,豪绅们把一部分农民争取过去,这个区的区长(顺便说一句,他还是国民党员)就站在地主和豪绅们一边,政府被迫派出一个师多的兵力,前往镇压地主的动乱,这才把形势绥靖下来至今。政府再也没有能力往广宁派出军队了。如果其他地区再出现这样的骚乱,政府的存在就将受到威胁。廖仲恺用这个例子作为有力的论据,来说明他何以反对宣布在农村进行阶级斗争。

廖仲恺对 X 同志反唇相讥并且得到孙中山的支持,但孙对此事说话不多。廖仲恺解释说,中国农村情况非常特殊,宗法关系还没有打破,地主、豪绅和农民都沾亲带故,姓同一个姓。由于农村结构的宗法性质远强于封建性,所以阶级矛盾相当和缓,地主与农民的矛盾更像是叔侄间的矛盾,而不像敌我之间那样不共戴天。

尽管X同志一再反驳,孙中山和廖仲恺还是坚持自己的看法:在农会处于刚刚组织的时期,不应该进行任何公开的反对地主的宣传鼓动。

孙中山当即说明,他的故乡就是一个最为富有的地区,那是一个适合于开始建立农会的地区。因为它是中国少有的地区,这里有大地主,也就是说,土地集中在为数不多但非常富有的地主手里。大地主掌握着七分之六的土地,而四十万农夫中两万人有枪。

X同志问孙中山,按照孙的看法,何时能在香山县实行没收大地主土地的政策。孙中山说,有组织上的充分准备工作,那么有半年的时间就可以着手土地改革了。

据李玉贞译《联共、共产国际与中国(1920—1925)》(台北东大图书公司一九九七年版)

与军政部长程潜的谈话①

（一九二四年八月十七日）

以后凡请领护照,购运大批枪械,应由帅府审慎核发,以杜奸宄。

据《广州民国日报》一九二四年八月十八日

---

① 此一谈话系因广东迭次发现私运枪械,致盗贼繁多,为维护治安、保护人民,孙中山遂有此一指示。

与英法两国领事的谈话①

（一九二四年八月十七日）

贵领事此次既与离工华人,经已妥商协约,现在不过手续争执问题,贵领事准可直接与工人方面磋商。

据《广州民国日报》一九二四年八月十八日

附录　同题异文

贵领事日前与罢工华人签妥七条件,将案解决,本无再行磋商之余地。此次贵国工部局拒绝华捕事件,系因手续错误,此项争端,贵领事可直接与工会接洽。

据北京《晨报》一九二四年八月二十九日《沙面二次风潮完全解决》

与张继的谈话②

（一九二四年八月二十一日）

孙中山在全会上发言,说明容共政策有其时势的需要,对张继进行了耐心劝导:"希望你让我试一试这个既定政策,如果失败了,再请你来主持党

---

① 此一谈话系因英、法两领事,自将解决罢工条约推翻,引起离工华人愤激反抗,英、法领事遂往见孙中山道歉,并请令各华工与英、法两工部局华巡捕一齐返工。此为孙中山之答语。

② 中国国民党第一届二中全会自1924年8月15日至23日在广州举行,此件系孙中山在会上的谈话。

务,如何?"

张继当场抗辩说:"请遵总理之命,从明天起,我自动停止党权,暂时不问党务,以免总理增加困扰。"①

据刘健清等主编《中国国民党史》(江苏古籍出版社一九九二年版)(原载王成圣《中外珍闻》,台北中外图书出版社一九七八年版)

与广州各社团代表的谈话②

(一九二四年八月二十六日)

当日商团来请愿时,我已对商团说清楚,若罢市一日,则一支都不发给。乃政府宣布办法后,许久不见答复,罢市之事突然发生,经再三劝告亦不复业,是明明与政府对抗。目下枪械一支亦难先发还,须明日开市始有商量之余地。倘仍怙顽弗恤,我当遣派大队军队拆毁西关街闸,强制商店开市。如有一泥一石伤及军队,我即开炮轰击西关,立使之变成墨粉。我言出必行,勿谓言之不预也。

据北京《晨报》一九二四年九月十一日广州特约通讯员今生《粤商团军械案调停经过》

---

① 10月14日张继在上海致电孙中山说:"自八月大会以来共产派肆行无忌,继耻与为伍,请解继党职兼除党籍。"载《中华民国史档案资料汇编》第四辑(上)。
② 8月25日,广州商团实行大罢市。次日,广州各社团代表七人赴大本营请愿调停,这是孙中山对调停代表的谈话。

与许崇智等的谈话①

（一九二四年八月二十八日）

商团被扣留之械，政府此当发还，但为有条件的发还。第一须全市商店先行复业，乃有磋商办法。至于领枪缴价一事已不成问题。

据上海《申报》一九二四年九月三日《广州罢市解决详情》

与商团代表的谈话②

（一九二四年八月三十日）

你们商团太糊涂，陈廉伯私运军械，勾通某国人帮助陈炯明，意图推倒政府，现已查得明明白白。既然知错，何不派人与政府直接磋商，何必鬼鬼祟祟，又托范、廖疏通挟逼。本大元帅办事，见得到即做得出，断不容有人以武力干预。查商团运械原用来攻打客军，今反联客军前来干预逼挟，且举行罢市，以图制政府死命。本大元帅原有办法以扫平之，但未忍即行耳。（言至此，态度甚为愤激）

并云：所私订之六条件③完全不生效力，政府与商人订条件，岂非笑话，但政府保持威信，断不稀罕区区五十万元。陈廉伯若自知悔过，当先通电认

---

① 28日广州各法团代表携带商团提出的要求条件，应许崇智之请到粤军总司令部讨论解决罢市办法，代表请许崇智及在座的伍朝枢、汪精卫、李福林向政府请求发还枪械。此系许、伍、汪到大元帅府向孙中山汇报情况后，孙作此讲话。

② 面对商团酝酿罢市，孙中山曾准备命令军舰炮击广州市西关（商团军驻扎处）。范石生、廖行超与商团议订向孙中山疏通办法六条，范、廖二人携此六条件赴大本营谒见孙中山报告商议情形后，孙作此谈话。

③ 六条件，指范石山、廖行超与商团代表在沙面外国租界所订的解决事件的办法。据称这六条与政府提出的"商店复业、军队撤消、商团改组、军械发还"的原则有出入。

有勾通某国人欲图颠覆政府,现时悔过,拥获〔护〕政府,服从大元帅。政府见此电文后,方根据民〔商〕团改组①,呈准政府领枪办法,准商团缴价领枪。否则一枝〈枪也〉休想妄与。

据长沙《大公报》一九二四年九月十五日《广东扣械风潮仍未了结——将酝酿二次之罢市》

附录 同题异文

政府对于六条约中之"报效军费五十万"一条不成问题,商团既愿帮助政府,政府亦知商艰,不宜受此报效费。但商团须遵令改组,始能将枪械发还。如一星期内不能改组,则延至二星期亦无不可,总须商团改组完妥,政府可将扣械给还。

(因商团与一、二武人订立条约,孙极不满意)说:"汝辈莫谓藉重一、二武人便可压倒政府。"

据上海《申报》一九二四年九月十日《广东北伐声中之扣械案》

在国民党最后一次中央全会上的谈话(译文)

(一九二四年八月三十日)

孙中山致闭幕词。孙博士首先问与会者:"诸位是否确有把握,在全会做出决议后,就不会再发生与共产派的摩擦和争论了?"

李烈钧(将军)和程潜(右派)回答说:"如果从此所有同志同心同德努力做国民革命工作,我们想,那样的摩擦就不会再有了。"张继欲回答说,这

---

① 商团改组内容大略如下:商团依条例改组,呈请省署备案。商团总部成立后,须受全省民团统率处之支配。全省民团统率处督办由省长兼任。

要"走着瞧"("以后就看清楚了"俄文编者)。

孙中山接着说:"我看这摩擦不那么容易结束。我认为,同志们关于国民党内共产派的争论不是局部问题,而是原则问题。我看过所有文件之后才明白,事情不在于一些人(共产派)行动错误或者撰文反对我们的政策,另一些人就因此而与之争斗,完全不是这么一回事。那些反对共产派的人,根本不懂得我们的主义。我们进行革命已经30余年。革命失败的主要原因就是同志们不了解党的主义。俄国革命那么快就成功,那么彻底,就是因为革命党,人人有自觉性,受过训练,懂得为主义而战。况且,俄国革命的方法是我们最好的榜样。因此我请鲍罗庭同志作我们的顾问,委任他当我党教练员。在国民党改组之前我们已经详细讨论过这个问题,结果才决定召开代表大会。现在代表大会开过了,改组也完成了。最初,当决定改组党这一问题的时候,冯自由没有反对,他当中央执行委员会委员的两个月里,也没有说过一句反对党改组的话。但是中央委员会刚一选出,仅仅就是因为他本人没有当选,他就把他掌握的所有关于改组工作情况和党的情况,通通出卖给我们的敌人——香港《大公报》。就这样,冯自由就是因为自己没有当选为中央执行委员会委员,便掀起了反对共产派的运动。我相信,尽管这样大规模的运动不是冯自由一个能够煽惑起来的,可是他毕竟是20年党龄的党员,在同志们中间有一定的威信,这些人无意识地跟着他'叫嚷'。现在我以党主席的身份宣布开除冯自由!

同志们说,我的民生主义不是共产主义。他们不明白,民生主义与共产主义没有任何根本区别,区别仅仅在于实现的方法。

开始,共产派反对民族主义和民权主义,但是俄国革命的经验向他们说明,俄国革命在民族主义上做了大量工作。所以中国共产党才根据共产国际的决定,承认了民族主义和民权主义并决定加入我党。另一方面,民生主义和共产主义从原则上说是一致的,所以我们决定容共。从现在起,如果谁再说我们的民生主义不是共产主义,那就意味着该同志的'民生主义'与我的民生主义不同。所以全会后如果再有人由于不理解我的三民主义而闹出无意义的风波,那我们也要采取处理冯自由的办法来处理他们。"

沉默了几分钟。孙中山博士环视四座。张继忽然开口了："开除冯自由,您有权这样做,但是不理解民生主义者,党内大有人在,再说,国外华侨也全都不理解。另外,我本人也和冯自由一样的立场,所以请您也处罚我吧。"

孙中山博士继续说："你(张继),只不过是不知道,不明白而已,你的立场和冯自由没有任何相同之处。至于说到华侨,他们大部分生活在美国和英国,都受了帝国主义骗子反宣传的毒害,认俄国革命为对人类的洪水猛兽。英美的共产党被捕坐牢等,在他们眼睛里是司空见惯的事。另外,他们帮助过我国的第一次革命,可他们什么也没有得到:既无政权,又无财富。所以华侨反对革命并非自今日始。我党不需要那些靠参加革命追求私利的人。三民主义中,民族主义只是手段,民生主义才是革命的最终目的。如果我们把这一条也抛弃了,那我们还革什么命?那样我也会放弃革命了。"

接着孙中山博士讲了第一次革命的历史,指出了黄克强和宋教仁的妥协做法,说他们当时不坚定,不守纪律而阻碍了革命进行。

说到这里,张继打断孙中山,说:"主席,您过去宣传的思想可是——先统一中国,此后才是实行三民主义——现在我们反对民生主义也恰恰是根据这个思想。"

博士回答说:"我们连党都统一不了,还谈什么国家!党员应该绝对服从党的领袖和他的领导。所以我们过去建立了中华革命党。那时候每个党员都宣誓,到后来一看宣誓归宣誓,每个党员都根本不听我的命令。我们的同志,我们的军队也一样,只有命令对他们有利可图时,才服从,否则向来就拒不执行。如果所有的国民党员都这样,我就抛开国民党,自己去加入共产党。"

张继打断孙博士的话,说如果主席是共产派,那我们也都当共产党。"至于说开除冯自由,那么可以命令中央委员会去执行。"

孙博士继续说:"我们革命运动的目的是民生主义。可现在广东农民和工人的境遇非常困难,要特别注意这种状况。近来广州买办头目陈廉伯与帝国主义密切勾结,反对革命,我们的一些将领甚至也参加进去,和陈廉伯沆瀣一气。这些将领同陈廉伯签订了和约,但是我不承认这些条件,因为关于'扣留纸老虎枪械'的问题,对我来说,还没有解决。现在外国人和商团狼狈为奸反对革命。政府已经收到英国公使的最后通牒,说'倘中国当局对市区开炮,所有一切可用之英海军军队,应立即行动'。同时廖、范二将军向我声明,如果政府向商人强行索米,他们将会'维持秩序',这是什么话?"

最后孙博士再一次详细说明民生主义与共产主义没有任何区别,只是达到民生主义的道路不同而已。

会议在"压抑的氛围中"结束。

据李玉贞译《联共、共产国际与中国(1920—1925)》(台北东大图书公司一九九七年版)

与美国布瑞汉女士的谈话①

(一九二四年八月)

中国是一个团结国家时,印度会是一个独立国家,但欧洲军国主义国家会横加干预。日本现正展开亚细亚运动。欧美各国政府正欲发动另一次战争,他们不满前次所发动的战争,所以再要发动一次战争。我对这些文明大国大为不满。他们并不愿见中国走自己的道路从事革命,反而经常阻止,动辄抵制。你们美国人民革命成功,在北美建立合众国得到了和平。

我们希望走你们的道路。我希望中国的革命能改变所有旧制度,以建立一个崭新的国家,但所谓那些文明大国则经常帮助反革命。帝国主义国

---

① 1924年8、9月,美国教会在广州所办的广州基督教学院的英文教授布瑞汉女士,奉院长亨利牧师之命赴大本营访问孙中山,谈论外交问题。此次谈话"摘要"由当时自华返回纽约教会总部的亨利院长于10月19日公布。《纽约时报》1924年10月20日刊登了这篇谈话。谈话时孙中山夫人宋庆龄,大本营顾问,驻美代表马素及孙中山秘书陈友仁均在座。两人广泛交换世界时局,布瑞汉女士问话不多,由孙中山滔滔不绝地谈论。

家长久以来常阻挠中国的革命。

革命是一种自然的力量,正如一个大石头从山顶上滚下来,不能半途停止一样,必须让它滚到谷底。中国革命就是这样。虽然世界各大国想阻止我们中国人深信的革命,不管这些大国,不管英国,不管一切帝国主义,我们相信革命定会成功。中国将会团结起来,成为一个爱好和平的国家。告诉你们美国人,不要让你们的政府采取任何方式去支持反革命。总之,我们要走美国祖先曾经在我们之前走过的道路。

谈到俄国时,中山先生当时毫不讳言地告诉她,俄国是我们的朋友。

从前在旧帝国主义王朝时代,俄国是中国的敌人,今天是朋友。中俄间的友谊表示在协定上,此一协定放弃了外人在华治外法权。俄国现在所为正如美国过去所做,退回庚子赔款。中俄两国千里接壤。我们与俄国处境一致,不是朋友便是敌人,应该说是朋友。此即现在中国外交政策的重点。俄国是对我仅有的一个友好国家,其他国家则全在迫害我们。不管外传俄国现在情况如何,究竟是一个大国。共产主义的传布,不会阻止我们与俄国的友谊。

中山先生又告诉布女士:当日本一旦团结起来,强国也会怕他。相反,他们也不愿见中国团结统一,例如准吴佩孚借武力统一中国,那你们将亲见"黄祸"了。吴佩孚要军事统一中国,英美必将协助。他反对以会议解决问题。我可能统一中国,除非我能使中国工业化,发展中国工业,否则断难成功。中国是一个农业大国,人口众多,以至造成盗贼土匪丛生的问题。你们国务院效法英国首相作法,英国在(中国)革命开始时,是同情我的革命工作。在印度他们相信"孙中山能做的,印度也能做。"印度人也希望这样做。英国秘密工作人员发现印度人的标语口号后,乃转而反对我,压迫中国的革命运动。印度虽是大英帝国之要地,但我敢预料任何帝国断难长久存在。

谈话结束后,布女士问中山先生有意重访美国否?中山先生很幽默的说:"我是苦力,我是华工,不能上岸。"布女士继又问曾毕业于美国乔治亚州马根埠的卫斯理杨学院的孙夫人愿否重回美国?当孙夫人答以"这是我最大的愿望,待中山先生完成其毕生大业后,我甚盼前往"时,中山先生对其夫人说:"我想你不能去,一个苦力的太太何能去美国?"陈友仁在旁插话:"美国修改排华律后,孙夫人那时或可能前往一行。"这段谈话就在一问一答的幽默中结束了。

据[美]周谷《新发现孙中山一篇有关外交问题谈话》,载台北《传记文学》(一九九○年十一月)

与范石生廖行超等人的谈话(摘要)

(一九二四年九月二日)

港电:二日范石生、廖行超偕各代表谒孙文,请领械日期,孙谓:(一)商团通电表真□正态度。(二)依新条例改组,呈署备案后〈领〉械。

据长沙《大公报》一九二四年九月十一日《快信摘要》

在北伐第五次军事会议的谈话

(一九二四年九月四日)①

两星期内,所有滇、桂、湘、豫、赣、山、陕各军一律出师北伐,以为浙卢②声助。本省治安及东江方面统由中央直辖粤军(许崇智军)布防留守。至粮饷问题自有筹措方法。届时各军须一致先行出发,决不容缓。

本大元帅决定五日内先统兵出发韶关,设立大本营于是处,以便居中策应。并提出三项:

(一)组织北伐筹备处,特任粤、桂、滇、湘、豫及中央直辖各军长为筹备

---

① 会议时间不详。按上海《民国日报》载:自张作霖、卢永祥急电要求孙中山出师北伐后,大元帅府从8月31日起,每日都召开一次决策北伐会议。据此推算,北伐第五次军事会议应在9月4日举行。

② 浙卢,指浙江卢永祥。

委员。关于筹备出师北伐之作战计划,由各委员筹备起草,限五日内成立。

(二)大本营移设韶关。

(三)省垣设立留守府。

据上海《民国日报》一九二四年九月十一日《孙大元帅筹备出师讨贼》

与孙科的谈话①

(一九二四年九月八日)

孙文谓:"将广州市政权交还市民。"孙科赞成。孙令孙科及法制委员会"起草市长选举章程,市长民选制,限一月内产出。"

据长沙《大公报》一九二四年九月十五日《孙中山亦已准备北伐》

与外国记者的谈话(译文)②

(一九二四年九月上旬)

孙中山认为,庚子议定书是世界帝国主义的一部大宪章。这份议定书使中国陷入比殖民地还要恶劣的处境。庚子议定书让帝国主义拿到一笔巨款。他们用这些钱,就像用一把铁钳紧紧控制着我国的政治和经济命脉。这样,就使我国人民争取统一和自治的任何努力都归于无效。在这种情况下,外交团则毋容置辩地证明,凡有涉及剥削中国的问题之处,帝国主义现存的内部矛盾立即就被忘却了,外交团最坚决地实施他们的共同利益。

---

① 报载此件称:孙中山决定 8 日韶关北伐军开拔,并令吴铁城留守后方时作此谈话。

② 原文载于《广州日报》(Кантон Газета)。

议定书的真正目的是要奴役中国,而不是惩罚清代统治者。

帝国主义不仅是中国达到民族独立的主要障碍,同时又是反革命势力最强大的部分。

帝国主义列强必须放弃他们应得的那份庚子赔款,否则中国就要像苏联一样采取行动。因苏联已为中国做出了榜样,证明一个国家应怎样摆脱外国威胁和不公平的待遇。

谈到在中国是哪些力量和因素能成功地解决民族问题时,孙中山强调说,在这场运动中,产业工人阶级应当发挥领导作用。但是,帝国主义列强坚持低税率,只要他们掌握着中国海关,中国产业工人阶级就软弱无力。孙中山还对农民和知识阶级寄予希望。

关于靠帝国主义利润发财致富的外国商号的代理人,孙中山认为这些人是国家的痛疽,因为他们只想让中国继续停留在半殖民地状态。

据苏联《真理报》(Правда)一九二四年九月十七日(李玉贞译)

与日本驻广东某报记者的谈话

（一九二四年九月十三日）

今举国皆反对直系军阀,为解决国是之最好机会。余顺从民意,躬率大军,离去粤境,而向中原,陈炯明虽曾举兵逐余,余今亦以国事为重,不妨蠲弃前怨。

据上海《民国日报》一九二四年九月十四日

与东方通讯社记者的谈话①

(一九二四年九月十三日)

天下苟有反对直隶派者,现今不起,更无再起之机会。现下形势,是重大且为绝好之机会。予为顺应大局之趋势计,计赴中原逐鹿,纵一方放弃广东,亦在所不辞。

> 据北京《顺天时报》一九二四年九月十六日《广东北伐军已出发》

与吴稚晖的谈话②

(一九二四年九月十六日)

吴稚晖以往海丰劝陈炯明参加北伐之经过详述。

孙中山曰:予不咎既往,唯与予合作,则必须写悔过书,不率师入闽,则予必令各军先肃清东江,然后北伐。

吴谓:帅座素以宽仁为怀,宜以大局计,弃此小节。

孙曰:(一)陈如悔过,许其自新;即不为悔过之表示,而能出兵福建为浙江声援,也许其以功自赎。(二)已令诸军撤惠州之围,并停止各军进攻,以待陈之自决。

> 据上海《民国日报》一九二四年九月二十五日《吴稚晖劝陈炯明悔过讨贼》

---

① 9月13日,孙中山乘火车赴韶关,这是他在火车上与记者的谈话。
② 1924年9月9日吴稚晖由沪来粤,赴汕尾与陈炯明晤谈劝其参加北伐。吴于是日赴韶谒孙中山谈话后,次日返港拟再赴汕尾,因受林虎等人阻挠,遂作罢返沪。

与日本记者的谈话

（一九二四年九月十八日）①

记者问：大元帅之军队此后向何方进攻及何时可返广东？

大元帅云：军队之进攻方向，是军事秘密，不能明言；复返日期，更完全未定，但若有必要之际，何时亦可返也。

又问：大元帅之北伐与江浙战事有直接关系否？

大元帅云：固有直接之关系，且此后之进兵方向，亦当与浙卢商议，故重要之军事行动，不能发表也。

又问：与张、段②之联络如何？

答云：张、段、卢与余今已协议妥当，张、段两氏亦已定期出兵。

又问：江浙战事将来之结果如何？

答云：苏军③不出一个月定当溃灭，而直系之倒，亦将从之，此时中国统一之时机至矣。

据《广州民国日报》一九二四年九月十八日《大元帅对日记者之谈话》

与东方通讯社记者的谈话

（一九二四年九月二十日）④

卢⑤之移沪，非基于浙军之不利，可信其为战略上之计划，故决不必因

---

① 所标时间系《广州民国日报》发表日期。

② 张、段，即奉系张作霖、皖系段祺瑞。

③ 苏军，指江苏齐燮元指挥的部队。

④ 原谈话未署日期。按上海《民国日报》载："广东二十日东方电，东方通讯社记者访孙文于韶关临时大本营，叩其对于浙江最近形势及今后之对策。"今据此酌定时间。

⑤ 卢，即浙沪联军总司令卢永祥。

此而悲观反直派及浙军之将来。余已与西南各省有完全之联络,目下正与陈炯明谋谅解,此际不问其成否,当更巩固与友军之联结,在数星期内,必向直派与以空前之大打击。

日本向有附骥于英、美之嫌,但此次事变,日本政府所采之态度①,乃余所最欣快者。

据上海《民国日报》一九二四年九月二十四日《大元帅注意浙事变化》

与东方社等记者的谈话②

（一九二四年九月二十二日）

北伐计划,事关军事行动,未便宣布,惟北伐大军其前锋确已进抵赣边。至于浙卢之退返沪上,并非战败,乃系作战之一种计划。如不见信,会看日间当有捷报来粤也。

据《广州民国日报》一九二四年九月二十四日《大元帅北征记》

与日文《广东日报》记者的谈话③

（一九二四年九月二十五日）④

卢永祥赴沪非战败之故,乃应有之事。盖卢氏非浙省人,今乘此机会以浙江政治还之浙人,又可缩少战线,以期集中兵力直冲南京,比之扩大战线

---

① 日本政府所采之态度,为绝对不干涉主义。
② 9月22日,东方社记者及日文《广东日报》记者赴韶关,询问孙中山关于北伐及江浙战事。
③ 会谈地点在韶关,谈话最先以日文刊出。今所收录的为发表于《广州民国日报》之太平洋社译文。
④ 所标时间系《广州民国日报》刊载日期。

于各地为愈也。

余之北伐计划,并不因此事有些少变化。现先锋队已达江西省境,准三十日以内可尽扫江西之直系,由此而长驱北上。近日广东城内多传余与陈炯明和议,此乃讹传而已,并非事实也。西南联合问题,已着着进行。奉张亦已陆续出兵。现我军准备入江西者有万余人。其中李明扬约一千五百人,樊钟秀约四千人,朱培德约四千人,吴铁城警卫军约一千五百人。

据《广州民国日报》一九二四年九月二十五日《日报对卢永祥赴沪之视察——大元帅对日记者之谈话》

与许世英的谈话①

（一九二四年十月一日）②

许世英抵达韶关,孙中山亲自接见。当将入客厅,孙曰:"今已午,想尚未午餐,即嘱备膳。"

许进而言曰:"此时先生可容发言?"

孙曰:"你讲、你讲。"

许表达来意后,孙中山顾廖仲恺曰:"你们昨天会谈是否完全同意?"

廖答:"大家研究结果同意,故陪同来见③。"

孙曰:"很好、很好! 就这样办。"

此时,许索纸笔。孙曰:"难道还要签订文件么?"

---

① 段祺瑞代表许世英于9月28日与刘成禹偕行抵达广州。10月1日许世英在廖仲恺、伍朝枢、柏文蔚、谭延闿等人陪同下,乘粤汉铁路专车抵达韶关谒见孙中山面陈一切,孙中山在大本营接见许氏谈话。

② 谈话时间据《广州民国日报》指为"一日"。

③ 许世英抵广州后,与胡汉民、廖仲恺商谈合作事宜。胡等问及善后问题,并询及是否见中山先生宣言之《建国大纲》。许答曾于香港报上知此事,惟未详知内容。胡乃告以军政、训政、宪政之程序。讨论结果,双方均同意合作。

许答:"不是。须先致电于段,以安其心。"

孙与许商讨北伐计划、建国方略,以及三民主义、五权宪法等。孙曰:"北方来人,未有如俊人①之能彻明予主义者。"

许曰:"北方也多有明了先生主义者,故由予代表迎先生定国是也。"

当日下午,许即拟辞别赴广州再北上复命。

孙曰:"到曲江不游□□□两大名寺,是虚此一行,明日当伴一游,再回广州可也。"

邀游南华寺,见六祖肉身,臂肘缺坏,孙曰:"此僧立数千年之志,而躯壳可怜。"

刘成禺曰:"先生医学最高,不为此僧医之?"

谭组安②曰:"先生以小儿科著名,慧能非小儿,且陈死之人,又何必医?"

许世英曰:"先生主义,起生民而生死肉骨之者也,死者当受其赐。"

孙曰:"容我改《四书》两句,孔子曰:未知生,焉知死?予则曰:未治生,焉治死?"

晤谈最后,许还劝孙中山与陈炯明和解,令陈共同讨伐直系③并转告段祺瑞联络奉、粤各方的讨直计划。

据刘成禺《先总理旧德录》,载《国史馆馆刊》创刊号(南京一九四七年十二月)

---

① 即许世英,字俊人。
② 即谭延闿,字组安。
③ 许世英此行曾先过海丰晤陈炯明,拟作调和。10月6日自广州抵香港,复与陈炯明联系接洽和议。

与党员同志的谈话①

（一九二四年十月二十七日）②

汝等以大元帅视我，则我此行诚危险；若以革命党领袖视我，则此行实无危险可言。

据邹鲁编《中国国民党史稿》（上海商务印书馆一九四七年版）

在广州与左右的谈话

（一九二四年十一月四日）

当中山决定北上时，左右进言：以此行由南北上，程途万里，际兹直系军队尚横梗国中腹部，津地附近，尚未完全入反直军势力范围，沿途恐有危险，应以先派汪精卫北上为请。

中山意见：以现在中国中北部之战争为民治与武阀而战，国事之转机，端在于此。且战后千头万绪，尤不能不躬行赞勷一切。且现时北京国民军中下级将领，多为国民党党员，本人为党魁，极应到京奖励激劝，使尽力铲除武力统一主义。刻下唐山、廊房〔坊〕等处之吴佩孚军队，尚与冯、孙之兵对峙。北京要人，对于各项重大事件，往往来电咨询，以长途电报往返磋商，诸形不便。若本人在京，则可减少事机之阻碍，于军事尤资裨益。况粤东军民两政，及北伐事宜，经广州建国会议后，已付托有人，本人正可乘此机会入京，为国效力。

据上海《申报》一九二四年十一月十日《孙中山定期北上续闻》

---

① 10月27日，孙中山复电冯玉祥、段祺瑞等，允北上商量国是。时有党员同志担心孙中山北上的安全，劝孙取消北行。这是孙中山当时与党员的谈话。

② 所标时间系据罗家伦主编《国父年谱》增订本校订。

与日本驻粤总领事天羽英二的谈话(译文)①

（一九二四年十一月五日）

今后中国的政治要由国民会议和民意来决定，在不牺牲主义的条件下，拥护张、段②，促进统一。

国民党并不想取得政权，只想努力扩大党务，贯彻主义。

据《日本外交文书》大正十三年第二册（出版者及出版时间不详）

与黄季陆的谈话

（一九二四年十一月初）

中山以惊讶地问黄说：你的脸色为何如此苍白，身体为何如此瘦弱？你害过大病吗？

黄答：我刚刚从医院里出来，害的是严重的伤寒症，经过了一个多月病魔缠绕，近几天才能勉强走路。听说先生要北上，特来请示大本营法制委员会的工作此后应当如何进行。

中山说：你所说的伤寒症是不是英文的 Typhoid Fever？这一病症患了很严重，应好好当心，多多休养。

孙说：这次北方的同志推翻了曹、吴军阀，国家又呈露出一个统一建设的机会。我这次北上要促进国民会议的召开，来废除不平等条约，以谋国家的独立，要把本党第一次代表大会的宣言、政纲提到国民大会予以通过，来

---

① 11月5日，天羽英二又访问刚由韶关回到广州的孙中山，此件系孙在回答天羽英二提出问题时的谈话。

② 张、段，即张作霖、段祺瑞。

重奠国民革命的基础。

黄问：为什么把本党宣言、政纲提交国民会议通过，便叫重奠国民革命的基础呢？

孙答：宣言、政纲现在只是本党所决定的，是我们一党的宣言、政纲，实行的责任只在我们一个党，经国民会议通过之后，便成为全国国民的政纲了，全国国民都有责任来实行，这就是重奠国民革命基础的意义，也可以说是扩大国民革命的基础的意义。

孙又继续说：目前《建国大纲》已经公布，正广大征求各方的意见中，你有什么疑问吗？现在我们要准备新国家的建设了，法制委员会最好根据《建国大纲》，制定一套地方自治实行的计划和法规，以备将来之用。

据黄季陆《国父逝世前后》，载台北《传记文学》第六卷第三期（一九六五年三月）

与日本《大阪每日新闻》记者的谈话①

（一九二四年十一月八日）②

记者：阁下北上之行如何？

孙先生：现因滇、黔、桂各省均一致推予北上，故拟勉为一行。

记者：阁下派遣孙科君赴奉之结果如何？

孙先生：孙科赴奉之结果颇为完满，张作霖对于余之主张已经谅解。

记者：阅〔阁〕下对于现在北京之国会如何感想？

孙先生：余对于现在北京之国会主张解散，因年来所有战事皆为不良国会所酿成。非去此不良之国会，中国殆无统一之望。

记者：闻阁下对于段祺瑞、张作霖间已有一种秘密谅解，此事确否？

---

① 这是孙中山从韶关回广州后，与《每日新闻》驻粤记者的谈话。
② 所标时间系北京《晨报》刊载日期。

孙先生:余与张、段间之意见现已大致相同,余当与段、张提携解决国是。惟秘密谅解一层则并无其事,余之主张无不可以公开者。

记者:阁下北上后,对于陈炯明氏究拟如何措置乎?

孙先生:为谋统一之故,余当以宽大为怀,不究既往,陈果能觉悟,余亦当与之提携;倘彼无诚意,则余当取相当之措置以全力扑灭之。

记者:将来之总统当然属之阁下,阁下以为如何?

孙先生:此事余尚未有所考虑。

据北京《晨报》一九二四年十一月八日《孙文与记者之谈话》

与蒋介石等的谈话(摘要)

(一九二四年十一月十三日)

孙文十三日下"永丰"舰后〔前〕,中正等在鱼珠炮台公饯。孙与各要人开话别会。(一)粤事责成胡汉民全权处理。(二)北伐责成谭延闿积极进行。(三)东南〔江〕防务由杨希闵、许崇智、刘震寰共同负责。

据长沙《大公报》一九二四年十一月二十二日《快信摘要》

与蒋介石的谈话①

(一九二四年十一月十三日)

孙先生:余此次赴京,明知其异常危险,将来能否归来尚不一定。然余之北上,是为革命,是为救国救民而奋斗,又何危险之可言耶?况余年已五十九岁,虽死亦可安心矣!

---

① 孙中山于11月13日从广州乘船赴沪,途经黄埔军校。这是他检阅军校学生战术演习后与蒋介石的谈话。

蒋校长:先生今日何突作此言耶?

孙先生:余盖有所感而言也。余所提倡之主义,冀能早日实行,今观黄埔军校学生,能忍苦耐劳,努力奋斗如此,必能继吾之革命事业,必能继续我之生命,实行我之主义。凡人总有一死,只要死得其所。若二三年前,余即不能死;今有学生诸君,可完成吾未竟之志,则可以死矣!

据毛思诚编《民国十五年以前之蒋介石先生》(一九三七年三月印行)

由广州抵香港后在舰上的谈话①

(一九二四年十一月十四日)

到港与同志及各方会晤后〔前〕,即决北上,依此次宗旨宣言进行建设。粤事委胡汉民,北伐委谭延闿,仍如前定。东江由杨、许、刘②三总司令负责。

据上海《民国日报》一九二四年十一月十六日《大元帅在港临别会议》

与《中国新闻报》记者的谈话

(一九二四年十一月十四日)

记者问:孙先生北上,行止如何?

答:此番北行,在沪或小作逗留,即北上入都,行程或无甚变更。

记者问:孙先生此行,建国计划,如何设施?

答:自曹吴倒后,中国政局已大有转机,我们亦即认为在北方发展之开

---

① 孙中山乘永丰舰抵香港后,在舰上与各要人开临别会议,此系孙在会上的谈话。
② 即杨希闵、许崇智、刘震寰。

始,中国官僚军阀,为祸已深,澄清政治,固有必行。然尤注意于思想学术方面。故此行第一步功夫,即注重宣传,务期将北京之思想界完全改造,将旧日之复辟陈旧官僚,铲除净尽,于是国民革命始易着手,而本党主义始有实现之希望,你们(指记者)做宣传功夫,尤当注意此点。

问:先生北上后,北伐军是否仍继续进行?

答:北伐军现已深入赣境,节节胜利,一方我们北上在政治思想做功夫,北伐当然积极进行,长驱直捣鄂苏。

孙先生问:香港反对党的论调,对我们北上,想必抱着怀疑,或是竟说我不能进京。

记者答:此层无甚表见,但香港的反对报纸是没有价值的,不特对先生北上怀疑,就是向来对于国民党主义也怀疑,这是精神堕落的言论,我们可不理会。

据《广州民国日报》一九二四年十一月十七日

北上前在黄埔军舰上的谈话

(一九二四年十一月十四日)

此行绝对不欲在政治上有所活动,只以北方军政各界信仰革命主义者既如是其众。此次冯王四师,推倒曹吴,亦全恃北方同志之力,遂能以最短时间打倒根深蒂固之军阀,如不予以充分之指导,未免辜负各同志一番奋斗工夫,而革命主义,亦无由贯彻做去,须知解救现在中国之困厄,只有贯彻革命主义方可图成,除此已无他法。

据《广州民国日报》一九二四年十一月二十日

与上海新闻记者的谈话

（一九二四年十一月十七日）

记者：请发表对政局意见。

孙曰：余之政见已见余在粤、离粤时所发表之宣言，北上后当本此进行。总之余当调和各方，使国家得和平统一，以慰国民之望。

记者问：中山何日赴津？

孙曰：现尚未定，大概须视北方政局变化如何？以决早迟。如政局仍纷乱，则拟速行；如政局渐告平静，或将稍缓。

记者问：据昨日本埠消息，北方诸君领袖已推段芝泉为临时执政，先生以为何如？

孙曰：此举甚好，余当赞同。

据上海《时报》一九二四年十一月十八日《中山与新闻记者之谈话》

附录 同题异文

余之政见已见于余离粤时所发表之宣言，北上后当本此进行。余前所希望和平统一之目的，今或可达到。

又问：孙先生何日赴津？

先生云：现尚未定，大概须视北方政局变化如何以决早迟，如政局仍纷乱，则拟速行，倘政局渐告平静，则固不妨稍缓。

据上海《民国日报》一九二四年十一月十八日

与上海《申报》记者康通一的谈话①

（一九二四年十一月十七日）

记者：先询政见如何？

孙先生：已详《宣言》。余之意见甚希冀新闻界评判。

记者：先生对于时局亦乐观否？

孙先生：此在国民之努力如何，国民不努力，自无希望，而指导国民者惟言论界。故言论界若专以营业为目的，国民自难进步，国事亦无可为。中国内乱实受外力支配，吴佩孚退入长江，亦必由在长江有势力范围之英国招之使来。国民必宜一致反对帝国主义，使外国能自改变其政策。如英国国民亦不少有理性者，本不愿欺侮我国民，然我国民若受侮而缄默，则彼等亦何能为助？

据上海《民国日报》一九二四年十一月十八日《孙中山先生昨晨抵沪》

与日本记者的谈话

（一九二四年十一月十七日）

记者问：请发表关于时局意见。

先生答：余之宣言，已见今日之报。除此之外，他无可言。惟余知某方于余之来沪，有所激论，如此事固实，则余须警告外人，即上海在中国境内，外人仅立于宾客地位，我华人实为主人翁，此节外人须牢记。又云：租界迟

---

① 这是孙中山17日在上海法租界莫利哀路寓所与上海《申报》记者作三分钟的谈话。同日上午10时，孙曾与《国闻》、《东南》两报记者谈及赴津行期，见前一谈话。

早必须收回,华人对于收回租界事,久有非常之决心云云。

据上海《申报》一九二四年十一月十八日《孙中山暨其秘书之谈话》

答上海《申报》记者问

(一九二四年十一月十七日)

记者问:对于大局可乐观否?

先生答:终有办法,惟奠定国是,全仗国民通力合作,而尤望舆论界尽力声援,方克有底于成。现在武力政策既已打破,和平统一之期相去非遥。国民对国内政治前途,固极宜注意,而于外力侵涉内政,尤宜严加防遏。武力统一政策,依以为生之帝国主义尚未消灭,此次吴佩孚大败之后,得安然潜入长江,图燃死灰,乃其明征。深望国民全体注意及此,共起打破此帝国主义之发纵者,则中国可谋长治久安矣。余业有宣言发表,不日拟约沪上新闻界一叙,共同商榷也。

据上海《申报》一九二四年十一月十八日《孙中山暨其秘书之谈话》

与东方通讯社记者的谈话

(一九二四年十一月十七日)

余对于时局之意见,及国民党之政策,一与余离粤时发表之宣言书相同,兹不另行发表,惟字林西报日前著论主张应拒绝余入沪租界,以外人而发为是言,实太不自量。上海为中国之领土,吾人分明居主人之地位,彼辈不过为吾人之客。一般宾客,并无拒绝主人入门之权利。倘租界当局有意阻碍吾在租界之居住,则吾对之有出坚决手段之决心。今之时代,已遭逢撤销一切外国在华租界之时机,吾人为贯彻此种目的起见,不惜极尽能力以赴之。中国人民早已不能忍耐外国侨民在中国领土之飞扬跋扈,尤以外国报纸(指字林西报)之中,虽谓余之北上,至时局安定以前,当逗留沪上以观望形势,而暂缓北上云者,顾余之北上,惟以时局尚未安定,乃有意义耳。余未接到段祺瑞对于天津领袖会议之内容有何等报告,一切事情均须俟余抵津之后,始行协议。

据《广州民国日报》一九二四年十一月十九日

与马伯援的谈话①

（一九二四年十一月十七日）

孙问：冯焕章革命彻底否？

马曰：何谓彻底？

孙答：一、对外主张收回权利；二、对内主张和平民权。

马曰：焕章对于这两种主张,不但赞成,且有成绩。

孙曰：吾民国元年,带骑兵入〈东〉交民巷者,亦即冯君之意。惜吾国武人,一味媚外,不知条约耳。又问冯对于和平民权之主张如何？

马曰：此次赞成和平统一,实行中央革命,而牺牲其旧友曹、吴,彼之酷爱和平无论矣。谈到民权,冯先生不仅主张,且力行之。

于此孙曰：关于北上的事,容商而后行。

据马伯援《我所知道的国民军与国民党合作史》(上海商业公司一九三二年版)

---

① 1924年11月17日,孙中山北上抵达上海,这是他对前来欢迎的冯玉祥代表的谈话。

与朝鲜吕光先的谈话

（一九二四年十一月十七日）

吕说：你现在发已白了，身体也没有从前好了，但是我深信你革命的成功，也一天一天的燃热起来了。

孙曰：要是我们革命的工作，不是一天一天的燃热起来，那就不是革命了。

吕说：请你保重些为要。

孙曰：谢谢你，少年的朋友，望你努力去为革命奋斗。

据《中国国民党第二次全国代表大会会议记录》（第九日第十七号，朝鲜同志吕光先演说），载中国人民政治协商会议广东省委员会文史资料研究委员会编《广东文史资料》第四十二辑(广东人民出版社一九八四年版)

与某君的谈话

（一九二四年十一月十九日）①

某人以长江时局发生变化，而武昌方面又有护宪军政府之组织，询孙中山先生之意见。

孙先生答：此种举动，本属恋位贪利之军阀应有之举动，且从中不问可知而有帝国主义者暗为鼓煽。无知妄作，民遭毒害，结果仍不免归失败，天演公例，无可幸免，所苦者国民多遭一次无谓之牺牲耳。但经此次之暴举，和平统一之希望，因之更佳。设无此举，则暴力潜藏，后仍为患，转不若使国

---

① 此件所标日期系据11月20日上海《民国日报》载"昨日某要人以长江时局突生变化……特谒孙中山先生"酌定。

民知暴力存在时可造祸,群思彻底之奋斗,持一劳永逸之解决,俾民治建设之进行不致再蒙阻力。

据上海《民国日报》一九二四年十一月二十日《中山先生之长江变化谈》

与随员的谈话

（一九二四年十一月十九日）

随员报告:北京、上海间交通因受军事影响断绝。津浦铁道既已不通,而由上海往天津的轮船搭客拥挤,在两星期以内,各船头等舱位均已被乘客完全预定。

孙嘱汪兆铭、马超俊先行北上,自己由沪经日本赴天津而行,以天津为齐集地点。指定戴传贤、黄昌谷等数人随同赴日,并谓:借此机会,可在日本宣传对时局之主张,同时亦可会晤日本旧友,并观察日本国民对中国废除不平等条约之反应意见。

据罗家伦主编《国父年谱》增订本下册(台北一九六九年版)

与何世桢等的谈话[①]

（一九二四年十一月二十日）

何世桢等陈述本党向以三民主义为主张,号召于民众,数十年来一贯,故五四运动后,各学生纷纷加入;今则外间每多误会,此层望对外须有解释,而于本党分子应按纪律严加处理。

先生答:尔等所言各节,余已明了。关于民生主义一部分,外间及党员

---

① 11月20日,孙中山在寓所接见复旦、上海、东吴、法政等大学的三十多位国民党青年党员。

尚多未了解,故余在粤曾有演讲,现已付书局印刷,不久可出版,将来可购阅研究。至关于纪律一层,余已有办法。

据上海《申报》一九二四年十一月二十一日《国民党员昨谒中山》

与青年党员某君的谈话

（一九二四年十一月二十日）

某君问：近有某党假借本党名义,及破坏本党等情,应如何对付？

先生笑答：某党不敢公然独行,乃假冒本党之名者,足见本党牌子之老而能受人信仰。吾等万勿因彼辈冒牌即怀妒恨,我意惟恐其不假冒。君不见今日市上老牌子之巨肆乎？假冒愈多,则彼牌子亦愈响,如此不花钱之宣传,吾等又何乐而不为哉！

孙又曰：予尚有西客某待会晤,不能与君等作久谈,且我明日即将赴京。愿君今后努力,为本党多多介绍同志,异日予自京归,必将迎君畅谈。倘仍独君一人,而不能尽力介绍者,则君不必见我。

据秦孝仪主编《国父全集》第二册(台北近代中国出版社一九八九年版)

与国民党上海市各区分部代表的谈话①

（一九二四年十一月二十一日）

同志应不辞劳怨,不避艰难,宣传党义,努力奋斗,使人人了解三民主义,感化民众,共向光明路上走去。为党努力即为国宣劳,诸同志须了解斯

---

① 国民党上海市各区分部推出四十余人谒见孙中山,他们对于党务有所陈述,建议对不守纪律分子予以相当惩戒,孙聆听后,作此谈话。

义,努力前进,毋负本总理之期望。至于整顿纪律,自有办法。

据上海《申报》一九二四年十一月二十二日《国民党区
部代表谒见孙中山》

与石克士等的谈话①

（一九二四年十一月二十一日）

十三年来,民国绝无起色,党务并不进步,皆由尔等不肯奋斗之过。彼共产党成立未久,已有青年同志二百万人,可见其奋斗之成绩。尔等自不奋斗而妒他人之奋斗,殊属可耻。彼等破坏纪律,吾自有办法,与尔等何干？上海现有人口一百五十万人,今吾限尔等每人一年内须介绍党员一千人,否则不准再来见我。

据北京《顺天时报》一九二四年十二月二日《中山到沪与
共产党之活动》

与上海《时报》记者的谈话

（一九二四年十一月二十二日）

所以绕道日本,实因沪津间无相当直接轮船之故。亟须与段祺瑞、张作霖、冯玉祥及其他现在天津各首领一谈。抵神户后,并无耽搁,将乘行期最近之船前往天津,大约至多不过四十八小时。并不欲前往东京。

据上海《时报》一九二四年十一月二十三日《孙中山昨晨
离沪》

---

① 1924年11月21日,上海各区分部执行委员石克士、童理璋、周颂西等六十余人谒见孙中山,诬蔑"共产党违背主义、破坏大局、攻击友人、私通仇敌、棍骗工人"等等,请孙中山治以应得之罪。这是孙中山简短的谈话,"语毕即怫然登楼"。

与日本记者的谈话[①]

（一九二四年十一月二十二日）

记者：若如先生日前所谈，鉴于世界大势，认中日提携之为急务而东渡，似宜更赴东京广与日本朝野名士会商？

孙先生：此次北上顺道赴日，因须急行，不能如此延缓，特因上海无开行天津之便船，由神户换船赴津较为便利。

记者：中国内乱以来，列强对华压迫有加，先生已觉察之否？又先生对此有何感想？

孙先生：列国之事非余所知，但就此有须一言者，如余常所主张：关于列国之租界问题务必要求早日归还中国，余个人亦必毅然主张之。甚望曾与中国立于同样境遇、有其苦经验之日本与以同情。

记者：如早日尊说，先生北上之目的，为列席民国改造之大会议，提议改造之根本策而不参与其后之实际政事，唯真心忧国。欲实现改造之大负，似不能无身先任政之热忱，请问不遽立于庙堂者何故？

孙先生：由来中国迭起纷乱，统一不能实现之根本原因不在内政问题，而在外交问题。列强对于中国提倡共管、瓜分等说，临以压迫的态度，致政事改良及其他要事均难进行。故余与其当此纷乱之政局立于庙堂，无宁立于国民之地位，对国民间说所以必加猛省之故，对外国国民说明目下各国对华之侵略政策有害世界之和平，唤起彼邦国民之舆论以促列强之反省。因此，余认与其在中国国力尚未充实之际立于庙堂，无宁以国民资格努力唤起内外国民之舆论。至"元老会议"云云，特属谣言，非余之所知。余之北上，盖在以所抱负提议开一大国民会议耳。

记者：若以国力充实为念，无身先立于国事方面之热忱欤？

[①] 孙中山于11月22日离沪。这是孙中山临行前在上海丸轮中，与日本记者的谈话。

孙先生：唯中国之国情尚不之许，若余立于支配国政之地位，必非议、攻击采取非道之对华政策之列强政府，结果或与诸外国发生冲突亦未可知，对于中国决非得计。反之，余立于国民之地位，如上所述，努力唤起内外国民之舆论。若我国民与外国民之联合进攻，即能对抗欲取误谬政策之任何国之政府，盖可信而无疑。又，中国之迭起纷乱不在内政问题，而其源在国外亦可举例而言之：即枭雄吴佩孚山海关败逃天津，在几无可往之穷境时，而某国怂恿其由扬子江回洛阳，并允对其入扬子江与以一切援助。若如某国之怂恿，吴将不来扬子江方面。与余同志之某国同志对某政府此种行动，已为猛烈之反抗。因之依于同情我等之彼国民之力，某政府今已断然中止援吴。由此以观，余立于国民而活动于中国为重要之事已甚明显。要之，中国扰乱之原因，即在对华抱有野心之列国，迄今当有事之际，利用一部分武人使然耳。即中国之国政愈乱，彼等欧美列强对华实现其压迫的野心之可能性愈多，中国非完全排除此等外力，则国家之统一不能永久，而欲排除外力，仅中国一国民之力现尚有所不能，必依其国民之觉悟促其本国政府反省始能实现。故必立于国民之地位，指导觉醒我国民与外国之国民联合，以促欧美列强之反省。环顾中国，现得当此重任者唯余一人，非列国欲图共管、瓜分之扰乱行为完全排除之时，余决不立于民国之当道。

据上海《民国日报》一九二四年十一月二十四日《中山先生离沪前之谈话》

附录　同题异文

先生曰：余此次因无便船，故改由神户转道赴津，抵神户后，拟顺便访晤日本朝野一部分人士。中日两国就目前世界大势言，非根本提携不可，两国人民尤应亲善携手，共御他人侵略政策。近年来中国人民对于日本颇多怀疑，此后日本上下应切实表明对华亲善政策。中国频年内乱，多半为外人直接或间接造成，过去如广州商团事件，现在如吴佩孚南下事件，暗中均有外人从中指使,无非欲达其侵略政策耳。余此去,纯然以中华民国国民资格赴天津之善后会议。届时,余即将建议此项主张于会中,共救国难,如要求撤废治外法权一事,即为入手计划之一。此后进行,当然须经历无数难境,颇愿日本朝野予以同情之助力。诸君多为新闻界有力者,以上所述,深愿时加鼓吹。

据上海《申报》一九二四年十一月二十四日《孙中山离沪前对日记者谈话》

与驻沪外国新闻记者的谈话①

(一九二四年十一月二十二日)

吴佩孚既以武力失败,将来武力当无所用。予鉴于此,亦愿放弃武力对粤主义。予之北上,拟于国民会议中发挥一大宗旨:(一)救济人民生活,(二)促进外交方针。军阀专制此与帝国主义均不可不除。中国财源现悉委于外人手中,年年损失不下五万万之巨,以此之故,中国复兴事业终于无成,即受帝国主义之阻碍也。

据北京《晨报》一九二四年十一月二十五日《孙文昨日抵长崎》

与身边工作人员的谈话②

(一九二四年十一月二十二日)

在沪人民或实业团体如有意见发表,应加急寄津。

据长沙《大公报》一九二四年十一月二十九日《孙中山离沪赴日时之情况》

---

① 孙中山于11月22日临行前,曾邀请驻沪外国新闻记者三十多人会谈。谈话地点待考。
② 孙中山在沪时曾拟约请上海各实业界人士到寓宅讨论救国主张,因匆促赴日,未及进行,故在登船时对工作人员作此谈话。

与长崎新闻记者的谈话①

（一九二四年十一月二十三日）

日本新闻记者问②：现在中国国事有全由段祺瑞处理之模样，确否？

中山先生答③：有此趋势。

记者问：现在外国对中国有强硬共管之说，能否成为事实？

先生答：决不能成事实，因中国国民更有强硬之抵抗。共管中国之说，是外国人做梦！

记者问：谣传段祺瑞此次出山，向美国借款一万万，确否？

先生答：我不清楚。

记者问：我们看现在处理中国时局，必须有外国财政上之援助，然否？

先生答：我看不必。

记者问：先生对于中国财政，有无办法？

先生答：中国当有办法，不必借外债。中国经此次大变以后，处理国事，当全由国民全体讲话。日本人以后不要再误会解决中国大事，还是任何军人讲话，或者任何外国人讲话。我们这次来解决中国问题，对内是打破军阀，对外要打破列强的干涉，完全由中国国民作主。

记者问：先生这种意见，究竟能否实行？

先生答：当然可以实行。我从前革命，要推翻满清，一般日本人不相信有这个能力。近来革命，要推翻军阀，一般日本人也是不相信有这个能力。但是在辛亥年已经推翻了满清，最近又推翻了吴佩孚的军阀。更进一步，以后中国国民，当然有能力来解决全国一切大事。日本新闻记者，对于中国国

---

① 11月22日，孙中山离沪，取道日本赴天津。23日经长崎，这是孙在上海丸轮船上与欢迎者的交谈。
② 原文为"问（日本新闻记者）"。下同。
③ 原文为"答（中山先生）"。下同。

民的能力,应该有这种信仰,不可有丝毫的怀疑,这个信仰是根本信仰。倘若中国国民无统一之能力,东亚便要大乱不已,世界便不能和平。

记者问:先生要统一中国,是用什么方法呢?

先生答:第一步的方法,是开国民会议,由全体国民自动的去解决国事。

记者问:国民会议是怎么样组织呢?

先生答:已经由我的宣言发表过了。

记者问:外间宣传广东政府同俄国亲善,将来中国制度有改变没有呢?

先生答:中国革命的目的和俄国相同,俄国革命的目的也是和中国相同,中国同俄国革命,都是走一条路;所以中国同俄国不只是亲善,照革命的关系,实在是一家。至于说到国家制度,中国有中国的制度,俄国有俄国的制度,因为中国同俄国的国情,彼此向来不相同,所以制度也不能相同。

记者问:中国将来的制度是怎么样呢?

先生答:中国将来是三民主义和五权宪法的制度,可惜日本人还没有留心。

记者问:吴佩孚近来用兵,听说背后有英国援助,然否?

先生答:确有此事。

先生又曰:日本维新是中国革命的第一步,中国革命是日本维新的第二步,中国革命同日本维新实在是一个意义。可惜日本人维新之后,得到了强盛,反忘却了中国革命之失败;所以中日感情日趋疏远。近来俄国革命成功,还不忘中国革命之失败,所以中国国民同俄国国民,因革命之奋斗,日加亲善。

据《对长崎新闻记者之谈话》,载《孙中山先生由上海过日本之言论》(广州民智书局一九二五年初版)

附录一　同题异文①

预定逗留神户三日,待有便船当即赴津,五〔在〕神时与多数日本友人稍事接洽。

关于中国时局之解决,在十三年前,中国国民即由国民自身力量成立民国。现在中国国民之能真团结,实出外人意想之外,定能在巩固基础之下建立事业,此实有望新闻家及舆论机关能充分了解者也。中国决不望任何友邦援助,将以国民实力收拾时局。

冯玉祥对溥仪的礼遇,此亦国民所希望之正当行为。

据上海《民国日报》一九二四年十一月二十八日《孙先生在日本之谈话》

附录二　同题异文②

本人此次由沪起程前往北京,绕道来日借与日本国民联络情谊,预定在神户勾留三数日,即乘便船转赴天津。

最近外报所传列国对华共同干涉之说,本人以为绝对的不致有其事,而中国国民亦绝对不愿受外国之干涉。至于段祺瑞君向美国订立一万万元借款合同之外电,尤不足信。余自信中国即不受列国之援助,亦尽有料理政治、财政之充分可能,盖中国应以中国国民之力管理将来之中国,且亦足以自管而有余也。惟以现时之状态观之,诸君(指日本记者)或不能相信,但征诸第一次革命之结果,即知余信决非过言耳。

据北京《顺天时报》一九二四年十二月一日《孙文过长崎记》

---

① 与上篇应为同一谈话,今附录并存。
② 与上篇所记当为同一谈话,唯文字有出入,今并存。

与日本新闻记者的谈话①

（一九二四年十一月二十四日）

日本新闻记者问②：先生这次到日本是为何原因呢？

中山先生答③：我本是想由上海到天津，因为在上海没有船位，就是半个月之内也没有船位，由上海到天津的火车又不通，所以绕道日本到北京去，这是我来日本的第一个理由。第二个理由是日本为我旧游之地，熟朋友很多，我借这个机会来看看旧朋友。我现在到了贵国，既蒙这样多数国民的欢迎，又诚心来听我讲话，我便借这个机会，把我的一片心事说出，请诸君转达到贵国全体国民。我们中国国民，想同日本国民联络一气，用两国国民的力量，共同维持东亚大局。要达到联络两国国民的目的，方法很多；不过现在已经有了这个目的，究竟是用什么好方法呢？请大家研究，请大家指教，并请指教日本国民现在对于中国国民的感想是怎么样？

东京朝日新闻社中国部长答：我今日发言，并不是代表大家，只贡献我个人的意见。我相信日本人大概的意见都是一样。就第一点说：要达到维持东亚大局的目的，必须中日两国国民联络一致，同心协力，合成一个力去做，才可以成功。要分开成两个力去做，一定是失败，无论那一个都是失败。我认定这是一个要点。至于要联络两国国民的方法，必须互相提携。不过两国国民各有各的希望，各有各的责备，并且希望太过，所以责备也太周，弄到结果，各有各的困难，以致彼此都想联络，都不能实行。研究到这个地步，中日两国国民非互相了解不可。要互相了解，也就是联络之一法。好像在民国八年，日本民间常有许多人希望中国和平统一，便主张中日两国国民互相提携。同时又有许多人，认定这是对外太柔软。但是现在已经了解，互相

---

① 11月24日，孙中山抵神户。这是他在上海丸轮船中与日本记者的谈话。
② 原文为"问（日本新闻记者）"。下同。
③ 原文为"答（中山先生）"。下同。

提携,是中日两国国民联络之必要。先生离日本很久,这次再来,必定见日本人对于中国的心理和从前大不相同,一定有隔世之感。先生这次住日本的时期虽然不久,但是一定可得到这种感想。就第二点说,日本人近来对于中国的感想,大概相同。日本人对于中国的希望,每每都是很急,这种很急的希望,有利也有害。日本人近来最大的希望,就是要中国赶快统一,整顿内治,发展实业。这次中国发生事故,已经知道北京的军阀势力推倒了,政治势力和从前大不相同,也知道段祺瑞要听国民的公意,要联络孙先生来处理国事。此时日本人相信中国还是乱,不过同时又信段祺瑞听国民的公意,和孙先生联络来处理中国国事,中国前途一定有希望。这是日本人大多数的心理,不过我这是用个人的意见发表罢了。

先生曰:"统一"是中国全体国民的希望。能够统一,全国人民便享福;不能统一,便要受害。日本人在中国不能做生意,间接也要受害。日本人热诚的希望中国统一,这是我们中国人相信的。不过统一之可能与不可能,不关乎中国的内部问题。中国革命以来,连年大乱,所以不能统一的原因,并不是由于中国人自己的力量,完全是由于外国人的力量!为什么中国不能统一?其中的原动力,完全是由于外国人呢?这个原故,就是因为中国和外国有了不平等的条约,每个外国人在中国总是利用那些条约来享特别权利。近来西洋人在中国,不只利用不平等的条约来享特别权利,并且在那些特权之外来妄用条约、滥用条约。这种外国人只顾自己的私利,不问良心,不顾道理,专在中国捣乱。现在中国这种捣乱的外国人实在不少,每一个人在中国,就是一个皇帝。这一个皇帝,就很可以利用一个大武人,来听他的话,或者是利用一部分的人,来听他的话。由于这种情形,外国人在中国不只是利用不平等的条约,并且滥用那些不平等的条约。外国政府和主张公道的人,在本国或者不知道他们这些人在中国的行动,因为他们本国不知道,便一意孤行,为所欲为,所以中国人便因此大受痛苦。

记者问:今天当面听到先生的讲话,及在报上读先生离沪时的讲话,已经明白了先生的意见。照先生的意见,以为中国内乱的原因,是在外国。外国之所以能够致乱的理由,是因为有不平等的条约。不过那些不平等的条约,是有根据和历史的。那些条约的根据,或者是由于借外债,或者是由于别种赔偿,总有权利抵偿的关系。我们日本人也希望中国能够废除那些条约,不过那些条约都是有历史上的根据,先生有什么方法可以废除呢?用普通人看起来,要废除那些条约,是不可能的。因为那些条约,都是有权利抵偿的关系,先生要废除,他们便要讨回权利,没有权利给他们,便不能做到;先生一定要做到,是用什么方法呢?

先生答:那些不平等的条约,各国政府同人民,老早知道不公平,自己问良心不过,所以便有主张更改或废除的。譬如在庚子年,中国一败涂地,英国立有马凯条约,还主张治外法权要改良,海关同租界要交回。由此可见外国人问良心不过,还是有很公平的主张。就是近来华盛顿会议,也主张放松束缚中国的条约。由此又可见凡是良心不过的人,都有公平的主张。而且要世界真是和平,要各国在中国不致因权利相争,更非废除那些条约不可!要做这件事,没有别的困难,困难是在外国的外国人,不能完全知道那些条约不公平。在中国的外国人,又非此不能生活。若是有那些条约,他们便可以骄侈淫逸,假若废除那些条约,便断绝他们的生路。他们因为要保全自己的生路,所以总是以那些条约为护身符,总是利用那些条约来扰乱中国,不许中国统一。因为怕中国统一了,便用公文向外国政府要求废除,外国政府一废除了,便断绝他们在中国的生路。外国主张公道的人,一定是主张废除的。不过那些在中国做官的、当侦探的和做生意的许多外国人,为保全自己的生活,所以要保全那些不平等的条约,所以借那些条约来捣乱。我们中国此刻能不能够废除那些条约,关键不在别国人,完全在日本的国民能不能够表同情!若是日本的国民能够表同情,中国的条约便马上可以废除。倘若不能表同情,中国便一时不能废除。依我看来,日本在三十年前也受过了这种痛苦,如果有同情心,推己及人,自己受过了的苦,当然不愿别人再受,当然要帮助国中〔中国〕废除那些条约。中国只要得了日本的帮助,想要废除条约是不成问题的。就眼光很小的日本人看来,以为中国废除了那些条约,日本要失去许多已往的权利。就拿自由增加海关税一层论,日本的生意,目前便要受损失。但是用远大的眼光看起来,这种损失,都是眼前的小权利。

如果帮助中国废除了不平等的条约,当然可以得中国的人心,日本完全得到了中国的人心,以后的大权利,便无可限量。譬如中国废除了条约,要行保护税法,自由增加关税,日本自然要受损失。但是日本帮助中国,中国国民真是感激日本,中日两国便可以合作互助,另外再立互助的条约——像经济同盟和攻守同盟那些互助的条约,都可以再定——假若中日两国真正做到了攻守同盟,日本所得的权利,当然要比现在所享的权利大过好几百倍或者是几千倍。若真是有远大眼光的人,要为将来几百倍和几千倍的大利,当无不可牺牲目前和以往的这种小权利。诸君今天欢迎我,我为贵国的将来大权利起见,所以劝贵国牺牲目前的小权利。

据《对神户新闻记者之谈话》,载《孙中山先生由上海过日本之言论》(广州民智书局一九二五年初版)

附录一　同题异文

孙氏先对于日本朝野之欢迎表示感谢,次述对于新闻记者之质问,当明白详细解答:

"余此次之来日本,目的为敦旧交。适因上海到北京之火车不通,轮船在此二星期间甚为拥挤,故藉此机会绕行〔道〕贵国,再行转轮赴天津。余对于诸君有两问题询问,即:(一)贵国与我国将来必互相提携,双方虽皆已了解,然究用如何手段方能达到完全目的。(二)日本国民对于中国有如何感想?"

日本《大阪朝日新闻》中国部长神尾茂氏代表记者团起立发言:"略谓对于第一问题,两国若能协力,在国际场中极能占有利地位,否则东亚二大国孤立,各不相谋,对于欧美诸国必招不利,此种观念有使两国国民彻底了解之必要。对于第二问题,在我等日人观之,中国内乱继续如此长久,颇不可解。故在此时甚希望孙、段提携合作。"

孙继续说:"中国之统一,我辈亦甚希望,盖国内之和平无有不期望者也。然内乱由来之原因决不在国之内部,而由于外来之列强压迫。如从前中国与列强间所订之不平等条约,不但紊乱中国之和平,且谓之有妨碍于世界之和平亦无不可。即无名之一外人一进中国即占特别之待遇与有利之地位,才智稍优者即利用之为私利、私欲之具,而为傍〔旁〕若无人之举动。因之,国内利源几为外人吸尽,结果卒演成今日之内乱。

至于不平等条约有害和平,违反正义、人道皆各国人所审知者也。距今二十年前,英国对于我国关于税关之独立、治外法权之取消,亦曾有提议及之。且凡尔塞〔赛〕和平会议亦高唱各国之平等,惟现在侨居中国之外人为拥护自己之私利,主张如此之不平等条约,故即谓彼等惟恐中国之统一,而为其权利之障碍亦未始不可。然此不平等条约之取消,须俟日本有同情之援助,同时我等深信日本鉴于我等之地位必与真正援助也。"

据上海《申报》一九二四年十一月二十九日《神户特讯》

附录二 同题异文

孙谓:"余此次因欲北上赴京、津,在上海候船不得,故由日本绕道。至于在日时期不过一星期而已,一有便船赴津即出发首途。余此来日,目的盖以日本友人甚多,可藉此机会与故交一叙会。今日到埠时蒙中日人士到来欢迎及各位新闻记者到来听余谈话,余实感激。今日在座之舆论界皆是明达之士,且系国民代表,故特将余之希望与各位一谈,望转致日本国人士。余平日极主张中日携手,共维持中亚大局。至于联络实行最妥善之法,余极愿领教。"

朝日新闻社支〈那〉部长神尾茂氏起立述希望两国实行提携之方法,并谓:"中国须自身早日统一,成立有权之中央政府为唯一要事。"

孙答云:"贵国人士谆谆希望我国统一,深为感谢!我国民无日不希望统一政府出现,不愿年年受此无告之痛苦。惟统一方法如何?非首先废除不平等之条约不可。中国之不统一,根本在与外国订不平等条约,此种不平等条约一日存在,则中国一日不安宁。中国之不发达、不统一实为此种条约束缚之故。有此种条约,在华外人身价高贵如皇帝,凡外人一言、一动皆能使强暴之统兵、大吏如督军等服从遵行,且有利我国不统一而助长内乱者。今日余之希望乃极愿在座诸位主张正义人道,迅速要求本国政府首先废除此种不平等条约。日人勿谓废弃此种条约,日本难免不受影响,岂知目前小利既牺牲,将来取得国交上之利益必不少。愿日人善自谋也。"

大阪《每日新闻社》记者桥口氏起立云:"中国如欲废除不平等条约,非定(?)不可。如中国先整顿内政,偿还外债,则外国如(?)无不可。"

孙答:"中国不能统一之原因已如顷述。惟列强恐中国强固政府出现必有要求废除不平等条约之举,或有不愿废除而从中阻碍者。"

记者起立谓:"中国今日之不能统一,诚如孙先生之所言,无别种原因存在?"

〈孙云〉:"今日日本既希望中日提携,如确有此种诚意,不如牺牲终〔从〕前之小利,首先自动的废除与中国所订不平等条约,则中国〔日〕亲善可以立刻实现,岂不甚善!"

据长沙《大公报》一九二四年十二月六日《孙中山抵神户之情形》

与望月小太郎的谈话①

(一九二四年十一月二十五日)

孙曰:中国今日之内乱,完全由外交上不平等条约而来,欲谋中国统一,非改善外交关系不可。向日列国视中国为劣等国,故订有许多不平等之条约,此等条约存在,实非中国之福。

---

① 望月小太郎系日本众议院代议士,宪政会之总务。他接到孙中山电,于11月24日下午由东京到神户,是晚在东方旅馆与孙晤谈;25日上午9时复与孙会谈,正午始回东京。

望月云：惟一旦欲要求列国废除，恐不容易现之于事实。以余鄙见，第一须先要中国统一，俟强固之中央政府方立，与列国立于同等地位时，然后图之，无不成功之理；日本以共存共荣之关系，亦无不援助之理。

据上海《时报》一九二四年十二月四日《孙中山在神户记》

与东亚被压迫民族代表的谈话①

（一九二四年十一月二十五日）

东亚民族处此帝国主义压迫之下，必须团结一致。

据孙中山治丧处编《哀思录》初编卷四（一九二五年版）

与高木的谈话（译文）②

（一九二四年十一月二十四日至二十六日间）③

列强的态度

世界列强对于中国一贯采取何种态度，今日已毋庸赘叙，综观历史及鸦片战争以来的事实，已可充分明了列强对中国的态度是何等横暴。可称之为历史事实的阶梯者，从鸦片战争起，经英法联军之侵入中国，中法战争，中日战争，拳乱事件，日俄战争等等，在九十余年的长时间内几乎是连续地发生。除了俄国之外，所有列强今天依然继续着它们从前的态度。（对孙氏意见的详细之点，戴天仇先生以中国国民党宣传部长的身份，不时加以补充。）

---

① 谈话地点在神户东方旅馆。
② 这是孙中山在日本神户与《中外商业新报》特派记者高木的谈话。
③ 按11月27日《中外商业新报》载，孙中山于"前些天"会见该报记者，今据此酌定此件时间为24日至26日间。

收 拾 时 局

直奉战争结束以来,我们听到一些报导,如说直隶派正驻屯于长江,重整阵容等等。我们决无针对哪一派特加谋画之类的事。除了对于国家问题、东洋问题、社会问题等不能不公开发表的主张之外,我们别无其他主张。在采取的手段方面,除了公开的、光明正大的奋斗之外,也别无任何手段。因此,我们也从未考虑过对直隶派特加窥何〔伺〕之类的区区问题。这是因为,对于直隶派这一名称本身,从根本上我们就并不承认。至于中国今后的时局应如何收拾,已由国民党总理的名义发表了宣言书,其中甚为明确,这里本不需重复说明。

废督裁兵问题

关于以何种方法实现收拾时局的第一要务——废督裁兵的问题,应该说,比起废督裁兵这样一个简单的说法更为重要的是,在国内要努力做到不使政治的权能重落军阀之手,而在国际上要极力抵抗帝国主义的跋扈。而且,不驱除列强对中国的压迫,中国的军阀将永不可能根绝。因此今天我们应奉为口号的是:对外打破帝国主义,对内打破军阀,这是我们的主张。专用废督裁兵这样的简单言语不能充分表明我们的意见。首先说到裁兵,我们正为如何既不减少军队,又要改善国民的经济生活而竭尽苦心。说起军队,本来就应该是在需要时就要大量配备,而不需要时便该尽量缩简而转向生产事业。所以简单地用"裁兵"二字做为口号,将使人感到意义不充分。看来应以改善国民经济生活之口号,总括地解决此等问题。为达到这种目的,当今收拾时局的方策,我们主张召开以国民——即以全国的确确实实的各部门职业团体为基础的国民会议,以该会议为中心执行政权。

整理借款问题

关于整理借款问题,目前尚无具体方案,无法详细说明,但前述之主张如不能实现,则中国之秩序无从恢复,当然整理借款之事亦将不可能。因此,整理财政乃是比整理借款更为重要之先决问题。盖中国财政的整体如无成算可见,一切将寸步难行。在国内秩序尚未恢复的当前情况下,整理借款显然是不可能的。

广东政府的前途

关于广东政府的未来,如果召开了国民会议,并由之产生政府,定出根本大法,则全国一切均将归于统一。那时的国民政府即将成为掌握全国统一权力的唯一政府。在此之前,出于维持现状之需要,理应在事实上继续存在下去。

中 日 友 好

中日友好之所以必要,此次来日之初即已表明意见。简言之,世上一切事均需有目的。中日友好究竟是为了何种目的? 如不能认清其目的,并为实现其目的而努力,将谈不上实现友好。我认为两国全体国民应当为了东洋民族,广而言之,应为全世界被压迫之民族,携起手来争取国际的平等,离开这个目的而谈论两国的友好乃是错误的。因此我深信,日本国民如不改变视日本为列强之一的观念,将无法产生对于真正的中日友好的思想,这正是我要通过贵报向日本国民呼吁之点。

我 的 任 务

最后要说,我个人今日之首要任务便在于:在国内,为国家之统一尽力,对外则期待着国家独立的实现和全世界对于中华民国的国际平等的承认。在我中华民国实现国际平等之前,我将不遗余力,以一亚洲国家的一个国民代表的身份奋斗不止,即有决心在国家独立实现之前不同政权接近。

据纪念涩泽青渊财团龙门社编纂《涩泽荣一传记》资料第三十八卷(一九六一年日文版)(金世龙译)

与头山满的谈话[①]

(一九二四年十一月二十六日)

由戴天仇传译孙氏来日目的,欲望废除各国与中国所订不平等条约。头山满闻此,默然半晌答云:所谓废除不平等条约,然则我日本在满、蒙既得之权利,将如何处置?至于具体办法,莫非欲将旅大收回耶!

孙云:旅大收回一层,余实未想到此,惟香港、澳门则有意收回。其中对于澳门为甚,因澳门之被葡萄牙割据条约上未有载明,不过葡萄牙乘我内乱之际,五百年前,私自割据而已。但现在葡亦不敢伸张势力于内地,否则不堪设想。旅大如不扩大其势力,则无成问题之必要,香港亦然。

头山云:此言诚然,两国地位立脚关系,当互相援助,然后可谓之真正日支亲善。

孙云:今日有希望于先生者,有二问题,此两种问题,请竭力帮忙,具望

[①] 1924年11月24日,孙中山抵神户,25日头山满来访,在神户东方饭店密谈至深夜,次日午后继续谈话。谈话由戴天仇传译。

贵国朝野充分谅解。其一、撤销治外法权；其二、中国关税独立。治外法权撤废，谅贵国人士，无不表同情。惟关税独立，因今日日本在中国商业地位，较之英美立于同等地位，或有过之，故关税权一为中国收回，日本难免受多大影响。其实不然，日本之金融、航业、运输等势力，远不及英美。但中国关税独立时，日本之地位亦大有向上之望。一方面虽受损失，一方面亦有利益，可断言也。

头山云：尊意颇有同感之处，以后当尽力行之可也。

据上海《时报》一九二四年十二月四日《孙中山在神户记》

附录　同题异文（译文）

头山满问：您所说的废除旧条约，是否可以解释为收回日本在"满蒙的既得利益"？具体说来是否包括收回旅顺、大连的意思呢？

孙先生答：我所说的是废除一般的旧条约，没有考虑收回旅顺、大连。香港、澳门也是这样。……旅顺、大连问题，如果在现有基础上再扩大其势力的话，就会出现问题。但像现在这样维持原有势力的话，还不致于发生问题。

据［日］藤井昇三著，朴成昊、丁贤俊译《孙中山与"满蒙"问题》（东京《朝日新闻》一九二四年十一月二十七日），载《国外中国近代史研究》第三辑（中国社会科学出版社一九八二年版）

与福原俊丸等关于中日关系的意见①

（一九二四年十一月二十七日）

孙文代表之民国方面：

---

① 日本贵族院研究会代表福原俊丸男爵与池田长康男爵于11月27日在神户与孙中山会面，就中日两国关系交换意见，此系双方发表的意见之报载要点。

（一）治外法权之撤废。

（二）关税之独立。

（三）关税之改正。

福原代表之日本方面：

（一）民国内政之不干涉。

（二）满、蒙特殊关系之确保。

（三）中国〔日〕经济之互相提携。

据长沙《大公报》一九二四年十二月十日《孙中山与日人交换意见》

与大阪《英字新闻》记者的谈话(译文)①

（一九二四年十一月二十八日）

星期五下午，在单独接见《英字新闻》记者时，孙逸仙博士对在远东的英国人的所作所为表示了强烈的憎恨。在他看来，美国人和其他外国人并非完全无可指责，可是英国人是再坏没有的家伙。孙说：英国外交部是背后操纵由在中国的英国人绑紧的绳子。

孙愤慨地说：就是在华的英国人老是在中国制造麻烦。当他最近途经上海时，那里的外国报纸厚颜无耻地提出不应让他来上海。孙博士愤怒地质问道：他为什么该被赶出自己的国家的一个城市？如果英国人继续保持其傲慢态度，总有那么一天，他们会不得不尝到他们自己种下的恶果。

中国的全面抵制英国

孙博士向记者郑重宣告：被压迫的中国人在仔细考虑对英国的全面抵

---

① 《英字新闻》(The English Mainichi)为《大阪每日新闻》的英文版。该报记者在神户访问孙中山，其谈话报道对孙中山采用第三人称，现收录于此。供参考。

制,不仅是在象香港和上海这些有限地区,而是整个中国。无可否认,中国是反抗他们的,英国在华的大商业、银行、航运行业会遭到严重的影响。用这种办法,中国人才能最有效地对付在孙心目中的英国这个穷凶极恶的东西。

孙博士说,他不是恨每一个英国人,但是在上海和神户,他拒绝会见英国或美国的新闻记者,因为从过去的经验中,这些新闻记者如何蓄意歪曲事实,他是知道得太清楚了。但就个人而论,孙说他有很多亲密的英国朋友和美国朋友。

英国老师救了他的命

他说,三十年前,他在伦敦被一位英国老师所救。中国政府企图以政治理由在那里逮捕他,可是随后为现在已是爵士的詹姆斯·康德黎先生所救。孙博士说,对康德黎先生和其他的私人朋友,他长久保持尊敬和亲善之情,但英国人是中国的祸害。当他考虑到经常受他们压迫的可怜的四亿中国人的福利时,他在英国人中有许多可敬的朋友这一事实,也不会使他看不到英国对他的同胞的不义行为。

美国和其他国家,日本也不例外,都效法英国人立下的恶例。如果日本特别要和她的邻国达成真正的友善关系的话,她就应当象俄国和德国已经做到的那样,归还所有从中国拿去的东西。

他说他是英国侨民的眼中钉

孙博士说,他是在华的英国人的眼中钉。他们恨他,而他更恨他们。这些英国人在进行反对他的活动中用了一切可能的卑鄙手段,其借口是说他是个捣乱分子,完全忘记了他们自己是在中国的捣乱分子。孙博士强调说,英国人干这些肮脏勾当的真正原因,仅仅是因为他不肯承认他们的狡猾行为是正确的和合乎道理的。

提到最近香港海员的罢工,他说,英国人将鼓动罢工的罪责全归之于他,而他其时远在内地,与此毫无关系。中国现在遭受治外法权之害。日本在多年前已摆脱了这个耻辱,有日本的真诚帮助,中国也能很快地摆脱它。孙博士告诫日本不要盲目追随英国政府的政策。不幸的是,从报章报道的日本驻伦敦大使最近的公开讲话来看,他似乎认为日本没有支持英国的宠物袁世凯和吴(佩孚)将军是犯了一个大错误。

要是日本,如那位日本大使本想让它做的那样,帮助了他们,那么现在日本对中国的立场会怎么样呢?孙博士说,她肯定不会对中国人友好的。

据大阪《英字新闻》一九二四年十一月三十日《孙博士在与新闻记者的谈话中有礼貌地疏远了在远东的英国人》(Dr. Sun Puts Far East Britishers As Polite Distance in Talk With Mainichi Reporter) 英文抄件(吴开斌译,金应熙校)

与《日本年鉴》记者福特的谈话(译文)①

(一九二四年十一月二十九日)

福特问:根据最近的报道,孙中山已进一步承认日本在"满洲"持有领土的问题可暂时维持现状,这个报道是否正确?

孙中山承认报道正确,但补充说:"这并非应将日本列进与其他列强不同范畴之中"。孙还谈到,在要求恢复中国的独立运动中,目前以两点为限,即废除外国人的治外法权与收回关税自主权。日本在"满洲"拥有的领土,其地位与香港、澳门相同,现在都不要求归还它们。

福特提出日本在"满洲"的租界是否与上海、汉口、天津的各租界相当。

孙中山答称:"现在不为这些租界耽心。我首先要求的只有两件事。如果不许中国管理自己的关税,废除外国人的治外法权,则中国将不成为国家。中国将堕落到殖民地以下的地位。我没有考虑对日本采取跟其他列强

---

① 谈话记录发表于1924年12月2日《日本年鉴》。

不同的处理办法。我希望所有列强都应学习苏俄的样子将主权归还中国。"

孙中山在强调中国必须从列强的压制下解放出来之后断言:"假使欧美列强现在继续压制,那么,中国也许将与苏俄及印度联合起来,对抗欧美。"

福特问道:"你是否有理由相信,在这方面日本会给其他列强起示范作用?"

孙中山答道:"我确信日本国民是一致赞同我的。尽管我没有从日本政府那里得到支持我的保证,但我仍然确信若日本政府官僚不愿采取行动,日本国民会迫使政府采取行动的。"

据[日]藤井昇三著,李吉奎译,马宁校《孙中山的"亚细亚主义"》,载《国外中国近代史研究》第十八辑(中国社会科学出版社一九九一年版)

附录 同题异文(译文)

日本方面报道说,我国目前承认日本在旅大的租界现状,这完全是对的。但这并不是要把日本和列国分别对待。我认为当前必须迫切解决的问题,是废除治外法权和收回关税自主权这两个问题,旅顺、大连和香港、澳门处在同样的地位,现在我未要求列强立即归还它们。有人说,旅大租界地不是和上海、汉口、天津等的租界一样吗?但我目前还没有考虑收回租界的问题。如果不解决这两个问题,中国就不能成为国家,也不能摆脱次殖民地的地位。

据[日]藤井昇三著,朴成昊、丁贤俊译《孙中山与"满蒙"问题》,载《国外中国近代史研究》第三辑(中国社会科学出版社一九八二年版)

与《告知报》记者代表的谈话①

（一九二四年十一月三十日）②

代表先问：日人方面近传中山现愿对于日本占领东三省土地之问题暂不置论，确否？

先生答：良确。但此并非含有许日本处于与其他列强不同的地位之意味。关于彼恢复中国独立之运动，现时以两点为目标，一为废除治外法权，一为收回海关。（至于日本在东三省之地位，彼认为与香港、澳门相同，目下并不要求归还。）

代表：以东三省之日本地位，颇似上海、汉口、天津等处之租界。

（中山谓彼目下不问租界问题，彼只先求得两事：即废除治外法权及收回海关是也。因此两事不做到，中国不成其为国家，真为殖民地之不如。彼并非谓日本地位应与他国不同。彼所欲者，乃列强应与苏联相同，归还中国之主权而已。）

先生谓：中国之最大税源（海关）而握于他国之手，实一大笑柄，在华外人不受中国法律管束，亦非当然之事。十三年以来，外人在华推波助澜，挑起衅端，即倚仗此不受中国法律管束之特权也。

代表问：外人曾如何挑起衅端？

先生答：第一为援助袁世凯。列强徇捣乱者之请，以二万五千万之大借款给与袁政府，助其扑灭革命党势力，向使列强不予此种赞助，则民国不至大乱。至于帝制运动，若无外力援助，亦不能存在。最近彼等又选出一吴佩孚，认为"强固人物"而拥护之。英、美且曾正式向日本提议赞助吴氏。（中山此说未见日本或他国报纸记载，或系指海关当局对北京之提议而言，惟吾

---

① 《告知报》为英国人在日本所办的英文报。孙中山离日本回国之前，该报派记者代表访问了孙中山。

② 原文未署日期，今据孙中山离日时间标出。

人未闻日本反对或抗议此等提议。)

假使中国人对英人声称"海格为君等之强固人物,宜为君等之主治者",试问英人将作何想?又使外国人欲迫美国人接受潘兴为总统,美人又将如何?外人尽有权在华经商、传教,但对于中国政治无干预之余地。假使外侨被置诸中国法律之下,则此种干涉可免。倘能将捣乱之外人枪毙一二,当极有益。目下则在华每一英人皆不啻王侯,即以粤中一事为例,曾有英人某从香港至省城谒某督军者,其地位即不等于印度总督,亦等于孟加拉省长,而此督军则率诸幕僚出迎,如见大宾,并以"香宾酒"迎客。一二日后,此客乃对人言,彼此来系探闻督军须添制衣服否,如欲添制者,彼可量尺寸耳。中国官员曾以不敬西宾而遭严谴,故习成媚外,此其一例。而外人之势力亦可见一斑已。

中国今日之地位且不逮殖民地,列强十三四国皆以中国之主人自居,然并无一负责任者,如英之对印度然。英对一九〇二年《马凯条约》中允许,如他国归还中国以主权,英亦照办,此足见英国具有良心。最近华府会议又有增加关税及废除治外法权之允许。然迄今确实归还主权者,只有苏联一国。自苏联此举之后,吾人乃怀疑于英国矣。

代表问:君能提议诱致列强实行之实际的方法否?假使彼等而果无道德者,君能使彼等觉放弃治外法权于彼等有便利否?即如德人、俄人已放弃彼等之特权,试问彼等曾否因由此得在内地贸易投资而增加便利乎?

先生答:我意彼等将能增得便利,但外人所欲者并非便利,彼等皆欲在中国为王耳!

代表又问:日本之从列强收回自由,中国有可取为教训者否?

先生答:日本此举之成功纯因彼之武力。西方各国所畏,尤其战胜中国一事。假使彼未有武力之成功,则决不能收回治外法权。今外人以日本为中国之先例,不知中国如变为武力化,则其意味与日本大异。中国人于二千年前即反对战争,今若复趋于武化,则列强直自遭殃祸。武化之德国,以全世界之力始征服之。若中国变成武化,则无异出现八个德国。今世人竞言和平,然中国事若不解决,世界决无和平。倘列强愿学俄国解放中国,则世界和平可致。否则不能。若目下之压迫继续不止,恐中国将联合苏俄及印度而与他方各国为敌。如是,则将有九万万之人力。中国目下正在歧途中,或将成一大武力国,或为一大和平国,均不可知耳。

代表问:料日本于恢复中国主权一事,是否愿为列强之领袖?

(中山答称,彼信日本人民皆与彼同一见解,彼虽未得日政府赞助之保证,但彼信日本人民将迫其政府赞助此事。)

(代表提及中山于数年前颇反对日本,曾痛诋其对华侵略政策。先生谓目下彼不愿谈此事。)

代表又言:从前"安福派"当国时,曾大借日款一万五千万元,中山当时亦甚反对段祺瑞,今日本显然赞助段氏,每望收回债款。

先生答:日本倘能被诱致而赞助中国,则中国丧失日金一万五千万亦属值得,中国为恢复其国命起见,固愿为小小之牺牲耳。

代表提及一九一一年张作霖曾竭力反对革命党,目下尚有人信张不忘复辟。

先生答:十余年来情形大变,彼目下愿与张合作,深信张氏如不受引诱并列强之赞助,则决不为复辟运动。

代表谓:目下外国外交家对于中国何党何派可以认为政府,非常疑惑,以吴佩孚、张作霖及彼(中山)各有势力,目下虽有数派业已携手,而吴佩孚尚有在长江各省联合之势。

先生答:吴若果组联盟者,吾人必打倒之。

代表谓:彼在广州反对北京时,曾要求列强将粤关余交粤政府,今吴佩孚亦可有同一之要求乎?此关余果须交付者,试问列强将交与何人乎?

先生答:列强如果怀疑,不妨暂将该款保管。(当辛亥革命时,彼即提议将关税存于外国银行。但彼以为目下之大局业已明了,列强无须疑惑,彼行将入京召集国民会议,借组正式政府云。)

代表问:广州商团冲突及西关大火事。

先生答:商团之活动,背后有英人指使。

代表问:西关之焚烧是否彼下令。

先生答称:断然。(彼将此事与伦敦雪特尼街事件互比,盖此事件中有盗匪数人以武力反抗警察,陆军大臣邱吉尔遂下令召出军队。据彼之记忆,当时曾因此焚烧房屋若干。广州商团在西关负隅而守,政府屡次劝其服从终不肯听,政府为破裂彼等之抵抗起见,非焚烧若干房屋不可。在伦敦事件中,政府之敌不过数人,而在广州则有七千人也。)

据上海《民国日报》一九二四年十二月十日《孙中山先生与英记者之谈话》

附录　同题异文(译文)①

（一九二四年十一月下旬）

据其秘书所说,孙逸仙博士决定不对英国或美国的报界发表任何声明,而当他为一项私人请求所打动时,他的决定还是可以通融的。在他动身回中国的前夕,他和新闻记者作了一次谈话,很直率地说了他的意见,尤其是提到他要求恢复中国的独立。在这方面,他首先向列强的良心呼吁,其次吁请注意可能会出现的危险,如果中国武装起来了,如果中国与印度和俄国联合的话。这次晤谈的一个特点是孙博士愿意回答一些稍微难于置答的问题,譬如他对日本的态度的突然变化,他与张作霖和段祺瑞的关系,他的部队最近在广州烧了几百间房屋等等。

和日本的关系

孙博士首先被问及,近期的一篇日本报道,说他愿意让日本在满洲的领地问题暂且搁置是否正确。他答谓,很正确。但他并不曾表示日本该有别

---

① 《日本新闻》(The Japan Chronicle)为英文报纸。该报记者在神户访问孙中山的谈话报道对孙中山采用第三人称。原报道未署谈话时间,因孙中山于是月24日抵神户,30日离开,故标为下旬。此件与上件内容相吻,附作参考。

于其他列强而置之于另一范畴。在他为恢复中国的独立而进行的活动中，眼前要办的限于两件事：废除外国人的治外法权和恢复中国的关税自主。

关于日本在满洲的租借地，他将之置于和香港、澳门的同样地位，他不要求目前就收回。当有人指出，日本在满洲的租借地很类似于上海、汉口和天津的各种租界时，他说，此刻他也不为这些租界操虑。当前他首先要办成的就只是上述两件事。在未获允控制其海关业务和废除外国人的治外法权之前，中国就谈不上是个国家，会降到比任何殖民地更糟糕的境地。应将日本区别于其他列强来对待，不是他的想法。他想要的是所有强国都应步俄国的后尘，归还中国的主权。

列强的"强人"政策

中国国家收入的主要来源——海关，应被掌握在列强手中，孙博士说，这是荒谬无理的。外国人在中国不受中国法律的管辖，是非常不公正的。依靠这种置身法外，在过去的十三年里，即推翻满洲统治的革命以来，外国冒险家在中国一直挑起麻烦。

采访者问，外国人怎样挑起麻烦？

孙博士说，首先，是他们支持袁世凯。冒险家们成功地说服了外国政府给袁二亿五千万美元①的借款以帮助他打倒中国的革命力量。

如果列强不曾给予这样的支持，本不会有麻烦的。要是没有列强的支持，也不会在中国出现帝制活动。最近他们已选中吴佩孚为他们的"强人"并给他以支持。英国和美国已正式建议日本支持吴。孙博士在这一点上所掌握的任何消息，没有在日本也没有为其他有关方面所公布，除非是指海关最近向北京当局预付的款项。我们未听说过日本对这些付款加以反对或持异议。

孙逸仙博士说，如果中国人对英国人说，"黑格（Haig）是你们的强人，

---

① 似应为二千五百万镑。

黑格该做你们的统治者"，英国人该会怎么想。如果外人试图强使美国人接受潘兴(Pershing)为其统治者，美国人又该会怎么想。外国人可以正当地要求与中国人通商和传布基督教的权利，可是他们无权插手中国的政治。

裁缝的故事

这位共和派领袖继续说道，如果外国人被置于中国的法律管辖之下，这种干预是可以防止的。如果他们中的一两个人因在中国挑起麻烦而被枪决的话，可能是有益的。可是现在，每一个英国人在中国都是王。他举了广州的一件事为例。一个英国人曾从香港去那里见都督——其地位如果说不等于印度副王，也相当于孟加拉总督。这位官员斥退了他的随从，以对客人表示敬意，并吩咐备香槟酒来款待。得到半天左右这样的隆遇后，十分感到窘困的来宾提到他是来了解一下都督阁下是不是要制些衣服。要是的话，就量尺码。中国官员们已经懂得要非常当心，因为其中有些人曾由于没有予官方来宾以应有的尊重而受到严惩。于是乎就精心刻意款待了这个香港裁缝。

孙博士说，如果英国及其他列强不许可中国自由，中国人会觉得，要求成为英国的一块殖民地倒还有利。他再次说到中国现在的处境比任何殖民地还要糟糕。中国现在不得不侍奉十三或十四个主人，个个主人都坚持要特权，但没有一个肯承担如英国在印度所不得不承担的责任。孙还补充说，英国在一九〇二年的《马凯条约》中允诺将恢复中国的自主权，条件是其他列强也这样做，这显示了英国在此事上的良心（该条约确实规定任何一方在每期十年的任一期终了时都可废除该条约，还规定了愿受条约约束的列强的权利和义务将是平等的）。此外，孙博士说，还有列强在华盛顿会议上所作的承诺（答应使关税率大幅度提高和研究废除治外法权问题）。孙说，就俄国而言，她实际上已归还了中国的主权。这位中国领袖最后说道，从俄国采取这一行动以后，我们就摸不透英国了。

有实际可行的办法吗?

"孙博士,你能否提出任何实际可行办法的建议以使得列强采取行动?假定他们全不讲道义——有没有什么可以向他们表明的!他们以放弃其治外法权而可获得的利益?譬如,德国人和俄国人放弃了他们的特权。他们有没有从他们因此而取得的在中国内地贸易和投资的额外自由中获得利益呢?"

对这个问题,孙博士回答说:"我认为他们会这样做的。可是外国人要的不是利益。他们都想在中国为王。"

中国等于六个德国

采访者随后问及,中国于日本从其屈从列强下取得自由的办法中,是否学到了一些东西?

回答是,日本在这方面的成功,仅仅是她表明了其有成为西方承认的军事强国的能力——尤其是在九十年代打败了中国。孙迅速地驳回了所谓日本即使没有军事上的胜利本也可以获得废除治外法权的提法。外国人向中国展示日本的榜样。他们没有认识到使中国这个国家军国主义化将意味着什么。两千年前,中国人就放弃作为职业而去打仗了。如果他们被诱导去恢复军国主义,那将成为"你们的危险"。世界是以联合的努力而且还由于幸运才征服了军国主义的德国,要是中国军国主义化了,那么世界就得和六个德国进行较量。人们对世界和平谈论很多,但除非中国的事情得到解决,就绝不可能有世界和平。列强只有在解放中国方面效法俄国,才会有世界和平,舍此别无他法。孙博士在这方面继续谈了一些,并宣称中国可能与俄国和印度联合以对抗西方列强,如果当前的压迫持续下去的话。这样他们就有数达九亿的人力——他坚持认为是人力而不是机械——赢得了世界大战的胜利。中国现在是处在十字路口上。她可能成为一个军事强国。

有些人认为你们太有见识了,是不会这样做的。采访者说道。

我们可以激奋起我们的蛮劲,如果我们想这样办的话。孙博士答道,并再次提起他的让中国从外国统治下解放出来的要求。

日本会帮助吗?

当问到孙有没有什么理由可相信,在这方面日本会为其他列强带头采取行动时,这位伟大的革命家回答说他确信日本人民是一致赞同他的。而对日本政府的支持,他没有把握。但是,如果东京的官员不愿采取行动,他仍相信人民会迫使他们这样做的。

当提醒他说几年前他曾对日本深抱敌意,曾激烈批评日本对中国的侵略政策时,孙博士说此刻他不愿谈这些事。

西 原 借 款

还向孙博士指出,现在他与之结盟的段祺瑞及其安福系,过去他却绝不与之友好。这种立场似乎使局外人有点难于理解,尤其是由于安福系曾负责筹借为数约一亿五千万美元[①]的声名狼藉的西原借款,这项借款可说是未用来使中国受益。看来很清楚,日本目前是在支持段,主要在于期望段会使中国实现这笔西原交易。

孙逸仙回答说,如果日本能被说动来支持中国的要求独立,这一亿五千万日元是很值得的。中国愿意作一点牺牲以恢复国家的生气。

张作霖是君主主义者吗?

还提醒孙博士,张作霖在一九一一年曾采取反对中国革命党人的各种

---

① 应为日元。

行动,以及现在据信他仍然是个君主主义者。孙回答说,从革命年代以来,情况已变化了。他现在很愿意和张共事。也相信,除非有外国挑动和支持,张是不会再从事什么帝制活动了。

感到为难的列强

向孙博士提出了这一点,即外国外交官在弄清该把那一派视作中国的政府上感到很为难。以前有在北京的吴佩孚,在广州的孙本人,在满洲的张作霖,还有其他的人。甚至现在已有几派实行联合了,而吴佩孚还可能在华中各省成立一个联邦。

"如果他这样做,我们就打垮他,就如我们现在正在做的那样。"回答是很自信的。采访者仍然指出,当孙逸仙本人在广州反对北京当局时,他曾要求把广州那部分海关关余交给他。吴佩孚不也有权利提出同样要求吗?如果海关业务该移交的话,列强又怎么知道向谁移交?

孙回答说,如果他们有什么疑问,可以把钱保管起来。当革命期间,对中国的那一方有权以政府自居存在疑问时,他本人曾建议他们把钱存入外国银行。可是他认为目前的形势是如此地明白,列强没有理由犹豫不决。他即将去北京再度召开国民会议。

他宣布他将直接去北京。如果他这样做,他将显示很大的勇气。

广 州 那 场 火

对孙博士作了解释,《日本新闻》曾试图对最近在广州发生的骚动——商团向革命纪念日①的无武装的游行队伍开枪以及随后火烧该市商团所在地的西关——的两方面的情况都加以描述。孙博士首先谈到商团的活动是英国煽动起来的——这无疑是指汇丰银行在广州的买办陈廉伯扮演了主要

---

① 革命纪念日,指10月10日武昌起义纪念日。

角色。(该行的辩解当然是说,陈先生以私人资格,可以自由按其愿望行事。)

当问到孙博士是否曾实际上命令火烧西关时,他回答说的确是那样。他把这件事和伦敦西德尼(Sidney)街事件相比,曾有些强盗在那条街上以武力抵抗警察。根据温斯顿·丘吉尔(Winston Churchill)先生的指示,动员了军队。据他回忆,在对付那些强盗的军事行动中,有些房屋被烧掉了。广州的商团曾在西关为他们自己设防;他们拒绝了多次向他们作出的要他们服从孙博士的政府的权威的呼吁。这就有必要烧一下以摧毁他们的抵抗。在伦敦,要对付的只是几个敌人;在广州,要对付的是差不多七千人。在这次军事行动中,三四百间房屋被烧掉了。

据神户《日本新闻》一九二四年十二月二日《孙逸仙谈中国的屈从地位》(Sun Yat-sen on China's Subjection)英文抄件(吴开斌译,金应熙校)

关于民主政治与人民知识程度关系的谈话[①]

(一九二四年十二月一日)[②]

许多人以为中国不适用民主政治,因为人民知识程度太低。我不信有这话,我认说这话的人还没有明白"权能"两字的意义。

要解释"权能"两字的意义,有一个譬喻在此:譬如坐汽车的与开汽车的,坐汽车的是主人,他有的是权,不必有能,他只要说得出要到的地方,就可以到要到的地方,不必知道汽车如何开法;开汽车的是雇员,他有的是能,他能摇动机关左右进退迟速行止,但是他并没有开到哪里的权。行使坐车人的权,取用开车人的能,汽车便很顺利地会到目的地了。

---

① 此为上海《民国日报》总编辑叶楚伧回忆孙中山谈话的笔记。
② 谈话时间不详,所标时间系上海《民国日报》发表日期。

人民是民国的主人,他只要能指定出一个目标来,像坐汽车的一般。至于如何做去,自有有技能的各种专门人才在。所以,人民知识程度虽低,只要说得出"要到那里"一句话来,就无害于民主政治。

据上海《民国日报》一九二四年十二月一日《逐件来解释民众间对国民会议的怀疑》之(二)《开国民会议与人民知识程度无干》

与门司新闻记者的谈话①

（一九二四年十二月一日）

门司新闻记者问②：我们多年没有见过先生,适逢先生路过门司的机会,所以特来问候,并请问先生这次经过日本的感想。

中山先生答③：我这次绕道贵国,蒙贵国朝野人士极热诚的欢迎,我是十分满足、十分感谢的。我到日本的目的,已经在日本各新闻纸上发表过了。我所发表的主张,最重要之一点,就是在求日本援助中国,废除中国向外国所立的一些不平等条约。我们中国此刻所受不平等条约的痛苦,在日本三十年以前也是曾经受过了的;后来日本同欧美各国奋斗,才除去那种痛苦。我现在希望你们日本,已立立人,已达达人,扩充痛定思痛的同情心,援助我们中国来奋斗。

记者问：近来我们得到北京许多电报,听到说现在有许多人要选举先生做大总统。如果能够成事实,先生是什么态度呢？

先生答：我的态度,是决计推辞。中国一日没有完全独立,我便一日不情愿做总统；要中国完全独立之后,我才可以承认国民的希望。照中国现在大多数的国民希望,要我做大总统,大概他们都不知道自己在国际上的地

---

① 12月1日,孙中山在北岭丸轮船上接见来访记者,发表此谈话。
② 原文为"问（门司新闻记者）"。下同。
③ 原文为"答（中山先生）"。下同。

位。中国现在是做十几国的殖民地,有十几国的主人,我们是十几国的奴隶。如果我是做大总统,在政府之中,身当其冲,天天和十几个主人来往,便随时随地要和主人冲突。中国现在的地位,不能够和主人有冲突,所以我现在不能够做大总统。我先要处于国民的地位,同各国再交涉,废除从前不平等的条约,脱离奴隶的地位,到那个时候,才再可以同国民说做他们大总统的话。

记者问:先生这次到北京去,推什么人做总统呢?

先生答:我现在日本,看不清楚,不能够说出何人。

记者问:中国南北不调和,是过去的事实,以后还有没有这种事实呢?

先生答:这个关键,也是在不平等的条约。如果北方有胆量,能够赞成南方的主张,废除那些不平等的条约,于中国前途有大利益,南北才可以调和。若是北方没有这个胆量来赞成南方的主张,中国不能够脱离奴隶的地位,就是南北一时调和,于中国前途,只有害而无利。南北又何必要调和?何必要统一? 这个理由,要另外有一个证据,才可以说明,诸君才可以懂得清楚。

诸君知道我们中国在满清的时代,南北是统一的,只有一个政府。从瓜分中国的论调发生了之后,各国都想在中国沿海口岸先占一个根据地,然后才由此发展进占中国内地。所以德国占青岛,俄国占旅顺、大连;法国占广州湾;英国占香港、威海卫。此时香港的海军当局,计划香港的防守事宜,看见香港对面的九龙地方有许多高地,对于香港,都是居高临下,香港若是得不到那些高地的防卫,在军事上便极不安全。英国人的这种思想,并不是怕中国人利用那些高地来打香港,是怕外国人占领了中国之后,利用那些高地来打香港,所以便想预先向中国取得那些高地。照英国人的原来计划,是以那些高地的分水岭为界,只要水向香港流的地方,划归香港政府防卫。至于水向中国流的地方,都可划归中国政府防卫,香港便极安全。这个计划定了之后,英国人便告诉驻北京的英国公使,和中国政府交涉。

英国公使接到了那个计划之后,打开香港的地图一看,以为香港的原来计划,只要求中国割十几方里,那个要求太小;他看到北京的政府很软弱,很容易欺负,可以多要求,所以向中国政府提出来的不只要求十几方里,要中国割两百多方里。当时北京的统一政府,非常的怕外国人,当然是听外国人的话,准英国的要求。英国公使一接到了中国政府照准的公文之后,便通知香港的英国政府。于是香港政府便派兵进九龙内地,接收那些领土。

在本地的土人,一遇到了英国兵,便和英国兵开战,便打败他们。于是英国兵就退回香港,又再打电报到北京的英国公使,向中国政府交涉,说我们原来要你和中国政府交涉,取得那些领土,就是不愿意用武力,是想和平解决;现在我们去接那些领土,本地人民已经是和我们开战,请你再向中国政府交涉罢。英国公使又再把香港的情形,向中国政府提出交涉。中国政府一得到了那个交涉,便打一个电报到两广总督,要两广总督执行,一定要把那些领土交到香港政府。两广总督一接到了北京统一政府的命令,当然是严厉执行,便马上派五千兵,去打退本地的人民,香港政府才是安全的得到了那两百多方里的领土。像这样讲起来,当时中国的北京政府,虽然是一个中国的统一政府,但是另外还有主人,要听外国主人的话,对于本国的人民,就是杀人放火,也是要做。像这样的政府,虽然在名义上是统一,但是在事实上对于南方人民,只有害而无利,又何贵乎有这种统一政府?假若在满清的时候,中国政府不是统一,北京政府的压力,不能达到南方,以南方的强悍,专就香港而言,便不致失去那些领土。

所以我这次到北京去,是不是执全国的政权,南北是不是统一,就在北方政府能不能够赞成我们南方的主张,废除不平等的条约,争回主人的地位,从此以后,再不听外国人的话,来残害南方的人民?如果这一层做不到,南方人民还是因为北京政府怕外国人的关系,间接还是受外国人的害,南北又何必要调和,何必要统一?我又怎么情愿去执政权?若是这一层能够办得到,中国可以完全自由,南方人民再不间接受外国人的害,南北便可以调和,便可以统一,我也情愿去执政权。

记者问:陈炯明何以反叛先生呢?

先生答:因为图个人的私利,勾通了吴佩孚。陈炯明也不全是反叛我,是反叛我们国民党。

记者问：先生要废除中国同外国所立的不平等条约，对于日本所希望的是废除哪几种条约呢？

先生答：如海关、租界和治外法权的那些条约，只要是于中国有害的，便要废除，要来收回我们固有的权利。

记者问：先生对于日本同中国所立的二十一条要求，是不是也要改良呢？

先生答：所有中国同外国所立的一切不平等条约，都是要改良，不只是日本所立的二十一条的要求；二十一条要求也当然是在要改良之列。中国的古话说："己所不欲，勿施于人。"假若美国对于日本也有二十一条的要求，你们日本是不是情愿承受呢？当然是不情愿的。既是自己不情愿，拿出恕道心和公平的主张出来，当然不可以己所不情愿的要求，来加之于中国。你们日本便应该首先提倡改良！

记者问：先生对于国外的问题，主张要废除条约，对于国内的问题，是不是要主张废督裁兵，中国才可以统一呢？

先生答：对于国内的问题，也是要先废除条约。因为中国近来的兵与督，都是外国条约造成的。

据《对门司新闻记者之谈话》，载《孙中山先生由上海过日本之言论》（广州民智书局一九二五年初版）

与来访者的谈话①

（一九二四年十二月一日）

予赴北京，将于大体方针决定之日，即往欧美漫游，决不久滞。予第一目的在欲废除十三国对华之不平等条约，使中华民国成真正大统一之国家，则治外法权及关税各节问题均可一一解决。而所谓二十一条问题，此际日

---

① 12月1日，孙中山途经门司，这是他与门司来访者的谈话。

人宜反省之。其次为贯彻废督裁兵,及财政整理。倘此志不达,即选予为总统或任何制度下之领袖,予决不就。且以为果国运至于斯极,可任国民之意志,或分中国为若干国而各别统治。

予观中国衰亡原因,第一乃为英国所侵害。予有机缘当首访英国,次及列国,以求尽吾力。至于目下之北京政府,段祺瑞既出任政府,其资格良宜。予舍推崇之外,别无他见存也。

据北京《晨报》一九二四年十二月五日《孙文昨午到津》

对天津各界代表的书面谈话①

(一九二四年十二月四日)

曾告日本应取消二十一条,及取消特别优先权等成见,实行中日亲善。

予七号尚难进京。予以国民资格向各方建议,不愿为总统,但不反对人以总统拟予。予志愿各国对华平等,解除一切不平等条件〔约〕时,方为总统,予此时竭力宣传,请各国尊重中国国际地位。

予认国民军解决清室问题,甚妥当。

据上海《申报》一九二四年十二月六日《北京五日电》

与日本记者西村等的谈话②

(一九二四年十二月四日)

西村:先生此次经由日本来津,对于敝国之感想如何?

---

① 1924年12月4日,孙中山抵天津张园后,在大客厅向各界代表致谢意,并言"因在船上受海风颠簸,精神萎顿,委托汪精卫代达微忱",言毕鞠躬退(上海《申报》1924年12月11日《天津通信》)。由汪精卫代表孙中山作了书面谈话。

② 12月4日,孙中山在寓所张园接见驻津日本记者西村、江崎、藤泽山内、岛田等,发表此谈话。

孙先生:此次余身受贵国各地上下官民热诚欢迎,实深感谢。

西村:先生此次北上,对于中国时局之前途关系重大,愿闻所抱方针之一端。

孙先生:余个人之方针,渡日之际已在长崎、神户、门司等处发表,日内更当发表具体之宣言书,以供国内外人士之研究。

西村:先生留津约有几日?并于何时晋京?

孙先生:余尚欲拜访张作霖,明日赴各团体代表之欢迎会,七日早车入京。

据上海《民国日报》一九二四年十二月十三日《孙先生到津后之表示》

与张作霖的谈话①

（一九二四年十二月四日）

张:先生对现在时局之收拾,合肥能当此任否?

孙先生:现在除合肥外,实无第二者可当此任。今后可全委诸合肥办理。

张:先生预定滞留北京为期几日?

孙先生:约二星期。

张:此后当赴北洋游历否?

孙先生:一俟时局稍定,即作欧美之游。

据《广东七十二行商报》一九二四年十二月二十二日《大元帅抵津后之言行录》

---

① 12月4日,孙中山往曹家花园拜访张作霖,与张作此简短的谈话。

与张作霖的谈话①

（一九二四年十二月四日）

张：明日闻公应各团体之请，预定在大舞台演讲三民主义，届时听者势必甚众，人数杂众，保护困难。弟意我等身膺国家重任，举动不可不慎，鄙意不如作罢，以免意外。

孙：弟惯于在群众前演说，此层不必过虑。

张：还是请公俯纳刍荛，凡事谨慎为是。

孙：作罢亦无不可。但既承各团体雅意，拟在敝寓折柬邀请各团体领袖茶话。

据北京《晨报》一九二四年十二月六日《孙文抵津》

与张作霖的谈话②

（一九二四年十二月五日）

本人主张五权宪法，当提出国民会议公决。予非赞成共产主义，予乃社会政策，正所以导引共产主义者入于正轨。

据上海《申报》一九二四年十二月七日《北京六日电》

---

① 1924年12月4日下午4时，孙中山往曹家花园拜访张作霖，张设席宴请孙中山。宴后作此简短的谈话。

② 报载12月5日，孙中山出席黎元洪招待午宴，在黎宅与张作霖谈话。但据《邵元冲日记》中载"五日，午间应黎宋卿午餐之招。……本日之宴，本特为孙公，乃公以疾不能行，故由精卫等代表前往。三时顷归张园。少顷，张雨亭来视孙公疾，言谈间……"。据此，谈话地点是在张园，不是在黎宅。

与张作霖的谈话

（一九二四年十二月五日）

孙文语张作霖：予已嘱民党勿做官，望君提倡废督裁兵。
张曰：吾先自行解职，请孙劝国民军勿扩充军队。
孙曰：直隶系倒，拥兵目的已失，任何方面，均应裁兵。

据上海《申报》一九二四年十二月八日《北京七日电》

与日本某访员的谈话①

（一九二四年十二月五日）

某访员问：现在局面无论何人出而收拾，不能不有赖于财力。高见以为何如？

孙先生答：据予所见，政府如经全国国民承认，则所需政费可由国内筹出。向外国借债，恐贻将来祸根，不可不慎重从事。但在未征集国民全体之意思以前，使用少数外资亦未可知。

问：阁下力主亚细亚民族之结合与不平等条约之排除，其详可得闻乎？

答：亚细亚民族不可不排除不道理之欧美人势力，盖是项势力一经排除，则中国问题自然解决。日本表面上似不受欧美势力之压迫，其实亦与中国同样。明治维新后，由锁国解放，吸收欧美之文化，结果反陷于欧美祸。日本自日俄战争及欧洲大战以来，思想上，即外交上、经济上，亦莫不追随欧美，对于本乡本土之亚细亚反度外视之，且由轻蔑之结果，至与中国发生疏隔。过去无论矣，以后尚望日本速归于亚细亚主义，而尤以承认

---

① 12月5日，孙中山在寓所张园接见了日本某访员。

俄国为其第一步。

据北京《晨报》一九二四年十二月六日《孙文之谈话》

附录　同题异文

某氏：现在整理时局之人物，以何人为最适宜？

孙：勿论现在及将来，此等时局难关之大事业，除段祺瑞氏而外，无适当之人物。

某氏：先生对财政之意见如何？

孙：如能实行全国民之真政治，则财力虽难自国内筹出，但在国民全体之意志未能一致，及正式政府未能成立以前，或能赔少额之外债。

某氏：先生主张亚细亚民族之结合，排除欧美之势力之意见如何？

孙先生：亚细亚全民族之结合，排除欧美之压迫，中国问题自然解决。日本自谓已脱欧美势方〔力〕之压迫，然自明治维新后极力慕仿日本〔欧美〕。今之日本，虽转于三大强国或五大强国目之中，然其思想方面尽步欧美人之后尘，而于亚细亚之真精神反弃之如遗。为日本计，现在应急图还东亚民族之真光，而最要者，首应承认苏俄联邦共和国。

据《广东七十二行商报》一九二四年十二月二十二日《大元帅抵津后之言行录》

与某要人的谈话

（一九二四年十二月七日）

此次北上，绝无权位思想。一面对于国民有所贡献；同时，对于外交上不能不反对帝国主义之侵略与不平等条约之压迫。

据上海《民国日报》一九二四年十二月十二日《中山在津养疴》

与某人的谈话

（一九二四年十二月八日）

某问：对溥仪如何？

孙云：彼今亦平民，在法〈律〉上呕应保护①。嘱彭养光请朱念祖转溥师朱益藩②代达。

> 据上海《申报》一九二四年十二月九日《国内专电》（天津电）

与来访者的谈话

（一九二四年十二月十日）

此行专促进国民会议，求以真正民意图中国之解放、独立，决不图握政权。至西南各方行动，不负责。连日与张作霖接晤，甚欢洽。

> 据上海《民国日报》一九二四年十二月十一日

---

① 1924年11月清废帝溥仪为冯玉祥移出故宫，取消帝号，移居后海载沣之醇王府，自是与国民一体享受共和政府之法律待遇。

② 朱益藩（1861—1937），江西省莲花县人。1890年中进士，授翰林院编修。1897年钦命南书房行走兼经筵进讲大臣，实为清廷最高统治集团的智囊人物。辛亥革命后，朱益藩矢忠亡清，甘当遗老。至1916年应清室之邀北上入宫，成为溥仪的汉文师傅，从此在溥仪身边15年。后因反对溥仪出关给日本军阀当傀儡皇帝，离开了溥仪。

与驻津日本领事吉田的谈话①

（一九二四年十二月十三日）

余极望入京，病中无奈，但据医生确息，更一星期，可望全愈矣。

据上海《民国日报》一九二四年十二月十八日《津日领论孙先生》

答拒毒会某教士问

（一九二四年十二月十四日）②

予之意见，认中国之禁烟问题与良好政府之问题，有连带之关系。鸦片营业，绝对不能与人民所赋予权力之国民政府两立。但在政府当局，对于庶政之设施，未能实现民治之威权以前，于达到有效之禁绝，殊非可能。现在一般不法之军阀，各在辖境之内，不但奖励，而且强迫种植鸦片。明订完密之禁烟计划，为用殊微。良以种植鸦片，较种植米、谷、蔬菜、果实等物，事简而利厚。故农民大都不愿，亦不敢反对军阀强迫种烟之命令也。国际联盟之禁烟大会，正将开会，出席该会之各国代表，应本公道之精神，毅然订立严密计划，禁止各国鸦片及其复制品（如吗啡、海洛因等毒物）之出产。盖中国政府破裂之结果，不但使烟苗复盛，亦使对外贸易日趋停滞，中外商人及合法商品之制造家，均受巨大损失。目下由私运私卖鸦片销耗之巨量款项，若用于正当贸易，不但可使本国商业复兴，并可使中外间之合法通商大形起色。迩来有以谓今日我国鸦片复兴，遍地皆毒，不如法律正式允许烟土之营

---

① 孙中山在津病重，于卧榻接见日领，且依医生之嘱，不得多言，徐缓地谈了上述四语。
② 所标时间系据秦孝仪主编《国父全集》校订。

业,海关放任外洋鸦片入口,以充裕饷源。此等主张,绝对不当。中国之民意,尤其守法安分纯洁之民众,其意见未有不反对鸦片。苟有主张法律准许鸦片,或对营业鸦片之恶势力表示降服者,即使为一时权宜之计,均为民意之公敌。今日国内情形,至为恶劣。拒毒运动之进行,备受难阻,以致成绩甚尠。然对鸦片之宣战,绝对不可妥协,更不可放弃。苟负责之政府机关,为自身之私便,及眼前之利益,倘对鸦片下旗息战,不问久暂,均属卖国之行为。总之,对于鸦片之祸害,不论何种形式之降伏,均可谓为蔑视国民之良心主张。即以恃非法之鸦片为利源之土匪式军阀言之,亦不敢公然承认鸦片乃正当之营业。对彼等自身之非法行为,亦难逃羞耻与盗窃之良心上责备。我国内地,素缺乏道路与各项利便交通之建设,加以不时有军阀之斗争,结果使农民之经济负担,日益加重,农民虽欲安分耕种普通农产,殊不可能。例如广东省政府极端反对烟毒,但邻省私运之外,尚有国外鸦片由海道输入。在此等现状下,虽有良好政府如广东省者,甘冒万难以取缔非法之鸦片营业,厘定完密计划,以图毒害之根本廓清;但以水陆私运之繁多,无从收相当之实效。于此吾人可见局部之举动,殊难收效。欲达禁烟之目的,必须由国民政府采定全国一致遵守之计划。是故吾人应先打倒为祸较深、为害较烈之军阀,促进国民政府之成立,使之实现民治之威权,禁烟始能收效。今日阻碍民众生活与自由之祸害,一经废除,则舆论势力,必可贯彻禁绝鸦片之目的。目下军阀未经打倒,民治政府尚未统一全国,对于达到上述目的之最佳方法,乃在拒毒团体之奋斗不懈,继续努力于调查与宣传之运动,使非法营业无所敛迹。虽或一时未能收效,但千万不可放弃坚忍与不妥协之奋斗决心,当永远抱定彻底不降服之政策。

据陆达节编《孙中山先生外集》(上海中华书局一九三二年版)

与随从的谈话

（一九二四年十二月十五日）

广州政府尚未到取消时机，俟国民会议议决案成立，西南当撤销政府。段祺瑞对民党有无诚意，以任命李烈钧督赣为断，民党与段之合作与否，亦以此为起点。

据上海《申报》一九二四年十二月十六日《北京十五日电》

与许世英叶恭绰的谈话①

（一九二四年十二月十八日）

中华民国早经各国承认，今合肥自认为中华民国之执政，国体既未变更，当然未失国际上之地位。此次革命②纯系推翻军阀而发，政权转移为内政习见之事，并非变更国体，无要求列强承认之必要。今多此一举，反使列强见执政地位之无据而要求承认之亟，又足使外交上因此而生一种利用之机会，殊为抱憾。乃拥段之人仅为段在外交方面计，而不为段在国民方面计，假使即得外交之好感而失国民之同情，试问国民之同情重欤？外交之好感重欤？

段承曹、吴虐政之后，为一极好收拾人心之机会，能多做几件收拾人心之事，则国民无不感戴。国民会议之后，正式总统自舍段莫属，段且欲求不为总统而不可得，何必如此亟亟以博外人之承认？

---

① 按底本报道所称：许、叶二人到天津欢迎孙中山入京时带有七国承认段祺瑞执政之复照。孙阅后，对段氏向英、美、法、意、日本等国表示"对于中国与各国所缔结之各种条约、公约以及其他正式协定或欲照从前之态度继续遵守"的行文甚为不满而作此谈话。

② 指冯玉祥、胡景翼、孙岳等发动的北京政变。

孙又谓：此次北来毫无争政思想，生平以爱国为前提，对人俱无问题。此次合肥再出，亦是力图晚盖之机，能毅然改革国政以行革命之实，则前途自多希望。若再仍蹈前辙，则虽有良友亦无如之何？爱国者与害国者常相为对体，如其有害国之行为，则凡具有爱国心者俱将起而反对，亦非一人一手之力所能为之斡旋也。段能合作与否，须视国民对段之趋向如何？

据上海《申报》一九二五年一月八日《孙中山入京辟谣》

附录一　同题异文

使中华民国已不存，即临时执政当然有须各国承认之必要。今中华民国仍在，而执政又为中华民国之临时执政，则尚何须乎外交团之承认，又何必以交换而求其承认？

据北京《晨报》一九二四年十二月二十九日《孙文仍要来京耶》

附录二　同题异文

我在外面要废除那些不平等条约，你们在北京偏偏的要尊重那些不平等条约，这是什么道理呢？你们要升官发财，怕那些外国人，要尊重他们，为什么还来欢迎我呢？

据《广州民国日报》一九二五年五月十三日《大元帅北上患病逝世以来之详情（三）》

与杨毓洵的谈话①

（一九二四年十二月二十日）②

日来病躯渐臻康复，入京之前定当如嘱快图良晤，并谢张总司令盛意。至于宴会务请从简，勿过糜〔靡〕费。

据天津《大公报》一九二四年十二月二十日《孙张交欢之一斑》

与马伯援的谈话

（一九二四年十二月二十日）③

知之矣④。你一定要去日本，可注意日本外交。彼国政治家眼光太近，且能说不能行，不似俄国之先行后说。日本的朝野，近对吾党非常轻视，以为吾人未获得政权。你去努力吧，倘有特别事故发生，吾必电你回国。焕章倘赴日本，你于暇时须对彼多讲吾党志士爱国历史。目下事，季龙⑤担任也好。

据马伯援著《我所知道的国民军与国民党合作史》（上海商业公司一九三二年版）

---

① 张作霖副官杨毓洵奉命往谒孙中山，转告张氏闻中山病痊，入京有期，极为欢慰；望于入京前能会晤畅谈，预备欢宴孙及随从人员，俾奉军将士能瞻先生风采及双方人员得恳切叙谈。对此，孙作此谈话。
② 所标时间系天津《大公报》刊载日期。
③ 所标时间系据罗家伦主编《国父年谱》增订本校订。
④ 指马伯援对孙中山谈及冯玉祥性格之事。
⑤ 即徐谦，字季龙。

与刘成禺郭泰祺的谈话

（一九二四年十二月中旬）①

此次随予由粤来津者，在职人员甚多，如趁此机会，图谋本身在北京膺显官高职者，非吾党革命之志士也。吾知汝二人，由我派驻武昌，有重要事来北，与予商榷，自然相信。凡由粤来人，以我语相告，否则，北京人谓吾党谋权利，而来抵北京。

据刘成禺《先总理旧德录》，载《国史馆馆刊》创刊号（南京一九四七年十二月）

与卢师谛等的谈话②

（一九二四年十二月二十三日）

我们的武装同志，都能像樊醒民③同志的忠义、勇敢、服从，我们的革命何至到了今日还未成功。

据黄季陆《起义恐后的英雄》，载罗家伦主编《国父年谱》增订本下册（台北一九六九年版）

---

① 据上海《民国日报》1924年12月20日《中山与各方态度》一文称，国民党已有党员不得在段祺瑞政府下取得任何位置之训令。此正与孙中山与刘之谈话内容相同，依此酌定时间为12月中旬。

② 孙中山在津卧病不起，当接阅豫军总司令、北伐先遣队樊钟秀于12月20日来电，报告樊部入赣，经湘、鄂北上，转战三个月而至豫境光州消息时，即以电文示随行北上卢师谛等概乎言之，并在病中复电奖勉樊。

③ 即樊钟秀，字醒民。

与李世军的谈话①

（一九二四年十二月二十三日）

总理问李多大岁数？

李答：二十三岁。

总理训诲说：你年轻，正是革命的时候。你们甘肃是我国地理的中心，也是将来建设的中心。甘肃的同志太少了，要多做些宣传，多发展些同志。你能回去一趟，宣传宣传我《北上宣言》的政治主张吗？

李说：总理给我的任务太光荣了，我能去。

总理说：你顺便见了当地军政长官，可代表我劝他们响应我《北上宣言》的主张，及召开代表性普遍的国民会议。并向当地知识分子、青年学生和农民、工人多宣传本党主义。

总理还说：干革命，只要有勇气，什么事都能做到。

总理随手准备给李世军写指派证书，路友于拟就的稿子，总理说：就这样，行了！我签个名，再去盖章。

据李世军《奉孙中山先生派赴甘肃宣传〈北上宣言〉》，载中国人民政治协商会议江苏省委员会文史资料研究委员会编《江苏文史资料选辑》第七辑（江苏人民出版社一九八一年版）

---

① 李世军当时在北师大读书，任国民党北京市党部的组宣工作。1924年12月孙中山抵天津，李世军是代表北京市组织和全市市民欢迎代表团的团员之一。孙中山见欢迎代表团名单中，李是甘肃人，特别注意，命丁惟汾请他来见。

与某人的谈话

（一九二四年十二月二十四日）

孙：我病未即入京晤段，致奸人造谣，焦甚。
某：对公病即国病，请静养勿焦。否则，欲速愈反缓。

> 据上海《申报》一九二四年十二月二十六日《天津二十五日电》

对善后会议的意见①

（一九二四年十二月二十五日）

孙文对善后会议谓：善军阀官僚之后，非善民国之后，京中亦有国民会议，不容党人包办运动，两会前途狠〔很〕难。

> 据上海《申报》一九二四年十二月二十七日《北京二十六日电》

对黄昌谷的面谕②

（一九二四年十二月二十七日）

我从前收存三民主义十六讲原稿③，系分别三种主义保存于广州大本

---

① 1924 年 12 月 24 日，段祺瑞公布《善后会议条例》，对抗孙中山的国民会议的主张。这是孙中山对善后会议发表的意见。
② 黄昌谷乃三民主义讲稿原笔记人，当时他随孙中山在天津随侍，孙中山言及存在广州之此项原稿本，嘱妥为保管。
③ 孙中山在北上前，每有余暇即亲自修改三民主义誊正后之笔记讲稿，计修改讲稿共有三册，其中亲笔修改墨迹计二千八百八十三字，通行本未见者五千余字，相异者九千余字，以民生主义四讲中为最多。

营我寝室内之书桌上下。你他日回广州时,须即向该室看守人检齐,负责保管。

据罗刚编《中华民国国父实录》第六册(台北正中书局一九八八年版)

入京后之书面谈话①

(一九二四年十二月三十一日)

中华民国主人诸君:

兄弟此来,承诸君欢迎,实在感谢!

兄弟此来不是为争地位,不是为争权利,是特来与诸君救国的。十三年前兄弟与诸君推翻满洲政府,为的是求中国人的自由平等。然而,中国人的自由平等,已被满洲政府从不平等条约里卖与各国了,以致我们仍然处于次殖民地之地位。所以我们必要救国。

关于救国的道理很长,方法亦很多,成功也很容易,兄弟本想和诸君详细的说,如今因为抱病,只好留待病好再说。如今先谢诸君的盛意。

中华民国士〔十〕三年十二月三十一日
孙　文

据上海《民国日报》一九二五年一月六日《孙先生入京之盛况》

---

① 孙中山于1924年12月31日上午抵京。这是用传单形式散发的宣言。按,此书面谈话与同日在京发表之《入京宣言》内容相同,而文字互异,今分别据存。

与葛廉夫的谈话

（一九二五年一月二十四日）①

孙：久仰清名，今幸相见。余平生有癖，不服中药，常喜聆中医妙论。昔年有乡亲返粤者，常以先生医案示余，明理卓识，不愧名医。余请君以中理测我病机。

孙先生：夜不成寐，每晚则面热耳鸣，心悸头眩，嘈杂躁急或胸中作痛，干呕，甚则上气面浮，有时而消。此何故？

葛：此水不涵木，气火上升。诸逆冲上，皆属于火。诸风掉眩，皆属于肝。厥阴之为病，气上撞心，心中疼热，饥而不欲食，食则呕吐。若下之，则利不止。所见诸证，全是肝郁日久，气火化风，上干肺胃。以先生之遭际，惊险忧疑，心肝俱瘁，又不能孤眠，气血焉不得伤？真水焉得不耗？

孙先生：此时补救，尚有法乎？

葛：何尝无法，要戒之在怒，不再耗精，不过作劳，破除烦恼。

孙先生：此皆有所不能，将奈何？

葛：节之可也。再用药食，以为滋助，已耗者虽未必能复，未耗者尚可保存。

孙先生：以君之高论，如饮上池。可能为我拟一中药方乎？

葛：可。（乃为拟复脉汤，去姜，桂枝改用真安边肉桂，麻仁改用炒酸枣仁，加生龟板、生石决明、龙齿、犀角片、羚羊片、鲜知母、黄柏。）

孙先生：君所拟方，以何者为主要？

葛：张仲景谓厥阳独行，犹夫无妻则荡也。今用三甲复腹〔脉〕汤，加知柏、枣仁，以滋水养肝，安其家室，潜其阳用，引荡子以归家。所以去姜之辛，

---

① 原件未署日期。据葛廉夫称，他与孙中山会见"逾三日"，即有人告知：孙于"昨午剖"。查孙中山入协和医院手术治疗为2月26日，按此推算，此谈话时间暂作2月24日。

用肉桂而引火归元,犀角、羚羊、石斛清肃心肺,俾君火以宁,而精灵之气得令,则烦悸不眠者皆蠲矣。

孙先生:我平生未服过中药,恐不能受。欲以君之药方,转示西医,使师君之法,改用西药,以为何如?

葛:鄙人不知西医,西药能代与否,不敢妄答。

据葛廉夫《孙中山先生病状及治法记》,载吴克潜《医药精华集》(中央印书馆一九二九年版)

与某人的谈话①

（一九二五年一月二十六日）

予此次抱病,恰在时局艰难之际,外人观之,必谓予有遗憾。其实予并无所不安。盖现在时局,并不以余病有若何影响。予若不病,势必参加国事。以予素性之急切,亦未必定能使时局转入佳境,而自心反感不安。故予对予病之非时,亦坦然处之。

据天津《大公报》一九二五年一月三十一日《昨日中山之病状》

与汪精卫的谈话

（一九二五年一月二十七日）

孙问:外间有无新闻?

汪答:无。

孙问:昨日割治时,你在场否?

---

① 1月26日,孙中山由北京饭店移入协和医院,在手术前,曾与某人谈话。

汪答:在。

孙问:当时之情景如何？你目击否？

汪乃简单告以施术之经过。

据上海《民国日报》一九二五年二月五日《中山先生割治经过情形》

与宋庆龄的谈话

（一九二五年一月三十日）①

余诚病医者,亦诚无如余此病何,但余所恃以支持此身者,夙昔即不完全恃医,而恃余自身之勇气。余今信余之勇气必终战胜此病,决无危险。

据上海《民国日报》一九二五年二月七日《中山病情消息》

与《顺天时报》记者的谈话（译文）②

（一九二五年一月）

问:为什么孙逸仙博士允许共产党人加入国民党？为什么虽有刘成禺、谢持、冯自由和谢英伯等先生的强烈反对并提供了大量证据表明共产党人企图制造骚乱,但孙不仅拒绝批评共产党人,而且还威胁要把他们四人开除出党③?

---

① 此件所标时间系据2月7日上海《民国日报》云"确闻中山先生三十日曾告其夫人云"订定。

② 此件系中共驻共产国际代表团档案,原件为俄文,是记录孙中山北上病重时,坚持和维护国共合作的珍贵史料。原件未标时间,据谈话内容有"去年春天国民党改组期间",与"谢持……在去年夏天对党内的共产党人提出责难"情况,以及1925年1月26日,孙中山病重进协和医院治疗,时间因酌为1925年1月。当时《顺天时报》记者采访孙中山,孙中山因病所累,将自己的意思告诉了汪精卫,由汪精卫出面接受采访并回答记者的提问。

③ 1924年2月16日,孙中山训斥和拟开除党员四人为刘成禺、冯自由、谢英伯、徐清和。

答:在去年春天国民党改组期间,冯自由、谢英伯和刘成禺等三位先生被选为临时中央委员会委员。当讨论接纳共产党人的问题时,他们没有表示异议。但是后来,当他们没有进入在党的全国代表大会上选出的中央委员会时,他们才就共产党人加入国民党一事发难。孙博士就其前后矛盾严厉地责备了他们,只是在他们表示悔悟之后才允许他们留在党内。至于谢持,他是党的监察委员会委员,他以这个身份在去年夏天对党内的共产党人提出责难。为了讨论这个问题,召开了一次党中央的专门会议①,经过十天的讨论,制定了特别指令并已散发给全体党员。如果记者君费神读一读这些指令,那就会知道,为什么国民党允许共产党人加入它的队伍。谢持的做法是对的,因此也不存在像记者所暗示的什么对孙博士不敬的问题,而且,谢持还声明,他对中央委员会的指令是满意的。

问:为什么汪精卫没有在任何一家中国报纸上否认他,胡汉民和廖仲恺都是共产党人的说法(地方报纸上时常出现这样的断言)?

答:汪精卫、胡汉民和廖仲恺在近二十年来一直追随孙博士左右,他们是国民党的老党员。他们从来没有加入过任何其他政党,而记者君推测他们是共产党的资深党员,这是可笑的。他们对此不屑置理。

问:为什么国民党接受俄国布尔什维克每月五千金卢布资助?

问:为什么广州军事学校靠俄罗斯苏维埃政府的经济维持?

答:关于国民党和黄埔军校接受经费的问题,这要有书面材料才能成立。记者君请拿出真凭实据来证明你的关于接受苏维埃资助的责难吧。如果他做不到这一点,那么他不仅负有道义上的责任,而且还负有法律上的责任。况且,世界上也找不到一个政党或学校会反对接受别人的资助。因此,即使证明国民党或上述学校从其他来源获得财政支持,那在道义上也不是什么不光彩的事。为什么记者君一定要对我们的动机提出异议呢?

问:为什么在广州组织了受到省长廖仲恺公开支持的,公然以推翻资本

---

① 指1924年8月15日至25日,中国国民党一届二中全会在广州召开。全会讨论谢持、张继等"弹劾"共产党人案。经全会讨论并通过《国民党内之共产派问题》案,以训令形式通饬全体党员知照。

主义为目标的工人队伍？为什么苏维埃的旗子挂在广东省长办公室醒目的地方和广东大学的教室里？为什么孙博士不禁止这样做？

答：如果广东的商人被允许组织志愿队伍，那么对工人和农民来说，组织自己的队伍就是很自然的了。省长帮助工人队伍，仅仅是履行其保护居民的职责，不论是什么阶级。至于说苏维埃的旗子挂在省长房间里和广东大学内的消息，则毫无真实之处。

问：为什么把著名的中国共产党人和共产党广东省委员会主席谭平山选进国民党中央委员会，使其获得和久经考验的老党员同等的重要地位？

答：党的政策在于只吸收有能力和有才智的人而不管他们过去的状况如何。选举谭平山进中央委员会是最好体现了党的政策，也证明老党员并不妒忌年轻党员的才干。

问：为什么广州警察局帮助广州的共产党散发攻击资本主义并号召推翻它的传单？

答：首先，必须弄清共产党在广州有没有散发过什么传单。即使有过，这也是使用了言论自由权。至于说到警察局帮助他们散发，那是流言蜚语。

据俞游雯、张志诚译，傅也俗校《孙中山、汪精卫答〈顺天时报〉记者问》，载《党的文献》一九九二年第二期

与宋庆龄汪精卫的谈话

（一九二五年二月二日前）①

孙夫人接哲生电告张静江等同来北京后，向孙中山陈告。

中山先生甚悦，谓："静江自己亦病，乃亦来看我耶！"

越日，汪精卫入见。

---

① 据报载孙中山于1月26日下午3时入协和医院后，"于此数日内有可纪者"叙述数日间的谈话；又据孙科2月2日抵京，酌定在2日前。

中山先生问:"静江来耶?"

汪精卫答:"已起程矣。"

中山先生微笑。既而□然曰:"静江自己有病,未知死活,奈何远道来此。"遂泣数行下,并谆谆嘱汪精卫以静江来时,"最好亦在协和医院医治。"(语絮絮不已)

汪精卫忍泪答曰:"敬当如命,惟先生勿多言伤气。"

据长沙《大公报》一九二五年二月八日《孙中山卧病以来之状况》

对宋庆龄的口谕

(一九二五年二月二日)

静江、哲生到时,先偕汪精卫、吴稚晖、李石曾五人入见。

据上海《申报》一九二五年二月八日《孙中山病状与孙科抵京》

与张静江的谈话①

(一九二五年二月二日)

孙见张静江形销骨立,不觉泫然曰:"劳汝久病之人远道来探,心甚不安。"言时泪下。

张忍痛劝慰。

孙复谓:"吾病良已②,只须休养而已。"乃嘱孔庸之告医院预备病室供张静江治病。

据《张人杰关于孙中山病情的记述》,载《历史档案》一九八五年第一期

---

① 1925年2月2日,孙科、李烈钧、张静江等二十余人抵京侍疾。下午2时赴医院谒见孙中山,孙甚慰,与孙科、张静江等谈话。

② 正稿中此句记为"吾病无碍"。

与泰尔①的谈话

（一九二五年二月四日）

泰尔谓：先生之病，一时虽无危险，惟速效实无把握。现先生之亲属友人，多主张改用中医。鄙人之意，以为亦不妨一试。照例在医院中，原不能服两处药，但先生为特别人物，如以在医院较为安适，即在院就中医。本院亦当特别通融。

孙曰：余深信余之病可望治愈，不必改用中医，且尚有以雷的母（Radium）照治之法，尚未实行，如医院有此种设备，予极愿就此法医治。

泰尔以院中有此种设备，可以一试，即允照办。

据天津《大公报》一九二五年二月五日《孙中山昨日病状》

与张静江的谈话②

（一九二五年二月七日）

张："予等无状，以先生脉象渐弱，而先生又不允服参之故，竟以参和入食物欺先生而偷进之矣，幸而见效，先生较为健康。不然，予等罪大也。"

孙亦不怒，有顷，言曰："既如是，勿再和入食物，待予自饮可耳。参汤我人本代茶饮，非中药治病也。"

据《张人杰关于孙中山病情之记述》，载《历史档案》一九八五年第一期

---

① 泰尔系协和医院主治医生。

② 张静江住入协和医院后，即与汪精卫等商议劝孙中山服中药，屡劝孙皆不允。张等不得已商诸中医陆仲安，先试以人参汤。

与叶楚伧的谈话

（一九二五年二月八日）①

医院规矩不可由我而破②，若密不令院中人知之，则我平生从未作此暗昧不可告人之事，断乎不可。

据上海《民国日报》一九二五年二月十三日《孙先生脉搏降至九十六》

与萱野长知的谈话（译文）③

（一九二五年二月上旬）④

孙问：犬养及头山两位是否健好？

萱答以两人均甚健康。

孙乃微颔其首，询问：余在神户之演说，在日人中反响如何？

萱答：此项演说，各报竞载，无线电亦有广播，在日本全国已发生极大影响。

据[日]萱野长知《中华民国革命秘籍》（东京帝国地方行政学会一九四〇年版）；中译文载陈固亭《国父与日本友人》（台北版）

---

① 谈话时间不详，据2月13日上海《民国日报》载：该报总编辑叶楚伧7日赴京，8日寄书上海报告孙病情，提及此谈话事。今据此酌定为2月8日。

② 指孙中山服中药事。

③ 1925年2月日本友人萱野长知在东京连接孙中山急电二通，萱野料孙中山病势必甚沉重，即准备一切，匆促驰往北京抵协和医院探望谈话。

④ 原文未署时间，萱野进入病室，因孙中山病情严重，病室中除张人杰等人外，禁止访者进入。张人杰于2月初抵京，时间标为2月上旬。

与戴季陶的谈话

（一九二五年二月十一日）

我对日本问题有三个最少限度的主张：一是日本须放弃日本与中国所缔结一切不平等条约；二是须使朝鲜、台湾两民族实现最少限度的自治；三是日本对苏联应该不反对其政策，并不阻止苏联与台湾及朝鲜的接触。

据黄纯青《国父与台湾》（转录一九二七年四月一日《台湾先锋》创刊号，戴季陶在广州对广东台湾革命青年团讲演，题为《孙中山与台湾》）

对汪精卫的口谕①

（一九二五年二月十七日）

传谕前方将士，齐心努力，务竟全功。

据上海《民国日报》一九二五年二月二十八日《联军攻克飞鹅岭、平山》

对行辕同志的面谕②

（一九二五年二月十八日）

此次迁入行馆，专为疗病，一切宾客，概未能接见，凡来访者派人招待，惟以询问病情为限。关于军国之事，暂行停止谈话。

据北京《晨报》一九二五年二月十九日

---

① 孙中山得胡汉民迭次捷电，心甚欣慰，命汪精卫传谕电告胡汉民。
② 此件是孙中山以行辕秘书处名义公布2月18日启事。

与胡适的谈话①

（一九二五年二月十八日）

胡入卧室进言服中药。

孙语曰："适之！你知道我是学西医的人。"

胡谓："不妨一试，服药与否由先生决定。"

据罗家伦主编《国父年谱》增订本下册（台北一九六九年版）

与汪精卫等的谈话②

（一九二五年二月二十四日）

总理说：你们有什么话说？

汪说：我们一直到现在，还是抱着最大希望，要帮助先生战胜疾病。只是中西医生屡次通知我们说，最好是在先生平安无事的时候，和先生说几句话，我们以为先生盼咐我们的话，不知何时才用得着，或是十年、八年后，或是二三十年后用得着都未定。再我们一面抱着希望帮助先生战胜病魔，一面仍然想得先生盼咐我们几句话。

总理说：我以为没有话可说，因为病好，还有话说，死了还有什么话说呢？

汪说：同志要本着先生所定的宗旨来做事的，如果先生盼咐同志几句话，可以增加同志无数的勇气。现时先生抱病好了之后，至少要静养一年、

---

① 2月18日，孙中山由协和医院移居铁狮子胡同行辕养病。胡适应汪精卫之请，向孙中山劝服中药，并推荐中医陆仲安大夫，以是孙中山赞同。

② 1925年2月24日，宋子文、孙科、孙婉、邹鲁、汪精卫等受国民党诸同志所托，至孙中山病榻前请求留下遗嘱，这是当时谈话的原件，在场者均签了名。为首次发表。

半年,在这时间,先生吩咐同志几句话,也是必要的。

总理说:你们想我说什么话呢?

汪说:我们把先生常说的话,写出来了,因读一遍。

总理点头说:赞成。又说道:你们如此显明是很危险的,因为政治的敌人,现已预备着等我死后,便来软化你们,你们如此强硬坚定,必然有危险的。

汪说:我们不怕危险,我们一定要照宗旨做去。

总理说:我赞成。

汪说:夫人侍奉先生病,如此尽心,我们同志很敬重她,又很感激她。万一先生有什么意外,我们同志定然要尽心调护她的安全,只是先生也要安慰她几句。还有先生的儿女,我们也已拟了一篇说明,因读一遍。

总理闭目点头说:赞成。

汪说:先生可否签字。

总理说:现在还用不着,等几日以后,你拿来我签字。

二月二十四日下午四点二十五分
在总理病榻前

以上笔记者　汪精卫

证　明　者　孙　婉　宋子文
　　　　　　　孙　科　邹　鲁

据陈旭麓、郝盛潮主编,王耿雄等编《孙中山集外集》(上海人民出版社一九九〇年版)

附录　同题异文

孙先生:汝等前来,将有何言耶? 不妨直陈。

汪:当一月二十六日先生进入病院,诸同志皆责备我等,要请先生留下些许教诲之言,俾资遵循。如先生之病迅即痊愈,固无论矣;设或不痊愈,吾等仍可永远听到先生之教训也。吾等固知先生有力量以抗病魔,吾等亦愿助先生以抗病魔。惟亦思趁先生精神较佳时,留下些许教诲,则十年二十年后,仍可受用也。

孙先生:我何言哉!我病如克痊愈,则所言者甚多,惟先至温泉休养,费数日之思索,然后分别言之。设使不幸而死,由汝等任意去做可矣,复何言哉!

汪:先生之病不久当可痊愈,只恐调养须时太久,难以处理公务。而本党又际重要时会,其进行不能一刻停滞,还请先生早赐训诲,以便吾等遵守,以利党务进行为是。

孙先生:吾若留下说话给汝等,诚有许多危险。当今无数敌人正在围困汝等,我死之后,彼辈更将向汝等进攻。甚至必有方法,令汝等软化。如果汝等不被敌软化,强硬对抗,则又必将被加害,危险甚大。故吾仍以不言为佳,则汝等应付环境,似较为容易也。如吾必定说出,汝等将更难对付险恶之环境矣!如此,我尚何说?

汪:我等追随先生奋斗数十年,从未巧避危险,此后危险何畏?从未被人软化过,此后何人能以软化我等?吾等亦深知大部分同志皆能遵从先生之言,不计危险与生死也!先生教训我等甚久,当能信及。

孙先生:吾已著书甚多矣!

汪:诚然,先生著有《建国大纲》、《建国方略》、《三民主义》及《第一次全国代表大会宣言》,诸同志皆当竭诚奉行,犹望先生为一总括之言。

孙先生:汝等欲我云何?

汪:我等今已预备一稿,读与先生一一清听。先生如肯赞成,即请签字,当作先生之言;如不赞成,亦请别赐数语,我可代为笔记。

孙先生:可。汝试读之。

据汪兆铭《总理逝世情形》,载《中国国民党第二次全国代表大会会议纪录》(中国国民党中央执行委员会一九二六年印行本)

对汪精卫等的口谕[①]

（一九二五年三月十一日）

可电告汉民：千万勿扰百姓。

据北京《顺天时报》一九二五年三月十三日《共和元勋孙中山死矣》

在病榻前面谕随侍诸同志

（一九二五年三月十一日）

余此次来京，以放弃地盘谋和平统一，以国民会议建设新国家，务使三民主义、五权宪法实现。乃为痼疾所累，行将不起。死生常事，本无足虑，但数十年为国奔走，所抱主义终未完全实现，希望诸同志努力奋斗，使民会议早日成立，达到三民、五权之主张，则本人死亦瞑目。

（当时，乃令汪精卫将二月二十四日所预备之遗嘱进呈，孙先生用钢笔手自签字）

吾死之后，可葬于南京紫金山麓，因南京为临时政府成立之地，所以不可忘辛亥革命也。遗体可用科学方法永久保存。

据上海《民国日报》一九二五年三月十六日《千古一瞥时之孙先生》

[①] 3月11日晚，汪精卫等告以东江联军捷报，这是孙中山听完汇报后作的口谕。

与何香凝的谈话

（一九二五年三月十一日）①

仲恺不可离广东，请勿来京。

据《广州民国日报》一九二五年三月三十一日《何香凝致廖仲恺电》

与何香凝的谈话

（一九二五年三月十一日）

中山特令人请廖仲恺夫人入室，既至，中山以手指夫人宋庆龄氏曰："彼亦同志一份子，吾死后望善视之，不可因其为基督教中人而歧视之。"

何香凝很伤心地掩泪说："我虽然没有什么能力，但先生改组国民党的苦心，我是知道，此后我誓必拥护孙先生改组国民党的精神。孙先生的一切主张，我也誓必遵守的。至于孙夫人，我也当然尽我的力量来爱护。"

孙先生一听何的话，就潸然握住何手说："廖仲恺夫人，我感谢你……"

据天津《大公报》一九二五年三月十三日《孙中山先生逝世》

---

① 据3月26日何香凝致廖仲恺电称，孙中山此番谈话在临终前，今据此酌定为3月11日。

临终前的谈话①

（一九二五年三月十一日）

我他无所惧，惟恐同志受内外势力的压迫，屈服与投降耳。

据《广州民国日报》一九二五年四月二十一日《上海全埠
党员追悼孙总理》

附录一　同题异文

和平、奋斗、救中国！

据黄昌谷《中山先生北上与逝世后之详情》

附录二　同题异文

吾久为恶魔所扰，然今者吾已悉驱而去之矣！吾明天将行，行时当有天使来迎也②。

据天津《大公报》一九二五年三月十三日《孙中山先生逝
世——中山预知死期》

---

① 据何香凝 4 月 13 日追悼孙中山时说，此为孙中山临终前与诸同志的谈话。
② 这是当年报载孙中山临终前的讲话内容最早见报的一篇。

对孙科的遗言①

（一九二五年三月十一日）

我本基督徒,与魔鬼奋斗四十余年,尔等亦要如是奋斗,更当信上帝。

据《卢夫人述中山先生历史函》,载《孙中山轶事集》(上海三民公司一九二六年版)

---

① 卢夫人在答复香山商会询中山先生生平事迹函,其末段有云:"……科父返天国,得闻离世前一日,自证我本基督徒,……此乃科儿手书所言,……"